Kato Koji
加藤幸治

紀伊半島の民俗誌

技術と道具の物質文化論

社会評論社

凡　例

＊本文の記述は、原則として当用漢字、現代かなづかいを用いたが、歴史的用語・学術用語・人名等は、これに従わなかったものもある。

＊引用文は、短いものは「　」、長文は改行して二字下げして記した。また筆者の判断で、必要に応じて句点を付したり、当用漢字に置き換えたり、読み下しにしたりしている。

＊「より」・「とも」などの合字は、ひらがなに変換している。

＊写真の所蔵者は、その都度キャプションに記した。特に記さない場合は、すべて筆者撮影である。（一部の著作権継承者に連絡を取ることができませんでした。お心当たりの方は小社までお知らせください。）

＊話者の氏名は、民俗調査データの性格上、実名を記すのが本来は望ましいが、昨今の出版事情におけるプライバシー保護の観点から、イニシャルと在住地名、生年のみを記した。

＊学史における人名は、敬称を省略した。

＊本書の引用部分には、一部に差別的な表現ともとれる箇所がある。筆者はそれ自体がその時代を知る資料であるととらえ、意図的に修正を加えていない。

＊本書掲載の実測図は筆者作図であるが、第1部第4章の図のトレースは東北学院大学大学院文学研究科博士前期課程所属の那須美里が行った。

紀伊半島の民俗誌
―技術と道具の物質文化論―

目次

はじめに　技術と道具の物質文化論にむけて

第1部　農業技術改善の民俗誌

第2部　漁業技術改善の民俗誌

第3部　山林資源利用の民俗誌

はじめに

技術と道具の物質文化論にむけて

21

語り得ること　語り得ないこと　22
モノへの戦略的固執　23
「モノ」は資料としてどう使えるか　25
技術的文脈と生活の文脈　28
モノの文脈と民俗誌記述の接合　30
モノの集合から地域を描けるか　34
「体系」から「流通」へ　35
技術革新を促すのは何か　36
本書の目的と構成　38

第1部 農業技術改善の民俗誌

序論 — 42
1 研究の枠組み — 42
2 流通民具概念の応用 — 43
流通民具研究の概要 — 43
「定型化した技術観」批判と流通民具概念 — 45
流通民具概念の今日的意義 — 46
3 日本の労働集約型農業の特質と農業技術改善 — 48
東西比較の視点からみた農業近代化過程 — 48
労働集約型農業をめぐる三つの社会理論 — 49
＊勤勉革命論＊農業のインヴォリューション論＊中耕農業論
労働集約型農業の課題 — 53
4 記述のプラットホームとしての民俗誌 — 54
日本民俗学における民俗誌の展開と課題 — 54
新たな民俗誌像 — 57

41

＊歴史的展開を描く民俗誌＊マクロとミクロの接合＊農業技術改善の主体
＊通時代的に継続する論理の描出
5 論文の構成 ― 59

第1章 対象地域概要と調査経緯 ― 61

1 対象地域概要 ― 61
地勢と農業経営の環境 ― 61
都市近郊農村としての特質 ― 63
水利を中心とした農業基盤の概況 ― 64
＊溜池灌漑＊井堰灌漑＊和泉山脈からの小河川
2 調査経緯 ― 69
農具調査の対象地域と標本資料収集の経緯 ― 69
民俗誌記述の対象地域と民俗調査の経緯 ― 70

第2章 近世農書にみる技術改善と二毛作経営 ― 72

1 農民側の資料としての農書 ― 72
農書の定義と分類 ― 72
紀ノ川流域における農書 ― 73

経験主義的な技術改善 - 74
2 近世における農業技術改善の実態 - 74
商品経済型農業への志向 ―『祖竹志』― - 74
＊名草郡岩橋村の『祖竹志』の背景＊作物の相場に関する記述＊稲作儀礼に関する記述
＊『祖竹志』にみる農業技術改善
卓越した農書の出現 ―『地方聞書』― - 81
＊伊都郡学文路村の『地方聞書』の背景＊耕地の選定＊経験主義的な技術改善＊民俗知の外部化
＊農具の構成＊農家の経営戦略＊村落支配と倫理観＊『地方聞書』にみる農業技術改善
実験的思考と経験主義的な技術 ―『畑綿花栽培様之次第』― - 103
＊名草郡満屋村の『畑綿花栽培様之次第』の背景＊実験と経験主義的な技術改善
商品経済への積極的な介入 ―『作り方秘伝』― - 106
＊那賀郡深田村の『作り方秘伝』の背景＊商品作物の実験＊マーケティング調査
＊様々な可能性の模索＊『作り方秘伝』にみる農業技術改善
3 まとめ - 116
農村への商品経済の浸透 - 116
民俗知の外部化 - 119
農業経営体としての家とその変質 - 120

第3章　近代農政資料にみる技術改善の動向―122
1　近代農政資料への視点―122
2　近代における農業技術改善の実態―123
経験主義的な技術改善の再評価　―一九世紀後半――123
＊紀ノ川流域の農業の位置づけ＊農業技術の改良＊経験主義的な技術改善と農政＊農具の構成
＊二毛作農家の収支＊小結
農業近代化の普及　―二〇世紀前半――140
＊殖産興業としての農政＊農業技術と農具の改良＊農具の構成＊二毛作農家の収支＊小結
3　まとめ―160
国家によるボトムアップの技術改善の回収―160
農民によるトップダウンの技術改善の選択―161
第4章　近代の牛耕農具にみる技術改善ブームと標準の形成―163
1　農民側の物質資料としての農具―163
2　標準化の分析概念―164
3　農具における技術改善―165
分析対象の選定―165

大正～昭和前期における農具の技術改善－166
＊犂の例＊砕土器の例＊牛耕除草具の例
4 まとめ－203
農具の技術改善のプロセス－203
＊犂の技術改善＊砕土器の技術改善＊牛耕中耕具の技術改善
技術改善ブームと商品－205
＊共存する二つの標準＊農作業の一部を改良する思考
第5章 聞書きの中の農業技術改善－216
1 民俗誌記述の対象地域概要－216
2 農法と農具にみる技術改善－219
田屋地区の灌漑用水－219
田屋地区における昭和前期の農作業と農具の使用－221
＊播種・育苗＊耕起・耕耘＊移植＊除草・防虫防除＊収穫・脱穀調整＊畑作
技術改善に関する情報収集－227
3 富の資本化と投機のスパイラル－232
近世における公共事業への投資－232
第一次長屋門建設ラッシュ－233

第二次長屋門建設ラッシュ―233
4 新たな農法の採用―235
直播法の導入―235
直播法の農作業の特徴―236
5 農具の群資料の分析―237
群資料への視点―237
一軒の農家における農具の受容と更新―237
農民と鍛冶職人・農機具商人との関係の変化―241
6 まとめ―243
技術改善における地域独特の制約―243
パーソナルな経験主義への信頼―244
富の資本化と投機のスパイラル―245
技術改善をめぐるダブル・スタンダード―245
結論―247
1 研究の成果―247
人格的な技術観―248
技術改善における地域独自の「本位」―249

労働観や道徳への依存 251
技術改善ブームへの転換点 251
2 オルタナティヴな技術観 252
近代化の社会理論 252
民俗学の技術研究への新たな視点 253
3 課題と展望 254
本研究の課題 254
参考資料 和歌山市平岡地区の農業 261
＊開発と農業＊集落の概要＊農業用水＊現在の稲作＊戦前の農業

第2部 漁業技術改善の民俗誌

271

序論 272

1 目的と仮説 272
2 生業研究の問題点 273
3 漁撈民俗研究の問題点 278
4 技術革新の分析概念 280
5 調査の経緯と本論の構成 282

第1章 地曳網漁のシステム論的理解 285

1 地勢と漁業経営の環境 285
2 魚種と魚群の探知 289
3 網元の経営 291
4 地曳網漁のシステム論的理解 302

第2章　地曳網漁のプロセス論的理解 ─ 304
1 労働力に依存する地曳網漁 ─ 304
2 労働力不足に対応する地曳網漁 ─ 313
3 動力に依存する地曳網漁 ─ 315
4 現在の地曳網漁 ─ 317
5 地曳網漁そのものの資源化 ─ 323
6 地曳網漁の和船 ─ 324
7 地曳網漁のプロセス論的理解 ─ 327

結論 ─ 330
1 生業のプロセス論的理解 ─ 330
2 地曳網漁における技術改善の「本位」 ─ 332

参考資料　日高町産湯のエビス神信仰と俗信 ─ 333
＊エビス神と十日戎＊平成一一年の十日戎＊俗信

第3部 山林資源利用の民俗誌

343

序論　山村の民俗研究の課題　344

1 山人論から「奥まった農村」の研究へ　344

2 「山村性」から「畑作類型」へ　347

3 転換点としての「複合生業論」　350

4 本論における技術改善への視角　351

第1章　対象地域概要と調査経緯　354

1 対象地域概要　354

2 調査経緯　357

第2章　せめぎあう二次林と人工林　359

1 東牟婁郡における近代林業の実像　359

〝熊野式林業〟への関心　359
紀伊半島南部における林業の概要　361
古座川流域における山林の様相とその利用　362
林業の技術とその変化に関する聞書き　363
＊ショウヌシの役割＊林業の技術的特色と民俗知識
〝熊野式林業〟の現在　383
2 西牟婁郡における近代林業と備長炭生産　384
西牟婁地域における山林利用の地域的展開　384
山林利用の特色と山番制度　387
＊山林利用と山番制度
山林の開発と造林　389
＊木材素材業・木材加工業者への立木の売買交渉＊木材の伐採・搬出と造林
山林の持続的利用の生業　400
＊製炭業者への立木の売買交渉＊製炭の技術と道具
日置川上流地域の山林利用の地域的特色　405
第3章　二次林における山林資源の獲得と流通　408
1 ニホンミツバチの養蜂　408

熊野地域の養蜂 — 408
近世における熊野地域の養蜂 — 410
近代における熊野地域の養蜂 — 413
擬似的な営巣環境の設定 — 421
＊営巣場所＊分封＊養蜂箱＊採蜜＊天敵対策など
現代における養蜂の活況 — 427
熊野地域における養蜂の近代的特質 — 428
2 環境の遷移とシイタケ半栽培 — 429
古座川流域における二次林でのシイタケ栽培 — 429
＊紀州備長炭生産と炭材の択伐＊遷移過程の二次林における採集＊遷移過程の二次林における半栽培
＊近世のシイタケ栽培技術との比較＊二次林でのシイタケ栽培の条件＊二次林でのシイタケ栽培の衰退
山林資源利用の諸相 — 438
3 川漁の多様性と非所有資源利用 — 440
古座川における伝統的な河川漁撈技術の概要 — 440
漁法とその類型 — 441
＊漁法の類型設定（個人的な漁法　集団的な漁法）
調理法と保存法 — 449
漁法の類型にもとづく特色 — 450
木材の流送経路としての川 — 452

＊古座川流域の林業＊漁撈活動と林業
古座川の河川漁撈の現在 454
河川資源と漁法の研究 455
富田川中流域の川漁と漁具 460
4 二次林における採集と商品 462

第4章 傾斜地の水田経営と山村観光 465

1 熊野の水田経営と観光への活用 465
変化の契機としての世界遺産登録 465
〝熊野イメージ〟の「精神性」と観光のまなざし 466
＊現代山村をとりまく状況＊〝熊野イメージ〟と創られた「精神性」
＊世界遺産登録と「文化的景観」概念＊観光における〝熊野イメージ〟の実践
地域住民による観光現象の受容 471
＊観光化する熊野古道と棚田の再発見＊伝統的な水田経営＊棚田の現代的展開
＊観光の時代を柔軟に生き抜く山村の人々
〝熊野イメージ〟を超えて 477
2 東牟婁郡における農具の特色 478
熊野川町での農具の調査 478

稲作用具の特色について - 478

3 **西牟婁郡における農具の特色 - 482**
上富田町立民具館の民具コレクション - 482
『農具繪図面　和歌山県西牟婁郡』 - 483
富田川中流域の稲作・畑作と農具 - 486

4 **熊野の和紙生産 - 493**
小津荷と生業の構成 - 493
近世から継承された和紙生産 - 494
聞書きによる和紙生産の実際 - 495
和紙生産用具の特色 - 496

5 **カワタケの村と物資輸送 - 496**
近世末期の熊野川の舟運 - 496
聞書きによる川船での物資輸送の実際 - 497
船頭の会計簿から - 500
川を使った物資輸送の廃業 - 502
ダンベ船 - 502
小津荷の生業から見えてくるもの - 503

結論

結論―510
❶ 生業活動と環境改変―510
❷ 商品経済と柔軟性―511
❸ 新技術と在来技術の葛藤―512
❹ 「伝承」から「本位」へ―514
参考資料1 紀州の和紙生産技術と民具の所在調査―517
＊高野紙＊神野紙＊保田紙＊藤井紙＊山路紙＊西牟婁郡の和紙＊音無紙＊花井紙
参考資料2 奈良県吉野地域における林業の調査報告―531
＊川上村大迫での聞書き＊川上村北和田での聞書き
参考文献一覧―540
あとがき―550
初出一覧―553
地名索引―559

第一部のフィールド
第二部のフィールド
第三部のフィールド
奈良県
和歌山県
和歌山市
岬町
阪南市
泉南市
紀の川市
橋本市
五條市
大淀町
吉野町
下市町
黒滝村
川上村
天川村
高野町
紀美野町
野迫川村
海南市
有田市
有田川町
湯浅町
広川町
由良町
日高町
美浜町
御坊市
印南町
みなべ町
田辺市
下北山村
北山村
新宮市
紀宝町
御浜町
上富田町
白浜町
すさみ町
古座川町
那智勝浦町
太地町
串本町

はじめに

技術と道具の物質文化論にむけて

はじめに　技術と道具の物質文化論にむけて

語り得ること　語り得ないこと

私たちは、普段着ているシャツが中国製かベトナム製かを意識することはあまりない。「そのシャツをどうやって手に入れたのか？」と問われたら、答えられるのは買った場所ぐらいであろう。私たちは身に着けているもののことすら説明できないが、生活を営む環境は確実にグローバルなモノの流れのなかにある。また、それがシャツとして納得のできる価格であり、機能的に納得できる程度の汗を吸い、シャツとしての耐用年数があれば、特に印象に残ることもない。私たちは、一〇年前に毎日のように着ていたシャツについて問われたら、それを着ていただろうということ以外はまるで覚えておらず、それらを説明することができない。しかし民俗調査では、当たり前のように問いを投げかける。「戦前はどのようなものを着て農作業をしていましたか？」私たちは日々の生活について、何を語り得るのだろうか。

例えばクルマを買い替えるとき、私たちは主体的に購入対象を選択していると認識している。メーカー各社は、多様なニーズに合わせて選択肢を増やし、消費者の個別の状況とのマッチングのなかで、製品は消費されていく。「どうしてそのクルマにしたのか？」と問われたら、私たちは自らの家族の構成や駐車スペース、好み、予算などについて述べるであろう。しかし同時代の商品の全体像を別の時代から見れば、そのすべてが一定の技術的な標準の枠内にあり、バラエティに富むと感じられるデザインもある時代の傾向の範疇にあり、さらにそれを選択する消費者の家族像や人生観は、大変興味深いものと映るであろう。同時代を生きる生活者である私たちは、そのことを説明することはおろか、認識することも困難である。しかし民俗調査では、当たり前のように問いを投げかける。「当時どうして、この犂をあの犂に買い替えたのですか?」私たちは日々の生活について、何を語り得るのだろうか。

戦後の日本民俗学は、語られることの文脈から、人々の生活を理解しようとしてきた。語られることを総合化し、その連関のなかから生活の理解に至る構造機能主義的な思考に依拠した地域記述法は、特定の地域で流通する民俗語彙の比較研究に対するオルタナティヴな記述として民俗誌記述の基盤となってきた。このとき記述の単位は社会である。社会化された存在としての個人が語る内容が、彼/彼女の社会へのアクセスと見なされることによって、聞書きデータは社会を理解するための有効な素材として活用される。

しかし、冒頭の素朴な疑問、すなわち私たちは日々の生活について、何を語り得るのだろうかという疑問をふまえるならば、語りを文字化することでしかデータ化できない民俗学において、語られることは、生活を理解することに資する素材としては限定的であるといわざるを得ない。

モノへの戦略的固執

語り得る世界と表裏一体である語り得ない世界を、いかにあぶりだすか。人々の生活の理解は、言説に絡めとられやすい。そのことを相対化するためのひとつのヒントとしてアルジュン・アパデュライが『モノの社会生活』(Appadurai ed. 一九八六)で主張した「方法論的フェティシズム」という主張がある。アパデュライは「理論的見地において、行為主体である人間がモノを意義付けによってコード化し、方法論的見地において、モノの人間的・社会的文脈を解明してくれるものは「動きのなかのモノ」(thing-in-motion)の側である。モノについての如何なる社会分析(経済学的、歴史学的、人類学的分析)も最低限の方法論的フェティシズムと呼べるようなものを避けて通ることはできない。この私たちの関心をモノそのものに振り向かせてくれる方法論的フェティシズムは、モノにおいて過度に社会学的にやりとりする傾向をいくらか矯正するものである」(Appadurai 一九八六、五頁)と述べた。学術的な態度として、モノ(things)のコンテクストにあえて「執着」する方法論的フェティシズムによって、主体―対象という図式から脱却すべきだというのである。人間の行為の側からモノを理解する場合、何らかの先入観が介在することは避けることができない。方法論的フェティシズムは、モノの側から人間の社会や行為を理解するという態度である。アパデュライによると、方法論的フェティシズムに依拠すれば、国民国家や民族集団、様々な宗教的・社会的集団に制約されることなく、人と人の関係を媒介するモノから社会を展望できるというのである。

このコンセプトは提示されてから二〇年を経過した現在でも、多方面へ影響力を持っている。例えば文化人類学者の田口理恵は、スンバ島の布作りをめぐるモノと生活との様々な関係について記述したユニークな民族誌を作成し（田口 二〇〇二）、「モノを作る人」へのまなざしではなく「モノが作る人の関係」から記述をする新たな視角を提示した。金子守恵は、エチオピアにおける土器づくりと地域社会の関係を、技術や流通、身体、経済などから有機的に描き、その全体像を「地縁技術」というキーワードによって表現した。近現代の考古学者の朽木量は、アッセンブリッジとハイブリディティの概念を巧みに応用して、日本近世の墓標やニューカレドニアの日系移民の墓標群と生活用具一式を分析し、野心的な方法論的研究として注目された。より民具研究に近接した論者として挙げられる角南聡一郎は、台湾原住民の装身具に転用される貨幣の意義に注目した研究（角南 二〇〇七）をはじめ、生活の文脈におけるモノの多義性についての研究を多数提示している。近年の実験的な試みは、社会のなかでモノがどのように把握できるかを論じるにとどまっているが、モノの文脈を起点に人々の動きや関係を描いていく方法は、新たな文化研究のカテゴリとなりうるであろう。

こうした動向は、研究者の主体的な意味づけによって認識される対象に、様々なイデオロギーや思想が介在することへの批判を出発点としている。そして、それを相対化するために「モノの自律的な文脈」によって人と人の関係を逆照射するという研究課題を形成するに至った。しかし「モノの自律的な文脈」の視点を得たと同時に、その資料操作によってモノは実生活のコンテクストから乖離し、人間不在となりかねないジレンマに陥る。

このコンセプトを民俗学に応用するためには、「モノの自律的な文脈」と民俗誌的な視点をどう接合するかを議論しなければならない。それを議論する舞台は、モノが使用される極めてローカルな現場であろう。すなわち、語られることとモノが持っている情報のズレを見出し、人々の意図の働かない部分で実は生活を大きく規定しているものをあぶり出すことこそ、現代の民俗学における物質文化研究の目標であろう。

「モノ」は資料としてどう使えるか

人々の生活に対する理解は、時代の様々な価値や情報の偏重などの制約を受けやすく、また年齢や属性によっても変化する。さらに、日常の動作や習慣に埋没的で、改めて認識されないために語り得ないこともある。それに対し、モノはその物性（physicality）ゆえに特定の人間にその存在を依存しておらず、製作者や使用者から独立しても存在しえる。

民俗学では、ある器物（artifacts）を地域理解の一資料として使うことが多い。いわば聞書きを証拠づけるものとしての民具という使い方である。例えば聞書きで、目を患った人が集落内の小祠に「めめめめ」とたくさんの文字を書いた小絵馬を奉納したという話を聞いたとする。それをたよりに集落を歩き、見つけ出した小祠に話者の言った通りの小絵馬を見つけたら、調査者は語られたことが裏付けられたと感じてそれを民俗誌の挿絵に使うであろう。この場合、小絵馬の資料的価値は聞書きデータに依存しており、聞書きデータの物質的証拠として扱われている。これをここでは、ある器物が、調査者によって物質性（materiality）において評価されたと理解する。

これに対し、ある器物にモノ（thing）としての意義を見出すことが、物質文化研究においては必要である。眼病予防の小絵馬が奉納される場所が、人々によって意味ある場所と見なされるためには、人々がある契機で眼病予防の絵馬を奉納する行為を生み出す過程がまずある。しかしその行為は、由緒の説明や場所に付随する伝説などによってしか説明されえない。一方で、すでに奉納された小絵馬は、目を患った人物による祈願という行為が行われなくなってもなお、そこに放置されていく。そうして集積していく器物は、その場所を意味づける物語を伝達するメディアとして機能しはじめ、媒介性・伝達性（medium）を帯びる。多数の絵馬が存在しつづけることが、逆に意味を生み出す源泉となり、人々はそれの意味を解釈することで一定の事実を理解する。それは聞書きにおいては「あの場所には〝め〟と書かれた絵馬がたくさんあって、なぜかわからないが目の病になると詣る場

❖㊧奉納された眼病平癒の祈願絵馬（名前部分を筆者加工）　㊨善光寺境内の爪彫如来像の祠

所だとされている」といった表現となる。この場合、小絵馬の資料的価値は聞書きデータを従属させており、むしろモノの分析が、語り得ないものを明らかにしうる。残された小絵馬の素材や形式の推移、使用痕や儀礼の痕跡、紀年銘、周囲の環境との配置関係、モチーフや願文の変化などが、今は人々から忘れられた信仰のありようを明らかにしうるのである。ここではこれを、ある器物が調査者によって、モノ性（thingness）において評価されたと理解する。

さらに具体例を挙げてみよう。筆者はかつて特別展の準備のため、和歌山市の津秦《つはだ》天満宮（和歌山市津秦）に奉納されてきた瓦牛の調査を同僚とともに行ったことがある。瓦牛は、子どもの皮ふの病気や疱瘡などが治るまじないとして祈願のために使われてきた呪物である。使い方は、上記の社や祠から、瓦牛をひとつ借り受け、「牛さん草を食べてください」と唱えながら肌にふれて願をかけ、病気が治ったら御礼牛としてもうひとつ新しいものを加えて奉納する倍返しのまじないである。津秦天満宮の牛神社をはじめ、日前國懸《ひのくまくにかかす》神宮の瘡《くさ》神社（同市秋月）、高野寺の立江《たちえ》地蔵（同市本町）、名草神社（同市内原）、大日堂（同市井辺）に奉納された。瓦牛は、瓦町（和歌山市田中町）に軒を連ねていた瓦屋が製作していたと言われ、店によって形が違ったともいわれる。

この調査では、津秦天満宮の牛神社の床下から古い瓦牛約一〇〇点を発見した。それを見ると、瓦牛は風化の進んだ古いものに手びねりで作ったものがあるものの、ほとんどは型作りであった。ただ、その形状は首の長いもの、扁平なもの、内側を少しくりぬいたもの、頭に大黒や宝珠を乗

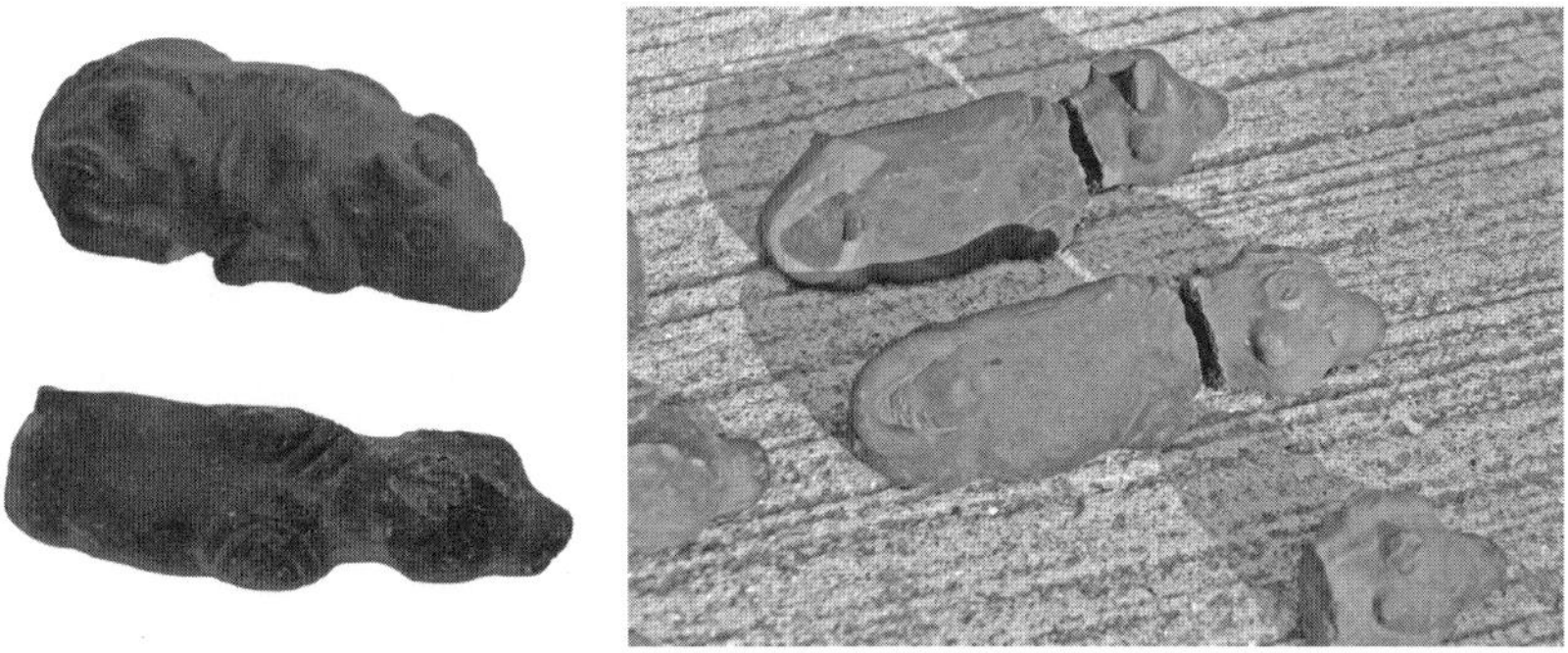

❖㊧上から偏平な瓦牛と首の長い瓦牛　㊨意図的に壊された瓦牛（和歌山県和歌山市津秦）

せたものなど、数種類あったことがわかった。注目すべきは、首の長いものに破損したものが多いことで、首と胴が真っ二つに折れている。中には顔の部分が欠けているものや、何か所かの固い物による打撃の痕跡もあった。それに比べ、扁平な形状のものは、現行の津秦八幡宮で販売されているものと同様のサイズ・形状のものであるが、これはほとんど壊れていない。この資料から推測できることは、かつてこれを意図的に壊す行為があったことで、それが現行の形状が一般化したときには行われなくなったと思われる。聞書きではこれを壊すということは聞かれず、むしろ「壊すなど罰当たりじゃないか」との意見を述べる人もいた。それを実証するものはないが、筆者は仮説的に、神社から祈願のために借りてきた瓦牛を、治癒後の御礼参りの際に壊して新しい瓦牛を奉納するという使われ方ではなかったかと考えている。いずれにしても、信仰上の行為として行われていたもののなかに、語り得ないものが含まれていることを強く認識した調査であった。ちなみに、半ば捨てられていた一〇〇点というまとまった数の瓦牛が、瓦質陶器という腐りにくい素材ゆえの物性によって残存したこと、その集積（assembly）にしか明らかにしえないことがある。また、一部には名前を記したものもあり、個別化させる情報（index）も多くの手掛かりを与えてくれる。

　モノ性、すなわちモノの媒介性・伝達性が人々の認識を規定していくような器物のあり方に、筆者は物質文化研究の魅力を感じてきた。

❖風呂鍬（和歌山県立紀伊風土記の丘蔵）

技術的文脈と生活の文脈

　モノは一定の技術を内包して存在するのみならず、その技術への評価や観念を不断に再確認させる媒体でもある。日本の鍬は鋼と軟鉄を継ぎ合わせる鍛冶技術によって製作されてきた。しかもそれで土を耕す行為がそのまま刃を研磨する行為と同義となるというアイデアと、損耗すれば継ぎ足しが可能という鍛冶職人によるメンテナンスによって持続的に使用することができる。また、鍬を振り下ろして土に突き刺して起こすことによって耕起したり、鉄の重量を巧みに扱うことで耕作の疲労を軽減したりする身体技術が必要で、手のなかにある道具としての習熟度がそのまま効率的な労働量に反映される。こうした部分はモノが内包する技術である。

　同時に鍬は、手作業による深耕を人手をかけて行うことが反当り収量を増やすという、労働集約的な思考において重要な農具であった。そしてそれは、丁寧な仕事を真面目に行うことを美徳とするような道徳観に支えられていた。無駄のない身体動作はその労働を実現するために不可欠なものであり、本書第一部で述べるように身体的な裏付けと経験主義的な知識を備えた農民を理想化する言説を生み出した。鍬はそうした技術への評価や観念をも担って存在してきた。

　筆者がモノのこうした側面に重要な関心を抱く理由は、モノが生活を規定すると同時に、生活がモノを規定していくようなあり方によって、人々の生活を描くことができるのではないかと考えるからである。人々の生活の歴史的展開を明らかにするのが民俗学の目的であるから、モノへの視点はそれへのアプローチのひとつとなるのである。

この点について、筆者は村田純一の次のような主張に全面的に依拠している。

プラトンやアリストテレスが強調したように、どのような技術的製品であれ、それに意味が与えられるのは、使用においてである。もちろん他の製品を作るためにある技術（製品）を使用することも多いが、こうした手段と目的の連関において、最終的な目的となる使用はやはり生活世界においてであろう。それゆえ、技術化によって生活世界が意味の起源としての位置を脅かされるにしても、やはり技術に最終的な目的と意味を与えているのは生活世界ではなかろうか。最終的な目的と価値の体系としての生活世界の優位はやはり動かないのではないか、と考えられるかもしれない。（村田一九九五、二四七頁）

意味を不断に生み出し続ける現場としての生活世界においては、技術は解釈され、応用され、個別の状況の文脈に位置付けられてこそ意味を持つ。もともと技術の進歩とは、農民や職人による創意工夫によって既存技術の改善が進められるものであったろう。技術において意味を生み出してきたのは生活世界の側であった。それが科学の「技術化」の時代、とりわけ産業革命以降、実験科学によって得られた科学的知見がそのまま道具として製品化され、人々の生活の文脈に直接介入してくるような時代になると、生活世界は実践の場としての意義しか持たなくなったかのように見える。「日常知の専門知への依存」（村田一九九五、二四六頁）という状況である。しかし、村田はあえてこの二元論をも崩していく。

しかしながら事態はそれほど単純ではない。というのも、技術は特定の目的に対する手段の位置に還元することはできず、むしろ手段が目的を生み出すという事態もありうるからである。しかもこの逆転現象は、多くの場合明確に、意図的に生じるのではなく、自明なものとして、あるいは「自然」なものとして生じる。（中略）換言すると、技術は既存の行為の形を破壊するばかりではなく、同時に新たな行為の形と意味を生み出す力を持っているのである。（村田一九九五、二四七頁）

つまり、科学的な思考に基づくモノに囲まれてそれが自明化した人間にとっては、それが日常化して「自然」な世界となる。むしろ、日常知にのみ裏付けられる世界（民俗的な世界ともいえる）は理想のなかにしか存在しえず、おのずとそこに立ち返ることもできず、そのことが憧憬を生み出し、言説としての「素朴」や「自然」を再生産させる結果となる。しかし人間は手のなかにある道具を駆使して環境にアクセスし、環境からの反応や労働の効果を解釈し、独自に技術観を形成していくものである。となれば、科学技術を「自然」として生きる近代人にとっては、科学技術に裏付けられた技術や道具を評価し、個別の目的を達するために道具化する行為は、生活世界から出発する。

フィールドの文脈から問題を立ち上げる民俗学においては、科学技術に基づく合理的・効率的な世界を普及する近代化を相対化し、技術と道具の記述方法を脱近代化する必要がある。具体的には、生活世界における意味の創出と、生活の現場に即した技術改善の実践を記述することで、近代技術の地域的展開をいかに描きなおせるかが重要である。そうした視点に立つとき、民具研究の先学は、モノの文脈と民俗誌的記述の接合というアプローチで、すでにその実践を始めていたことに気付かされる。

モノの文脈と民俗誌記述の接合

日本における物質文化による民俗研究は、文化的なモデルを提示するような、あるいは系譜を説明するような志向から展開していった。対象としての民具とは何かという議論に、民具を調べることによって日本文化の本質に迫ろうとする意図が強く働いていたことは、宮本常一《みやもとつねいち》の『民具学の提唱』（宮本常一　一九七九）に如実にあらわれている。本書のなかで宮本は、一九六三（昭和三八）年に渋沢敬三が亡くなった後、桜田勝徳《さくらだかつのり》とともに渋沢の遺志を継いだ民具概念の策定について話し合ったといい、桜田との議論をふまえて民具の概念規定を七項目にまとめて収集の指針として提示した。以下は、宮本が「民具試論Ⅰ」（宮本常一　一九六九）で表明した民具の定義である。

一、民具は有形民俗資料の一部である。
二、民具は人間の手によって、あるいは道具を用いて作られたものであり、動力機械によって作られたものではない。
三、民具は民衆が、その生産や生活に必要なものとして作り出したもので、使用者は民衆に限られる。専門職人の高い技術によって作られたものはこれまで普通、工芸品、美術品などといわれ、多くは貴族や支配階級の人々によって用いられた。これは民具と区別すべきである。
四、民具はその製作に多くの手続きをとらない。専門の職人が作るというよりも、素人または農業、林業、漁業などのかたわら製作しているものである。
五、民具は人間の手で動かせるものである。
六、民具の素材になるものは草木、動物、石、金属、土などで原則としては化学製品は含まない。
七、複合加工を含むものは仕あげをするものが、素人または半玄人であるもの。

宮本常一は、おそらく上記の項目の背景にある民俗を研究する重要性を念頭に、それを明らかにしうる資料としての対象物を民具と呼ぼうとしている。しかし、複数の異なる指標が混在したこの概念規定は、高度経済成長期という急速な変化をともなう特有の時代感覚から捕捉される「民具らしいもの」を、そのまま実体概念としての民具として対象化する安易な思考に結びつきやすかった。ところで、宮本常一は『民具学の提唱』のなかで、一九四一（昭和一六）年に「民具は形態や製作法や民具にともなう伝承を調べるだけでは意味がない。一戸ごとの民具の保有量、使用法、消耗率、改良などを含めて、生活の中にどのように位置づけられているかを明らかにしなければ本当の研究にはならない」（宮本常一 一九七九、七二頁）と渋沢敬三《しぶさわけいぞう》に主張し、宮本が郷里の周防大島に、竹内利美《たけうちとしみ》が川中島に、実態調査に出向いたことが記されている。この成果が民俗誌刊行に至らなかったのは非常に残念だが、宮本は「例えば鍬の幅と長さによって鍬の上にのる土の量に差があり、一升鍬、八合鍬、五合鍬、三合鍬などと区別されており、一分間に鍬をふるう回数、それによって持ち上げる土の量と重さ、一時間の労働量、疲労と休息の関係などをあらましではあるが知ることができ、また若、青、壮、男、女などによって差のあることを知った」（宮本常一　一九七九、七三頁）としている。そして、個々の道具が地域において使われる状態を「生態」と呼び、物質文化研究からの労働の具体像の記述を試みている。また、佐渡や周防大島など各地で彼が主導して収集された「久賀の諸職用具」、「周防大島東部の生産用具」、「南佐渡の漁撈用具」は、国の重要有形民俗文化財として保存されている。民具研究の理論化における本質主義的な民具概念の主張は、これらのミクロな視点での緻密な民俗誌的記述に長けた宮本の仕事との間に、大きな自己矛盾をはらんでいる。

一方、アチック・ミューゼアムの民具研究と資料収集および整理に中心的に関わり、戦後も民具研究の方法を深化させ続けた、宮本馨太郎《みやもとけいたろう》のスタンスを見てみたい。彼は『民具入門』（宮本馨太郎　一九九〇）・『図録・民具入門辞典』（宮本馨太郎　一九九一）などにおいて、民具の定義を、「一般民衆が日常生活の必要から製作・使用してきた伝承的な器具・造型物の一切を包含し、国民文化または民族文化の本質と変遷の解明のため欠くことのできない資料」（宮本馨太郎　一九九一）としており、これを『民具蒐集調査要目』に「民具」の基礎を設定する作業と位置づけている。宮本の問題意識は、「一般の人々の日常生活のうちに繰りかえし実践される類型的な生活事実」あるいは、「世代継承される生活経験の蓄積」から、「国民・民族の大多数を占めるごく一般の人々の日常生活における慣行・習俗」「国民・民族にとってはもっとも基盤的伝承的な生活文化」を明らかにすることとであると表明している。

こうした記述は、日本文化の本質の存在を前提としており、自己完結的な文化のモデルを志向するものとなっている。上記の定義、すなわち「一般民衆が日常生活の必要から製作・使用してきた伝承的な器具・造型物の一切を包含し、国民文化または民族文化の本質と変遷の解明のため欠くことのできない資料」という表現は、ともすると統一的・単一的な文化の記述による非時間的な時制での歴史記述に帰結しかねない。また前述の「一般の人々の日常生活のうちに繰りかえし実践される類型的な生活事実」、「世代継承される生活経験の蓄積」といった表現は、国民・民族にとってもっとも基盤的伝承的な生活文化の描出を促すことにもなりかねない。しかし、実際の宮本自身の民具研究はこれとは異なる周到な方法論を軸に据えたものであった。

宮本馨太郎の民具概念を理解するためには、上記の概説書とともに具体的な方法論をケース・スタディによって示した『民具研究の軌跡―服飾の民俗学的研究―』(宮本馨太郎 一九七七)を併せ読む必要がある。本書は、宮本が実践してきた民具研究の成果の主要なものをまとめたものである。内容は、足半・被り笠・山袴・露卯下駄の研究を掲載しているが、これは単なる調査報告のデータ集ではなく、方法論の実践的提示として読むべきである。内容はそれぞれ、足半の研究は戦前のアチック・ミューゼアムでの実験的な方法論研究、被り笠の研究は日本民族学会附属民族学研究所で行なった全国規模のアンケート調査による研究、山袴の研究は文化財行政における最初の重要民俗資料の学術的意義と文化財としての具体像を示した研究、露卯下駄の研究は博物館学教育の一環で進められた考古学と民俗学の協業による物質文化研究の実験的研究である。これらを辿ることで、宮本の民具研究はアチック・ミューゼアムで確立し、戦後の文化財や博物館をとりまく状況のなかで深化され、物質文化研究の一分野を開拓するに至ったことが分かる。

その方法を筆者なりに要約すると以下のようになる。まず宮本は、民具という視角からある物質的対象を選択し、それが掲載された文献資料や絵画資料を集積し、文化史的分析によって歴史的変遷を明らかにする。次に物質資料の集積によって、空間的な分布傾向を把握する。ここでは物質資料とともに地方名称や使用法の情報も同時に得る。こうして歴史的(垂直的)―空間的(水平的)なデータがそろった段階で、形態と素材の分析によって分類項目を設定し、歴史的な変遷過程についての仮説を提示する。これが基本的な研究のプロセスであるが、被り笠の研究では、さらに踏み込んで特定の一つの分類項目をクローズアップし、詳細な分析を加える試みも見られる。このように、宮本馨太郎の民具研究は、歴史的―空間的なデータを集積したうえで、全体像を理解する枠組みを設定するという、徹底した帰納法が採られており、それはアチック・ミューゼアムでの実践を深化させたものと見ることができる。

筆者がとても興味深く思うのは、この二人がともに、民具研究の対象設定に関する議論において、なぜ非常に強固な本質主義に陥ってしまうのかという点である。なぜなら、個別の研究において、宮本常一は極めて民俗誌的な生活の理解を目指し、宮本馨太郎はモノの歴史的展開を緻密な文献と聞書きデータの総合化によって、身近な衣食住の推移を風俗史的に描こうとしているからである。現在の民具研究が学ぶべきは、モノの文脈と民俗誌的な理解を接合させることに成功している諸研究に用いられている視点と方法論である。

人間に視座を置いて、人間がモノを説明するのを記述するのではなく、モノが人間の行為を規定したり、モノが持っている機能や情報が人間の行動や思考を規定したりするような、モノの媒介性・伝達性に着目し、人々が語り得ない生活の変遷や展開をあぶりだすことができれば、物質文化研究の意義も高まろう。

モノの集合から地域を描けるか

かつて日本の民具研究においては、モノの文脈と民俗誌的な理解を意図的に接合しようとする試みが提案されたことがある。基本民具論である。これはモノの独自な文脈に着目し、器物を群として把握して、その集積のモデルから地域社会を論じようとする方法であった。基本民具論を提案した河岡武春《かわおかたけはる》は、「民具研究の方法」(河岡一九七二)において民具の集積から地域的特色を理解することを明確な目標に掲げた。具体的には、まず生産を基本としてそのなかで使用され、指標となる道具を選ぶ。そしてその相互連関をひとつの単位と見て、その「体系」によって理解した「文化構造」によって、複数の地域を比較するというものであった。

基本民具論の意義は、個別の道具を単系的な発達段階論でのみとらえる視点や、共通の器物の空間的な展開を時間軸に変換して資料操作する伝播論とは異なる、新たなアプローチの可能性を秘めていたところにあった。系譜論や伝播論には、モノを使用する人間やその社会の文脈が不在である。いうまでもなく道具の変化は、人間の選択や意思によって起こるのであって、道具そのものが機能性の高い方向に勝手に発達していくのではない。おのずとそれを使用する個人や共同体と、それをとりまく状況に眼を向けなければならない。群としてモノを把握して、文化理解を志向する試みは、理論としては分かりやすさを持っていた。

基本民具論が、あるフィールドにおけるモノを群として捕捉し、その体系に眼をむけた点は、意義として認められる。「構造」や「体系」といった言葉からこの民具研究の枠組みは、物質資料の構造機能主義的な理解によって地域像を描く方法を志向していたことがわかる。ところが、指標となるべき器物が恣意的な取捨選択によって抽出されることが不可避であったため、地域の生活の「体系」の構成要素として抽出した器物が、適切かどうかの吟味が不在であった。また、その器物の集積によって得られる「体系」の相互連関から地域像を描くときに、「構造」（ここでは社会の骨組みといったニュアンスであろうが）が強く意識されるために、自己完結的なシステムとしての共同体を描出することに陥りやすい。また、その「構造」を担う主体についても、恣意的に選択された地域内の社会集団を無批判に適用してしまう可能性が高い。基本民具論ほど徹底したものでなくても、民具による地域研究の多くは、社会の側から物質文化を研究する見方をとってきたために、その社会の理解の仕方に大きく左右される結果となった。

基本民具論は、高度経済成長期に収集された民具を、各市町村で設置した歴史民俗資料館等の小規模博物館で地域展示に活用する際に、非常に便利なフレームであった。事実、筆者も「体系」を意識して民具を扱い、「地域の民俗」を展示したり、民具を資料として使って自治体史を執筆したりしてきた。これに依拠すれば、ひとつのまとまりをもった地域の生活を提示することができ、来館者や読者にとっても理解しやすい語り口を提示できる。筆者は様々な批判を加味してもなお、すべての市町村立の歴史民俗資料館等の小規模博物館が、基本民具論を咀嚼して構成したコレクション形成と展示を行えば、とても魅力ある博物館群になるのではないかとの思いがある。

しかし、それによって提示される地域像は、現在の生活とは乖離した「昔のくらし」の再生産にすぎないという側面は払拭できない。本書第二部で、筆者は近年の民俗研究のトレンドを、システム論からプロセス論へと表現するが、基本民具論は、そのシステム論に基づく静態的な地域像の描出を徹底したものであったと、筆者は位置付けている。

「体系」から「流通」へ

こうした静態的な地域像を、いかに動態的なそれにするかは、実際のところ工夫が必要である。その解はひとつであるはずはなく、様々な試みが実験されるべきである。

筆者は本書で、モノが媒介・伝達する、人・モノ・情報の流通に着目する。従来の民具の理解では、あるモノがその地域に存在するのは、文化的な所産であり、そこには合理的に説明できる理由があると前提されている。だから、民具を研究することが地域の民俗を明らかにすることになるのであった。そこではある民具は、一定の到達点に達する過程に位置付けられるメルクマールであった。

第一部で詳述するが、筆者は小谷方明《こたにみちあきら》らの提示した「流通民具論」のブラッシュアップによって、地域におけるモノの理解を「体系」から「流通」にシフトさせることを目論む。流通民具概念の今日的意義は、物質文化や民俗技術は、知識・情報・技術・物品の流通によって偶発的に形成されるという発想と、道具の規格化・標準化といった状況を、新技術の生活の現場への受容過程の創造的な営みとしてとらえる見方にある。外部から様々なかたちで地域の生活にもたらされる知識・情報やモノを、その地域ではいかなる論理で取捨選択し、何を改変して、どう導入したか。さらにそれによって接する新技術からどのような新しい発想を得たか。また、卓越した個人のアイデアや、独自の戦略を持った集団の動きが、地域社会の変化をどう牽引したか。さらには、羨望や嫉妬、上昇志向、功利主義なども読み取りたい。

人・モノ・情報の「流通」という問題意識においては、様々な一過性のモノが重要な意味を持つ。そこでは民具は系譜論におけるある段階を代表するメルクマールではなく、いわば特定の時代の特定の状況の痕跡(trace)を示すものである。系譜論との決定的な違いは、人々の生活の歴史的展開は状況依存的であるという前提にあり、その個別の状況(=生活世界)の論理が技術やモノを逆に規定していくような推移を念頭に置いている点にある。

技術革新を促すのは何か

「体系」を念頭に置いた民俗資料の資料操作において、技術革新や変化を促すものは、どのように想定されてきたか。「体系」には、常にその地域に固有の民俗の存在が前提とされ、それが内的・外的要因の作用によって変化すると考えてきた。とりわけ技術の研究においては、「発明は必要の母」といった内的な必要からの技術の変化は、話者も調査者に説明しやすく、調査者も語られる変化を民俗の変化として把握しやすかった。

しかし現実には、ドラスティックな技術革新を促すのは外部からもたらされる新技術や在来の知識を陳腐化するような発明であることが多い。それが地域に受容されるためには、新たな発想を具現化した道具／商品が存在するだけでは不十分である。それをもたらす者から受容する者への技術や知識の受け渡し、受容した者への周囲からの評価、新技術への憧憬や忌避といった価値など、受容をめぐる状況への理解なしに技術の変化を論じることは難しい。それらは十把一絡げに「近代化」として、民俗的な世界と対峙させられるほど均質ではない。個別の地域の個別の事情が、その都度加味されて、新技術は選別的に受容されてきた。

地域に固有の民俗の存在を前提とする場合、すべての技術革新が民俗の消失過程としてしか理解され得ない。しかし、個別地域における技術の変化を理解するためには、いかなる内容の技術革新が何を契機に起こり、それがどのように受容・拡散していったかを明らかにしなければならない。技術の変化は、単なる眼前の作業の改善にとどまらない。従来の手法の繰り返しによる洗練化とは異なり、技術革新においてはそのルーティーンから飛躍した新しい方式や方法論を、まったく異なる結合の仕方を生み出す契機としてとらえるべきである。

技術の変化の現場では、新技術の導入を他に抜きんでて行なう個人や主体の存在が不可欠である。このいわばイノベーターの出現によってもたらされたインパクトが、憧憬を伴って歓迎されるか忌避されるかは、常に状況依存的であろう。農山漁村の生業の調査では、イノベーター的な人物を表象する「ことば」を見出せることがある。例えば本書第1部で人々に意識された「能《よ》き作人《さくにん》」がその典型である。ある技術において他より秀でた人物が、新技術を積極的に導入していこうとすることは、生業の民俗においては一般的に見られることである。彼／彼女は、後世に名を残して地域の偉人に数えられることもあれば、名人芸や新し物好きとして語り草といった程度にだけ記憶される場合もある。いずれの場合も、その変化をめぐる人々の動向をその生業の理解の軸に据えてみれば、民俗学の生業調査もかなり違ったものとなるであろう。

筆者は、技術革新を促すものとして、新たな発想を受容する人物の存在（イノベーター）と、それへの人々の評価と取捨選択（地域的受容）、その評価において意識される在来技術の枠組み（「本位」）を想定する。この仮説に基づいて生業の変化を軸にした民俗誌を描けるか、それが本書の目指すところである。

本書の目的と構成

本書は、筆者の博士論文「農業技術改善の民俗誌　―紀ノ川下流域村落における一七〜二〇世紀前期における動向の分析―」(総合研究大学院大学へ二〇一〇年九月提出)を中心としており、第一の目的はその成果公開にある。日本の農業の最大の特色とされる労働集約型農業を理解するための従来の方法や概念は、日本列島の農業の多様性や各地域の独自な歴史的展開を等閑視している。筆者は、労働集約型農業を基盤とする個別地域内において、新技術の受容・排除といった選別がいかなる価値判断で行われ、その結果として標準がどのように形成されたのかを、具体的に記述するためのフィードワークが不可欠であると考え、本研究に着手した。この研究は、二〇一一年三月に総合研究大学院大学研究賞を受賞している。

本書は、上述の博士論文に加え、一九九九年より和歌山県立の博物館施設の学芸員として蓄積してきた一〇年間のフィールド・ワークの成果(論文一五本)を二編の民俗誌に再構成した、三部構成の民俗誌である。

第1部はいわば「農村の民俗誌」である。大阪や和歌山城下といった消費地の後背地に位置する紀ノ川流域の農民は、近世後期の技術革新、近代の西洋から導入される新技術、科学的な知見をもとにした肥料や農薬、特許農具などを無批判に受容するのではなかった。在来の生産基盤である二毛作を本位として、有効なものだけを取捨選択し、農民と鍛冶職人らはそれを独自に改良して新たな道具を考案していった。結果として、一般には画一化されていくとみられている近代の農具には、むしろ顕著な地域的差異がみられるのである。

第2部は論文「漁業技術改善の民俗誌　―和歌山県日高郡日高町産湯における動向の分析―」で構成した、いわば「海村の民俗誌」である。日高地域の沿岸集落は、集団的な地曳網漁と農業とを組み合わせる半農半漁を本位として、動力を用いた近代漁業の新技術や新素材、移民が海外で学んだ技術を場当たり的に吸収してきた。同じ紀伊半島でも南部の熊野地域や大阪に近い和歌山地域とは異なり、日高地域が沖合漁業や遠洋漁業へとドラスティックに転換する道を選ばなかった理由は、農業に対する依存度の高さが大きく作用しており、ローリスク・

ローリターンの現状維持的な漁業近代化を旨としてきた点にある。筆者は、現地で今も営まれている漁業技術の参与観察と物質資料を分析し、この地域独自の近代化の在り方として記述した。

第3部は論文一〇編を再構成したもので、いわば「山村の民俗誌」である。世界遺産登録による観光や林業の低迷に揺れる熊野地域をフィールドに、筆者は多様な山林資源の利用と近代における変化を追ってきた。林業を実質的に制限してきた紀州藩は、熊野地域の山林を、二次林の循環的利用による備長炭の生産基盤とした。近代化過程では、林業と製炭をいかに両立するかが課題となり、養蜂や漁撈、狩猟、採集、手工芸といった生業は、林業と製炭のせめぎあいのなかで独自性を獲得していった。熊野式林業、熊野式養蜂、紀州備長炭などといった、生業の地域独自の在り方も、そうしたなかから認識されていったものである。

従来の民俗学の技術研究では、これを在来技術の残存あるいは、素朴な技術の世代を超えた伝承といった枠組みで理解する向きが強かったが、筆者は農山海村における技術の近代化過程としてこうした動向を理解し、歴史的なアプローチによる新たな民俗技術論を目指した。

本書は、この「農」「山」「海」の三つの民俗誌三部作をもって、「紀伊半島の民俗誌」を構成し、紀伊半島での一〇年間のフィールド・ワークの成果を世に問うものである。

第1部　農業技術改善の民俗誌

序　論

1 研究の枠組み

本研究の目的は、日本の稲作における労働集約型農業としての性格が顕著に見られる畿内周辺の都市近郊農村をフィールドに、農業技術改善の歴史的展開をとらえる新たな民俗技術研究の枠組みを提示することにある。

農業近代化の一般的な理解は、科学性・合理性・効率性を追求することで生産量が高まるという思考に対して無批判であり、前近代的とされる種々の技術や諸制度がトップダウン的な矯正を強いられたと位置づけてきた。おのずと農業技術の近代化は、農業政策の歴史として描かれる向きが強い。しかし近代化過程で製作され普及した農具には、他地域に見られない特徴を有したものがあり、それが極めて局所的な地域で受容されているケースが多い。農業近代化は、技術の均質化の過程であると同時に、技術の地域差を生み出す契機でもあるのではなかろうか。本研究は、こうした民具調査のフィールドワークで得た素朴な疑問が出発点となっており、筆者はそれを理解するための研究方法の確立が必要と考えた。

そこから導き出される仮説は、近代化の過程は前近代から継続する地域独自の思考に大きく依存しており、農民は極めてローカルな事情を基準に新技術を導入するか否かを判断しているのではないか、ということである。

そして個別地域においていかなる技術改善の論理が「本位」とされてきたかを析出すれば、近代化過程で生まれた地域差の内実を理解できるのではないだろうか。ここで言う「本位」とは、物事の価値判断の基準となる事柄であり、具体的には農業技術改善において新技術導入の価値判断の基準となるものを指す。

この仮説を検証するうえで重要な分析概念として筆者が位置づけたのが、小谷方明らが提唱した未完の流通民具概念である。流通民具概念は、もともと畿内周辺農村の商品経済を前提とした農業の分析のために案出された。筆者は、流通民具概念の提唱が持つ今日的意義を検討し、そこに独自のアイデアとして標準の形成に関する分析概念を注入することで、その理論的補強を試みた。

そこで新たな可能性を持つのが民俗誌という記述のプラットホームである。本研究では、農業経営に関する文献資料、農家が使用してきた農具、農業経験が豊富な地域の人々に対する聞書きデータという、複数の形態の資料の総合的な分析を実践する。筆者は、民俗誌という総合化を眼目とする記述の形式が、複数の資料の分析結果を統合する機能を内在すると考えている。

本研究に適したフィールドは、近世後期から近代にかけて日本における農業技術改善の先進地域であった畿内周辺の都市近郊農村である。流通民具概念が構想されたのも、この地域である。本研究でケース・スタディを行った紀ノ川下流域は、畿内周辺の都市近郊農村としての性格を濃厚に有し、集約的な二毛作を生産基盤とする地域である。

2 流通民具概念の応用

流通民具研究の概要

流通民具研究は、小谷方明が戦前より構想の芽を育て、一九七〇年代後半から八〇年代前半に、関西の民具研究者らによって進められてきた民俗誌的研究の成果から構築され、『大阪の民具・民俗志』（小谷　一九八二）で明確に提案された。同書では、当時議論されていた保守的な民具概念（自作で自然素材を民具の基本とするような狭小な民具概念）に対抗する流通民具の概念が提示されている。(1) ここでは、個々の民具を地域における歴史的背景のなかで理解する手続きが主張されており、とりわけ畿内農村のような商品経済に早い段階から積極的に対応していった地域において有効であるとする。小谷の民具の地域性と見られるものの多くは、新たな技術の受容過程における、在来技術との融合の結果だという理解は、本研究において有効な視点を含んでいよう。

小谷が流通民具概念を提示した背景には、彼がライフワークとして取り組んだ大阪平野南部、とりわけ和泉地域の歴史研究において、生活用具・生産用具を動態的に対象化する必要があったことが挙げられる。小谷は『大阪の民具・民俗志』において、「民具は一つの流動資本としての意味を持つのであって、人々は次々と新しく能率のよい民具に乗り換え、古いものは捨て去ってきたわけである。その速い回転の生活の歴史を、民具を通してとらえていくことが、近畿の民具研究の肝心なる点であると思う」（小谷　一九八二、六七頁）として、「全国から流入してくる民具を通して、形のうえでの使用方法を、時代とともに動いてきた変化、どんな使い方をして、生産、または生活に使ってきたかということが、私たち庶民の歴史、生活史を解く鍵であろう」（小谷　一九八二、六六頁）と述べている。また、「大阪農業は自給的農業ではなく、金もうけを考える農業であり、工場労働者の工賃も農業従事者を目安にした賃金で、工場労働の賃金よりも農業収益が安くなれば、農業従事者は工場労働者に転職する体質を持っている。流通経済が発達し、農業ですら商品生産的に営まれてきた大阪農業である。したがって、鍬や鋤などの農具は、手軽く、形のよいものが好まれ、まだ使用できるものであっても、新しく能率のよいものが考案されれば、買い換えていくということになる。それは農具以外のものについても同様である」（小谷　一九八二、六八頁）とも述べている。

ここには道具の規格化に関わる重要な議論が含まれている。小谷の説明は以下のようなものである。手作りで自給的な道具が、その規格において家ごと地域ごとでまちまちであるのに対し、「商品として売られる流通民具の場合には、受注製造による一部のものを除いては、量産の必要から、概してその規格が統一され」（小谷　一九八二、六二頁）る。そのうえで、「商品として画一的な規格のもとに作られ、流通の経路を経て生産者（生産地）

から使用者（使用地）へと渡り、生活の利便を図るものとして普及し、定着して、土地の民具となった」とそのプロセスを説明する。すなわち「流通民具の流布はより広い地域にわたって民具の画一化、文化の画一化をもたらすという効果を生んできた」という点が最大の論点である。流通と商品がおよぼす画一化の作用を、「効果」として積極的に評価し、画一化そのものをも対象化しようとしている点は、現在の民具研究の主流とは異なるスタンスを持っている。(2)

朝岡康二《あさおかこうじ》は、「流通民具研究の意義」（朝岡一九九七）で、近代の農山漁村や地方都市の物質文化において、流通、消費され、それが生活や技術をどのように規定したのかを分析するための視角としての流通と商品の視点の重要性を説いている。朝岡の基本的な認識としては、「小谷先生が「流通民具」と規定されたものは、単に流通するもの、商業的に売買されるもの、という意味ではなく、いくつか戦略的な要素をもっていたのではないか」（朝岡一九九七、二三頁）とする。その上で、「規格性」が問題となることを述べる。そこには、「流通民具は寸法、形態・重さなどに基準が設けられていて、それを前提に普及している、というわけですが、逆の見方からいうと、きちんとした基準に基づく流通民具は、必ずしも生活の要求にぴったりと見合うとは限らない」（朝岡一九九七、二三頁）という二つの問題が含まれている。すなわち、規格化・標準化の問題と、実生活への応用あるいは適応過程の問題である。そして、「これには当然に時代的な推移があり、また、規格を推進する人々、推進する力という問題」（朝岡一九九七、二三〜二四頁）が導き出される。そして「規格されたものを受容しなければならない、あるいは、喜んで受容する、という両面が生じてくるわけです。こうした状況が生み出す構造とでもいったことを考えることが、私にとっての流通民具研究の核」（朝岡　一九九七、二四頁）と述べて、流通民具という視点が、民具研究の方法を再考する契機となることを主張した。(3)

「定型化した技術観」批判と流通民具概念

ところで近年、文化人類学のなかで議論されている技術研究批判は、流通民具概念を再考する際に有効な視点を与えてくれる。ブライアン・プファッフェンバーガーは、近代の諸観念が技術の研究に混入していると説き、

「技術の社会人類学」（Pfaffenberger 一九九二）において、人文・社会科学における技術の研究には、ある「定型化した技術観」が無批判に導入されていることを明確に指摘した。

そこでは、これまでの人類学が技術を論じる際に前提としてきた「定型化した技術観」（the standard view）について、以下の三点が指摘されている。①必要は発明の母という見方、②物質的なものは表層的な問題にすぎないという見方、③技術の歴史は、単純な道具から複雑な機械への単線的な進歩を辿るという見方の三つの「神話」である。そしてこれらは、近代の技術観の基盤でもあり、文化人類学研究においても同様の前提に立ってきたと批判した。物質文化研究は何らかの形で、物質文化に意味を見出すことが求められる。「定型化した技術観」は、物質文化へのまなざしが近代の観念に絡めとられた解釈の結果といえる。(4)

プファフェンバーガーが指摘した、「定型化した技術観」は、日本の民具研究にもそのまま当てはめることができる。具体的に言えば、①道具はその地域における生活の必要から合理的に生まれ地域的に共有された結果であるという前提、②技術は地域的に共有され、誰もが同じ技術を実践しているとする前提、③単純な道具がより機能的・合理的な道具に集約されるとする前提、④物質文化の地域差がそのまま文化の違いを表象していると理解する前提、などである。

民俗学における技術の研究と民具研究には、在来技術は新技術によって駆逐され、民俗は衰退するという安易な伝統―近代の二項対立図式が存在する。上記の指摘から、筆者は技術が地域に導入されていく過程の分析の必要性を痛感した。新たな知識・情報・技術・物品は、いかにして受容されるのかは、小谷のいう流通の問題に直結する。

流通民具概念の今日的意義

筆者は、流通民具研究の今日的意義は、オルタナティヴな民具概念、規格化・標準化に関する視点の二点にあると考える。

従来の民具概念は、極論すれば、民具とはその地域の生活の必要からおのずと生まれてきたものであるとする発想であった。これに対し流通民具概念は、そもそも民具とは知識・情報・技術・物品の流通とその受容過程で生まれるものであり、地域性と見えるものは当該地域の諸条件に適応させた結果であるとする発想に立っている。この場合、画一化もまた、ひとつの歴史的過程として理解すべきとしている。

従来の民具概念、とりわけ戦後の民具研究の理論整備の過程で用いられるようになった民具概念は、極端に狭小な概念である。この点を明確に指摘したのは、近藤雅樹《こんどうまさき》の「民具研究の視点」(近藤 二〇〇二)における「古典的な民具観」批判である。近藤は、昭和初期に渋沢敬三が志向したような、庶民の物質文化の社会的・経済的背景への視点とは異なり、「民具らしいもの」をそのまま民具として対象化し、それによって文化を論じることの自己矛盾を指摘した。「古典的な民具観」への固執が引き起こす弊害は、「文化変容のダイナミズムを見逃すことになりかねず、他者から隔絶し停滞している文化を賞賛する誤謬をおかす危険が潜んでいる」(近藤 二〇〇二、一七頁)ことにある。そして民具研究の対象は、「生活文化の様相を明らかにするために不可欠な物証として(中略)伝承的な日常の営みに供される物品であるかぎり、あらゆる物品が分析概念としての民具という言葉によって包括され、研究対象となる」(近藤 二〇〇二、二三頁)とし、これを「古典的な民具観」に代わる枠組みとして提示している。「古典的な民具観」とは、換言すれば民具概念の本質主義、あるいは民具の真正性(オーセンティシティ)[5]のことであり、戦後の民具研究において形成されてきた一種のプロトタイプ的カテゴリである。流通民具概念は、この「古典的な民具観」を克服する可能性を秘めている。本質主義的な民具概念を相対化するところから、はじめて民具による歴史研究が可能である。

規格化・標準化に関する視点については、知識と技術によって標準化された規格は、逆に人々の生活や技術に対して規範として働くという両義的な性格が重要である。それを用いて行う労働も規格化するため、道具の規格化は、生活様式や労働形態の規格化へとつながり、その影響は生計維持活動全体に及ぶ。

本研究では、こうした流通民具概念の民俗事象に対する理解、すなわち物質文化はそもそも知識や技術、物品の流通によって偶発的に形成されるという発想や、規格化の過程と規格化されたものの生活の現場への受容過程に創造的な生活の営みを見出そうとする発想を、民俗誌記述の基盤に据えたい。

3 日本の労働集約型農業の特質と農業技術改善

東西比較の視点からみた農業近代化過程

近代化を定義することはそれ自体が研究テーマとなるが、国語辞典『大辞林第三版』では、「社会的諸関係や人間の価値観・行動が、封建的な因習・様式などを脱して合理的・科学的・民主的になること」（松村明編二〇〇六、三省堂、「近代化」の項）と定義されている。そこには封建遺制を相対化する思考の獲得と、合理的、科学的、民主的な思想の実現という生活様式の改変が含まれている。そしてそれは近代国民国家による、トップダウンによる覇権的な圧力によって下支えされている。

それでは、その農業近代化は、具体的にはどのような枠組みで展開するのだろうか。これについては辻雅男《つじまさお》が比較的明快に述べている（辻 二〇〇四）。辻は農業近代化の定義を、「幸福な農家生活の追及のために、不合理な農業内容を合理的な農業内容に転換する過程」としている。ただ筆者の考えでは、この定義では前述のように技術改善がすべて近代化の議論に回収されてしまう恐れがあり、きわめて不十分である。しかし、辻がこれに基づいて農業近代化の具体的な道筋を、生産過程と流通過程の両方の合理化が達成される過程としている点には賛同する。

前者の生産過程における農業近代化は、自然依存型農業生産システムから資本依存型農業生産システムへの移行過程である。ここで言う農業生産システムとは、農業生産力（人間の労働と、生産手段（労働手段―道具と土地基盤と、労働対象―作物）である。一方、後者の流通過程における農業近代化は、自給自足的流通システムから市場型流通システムへの移行過程として把握される。

辻は、これに加え、技術の面から、大きく次の二つの方向性を提示している。労働粗放型の近代化と労働集約型の近代化である。前者は、機械や動力を導入するための資本を積極的に投下し、生産規模そのものを拡大しようとする、外延的発展の志向である。後者は、設備投資よりも労働量の増大をもって、同一の生産規模にとどまりつつ生産量を増大し質的な充実を目指すものであり、内包的発展の志向である。概して西洋における農業近代化は前者とされ、日本における農業近代化は後者に当てはまるとされている。

これを、日本における農業近代化にあてはめると、自然依存型農業生産システムから資本依存型農業生産システムに移行し、そのプロセスは労働集約型であったという基本認識を導き出すことができる。(6) 日本の農業の歴史的展開を理解するためには、資本依存型農業生産システムの形成において形づくられた労働集約型農業が、生産現場においてどのように展開したのかを描くことが不可欠である。

筆者は農民自身が眼前の作業を効率化する合理的思考は、必ずしも全て国家の政策によって介入する近代化のプロセスに沿ってなされるものとはとらえない。(7) そこに様々な主体の関与を見出すため、あえて戦略的に技術改善という無味乾燥な表現を用い、それによって近代化の概念も相対化したい。

労働集約型農業をめぐる三つの社会理論

前項でみたように、日本の農業の歴史的展開は、その労働集約型農業（labor-intensive farming）という点に特質を見出すことができる。この特質は、農業における技術改善のプロセスに重要な影響を及ぼしているはずであり、本研究は労働集約型農業をもとにつくられた社会理論に目配りをする必要がある。ここでは、勤勉革命論と、農業のインヴォリューション論、中耕農業論の三つを概観し、その問題点をあぶりだしたい。

（1）勤勉革命論

歴史人口学の速水融《はやみあきら》は、日本の農業における労働の問題について、労働集約化を大きな特徴として重視してきた。そして、勤勉革命（industrious revolution）によってそれを説明できるとして概念化した。勤勉革命とは、江戸時代後期において達成された日本独自の農業労働方式に関する分析概念である。すなわち、生産量の増大を機械化や分業化などの労働粗放化ではなく、同一の生産規模において労働力の惜しみない投入によって生産の質的向上を達成する労働集約化によって、生産量の増大を図ろうとするものである。これには長時間労働、激しい労働、機械力を伴わない工夫などを伴う。そしてそれは、勤勉さを道徳的に評価する思考に支えられていたとする。(8)

勤勉革命の具体的なプロセスは以下のとおりである。①一六世紀から一七世紀にかけての日本では、指令経済から市場経済への転換が起こっていた。②指令経済から市場経済への転換と平行して、人口増加が起こり、耕地面積、生産量も増加した。単位耕地面積当たりの生産量は増大したが、人口一人当たりの耕地面積は減少、人口一人当り生産量はやや増大という傾向を示した。③経済変化によって、家族世帯規模は縮小し、生産形態の変化が起こった。隷属労働力を駆使する複合大家族経営から、家族労働力に依存する小農経営に変化した。④この過程で、犂と家畜による耕作から、鍬と人力による耕作という農業技術上の後退現象が起こり、畜力より投下労働力を強化するによって、農業生産の増加を意図する経営へと変化した。

労働集約的な農業は、現実的にどのような労働を伴うものであったか。「耕耘は、ともかくも家畜の力を利用する旧型の犂を捨てて人間の肉体的な力をエネルギー源とする鍬や鋤に代わったし、肥料の多投は除草という作業を増やし、またその購入資金獲得のために農閑期の副業をしいた。土地利用頻度の向上は農民にとって自身や家族の労働投下量の増大をもって実現した」(速水　二〇〇三、二九八頁)。すなわち、土地利用頻度が高くなれば、地味は低下するが、それを克服したのが、鍬を使った人力労働による深耕と、金肥の大量投入であった。これは旧来の犂に代わり、鍬を専ら耕耘農具としたことによって実現された。また、肥料も自給的な肥料(苅敷や堆肥)から、金肥(干鰯や干鰊、〆粕、油粕など)の多用に転換した。何より重要なのは、「これはまったく家族経営の内部で行なわれたということも重視しなければならない。しばしば「家族労働力の完全燃焼」というような表現で語られるごとく、江戸時代の農業はこれこそまさに、典型的な family farming であった。」(速水　二〇〇三、二九四頁)これが勤勉革命の実像である。(9)

ただし、勤勉革命の基盤となる勤勉・孝行・和合という概念、すなわち当時の通俗道徳そのものが、社会のさまざまな困難や矛盾(例えば貧困のような)を処理するもっとも重要なメカニズムだったという、安丸良夫の指摘(安丸　一九七四)にも眼を向ける必要があろう。貧困を民衆の生活態度と結びつける思考には、権力側からの装飾が施されており、イデオロギーが介在している。農村疲弊の原因は、農民の堕落よりも、むしろ封建権力という体制と商業高利貸資本の収奪にあった場合も多いと思われるが、通俗道徳をそのまま勤勉革命の原動力とすることは、そのことを等閑視しており、歴史の一面を見過ごしかねない。

（2）農業のインヴォリューション論

勤勉革命とは全く異なるアプローチで農業における労働集約化を説明した分析概念に、クリフォード・ギアツによる農業のインヴォリューション（agricultural involution）がある。農業のインヴォリューションとは、単純化すれば、過剰に増加する人口に対し、その労働の水稲耕作への集約的な投入によって対面積収量を増すことで対応しようとすることであり、このとき稲作に付随する相互扶助慣行が労働と利益を細分化し、結果的に多くの人口を許容することができるというモデルである。それは「貧困の共有」すなわち、人口増加に伴って農地は細分化され、個々の農民の利益は減少するが、それを農民が相互に分かち合うような人間関係を伴って進行するという特徴がある。こうしたあり方は、農村の階層分化、あるいは耕地の外延的発展とは異なる社会発展のモデルである。日本の反当り収量と労働者当り収量の両方を増大させた農業近代化とも異なり、農業のインヴォリューションを、ジャワの水稲耕作を主生業とする農村に特有の現象としてギアツは説明付けようとした。

農業のインヴォリューションは、超歴史的な理念型であったため、現実の歴史的展開に対する理解を一面的なものとしてしまった点から、その後厳しく批判された。ギアツはこれを社会発展のひとつのモデルとして提示したのだが、それをケース・スタディによって検証した結果、インヴォリューションと解釈できる部分とそうでない様々な状況もあることがわかったのである。このインヴォリューション批判（Elson 一九八四、加納一九八七）の主要な論点について大橋厚子は以下の四点に集約した（大橋 二〇〇六）。①土地所有を中心とする鮮明な階層分化が存在する点。②土地を多く所有する地主・富農層が商業的農業経営への強い志向を持っている点。③高収量新品種の導入は水田単位面積当たりの収量の大幅な増加をもたらしたが、労働量投入量はほとんど変わっていない点。④共同収穫慣行が崩壊しつつある一方で、除草機・ハンドトラクターの導入開始など、合理化・省略化を伴う稲作農業技術の改良による労働粗放化が行われている点。農村経済学者らは、これらの事実を、「貧困の共有」等のギアツの議論では説明の出来ない現象として反論を展開した（加納　一九七九）。

筆者にとって重要な点は、ギアツがジャワにおける農業のインヴォリューションに日本の農業近代化を対峙させたことである。日本の農業近代化は、労働集約型農業が工業的発展を基礎付けたいわば近代農業の成功例として提示されている。ギアツは大川一司《おおかわかずし》とヘンリー・ロソフスキーの『日本の経済成長』（大川・ロソフスキー　一九七三）をベースに日本の農業近代化の特色を論じ、「対照的な発展経路へと導いていった決定的な要因は、伝統的な労働集約的・小規模・家族経営・水田二毛作というタイプの生態系が、一連の近代経済制度に関連づけられていくそのやり方なのである。とくに、日本の農業が拡大する民族資本の工業と補完的な関係にあったのに対し、ジャワの農民は拡大する外国資本のアグロインダストリーと補完的な関係にあった」（Geertz　一九六三、一三五頁）として、日本の農業近代化が、明治後期とりわけ日清・日露戦争後の日本の産業革命をもたらした点を評価する。そして議論は、「日本では資本集約部門の労働生産性が上がるにつれて労働集約部門の労働生産性も上がったのに対し、ジャワでは資本集約部門の労働生産性が上がっても労働集約部門の労働生産性は変わらなかった」（Geertz　一九六三、一三五頁）という点に集約される。

（3）中耕農業論

日本の労働集約型農業に対し、近代化といった政治経済的背景からではなく気候的条件から説明する概念を、飯沼二郎《いいぬまじろう》は中耕農業論として提示した。

中耕農業論は要約すれば、以下のようなモデルである。寒冷乾燥のヨーロッパの農業は基本的に地味を高めるために耕地を休ませる休閑農業であり、生産性を向上させようとすれば外延的発展および機械化による労働粗放型発展へと向かう。一方、温暖湿潤な日本の農業は基本的に地味を高めれば雑草の処理に追われる中耕除草農業であり、生産性を向上させようとすればおのずと内包的発展および労働を集中投下する労働集約型発展へと向かう。温暖湿潤な気候の下では、植付量を上げるためには、地味を上げるために施肥量を上げる必要があり、土地の肥沃化は旺盛な雑草の育成を上回る量の除草の労働を要請するのである。おのずと、地味を上げるための耕耘と除草に対して労働力を大量に投入する必要が生じ、労働集約型となる。

また、これによって外延的発展をしようとすると、労働力は単純に二倍必要となる。機械化による合理化によって、対面積あたりの労働力を軽減し粗放化すれば、地味が落ち生産量は逆に減少する可能性が高い（飯沼一九七七）。

労働集約型農業の課題

速水融の勤勉革命論と、ギアツの農業のインヴォリューション論、飯沼二郎の中耕農業論は、労働集約型の内的発展を説明しようとするモデルであるが、それぞれの内容は大きく異なる。勤勉革命論は、通俗道徳に動機付けられた労働観のもと、労働力の惜しみない投入によって反収の増大、すなわち生産の質的向上を達成する労働集約化である。一方農業のインヴォリューション論は、労働の水稲耕作への集約的な投入によって対面積収量を増すという大まかな方向性は同じである。しかしこのとき人口増加に伴って農地は細分化され、個々の農民の利益は減少し、それによって生まれる貧困を農民が共有するというものである。その場合、農業経営そのものは発展性に乏しく、工業化への道筋が見えてこない。中耕農業論は、日本の農業をヨーロッパの農業との比較において、気候の違いをもとに、土地に対するアプローチの違いと、投入する必要のある労働のあり方の違いを導き出しており、その農業のモデルとしての説得力は現在でも有効である。

しかし、本研究の問題意識では、その労働集約型農業において、新技術とその地域的受容、地域内での新技術の展開とその拡散が、具体的にどのように展開したかが問題である。民俗誌的視点に立つとき、従来の労働集約型農業の理解は、いずれも社会のモデルの提示にとどまっている。いずれも農業の具体像を記述するための分析概念として援用することはできるが、それだけでは自己完結的で静態的なシステムの記述にとどまらざるをえない。

筆者は労働集約型農業を基盤とする個別地域内において、新技術の受容・排除といった選別がいかなる価値判断で行われ、その結果として標準がどのように形成されるのかを具体的に記述する民俗誌が不可欠であると考える。農民の主体的な技術改善への関与は、従来の労働集約型農業の研究に欠落した要素であり、そのことが議論の深化をさまたげてきた。

4 記述のプラットホームとしての民俗誌

日本民俗学における民俗誌の展開と課題

民俗誌は、『日本民俗大辞典　下』（福田・湯川・中込・新谷編　二〇〇〇）では「ある社会の人々の民俗を描写した記録で、執筆者の明確な視点のもとに民俗の多岐にわたる分野に目配りをして暮らしの全体像を描いたり、民俗のある側面に注目して地域の特質を描きだしたもの」と定義されているが、民俗学史においてその位置付けは紆余曲折を経てきた。

柳田國男《やなぎたくにお》は民俗学黎明期において、村の民俗の記述について独自の考え方を持っていた。『郷土誌論』の「村を観んとする人の爲に」では、以下のように柳田のコンセプトが述べられている。

> 自分だけは假に是を「生活の變遷」と言つて居ります。一つの村が成立する爲に、當初必要であつた各種の條件は、今も悉く具はつて居るかどうか。其中の幾部分は、國が立派になると共に不必要になつたかどうか。或は之と反對に、新なる條件の追加されるものが出來て、其要求を充すが爲に如何なる事をせねばならなんだか。手短に申せば、此迄の村民はどう云ふ生活をして居たか。是が即ち眞正の村の沿革であります。同時に又御先祖と云ふ人の功績表でもあるのです。而して其生活なるものが、目下刻々にも亦變遷しつゝあること、是は村民ならば何れもよく知って居ます。それが又旅人に取つても、やはり非常に面白い所謂近世史であるのです。

柳田は、後に民間伝承を素材として庶民生活の歴史を描く学問的態度として「新しい史学」としての郷土研究を提示するが、村はその研究の舞台として構想されたものであった。柳田が自らの民俗誌観を端的に解説した文章に、以下の「東北と郷土研究」(柳田一九三〇)の記述がある。

自國人生活の民俗誌を考へて行きますと、其中には外国人にでも早くわかる民俗と、大よそ同國人と同じくらいの言語知識を得たうえでなければ理解しえないやうな言語遺物と、單に言語に通じただけではまだ呑込めず、同じ空氣と食べ物で何百年も共に育つた者だけが、やっと捉え得るような純無形の遺物があることが、誰にでも明白になります。比較は何れの場合でも必要でありますが、主として自國の生活、同胞の文化を観察し解説するこの自國民俗学、英語でナショナルエスノロジーとでも名づくべきものの、特に大切なることが分つて來るのであります。

柳田は、在野の人々が同郷人の感覚で同郷人のエスノグラフィーを描く研究を「郷土研究」と称し、その媒体としての民俗誌を語彙の編集・比較とともに重視した。柳田はその後、「今日の郷土研究」の記事上で「郷土研究は今や第二期に入つて居るといふべきである」として、「計画ある調査」の必要性を述べ、全国各地の山村において同時調査を実施していく。柳田の主眼とするところは比較研究であり、民俗誌の「郷土研究」としての意義には大きな変化はなかったと思われるが、全体としては民俗調査において共通の項目設定が進められていく。

一方、渋沢敬三を中心とするアチック・ミューゼアムは、一九三四(昭和九)年の『小学生の調べたる上伊那郡川島村郷土誌』以降、「彙報」「ノート」を媒体に全国津々浦々の民俗誌を刊行した。アチックの民俗誌は、それぞれに記述の体裁や記述項目が、渋沢とそれぞれの著者による研究ごとの問題意識によって決定されていたため、記述の目次や体裁は多様であり、非常に実験的要素の強い民俗誌が見られる。

柳田の民俗誌は、民俗學研究所で企画した民俗誌のシリーズ、およびその一つとして刊行された自身による(調査は倉田一郎が実施)『北小浦民俗誌』によって大きく変化していく。すなわち、全国で得られた民俗誌によって語彙の比較を行い、北小浦のデータを全国的な変遷に位置付けることで、一つの地域の歴史を描く試みへのシフトである。柳田の民俗誌に期待する役割は、彼の学問を通じて変化し続けたと見ることができよう。

戦後、民俗学は学問としての整備を進めていく。その過程で『民俗調査ハンドブック』が作成されたり、全国的に自治体史編纂事業が活発化し、民俗調査の全体量が増えたりしていく過程で、民俗誌はマニュアル化し、問題意識の欠如した項目羅列主義が批判の対象となっていった。

福田《ふくた》アジオは、エトノスの探求へと傾倒した戦後の民俗学へのアンチテーゼとして、地域史において民俗資料を総合的に分析する個別分析法を提示した。福田は、「個々の民俗事象に接し調査する人が、調査の過程においてその民俗事象がその地点によって担われている条件・理由・意味を歴史的に明らかにする」（福田　一九八四）必要性を主張した。事象を伝承母体において解釈する態度である。地方史や社会史との接合を念頭に置いた、民俗誌的な志向性の強いこの方法論は学界に多大な影響を与えた。一方で量産される民俗調査報告書や自治体史の項目羅列主義は、さほど大きな議論とはならず、地域主義的な記述法の二重構造とも呼べる現象が顕在化した。

こうした状況に一石を投じたのが、橋本裕之《はしもとひろゆき》の「なぜ「民俗誌の記述についての基礎的研究」なのか」にはじまる、一連の民俗誌研究である。これは文化人類学における民族誌記述をめぐる特権性批判などの議論を意識して展開されたもので、民俗誌記述の「行為を支える存立基盤」、すなわち「『民俗学的認識の生産現場』である調査、およびそこから得られた知識をまとめ上げて民俗誌として立ち上がらせる記述を批判的に検証する試み」であった。これ以降、調査現場における民俗学者や行政と地域住民、あるいは地域住民の戦略的な動き、現地の民俗事象に働く権力関係、様々な言説や記憶、グローバリズムとローカルな価値の交錯、民俗の資源化などを、論じる問題意識を強く打ち出した民俗誌が作成されるようになった。こうした現代における地域社会の動向をダイナミックに描く民俗誌は、言わば実践的なアプローチの民俗誌として、一九九〇年代以降の民俗学を担ってきた。

確かに、こうした実践的な民俗誌は、現代社会の理解や民俗というものがどのような認識の上に存立しているかといった問いに対して、一定の解を提示した。それは今後も不断に継続され、記述という営為の内実を自省的に検証していくことは必要である。しかし筆者は、それらの多くが、地域における生活の歴史的理解を放棄していると感じている。フィールドが直面する現代社会、あるいは現地調査での聞書きや民具調査で把握することのできる近代の動向が、どのような歴史的に展開の上に成り立っているのかを明らかにすることが、民俗学の記述媒体としての民俗誌の最大の武器であり、特長ではなかったか。

新たな民俗誌像

(1) 歴史的展開を描く民俗誌

本研究は「農業技術改善の民俗誌」であって、単なる技術史を描くものでも、農業技術を伝承される本質的な民俗として非時制的に描くものでも、現代社会の農家の生存戦略のみを描くものでもない。端的にいえば、いかなる変化を遂げてきたかを当該社会を理解する最も重要なファクターに据えるアプローチであり、農業の技術改善の歴史的展開を記述するモノグラフである。その記述によって、序論冒頭で述べた目的である「農業の新技術受容過程を個別地域において分析し、合理性にもとづく進歩主義とは異なる地域的文脈における技術改善の歴史的展開」の可能性を検証することができると考える。

筆者は、フィールドワークを通じて認識した地域的な特徴のある現象としての、農民の技術改善を記述の軸に据えた。そして、その現象の近世の動向を描くための素材を選択し、技術改善に国家が本格介入する以前の技術改善の傾向を明らかにした。そして、近代以降の動向を把握しうる文献資料、物質資料を相互に関連させて分析し、その成果を聞書きデータと関連付けた[10]。

筆者は、従来の社会経済史的研究が文献資料や統計から技術の発展段階を抽出して描いた時代認識と、現場で使用されている農具や、農業技術には、少なからぬズレがあると感じてきた。本研究では農業経営に関する文献資料、農家が使用してきた農具、農業経験が豊富な地域の人々に対する聞書きデータという、複数の形態の資料の総合的な研究を実践する。

（2）マクロとミクロの接合

本論で詳述するように、紀ノ川下流域の農民は、行政的な指導や知識の普及をたくみに利用・活用しつつ、地域独自の論理で技術改善に取り組む姿勢をとってきた。紀ノ川下流域においては、二毛作の洗練化に資する新技術のみが評価され、農民は選択的にそれを受け入れていくことで、自らの生産量の向上を目指した。農民は、行政的に普及される新技術を無批判に受け入れて近代的農業を受容したのではなく、眼前の農業をどう経営するかという極めてミクロな思考が価値判断の第一に据えてきた。

本研究で目指す民俗誌は、マクロとミクロの接合をどう描出するかの試行でもある。すなわち、個別地域の農業において、権力との関わり、知識・情報・技術・物品の流通などが、技術改善の歴史的展開に対してどのように作用してきたかを描く試みである。

（3）農業技術改善の主体

本研究においては、農業技術改善の主体の問題を検討する必要がある。農業技術改善を、学理的農法や行政による知識普及に一元化せず、農民の主体的な取捨選択や、農具を製作する側と使う側との関係性なども視野に入れて分析することで、地域的なコンテクストを浮き彫りにすることができると考えるからである。

ここでは権力・ユーザー・メーカーという三つの主体の関わり方が重要である。権力とは近代国民国家の行政や、科学的知見への信頼が持つ権威性などであり、ユーザーとは技術を耕作地へ投入する主体である農民、メーカーとは農機具職人や鍛冶職人、農機具商人など製造にたずさわる主体である。

（4）通時代的に継続する論理の描出

本研究では、農業技術改善における進取の気風という、対象地域で顕著に展開された事象の歴史的展開を明らかにするが、新技術や知識が地域住民の生産における特殊な状況を背景に導入される点を重視するため、通時代的に継続する論理の描出が可能となると考える。新技術や知識を導入する際に、地域において何が「本位」とされてきたかを抽出することができれば、その地域において生まれた独自の近代化過程を説明づけることができる。その「本位」とするものは、特定の作業環境や技術の制約、地域に特有の価値観や論理の分析によって浮き彫りとなると想定され、本研究ではそれを描出することを民俗誌記述の目的に据える。

5 論文の構成

第1章は、調査対象地域とした紀ノ川下流域の概要について述べる。特にこの章で述べる地理的特色や、農業用水確保の方法については、農業技術を考える上で基礎的な情報である。また、民具調査と民俗調査のそれぞれの経緯と詳細な調査対象地域について述べる。

第2章は、対象地域における近代化以前の農業技術とその経営について述べる。紀ノ川下流域は、消費地・物資集散地としての和歌山城下に近く、早い段階から商品経済が浸透した。また、近世の農業先進地域である河内・和泉地域に近いことから、棉・藍・菜種などの商品作物の栽培方法をいち早く取り入れることができた。労働集約型農業による稲作と商品作物の栽培が、この地域の農業の最も大きな特色である。この章では、近世の農業経営の歴史を為政者側の資料からではなく、農民が記した様々な農書を素材に農業技術改善の試みを分析する。

第3章は、近代の農政資料の分析である。紀ノ川下流域では近世から米作麦作の二毛作とともに綿花を中心とする商品作物栽培が行なわれてきた。商品流通体制の確立とともに和歌山城下および大坂の大消費地に近い紀ノ川流域の農家は、藍や菜種、ベニバナ、タバコといった工芸作物の導入にも積極的であった。しかし一般に、綿花に代る安い輸入綿糸と藍に代る化学染料の普及から、こうした商品作物は明治前半にかなり衰退する。このような流れに対し、紀ノ川流域の農民は従来からの洗練された二毛作、米作麦作または蔬菜栽培をさらに洗練させることで、反当り収量を増やす指向を強めていった。

第4章は、その二毛作独特の農繁期に用いる牛耕農具に着目して事例研究を行なった。分析対象とした農具について、そこに含まれる新技術と、農民が現実の農作業への適用を試みたカスタマイズの痕跡を観察する。そして、新技術の受容による地域的な農具の標準化の展開を、「公的な標準」と「事実上の標準」の概念を用いて読み解く。これにより、農業技術改善ブームともいえる大正期〜昭和前期の、個別地域における農業技術改善の一端が明らかになるであろう。

第5章は、聞書きデータをもとにして、技術改善を個別地域の農作業との関連から分析する。問題意識としては、いかなる作業に技術改善が重視されるか、新技術を設計づけられた農具をどう現場の作業に適用しているかといった、農業技術改善の実際を明らかにしたい。そして、新技術に関する情報の入手方法も重要な論点である。さらに、労働力の軽減に対する価値観、技術改善によって得られる余剰生産の使い道などにも記述の範囲を広げ、技術から地域社会を展望する民俗誌を目指したい。

結論では、他地域の事例にも応用可能な成果を浮き彫りにしたうえで、本研究の課題や今後の展望を提示する。

第1章　対象地域概要と調査経緯

1　対象地域概要

地勢と農業経営の環境

本研究の調査対象地域は、紀伊半島北部の紀ノ川下流域である。選定理由は近世から近代を通じて都市近郊農村としての性格を色濃く持ち、それに対応した農業の歴史的展開を追跡できると予想されることである。

この地域の農業は、紀ノ川の河岸段丘上の開発と、沖積平野での耕地拡大、溜池灌漑と紀ノ川本流からの井堰灌漑網の整備、および紀ノ川の治水によって安定した農業が可能となった。この市場への近接性と安定した生産基盤は、農業技術改善への志向を高めたと理解できる。

紀ノ川は、奈良県の大台ヶ原から流れ出る川上川を源流とし、中央構造線の南側を西流して紀淡海峡に注ぐ一級水系である。名称は、吉野郡吉野町あたりから五條市まで吉野川と呼ばれ、和歌山県に入って紀ノ川となる。紀ノ川の流長は約一三六キロメートルである。

紀ノ川の表記には、紀ノ川と紀の川の二つが使われている。国土地理院では前者を、国土交通省の河川名では後者を用いているために、両方の表記が混在しているのが現状である。また、奈良―和歌山県境で吉野川―紀ノ

第１部フィールド地図　2,5000 分の１地形図「淡輪」NI-53-15-15-1、平成 19 年２月１日発行を基に作成

川と名を変えるため、吉野川・紀ノ川と表記するものもある。本研究では、紀ノ川で統一表記する。

本研究で対象とする下流域とは、紀の川市旧粉河町あたりから河口の和歌山市までを概ね指す。紀ノ川は中央構造線に沿って流れており、北岸では砂岩が、南岸では結晶片岩がとれるという地質的特色がある。下流域においては、和泉山地から紀ノ川に向けて南流する小河川が小規模な扇状地をいくつも形成し、それを本流が再侵食するという地形となっている。これによって河岸段丘が現れ、大きなところでは一〇メートル以上の落差がある。

紀ノ川の堤防が整備される以前は、多くの集落は段丘上に形成された。紀ノ川は、水量の不安定さによって、その流路も非常に不確定で、しばしば水害をもたらした。現在の流路に定まってくるのは一五世紀末といわれ、それ以前は、下流で二つに別れ、現在の和歌川と土入川はかつての紀ノ川に比定される。

紀ノ川下流域は紀伊半島では水田が広範囲に開拓されてきた地域のひとつであり、山林は薪炭やタケノコ、山野草を取る程度の利用で大規模な人工林の開発も見られず、むしろ農業に労働力を集約させることで発展してきた。

都市近郊農村としての特質

『和歌山県史』をはじめとするこれまでの歴史研究の成果から、紀ノ川流域における農業の歴史的展開は、以下のように要約することができる。

紀州藩は五五万石の領地を支配するものの、財政的には逼迫していたため、二代藩主光貞の治世において灌漑整備と新田開発による農政改革が大規模に実行された。紀ノ川流域は、紀州の米の約七割を生産する一大穀倉地であった。後述する藤崎井《ふじさきい》や小田井《おだい》、六箇井《ろっかい》など、現在も紀ノ川下流域の水田を潤す灌漑用水路は、近世前・中期から本格的に開削されている。古代豪族が開削したとされる宮井用水も、改変を加えられながら現在に至るまで使用されている。当時紀州藩は農業に熟達した在地の農民を役人に取り立てて、開発にあたらせた。そこで目覚ましい活躍をしたのが大畑才蔵であった。紀ノ川を水源とする用水路は、幕末の在地有力者によるものも含めれば、近世を通じて開削事業が続けられたと言える。紀ノ川下流域が農業先進地域のひとつになりえたのは、雨水に頼る溜池灌漑に加えて井堰灌漑を発達させた農業基盤整備のおかげであった。とはいえ、水をめぐる争いは完全に解消されるわけではなく、農民は水をめぐる争論と旱魃、米価の高騰などと常に向き合ってきた。なかでも文政期に勃発した文政一揆は、藩をゆるがす一大事となった。

こうした大規模な開発によって、在地の農民たちはどのような農業を行うことができたか。近世前期・中期は、商品作物の導入期であり、年貢中心の農業ながら裏作や畦畔を利用した畑作で様々な作物が栽培・出荷されていた。ただ、劇的な技術革新は起こっておらず、現状維持的な農業といえる。一八世紀に入ると、集約的農業への萌芽が見られる。しかし、流通経路の未発達や商品に対する限定された需要などの経済的背景によって、商品経済への本格的な介入には至っていない。一九世紀に入ると、商業主義的な農業は拡大期へと入る。商業的な成功によって、納税の安定と資本増強を図る目論みが明確化し、積極的に商品となるものを探ったり、自ら販路を開拓したりする動きを、富裕な農民が主体的に行っていく。当然のことながら、経済的成功をおさめる家と、経営に失敗して没落する家があらわれ、農村社会は共同体の基盤が動揺する時代に突入する。

近代農業の黎明期である明治前期は、経験主義的な技術の体系化期と位置付けられる。経験主義的な技術改善の技術から近代農業の本格的な受容へと向かう時勢においては、農業近代化の実践は明治政府の国家的な事業の末端を担うものと位置付けられた。二〇世紀に入ると、学理的農法、すなわち科学的・農学的に理にかなった農法が、近代国家の農業発展に寄与するという思潮を背景に、強権的な農業近代化と技術改良が推進された。

筆者は、本研究にあたって、紀ノ川流域の農業の以下の四点の特質を重視した。

第一に、現状維持的な農業から経営的・投機的な農業へ転換に成功した地域である。和歌山城下や大坂など、消費地・集散地である都市の近郊農村においては、近世後期から商業主義的な農業への移行が進んでいた。

第二に、和歌山市内や大阪方面への交通において好条件にあり、新しい技術や情報がいち早く農村にもたらされ、人・物品・情報の移動が激しかった。

第三に、二〇世紀初頭、農業技術の実験場的な位置づけが行政的になされ、新技術や知識をいち早く実践しようとする農家が多かった。

第四に、様々な農具は、鉄工所・農機具商人となった地域の鍛冶職人が率先して考案・製作していった。

本研究で、この地域を対象地域に選択した理由は、まさにこうした都市近郊農村的性格にある。

水利を中心とした農業基盤の概況

紀ノ川下流域の農業用水は、和泉山脈の伏流水や谷水を溜池に貯水して使う溜池灌漑と、紀ノ川本流から直接引水して使う井堰灌漑が並存し、毛細血管のように張り巡らされた水路によって、双方が複雑に入り組んでいる。前者の溜池灌漑は、河岸段丘上の高位部を潤す。後者の井堰灌漑は、紀ノ川本流を水源として堰から引き込まれ、平坦部を潤す。井掛《ゆがか》りと称する井堰灌漑用水は紀ノ川と並行して東から西へ流れ、溜池掛りの用水は紀ノ川と直行して北から南へ流れる。井はカワまたはイ、ユ、溜池はイケとそれぞれ称される。細かく分岐された小水路はミゾ・カワと呼ばれ、井の用水と溜池の用水は複雑に入り組みながら、それぞれの田に引き込まれている。

概していえば、河岸段丘上の高位部では、山裾に展開する耕地は溜池灌漑によって開拓され、段丘下の平坦部はもっぱら井堰灌漑に依存しているという傾向がある。こうした灌漑は、基本的には近世期に実施された大規模な土木工事によって確立し、近代以降は災害等による破損のたびに、より高度な治水・利水技術が投入され、安定的な農業用水の供給が達成されていった。おのずと、紀ノ川下流域全体として生産力のポテンシャルは高まり、商品流通を念頭に置いた農業経営が可能となり、農業近代化の先進地域として発展していったのである。

(1) 溜池灌漑

田への水の確保の方法として、先行するのは溜池掛りの水である。紀ノ川流域に開発された溜池は、約三〇〇〇箇所あると言われる。それらはほぼ全て、集落と山地との境界である和泉山脈の麓に設定されてきた。水源は、和泉山脈から流れ出た伏流水や小川であり、その水を堤で堰き止めた溜池に貯水するのである。田へは溜池から流れ出るミゾ・カワから取水し、最終的には井の用水に合流したり、紀ノ川に排水したりしているのである。こうした溜池の水を使用するのは、紀ノ川の河岸段丘上の高位部に位置する集落である。

(2) 井堰灌漑

田への水の確保の方法として、近世後期以降、極めて重要度を増したのが井掛りの用水である。それらは紀ノ川の治水工事が高度化する近世以降整備されたものである。水源は、紀ノ川本流であり、その水を堰から平野部へ引き込み、枝分かれしながら各集落を巡り、最後は再び紀ノ川へ排水する。ミゾ・カワから枝分かれした末端の水路が毛細血管のように張り巡らされ、それぞれの田へ配水される。こうした溜池の用水を使用するのは、旧氾濫原に位置する集落の水田、すなわち河岸段丘下の平坦部に位置する集落である。

古代の水田開発のために、紀ノ川南岸に掘り進められた宮井用水は、古代豪族紀氏との関連が指摘されている。紀ノ川北岸の六箇井も、中世に根来寺と日前宮の水論が起こるなど、井堰は常に権力との関係において発達してきた。近世に入ると、紀州藩による公共事業として小田井と藤崎井の開削が進められた。藤崎井は一七世紀後半〜一八世紀前半に、小田井は一八世紀前半に、六箇井も一八世紀初頭に延長され、一九世紀にはさらに下流へ延び、新六箇井として現在に至っている。井堰の完成以前の紀ノ川下流域は、氾濫原の不安定な農業と、河岸

❖溜池

段丘上の山際の水田経営しか成り立たなかったが、井堰灌漑による配水の確立によって、紀ノ川下流域は一大穀倉地帯となった。

紀ノ川下流域の井堰灌漑の全体像をつかむため、全ての井を、上流から水の流れに沿って見てみたい。まず、井には上流より小田井、七郷井《ななごうい》、三谷井《みたにい》、荒見井《あらみい》、藤崎井、安楽川井《あらかわい》、小倉井、六箇井、宮井、四箇井《しかい》、新四箇井、新六箇井がある。これはもともとそれぞれ独立した取水堰から引水していたが、一九五三（昭和二八）年の紀州大水害、いわゆるニッパチ水害で国が行なった災害復旧事業で、小田頭首工（七郷・三谷の統合堰）、藤崎頭首工（藤崎・荒見・安楽川の統合堰）、岩出頭首工（六箇井・小倉井・宮井・四箇井・新四箇井の統合堰）、新六ヶ頭首工（新六箇井）の四つの頭首工に統合され、一九五七（昭和三二）年に完成した。もちろんそれぞれの井は独立した水系ではなく、互いに分岐・合流している。

本論第5章の記述には、藤崎井と六箇井が関係してくる。藤崎井は、もともと竹籠に石をつめて作った軽微な堰から引水していたというが、現在は紀の川市（旧那賀町）藤崎の鉄筋コンクリート製の頭首工から引水している。井は総延長約二四キロメートルであり、一九一五（大正四）年時点の記録で旧粉河町から和歌山

❖井堰

市までの八〇〇ヘクタールあまり（紀の川水利史編纂委員会 一九六七）、現在は約六〇〇ヘクタールを灌漑している。最終的には和歌山市平岡で六箇井に合流している。井は全て、藤崎井土地改良区が管理しており、通水開始の戸明け式は六月一日、戸閉め式は九月中ごろに行なわれている。六箇井は、幕末に現在の取水堰の位置が確定したが、一九三七（昭和一二）年に現在のような暗渠構造となったが一九五三（昭和二八）年の水害で流失し、現在のコンクリート製暗渠として復旧された。岩出市西部と和歌山市北東部を通るが、藤崎井との合流点までは二つの水系するかたちとなっている。井は全て、六箇井土地改良区が管理しており、通水開始の戸明け式は六月一日、戸閉め式は九月中ごろに行なわれている。

(3) 和泉山脈からの小河川

和泉山脈からは、紀ノ川に向けて多くの小河川が流れ出ている。調査対象地域の川を挙げると、土入川、鳴滝川、千手川、高川、七瀬川、住吉川、根来川、春日川などがある。こうした川は、年間を通して安定的な水量があり、一見すると農業用水に有益な資源になりそうであるが、意外にも現地を歩いてみるとこれらを農業用水に利用している例はほとんどない。

例えば、田屋地区での聞き取り調査では、集落西側を流れる高川は、土砂の堆積によって天井川となっており、二〇世紀前半までは、和泉山脈に平均以上の雨量があるとすぐに水が溢れて周囲の水田を沈めたという。そのため毎年のように川床を浚渫する必要があった。集落の端には、かつてスナヤマ(砂山)と呼ばれる小山があったが、これは高川の土砂を長年に渡ってさらえてきたためにできたものだった。他にも、鳴滝川は「暴れ川」として知られており、住吉川も高川と同様に天井川であり、豊穣をもたらすというよりは水稲耕作にとっては脅威の存在であった。そのため、高川も住吉川も、強固な堤防の築造が不可欠であった。和泉山脈からの小河川は、放置すると紀ノ川へ注ぐまでの流路が定まらないばかりか、扇状地を形成して水持ちの悪い砂質の耕地となってしまう。これらの小河川は、土木工事によって流路を定め、川の水をいかにその中に囲い込むかが課題であった。

これら和泉山脈からの小河川は、紀ノ川へ向かって北から南へと流れ下るため、紀ノ川と並行して流れる井はそれと直交せざるをえない。ほとんどの場合、小河川は天井川のため、川床の下に井の水が通る暗渠やサイフォン式の水路を設けて水を立体交差させている。地形によっては、小河川の床下をくぐらせることができず、農業用水を小河川に配水する場合もある。

このように、和泉山脈からの小河川は、農業用水としては活用されず、むしろいかに紀ノ川へ滞りなく排水す

❖河川と井堰の立体交差

るかが重要であった。

2 調査経緯

農具調査の対象地域と標本資料収集の経緯

本研究では、農業の技術改善の実像を知るために、農具を重要な資料として位置付けている。農具を分析するにあたって設定した対象地域は、紀ノ川下流域の農村、具体的には現和歌山県紀の川市旧粉河町あたりより河口までの両岸、支流の貴志川、および紀ノ川河口のある和歌山市の南側に隣接した海南市の平野部である。筆者がこの地域に着目したのは、県立博物館施設の学芸員として、和歌山県内全域での民具調査の過程を行う過程で、使用される農具に一定の共通性が見られる範囲として認識したのがきっかけであるが、本調査においては農業経営の環境の共通性を重視してこの地域を設定した。

農具は、それを使用する地形や土質などの環境の影響を受けるため、比較的似た環境で使用される農具には一定の共通性を見出すことができよう。筆者の問題意識は、様々な農業技術改善の知識が農具にどのように反映されているかを明らかにすることにあり、その変化をもたらす因子として知識・情報・技術・物品の流通を念頭に置いている。流通民具概念をもとにしたこうした理解のうえでは、資料をサンプリングする範囲においては、比較的似た農業経営の環境である必要があると考える。

農具の民具調査と標本資料の収集は、主として二〇〇〇年四月～二〇〇二年三月に実施したものである。この調査は、当時の勤務先であった和歌山県立紀伊風土記の丘の二〇〇二年春期企画展『紀ノ川の二毛作』(主催：和歌山県立紀伊風土記の丘　展示期間：二〇〇二年四月二日～二〇〇二年九月一六日)のための民具調査である。サンプルとした農具には、この調査後に二〇〇八年まで業務の一環で収集した標本資料も含まれている。本研究で例示する標本資料は、和歌山県立紀伊風土記の丘所蔵の「紀ノ川下流域の二毛作用具」コレクションに含まれる標本資料である。

民俗誌記述の対象地域と民俗調査の経緯

本研究では、前項で示した農具の標本資料の収集対象地域である紀ノ川下流域のうち、さらに絞り込んだ地域において、民俗誌記述のための民俗調査を実施した。対象地域は、紀ノ川北岸(右岸)に展開する農村のうち旧紀伊村・川永村・山口村に相当する一地域である。調査に入った集落の、現在の大字名は以下のとおりである。

和歌山市府中、田屋、小豆島、西田井、北、弘西、北野、上野(以上は旧紀伊村)
和歌山市宇田森、島、永穂、楠本、川辺、神波(以上は旧川永村)
和歌山市山口西、藤田、上黒田、谷、里、中筋日延、平岡(以上は旧山口村)

このうち、和歌山市田屋地区、上野地区、平岡地区では特にインテンシヴな調査を実施した。田屋地区は、河岸段丘下の沖積平野上の農村の典型である。同市上野地区と平岡地区は、河岸段丘の上下にまたがって所在する農村の典型である。田屋地区は六箇井の井堰灌漑に依存し、上野地区・平岡地区は、藤崎井・六箇井の井堰灌漑に加え、一部は溜池灌漑に依存した農業を行っているという特色がある。

調査期間は二〇〇六年四月～二〇〇八年～八月までであり、調査地での住込み調査を行った。調査内容は、農家への聞き取り調査や農作業の参与観察、実験民具学、農業関係の集落内での会議への臨席、古文書や文献資料の調査などである。この調査は、勤務先の本務としての民具調査とは異なる個人の研究者としての調査であり、本研究のための調査である。

第2章　近世農書にみる技術改善と二毛作経営

1　農民側の資料としての農書

農書の定義と分類

本章は、紀ノ川流域における近世の農業技術の変化を、生産者側の資料である農書の分析によって明らかにし、そこに農業近代化の萌芽がどのようなかたちであらわれているかを分析する。

農書とは、主として元禄期（一七世紀後半）から享保期（一八世紀前半）という転換期に多数作成された農業技術書であり、これに関する研究は近世史、近世社会経済史において蓄積されてきた。[1]具体的には、近世後期における個別の農業経営のなかで培われていった経験知を外部化し、編集した書き物一般のことである。従来から農書の代表的なものとして知られてきた、大蔵永常《おおくらながつね》の『農具便利論』や『広益国産考』、宮崎安貞《みやざきやすさだ》の『農業全書』、佐《さ》藤信淵《とうのぶひろ》の『培養秘録』など（彼らは近世三大農学者と称される）、体系的な技術指南書はもちろんのことであるが、筆者はこれに加え、各地の農家がメモ的に書き記し、自らの得た知識を共同体の成員あるいは子孫に伝達するために書かれた覚書まで、様々なレベルのものを農書のカテゴリに含めたい。農書は、三大農学者と称されるような識者たちだけが書くものではなかった。外部からもたらされる新技術と新しい知識は、一部の在地上層農民（豪農・地主層）を刺激し、彼らは様々な農事記録や備忘録、経営の現状の記録を作成するようになった。

本章において筆者は、知識人による知識普及的な技術指南書ではなく、後者の新技術受容過程における実践の記録をとりあげ、農業技術改善の展開、とりわけ明治以降の農業近代化以前の技術改善の展開を見てみたい。

紀ノ川流域における農書

本研究でピックアップした資料は、『祖竹志《そちくし》』（湯橋寿夫所蔵）、『地方聞書《じかたのききがき》』（大畑昌平氏所蔵）、『綿花栽培様之次第』（湯川家所蔵）、『作り方秘伝』（曾和俊次氏所蔵）である。これら全ては、農業知識を普及するために作成された体系的な出版物ではなく、農業経営に関する家内の記録として作成され、一般に公開されることを目的としないものであった。

『祖竹志』は、農業を主眼としたものではなく、むしろ日常的に気になったことを書き留めておく日誌あるいは備忘録的なものである。こうしたものが残された背景には、商人の経験もある執筆者の湯橋吉良太夫里政の性格に追うところが大きいが、結果として当時の農業経営や地域の民俗行事などを現代に伝える貴重な資料となった。『地方聞書』は、その内容の豊富さにおいて、上記に上げたもののなかでは特殊な位置を占める。〝才蔵記《さいぞうき》〟とも通称される本書は、極めて体系的な農業指南書であり、その内容は農業経営から、租税の算出方法、水路や池などの土木工事の工法にまでおよぶ。執筆者の大畑才蔵《おおはたさいぞう》は、その技術と手腕を買われ、紀州藩が主導する多くの土木工事に携わった。ただ『地方聞書』を読み込むと、その内容は大畑家の農業経営のために書かれたという性格から、知識や技術を、農業経営の現場に適応させていく過程が描かれていることがわかる。『作り方秘伝』も、記述の緻密さと多岐にわたる内容において充実している。那賀郡深田の曾和家は篤農として従来から知られており、近代においても農業近代化の主導的な役割を果たした。近世末期の段階で、経営を明確に意識した商品作物導入を試みていることが『作り方秘伝』から読み取れ、この地域の農業の技術改善を探る上で、欠かすことのできない資料である。

経験主義的な技術改善

本章で農書を分析する目的は、近世の農民が農業経営において実践的に獲得した経験主義的な技術改善の具体像を明らかにすることである。そこで文字化された経験主義的な知識と技術は、経営体としての家の成員に共有されることが意図されており、商品経済の浸透と拡大という時流に対応しようとする農民の姿を念頭に置かなければならない。この技術改善による商品経済型農業への対応は、近代化を志向するものでも、企業的な農業への移行を指向するものでもない。その地域における自家の農業経営において、最善の農業のかたちを模索する動きであり、近世後期の農村ではそれによって高度な労働集約型農業が確立した。

2 近世における農業技術改善の実態

商品経済型農業への志向 ―『祖竹志』―

（1）名草郡岩橋村の『祖竹志』の背景

『祖竹志』は、紀ノ川南岸に位置する農村である名草郡岩橋村の湯橋吉良太夫里政が記した、農業や年中行事、雑事について書き留めた日誌のような記録である。時期は一五九一（天正一一）年～一七三〇（享保一五）年にわたり、とりわけ一七世紀中盤の部分では、農村の状況を伝えるとともに、怪異現象についての噂を書き留めるなど、当時の和歌山城下周辺農村の人々の関心事を知ることができる貴重な資料である。同書は、三尾功の論文「江戸初期の記録「祖竹志」について」（三尾　一九七二）で広く知られるところとなり、『和歌山市史』第六巻（和歌山県和歌山市史編纂委員会編　一九七六）に収録された。この時期の農業に関する、この紀ノ川下流域の農民側の資料はほとんどない。

三尾は、本書のタイトルに込められた意味にも注目している。本書は本来は『竹之子』と名づけられていた。タケノコが伸びるように家が繁栄するようにという願いからである。それを後世の人が改題した『祖竹志』という珍奇な名称も、「先祖がタケノコのような家の繁栄を願って記したもの」といった意味で、「家の発展を願う先祖の言葉」として、時間を超えた家の連帯意識が明確に打ち出されている。筆者は、『祖竹志』は、その日誌的な内容が参照されるよりも、むしろそれ自体が家訓的な機能を持ち、農家の家永続の願いが反映された物質的な存在意義から、湯橋家に残されてきたという側面があると考える。

ただ、ここでは記載された内容そのものに注目し、当時の農業と貨幣経済とのかかわりや、商品作物栽培としての性格がどのようなかたちで見出せるか検討してみたい。

(2) 作物の相場に関する記述

まず、作物の相場についての記述が注目される。

一　同（万治）ニ己亥年、二月より麦米ねだんあがり、石ニ付、米六十八匁、壱匁ニ米小升七合、はたか麦も同壱升七合、とうまめ弐升六七合、小麦弐升弐合、きひ三升高キ時仕候、きわた出来ロニハ上候、拾匁ニ九斤、下十二斤仕候、米之直段九月まて出来仕候而も五十五匁小売、はたか同前、去ル午ノ年ききんよりハ久敷五穀直段高ク候へ共、世間ハつまり不申、こツしき奉公人すくなく御座候、米七十め、大豆七十め仕候十一月より十二月まてノ内

この記述からは、米や麦、豆類、生綿など、様々な作物に関する相場の動向について、逐一目配りをしていることを読み取れる。農家の関心事は、経営を直接的に左右する相場の動向と、当年の収穫量であり、万治二年～寛文元年にかけて、収穫量の記録についての具体的な記述が見られる。

この一六五九（万治二）年は、「一　万治二己亥年、麦さんさん悪敷御座候而、壱反ニ付上候毛はたか麦壱石五斗、下壱石、おし合六斗入弐俵つゝ有」と、麦の収量は散々で、一反あたり麦は一石五斗、悪い畑で一石といった有様であったことがわかる。万治二年は「嶋田」「内田」の平均で一反につき米一斗、生綿は二百斤、大豆は不作で六〜七斗、小豆と蕎麦も散々で、芋はほとんど腐ってしまったとして、相場は大豆は六〇匁、米は五五匁だったという。収量と相場の動向を記した以下の記述から、収穫物を現金に換算する思考がみられ、農村への商品経済の浸透がうかがわれる。

一 同（万治）ニ己亥年、嶋田内田五俵一斗ならし、壱反ニ付米有、きわた弐百斤ならし、壱反ニ付ニ有、大豆あしく六七斗ならし有、小豆そはもさんさん、芋皆々くさる、大豆六十めかへ仕候、米五十五匁かへ

万治三年は麦は上々だったが、唐豆は腐ってしまい、これはアブラムシが原因としている。また、冬には、麦を蒔いた頃より天気に恵まれ、岩橋沼のところまで植えて六斗入りで一〇〇俵とれたとしている。以下がそれを記した部分である。

一 万治三庚子年、麦世中上々、三月早麦壱反ニ付上毛五石八斗、六石つヽ、上毛はたか四石、皆打おろし、小麦ハ中分弐石五斗つヽ、とうまめハくさり申候、壱反ニ壱石つヽ程、是ニハ冬年よりあふら虫つき申候、吉良太夫とうまめハ壱反ニ三石五斗ツ、御座候、是ハわた木引不申候故か、あふらむし付不申候、冬年麦をまき申時より、日和よく御座候、岩橋沼まて皆々毛をかけ、麦よく候、我等麦皆々ほし候而、六斗入百俵取入申候

ここで興味深いのは、筆者の名前を冠した「吉良太夫唐豆」の存在であり、これはアブラムシがつかず豊作であったとしている。一般的な作物とは異なる品種を実験しているようにも読み取れ、商品作物を意識した農業の一端を示していよう。続く記述からは、この年の米は平均すると一反当り四俵収穫し、生綿は一反当り四〇斤、豆は四〜五斗とれたことがわかる。

一　同年、秋世の中米壱反ニ四俵ならし、きわた一反ニ四十斤程ふき、まめ四五斗ツ、御座候、一年中万物高ク御座候、米納一石ニ付七十め、大豆地ハ同前、きわたなまわたノ時九斤十斤、はたか麦納一石ニ付六十めかへ、江戸ハ納壱石百廿目、御国百姓畑方米納壱石ニ付六七匁五分ニ直段納申候

一六六一（寛文元）年は麦、裸麦、唐豆の相場は七月まではまずまずだったが、米と麦は八月から下がり、米に至っては七月と一〇月で半値まで暴落したという。

一　寛文元年辛丑、麦世中はたか麦打おろし三石ツヽ、とうまめも三石五斗程つヽ一反ニ有、直段七月ノ末ニはたか麦納壱石五十目ツヽニ売、とうまめ納一石ニ付四十三匁ニうり申候、八月へ入申候と、米麦直段さがり、七月まて米八十め納壱石ニ付仕候、大豆納壱石ニ付六十五匁仕候、十月之比米納壱石ニ付四十匁、大豆ハ納壱石ニ付五十め、まめハ世なミあしくて高ク御座候

同年、米は中の上といった収量で、生綿も上々、相場も値が安定してと安堵した様子が以下のように記されている。

一　同元辛丑年、米世ノ中上々、壱反ニ付押合納升弐石五斗ツ、御座候、大豆ハ壱反ニ付納升八斗ツヽ、きわた上々ハ壱反ニ付三百斤、中弐百五拾斤ふき申候、米御年具（貢）御納りたちね壱石ニ付四十匁かへ、百姓万事世中いつかふ一段よく御座候、きわたなまわた拾匁ニ付十三斤十四斤、節季ニ十弐斤、上々十壱斤仕候

ここで明らかなのは、江戸前期の和歌山城下に近い農村では、すでに農家が相場を念頭に置いて利益を勘定する思考を持っていたことである。加えて、他との競争を念頭に置いた商品作物の模索についても一端を見ることができる。

（3）稲作儀礼に関する記述

『祖竹志』には、いくつかの民俗行事に触れており、一七世紀前半の紀ノ川流域における、農業と信仰の関わりについて知ることができる。

例えば、一六五四（承応三）年に雨乞いの記述がある。雨乞い行事とは、水稲栽培に重点を置いた集落が、日照り続きのときに稲作に不可欠な雨水を神仏に乞う臨時の行事である。

一　同三甲午年、七月十五日巳ノ刻ニ、北之宮ニ而雨こいをとり仕候、おとりの次第、高柳神曽中里出嶋壱与、おとり子四十三人、太皷打二人　中里治部右衛門　かちそ作蔵、かね弐丁　かちそ半十郎　高野二郎四**郎、新ほッち二人　大吉良太夫　小高柳平十郎、**い、たて吉良太夫作、**則書つけ置**
去程に天下泰平国土あんをん、上しも共にうるほへハ、**草木までも諸**ともに、**神の**ちかいを松に藤、か、るめでたき折からなれハ、雨ふりくると夕立や、**世々**にしたかふ草も**木**も、打なひかんと雨こいをとり**候、**さあらハ、**太皷**のかしらちやうとあそハせ、**又**おとり三ばん、あいの狂言有、**狂言ハ高柳八右衛門、出嶋五郎左衛門、南与ハ東野宇田小路嶺村壱与**に、おとり子四十人**北**のことくに**万事を同前**にいたさせ申候、おとりハ南与をさきへおとり、ニはん目北与をとり、**但一二くじに仕候故也、四月晦日ニ雨ふり、五月朔日よりてりそめ、六月廿三日ニ夕立、其内二度少ッ、ふり、合三度夕立仕候、七月廿日未ノ刻より、明廿一日卯ノ刻まで、**した〳〵と能ころに**雨ふり申候、二十四日ニて本雨ふり、惣而岩橋村に雨こい仕候得ハ、鳥居ニ川もくかけさせらる、と昔より申伝へ候、**其ゆへにや、**大雨にてもなく風もふき不申候に、午ノ年中にての大水此雨にて出申候、神の威徳と申候**

これによると、この年は四月末日に雨が降ったのを最後に五月から照り始め、その後は数回しか雨がふらないという状況であった。そこで、七月一五日に「北の宮」にて、各字から代表者が出て祈祷を行い、さらに踊り子四三人、鉦二人、太鼓打ち二人にて雨乞いの新発意踊りを奉納したという記録である。雨乞い踊りの賑やかな様子を書き留めている。そして、実際に二〇日〜二一日までシトシトと雨が降って、二四日には待望の本降りの雨が降った。この年は大水が出るほどとなり、「神の威徳」と感心しきりの様子である。

雨乞いの方法は地域によって様々なアプローチがあり、日本の民俗においては、神社に籠もる・神輿や仏像を川などに祭ったり洗ったりする・水垢離をする・池を浚《さら》う・水の神が住むとされる池や滝などを汚す・雨乞い踊りを踊る・大きな寺社から火や水をもらってくる・山で火を焚くといったバリエーションがある。この記述では、雨乞い踊りの新発意《しんぼち》踊《おど》りが行なわれたことがわかる。

また、一六五八（万治元）年には、虫送りについての以下の記述がある。

一　万治元戊戌年、七月五日未ノ上刻より田ノ虫送り仕候、次第ハ赤紙にてあかはた弐なかれ竹ニ立、大へいはくにハ斎藤別当真盛と書付いたし、あかはた先に立、へいはく其次に、供之人数若者子共不残、さゝ葉にしできりかけ、斎藤別当真盛之おとおり、虫川へなかし、跡ハさかへたりやとはやし、太皷三、からかね弐丁、ほらの貝三丁にて、北之宮にて御神酒在所中いたゝき、上ハかわらけニへんとをり、下ハさかつき一へん、酒五斗入申候、さて南田地道筋段々通り栗栖領紀ノ川へ、右之へいはたさゝ葉なかし、皆々水あひかへる

ここでは、この年の七月五日に田の虫送りを行い、赤旗を先頭に、「斎藤別当真盛」（正しくは「実盛」であろう）と書いた大きな幣帛が続き、若者や子どもが笹葉に紙垂をかけ、太鼓・鉦・法螺貝を鳴らしながら「北の宮」に練りこみ、身分を問わず神酒を酌み交わした。その後、田を抜けて紀ノ川へ出て、旗や幣帛を流し、皆も水を浴びて帰ったという。

（4）『祖竹志』にみる農業技術改善

こうした記述は、当時の紀ノ川下流域の、とりわけ物資集散地である和歌山城下近郊農村の状況をよくあらわしている。

まず、基本的に耕地での二毛作が定着しており、播種・収穫時期を厳密に守る農業が行なわれている点である。湯橋吉良太夫里政が、米・麦・大豆の相場に敏感であったのは、二毛作の表作の米、裏作の麦、畦での栽培の大豆の価格が、農家の経営を直接的に左右していたからである。

次に、商品作物の栽培を導入している点が注目される。上記の引用では、「わた」「きわた」「なまわた」などの記述が見られ、相場の動向に翻弄される農家の姿が見てとれる。木綿の先進地域である畿内、特に河内に隣接する紀ノ川流域では、商品作物栽培は綿花から始まった。商品経済を念頭に置いた農業は、作物を商品ととらえ、その価格の動向を見極めながら、農業経営を行なうのであり、作物の種類も商品的価値、すなわち売れるかどうかをもとに選択される。紀ノ川流域においては、仲買業者を介した大坂の問屋への販路が確保されていたこと、綿花栽培技術の習得に対する地理的な有利さ、木綿の加工は女性の作間稼ぎとしても有益で、農村に新たな雇用を創出しうる作物であったことなど、綿花栽培はいくつかの好条件を備えていたため、木綿は紀ノ川流域農村で広く栽培されるようになった。一七世紀前半には、租税としての米を植えるべき田に綿花を植える状態（田方綿花栽培）も常態化していたとされている（和歌山県和歌山市史編纂委員会編　一九七六、一〇七六頁）。

三つ目に、細かいことではあるが、「吉良太夫とうまめ」という耳慣れない作物が出てくる点である。「とうまめ唐豆」とは、いわゆる蚕豆（そら豆）であるが、「吉良太夫」が『祖竹志』の筆者の湯橋吉良太夫里政の「吉良太夫」だとすれば、ある種のブランド化を試みている作物の可能性もある。農家が個別に作物を販売する手立てがない時代にあって、作物に名前をつけることにどのような意味があるのかは疑問であるが、上記の引用では「とうまめ」にはアブラムシがつき、「吉良太夫とうまめ」は無事であったという趣旨の記述があるので、明確に使い分けていることは確かである。少なくとも様々な作物の栽培を実験し、商品的価値を探ろうとしている動きと読むこともできよう。

『祖竹志』からは、商品経済を念頭に置いた農業への移行が始まっていたとはいえ、地味向上や灌漑、防虫防除についいては克服するための劇的な技術革新は起こっておらず、年中行事に関する記述に象徴されるように、ただ一途に神頼みといった状況にあった。

卓越した農書の出現　―『地方聞書』―

（1）伊都郡学文路村の『地方聞書』の背景

『地方聞書』は、いわゆる地方書《じかたしょ》として著されたものとしては、よく知られた近世農書で、一般には〝才蔵記〟と呼ばれることも多い。これを作成した大畑才蔵は、紀州藩の農業政策に大きな役割を果した人物である。才蔵は、一六四二（寛永一九）年に現在の橋本市学文路に生まれ、一六五九（万治二）年に学文路村杖突となったのを皮切りに藩役人として出世し、紀ノ川の井堰灌漑である小田井、藤崎井の開削など、農政と土木工事で突出した業績をあげた。『地方聞書』とは、大畑が正徳年間～没年である享保五年（一七一一～一七二〇）までの間に書いた農書である。筆者は二〇〇〇年にこれらを実見する機会を得た。

ちなみにこのタイトルは、編著者不明、一六六八（寛文八）年出版の同名書をヒントにしたとされている。この同名書の『地方聞書』は、関東における年貢、治水、林政などについて書いたもので、才蔵は紀ノ川流域での農業技術の革新や村の行政の手引きとしてこれを参考に作成したと考えられている。

内容は、土地の見極め方、年貢徴集を含む具体的な農業経営、具体的な農法、溜池と用水路および新田開発などの土木技術など、農業全般にわたり、才蔵の技術者、藩役人としての知識を集大成したものであった。農耕に関する内容が大部分を占め、稲作と畑作の二毛作による生計維持と年貢納付を、いかに充実させるかに焦点が当てられている点で、農業に深く依存してきた紀ノ川流域の切実な課題を反映した内容と言える。そこには具体的な技術や道具が記述されており、当時のこの地域の農業の理想的なモデルを提示したものと考えられる。

ところで『地方聞書』には三つの版がある。一つ目は『稿本』と称される自筆の覚書である。次に『正本』と称される稿本を修正して浄書した冊子であり、作成者は不明である。正本には『地方の聞書』と「の」をつけた表記をしている。三つ目は『抄本』と称される携行版の抜書きである（大畑才蔵全集編さん委員会編　一九九三）。本節では、才蔵の意志が全面的に反映されている『稿本』と『正本』を引用しながら、その内容について分析してみたい。以下表記は、『稿本』、『正本』とする。

『地方聞書』は、単なる覚書ではない。このことは、正本の序文である「田園集序」に明確に表明されている。

父常におしへて曰田畑耕作之事は先種おろしより考能時は不作なし修理こやし能時は一石作る地に一石四五斗も有おろかに作る時は七八升も有兼るもの也其外あせきし空地其地に応したるなり木茶桑紙木など植付候へハ少之所に年々徳有なりとかく作人の進躰ハつつまやかに上根のいかせきに有世につれ費事も次第に多く有物なれハ夫にしゅんし稼もつよく作物も多く作る考へなくてハ家を持妻子を養事もならす子ハ人に越世を能渡りゆけかしと仏神にも祈る其親の心を無になし徒に暮し家をつふし候てハ其罪いか計そや責もいやしきも苦労かんなんのなきものハなし我が為の辛苦は成安く心もいさみ申もの也と父母朝夕異《（ママ）》見せられしを若き時ハ軽く心得父母なく成し後は身に当リて日々に正事を得かたきゆへしミしミとむかしを悔ミ俄に稼見候ても若き内の油断つもりて借銭にひかれ老後の苦ミと成也せめて子孫の為に成共と親の教へを伝へ身を立家をおこす種ともなれかしと取集たる作業の品々を書集るものなり

これによると、才蔵は父から常に農業は種蒔きを確実にし、世話をよくすれば一石の収穫量の土地で一・五倍、またそれ以上の収量を得ることができるもので、空いた土地にはチャノキ・クワ・コウゾといった商品となる木を植えると年々経営状況が良くなる。また倹約することは当然であり、年々出費が嵩むようになるにつれて利益も上げなければ、家族を養うことはできない。若いうちは浪費してしまうものだが、子孫のためにこうした親の教えを伝えることが、家を栄えさせる種となると考え、様々な作業について書き集めたとしている。

『地方聞書』は、大蔵永常の『農具便利論』や『公益国産考』のように、技術の普及を目的に出版された書物ではなく、むしろ家訓としての性格を持つ治世学と位置づけられる。家の繁栄のために、農業の極意を記し、検地や農業経営のマネージメント・スキルを提示するというものである。才蔵が著した『地方聞書』の農政部分のみを抜粋した携帯版の抄本や抜粋を収録した冊子は、実際に才蔵の子孫が農業経営に活用したものと考えられる。

（2）耕地の選定

才蔵によれば、農業の成否はまず土地の特質を熟知することにあるという。正本『地方聞書』の「田畑之名所に替り色々」では、地域によって様々に呼ばれている耕地の名前を以下のように統一して挙げている。

苗代（籾を蒔く田）、もろ毛地（二毛作をする耕地）、片毛地（稲作のみをする耕地）、水田（稲作のみをする耕地）、白地・薄地（田畑に向かない土地）、ひらき（山を切り開いた耕地）、その（家の敷地）、新田畑（検地以後に開拓した耕地）、嶋地（平らなひろい所）、焼畠一毛畑（山を開拓して焼畑や植林地にした耕地）、うね（犂で耕作して立てた畝）、はさ（畝と畝の間の溝）、しゅん（種を蒔く溝）、すきほし（米や麦の収穫を終えて耕作した耕地）

こうして呼称の統一化をはかり、土地の特質についての記述へと続く。

一　種おろし土地により其所かんねつ日裏日表風うら風面土軽重地面浅深により具合有不作の物有其辺作り来候品々よし同地に同作も出来悪し見合考第一也

これによると、耕地の日当たりや風当たり、土質、耕作土の深さなどの諸条件を確かめなければならないとするが、それに続けて、それでもその土地で昔から作られてきたものを作るのが良いとしている。才蔵は環境を劇的に改変するための土木工事のエキスパートであるが、一方でこのように経験主義的な技術改善に対して全幅の信頼を置いた記述が散見する。

土地の良し悪しの判断基準については、風向きを非常に重視している。

一　地面上ハ南表四方風当り能朝日はやく当り候所

同中は東西表日当りよく東西の春あたりよき所
同下ハ北表四方の風当り悪しき所
惣而谷筋の風当りにても無之所ハ作も実のりかね候または山高く雰(霧)度々かゝり候所ハいかに土能候とても作も実のらす其内山の谷風にても当り候所実のり有
右上中下見分同毛に見へ候ても上の所に壱石有之候へハ八斗下ハ六斗位ならてハ無之もの也哉

つまり土地を上・中・下に分け、南に面して四方から風が当たり、朝日が早く当たる所を上とし、北に面し、風通しが悪く、霧が度々かかるようなところでは不作になるとしている。その差は、上の耕地に対して下の土地は収量が四割減だとしている。

風向きと同様に才蔵が重視したのは、土質である。

一　地の上ハ床堅く上土七八寸砂まじりさらりと仕たる所よし
中ハ土おもくねはりつよき所
下ハ床やらかにて深く上土も手足鍬に付ほけ土なりしかしなから大川谷はたにて寄砂又ハ村より下にて常に悪水落入候所ハ床深く候とてもよく候其外床和かにて深き所ハ草木作毛とも根へ深く入肥のきゝなく枝ふりあしくのひ上り見分より実のり悪敷候故床つミ候所ハ枝ふりよく実のりにせい有之草木作毛ともによし
一　地の有所ハ村より下に有之常に悪水落入候所出来能候然とも綿なとの能出来候ても綿ふき切悪敷候惣し而作毛地悪式床能つミ候所にて肥し修理よく仕たるハ見分より実のり能くせ付なく綿なとよくふき五こくとも精よく候村より上に有之地は見分より出来悪敷ものに候かりそめにも木陰家陰朝日遅く当り候所風すき悪しき所ハ立毛同毛ニても実のり半毛もなし谷田にて赤さひ出申田は悪地也

ここでは、床土がかたく、砂が混じってさらさらとした土で、さらに耕作土の厚さが確保されている耕地が良いとされている。土地そのものが持っているポテンシャルが、直接収量に反映されるというのが、この時期の農業の実際であったことがうかがわれる。ただ、後半の引用部分が示すように、村の集落から汚水が入るような耕地では、収量の向上が望めるとしている。これは施肥以外に、日常的に流れ入る有機物が土地を肥やす効果を加味してのことである。

ただ、最終的に才蔵が強調しているのは、適地適作ということである。

一　地毎にふさい〳〵の毛有風当り能あさ地さらりと仕たる地にハ第一綿其外は出来安き物よし風当り悪敷深地出来安き地には何にてもからつよく出来にくき物よし木陰ほとにハ赤いねめくろなとの類よしとかく其所昔よりの見合考入申事也

例えば風当たりがよくて耕作土が浅くさらさらした土地には棉がよく育つというように、また、風当たりが悪く耕作土が深いところでは茎がしっかりした作物が合うというように、その耕地ごとにふさわしい作物というのがあるという。木陰の土地では、「赤いね」「めぐろ」といったものが良いという例もあり、耕地の条件が良くないことを憂うよりは、それをうまく活用することを考える方向性を打ち出している。

才蔵は、村落全体の経営を主眼においている。村内には上の評価の耕地もあれば、下の評価の耕地もある。それらを総体として生かすためには、生産力向上の手立てを上の耕地を基準に考えるような机上の理論化では、実際の経営に応用することができない。下の評価の耕地を上にする方策について、『地方聞書』では、さまざまな土木工事や栽培方法の改善から見出そうとしている。一方で、下の評価の耕地を、それと相性の良い稲以外の作物の栽培によって活用することも説いている。稲以外の作物の栽培法について、『地方聞書』には、以下の畑作物について記述が見られる。

牛房《（ママ）》・苣・茗荷・芦・長芋・つくね芋・なすび・たはこ・藍・早瓜・夏大豆・なた豆・ふき・小豆・十八さ

さげ・唐きひ・なんばんきひ・木綿・くわい・かんひやう・ひやうたん・胡麻・ふんとう・烏芋・芋・西瓜・秋大豆・蓮・稗・粟・赤大豆・きひ・にんしん・ほうれん草・大根・そは・にんにく・菜・からし・大根・ひともし・あさつき・麦・唐大豆・植茗・小麦

後述する農家の経営における収支には、これらを販売して収入を得ることが念頭に置かれていないことから、自給的な畑作物であったと想像される。二毛作の裏作は、基本的に麦が想定されている。

(3) 経験主義的な技術改善

従来から『地方聞書』は、農業技術書としての側面から注目されてきた。ここでは稲作についての部分を抜粋し、その特色について述べてみたい。

まず、当時の農家の一年間の農業暦を、「百姓閙敷時分」の以下の記述から概観してみたい。

一　正月より三月中此(頃カ)まてハ麦の修理仕り候へとも　麦の修理ハ少延ちゝミ不苦ゆへ作人ひま也　ことに作不仕者ハ日用かせきもなき時分

一　三月末かたより五月半夏生まて　諸事種おろし　水田ならし　山の目(芽カ)かり　綿蒔　四月指入より茶つみ　麦苅り　田肥したく　麦跡すきほし　五月夏至前後半夏生まては牛馬人とも昼夜とも田ならし　水引　田植寸の間もなし　惣し而夏毛田畑とも蒔入　植付　修理少にても違候てハ悪しきものゆへ別而いそかわしく候

一　六　七月ハ田畑修理最中土用迄に大かた仕廻　七月ハ少隙有

一　八　九　十　十一月ハ　八月より田苅すきほし麦蒔　御年貢納　十月まてハいそかはし

一　十二月御年貢皆済　借りかたなきものハ麦の間を打申まて隙あり

ここに記述された一年のスケジュールは、一～二月（三月中旬まで麦の手入れ）、三月（三月末から五月にかけて、様々な作物の播種・植付、緑肥の確保、棉の種まき）、四月（茶摘み、麦の収穫、肥料の準備、麦を刈った跡の耕作）、五月（代掻き、田への水入れ、田植え）、六月（田畑の手入れ）、七月（少し暇がある）、八月～一一月（稲刈り、耕作、麦の播種、年貢の準備）、一二月（年貢の手続き）という内容である。

非常に大雑把な記述であるが、こうした農事暦のなかで、『地方聞書』では、耕地への播種や移植時期が、収量に最も大きな影響を及ぼすことを主張し、「種おろし」の項目を立てている。稲作についての詳細な記述は以下の通りである。

二月

一　第一米ハ二月中の節に入て籾を池に漬或ハ十日所に寄十五日過て池より上て二三日上置苗代に蒔四十日過ハ苗のたけ四寸におよひ早稲を植る五十日までに中稲六十日までに稲を遅植仕廻此節暦にしるせる夏至半夏星《（ママ、生カ）》に当る籾わせハ七月節に入廿日程に実のる中稲ハ八月中の節晩稲ハ八月より十月迄ニ実のる

早稲ハさらこすくはり北国熊野白たいと所によりいろ〳〵

中稲ハ白稲たんは京女郎四国餅ゑち川右同

晩稲ハせんほすくはりはのち福大黒すくミほかへしきしの尾畦こしめくろ右同

苗代仕様　前年《（月カ）》の正月に地をおこし三月に水を入度々すき土をねやしほりこへはいいわし入水をほし雑草を多くふミ込草見へさるやうにぬり廻し明日もミをまく是を苗代と云二三寸まてはへ出申内水を三四度ほす如此ほし候いねハ根うき申ゆへ也

すなわち、二月中旬から一〇日～一五日間にわたって種籾を池に浸け、二～三日乾燥させた後で苗代に撒く。四〇日後には苗の丈が四寸程度まで伸び、これが早稲苗となる。また五〇日間育てたものを中稲、六〇日を晩稲として、夏至・半夏生までに植え終わる。早稲は七月前半から二〇日ごろに、中稲は八月前半、晩稲は八月から一〇月に実るとして、それぞれに適した品種を挙げている。

また作物の育成を助長するため、当時の数少ない手立てであった施肥について、その種類やタイミングについて各所で述べている。例えば次のような記述がある。

一　田のこへハ植申時はいほしかかき込山のめかり馬屋すゝわらおもひおもひにさかし植る其以後ハほしか油かすはいをする稲にハ山のめかりはい油かすよしいわしハよく出来候へともくせ付あり

また、『地方聞書』の記述を拾っていくと以下の種類の肥料についての記述がある。

山のめかり（緑肥）・したき（緑肥）・いわし（干鰯）・油かす（菜種粕）・馬屋こへ（厩肥）・ほりこへ（ゴミや食べかすを腐らせた堆肥）・はひ（木灰）・馬屋すゝわら（厩の屋根を葺き替えたときの藁や茅）

これを踏まえて、さきほどの引用部分から苗代の作り方について述べると、以下のようになる。一月に耕作し、三月に水を入れて何度も鋤き、ゴミや食べかすを腐らせた堆肥、木灰、干鰯を肥料として鋤き込み、苗代が出来上がるとしている。また播種の前日には、雑草をよく踏み込んでこれを緑肥として活用し、苗が二～三寸間で伸びたら水を抜く。苗代は、三～四回干さないと苗の根が浮いてしまうので、干す作業は重要である。田植えとその後の仕事については、五月の項目に以下のようにある。

五月

一　田植最中ハ夏至五六日前より半夏　星（ママ、生カ）まで半夏　星（ママ、生カ）より後に植候は実のりなきと申し候へとも二三日すきて植候ても所により半毛物も有之候

一　田ならしの事ハ麦を苅候て跡をすきほし其内にほりこへ馬屋こへなとさかし置申もあり扨田植三四日前

まで水を入かきならしあせすきを能々仕中をも念を入すき平畦丸あせをぬりあせ稲大豆なとを植て扨又田を植申時能かきくわにてならしはいいわしなと入候ても此植付に入候肥にてハくせつきなし扨上こへに馬屋こへ山のめかりをさかし植申候右之通にいたし候まてひいて田とも山作とも云水持悪敷田を如此仕候すきほしへ水を入はさを合かき候て植候も有又小麦なと作り地おそく明候ハ、麦かり候跡へ則水を入かたはしよりすきはさを合かき植申も有是ハたゝみと云

これによると、田植えは、夏至の五〜六日前から半夏生までの期間が忙しく、それを過ぎると収量が著しく減るとしている。田は麦刈り跡を鋤くとあるので、二毛作を前提としていることがわかるが、鋤いたところでゴミや食べかすを腐らせた堆肥と厩肥を入れる。そして田植えの三〜四日前に水を入れて掻き均して水持ちを良くする。またこのとき平畦丸畦を塗るとあるように、他の畦を立て、そこにダイズと畦稲（陸稲ヵ）を植える。田植え前の耕作には、馬鍬を用い、木灰と干鰯を肥料として投入し、さらに厩肥と緑肥を入れるが、これを「ひいて田・山作」と呼ぶという。また、小麦を作って稲作のための耕作が遅れた場合は、麦を刈ってすぐに水を入れ、片方の端から鋤いて代掻きをする方法もあり、これを「たゝみ」と呼ぶという。

田植え後の作業については、以下のように記述されている。

一　田の修理ハ植候て廿日目に草をとりかきなて其次ハ七八日めく土用過るまて四五度も七八度も草をとり草無之候とてもかきなて稲の根をふミ切よく候土用過候以後根を踏切候へは悪敷ほあひかたふき候節ひへを切

ここでは、田植え後二〇日したら除草をはじめ、その後七〜八日ごとに土用が過ぎるまで除草を行い、雑草が無い時であっても稲の根を踏み切ると良いとする。土用を過ぎたら根を切るのは逆に悪くなる。そして穂が実って傾いてきたらヒエを抜かなければならない。

一方、稿本では、「地方作仕形《ママ》」の部分で、地味を上げるための処置についても記している。

一　地床むらなく深クすき種蒔植の時は地を細にしてろく《陸》にならし肥むらなく草年中打もそれそれの時分見合幾へんも数を入たるかよし

一　明地冬の内にうなひ置候得ハ虫死土も氷われ細ニ成よし

一　旱損所ハすきかき度々いたし候得ハ水持よく少々の旱損ハのかる

一　田ならしに地高下有之候得ハ高キ所取旱損いたミひくき所ハ水痛ニて不作有之候得ハろくニならしよし

ここでは、深耕の効用を説き、虫害や水漏れなどの問題のあった水田も、手をかけて土作りをすれば修正できるとし、生産力は労働に大きく左右されるとしている点が興味深い。

才蔵は土木技術において大きな功績を残したが、開発した耕地での実際の農業については、さほど目新しい提案は行なっていない。才蔵が重視したのは、それぞれの作物の播種・植付時期や「修理」と総称される施肥や除草などの手入れ法など、経験主義的な知識と技術、言わばコツである。才蔵は作物が育つことそのものは、自然の摂理のうちにあり、農業技術はそれをうまく利用することにあると考えていた。それをよく示しているのは以下の記述である。

一　草木五穀生し実のる事生物人間とても天道春夏秋夕昼夜の御たかひなく雨露のめくミにて人間指の先まて天道の気を請自由成よし物知りの咄し也

ここでは「物知りの咄し」として、全ての植物が実り人間が生きていけるのは、季節や昼夜のリズムが狂いなくめぐるといった「天道の気」の恩恵であると述べている。作物と気候と土壌の条件がうまく整えば、作物は期待通り実るという考えは、こうした「天道の気」に逆らわないという思想に基づくものであるとしている。

（4）民俗知の外部化

『地方聞書』には、様々な民俗知についての記述が散見し、民俗研究の素材としても注目されてきた。例えば、稿本には「蒔植修理の時分ハ其所々寒熱ニて違有り其所ニ順したる時節仕来りの考第一也（稿本『地方聞書』）」という記述がある。すなわち種蒔きその他の農作業は、その土地ごとの最適な時期を暦にあわせて知ることが重要だという。その暦とは、春（立春・土用・節中・ひかん）、夏（立夏・節・夏至・半夏生・中・土用）、秋（立秋・節・二百十日・土用・中）、冬（冬至・大寒小寒・中・土用）としている。

そして、暦と植物の関係について、以下のように記述されている。

此時を目当テとして所々ニて申伝有此申伝ニ二三日延ちゝミ有リ見合ハ其所何木の花目（芽）今年ハ春ひかん幾日前ニ出候や後に出候や此見合ニて延ちゝミ吉むかしの申伝より早きかた吉

ここでは、気候は年によって変わるため、そこに生えている木の出芽・開花時期を観察して、春の彼岸前や後に何の木の芽が出てくるのかを目安に覚えておくということを勧めている。二日や三日の誤差は生じるものなので、暦にあわせるよりも花や芽の状態を参考にすべきというのである。これについては正本にも類似した記述がある。

一　種おろしは旬を本に定旬にのひちゝミ有此見合は其所何木のめ花春のひかん前に出候や後に出候や年々其前後を見覚へ種をおろし其年五日三日之延ちゝミハ右木のめ花ひかんの前後に順し能候

ここにある「旬」という言葉は、作物にとって最も適切な播種・植付時期のことであるが、それを知るための民俗知の活用を促したものである。

また、農作物の育成や農作業の進め方に大きな影響を及ぼす風について、稿本では、月ごとに吹く風の名称と風の吹く方角を、次のように記述している。

一　月―せち北　　二　月―貝寄　　三　月―油ませ
四　月―ひよりうち・ひよりこち　　五　月―白はい　　六　月―五さい
七　月―依り風　　八　月―野分ヶ　　九　月―はだ納
一〇月―神渡り　　一一月―仏風ませ　　一二月―八日吹

また、正月の天候などで一年間の豊凶を占うことについても触れている。

一　正月朔日ニ白雲東ニ有之年ハ白キ程南ハ黄ノ程西ハ赤キ程北ハ黒程よろし種おろし其年相応ニて不作なしと云
一　正月朔日ノ雨ハ七月洪水同二日ハ六月同三日ハ五月同四日ハ四月同五日ハ八月同六日ハ十二月同七日ハ八月同八日ハ十二月同九日ハ十一月洪水有之と云
一　元旦ニ四方ニ黄なる雲気有之ハ五穀大ニ稔る赤ハ日旱黒ハ大水也二月の中東の方ニ青キ雲有ハ麦ニ吉雲なきハミのり悪シ夏至ノ日午刻南ニ赤気有ルハ五穀よし食物豊なり雲なく日月ニ光なきハ五穀ミのらす七月ノ節申ノ方ニ赤雲有ハ粟米吉雲なきハミのり悪し
八月中日の入時分西ノ方ニ白キ雲有ハ年ゆたかに五穀よし雲なきハ霜多クふる十月ノ節西ノ方ニ白キ気有りて龍のことく馬のかたちニ似たるハ麻芋よし年ゆたかなり気なけれハ大寒なしと云

ひとつ目は、正月一日に白い雲が東にある場合はそれが白いほど、雲が南にあればそれが黄色いほど、雲が西にあればそれが赤いほど、雲が北にあればそれが黒いほど豊作となるというものである。ふたつ目は、正月一日が雨なら七月に、二日が雨なら六月に、三日が雨なら五月に、四日が雨なら四月に、五日が雨なら八月に、六日が雨なら一二月に、七日が雨なら八月に、八日が雨なら一二月に、九日が雨なら一一月に、それぞれ洪水が起こるというものである。三つ目は、元旦に四方に黄色の雲があれば五穀が豊作となり、赤い雲は旱魃となり、黒い雲は洪水を引き起こすというものである。さらに二月の中ごろに東に青い雲があれば麦が豊作、雲がなければ不作、夏至の日の午の刻に赤い雲があれば五穀が豊作、雲がなく日も月も光が弱ければ不作、七月の前半に申の方角に赤い雲があれば、粟と米が豊作で、雲がなければ不作としている。また、一〇月前半に西の方に白い雲が竜のようにのぼり馬の形に似ている場合は麻と芋が豊作となるというものもある。

また雨については、以下の記述がある。

一　水不足の地は五月毛付の雨に順し春もミをまく此考ハ前年とうしの前後にふり候雨五月夏至の前後其通りにふり候と考春種をおろした分ハ違なし

すなわち、水不足の土地では、前年の冬至の前後に降った雨量から、夏至前後の雨を予想していけば間違いないとしている。

才蔵は地域の民俗に関心を抱いてこうしたものを記述したのではない。それらは前項で示したような知識と技術の延長線上にあるものとして記されており、地域の熟練者が経験から見出した、農業と自然現象との関係についての民俗知を、地域の農業の安定化に活用しようとしたものであった。こうした俗信には、根拠のない迷信といった批判も、野趣にあふれる田舎の風習とする過剰な評価もない。むしろ農業の技術と同列に扱われ、淡々と記述されている。ここには、生活に埋没した知識の相対化は、『地方聞書』では民俗知の外部化という形であらわされている。それらは農作物の収量増加に有益な知識として再評価され、それを共有することで農業の安定をはかるために活用される。

（5）農具の構成

正本の「百姓農具」では、農具の名称が挙げられている。この時期の農具の構成、すなわち農家が使用した一群の農具については、他に参照できる資料がないので、この記述は極めて貴重なものである。以下はその構成である。以下の記述の括弧内は、筆者による民具名称の補足である。

一　牛　作り仕候もの牛持候ハねハ地おこし申事不成故第一也

此道具　からすき（犂）へか（犂箆）さき（犂先）ひきつな（綱）かいくわ（馬鍬）くびき（首木）しりかせ（尻木）

一　馬　肥をおふせ山かせき作毛取入又ハ馬にふませ申こへ作に能候ゆへ大作仕候ものハ馬持候ハねハ不成

此道具　くら（鞍）はたこ（移動用飼葉桶）**鍬**　からすき（犂）**持籠**（畚）かま（鎌）すき（鋤）おふこ（天秤棒）たんこ（肥桶）なた（鉈）**斧**　ふご（畚）さらい　こえひ杓（肥柄杓）み（箕）たるみ（粗い目の箕）つち（槌）こき箸（扱き箸）からそ（唐棹）とううす（土摺臼）**麦**とおし（麦用篩）**米**とおし（米用篩）からうす（唐臼）**石**うす（石臼）

ここでは、牛を耕作に不可欠なものとして挙げ、近代以降はほとんどみられない馬を農家に必要な道具に挙げている。馬は、肥の運搬、山からの物資の運搬（緑肥を含むか）、収穫物の運搬、厩肥の確保のために必要としている。

また、正本の「百姓渡世積かせき」には、一年間で消耗する農具の一覧がある。一年間に道具の修繕代は銀一貫五一六匁五分と見積もっているが、その内訳は以下の通りである（金額は一日割の金額）。

八匁四分　鍬　唐鍬七丁之才かけ四度分

七匁　　かま代　両度分十二丁也

五匁　からすき壱丁
三匁　同さき弐丁
十匁　牛の損料
五匁　桶　たんこ損料
弐匁　くわふり弐丁
十五匁　とううす壱丁
十匁　むしろ卅五枚
弐匁　くわ壱丁
四拾匁　牛遣申時飼料麦弐石代　こま道具入用

農具内訳として、鍬と唐鍬七点を四度先掛け（磨耗部分の継ぎ足し）、鎌一二点を二度修理、犂一点、犂先二点、牛、肥桶、鍬の風呂部分、土摺臼一点、莚三五点、鍬一点、牛の飼料、馬の道具である。

一見したところ、この農具の構成に技術革新への志向は感じられず、農具の改善・改良によって収量を上げようというような意図を見出すことはできない。ただ、農具の損耗についての詳細な記述には、農具へのただならぬ配慮があらわれている。現代の感覚とは異なり、当時の農家にとって農具とは消耗品ではなく、固定資本であり、消耗する部分のみ修理するのが常であった。農家はその消耗率を考慮して農業に取り組まなければならなかった。

次項で見るように、農家の経営は非常に厳しいものである。新たな機能を有する農具を購入したり、農具を過剰に消耗したりするような技術の導入には消極的にならざるを得ない。農具を現状維持的に使用することは、一見当然のことのように思えようが、農民にとっては経営上の大きな課題であったと想像される。

（６）農家の経営戦略

前項までは、農業の技術的な側面についての記述箇所について述べてきたが、本項では農業経営に関する部分に眼を向けてみたい。

これについて述べられているのは正本の「百姓渡世積かせき」の部分である。これは農家の収支計算のシミュレーションであり、ひとつの模範例として提示されている。まず条件設定としては、「広ミにて中分の作人世渡積見るに上下十人にして内六人ハはたらく男　弐人ハ女房下女　弐人は子共《（ママ）》　右の人数にて田畑弐町四　五反も作る」、すなわち平地で家族雇人合せて一〇名（うち六名成年男子、二名成年女子、二名子ども）、耕地は二町五反（うち田は二町、畑は五反）である。この場合、銀換算で地代銀五貫匁＋道具類銀一貫匁で、農家の総資産は六貫匁である。こうした条件のもと、この農家が一年間にかかる経費をまとめると以下のようになる。

まず収入は、以下のとおりである。

年貢として二一石七斗、指口米（付加税）四石三斗四升、肥料代五石三斗六升を差し引くと、稲作の収入は実質一三石九斗六升となり、石当たり五〇匁換算で銀六九八匁となる。これに麦の利益七二〇匁とソバの利益一二〇匁を足すと、一年間の利益は銀一貫五三八匁となる。

ただし、これは言わば売上総利益であり、ここには人件費が含まれていない。人件費を換算するとどうなるのか、才蔵が試算を試みている。以下は一日あたりの支出の内訳である。

これを合計すると、一人一日四匁二分七厘二毛の人件費がかかる。それに一年間の三五五日（旧暦）をかけると一五一匁六分六厘となり、これが一〇名で合計銀一貫五一六匁六分の負担となる。

最終的な営業利益は、売上総利益：銀一貫五三八匁—人件費：銀一貫五一六匁六分で、二一匁四分である。ただし、ここには初期投資に対する返済や、災害や病気、冠婚葬祭など、想定外の出費は含まれておらず、農家にとっては現状維持が精一杯であった実情が浮かび上がる。

一方、こうした年貢米中心主義ともいえる農業から、より経営的な農業へと転換しようとする志向が読み取れる箇所もある。例えば、「百姓鬧敷時分」に見られる次のようなくだりである。

一　たとへハ一村百軒有之内五十軒ハ作人五十軒ハ日用かせきのものにても作人閙敷時分ハ　後家やもめまてすきわひ有之いそかわしく候　作之間作人隙之節ハ後家やもめまてすきはひなく隙あり　別而春なとハ飢申もの也

一　作人も作徳の外に作の間々に日用かせきにても　商心にても有之　年中五十匁三十匁つゝにてももうけ候ものは渡世よし　作計にてハ中分より下のものハあやうし

一　惣而下々の事一日に五分三分にても作の外かせき有之所はすきわひ心安しいかに能所にてもかせき無之所ハ住居成かたし

村落運営の観点から当時の農繁期について述べた箇所である。最初の項目では、当時の農村は、農繁期に農家が多くの「日用かせき」や「後家ややもめ」を動員していることがわかる。そして次の項目では、農家自身も現

作物	石換算	銀換算	備考
米	45石	銀2貫250匁（年貢等差引残は698匁）	石当り50匁換算　反当り玄米で2石・坪当り籾で1升3合5勺
麦	40石	銀920匁（肥料代差引残は720匁）	石当り23匁換算　2町に麦を蒔き、反当り2石とれる場合
ソバ	4石	銀120匁	石当り30匁換算

表1

作物名	米換算	銀換算	備考
黍	1升6合	4分8厘	1人8勺を2食分
大麦	5升	1匁1分5厘	1人2合5勺を2食分
茗（茶）		1分	
塩	1合5勺	3厘	
味噌		2分	
薪		3分	刈り柴や麦藁を使うことを考慮しその分を差引
茶代		6厘	1年間に50斤
油代		1分5厘	3晩で1合
雇人の給料		1匁1分	年間で銀77匁（男子4名・女子1名）
衣類の木綿と染色代		2分8厘	年間で銀100匁
休み日の費用		1分2厘2毛	正月・節句・盆・神事など年間合計26日
道具の消耗		3分	年間で銀107匁4分

表2

金収入を得ることで「渡世よし」つまり生活が楽になるとして、日雇い稼ぎや「商心」を持った事業を勧めている。三つ目の項目では、小さな経営の農家も、「作の外かせき」つまり農業以外の収入を得ることを勧める。当時の農村は、稲作と裏作の麦作以外に、作間稼ぎをしなければ生活できない実情があったことがわかる。

(7) 村落支配と倫理観

『地方聞書』は、これまで見てきたような、農業経営のための具体的な技術や経理について述べるにとどまらず、村落経営と農民支配における経営者としての心得について、力を入れて記述している。例えば次のくだりである。

一　かせきの道いつれにも同し事なから百姓のかせきハ別而其身をやつことなしくらきより闇まてゆたん費なく上根のかせき第一也明日五人のもの山へ草を苅にやるときハ前後五人のかまおふこを見集置くらきにおき五人を呼集かまおふこを渡し山へやり帰る内に其次の仕事を工夫し畑へはたらきにやらハ鍬を五丁集おき持せ行候やうに又ハた丶道不行様ニ肥抔五荷にない置もたせ行へし明日の事ハ今日工夫し右のことく心を付てよし

一　下人をつかふにも其身一人のかせきにも此田を南へ打つけ候ハ丶、やすミたはこをのまふ此田を打仕廻候ハ、食を給可申とかせきの内にも心勇候様に申付たるか仕事のはかも行打込申鍬も深くはいり能候と申され し誠に大勢遣候にも一人はたらき候にも右の心得あるへき事か

最初の項目では、農家が使用人よりも先んじて労働することを心がけよとしている。例えば、五人の日雇い人を連れて山に緑肥を刈りに行く場合、前夜に鎌や天秤棒の段取りをして早朝に渡せるようにしておく。畑で仕事をしてもらう場合、あらかじめ鍬を用意し、道中は肥桶を運んでもらうように段取りをしておく。こうした「明日の事ハ今日工夫」する心がけが肝要としている。次の項目では、例えば田を耕したら煙草を吸おうとか、仕事

を終えたら食事するなどは、仕事にメリハリをつけて効率が上がるとして、計画的にすることの重要性を説く。

一方、こうした理想の経営者像を提示すると同時に、理想の労働のあり方についても述べている以下の部分が注目される。

一　四季とも朝くらきにおき冬春ハ田畑へこへを持参か夏秋ハ草下木をかりに参人よりも早く帰り馬屋のたまり小便をくミ泄院へ入食を給野に出候時た丶道不行やうに肥を持参昼夕野より帰候とも草にても薪にても少つ丶成とも持帰り行帰ともた丶道なきやうに心へ夕かたにても透有之ハ家廻り門なとをはき夕なへには野入之節ハ色々ありて其間にはなわくつわろしあしなかなとを作り少も透間なく第一上根のかせきよし
一　右之ことく心を付上根にかせき候へハ作に得有之御年貢肥代にも心安し何食にても味よけれハ好事なししまつにも成憚なけれハたくミ事御法を背人と口論あらそひもなけれハ誰おそろしき事もなく安楽と云はよくかせき申百姓之事か

最初の項目では、一年を通じて朝まだ暗いうちに起きて、肥を運んだり緑肥を刈ったりし、厩の便を肥溜に移し、手ぶらで歩くことをせず、手が空いたら掃除をし、農閑期には鼻輪や草鞋、足半などを作って、時間を無駄にしなければ生活が楽になるとする。また次の項目では、稼ぎが増えても質素倹約であるべきということを述べる。つまり勤労と、倹約によって安楽が得られ、理想の百姓像を「よくかせき申百姓」すなわち勤勉に働く者であるとしている。

逆に悪い農民像も提示している。「御毛見と免割方と甲乙之分ケ」の項目では、以下のように述べている。

一　たとひ小毛見入候ても悪作を持候者ハ四分方被下候を少も取不申能作人へやり申事不便成儀と申ものも有之候へ共左様のわけにても無之候　そのわけは元来不覚悟ニて代をも仕候　能地ハ売払取手無之高地計持候ものか又ハひとへ成もの買手無之地をもらい候か　いつれにも常ニ不精成不如意ものニ候へハ修理肥も多

く不仕悪敷作リ其上秋作ハ何とそ御年貢程作り候ハヽ、麦を作りかヽわり可申との覚悟心得ニて作仕儀ニ候又能作人ハ第一と精を出し畑を田ニ仕　打そへ畝町合なと大分銀を入徳有之やうに常にはけみ　修理肥も多く仕能作り申儀ニ候へは大方の損徳有之ハ百姓のはけみの本ニて御座候右のことくはけみ能作り申地も不精もの悪敷作り申地も　御毛見勘定之通同し徳ニ成候てハ百姓の思入以之外悪敷成可申道理也（傍点筆者）

ここでは、「不覚悟」のために良い土地を売ってしまい、買い手のないような土地を持っている者や、「不精成不如意もの」で手入れや施肥を怠り、ただ年貢を納めればいいという向上心のない者を批判している。それに対し、「能《よ》き作人《さくにん》」は、精を出して耕地を改良するために労力と財を投資し、手入れもしっかりとしているとし、利益を得られるかどうかは「百姓のはけみの本」によって決まるとしている。すなわち、生産力が上がらないのは勤勉でないからという論理である。

同様に稿本においても、農民の心がけに触れられている。

一　作人身退《（ママ）》の善悪ハ耕作をおふとおわるヽ違也追といふハ春の用意を冬の内ニいたし明日の修理をけふ仕る事也おわるヽといふハ三月の田返しを四月へのへ五六へんの修理を弐三へんも仕兼申ものヽ事也

ここでは、常に先を見越して労働に励む姿を良い農民像である「追う」農民とし、逆に「追われる」農民を批判している。

理想の農民像である「能き作人」は、結局のところ次のように家の永続に関連付けられる。

一　我人煩候時ハ天に曇あれハ気分悪敷天晴れは気もはれ候時は誠也かミすしまても天の気を請申此身なるに天道にハ少も御替なく昼夜明かなる其気内に居楽を好ミ生付さる美食を好ミ法に背たくミ事なと仕何としてよからんや我又子の事を思ふニ人にこへ世を能渡り候へかしと仏神をも祈子若くおろかに心得家なとつふ

し候時ハ其身を人となしたる親の思ひを背其とか幾世にてはれ可申や右之次第を片時も不忘かせき世能渡り候時ハ天道に叶ひ親へも大孝行とはけミをなしかせき第一と親常々申されしを若き時軽く心得今千万くゆるそかし

ここではまず、天道の恩恵を受けている身でありながら贅沢に明け暮れたり、良からぬ事を謀ったりするのは間違っているとする。そして若者が軽率な行動で家を潰すようなことがあっては、親の思いに背くことになり、償うことが出来ないとして、勤労によって世を渡っていくことで、おのずと天道に叶い、親孝行となると説く。そして、才蔵自らが、若い頃はそれを気にも留めなかったが、現在ではそれを千も万も悔いていると述べている。

前にも述べたように、『地方聞書』は農業技術書というよりは総合的な経営指南書としての性格が強い。自然の摂理に対する経験主義的な技術改善に基づき、勤勉に働き、倹約に努め、家族の和合を重んじる農民を育成することが、村落の秩序と納税の安定につながるとする。この勤労、倹約、和合といった倫理観は、労働の動機付けとして機能したが、同時に『地方聞書』が農政の哲学を説く体裁をとっていることに現れているように、それは支配者側の論理であり、上記の倫理観は支配の具である点を見過ごすことはできない。

本書は以上のように、家訓としての性格が濃厚である。勤勉に稼いで経済的安定を図り、倹約と和合によって家の永続を確実なものにすることに絶対的な価値を置く内容は、大畑家の繁栄のために書かれた本書の性格をよくあらわしている。そのことを具体的な農業の技術や労働の記述の中に折込み、「能き作人」といった勤勉で研究心のある農民を理想像として提示している。

(8)『地方聞書』にみる農業技術改善

一八世紀前半の紀ノ川流域における農業経営について考える際に、『地方聞書』では、以下の四点を指摘しておかなければならない。

第一点目に、耕地の選択の重要性を説いている点が重要である。才蔵は、適地適作の考え方をベースに、

「上」の評価の耕地では米―麦の二毛作を集約的に進め、「下」評価の耕地については、稲以外の作物栽培への活用を勧めている。ここに年貢米一辺倒の農業から、商品作物栽培による農業経営への移行の、準備段階の一端を見ることができよう。つまり、新田開発の余地が限られている状況下で、新たな資源の掘り起こしを図ろうとすれば、おのずと既存の耕地の質的向上に向かう。二毛作に適作な土地は更なる増収を目指すと同時に、不向きな土地ではその土地に向いた作物で、商品的価値のある別の作物を選択するという方向性である。この点から、惰性的に現状維持を図るのではない、経営的な視点が見てとれる。

第二点目に、経験主義的な技術改善の共有化に力点を置いている点である。才蔵は『地方聞書』で、増収のために作業効率を上げうるドラスティックな新技術を導入したり、新たな道具を開発したりする提案は行なっていない。農具の構成からも、農具そのものの改良による労働粗放化は志向されていない。才蔵がむしろ重視したのは、作物の生育に関する経験主義的な技術改善を、「聞書」によって抽出し、活字化して共有可能にすることであった。農学に通ずるような抽象的な知識体系ではなく、農民の側に経験的に蓄積された知識や技術には、その地域の気候や地形などの自然的な条件、物資の流通条件や交通などの経済的な条件、人々の気質など、様々な条件が加味される。地域の意欲ある農民を「能き作人」としてモデル化し、彼らの実践を共有することで、村落全体の増収を図ることができるという考え方である。民俗知の外部化としてとらえた気象に関する知識も、同様の考え方から記述されたと理解できる。その背景には、作物は自然の摂理によって育成し、それを助長することが有効と考える才蔵の思想があった。とはいえ才蔵は、水利に関しては環境改変的な藩の開発事業において、大規模な土木工事に手腕を発揮したことで知られており、流域の農村への灌漑を安定化するというマクロな視点と、個別の農民が増収のために努力できる経験主義的な技術の共有化というミクロな視点をあわせ持っていた点が興味深い。

第三点目として、商品経済への積極的な対応を目指す農業への具体的な移行プロセスが理解できる点が重要である。農家の経営戦略について詳細なデータを挙げている部分からは、年貢を納めるために汲々としている農民の生活実態を見出すこともできるが、むしろ年貢中心主義的で計画的な農業から脱し、余剰の利益を得て生活を豊かにしたいという志向もうかがわれる。『地方聞書』には、多くの畑作物について栽培方法を記しているが、本項前半で紹介した農家の経営モデルにそうした穀物以外の畑作物は収入源として挙げられておらず、それらを商品作物と認識するには至っていない。しかし、米作—麦作の二毛作に対し、どのような労働力を投入するか、また地味向上のための施肥について金肥と地元調達できる肥料をどのように組み合わせるのが最適か、農具はどの程度損耗するか、そのうえで年貢として納める利益以外に、どの程度の余剰の利益が残るかについて、極めて詳細なモデルを提示している。このことから、一八世紀前半の紀ノ川流域の農村では、商品作物の本格的な導入の前段階に、二毛作の集約化が進められたと理解することができる。

最後に、家意識の強化のための書である点が挙げられる。『地方聞書』は、農業技術書としての体裁をとりながら、総合的な経営指南書でもある。言わば、大畑才蔵が子孫に託そうとした「大畑家の家訓」である。「農業技術書と経営指南書を兼ね備えた家訓」という性格を持つ『地方聞書』は、農業経営が家永続の願いと直結し、村落の農業が家経営の集合によって成り立っている当時の農村の特質をよく表しているとも言えよう。

実験的思考と経験主義的な技術 —『畑綿花栽培様之次第』—

(1) 名草郡満屋村の『畑綿花栽培様之次第』の背景

一八世紀後半の農書のひとつである『畑綿花栽培様之次第』は、現和歌山市満屋の湯川家に残された一八世紀後半～一九世紀前半に書かれた覚書である。湯川家には『萬覚書』という大部な覚書も残っており、地震や水害、村の出来事、民俗行事、米や綿花などの作物の収穫量や動向について雑多に記述されており、一八世紀末の紀ノ川流域の農村の状況を知ることができる貴重な資料である。本文献は『和歌山県史　近世資料三』(和歌山県史編纂委員会　一九八二)に掲載された。

『畑綿花栽培様之次第』は、紀ノ川流域における商品作物の中心であった綿花栽培に関する覚書である。内容は、木綿の栽培法について記した「綿蒔附并作り様之次第」と、諸事をメモした「世話集メ」から成る。「綿蒔附并作り様之次第」の全文は、以下の通りである。

畑綿うね高く蒔付て吉、大雨によし、但し、東請、南請に致たるハよし、蒔はだに何に而も埴シたるハよし、薄綿ハ必大小出来て栄おそくなるなり、将亦蒔ときやわらかくハ、跡を少シ乾かしてふみ付叩クかよし、多クかわきたる時は早速ふミたゝきたるかよし、若雨など少しふり、たゝかれぬ時は、一両日の内ニ乾たらハ其時叩くよし、大雨降たれハ叩クに不及、左もなき時ハふミ叩クが極々よし、況たにかけ様が専要なり、たにうすきハ旱の時悪し、あつきハ大雨に悪敷、依而たねの見へざるほとに薄きかよし、と心得へし、厚キたにの悪キしるしにハ、畝のはなハ端揚ケ候而重に成故惣而苗悪し、頗埴かげん第一なり、埴中分なるかよし、殊留メごへ多クハあしく、よき畑ハ少し不足に仕置、豊年と見へ候得ハ追埴致たるがよし、旱ならハ水かすりたるはざしめり有内ニ、はざへ少しツヽやりてよし、或ハだし抔ヲ致してかへるもよし、最旱ならハはざへやりてよし、しめり有時ハ畝へかけてよし、惣し而埴十分にしてハ、押合せ損多し、埴少し不足ニ而も、豊年に者五分ふく、十分ニ而も六分ハふきかたし、扨又、凶年にハ埴多キハ格別悪し、爰ヲ以、過たるハ猶不及が如し、益旱の時、随分やかさず水汲たるハ綿ふき切りよし、爰ニ術有り、一番水余りやけさる内にやりたる綿ハ、葉おふきくなりてよろしからず、少々やかしたるがよし、扨又、やけ過ぎたる時ハ、二番水、随分多クやりたるがよし、其跡々ハかんがへ気を付べし、水過不足に依而、よろしくもなり、あしくもなり、惣して夏の作物ハはざ浅きがよし、旱の時よし、殊ニわる畑ハ猶の事、且亦はざ浅くする事ハ最初より考て牛はざあさくおう事なり、扨又、凶年にハ綿厚かよし、豊年には薄きがよしと申せとも、惣して厚綿ハもゝちいさくして、小ぶさニて出来あしく、うすき綿ハ大ふざニて出来よし、然とも厚き綿ハ斤数出申候、爰ニ理ニツ、年所により、地味の心を考へ知るべし、且又、夏中蚤・蚊・其外の虫多キ年ハ、必綿の虫も多き物なり、先虫年と思ハ、後埴をひかへたるがよし、右之外ハ其所、土地の気質を考へ知るべし

(2) 実験と経験主義的な技術改善

内容は、水遣りと施肥についての記述が中心である。畝を高くするほうが良い、蒔いたところに施肥をしない

ほうが良い、種は密集させて蒔くほうが良いなど、非常に具体的な指示を挙げている。文中、肥料の加減が第一であるとして、糞尿の肥は多くなく不足気味に施すと豊作となるなど具体的な内容が続き、特に水分と肥料の量との関係から、土壌の水分がどのような状態の時に、どれ位の量を、畝のどの場所に施すのがよいかを記す。また夏にノミやカなどの虫が多い年は、虫害が出やすいので肥料を控えるといった、日常生活の感覚から、農業の手入れを加減するなどのアイデアも盛り込んでいる。

この文章は、作成者の経験に基づいたアドバイスなのか、すでにある農書などのテキストからまとめたものかは不明である。全体としては「地味の心を考へ知るべし」として、土地の状況を知るための経験的な観察眼を養うことを勧めている。それによって判断した播種の具合・水分・肥料の量の妥当性が、収量を決定するという考えに立っており、基本的に経験主義的な知識を最大限に活用することを、農業経営の重要な課題として位置づけている。

『畑綿花栽培様之次第』は、眼前の畑でいかに作業をするかという、極めて実践的な内容の覚書である。前述のように綿花は、紀ノ川流域の農村における商品作物のなかでは、早い段階から広く受け入れられていった作物である。農家にとってはその年ごとの気候に応じた臨機応変な手入れが求められたが、それが「地味の心を考へ知るべし」といった経験主義的な知識と技術に全面的に負っていたために、おそらく各農家の出来不出来の差は相当あったと想像される。米作は、経営は家単位であったとしても、水利を共有する村や組といったある単位の共同体の協同性によって成り立っていたため、地質や水利条件による耕地ごとの差はあっても、ある家だけが極端に収量が少ないといったことは比較的少ない。一方、商品作物はその栽培法のみならず、どのような規模で導入し、どのように販売するかについての経営判断が求められるため、『畑綿花栽培様之次第』にあらわされたような実験的な思考や研究心が求められる。年貢中心主義的な農業からの脱却は、確実に農家に一定の試練を強いるものであり、近世末期には現実に事業に失敗して逃散せざるをえない農家も増えていった。

商品経済への積極的な介入　―『作り方秘伝』―

（1）那賀郡深田村の『作り方秘伝』の背景

『作り方秘伝』は、現紀の川市粉河町深田《ふけだ》の庄屋であり、六十人者と呼ばれる地士でもあった曾和《そわ》直之進《なおのしん》が、一八四五（弘化二）年～一八六二（文久二）年の間に残したとされる一二点の農業記録の総称である。直之進の長男縫之助は、明治の農業近代化に尽力した人物として知られている。

曾和直之進が記述した農書は、ナシの栽培に関する『梨植附作り方秘伝』『覚』『梨植附処改候ニ付覚書』『多賀僧ニ聞取候事』『梨植附諸造用控』『戌年梨売候ニ付、後年之心得ニ書印置候』、ベニバナ・スイカ・養蜂・ショウガの栽培に関する『紅花作り方秘伝』（「紅花仕附伝」「西瓜作り伝」「ミツバチ取り伝」「生か作り伝」）、紅花栽培に関する『紅花作り方』（「せいほう之事」）、スイカ栽培に関する『西瓜作り方覚』、ビワ栽培と養鶏に関する『枇杷伝』（「鶏鳥カウ伝」）、モモ栽培に関する『桃作方』、ケシ栽培に関する『けし作り、売さハキ』、養蜂・シュロ栽培・カナリア飼育に関する『蜂蜜カウ事』（「蜂蜜作伝」「シウロ植附銀上リツモリ書」「カナリヤ」）と、非常に多岐にわたる。これらは、『日本農書全集四〇』（曾和直之進　一八四五～一八六二）にまとめて収録されている。稲作に関する記述は無く、商品作物の栽培によって経営を革新しようとした意図がうかがわれる。

これらの記録は、商品作物の栽培の実態を記したものとして、従来から紀伊の農書のひとつとしてよく知られてきた。近世におけるこの地域の農業の実態を知る数少ない資料として、地方史研究においては重要視されてきた（藤本　一九九八）。しかし、ここに挙げられた作物が、どれも現在のこの地域の特産品として残っていないことから、『作り方秘伝』の内容が紹介される機会はほとんどない。

筆者はこの記録を、商品作物の導入過程における様々な実験の記録ととらえる時、一九世紀中盤における農業の経営戦略を読み取ることができると考える。以下、『作り方秘伝』の大半を占めるナシ栽培の導入に関する記述を例に、商品作物をいかに導入していったかを紹介してみたい。

（2）商品作物の実験

ナシ栽培について書いた農業記録は、『梨植附作り方秘伝』『覚』『梨植附処改候ニ付覚書』『多賀僧ニ聞取候事』『梨植附諸造用控』『戊年梨売候ニ付、後年之心得ニ書印置候』である。このうち、『梨植附作り方秘伝』は、施肥の方法や防虫防除、貯蔵法などについての、具体的な方法について詳細に記した理論書である。
まず、『覚』は、「西借屋ノ南畑」と「伝兵衛畑」に植えたナシの木のメモである。

溝上ヨリ西かき迄七間半　是者北側　同所南側七間　長拾四間半
右坪、百五坪壱分弐厘五毛。
ナシ植付、三拾五本程植付場在之と見ゆる　壱本ニ四百五十ナルト見て、クス五十、正ミ四百、壱本ニ付、代廿四匁、六厘かへ、三十六本代八百四十目。

これによると、一〇五坪一分二厘五毛の広さに三五本ほどを植えたとある。そして一本に実が四五〇粒実り、うち五〇粒は商品にならないと予想して、正味四〇〇粒の収穫を見込むと、八四〇匁の利益が出るとある。また、別の見積もりも記載されている。

下　南九間、北六間半　長通り廿三間壱尺五寸　此坪百八拾坪
上　北六間、南七間　長廿三間弐尺　此坪、壱百五拾壱坪四分五厘　合、参百参拾壱坪四分五厘
ナシ植付　伝兵衛畑
百拾壱本程、壱本ニ付四百五十成と見て、五十者クス、正ミ四百、一ツ六厘かへ、壱本ニ付廿四匁。
百拾壱本ニ付、弐貫六百六拾四匁と相成。

「伝兵衛畑」耕地にあわせて三三一坪四分五厘の広さに一一一本ほどを植え、利益は二貫六六四匁と見積もっている。これら「南借屋の南畑」と「伝兵衛畑」の「上」と「下」に、「借屋ノ南畑」と「たけなが屋地」という耕地を加えた田地は、言わば実験農場であったことが、次の記述から推測できる。

右田地、卯年五月ヨリ下作致。拾ヶ年之間下作致し、上梨植付候テ宜候事ニ御座候ヘハ、所持ニ致候。若、不都合ニ候得者かへし候。且、粉川庄屋正木之噺致、右趣ヲ以相談ニ及候。取もとしハ不致候約束ニ而梨植付候事。

ここでは、卯年（安政二年）五月から一〇年間は借地して耕作し、成果が得られればその耕地を所持することにし、成果が芳しくなければ耕地を返すつもりであるとある。これは庄屋も了解済みで、但し一〇年間は小作し続けることが条件と相談したというのである。

ナシ栽培の実験の規模は、『梨植附処改候ニ付覚書』の次によると、少なくとも二二七本の苗木を植えるに到ったことがわかる。

門前東方　わせ九本　同前西　ヲクテ拾三本　たけなかや地　八拾五本　伝兵衛地　百本　合、弐百七本
外ニ弐拾本

こうした実験を踏まえ、それが経営として成り立つかどうかは、庄屋であった曽和家の大きな課題であった。『梨植附諸造用控』は、ナシ栽培にかかる諸経費や負担を見積り、商品作物として導入可能かどうかを模索した経済的資料である。この記録は、安政二年～三年のシーズンに要した諸経費の控えである。以下はその引用である。

一、弐百三十壱匁四分　大豆□畑代
一、拾四匁　南山ニ而なし弐本代
一、九匁　長屋南方へ六本植付代壱匁五分かへ

一、八匁　隠居処并井畑へ弐本壱匁かへ
一、なし四本黒川ニ而求候代
一、弐拾壱匁　きこく四百廿本代
一、百七拾六匁　なし弐百廿本三分かへ四分五厘造用
一、百参拾壱匁四分五厘　辰年なし代、造用共
一、廿五匁　麻津ニ而キコク代
〆六百廿五匁八分五厘

記述には若干の計算違いがあるが、それはともかくナシ栽培に必要な経費を、地代・苗木の代金・苗木の植付け経費・カラタチの苗木（垣とする）の代金から見積もろうとした資料である。ここで算出されたナシ栽培の初期投資を踏まえ、それを回収しさらに利益を上げられるかを計算しようとしたのが以下の記述である。

一、元銀〆高　銀六百廿五匁八分五厘
卯ヨリ辰り　百拾弐匁六分五厘
合　七百三拾八匁五分
巳利　百三拾弐匁九分五厘
合　八百七拾壱匁四分五厘
午利　百五拾六匁八分六厘
合　壱貫廿八匁三分壱厘
未利　百八十五匁三分
合　壱貫弐百拾三匁六分一厘
申利　弐百拾八匁四分五厘

合　壱貫四百三拾弐匁六厘
酉利　弐百五拾七匁七分七厘
合　壱貫六百八拾九匁八分四厘
戌利　三百四匁壱分七厘
合　壱貫九百九拾四匁
酉年・戌年両年分たる竹・植木縄代、凡三百目
一、（空白）
是者年々御年貢・手間・造用不足ノ処
一、酉年（空白）
是者七年目ニ梨なり、売払〆高元銀利戻し。
一、戌年（空白）
是者八年目ニ梨なり、売払〆高七月ヨリ十二月迄利もとし元銀〆高。

最終的に元金の回収時期を算出するに到っていないが、少なくともナシのような商品作物を導入する際に、こうした計算が必要であったことはいうまでもない。

ひとつ注目したい記述は、ある金額を「是者年々御年貢・手間・造用不足ノ処」に充填するつもりであった点である。すなわち、稲作によって得られた米をもって年貢を納めるのではなく、稲作と他の商品作物の栽培の利益の総体で、年貢と余剰の利益を確保しようとする思考への転換が見られる。当然これには商品作物の失敗による年貢の滞納という大きなリスクを伴う。

こうした作物の栽培は、苗木や肥料の流通体制が確立していなければ不可能である。『梨植附作り方秘伝』には断片的ながら、関係する記述が見られる。例えば、ナシ栽培に使用する肥料について、「たらこへ根元切廻しやるべし」つまり下肥＝人糞を溝を掘って施す、「油かす大ニわり、処々へほり入る」つまり油粕を荒く砕いて

穴を掘って施す、「丸はち致、其所へふかくほり、ほしか壱升ツ、入ル也」つまり丸く鉢状に掘って干鰯を一升ずつ入れる、「しよふ水沢山ニかける」つまり小便をかけるなどの記述がある。下肥や尿は村内での自給肥料であるが、菜種油を絞った残りかすである油粕や、干した鰯である干鰯は、近世後期に肥料食いの商品作物を支えた代表的な金肥である。こうした金肥の流通体制は、ナシ栽培の前提であった。

また、苗の購入先は、「若山植木屋」（現和歌山市街）、「黒川村のほどし」（現紀の川市桃山町黒川）といった近場から、「伏見あたり」（現京都府京都市伏見区）、「大坂」、「大坂辺いたミ東野村植木屋惣兵衛方」（現兵庫県伊丹市東野）などが見えるほか、「大坂在ナンバ村芳惣才、是者ナシ畑六、七丁も作在之。先年ミノ地ヨリ植木取寄、同所ヨリ作人召抱、作り在之処也」と、大坂の芳惣才という農家が、植木を美濃から取り寄せたという噂話を記載するなど、良い苗木に関する情報に眼を光らせている。こうした情報網、苗木の流通体制の存在も、商品作物の導入には不可欠であった。

(3) マーケティング調査

さらに、商品作物の栽培には、このような生産体制の整備や、物資の確保にとどまらず、他の農家の動向や新技術についての情報や、販路や需要についての情報を、少しでも多く得ることが重要であった。この点に関しては、『多賀僧ニ聞取候事』と、『戌年梨売候ニ付、後年之心得ニ書印置候』の記述が興味深い。

まず『多賀僧ニ聞取候事』は、多賀大社（現滋賀県犬上郡多賀町）の神宮寺の僧から聞き取った美濃のナシ栽培に関する情報が記されている。ここで「多賀僧」とあるのは、多賀講への加入を勧めるため全国を行脚していた僧と思われるが、曾和直之進は全国各地を訪れる僧から、前述の大坂の農家が範とした美濃のナシ栽培について尋ねたのかもしれない。その内容は以下の通りである。

ミノニテハ壱反ニ付金弐拾両ツ、取、セツキヨリ春三、四度ノコエ入ニ付、福家デナクテハ金廻りアシク故作り難よし。

右同所ニテ梨取前ニ者まびき梨致、売払候由。
壱貫目ニ付弐匁五分、先年ハ致ス。近年同四匁五分致由

それによると、美濃では一反に二〇両もの収益があるという。但し肥料を三、四回施すため、経営体力のある裕福な農家でなければできないという。また、収穫前に実の間引きをすることや、先年は一貫目あたり銀二匁五分であったが、近年は銀四匁五分の値がついているという。この情報を得て、直之進は自らの経営に当てはめて、以下のように思索をめぐらせた。

凡考見る事　覚
一、弐間ニ丈植々植付候得者、三坪ニ壱本と相成。壱反ニ付、百本ニ成ル。
凡壱本ニ付、寅年ニナル二本ノ南手ノ木、三百六拾玉成と考、六拾ハくす・きす付はねる。正ミ三百、壱ツ六厘ツ、ト見て、壱本ニ付、拾八匁、拾本ニてハ百八拾匁、百本ニてハ壱貫八百目。
コエ代　壱本ニ付、六匁　百本ニ付、六百目
縄・木・竹代　壱本ニ付、弐匁、百本二付、弐百目
正ミ壱貫目　何ヲ作り上候テモ手間ハ右同断。見合事。

これによると、まず二間×一丈の広さに一本の割合で植えれば、一反に一〇〇本植える計算となると、基準を定める。そして隠居東の木をサンプルにすると、一本に実るのが三六〇粒、うち六〇粒は商品にならないクズで、正味三〇〇粒を出荷すれば一本の木で銀一八匁で売れることになる（一粒銀六厘）。もし一〇〇本作れば銀一貫八〇〇匁となる。ここから諸経費として肥料代六〇〇匁、縄・木・竹代二〇〇匁を引くと、利益は銀一貫目である。このように、偶然得た情報を自らの経営の分析に適用することで、その作物の将来性を計ったのである。
また、ナシという特殊な作物は、どのようなところに需要があるのかを知るためのマーケティングが不可欠で

ある。販売できる見込みの無い作物は、設備や資材への初期投資を回収できないからである。これについて、『戌年梨売候ニ付、後年之心得ニ書印置候』に以下のような記述がある。

> **当年ハはしかはやり、夫故よくはける也。戌年盆前ニ若山問屋ヨリ廻し候物ニ而丸ス周二郎と申人ヲ差越し、三拾五匁程ニ拾荷売約束、入銀入置、盆前十三日ヨリ十五日、十六日に送り候様申て、約束致、右之日限之間ニ者、此方ヨリなし若山へ出し候処、猶又、外問屋ヨリハ、四拾目ニも買申度様ニ申来り候へ共、右之約束致置候故、無拠出し不申候。**
> **盆前ヨリ十三日、十四日、十五日、十六日、右之日限ニ者、若山ニ而ハ仏まつりニハなしをそな（へ）し候様、夫故ニ能はける由ニ聞取候。**

ここでは、麻疹《はしか》が流行するとナシが売れることについて述べている。タイトルは一八六二（文久二）年のナシ販売について、後年の心得として書き残しておくという意味で、この年起こったナシ景気について述べている。この年、和歌山の問屋から派遣された丸栖（現紀の川市貴志川町丸栖）の周二郎という者が来た。彼とは、一〇荷のナシを銀三五匁とし、頭金を入れるかわりに、八月一三日～一六日にかけて送ってほしいと条件をつけ、これで契約をした。その後、ほかの問屋から一〇荷のナシを銀四〇匁で買いたいという条件提示があったが、周二郎とは、他の業者と契約しないことも約束していたので、それは断った。和歌山では盆棚によくナシを供えるので、麻疹が流行って死者がたくさん出るので、初盆の供物としてナシが売れるのだという。

こうした状況に対する、直之進の戦略は次の記述からわかる。

> **来年ハ右之裏を以、親類方へ盆前ニなし出し置、日々ニ弐荷程ツ、出し、〆売ニ致候へ者、直段宜様存候間心へたり。**
> **名倉・大野・如（妙カ）寺辺之あきうどへ売候へ共、五条ニハ少も越し不申候趣、但し五条ハ余程よく売候**

趣ニ聞取候間、前段ヨリ問屋并其手坦（段ヵ）致置候事、心得書印置物也。

すなわち、来年はこの状況を先読みして裏をかき（「裏を以」）、盆前に和歌山の親類へ毎日二荷のナシを送り、独占販売状態（「〆売」）にする戦略である。さらに、紀ノ川中流域の大きな町場である五條（現奈良県五條市）ではこれが流通していないので、そこへも進出できるよう問屋に対し手はずするのが良いというのである。

（4）様々な可能性の模索

前述のように『作り方秘伝』は、ナシの栽培のほか、ベニバナ、スイカ、ショウガ、ケシ、シュロの栽培、ニワトリ、ミツバチ、カナリアの飼育についても詳しく触れており、曾和直之進が作物や動物、副産物などに関して、幅広くその商品的価値や技術について模索し、様々な可能性を実験していたことがわかる資料である。

なかでも次に引用する、近世後期の紀ノ川流域の農家が、カナリアを育てようとしていたということは、意外な記述である。

買ニ付てハ五月、六月か下直候　カナリヤ
上分の処壱わ六匁。
ツガイ拾弐匁之相場ニ而候。
金あみ弐匁程致ス。箱代弐匁程致ス由、合四匁程ニ而上り候趣ニ御座候。凡三十箱之ツモリニ而箱代百廿匁。
三拾ツガイ
　代三六十目
鳥問屋出し候直段相場左ノ通り。
ツガイ　弐拾四、五匁程ニ売候よし。

至極宜鳥出候へ者、三拾匁程致ス由。
あしく処ハ十八匁程ニ売候趣ニ候。
凡廿五匁かへニ売候見て、三十箱代子鳥七百廿匁。
差引弐百四拾匁徳ニ相成候。

内容は、カナリアの相場についての情報の覚書である。カナリアを買うときは値が下がる五、六月が良いとし、飼育用の金網や箱の値段も書かれている。また出荷する際には、鳥問屋へ販売し、番《つが》いは銀ニ四、五匁、質のよいものは三〇匁、質の悪いものは銀一八匁が相場だとしている。これをもとに、三〇箱つまり番い三〇組を仕入れると四八〇匁となり、鳥問屋に販売すると七二〇匁で売れるため、その差額の二四〇匁が利益となると見積もっている。ただ、単なる仕入れ値と卸値の差額を稼ぐだけの流通業なのか、番いを飼育し、その子も含めて販売するのかは、この記録からはわからない。いずれにしても鳥問屋の存在や、相場が確立していることからみて、相応のカナリアの需要が存在していたことは確かである。

ところで、ここでカナリアについての記述が出てくることは少々突飛なことのように思えるが、実は近世後期の町場には鳥の飼育が流行していたことが、細川博昭の研究によって明らかとなっている（細川　二〇〇六）。この時期、鳥の飼育法について書いた出版物があらわれ、鳥の鳴き声を競ったり、美声や色を楽しんだりする趣味が、裕福な町人の間で流行した。それを曾和直之進はいち早く情報を得て、それに乗じた商売の可能性についてうかがっていたのであろう。

（5）『作り方秘伝』にみる農業技術改善

『作り方秘伝』と総称される覚書には、曾和直之進という一庄屋が商品作物を導入するための実験の過程が記されていたことがわかる。

ナシ栽培において、彼が記録したのは、苗木の植え方や施肥の方法、ナシの貯蔵方法など、具体的な生産方法にとどまらない。栽培面積と初期投資に、経年経費を加味して、その作物が稲作以上に利益を上げうるかという見積り、他の地域の成功者の実例の自らの生産への適用といった、需要の分析と販売戦略など、農業をいかに経営するかという視点が見てとれる。こうした思考には、反当り収量を上げるための生産体制の見直しによって税を滞りなく納める思考とは根本的に異なり、商業的な成功によって納税の安定と資本増強を図る目論みがあったと言えよう。この時期の農民のなかには、曾和家のように商品経済に積極的に介入していこうとするものがおり、様々な実験や技術改善、新たな販路の開拓などを通じて、自ら商業的な農業を実践していったのである。

3 まとめ

農村への商品経済の浸透

これまでの近世史研究の成果から、『祖竹志』が作成された一七世紀前半にはすでに紀ノ川流域およびその周辺地域において、商品作物としての綿花栽培が行なわれていたことがわかっている。和泉山脈を境に隣接する河内地域では、一六四二(寛永一九)年に田方木綿作が禁止されているが、海士郡鳥居村(現海南市鳥居)の「酉ノ免定」によれば、本来は年貢のための米を栽培すべき水田にまで拡大し、為政者の頭を悩ませていたことがわかっており、大坂の市場を背景とした商品経済浸透の波に、紀ノ川流域の農村も確実に巻き込まれていた状況の一端をうかがえる。『祖竹志』は、個別農家も相場の動向を見極めながら農業に取り組んでいたことを示している。これを作成した湯橋吉良太夫里政が商人の経験を持っていたことは、技術改善に対する意識を高めた要因ではあったと思われるが、和歌山城下の都市近郊農村においては、相場を意識する農業は決して特殊な例ではなかったと考える。

次の『地方聞書』は、大畑才蔵という突出した個人の力量に負うところが大きい。一八世紀前半は、新田開発と池や水路の土木工事によって増産を図っていった時代であり、新田開発は藩による新田の税制優遇措置を目当てに地域の有力農民によって主導された開拓であった。『地方聞書』に記述されたような農業経営のモデルは、こうした土木事業を推進していった有力農民の多くが同様に取り組んでいたものと想像される。

前述のように、『地方聞書』が説く増産への筋道は、第一に適地適作である。米作に適した耕地では集約的な二毛作を行い、不向きな土地で畑作を進めることで、既存の耕地から得られる現金収入の底上げを図るという内的発展である。それによって、税徴収を安定化し、余剰の利益を生活の充実にあてるのである。

農本主義的農業から、商本主義的農業への移行が図られるという図式を想定すれば、本書はその途中経過に位置づけられるが、しかし二毛作の裏作と綿作など一部の畑作物を除く多くの畑作物は、収入として挙げられていない。『地方聞書』からわかるのは、作物を商品的価値から自由に選択する商本主義的農業の前段階に、米作—麦作の二毛作の集約化を進めて米・麦等の収量を上げ、増収を図るという段階があることである。

ここで言う二毛作の集約化とは、既存の耕地において、どのような労働力を投入するか、また地味向上のための施肥について金肥と地元調達できる肥料をどのように組み合わせるのが最適か、農具はどの程度損耗するかなどを厳密に管理し、そのうえで年貢として納める利益以外に、どの程度の余剰の利益が残るかについて予測しながら農業経営を行なうことである。この背景にはふたつの大きな要素がある。

ひとつは、米を税の基本とし、耕地に対して定められた石高が村を単位に課せられ、転作に対して厳しい規制があるという当時の行政的な制約である。ここに商品経済を念頭に置いた農業の基盤を、二毛作を前提にせざるを得ない事情がある。もうひとつは、米・麦そのものの商品化である。『祖竹志』から、一七世紀前半の段階にはすでに、相場を念頭に置いた農業経営が行われていた実態が明らかであり、『地方聞書』では収量を銀換算して収支を詳細に見積もっていた。こうした研究心は、商品作物重視への移行に拍車をかける要素であったと考えられる。

一方、様々な自給的な畑作物に比して、栽培技術の洗練化が進んでいた綿花についても、『綿花栽培之次第』に見られるように、技術改善が農村において蓄積され、効率的な栽培法がモデル化されるまでになっていたことがうかがえる。

そして一九世紀に入ると、本格的に商品作物を農業経営に組み込む新たな段階に入る。『作り方秘伝』は、様々な作物の栽培法や相場について記述した農書であるが、とりわけナシ栽培に焦点を絞り、その作付方法と栽培法、さらにそれをどの程度の規模で行なえば、経営的にどのくらいの利益が見込めるのかについて、実験を行なっている。現在紀ノ川流域では、ナシ栽培はほとんど見られないので、曾和家の試みがうまく行ったかどうかは不明である。また、僧侶から聞いた美濃のナシ栽培の話をもとに経営を見直したり、「麻疹が流行るとナシが売れる」という噂をもとに、ナシの販路を広げようとしたりするなど、一種のマーケティング調査を行なっている。こうした一連の実験や検討を通じて、曾和直之進は、需要がなければ商品は価値を持たないことを認識したうえで、次に何を栽培するかという戦略を決定する商本主義的農業の段階に、確実に踏み出していたといえる。また、直之進は商業的成功のために無計画に事業を起したのではなく、二毛作の洗練化による年貢と生活の安定確保を前提に、蓄積された余剰の利益を新規事業に投資することで、商品作物栽培に手を広げていったことがうかがわれる。

一般に幕末期の農村では、こうした商品作物栽培で成功し、富を蓄積する者があらわれる一方で、時流に乗り遅れたり経営に失敗したりして逃散する者も増え、経済的な格差が広がっていった。商本主義的農業は、農業の経営体である個別の農家が、他の農家に対していかに先んじていくかといった、言わば個人主義に基づくものという側面がある。しかし当時の税制は村請制であり、仮に事業に失敗するものがあらわれ、収入が減少するあるいは逃散して収入そのものがなくなってしまうなどの事態が起こったとき、不足分は村人が負わなければならなかった。幕末期の都市近郊農村における農業は、個別農家の利益の追求と、共同体の共栄という矛盾を抱えながら進展していったのである。

また、年貢としての米作を行なう田が生産基盤である農家にとって、二毛作を洗練化させることが商本主義的農業への移行の前提であった。限られた土地の集約的利用法である二毛作は、近世段階において土地の潜在力を最大限に引き出すことに成功していた。あとは労働の軽減、それによる余剰の労働を利用した新たな生産、化学肥料等を用いた強制的な地味向上、薬剤を用いた防虫防除技術の発展などの、革新的技術の導入を待つばかりという状態であり、近代化の技術的基盤が完成しつつあった。

民俗知の外部化

当時の行政においては、土地に対する収穫量の評価に基づいて課税し、他の作物の勝手を禁じるなどの指導は厳格にする一方で、実際の農業生産技術についての指導や助言は少なく、村ごとあるいは農家ごとの裁量に委ねられていた。農書に記述された農業に関する知識と技術の多くは、知識普及型の教科書的なものではなく、地域ですでに実践されている様々な経験主義的な知識や技術を編集したものである。そこで重要視されたのが「種おろし」と「修理」である。前者は播種・移植時期であり、これを厳格に守ることで、作物そのものを育成する力によってある程度の収穫の予測ができるとされた。ただ、その後の「修理」すなわち手入れが行き届いていなければならず、その論点は水遣りの加減と施肥量、施肥時期であった。これらを、その土地にあった方法で行なえば、豊作になるという前提であり、その最善の方法を知っているのが地域の模範的な農民像の「能き作人」である。

経験主義的な知識や技術は、言わば民俗知であり、個人の身体と不可分なものであるため、そのままでは見よう見まねか世代間の教育によって体得するしかない。それを共有可能なものとするための手立てがテキスト化、すなわち民俗知の外部化という作業である。例えば、『地方聞書』における農業技術の記述内容は、「能き作人」とされる農民から農業に関する知識を採集し、それを編集したうえで、地域の農業に直接的に活用するというものであった。このとき重視されたのが作物そのものや気象に関する知識である。その背景には、作物は自然の摂理によって育成し、それを助長することが有効と考える才蔵の思想があった。

ただここで問題となるのは、経験主義的な技術改善をテキスト化する際に、取捨選択と抽象化を行なわざるを得ない点である。人々が経験的に身につけた知識や技術は一様でないが、概してその土地における最善の方策に収斂されていくものである。農書は、それら地域に埋没している民俗知を、増収に活用するという発想を根底に持っている。既存技術を温存し新たな投資を必ずしも必要としないため、「能き作人」が行なっていることを、「不精もの」も模倣できるのである。そこで動員された概念が、勤労・倹約・和合であり、勤労を美徳とすることで、増収を達成し、共同体の経済的安定を図る目論見がある。人々が生活のなかから体得した民俗知は、経験主義的・人格的に培われるものであるから、そこにはその担い手を人格的に評価する美徳が介在せざるをえない。この場合その人格とは理想的な農民像である「能き作人」であった。こうした民俗知やそれに対する評価は、本来は生活のなかに埋没的であるが、農書に記述されたことで顕在化したのである。

農業経営体としての家とその変質

家とは、土地や建物などの資産と、歴史や記憶を共有するする血縁集団と、地域内での役割や家格、威信などの総体である。『祖竹志』と『地方聞書』には、農書を書くことを家の永続と結び付ける明確な意図が見られた。例えば『祖竹志』は、記した内容そのものは日誌的な覚書であったが、それを『祖竹志』という「家の発展を願う先祖の言葉」という価値が後世につけられ、湯橋家に伝えられてきたことの意味は大きい。『地方聞書』は、こうした家訓的な要素をさらに強く意識した内容となっている。大畑才蔵は、そこで農政や村落支配のためのリーダーシップ論を語り、家系を継ぐ者にふさわしい全人的教育のための帝王学を披瀝している。農業をめぐる様々な事項の記述から、いかにして村を発展させ、家を永続させるかを問うような内容となっている。しかし、こうした家訓的な要素を、字面そのままに受け入れることは、農業経営の支配の論理に絡めとられることになり、その言葉巧みな陥穽に嵌ることになってしまう。家の永続と農業技術とを関連させて語る言説は、近世の封建社会の構図をそのまま反映しているからである。

農書は農業経営の過程で生み出されたものであり、その目的は自らが関わる耕地で、眼前の作物に対していかなるアプローチをすれば増収が叶うかというところにある。農業は個別の家経営のなかに埋め込まれており、こうした書き物を残す本来的な動機は、いかに儲けるかという私利にある。石高制という農民支配のシステムによる制約から、現状維持的な年貢中心主義的農業に終わるのではなく、むしろそれをかいくぐって、いかに家の経済的繁栄を図るかという課題である。

それは『祖竹志』の商品作物の導入時期に、田方綿作が進んでいた状況に触れたが、これは行政的なルールに違反していたため、その拡大には限界がある。そこで進められたのが、『地方聞書』で詳細に述べられている二毛作の集約化である。ここでは税としての米作を行なっているので行政的には何も問題はない。二毛作の集約化とは、年貢徴集によって不足した生活維持のための収益を、裏作の利益が充足して余りある状況にまで洗練化させるという方向性である。

そうした流れは『作り方秘伝』が著された一九世紀前半には、さらに加速していた。ここでは篤農と目されていたような有力な農家が、年限を区切って借用した土地でナシ栽培の実験をしていたことが述べられている。すなわち、年貢を課せられた耕地でなく、小作という体裁で商品作物の実験を行なっているのである。『作り方秘伝』は、スイカやビワの栽培法や、ニホンミツバチの養蜂技術についても触れ、さらにカナリアの飼育という珍奇な内容も含んでいる。商品作物は、栽培・飼育技術の確立は当然のことながら、流通経路や販路の確保、ニーズや商品的価値の把握あるいは創出といった、様々な条件が求められる。ナシ栽培の記述が多いということは、それらの条件を整えるところまで近づいていたのに対し、逆に断片的な情報にとどまるカナリア飼育は、そうした条件が不十分なままで終わってしまったと推察することもできる。ナシは和歌山城下だけでなく、藩外の大和五条藩にまで販売網を広げようと試みている。いずれにしてもそこには、支配の枠組みにとらわれない、家の経済的繁栄を追及する農業への確実な進展が見てとれる。

ただ近世末期に、封建的な意味での家の永続が、商本主義的農業による家の経済的繁栄に取って代わったわけではない。農業における近代化は、この家経営から農業経営を分離し、最大限の利潤追求のために業務を管理・統制する、企業的・経営的な発想を求めるものであるが、日本の農業は近代以降も家経営の枠内で進められていく側面が強い。現在に到るまで、農業に関わる労働は家内労働の範疇に囲い込まれたままである。家の永続が、農業の安定と発展を基礎とする考え方は、近代に引き継がれることになった。

第３章　近代農政資料にみる技術改善の動向

1　近代農政資料への視点

本章では、紀ノ川流域における近代の農業技術改良の展開を明らかにするため、近代農政資料を分析する。[12]前章で見たように、商品経済に対応した農業を念頭に、地域の農民たちは主体的に農業技術改善を試みていた。こうしたボトムアップの動向は、政治・経済の枠組みが藩から国民国家へと転換していく明治期にあって、どのように展開していったのであろうか。

一方、農政資料はこれまで、トップダウンの農業近代化の内容を伝える歴史資料として使われてきた。確かに近代の農業技術の改良は、基本的には知識普及的な行政主導の要素が大きいが、農民は必ずしも行政的な近代化の圧力に対して受身なばかりではない。実際には、自らの農業経営強化のため、農業近代化に対して能動的に対応する姿が浮かび上がる。時には、行政はむしろ現場での実践を追認するかたちをとる場合もある。そこには、行政的なトップダウンや農民側からのボトムアップという単線的な理解ではなく、新技術と在来技術が地域において拮抗する図式が想定される。

本章では、一般の農民が近代化に対してどのように対峙していったかについて、近代農政資料から見てみたい。

2 近代における農業技術改善の実態

経験主義的な技術改善の再評価 ―一九世紀後半―

（1）紀ノ川流域の農業の位置づけ

明治前期の日本は、綿織物や絹織物・手工芸品・緑茶の輸出などで外貨を蓄積し、明治後期に本格的な産業革命を達成するための準備の時期であるが、一方で農業の技術は江戸時代とほぼ変わらず、一般に手作業による農作業が中心で、農具に関しては近世から連続するものが主流であった。

まず、明治二〇年代における和歌山県の農業の全体像を見てみたい。表1は、一八九三（明治二六）年刊行『和歌山県農事調査書』（以下、『農事調査書』）（大橋博編　一九七〇）に記載されている一八八八（明治二一）年のデータを集計したものである。紀ノ川下流域にあたる当時の和歌山市・名草郡・那賀郡・伊都郡、および紀伊半島中部の有田郡・日高郡の地域において、二毛作を行っている耕地面積が比較的多い。和歌山県は山地がそのまま海岸線まで続くようなリアス式海岸の地形が多く、熊野地域と総称される西牟婁・東牟婁郡は山地のため二毛作には不向きである。耕地面積がある程度確保でき、温暖な気候の有田郡・日高郡は、商品作物として有田郡は果樹栽培、日高郡はサトウキビ栽培などが近世から盛んであり、二毛作の作付け割合は大きくとも、その面積と収量においては紀ノ川流域には及ばない。ちなみに和歌山城下の周辺農村を含む和歌山市は、耕地面積が純農村地域である名草郡・那賀郡などに比して狭いが、逆に限られた土地から集約的に利益をえるため二毛作が卓越していると解釈できる。

同じ『農事調査書』から各郡の面積に対する耕地面積の割合を示したのが表2である。当時の和歌山市・名草郡・海部郡・那賀郡・有田郡・日高郡の耕地の割合が大きいことが分かる。このうち和歌山市と海部郡は、砂地の紀ノ川平野の海岸線地域に位置するため、水田を維持するのは難しく、むしろ畑地として和歌山市内向けの蔬菜栽培が盛んであるが、紀ノ川下流域に水田が広く展開する名草郡・那賀郡は、水田面積が広く、表1を傍証にすればその多くで麦・野菜を裏作とする二毛作が行われていたと考えられる。

表3は『農事調査書』より作成した、明治二一年の郡別一戸当たりの平均耕地面積と反当りの米の平均収量の比較表である。これを見ると一戸当たりの耕地面積は名草郡・海部郡・那賀郡・有田郡・日高郡が比較的多く、農家

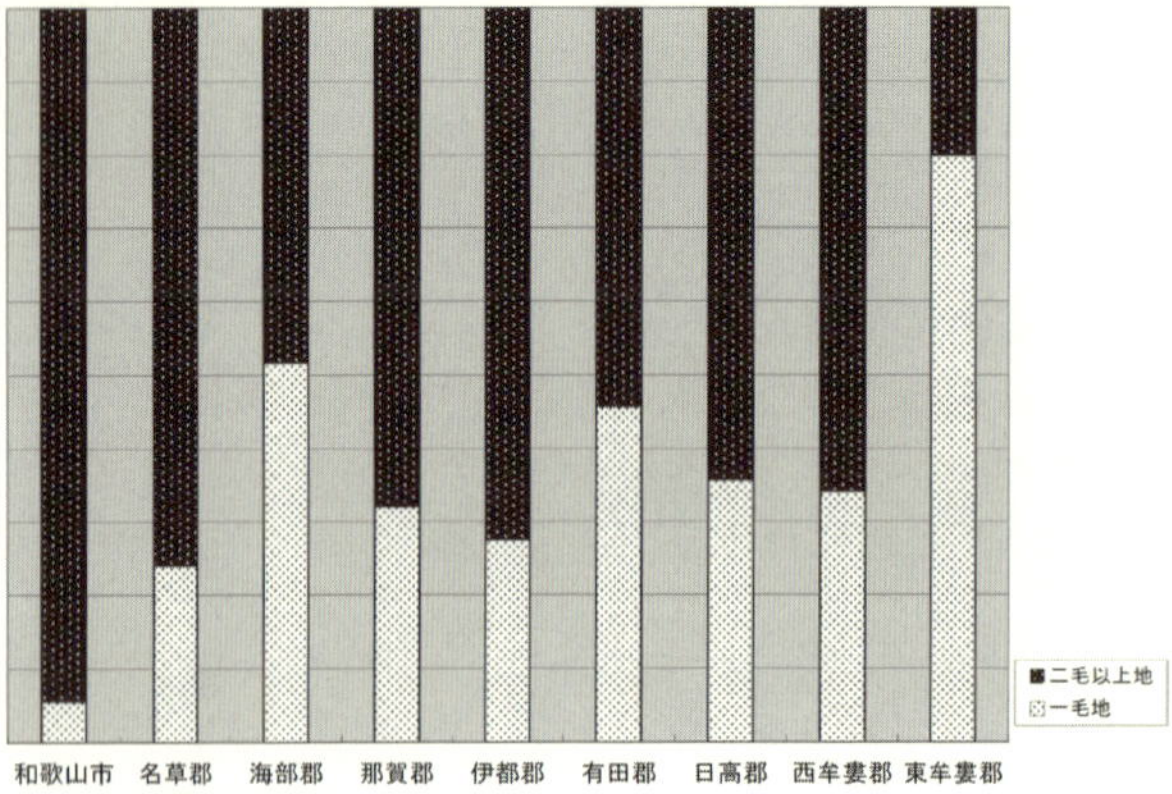

表1　地域別　二毛作耕地の割合

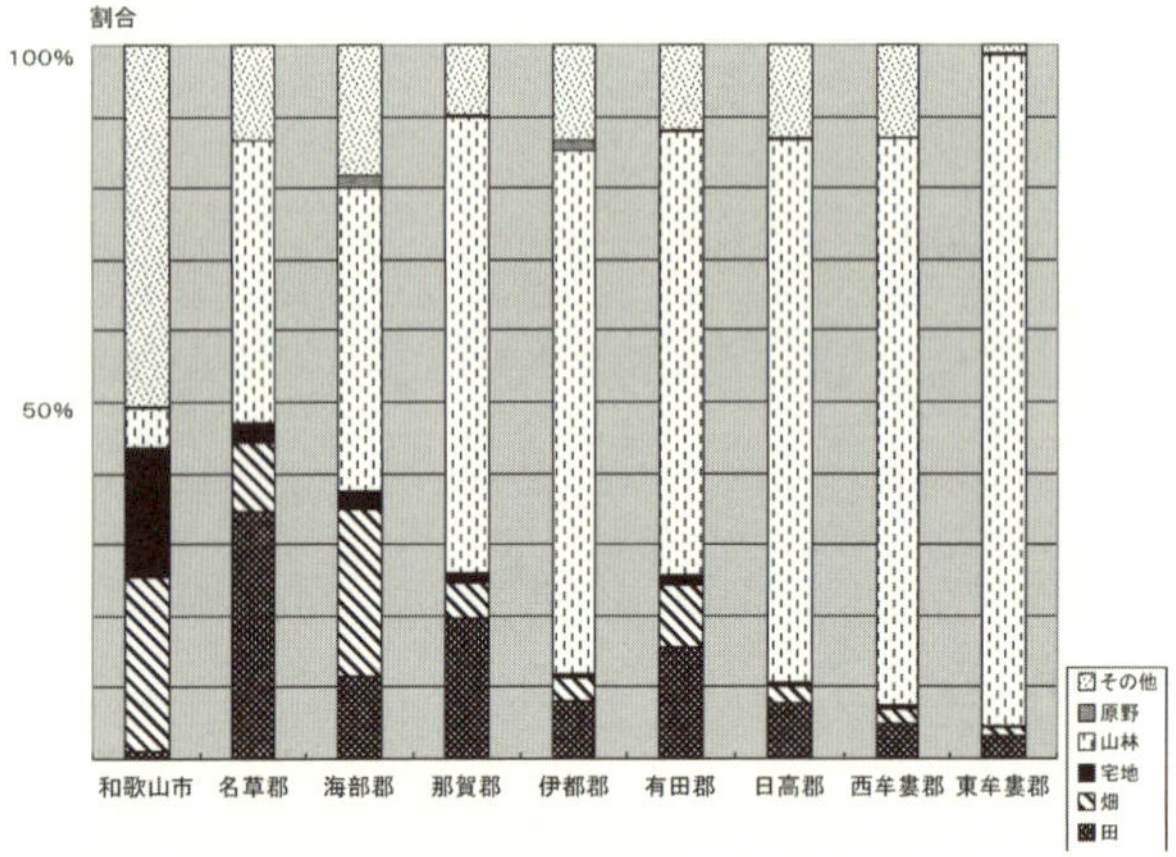

表2　地域ごとの地目別割合の比較

一戸当たりの米の平均収量も多いことがわかる。紀ノ川流域は、近世に引き続き明治前期においても農業の盛んな地域のひとつであった。

地域名	一戸あたりの平均耕地面積	一反当りの米の平均収量
和歌山市	3反1畝0歩	——
名草郡	7反3畝12歩	2石1斗
海部郡	5反5畝1歩	2石1斗
那賀郡	6反2畝24歩	2石
伊都郡	5反3畝11歩	1石8斗
有田郡	——	2石
日高郡	5反9畝27歩	2石
西牟婁郡	4反9畝4歩	1石4斗
東牟婁郡	——	1石2斗5升

表3　明治二〇年代の郡別の生産力比較

(2) 農業技術の改良

前章で見たように、近世における農業技術の改良は、個々の農村経営における増産の試みのなかで進んだ側面が大きい。農家、特に篤農と呼ばれるような商本主義的な意識を持った上層農民の手によって、いくつかの特筆すべき農書が作成されたことはすでに見てきたとおりである。近代に入ると、明治初期からすでにその流れに変化が見られる。農業技術改良は、勧農すなわち為政者の行政指導による農業技術等の革新が積極的に図られるようになった。和歌山県においても、勧業雑誌類が発行され、様々な新技術や知識の普及が図られるようになる。しかしそうした大局的な流れの中でも、農民主導の技術改良の取り組みは見られ、むしろ行政はそれを追認する形をとる場合もあった。ここではまずその一例を見てみたい。

最初に紹介するのは「勧業一件」(和歌山県和歌山市史編纂委員会編　一九七九)という文書である。これは、明治初期の行政区画のひとつである第一大区五小区(現和歌山市山口地区・紀伊地区・川永地区・直川地区・有功地区にほぼ当る)の農業通信委任である園部彦九郎が、和歌山県令にあてて和歌山県勧業課第二課農務係に提出した文書である。各地域から報告された様々な事実や知識を、県の農政に活用するためのものであった。ここで園部は、『勧農雑誌』三号に掲載されたという阪田邦助という人物が「種子交換試作」によって増収に成功したことに注目し、これを「起業開端ノ魁士」と称えている。そして自らも一九七八(明治一〇)年に開発して県令に報告したという「稲種精撰法」について紹介している。

其旨趣タル、稲種ノ秀穂を撰撮シ、其所得ノ量額ヲ増殖セントスルナリ、仮令ハ稲壱株之内ニテ秀穂（通称雌穂俗ニ親穂ト云フ）ヲ撰ヒ、壱反歩ニテ籾二升乃至三升ヲ摘取シ、道理上ニテ壱升ヲ二畝歩ニ植付ケ、而シテ獲壱石ヲ得、然ラハ完クニ町歩ニ植並スルニ到ルヘシ、現ニ余輩実地ニ就テ之ヲ試ムルニ、精撰セル種子ヲ植作セシニ、通常ノ種子ヲ植耕セシト比較スルニ、精撰セル分ハ通常ヨリ多量ナルコト、壱反歩ニ付、米壱斗内外ニアリ、是固ヨリ衆人覚知セラル処ニアラス、啻ニ農間毛付毛揚ノ繁忙ナルに因由シ、竟ニ起挙ノ遑マナキカ如シ、果シテ如斯ナレハ、其原ヲ推シ、其理ヲ考へ、愈以テ益利之アルモノトセハ、各員拮据黽勉奮テ之レニ着手セラレハ、五、七年ヲ出スシテ管内一般ニ波及シ、之ヲ年々撰種施行シテ交換スルニ於テハ、稲トシテ不結ノ実ナク、地トシテ不熟ノ所ナキニ到ラン、其労用ユル事僅少ニシテ、莫大ノ実利ヲ殖スルニ到ル（「勧業一件」）

ここでは、よく実った「秀穂」を一反につき二、三升摘み取り、それを二畝につき一升の割合で植え付け、一石の種籾を得るという方法を用いて、稲の種子選別を行なうと一反当り一斗前後の増収となるというのであり、これは労を厭わなければ誰でも増収が図れるため、普及したいと述べている。注目されるのは「其原ヲ推シ、其理ヲ考へ、愈以テ益利之アルモノトセハ、各員拮据黽勉奮テ之レニ着手セラレハ」というくだりで、原理や理論について理解を促し、学ぶ気概をもって農業に取り組むことが良いとしている点である。勤勉さを原動力とした集約的な労働によって増収を目指す近世の農業から、科学的なアプローチへの転換が志向されていると見ることもできよう。

こうした意識の転換は、虫害の防除に対する実験においても見られる。

虫害駆除試験開申

本年秋作稲田へ害虫再発生シ、該区園部村へ御派遣相成リ、（石灰）・（石油）・（硫黄）三種ヲ以、駆除ノ試験ヲナサシメント、該村字汐汲辻元吉三郎持地六畝分歩ノ内三畝へ、現ニ螟虫発覚シ、余者青田ノ儘アリ、最早伝移セントスル況景アリ、之ニ右三種ヲ以駆除試ムヘクトノ御指揮ニ依リ、弐畝歩之ヲ三別シテ廿坪毎ニ一種ヲ施シ、試ムルコト本年六月十六日ナリ、右種類散歩（布）スルヤ否哉、虫逃散スト雖トモ、虫体ニ害シテ死スルナク、其後日ヲ検視スルニ、左表之通リニ有之、何様本年虫害ニ拠リ、種々駆除方法尽スト雖トモ、稲田害虫者油灌ヲ要スルニ不如ト老農ヨリ聞ケリ

試験表

一　石灰　歩廿坪ヘ量七百目ヲ散歩（布）ス

右試ムルニ、虫再群集セス、廿日間ヲ経テ稲ヲ刈ル、此時虫害ノ色ナシ、収量又平稲ニ異ナラス

一　石油　歩廿坪ヘ量四百目ヲ灌ク

右試ムルニ、目量過シタルト見ヘ、稲体ヲ害シ、五、六日目ニ腐敗ス、収量又少シ

一　硫黄　歩廿坪ヘ量七十目ヲ散歩（布）ス

右試ムルニ施シタル日ヨリ十二日間実効アリト雖トモ、終ニ虫群集シテ稲体ヲ腐敗ス、収量モ又少シ

右其他施サヽル所者漸次ニ螟虫伝移シ、七、八日間ニ稲体ヲ吸枯シ申候、因テ試験ノ況景開申仕候也

第一大区五小区通信委任戸長　園部彦九郎

明治十一年十一月十九日　第二課農務係リ御中（「勧業一件」）

これによると、園部村で螟虫《めいちゅう》の害が発生したので老農に助言を求めたところ、石灰・石油・硫黄の三種類のものを二〇坪ごとに施して実験をするようにと指示を受けたとしており、その実験結果は次のようになった。石灰は螟虫が去って再び集まることなく、収穫量は減らなかった。石油は量が多かったのか稲に害を与えてしまい腐敗させてしまった。硫黄は二週間ほど効果を発揮したものの再び螟虫が集まり、稲が腐敗した。何も施さなかったところには螟虫が移っていき稲に害を及ぼした。つまり石灰が最も効果があったとする実験結果である。

ここに出てくる老農とは、各地域で農業の知識に長けた者を農業指導者としたもので、一八七五年ごろから各地で開催された農談会では、老農たちが技術の改良についての議論を交わした。和歌山県では県の農政に老農の

知識を活用するため、勧業会を立ち上げた。さらに政府は、第二回内国博覧会開催（一八八一年）を契機に全国規模の農談会を開催し、この動きが後の大日本農会創設へとつながっていった。老農とは、第2章で問題となった「能き作人」のような模範的な農民であり、明治初期の農業はこうした在来の経験主義的な技術改善を、近代の合理的な農業といかに融合させるかが課題であった。この老農時代とも称される明治初期には、各地域において蓄積されてきた経験主義的な技術や民俗知、農業に関わる慣行など、つまり生活と深く結びついた技術が、農業技術改良に大きな影響力をもっていたといえる。その最たるものが、種子交換という慣行である。「勧業一件」には次のような記述がある。

報告　　第一大区五小区副戸長　　小島又吉

弊区北野村ニ住メル平田久右衛門トテ、六十余年農夫アリ、年来耕業ニ心志ヲ篤シ、毎ニ稲毛収穫多少ニ注意スルヲ旨トセリ、実ニ称賛スルニ余リアリ、茲ニ過ル明治八年ノ秋中、本県下第三大区那賀郡中江要用ノ際、途中兵庫県下播磨国粕賀ノ村ニ住メル農夫某ト出会シ、同伴スル若干日、其路中彼カ発言スルニ、予カ県下ニテ多ク培養スル稲粟ノ名称程ヨシト相唱ル収穫米ノ多キコト佗ニ非（比）類ナシ、其実反別壱反歩ニ干觔拾貫目ヲ配培スレハ、正米ニシテ平均凡三石六斗余ヲ収穫スル確明ナリト伝示アリ、彼路決シテ後、尚其粟籾ヲ必需スルヲ欲スレトモ、里程隔絶タル（レ）ハ、其志ヲ徴スル能ハサルヲ遺憾トセシニ、同十年春、西国各拝所江参詣ノ際、播磨国ニ赴キ、彼籾籽ヲ必需セントスルニ、早ヤ該地ノ苗代青々トナリ比ナレハ、之ヲ需ムルマタ難ク、之ヲ尋訊スルコト殆ント半周（週）間、漸ク五合計ヲ買得シ、之ヲ手拭ニ□納シ、駅路中度々水ニ漫（浸）シ、三月廿日勢州江回拝シ、余ル各拝所ヲ洩シ、彼ノ粟籾ノ為帰郷ニ周章シ、直ニ帰村シ、弊地ノナワシロモ又青々ト生立シケレハ、止ヲ得ス苗代ヲ新設シ、彼五合ノ粟籾ヲ水田ニ培栽シ、若干日ヲ経テ之レヲ反別水田壱畝五歩ヘ配栽シ、前縷ノ如ク培養シ、後収穫ノ際実量スルニ、正米六斗四升弐合アリト、之ヲ壱反歩ニ問ヘハ、則四石弐斗八升壱合トス、真ニ珍奇ナル粟籾ニテ、民利ノ幸福ヲ論スルノミナラス、天下の広益ト謂サルヲ得ス、是ニ於テ我曹実功アルヲ目撃スト、本年モ秋収ノ期ヲ得テ、

実地ニ赴キ、其実否酌量ヲ精査シ、愈実功ヲ奏セハ、鄙輩奮テ之ヲ本県下一般ニ広布シ、該粟籾ヲ配栽センコトヲ欲ス
明治十一年七月十一日（「勧業一件」）

ここで紹介されている平田久右衛門という六〇代の農夫は、那賀郡へ用事で出かけた際に、兵庫県の者より一反当り三石六斗あまりという収量が抜群に多いアワの品種があることを聞き、西国巡礼のために播磨を訪れ、何とか五合の籾を持ち帰った。これを植えて見ると一反当り四石二斗八升一合もとれたという。これを報告した副戸長は、今年の秋の作柄も見てみて、良いようであれば県下に普及したいと述べている。作物は同じ種を使い続けると年々収穫量も品質も悪くなる。また、種の質が良ければ収穫量が上がることは当然のことである。良い品種を得るために、他所から貰い受けたり交換したりする慣行は、従来からあったと思われるが、ここでは、そうした方法が有益であることを主張するために、遠路を厭わず籾をもらいに行った老人の情熱を称えている。

種子交換の慣行は、『農事調査書』にも以下の記述がある。

西牟婁郡ニテ大和ノ大峯山ニ詣ルモノ多キカ其季節ハ大抵秋収ノ前后ニアルヲ以テ帰路必ス該地方ノ田ニ就キ最モ優美ナル稲穂ヲ請ヒ得テ翌年之ヲ播下シ其種ヲ各家ニ傳フルヲ古ヨリノ習慣トナレリ（『和歌山県農事調査書』）

ここでは「古ヨリノ習慣」としていることから、同様の慣行は以前から広く行われていたと思われる。近世の数少ない遠距離旅行の機会であった社寺参詣の際に、作物の種子や農業の情報を交換したのであろう。現在でも紀ノ川流域の農村で、高野山参詣の人々と種籾を交換したという伝承を聞くことができ、技術交流の観点から興味深い。

こうした記述から、この時期の農業技術の改良は、近世以来の経験主義的な技術改善に加え、ある特質を持った種子を抽出して良質な品種するための実験や、石灰・石油・硫黄による害虫駆除の実験など、科学的な発想を含む新たな手法の導入が見られる。一方、良質な品種を得るための流通経路の開拓や行政による斡旋などは未だ行なわれていないため、農家が手持ちの種子と全く性格の異なるものを得ることは難しかった。しかし、社寺参詣など、数少ない遠距離移動の契機を活用して遠方の農家と技術や知識の交流をするなど、その機会は皆無ではなかった。その労力を惜しまず良い品種の獲得に努力した農民は、周囲から尊敬され、上記の文書においても「年来耕業ニ心志ヲ篤シ」と称えられた。増産のために他の農民と異なる努力をした農民は、結果的に威信を得ることになり、こうした人物のなかでより積極的に知識の普及につとめようとする気概のある者が老農として活躍したことが、この明治前期の農業技術改良を特徴づけている。

(3) 経験主義的な技術改善と農政

地域において蓄積されてきた技術改善を、農政に活用しようとする動きは、代表的な商品作物のひとつであった綿花の振興策において、如実にあらわれていた。明治以降、外国種の輸入綿花によって国内の綿花市場は劣勢に立たされると同時に、政府は外貨獲得のための国産綿花の商品戦略を構築する必要に迫られていた。そこで一八八〇（明治一三）年に綿糖共進会を開催するが、そのための申告書とされる「内国種綿出品申告書」（和歌山県和歌山市史編纂委員会編　一九七九）には、海部郡榎原村（現和歌山市榎原）で綿花栽培を行っていた森下孫助の農業経営が報告されている。以下はその内容である。

出品主　和歌山県紀伊国海部郡小屋村農森下孫助
出品名　内国綿種
産　地　紀伊国海部郡榎原村字西梅原田
地　質　砂地地味瘠地
前期作物　草綿ノ前作ハ麦ナリ

施肥料　干鰯・油粕ノ数（類カ）ヲ専ラ施用ス、又人糞モ宜シ、肥料ハ一番・二番ト二回ニ施用ス、其金額客年ハ壱反歩ニ、一番ハ四円二十銭　弐円四十銭、二番ハ弐円九銭　壱円六十銭程度モ、一番ノ肥料ヲ施用スルノ期ハ、小暑ノ節迄トス、肥料ヲ一番二番ト言フモ、仮令ハ一番ノ肥料ヲ甲ノ間ニ施シ、二番ヲ乙ノ間ニ施シ、各二十四、五日間経テ施用スル順序ナリ

耕耘方法及其深浅　人力ヲ用ユル事ナシ、牛力ニ資カリ深ク地反スルヲ好トス、灌水又ハ排水ノ方法及其器械　該地の如キハ総テ湿地ト雖トモ、潤雨ナキ時ハ小暑ノ好節ヨリ綿ノ能ク成熟スルノ比迄ニ灌水ス、故ニ地毎ニ井ノ設置アリ、其灌水ノ器械各底面ニ穴アリシ担桶ナリ、其穴ヨリ水利ヲ要ス、其荷数一日百荷ヲ以日毎ニ灌ク

植付ノ期及方法　立夏後一周（週）間内ニ種子蒔クヲ時節トス、壱反歩ニ蒔ク綿種子ノ量目弐貫目ヲ通常トス、草棉ノ生栄スルニ随ヒ、二、三回間引キヲナシ、残ス木数ハ壱坪ニ八十本計リナリ

手入及保護　草綿ノ能ク生立ツヲ見テ、初間引キヲ成ス、然ル後、前ニ記セシ如ク一番ノ肥料ヲ施シ、漸次人糞等ヲ施シ土ヲ培フ、水ヲ灌グ事前書ニ掲シ如ク、地上ノ乾カサルヲ要ス、亦草綿追々栄エ、幹八、九寸ニ及ベバ、支ノ数五ツ六ツアルモノナリ、其支ノ数五ツ位ヲ極度トシ、幹ノ末ヲ採リテ止ム、又幹ト枝ノ間タヨリ芽ノ出ズルモノナリ、其芽ヲ採ル事成熟迄ノ間ニ三、四回トス、雑草ヲ去ル事八、九回乃至十二、三回ニ及ブ

成熟ノ期　白露ノ期ヲ始メトシ、霜降ノ節ヲ終リトス、然レトモ霜雨亦ハ虫害ノ患アル時ハ、草綿生栄ノ度後レ、自然収入ノ期候外ヅル、ノミナラス、収穫減耗甚シ

作用農具　鍬ヲ専ラ用ユ、亦前挽ト称スル具ヲ用ユ、其象図ノ如シ（図略）、其他灌水ノ担桶又ハ雑草ヲ去ルニ掻キ鎌ヲ用、其外篭類ヲ以テス

収穫高　綿弐匁弐拾二厘弐分

耕地ノ広狭、官私地ノ別　反別八畝八歩

所有地総反別　四反七畝拾五歩

地位及地価　第六等下　三拾六円八十五銭七厘　三拾弐円九拾弐銭五厘
作慣レシ種類　従来綿ト麦ヲ作付ス
雇農夫ノ数及其給料　女壱人年金六円ヲ給ス
男壱人年金拾円ヲ給ス
農夫労働力　壮丁ハ壱人一日就業夏秋十二時間春冬十時間、畑地鍬返シ鍬ヲ用ユレハ六畝、前挽ヲ用ユレバ壱反歩、灌水荷数百五十荷、荷反歩ヲ一同灌水ス、女ハ一日ノ就業時間上ニ同ジ、雑草ヲ去ル一人一日五反歩、綿ヲ収入スル時ハ八畝歩ヨリ壱反歩迄、通常一人ノ働キ如斯ナリ
家族ノ数　三人、内男弐人女壱人、全ク農事ニ従フ者、男壱人
売路　近江江売却ス
一反歩耕作一切ノ費用　金二拾九円也
一反歩ノ収穫ノ総価　金弐拾五円
右二項差引損益ノ金額　益金五円也
出品主履歴　純農
前書申告之件ニ相違無之候也（「内国種綿出品申告書」）

この申告書から、当時の綿作農家の農業経営がよくわかる。ただしこの農家は、砂地での畑での綿花—麦の二毛作の農家であり、これまでの水田と畑地の転換による米—裏作の二毛作とは経営方法が異なる。これを見ると、耕作作業は基本的に畜力による深耕をするとしているが、農具の項目では、鍬を専ら用いるほか、「前挽」と表記されているいわゆる源吾兵衛犂を使うとあり、労働力の項目にも、人力による耕起で鍬を用いて一日に六畝、源吾兵衛犂を用いて一日に一反を耕起するとある。肥料には干鰯と油粕といった近世以来の金肥が使われており、化学肥料の導入はまだなされていない。基本的には耕作・施肥・除草・水遣りに対して、労働力を集約的に投入する近世的な農業経営がうかがえる。生産物は近江の商人に売却したとある。こうした農業経営によって

毎年五円の営業利益を得ているが、この農家は共進会に出展を推薦されたほどの篤農であり、労働力を的確に投入して人件費と肥料代をまかなって余るだけの利益をあげるのは、当時の農家にとっては簡単な経営ではなかったであろう。

人力労働主体の農業経営のあり方は、使用される道具に如実にあらわれている。ここに挙げられている農具は、鍬・源吾兵衛秤・水掛桶・除草用の「搔き鎌」（草削りのようなものか）・籠類である。それぞれ耕作・施肥・除草・水遣りに使用されるものである。注目されるのは、大蔵永常の農書『農具便利論』（一八二二年刊）（大蔵永常著・小西正泰他解題　一九七七を参照した）に描かれているものが、そのまま導入されている点である。特に源吾兵衛秤と水掛桶は、二〇世紀中盤までこの地域で一般に使用されてきたため、現在でも民具収集が可能である。

こうした近世的な農業のあり方は、明治初期の政府にとっては必ずしも否定すべきものではなかった。当時の農政においては、篤農の知識を活用して農業を育成し、輸出可能な産物を育成しようとした。

地域に視座を置けば、共進会に出展したり、農談会で発言したりするような上層農民は、近世後期に蓄積してきた農業経営の知識や技術、運営手腕、およびその経済力などを背景に、農業近代化の流れのなかで徐々に主導的な地位を築いていったと考えられる。

（4）農具の構成

明治前期、この地域の米―裏作の二毛作農家はどのような農具を使用して農業を行っていたのだろうか。それを知る資料は少ないが、紀ノ川の水害に関係した資料「水害につき農具料救与願い」（和歌山市史編纂委員会編　一九七九）から、当時の農家の所有する農具をうかがい知ることができる。この資料は、一八八九（明治二二）年に紀ノ川の氾濫によって農具を失った旧西和佐村（現和歌山市）の農家が、その補償を県に求めた文書であるが、「必要農具代価見積書」と書かれたくだりに、農家三軒が自家で失った農具とその数量が列記されている。この地域は洪水多発地帯で、『農事調査書』にも「名草郡　和佐村（大字禰宜字爪畠ケ）中之島村（字堤外）紀伊村（大字小豆島字中州）……筆者中略……等ノ各地ハ八九月ノ交紀ノ川出水ノ為メ多少ノ水害アルヲ免レス」とあり、現地の伝承においても同様のエピソードを聞くことができる。この文書には数量と代価もかかれているが、数量については所有数と同一とは考えられず、また代価も大まかな見積もりであると思われるが、基本的な農具の編成が分かる。記載内容を整理したのが表4である。

ここでとりわけ注目されるのは、「四ッ子」「八ッ子」と記される民具である。この地域に特徴的な、歯減らし馬鍬二種である。少なくともこの民具が明治二〇年代前半に一般に使用されていたことが確認でき、農具の近代化が劇的に進む明治三〇年代よりも一世代前の道具であることは証明できる。

紀ノ川下流域で明治初期に使用された特徴ある民具、ヨツゴ・ヤツゴは形態としては馬鍬（地方名称カイガ）の幅を狭くし、歯を長くしたものである。しかしそれらは馬鍬とは全く異なる機能をもつ道具であった。以下に聞き取り調査による農具の使用方法について記述する。ただし現在の聞き書きは、直接の経験を踏まえた記憶としては、あくまで大正期から昭和初期の情報であるので、ここでは参考として提示したい。

まずヨツゴは、二毛作の裏作における中耕用具である。畦間の除草のため、牛に引かせてヨツゴの歯で土を耕起するもので、このとき牛が畦上の作物を食んでしまうので必ずクツゴ（口籠）と呼ぶ円形の竹籠を牛の口にかぶせる。現在収集できるヨツゴは歯が長く、深耕できるよう土を切るように刃が立てられた形状のものが多く、ある段階で定型化されたようである。ヨツゴは比較的広い耕地で牛耕させたほうが作業効率上は有益であり、狭い耕地では小回りの利かない牛耕用具は使い辛く、むしろクサケズリまたはマンノウと呼ばれる手作業の除草具を用いることが多かったという。

一方ヤツゴは、歯はヨツゴほど長くないが、馬鍬に比べると歯が太く、長さも二倍以上はある。歯は八本で、ヨツゴのように刃は立てられていない。ヤツゴは、水田から畑に切り替える際に耕耘する砕土用具である。まず収穫後の水田から稲株を掘り起こした後、牛耕のカラスキで土を耕起する。カラスキで起こした土は土塊となって耕地に残るので、これを牛耕のヤツゴで砕いていく。しかしヤツゴでもかなりの土塊が残るので、最後は細かく塊割《くれわ》り（地方名称クレウチ）で細かく砕く。整地された畑は畝を立て、麦または蔬菜を播種するのである。

これら独特の道具が生まれる背景として考えられるのは、二毛作独特の農繁期である。表5は『農事調査書』

所有者	耕作具	数	代価	脱穀調整具	数	代価	その他	数	代価
名草郡栗栖村 北口徳次郎	犂	3	1円	唐臼	2	90銭	莚	30	60銭
	鍬	1	20銭	唐箕	1	1円50銭	畚	30	60銭
	八ツ子	1	70銭	千石篩	1	30銭	ツトウラ	1	25銭
	鋤連	1	20銭				四ツ子	1	30銭
	車毛鍬	1	50銭				麦鋤簾	1	6銭
名草郡栗栖村 南出熊太郎	鍬	3	35銭	鉄子	1	15銭	莚	13	25銭
	犂	1	40銭	麦スゴキ	2	10銭	畚	12	20銭
	車毛鍬	1	1円20銭	唐臼	1	40銭	車毛鍬　小	1	15銭
	チョンナ鍬	1	5銭	ヤリ木	1	5銭	独車	1	1円50銭
				垂箕	2	5銭	草カキ	1	5銭
				篩	2	7銭	ハザヤリ	1	20銭
				千石篩	1	60銭			
名草郡栗栖村 栗本音楠	鍬	3	1円20銭	鉄子	6	3円60銭	莚	60	1円20銭
	犂	2	1円12銭	唐箕	1	2円10銭	畚	60	1円20銭
	毛鍬	1	80銭	唐箕	2	50銭	四ツ子	1	50銭
				千石通シ	1	1円40銭	スヤリ	1	30銭

表4　明治二〇年代の農家の農具所有

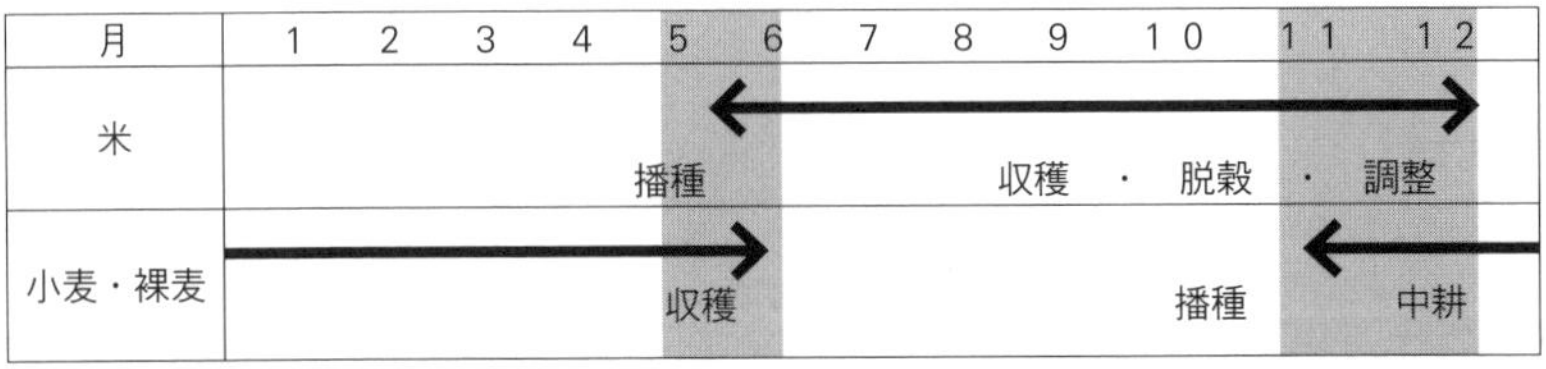

表5　明治二〇年代の二毛作生産暦　　■は二毛作独特の農繁期

より作成した明治二一年の二毛作生産暦である。

これによると、一〇月上旬〜中旬の一週間と、一一月、五月上旬〜六月上旬の三期が非常に多忙となる。一〇月上旬〜中旬は水田の稲刈りと水田から畑への切り替えの耕作を、わずか一週間から一〇日で行わなければならない。一一月は収穫した稲の調整作業と畑の中耕作業が重なる。五月上旬〜六月上旬は畑の収穫後、畑を水田に切り替えるための耕作と、育苗した苗の田植作業が重なる。どれも時期を逃すと収穫時期が遅れ、次の作物の播種時期を逸し、減収につながる。中耕用具としてのヨッゴと砕土用具としてのヤッゴは、これらの農繁期の作業を効率よく進める必要から生まれたもので、二毛作の生産暦がこの地域で歯減らし馬鍬の独自の発展を促した一要因と考えられる。

全体としては、近世以来の農具がそのまま引き継がれており、農具そのものを積極的に改良することで労働粗放化を図ろうとする意図は感じられない。むしろ手作業による労働の集約的な投下を志向する農具の構成と言えよう。

（5）二毛作農家の収支

明治中期の二毛作において、紀ノ川下流域農家の農業経営の収支に関する資料はほとんどない。ここでは参考として再び『農事調査書』から、和歌山県東牟妻郡における一反当たりの二毛作経営の収支を整理し表6を作成した。

これによると明らかに米作のみでは約四円五〇銭の赤字で、欄外の注記に記した裏作の麦作による利益約一円四〇銭を差し引いても、三円一〇銭の赤字となっている。ただし、この資料では労働力も賃金に換算しているので、自家経営の場合はその出費は差し引くことができる。

表3で見たように、明治二〇年代における郡別の一反当たりの米の収量は、東牟妻郡一石二斗五升に対し紀ノ川下流域の名草郡では二石一斗、那賀郡でも二石である。紀ノ川下流域では東牟妻郡と比較すると二毛作による利益がより多く見込まれるが、それを考慮しても利益はさほど多くないものと推測できる。稲作による利益（玄米・屑米・藁）と畦畔での大豆栽培だけでは農家は生計が成り立たず、裏作による副作物や養蚕、畑地での商品作物の栽培を生産暦に組み込むほか、農業技術の近代化によるさらなる増産の必要に迫られていた状況がわかる。

（6）小結

一九世紀後半、明治政府は近代国家として本格的に国家主導の農業近代化に乗り出す。当時の近代化とは、主としてヨーロッパの機械技術や科学的知識を輸入し導入することと同義であり、それによる増産と同時に、新たな農業のシステムを作ることが課題となった。いわゆる西洋化の流れである。ただ、明治維新後すぐに着手された、西洋の農法や道具の直接的な移入による技術改良という大久保利通による農政は、技術的にも政治的にも頓挫した。

かわって明治一〇年代半ばより本格的に始まった松方正義による農政は、民業重視の間接指導的な勧農へ方針転換した。近世以来の経験主義的な技術に基盤を置き、各地域の農業技術に長けた指導者を老農として農政に取

内容		支出（円）	収入（円）
内容	詳細		
小作料	6升	3.9	
器具損耗費	器具費四十分ノ一	0.22	
種	6升	0.33	
苗代拵蒔付及苗採	二人　壹人ニ付拾八銭	0.36	
整地耕鋤	三人　壹人ニ付拾八銭	0.54	
牛耕費	二日　一日ニ付二十五銭	0.5	
挿苗	二人　壹人ニ付拾二銭	0.24	
除草	一番一人半　一人ニ付拾二銭 二番二人　三番二人　四番三人	1.02	
施肥	元肥二人　壹人ニ付拾八銭 止肥二人	0.72	
肥料	人糞百荷　壹圓五十銭 青草二十荷八十銭 灰　六俵　六十銭	2.9	
灌漑費	米二升　壹升六銭二厘	0.13	
収納	苅取二人　壹人ニ付拾二銭 乾燥二人　仝　仝 稲扱二人　仝　仝 籾摺一人　仝　十五銭 精製一人　仝　十二銭 俵装一人　仝　拾五銭	1.14	
土地ニ係ル公費	地租　一圓三拾七銭五厘 地方税　二十二銭八厘 町村費　壱拾九銭五厘	1.798	
玄米　一石二斗五升	一石ニ付六圓五十銭		8.125
屑米　五升	一升ニ付三銭五厘		0.175
藁　三百五十束	拾束ニ付二銭		0.7
畦豆　五升	壹升ニ付六銭		0.3
合計		13.798	9.3
収支		－4.498	

裏作ハ總テ裸麥ニシテ郡中之ヲナスモノ田総反別ノ一分七厘ニ過ギズト雖モ其収穫ハ壹石七斗九升ニシテ肥料並勞働費其他諸費ヲ差引純益壹圓三拾八銭ヲ得

表6　明治二〇年代の東牟婁郡における二毛作の収支

り込み、彼らの技術改良の活動を間接的に奨励したり誘導したりする方向性である。政策的には、一八八一（明治一四）年の第二回内国勧業博覧会にあわせた第一回全国農談会の開催、農商務省の創設、大日本農会の設立などであり、明治一〇年代後半には農事巡回教師の制度確立や、共進会・農談会などの開催の奨励などによって、農政における国と地方、および末端の農村にまで至る農政の機構が整備されていった。

ここで活躍を期待されたのが、老農である。彼らは農事の技術改良の末端を担うことを求められたが、農業技術の識者としての威信を背景に語られる老農の言葉は、農民による自立的な近代化の意識高揚にも影響力が大きく、行政的には好都合であった。「老農時代」とも称されるこの時代、地域から全国へと活動範囲を広げた老農があらわれ、明治三大老農と呼ばれる卓越した個人も出現した。中村直三、船津伝次平、奈良専二および中村のあと活躍した林遠里らである。とりわけ林は、「寒水浸し法」「土囲い法」「冬蒔畑苗代法」を核とする遠里農法を、勧農社による出張指導や講演、出版活動を通して進め、カリスマ的な影響力を獲得していった。

「老農時代」の背景には、松方によるデフレ政策による緊縮財政があり、財政危機のもとでは大久保農政、すなわち西洋農法の直輸入による直接指導的な勧農を見直さざるを得なかったことも大きく関係している。

ところでこの時代、農学に基づく科学的な農業技術の改良を唱える農学士たちと、経験主義的な技術改善から導き出された在来農法の普及を唱える老農の間で、近代化の方向性をめぐって鋭い対立構図が生まれていたことが知られている。この近代西洋的な農業観と伝統的な農業観の対抗は、後者の大きな影響を各地域に残しながらも、社会的な動向としては前者が優位に立ち、明治二〇年代後半には再び農学士の知識と技術による官僚主導の積極的な農政が主流となっていった。

この論争は「稲作論争」と通称されているが、どちらに科学的な実効性が高いかという判断は、当時の論争の価値観を鵜呑みにした見方であると言わざるを得ない。「稲作論争」を近代化のプロセスとして見たときに、科学性の濃淡は問題ではなく、むしろ両者の違いは単なるアプローチの差異でしかない。どちらも農業における旧来の制度や慣行を改めて効率的な生産体制を整備し、労働を再編成するという近代の文脈の上での議論と位置付けることができ、この対立は学的な対立に粉飾された農政の主導権争いにすぎなかった。

こうした背景を踏まえて、本節で見てきたような農業の技術改良の地域的な展開を見ると、より状況が鮮明となろう。

本節では、地域に視座を置いて明治前期の農業経営を知ることができる、次の三つの具体的な資料を挙げた。行政側の資料である『和歌山県農事調査書』と、地域側の資料である「勧業一件」、水害関係の資料の「水害につき農具料救与願い」である。資料からは、地域農政が、経験主義的な知識や技術を有する農民の活躍によって下支えされていたことがわかる。

前章で見たように、紀ノ川流域では近世末期の段階からすでに、上層農民を中心に商品作物を農業経営に導入するための様々な実験を行なっていた。播種・移植時期の見極めや水と肥料の量やタイミングなど、農具や技術の改善というより、農作業の改善が主眼とされているのが特徴である。

明治以降、そこに科学的な知識や技術の導入が図られるが、一九世紀後半の段階では未だ実験段階にあったようである。「勧業一件」では、農家が良質な種子の選択と、害虫駆除の技術に従来とは異なる科学的な発想を含む新たな手法の導入が見られた。一方、良質な種子を求めて遠方の農民と交流したり、社寺参詣の際に他所から来た農民と種子を交換したりするといったことも行なわれた。当時各地域で行なわれるようになった農談会でも、「虫害駆除」「種子交換法」「培養法」が議題となった。このような状況は一部の上層農民に限らず、地域の農業全体の課題として共有されていた。

一方、水害関係の資料からは、近世以来の農具を継承した労働集約的な農業に対応した農具の構成であるが、二毛作の独特な農繁期に使用する農具に他地域と異なる独自性がある。ヨツゴ・ヤツゴと呼ばれる歯減らし馬鍬がそれであり、二毛作の集約化によって商業的農業の発展を目指したこの地域の特徴と言えよう。ただ、農具そのものの改良によって増産を図ろうとする、労働粗放化による近代化は、一九世紀前半においては見られない。このことは、農家の生計において、設備投資に十分な余剰の利益が得られていない点を考慮すれば、至極当然の状況であったとも言える。

一九世紀後半、特に明治初期においては、老農時代とも称されるように、地域の篤農が近世後期に育んだ経験主義的な技術改善、経営手腕などが、国民国家の勧農に回収されていった時代であった。実際の農作業においては、地域の篤農がそれぞれの地域の農業振興に役立つことができた時代でもあった。

農業近代化の普及　―二〇世紀前半―

(1) 殖産興業としての農政

明治中期は、日本の農業近代化過程おいて大きな転機であった。ひとつの原因は、国内産の商品作物のうち綿花や藍といった作物が、外国産綿花や科学染料の輸入に圧迫されてきた点である。近世後期の代表的な商品作物は、競争力を維持することはできなかった。もうひとつは、一八八二(明治一四)年からはじまるいわゆる松方財政によるデフレの影響による農産物の価格暴落である。これにより近世後期から徐々に定着していた商本主義的な農業は出鼻をくじかれる結果となったばかりか、自作農の経営が困難となり、土地を売却する農家が続出し、かわって農地を投機目的で所有する寄生地主が広汎にあらわれた。地域の篤農による技術改善が近代の農業技術の改良を主導する時代は、こうした時代背景の中では急速に後退し、かわって各地の農事試験場の設置、農政のための法規制定(害虫駆除予防法や耕地整理法など)など、制度面での整備がなされていった。とりわけ系統農会の制度化は、農業における国家による管理体制の基盤をなすものであり、それは一九一〇(明治四三)年の帝国農会の設立によって盤石な組織として完成されるに至る。すなわち明治政府による殖産興業政策の実行のための、農商務省をトップとするヒエラルキーの確立でもある。

このように二〇世紀初頭の農業技術の改良は、基本的には官僚主導の農政において進められ、技術革新も官僚的な指導によって進められたとされている。しかし、それは為政者の側に視座を置いており、そうした状況下における農民による農業技術の改良の実践は、受身で抑圧的なものであったかどうかは疑問である。

本項では、二〇世紀初頭における農業技術の改良に関する資料から、農民の主体的な動きや経営に対する積極的なアプローチを描出してみたい。

（2）農業技術と農具の改良

二〇世紀前半の和歌山県の農業技術について知ることができる資料として、ここでは、一九一一（明治四四）年刊行の『和歌山縣農會農事共進會報告書』（以下『県農事共進会報告書』）と、一九三一（昭和六）年刊行の『和歌山縣農業概要』（以下、『県農業概要』）（和歌山県内務部編　一九三一）を取り上げる。前者は農業技術の改良の成果や新技術を、農民が発表し行政が評価して普及する共進会の優秀作品をまとめたものである。新技術の実験や農業の模範的経営の成果が掲載された報告書であるが、農民の創意工夫よりはむしろ行政的に普及しようとしていた技術の成果を評価する色彩が強い。ただ、当時の篤農が考える新しい農業の技術と、それに取り組む農民の意識について、分析することは可能な資料である。後者はもっぱら農政の報告書である。出版年は昭和初期であるが、内容としては明治後期からの農業技術の展開が記載されており、その内容も詳細にわたることから、この資料を選択した。

日本における本格的な産業革命は、一九世紀末に紡績などの軽工業から展開し、二〇世紀初頭、特に日清日露戦争後に軍需産業に牽引されるように重工業の急速な発展をみた。農業技術についても、そうした産業全体の動向と並行して進行し、とりわけ二〇世紀前半には行政的に様々な技術が生産現場に移植された。品種改良、科学肥料導入、病害虫駆除といった科学的な技術に加え、正条植えに代表される労働のあり方の改良、農具の改良や動力の導入による労働粗放化などがその柱であった。

『県農業概要』では、まず以下のとおり米作改良の成果について述べている。

> **米の作付面積は明治三十四年より三十八年に至る五ヶ年平均に比し昭和三年度は一千四百町餘の減少なるが収穫高に於て六万石餘の増収あるは栽培技術の進歩と早生稲中生稲の栽培が減少しこれに代るに晩稲種の栽培が増加したるに依る　統計書面に於ては反當り約一斗の増収と表示さる、も實際に於ては二斗以上の増収は確實なる状況にあり**（和歌山県内務部編　一九三一、二五頁）

ここでは、主として「栽培技術の進歩」と「晩稲種の普及」が米作の収量を大幅に増大させたとして増収に自信を深めている。

二〇世紀前半においては、農事試験場が育成した改良品種を行政的に普及させる動きが出始めた。『県農業概要』には、以下の記述が見える。

明治四十一年縣農事試験場設置以來専心米優良品種の育成に努め、希望者には無償配布し來たりしが大正五年農商務省の奨勵と同時に一町歩の米原種圃を設置せられてより同場の品種改良事業は整然となり、縣農會の米採種圃奨勵と相待ちて優良品種の普及奨勵をなし縣下米作付反別の約八割を三ヶ月にして優良品種に更新せんと努めたり（和歌山県内務部編　一九三一、二五頁）

ここでは、農商務省から指示された品種改良の事業が、三ヵ月で八割の耕地に対して指導できたと、その成果を強調している。優良種子は「一反當り配布數量二升」無償配布され、県内における稲の作付総面積五万一〇四〇町歩の約九七％に普及させたとしている。具体的には『県農業概要』に掲載された品種は以下のとおりである。

早稲神力一二號、中生神力四號、中生神力二九號、大和錦一八號、岡山天狗九號、畿内中七四號、晩生神力二號、旭一號、九州八號、神力糯一號、逅治一號、新關取、改良愛國、愛國一號（和歌山県内務部編　一九三一、二六頁）

品種改良は、植物学や農学といった近代科学の知識によって優良品種を強制的に生み出す思想によって行なわれるもので、近世の農業にはまったく見られなかった発想に基づいている。こうして作られた品種は、農会や実行組合など、行政の末端に位置づけられた地域の組織を介して、現場の農民の元に届けられたのであり、多くの場合それは無償配布であった。
ただ科学的な知識をもとに品種が作られ、選択された一方で、一九世紀後半の農業に見られた遠方の農民との種子交換の慣行も、品種の更新に有効な手段として続けられていたことが以下の記述からわかる。

種子は明治十一年定めたる種子交換法により互に希望する品種と交換して品種の更新を行ひ或は大峰山等の神社、佛閣に参詣の途次最も優美なる稲穂を持ち歸り翌年播種し其種子を附近農家に分ち與へ優良品種として栽培し來りたり又は翌年必要の種子量を各自の稲田にて最も發育良好なる稲穂を抜き取り種子となすことは古より行い來りしが今も變りなし（『和歌山縣農業概要』）（和歌山県内務部編　一九三一、二五頁）

ここでは、行政主導の種子交換会の開催のほか、社寺参詣の折に優良な種子を持参し、他地域と交換することが慣例的に行われ、これが効を奏しているとしている。
また種子の選別法について、以下の記述がある。

明治三十二年頃種子鹽水選が大いに稱道せられ種子精選上一般當業者の多大の注意を喚起し、今日にては施行せざるものなき迄に其普及を見たり（和歌山県内務部編　一九三一、二五頁）

従来の良質の穂を選択して籾を得る方法にくわえ、塩水を用いたより簡単で精度の高い方法の普及も叫ばれていた。現在でも行われている塩水を用いた種籾の精選が、和歌山県では一八九九（明治三二）年頃より唱道され普及したとしている。
続いて、田植えについての記述がある。

古は田植の能率を擧げ得ることのみに考へを及ぼして苗を亂雑に植へ來りしが明治三十四、五年頃正條植へ

の必要を認め且當局の指導奨勵と相待ちて現今は殆ど正條植へに改良せられたり又明治四十三、四年頃他府縣の増収品評会の成績及び農事試驗場の成績等により以前の一株本數多くして粗植なる方法は小株密植の植へ方に改良せられ、現今は特種のものを除き殆ど小株密植になりたるは稲作上大なる改良なり（和歌山県内務部編 一九三一、二七頁）

明治四三、四年頃から行なわれた正条植えの指導・奨励について述べられ、一株の本数を多くして粗く植える方法から、「小株密植」へと転換したとされている。従来の植え方は、能率を挙げることが重視され、風通しや日照など、稲の育成に必要な条件に配慮されていなかったと位置づけ、正条植えを科学的に根拠づける論調がなされている。一九一一（明治四四）年刊行の『県農事共進会報告書』にも、那賀郡龍門村（現粉河町）農會の実験成果が「正條植成績」としてまとめられている。

上田は勿論山澗に點々散在する瓢箪形の山田に至るまで全く正條植たらざるは無く田植とし云へば直ちに枠ならざるべからざるを知悉せり何故に本村は斯く正條植えを好むやと云ふにたゞ除草に於て著るしく勞力を減ずると比較的作業も仕よく収利も亦決して減せざる云ふの理由のみ即ち殆んど自動的に行はれたるなりされば殊更に口を酸くして奨勵するの必要も無く自動的に漸々傳播し今や本村全部は勿論附近の各村にも普及せしむるに至れり（和歌山県農会編 一九一一、三六〇頁）

これによると、新技術を受容する農家の側も、比較的柔軟に正条植えを導入していったとされている。その理由は、田植えの手間が増えること以上に、除草の手間が軽減されたことが歓迎され、「殊更に口を酸くして奨勵するの必要も無く自動的に漸々傳播」したとしている。この報告に添付資料としてつけられているデータを整理すると、表7・表8のようになり、正条植えの効果を報告している。表7は正条植えと縦横の列を揃えて植えない「普通植」の一反当たりの収量の違いを示したもので、正条植えが多い年では約一割増を記録している。また作業量を比較した表8では、労力を数値化し、正条植えは効率的であると主張している。

ちなみに『県農業概要』では、共同作業について農村における協同意識の揺らぎにも、以下のようにふれている点も見過ごすことができない。

古は隣保互助の精神により一般に附近農家相集まり共同して田植へを施行し來りしが其後個人思想發達して共同田植へを行ふもの次第に減少せしを以て共同作業の實施を奬勵しつつあり（和歌山県内務部編一九三一、二八頁）

年度	普通植えの収量	正条植えの収量	増収高	増収率
明治 39 年	2.87 石	3.16 石	0.29 石	約 10.1%
明治 40 年	2.89 石	3.1 石	0.21 石	約 7.2%
明治 42 年	3.04 石	3.19 石	0.15 石	約 4.9%

表7　一反当りの正条植えによる増収率

作業内容	正条植え		普通植え	
	必要な労力	賃金	必要な労力	賃金
挿秧	1.5	0.75	1	0.5
挿秧助手	0.8	0.4	0.8	0.4
田打			1.2	0.6
除草　一番	0.93	———	2.5	———
除草　二番	0.805	———	1.5	———
除草　三番	0.805	———	1	———
除草　四番	0.75	———	0.6	———
除草合計	3.29	1.316	5.6	2.24
総計	5.59	2.466	8.6	3.74

※正条植は普通植に対し、一反あたり労力 3.01 人分 1.274 円を節約する。

表8　正条植えによる労働力の軽減

耕耘整地作業については「古と殆ど變りなきが施肥法は其變化甚だし」と述べているが、次章で述べるように、耕耘用具の「改良」が劇的に展開したのがこの時期である。この県の農業改良に関する報告書に、耕耘整地に関する道具の「改良」についての記述がほとんど見えないのは、農具の発明・「改良」が民間主導で、行政側は試験・推奨が主たる役割であったことが関係していると思われる。

このような状況は、『県農業概要』に以下のように記述されている。

麥の栽培は麥價の下落と他の割合に有利なる裏作物の栽培の増加とにより近時大に栽培面積減少し明治三十四年より三十八年の五ヶ年平均栽培面積に比し昭和三年度は九千三百町の減少にて収穫高に於ては一萬八千六百石の減少なるが反當収量にて約一俵半の増収は優良品種の普及と栽培技術の進歩に依る、各麥共明治三十四、五年に比し栽培面積は大に減少したるも大麥は殊に甚しく明治三十四、五年頃大麥は三百町歩以上栽培せしことあるも其後次第に減少して昭和三年度は十六町歩の栽培に過ぎず然るに昭和四年度縣農會がビール用大麥を奨勵し始めしより二百五十町歩に増加し年々増加の傾向なり（和歌山県内務部編　一九三一、二八頁）

麦から蔬菜など相場が安定し、確実な現金収入となる作物に転換する傾向が強いことがわかる。麦の場合も米作同様「種子交換法、種子鹽水選法」が推薦され、優良品種の普及奨励によって県内の麦作作付面積（一萬六百四十町歩）の約七六％を優良品種に更新したとしている。

「畜力利用の増加」とその道具の改良が焦点だったことは、次の記述からわかる。

以前は二回犂起を行ひて畦を立て而して丁寧に整地し横に條種し來りしが現今は一回犂起して縦に條播すべく改良せられたるは勞力を節約すること多大なり。大正五、六年ごろ廣播法流行し相當普及したるも現今は行ふもの少なく只鍬幅位の廣播は當局の指導奨勵により實行せられ居れり、其他中耕播種に畜力利用の増加も麥作上改良せられたる點にて又大正十三年五月定められたる主要農産物増殖改良必須事項中の土入れ作業が熱心家により相當實行せられ居ることも大なる改良なり（和歌山県内務部編　一九三一、二九頁）

紀ノ川下流域においては、この畜力利用の耕作・中耕用具が独自の発達を遂げるが、これについては次章で述べる。

行政指導による米作・麦作の「改良」をうけ、その実践状況と成果を報告した記録として、『県農事共進会報告書』に収められた「米麥作改良法及成績」がある。これは海草郡東山東（現和歌山市）の農家が、実績を報告しているもので、行間に当時の人々の「改良」・「近代化」に関する意識が読み取れる。冒頭に次の記述がある。

故に此の三つの栽培方法には常に苦心して居ります所が明治三十七年日露の役起るや農商務省大臣の訓示酒匂農務局長の時局に對する農者の心得古在農事試験場長の時局に対する農業上の注意事項を讀みいたく心に感じ我が農業の大に改良すべき餘地あるを覺り即ち筆を採り農場日誌帳の劈頭に左の事項を記し之が實行を計り名附けて征露記念事業いたしました（中略）爾来茲に繼續施行する事八年漸次改良を加へたる結果大に少費多穫の實績を得ましたから左に設計事項を記し夫れより順次米麥作の改良方法及成績を述べやうと思ひます。（中略）

「征露紀念事項設計書　一、種子改良　二、農用器具の改良勞力節減　三、肥料改良　四、土地改良　五、病虫害驅除豫防　六、收穫及貯蔵農改良　七、物品の賣買に注意すること」（中略）

以上は二町余の田圃の平均一反歩の收量を示せるものなれとも田によりては一畝一俵も獲れたるのは澤山あります又反に五俵ほどしか獲れぬ惡田もある予は益々米作改良に力を盡し平均一畝一俵の收量を得たいものじやと常に思ふて居ります　一に種二には手入で三に肥四に虫捕れば以つも豊作（和歌山県農会編一九一一、二一三〜二一四頁）

後半部分に出てくる平均一畝一俵の収量という目標値は、現在でも「セーイッピョウ（畝一俵）」という民俗語彙として、しばしば使われている。

一般に言われているように、当時の農業の「改良」とは、農業に科学的な知識を導入し、効率性を重視した動作・作業とそれに対応した道具により労力を節減し、その成果を計量的に把握し、最終的には一反あたりの収量を最大限に増やすということが目標とされた。当時における農業近代化とは、それを達成するために必要な改善に取り組むことであった。とりわけ明治末期から大正期にあっては、国家主義的な世情をうけて、個々の農家のていたと想像される。

「改良」への努力が国家の利益であるという風潮が色濃く、それが農家の農業近代化へのモチベーションを高めていたと想像される。

(3) 農具の構成

農具の「改良」は明治末期より盛んとなり、行政主導の農具の実演会などが各地で開かれ急速に普及していった。一部の在来の農具を淘汰しながらも、新旧の農具を併用する新しい様式の農業へと変容し、農家もその変化に積極的に対応しようとしていたようである。『県農業概要』には、大正期から昭和初期の農具の「改良」についての状況の記載があり、この時期の二毛作の農具の変化がわかる。以下、米作・畑作用具の変化について、該当個所を引用しつつ記述してみたい。

まず、昭和初期の農具の改良に関わる県の取り組みの概要が次のようにまとめられている。

本縣に於ける農産物は逐次改良増殖せられつ、ありと雖農業經營の方法は依然として旧態を墨守するもの多く殊に農具の如き時運の推移に伴はざるもの少からず徒らに勞力を徒消し延ては農業經營を困難ならしむるものあるを以て農業試驗場に於いては大正十年度より本縣の農業組織に適應せる優良なる農用器具機械の撰擇をなし當業者の農具購入の指針を示す（和歌山県内務部編　一九三一、八八頁）

ここでは、在来の農具では労力を浪費して農業経営を困難にしていると述べられている。そのため、大正一〇年度より、県農業試験場において農具の選択をし、推奨する方針を示した。そして、国方針によって農業試験場内に農具の展示室を設け、その普及をはかるとする以下の文章が続く。

大正十四年四月二十七日發布せられたる農林省令第七號優良農具普及奨勵規則により事業を一層擴張し同年七月より専任技術員を設置し優良農具を購入し場内に陳列し更に昭和三年十月本場に農具研究陳列室を新築

し運轉状況を一般に勸覧せしめ或は改良農具實演會或は農用器具機械高等講習會等を開催して當業者の農具に關する智識を啓發し又別に定めたる農用器具機械貸與規定により郡市町村農會、産業組合、農事實行組合に貸與して改良農具の眞價を熟知せしめ（和歌山県内務部編　一九三一、八九頁）

すなわち、優良なものを農業試験場内の農具研究陳列室に展示し、希望者に無償貸与してその普及を進めるとある。その目的は以下の部分にあるように、効率性と品質向上に加え、農具の近代化を通して「協同精神」を養うこととしている。

勞働能率を増進し農業勞力の調節、生産費の低減と生産物の市場に於ける品位の向上、副業による農家収益の増加を期する外農具を中心とする農村協同精神を養ひ農村の振興を計りつ丶ある（和歌山県内務部編　一九三一、八九頁）

こうして選択された農具として、次のようなものが列記されている。

石油発動機4・三相電動機4・単相電動機3・水力機1・畜力機1・動力用籾摺機5・動力用麦摺機3・畦立用犂3・畜力用畑地中耕除草器2・畜力用砕土器5・正條田植器3・水田除草器3・人力用回転脱穀機6・人力用籾摺機9・人力用籾摺軽転機1・唐箕4・万石篩2・麦播器1・動力用脱穀機4・肥料粉末粉砕機3・肥料配合機1・動力揚水機6・精米機5・縄柔軟機1・撰果機1・人力用麦摺機1・人力用大豆豆粕削機1・紫雪（雲）英刈取器1・製縄機3・製莚機2・藁切機1・噴霧器2・剪定鋏2・剪定鋸1・土入器1（和歌山県内務部編　一九三一、九六頁）

当時の農業近代化は、主として米作の増産と藁製品製作による副収入の収益の増加に関心の中心があることが推し量れるが、当時の社会背景と農具の改良・普及の概要は次のようにまとめられている。

本縣に於ける農用器具機械は大正の前半迄は比較的變化なかりしが歐州の大戰は農業勞力の不足と勞働賃金を高騰せしめ都市に於ける商工業の發達は各種農具の發明考案又は輸入となり大正七年には農用石油發動機の使用せらる、あり一般農家の自覺と當局の指導奨勵と相俟つて一層農村を機械化せしめ更に現今に於いては農具の改良による各種副業の發達を助長し農村電化の機運に向かわんとしつ、あり（『和歌山縣農業概要』（和歌山県内務部編　一九三一、九六〜九七頁）

和歌山県では、大正前期までは農具の改良はあまり進まなかったが、第一次大戦後の労働力不足と賃金高騰、さまざまな農具の発明や輸入が進んだこと、農民の自覚と当局の指導奨励によって、農村は「機械化」され、副業も充実していったとしている。

これに続き、個々の農具の変遷についても記述があり、以下にその概要について紹介する。まず耕作具については、以下の記述がある。

鍬類　目下農村に於て使用せられつ、ある鍬類は平鍬、備中鍬、唐鍬、万能鍬に屬するものにして其の形式に於て從來は大差なきも只平鍬に於ては大正十二年頃より大阪府下より鐵板加工の金鍬が海草郡に入り以來價格の安價なると輕便なるがため昭和元年頃より各郡にて使用され今日にては使用鍬數の一割内外の普及を見るに至れり

犂　犂は古來地方的に多少の相違を有する在來犂に屬するものなりしが大正元年頃より使用輕便、役畜の牽引力少なく且深耕に適する改良犂福岡縣より移入せられ管内特に紀南地方の耕地狹小なる地方にて使用せらるるにいたる。然れども當時水田に於ける保水惡しとて一時其の普及を見ざりしが大正十年農事試驗場に於ける畦立用犂比較試驗により優秀なる改良鋤の撰擇を見、急速に普及の度を加へ目下其使用農家戸數の二割

強と推算せらる（和歌山県内務部編　一九三一、九八頁）

現在一般的に使用されている、鉄板を加工し量産される鍬が昭和初期に普及し、いわゆる風呂鍬などを圧倒してきたことが分かる。これにより野鍛冶の鍬・鋤先修繕の需要が激減したと思われる。また犂について、短床式唐犂と思われる唐犂が田の底を破り漏水を招いたため、適当なものを選定しようとしている。

砕土用具については、紀ノ川下流域に多くみられる地方名称ヒコーキ・カニケンガとよばれる砕土用具についても記述した以下の箇所が注目される。

古來本縣に於て使用する碎土器は主として水田跡地を耕起せる土塊の粉碎に使用せられ慶應年間に畜力用回轉馬耙を使用するものありたり。其の作用は只土を碎くのみにして機械的構造上欠陥少なからざりしが大正七年那賀地方に於て耕起せる土塊を刃状の刃物多數を有すカニ（俗稱）又は飛行機（俗稱）とて弧状馬耙に類するものにて土塊を切斷するもの考案製作せられ以來地方的に多少の普及を見しが昭和元年に於ける碎土器比較試驗の結果一層其の効果の大なるを認められ普く管内に普及せんとしつゝあり（和歌山県内務部編　一九三一、九八〜九九頁）

これによると、おそらく幕末に和泉地方から移入した回転馬鍬が、昭和初期に那賀郡内の農機具業者の開発した薙刀歯付きの砕土用具に移行しつつあったことが分かる。

田植用具と除草用具は、正条植えの普及と歩調を合わせながら普及活動が進められたが、その普及はまだまだ途上にあったようである。

從來本縣に於ける田植器は綱及框等にして綱の如きは主として棕櫚綱を使用し田植後に於ける除草に縦横共除草器を使用することを得ず不便少かりしが大正七八年頃より除草勞力の節約を期する目的を以て正條田植

をなすもの其の數を增加し從つて正條植に適せざる在來田植器は次第に其の數を減じ加ふるに大正十二年農事試驗場に於て施行したる正條田植器比較試驗により優秀田植器を撰定せる結果最近急速なる普及を見つゝあるが未だ普及程度一割を越へざるべし（和歌山県内務部編　一九三一、九九頁）

除草器は、大正期から徐々に普及していったことが分かる。

水田除草に回轉器を使用することは今より二十數年前よりのことに屬し當時は棕櫚綱等を以て植付けられたる片正條植の田に使用したり。其の後構造に大差なかりしが大正六七年頃より各地に於て改良回轉除草器を製するもの生じ加ふるに大正十二年及昭和元年農事試驗場に於て施行せる水田除草器比較試驗の結果撰擇せられたる優秀機を使用するもの次第に其の數を增し凡そ農家戸數の二割内外の普及を見るに至る（和歌山県内務部編一九三一、九九〜一〇〇頁）

ただ病害虫の予防に関する道具は、「大なる變化を見ず捕虫網、注油器、誘蛾燈等に於て多少の進歩を有するのみ」として旧来と大差ないとしている。

収穫調整については、手刈りの状況に変化は見られない。

普通作物の収穫に使用する鎌類には刃鎌と鋸鎌とあり本縣に於て使用せらる、ものは何れも鋸鎌に屬す（和歌山県内務部編　一九三一、一〇〇頁）

脱穀作業については、次の記述によると千歯扱き（地域名称カナゴ—金子）が足踏式回転脱穀機に劇的に移行した。

稲麥の脱穀機は從來金子を使用したるが大正六七年頃より人力用回轉脱穀機を他府縣より移入稻扱勞力の節

約大なるを認められ稲扱上の一大革命を來したり以來金子は次第に其の跡を斷ち大正十年昭和二年三年に農事試驗場に於て施行せる人力用脱穀機比較試驗は一層優秀脱穀機の普及を速成し目下管内を通じ殆ど使用せざる者なきに至れり（和歌山県内務部編　一九三一、一〇一頁）

從來は収穫期遅きに失して収量を減じ品質を損耗するもの多かりしが近時一般に時機を失せす早くなりたる爲品質の向上収量の増加を來せり、調整に於ては大正六、七年頃より千齒の稲扱器の代りに回轉脱穀機を使用し又大正八、九年頃より動力用籾摺器脱穀機を共同して使用するに至れり（和歌山県内務部編　一九三一、二八頁）

ここでは、千歯扱きに代って回転式脱穀機が大正六〜七年頃に普及し、さらに八〜九年頃には動力を用いた籾摺機や脱穀機の共同使用が始まったとある。

続いて二毛作の麦作用具であるが、紀ノ川下流域に特徴的ないくつかの農具について記述があり、これを紹介したい。中耕用具について、以下の部分でその状況が紹介され、すでに紹介したヨツゴに加え、小型の車馬鍬と牛耕中耕除草具のミカヅキが挙げられている。

普通作物栽培上畜力用中耕器並に培土器は水田裏作の中耕培土に當り犂、四ツ子、小型回轉馬耙、三ケ月等を使用し能率の増進を期するにあるが管内全般を通觀する時は未だ之れが普及充分ならず只海草郡の一部に於て相當利用せられつつあるのみなるを以て農事試驗場に於ては一層之が普及を期しつ、あり（和歌山県内務部編　一九三一、九九頁）

とりわけミカヅキは、三日月型の犂先を取り付けた農具で、紀ノ川下流域を中心に現在でも多数収集することができる。畝間の形に合わせて三日月型に成形した犂先が地面に対して斜めの角度に当たり表土を削り取る構造となっている。牛耕で使われるが、中耕の時期にはすでに畝上の作物が一定の長さに成長しているため、前節で述べたヨツゴの使用方法同様、牛が作物を食んでしまわないように、口元にクツゴ（口籠）と呼ぶ竹籠を取り付けて使用するのが常であったという。また、ミカヅキと同じ機能を有する農具に地方名称ハラカキと呼ばれる牛耕具があり、現在でも紀ノ川下流域においてしばしば収集することができる。構造としては鉄板をU字型に曲げた部品を支柱に取り付け、持ち手をつけた単純なものである。

麦の脱穀用具の改良については、麦を打ちつけて穂を落とす唐棹に代わり、人力・動力による麦摺機へと、大正一〇年頃から普及した。

大正十年ごろより以前の連枷による打ち落し作業が人力用麦摺機及び動力用麦摺機普及して使用するに至りたるは大に能率を増進し得て麥調整上の大なる変化なりとす（和歌山県内務部編　一九三一、一〇二頁）

明治後期から昭和初期における農具の「改良」の状況の中で、実際に特定の農家がどのような道具を使用していたかを知ることができる資料は少ない。『県農事共進会報告書』に掲載されている「自作兼地主農業經營方法」には、那賀郡粉河町の農家が保有する道具類が挙げられており、項目ごとにまとめたのが表9である。これを表4の明治二〇年代の農家の農具保有と比較すると、砕土用具・正条植用具・麦摺用具など、明治後期以降の農業の「改良」を反映した編成に移行しつつあることが分かる。しかし農業が全く新しい段階に推移したわけではなく、農業の作業レベルでは従来の農具に新技術を組み込むかたちで進められたと思われる。

（4）二毛作農家の収支

すでに見たように、この時期の農業技術の革新は、主として米作の改良により稲の収量を大幅に増加させるのが目的であった。こうした状況においては、二毛作による商品作物の栽培が、そのまま現金収入となると予想できるが、実態としてはどうであったのか。「自作兼地主農業經營方法」にある二毛作農家の収支のサンプルより、ある農家の農業経営の実態を見てみたい。

この農家が実験的に行った二毛作のサイクルをまとめると表10のようになる。この資料は二毛作の米と麦を、複数の品種の組合せでどのように利益が上がるかを実験した報告なので、当時の農家はいずれかのパターンを、それぞれの条件に合わせて選択して二毛作に取り組んだものと思われる。

報告書では、米作―大麦栽培、米作―小麦栽培など二毛作の複数の組合せによる、一反あたりの利益の比較を行っており、その数字をまとめたものが表11である。左側が米作―大麦栽培の二毛作、右側が米作―小麦栽培の二毛作の実績である。ここでは二毛作にかかる諸経費と収益に、畦畔での大豆栽培、稲藁利用の藁製品製作、耕作用牛の養育と厩肥などの利益を加算し、農業とそれに付随する生産活動の総計を算出している。このケースで

用途	品名	数量	単価(円)	使用年限(年)	修繕費(円)
耕作用	鍬	7	0.85	5	2.52
	草掻	3	0.65	15	0.6
	株切り	3	0.65	15	0.6
	犂	1	1.5	4	0.25
	クワイグワ	1	3	30	——
	砕土器	1	4.5	30	——
	正条植器	3	0.8	30	0.05
	除草車	3	0.6	4	0.05
収穫用	鎌	4	0.14	1	——
	鋸鎌	4	0.05	1	
	稲扱	4	1.5	20	
	麥扱	4	0.8	30	
	篩	1	2.1	30	
	唐箕	1	5	30	
	莚	80	0.2	8	
	稲干竹	15	0.15	10	
	仝足木	180	0.015	8	
	枡　大	1	3.1	5	
	枡　小	1	0.64	5	
農産物製造用	籾摺臼	1	2.5	30	0.3
	麦摺器	1	12.5 共同購入	30	
	萬石通し	2	2.5	30	
雑具	熊手	2	0.6	20	0.02
	押し切	1	1.3	20	
	大鍬	2	1.3	30	0.15
	唐鍬	2	0.85	30	0.36
	鶴嘴	1	1.05	30	0.15
	擔棒	2	0.6	10	
	擔桶	4	0.4	5	0.2
	籠	5	0.1	5	
	草苅籠	4	0.15	2	
	桶	5	0.5	10	0.1

表9　明治後期のある農家の農具所有

農作物	作付面積	稲の播種	稲の移植	稲の収穫	副作物の播種	副作物の収穫
粳米（壹本早稲）	2.213 反	5/1	6/18 ～ 21	10/14・15		
粳米（神力早稲）	2.316 反	5/1	6/18 ～ 21	10/17 ～ 20		
粳米（神力中稲）	2.820 反	5/1	6/18 ～ 21	10/26 ～ 30		
糯米（霜カヅキ）	0.615 反	5/1	6/18 ～ 21	11/2		
大麥（チンコ）	6.928 反				11/13 ～ 20	6/1 ～ 4
小麥（三尺小麥）	0.31 反				10/25	6/11
蠶豆	0.726 反				10/22	6/13
大豆	畦畔	6/18 ～ 21		10/14 ～ 11/1		
桑	0.521 反					

表 10　明治後期の二毛作サイクル

作付け	内容	支出（円）	収入（円）	作付け	内容	支出（円）	収入（円）
表作（粳米）	種子	0.337		表作（粳米）	種子	0.337	
	害虫驅除用薬	0.35			害虫驅除用薬	0.35	
	肥料	6.39			肥料	9.39	
	俵及縄	0.255			俵及縄	0.255	
	小計	7.332			小計	10.332	
	玄米		34.772		玄米		34.772
	大豆		0.4		大豆		0.4
	藁		2.7		藁		2.7
	小計		37.872		小計		37.872
	収支小計	+30.54			収支小計	＋ 27.54	
裏作（大麦）	種子	0.258		裏作（小麦）	種子	0.258	
	肥料	8.547			肥料	9.547	
	俵及縄	0.15			俵及縄	0.225	
	小計	8.955			小計	10.03	
	大麥		13.588		小麥		19
	麥稈		0.8		麥稈		1.8
	小計		14.388		小計		20.8
	収支小計	+5.433			収支小計	＋ 10.77	
総計	総計	16.287	52.26	総計	総計	20.362	58.672
	収支	＋ 35.973			収支	＋ 38.31	

表 11　明治後期の二毛作の収支

は、いずれの組み合わせにおいても黒字収支となっており、「改良」の効果が強調されている。

この報告書で最も興味深いのは、大麦、小麦、蚕豆など様々な二毛作の作物を巧みに組み合わせて経営する近代の二毛作による収支が公表されている点で、そこに生活費も含めた支出を差し引いたある農家の家計も記載されており、これを表12に整理した。

当時としては農業経営に対する意識の比較的高い農家の収支ではあるが、粳米約七反四畝、糯米六畝に対し、大麦約六反九畝、小麦約三畝、蚕豆約七畝の二毛作で、畦畔栽培の大豆、稲・麦藁加工品を含めた収入が約五七七円であった。これにかかる諸経費を差し引き、小作料などを付け加えると、総収入が約四〇二円となって

品目	作付面積（反）	一反の収量	総生産量	総収益（円）
粳稲	7.419	2.835 石	21.15 石	285.525
糯稲	0.615	2.55 石	1.65 石	25.08
大麥	6.928	1.58 石	11.1 石	95.46
小麥	0.31	2.4 石	0.8 石	6.4
蠶豆	0.726	1.64 石	1.3 石	10.27
大豆	畦畔	——	0.4 石	3.2
桑	0.521	300 貫	170 貫	13.6
藁（粳稲）	7.419	180 貫	1342 貫	20.13
藁（糯稲）	0.615	180 貫	117 貫	2.34
藁（大麥）	6.928	80 貫	559 貫	5.59
藁（小麥）	0.31	90 貫	30 貫	0.6
藁（蠶豆）	0.726	100 貫	79 貫	1.58
耕牛飼育料	——	——	1 頭	10
厩肥	——	——	2700 貫	54
春蠶	——	——	0.68 貫	38.42
縄	——	——	20 束	3
俵	——	——	90 俵	2.7
合計				577.895

収入合計　577.895 円
（農産物 469.775 円＋副収入 108.12 円）

支出合計＝ 349.274 円
（家屋・農具修繕具等＋種子・肥料等購入費＋公課金

農業により生ずる利益　228.621 円
（577.895 円－ 349.274 円）

総収入　402.445 円
（農業による利益 228.621 円＋小作料 168.824 円＋雑収入 5 円）
総支出　383.307 円

（飲食・被服・交際・教育・通信・衛生・消耗品等・公課金・臨時費）

年間収支　＋ 19.138 円

表 12　明治後期のある農家の経営状況

いる。ここから日常の生活諸経費や教育費などの合計約三八三円を差し引くと、最終的には約一九円の黒字としている。

このようなデータを表6で示した明治二〇年代のデータと比較しながら見てみると、米作技術の向上と省力化により二毛作によってより多くの利益を上げられるようになっていることがわかる。ただここには、農業の近代化にかかる設備投資が含まれていないので、実際にはより経営面で苦慮したものと想像される。

(5) 小結

日本が本格的な産業革命を達成する二〇世紀初頭、日本の農業生産は増産傾向を示す。当時の農政は、殖産興業の強力な推進という文脈をそのまま受けるかたちで強権化し、農民にとっては様々な技術の強制的な導入と、それに伴う投資の増加など、かなり抑圧的な環境での農業経営を強いられた。農学士らによる科学的・近代的な学理的農法が国から末端の町村に至る勧農の行政機構を通じて指導され、明治末期の強権的な勧農は「サーベル農政」とも称された。一方、明治中期の松方農政以後、所有する耕地を手放す農家が増えると同時に、投機の対象として農地を所有する寄生地主が増加したことも、農家の自立的な農業経営、および技術発展を困難にする要素であった。

行政的に指導された改良項目は、品種改良・科学肥料導入・病害虫駆除・正条植えの導入・優良な農具の奨励などがその柱であった。こうした項目を改良することで増産を目指すコンセプトを明治農法と呼ぶが、これを普及するのが農業における行政的な課題であった。一般に、一九世紀後半の老農の知識によるボトムアップ型の勧農に対し、この二〇世紀前半の勧農は、科学知識の普及によるトップダウン型であったという違いが際立っている。

地域に視座を移すと、この動向を農民は様々な新知識を自らの農業経営にいかに取り入れていくかという、受容の仕方の問題としてとらえなおすことができる。紀ノ川流域の農民は、近世後期以来培ってきた二毛作が、新技術受容の受け皿となり、様々な技術や知識の導入による省力化や効率化によって、より精緻な農業経営によって反当り収量を上げることを目指した。紀ノ川流域は、近世末期の段階でほとんどの平地が耕地化されており、農民にとっては耕地そのものを拡大する外延的発展は見込めなかったのであり、質的向上と労働集約化による内的発展によって利益を上げる方向性が前提であった。品種改良・科学肥料導入・病害虫駆除・正条植えの導入・優良な農具の奨励などを軸とした明治農法によって、現実の農家の経営において増収をもたらすためには、農民による知識や技術の受容と現場の農業への適用の過程が重要であった。この適用過程が、共進会資料に見られるような農民たちの膨大な実験であった。

行政的に指導・奨励された様々な近代の新技術の受容は、それが近代的・科学的であるからばかりではない。例えば、稲の移植方法である正条植えは、「小株密植」が風通しを良くし、それが植物としての稲の育成に良いという植物学的な知識からではなく、除草器が導入できるようになったために人件費や労力を軽減できたからと主張されていた。労働集約的な農業が基盤となっている地域の農民にとって、経営全体のなかでの労働力軽減をはかることができる技術は、たとえ収穫量の増加をもたらさなかったとしても、結果的に増収となりうる。紀ノ川流域の農民にとっての正条植えの意義は、まさにこの点にあった。正条植えの普及という現象だけとらえれば、科学的な知識が行政によって普及されたことで増収を達したと見えるが、新技術の受容の動機は地域の諸条件によって異なるはずであり、その増収の内容や意義には著しい地域差があるであろう。

また、ミカヅキをはじめとする二毛作の裏作の中耕除草具は、この地域で独自に開発され、普及した農具である。これは次章で詳細に検討する資料であるが、二毛作独特の農繁期の農作業の精度をいかに上げるかという、農民が抱えていた現実の課題から作り出された農具である。農家の所有する農具のセットがわかるデータからは、そうした課題に対応するために農家が導入していった砕土器、正条植器、除草車、麦摺器といった農具が含まれており、この時期の農家が農具の改良によって増産を目指したことの一側面を示している。

また二毛作農家の収支のサンプルからは、いくらか利益が上げられるようになっている様子がうかがえる。もっとも、これらの資料を残す農家は、上層農民のなかでも農業経営に関して向上心の高い者に限られ、当時としては経営状況の良い農家のサンプルであることは念頭におかなければならない。

3 まとめ

国家によるボトムアップの技術改善の回収

本章で紹介してきた農政資料からは、明治前・中期と後期の間に大きな転換があり、農業の現場に少なからぬ影響をあたえていたことがわかった。

明治初期の西洋技術の直輸入の失敗は政治的には大きな出来事であったが、地域の農民にとっては近世後期以来の経験主義的な技術改善のさらなる蓄積と、それによる農業生産の安定が眼前の課題であり、時代の動向はさほど大きな影響を残さなかった。

それに対し、明治一〇年代後半~二〇年代にかけての松方農政は、地域の農民の意識を大きく変えるものであった。老農の技術、すなわち地域的に蓄積されてきた技術改善を体系化させたものが重視され、農業技術改善のアイデアは現場の篤農に求められた。経験主義的な技術改善を国家が回収し、その普及によって農業生産力の向上を図ろうとしたのである。経験主義的な技術改善による生産力の向上ということの動向は、一見すると近世後期において地域の農業技術改善を行おうとした篤農家の手法を想起させる。しかし、明治中期の経験主義的な技術改善の国家による回収は、老農の技術が勧農の道具として国家的な事業の末端を担うものと位置付けられた点で、近世のそれとは本質的に異なる。農学士による学理的農法も、篤農による技術改善も、国家における農業近代化の道具という意味では単なる思考法の違い、端的にいえば「科学的」であるか否かの違いであり、政治的背景から一時的に後者が優勢となったに過ぎない。

具体的な農業内容に目を移すと、深耕と施肥による地味向上や種子交換、作業時期の厳密化など、従来から行なわれていた技術改善が継続的に行なわれていたと位置づけられる。水害資料からみた農具の構成も、労働集約型の手作業による農具のセットであり、道具そのものの機能に改良を加えた労働粗放化への志向は認識できなかった。一方で、防虫防除に石油や石灰を用いる比較実験を行なうなど、従来とは異なるアプローチも確認できる。そこには、経験主義的な知識を出発点としつつも、実験データを普遍化させて適用するという、ある種の「科学的」な意識の高まりがあったであろう。そうした個別の実践は、農談会などの情報交換の場で共有された。そこでは、経済的な格差に加えて技術改善の度合いや成否による新たな地域格差も生まれ、農民間の競争意識も醸成されていったと考えられる。

農民によるトップダウンの技術改善の選択

こうした状況は明治後期に一転する。全国的な流れにおいては、老農的な技術にかわって学理的農法が官僚に受け入れられることによって、科学的・農学的に理にかなった農法が近代国家の農業発展に寄与するというコンセプトが主流となり、とりわけ日清・日露戦争後は、その指導が強権化した。

しかし、科学的・近代的な学理的農法の導入と官僚制と勧農機構の確立、そしてその全国的な展開が、農業生産の向上につながったというパラダイムは、いわば当時の行政側の論理であろう。これに乗じて歴史を解釈すると、農民の個別の実践を等閑視してしまうことになる。本研究の視角においては、行政的な指導や知識の普及をたくみに利用・活用しつつ、地域独自の論理で技術改善に取り組む動向に着目すべきであり、それは近世の篤農が持ってきた技術改善の意識を受け継いだものであったと評価できる。

本章で明らかにした具体的な事象は以下のとおりである。紀ノ川流域では、近世以来の農業の基本として二毛作が発達してきており、二毛作に農業経営の基盤を置く状態は、近代以降も大きく変わることはなかった。農民は行政的に指導・奨励される様々な新しい知識や技術を、自らの二毛作の経営に適用し、資金の許す範囲内で徐々に受容していった。より正確に言えば、彼らは自らの二毛作経営の向上に役立つ技術にしか関心がなかった。

例えば、二毛作では播種時期を厳格に守る必要があり、水田から畑、畑から水田の転換の時期は、一〜二週間のうちにすべての耕地で収穫・耕作・播種の作業を終える必要に迫られ、しかも収穫した作物の脱穀調整作業も重なってくる。春と秋の二度回ってくる二毛作独特の農繁期には、一九世紀後半には、従来から車馬鍬や源五兵衛唐犂などの和泉地域からの導入に加え、ヨツゴ・ヤツゴを始めとする和歌山特有の道具が使われていた。二〇世紀前半には短床犂や牛耕の砕土器（カニ・ヒコーキ）、中耕除草具（ミカヅキ・ハラカキ）などの農具、回転式脱穀機や動力を用いた籾摺機などの新しい農具が使用されるようになり、農具の改良による作業効率向上への志向が顕著に見られるようになった。また、設備や資材への投資が少なくてすむ正条植えと除草器の導入は、投資をカバーするだけの除草作業の省力化による人件費の圧縮を達成できたため、広く受容された。

紀ノ川流域の農家にとって、行政的に指導・推奨される様々な新技術は、二毛作における増収や、二毛作における農繁期の省力化に資するものでなければ受容する意味のないものであった。農民は自らの経営の文脈において有益かという価値判断に基づいて、新技術を選択的・応用的に適用していた。この意味読み替えの作業に、「トップダウンの技術改善の農民による取捨選択」という状態を読み出すことができる。実のところ農民は自らの生産活動の文脈でそれを取捨選択し、活用していくしたたかさを持っていた。従来の見方、すなわちサーベル農政と寄生地主制によって収奪されるという無力な農民像とは異なる、主体的な実践を描き出す可能性をここに見出したい。

第４章　近代の牛耕農具にみる技術改善ブームと標準の形成

1 農民側の物質資料としての農具

本章では、紀ノ川流域における近代の農業技術改善の展開を、農具の分析から明らかにする。前章で明らかにした時代背景のもと、生産現場において具体的にどのようなかたちで新技術が導入されていったかを知るうえで、農民が実際に使用した農具は有効な資料である。ここでは、農具にあらわれた技術改善の痕跡を読み出す新たな分析概念を提示し、文献資料では明らかにしえない新技術普及の地域的展開を辿っていく。

明治前・中期と後期の間に、農政上の大きな転換があったことはすでに前章で述べたとおりである。前者の時代には、近世後期に育まれ近代に入って成熟した「老農」の技術、すなわち地域的に蓄積されてきた経験主義的な知識や技術が注目され、国家の農業近代化の文脈に回収されていった。それに対し後者の時代には、科学的に理にかなった農法が近代国家の農業発展に寄与するというコンセプトが主流となる一方で、農民は経営規模に応じて新技術を選択的に導入するかたちで受容していった。紀ノ川流域において、新技術に対する評価は、近世後期から培われた二毛作の技術において有効な技術・知識であるかどうか、設備投資や恒年度負担の規模が経営においても利益を生むものであるかどうかが問題となった。

2 標準化の分析概念

ある新しい技術を現実の生活や生産活動に導入する際、道具はその技術の革新性を体現する物質的な表現として使用者に認識される。その道具を使いこなすことで、人々は新たな技術の恩恵を受けることになるのだが、多様に表現された実験的な道具は、いつの段階かで一つの定形へと収斂されていく。このプロセスは、技術の受容過程や標準の形成といった歴史的な動向が刻印されているはずであり、標準化（standardization）は重要な分析対象となる。

こうした標準化において、必ずしも機能的な観点での最善のものが採用されるわけではないということが、近年主張されるようになってきた。標準には二つのカテゴリが存在するというのである（山田 一九九三、山田 一九九七、山田 一九九九、新宅・許斐・柴田編 二〇〇〇、橋本 二〇〇二）。

ひとつのタイプの標準は、「公的な標準」（デジュリ・スタンダード、de jure standard）である。これは、科学的・合理的な見地から、主として行政的に設定される標準のことである。

もうひとつのタイプの標準は、「事実上の標準」（デファクト・スタンダード、de facto standard）である。これは、消費者が置かれている、社会的・経済的な要素に加え、それぞれの地域における在来技術や歴史的経緯の影響を受けつつ、結果として決定される標準のことである。これは技術や知識の普及が進むにつれて、おのずと標準として認識されるようになるというプロセスを経るため、ある程度の普及率を超えたときに生じるいわゆるロック・イン現象である。

ポール・デヴィッドは、その二つの標準のプロセスを検討しているが、「事実上の標準」は、その技術使用の普及に利益を持つような企業や団体が存在せずに、長年のうちに統一された標準にたどりついているものと、技術使用の普及に利害関心を持つような企業や団体が後押しすることで標準化が形成されるという。(13) 一方「公的な

標準の分類	「公的な標準」（デジュリ・スタンダード）	「事実上の標準」（デファクト・スタンダード）
標準の形成	行政的に設定される	状況から結果的に決定される
標準形成の主体	国や地方公共団体、公的な色彩の強い任意団体などの権力	技術使用の普及に利害関心を持つメーカーとユーザー
知識の流れ	トップダウン	ボトムアップ
標準形成の根拠	科学的・合理的なデータや技術的水準、合理性の論理	様々な偶発的な要素から多数派が有利になる、数と市場の論理
標準形成の要因	認証や法律などとして施行されることで強制的に普及	消費者側の社会的・経済的な要素＋歴史的・文化的諸条件

標準」は、国や地方公共団体、公的な色彩の強い任意団体などによって標準が定められ、政府が法律などとして施行することで強制的に普及される。標準の選択プロセスで働いているのは、技術的水準や合理性ではなく、様々な偶発的な要素であるが、一方で多数派が有利になるという、数と市場の論理でもある。

庶民が使用する道具は、必ずしも機能性や合理性に向かって単線的に発達するのではなく、同時代の政治・経済・文化的要素に加え、憧れや排除を伴う様々な言説、伝統や歴史の諸条件からの制約、メーカーの事業規模や、商品に対する消費者の信頼のあり方など、多くの要素によって結果的に決定されるものである。この仮定をもとに、研究対象に選定した標本資料を分析して農具の形式の変化を追跡し、農具にあらわれる技術改善の独自の文脈について浮き彫りにしようとするのが、ここでの主眼となる。

3　農具における技術改善

分析対象の選定

これまで見てきたように、日本の近世後期から近代にわたる農業の理解において、重要なキーワードは労働集約型農業であろう。経験主義的にせよ、技術普及的にせよ、新技術は既存の耕地の質的向上によって反当り収量を上げることのために適用されてきた。

第2章で見てきたように、近世後期の消費地の近郊農村では、商品作物栽培と年貢米の確保を両立するための洗練された農業が成立した。拡大する市場経済に対し、上層農民たちは積極的にコミットし、収穫量を上げるための技術の成熟を促した。これをひきつぐ近代の農業は、第3章で明らかにしたように、近世後期に培われた労働集約型農業のさらなる洗練化、もしくは一部への新技術の注入というかたちをとった。近代国民国家のもとでの農業の実像は、人的労働の惜しみない投入による地味向上と徹底した管理型農業であった。

では、紀ノ川流域における水稲栽培と畑作の二毛作は、具体的にどのような作業に労働を求めるのであろうか。この地域の農業は、鍬を使った手作業による深耕と多量の施肥によって地味を上げることを重視してきた。近代においてもその思考が急激に変化することはなく、犂耕による労働粗放化が行政的に奨励・指導されるなかでも、深耕による地味向上への志向は現在に至るまで強く残っている。序論で紹介した中耕農業論で見たように、温暖湿潤な日本においては、地味を上げれば除草に追われることとなる。すなわち、耕耘と中耕・除草に、労働力が集約的に投入されるのである。また、二毛作は水田と畑を切り替える農業であり、その転換時期に独特の農繁期が生まれる。いかに早く、そして深く耕耘して整地するかは、二毛作においてその利益を大きく左右する重要な課題なのである。

本章では、紀ノ川流域における近代の牛耕耕耘具としての犂、砕土器、牛耕中耕除草具を対象に、そこにあらわれる独自の近代化の文脈に注目してみたい。

大正～昭和前期における農具の技術改善

ここでは、具体的な標本資料を分析していく。分析の対象とする資料は、和歌山県立紀伊風土記の丘所蔵のコレクション中の犂《からすき》一九点、人力犂七点、歯減らし馬鍬《まんが》一一点、砕土器一二点、中耕《ちゅうこう》除草具一五点である。

（1）犂の例

犂の基本構造

犂は牛に牽かせて田畑を耕耘する農具で、一九六〇年代に本格的に耕耘機が普及するまで、一般的に農村で用いられてきた。人力の鋤に比べて、畜力による労働力の軽減のみならず、連続的に耕作土を起すことができる点が、最大の特色である。

構造は、土を耕起する犂床《りしょう》が耕作土との接地部位であり、先端には刃先である鉄製の犂先《すきさき》と撥土板としての鉄製の犂箆《すきべら》が装着される。これを牛（馬）に牽引させる部位は犂轅《りえん》と呼び、犂床とをつなぐ部位を犂柱《りちゅう》と呼ぶ。また操舵のために犂床と犂轅とに組み合わされた犂柄《りへい》が装着され、人間はここを持ちながら角度や進行方向を変えるのである。後述する短床犂の場合、犂先と犂箆は犂床と一体化した犂身《りしん》に装着され、犂身に装着された犂轅によって牛の尻木につなぐ構造となっている。

昭和初期の文献資料より

前章でとりあげた『和歌山縣農業概要』では、犂について以下の調査報告を掲載している。

犂　犂は古來地方的に多少の相違を有する在來犂に屬するものなりしが大正元年頃より使用輕便、役畜の牽引力少なく且深耕に適する改良犂福岡縣より移入せられ管内特に紀南地方の耕地狭小なる地方にて使用せらるるにいたる。然れども當時水田に於ける保水惡しとて一時其の普及を見ざりしが大正十年農事試驗場に於ける畦立用犂比較試驗により優秀なる改良鋤の撰擇を見、急速に普及の度を加へ目下其使用農家戸數の二割強と推算せらる（和歌山県内務部編　一九三一、九八頁）

すなわち、大正元年までは在来の長床犂であった。それ以降は牛の少ない力で深耕できる福岡県の改良型の犂（短床犂）が紀伊半島南部に移入されたが、保水が悪いとの苦情から普及しなかった。その後、大正一〇年に農事試験場が犂を比較試験し、優秀なものを推奨するようになってから改良犂は急速に普及し、昭和初期の段階では全体の二割以上の農家がこれに転換するに至ったとしている。

標本資料の観察データ

分析対象とした犂の観察データを別表1に、人力犂のデータを別表2にまとめた。

サンプルとした資料の形態的特徴と犂床の形状・長さから、ここでは犂は五つのタイプに分ける。

① 長床犂
② 短床犂（犂床と犂柄が一体）
③ 中床犂Ⅰ（短床犂の床を別部材で作り後ろに伸ばしたもの）
④ 中床犂Ⅱ（長床犂の床を短くし、犂轅の角度を変えられるもの）
⑤ 中床犂Ⅲ（犂柱と犂柄をX字に組んだもの、ここでは〔河野　二〇〇九b〕に倣いX脚と呼称する）の分類である。

この分類に犂床の長さを対応させると以下の表となる。

分類	犂床の長さ	該当するサンプル番号
長床犂	910 ～ 960㎜	01, 02, 03
短床犂	26 ～ 380㎜	04, 08, 10, 11
中床犂Ⅰ	320 ～ 470㎜	05, 06, 07, 09
中床犂Ⅱ	700 ～ 770㎜	12, 13
中床犂Ⅲ	520 ～ 660㎜	14, 15, 16, 17, 18, 19

表　筆者による犂の形態分類

一般的には、長床犂が在来犂であり、近代化過程で馬耕用無床犂や短床犂が深耕の奨励によって普及し、それとともに地域ごとに折衷的な中床犂が開発されたとされている。上表での分類では、長床犂が在来犂で、短床犂が近代の犂である点では一般論と変わりないが、中床犂のうち、ⅠとⅡは上記のような折衷型とすることができる。ただしⅢは特殊な形態の犂である。短床犂が全国的に似たような形であるのに対し、中床犂は同時代の道具でありながら地域ごとに様々な違いがあるが、和泉平野から紀ノ川流域では、犂柄と犂柱をX字に交差させて犂轅に固定する独自の型式に特色が見られる。サンプルでは、犂14、15、16、17、18、19がこれにあたる。標本資料には、大阪の農具職人の焼印が入ったものがある。大阪で製作されたものが紀ノ川流域にも流通し、それが一定の支持を受けて定着したものと考えられる。これを古代の外来犂に淵源をもつ在来犂に位置付ける〔河野　二〇〇九b〕の研究があり、在来犂の一形態とする見方があるが、出土資料やさらなる標本資料の調査研究が必

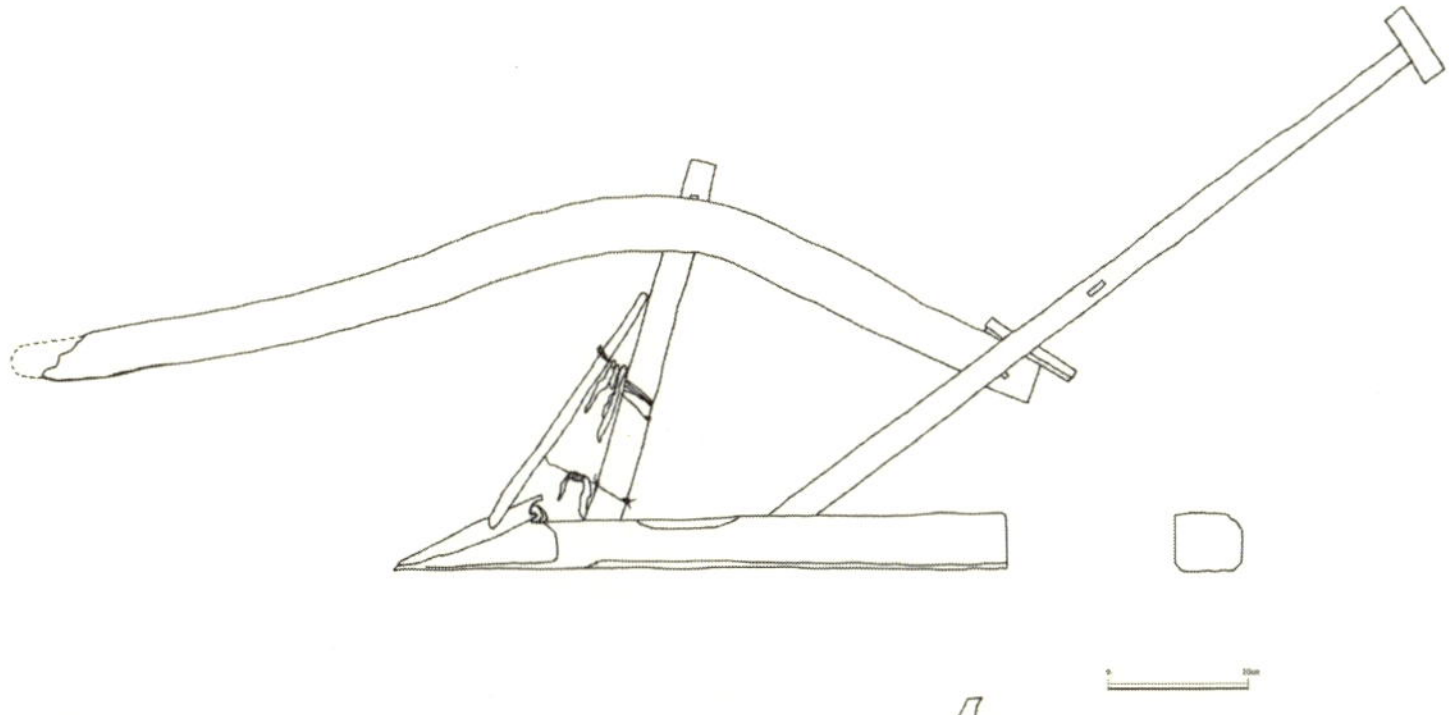

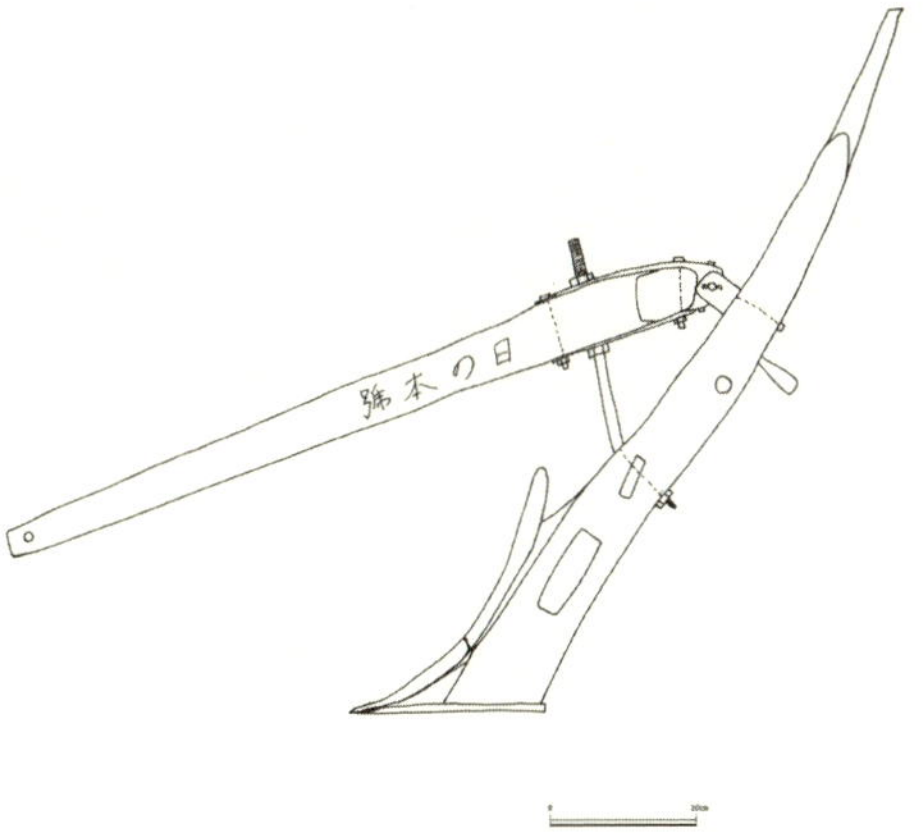

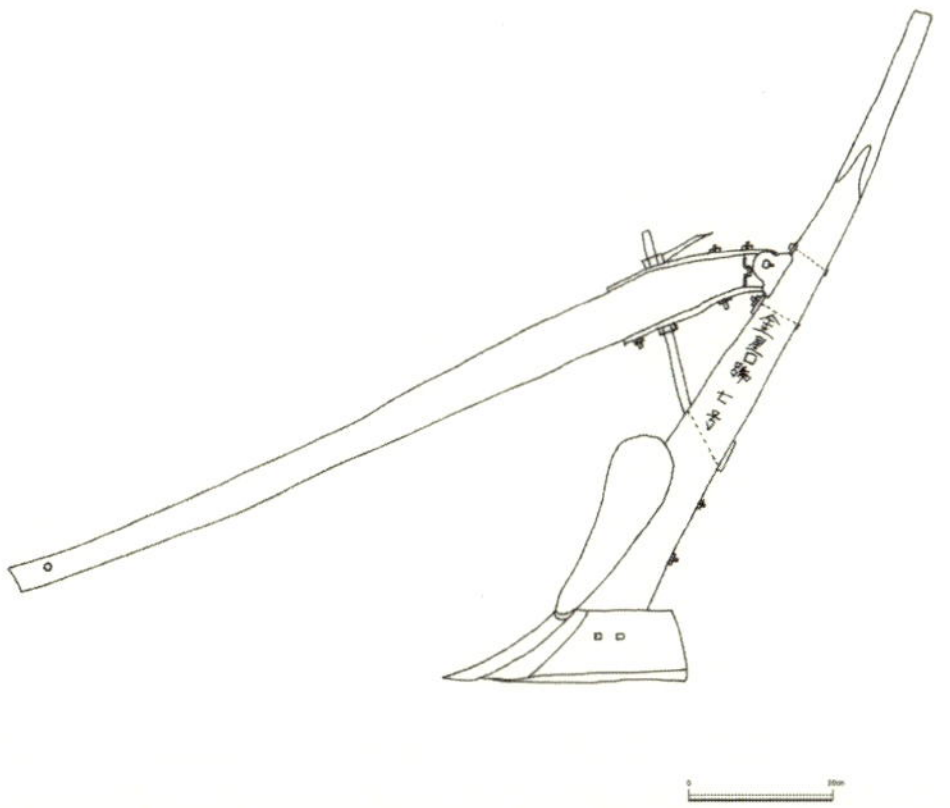

❖実測図・上から　※縮尺単位20センチ
・長床犂の例　犂03（犂床が長い在来犂）
・短床犂の例　犂0403（独立した犂床を持たず、無床犂に近い犂）
・中床犂Ⅰの例　犂05（犂柄に独立した犂床を付け足した犂）

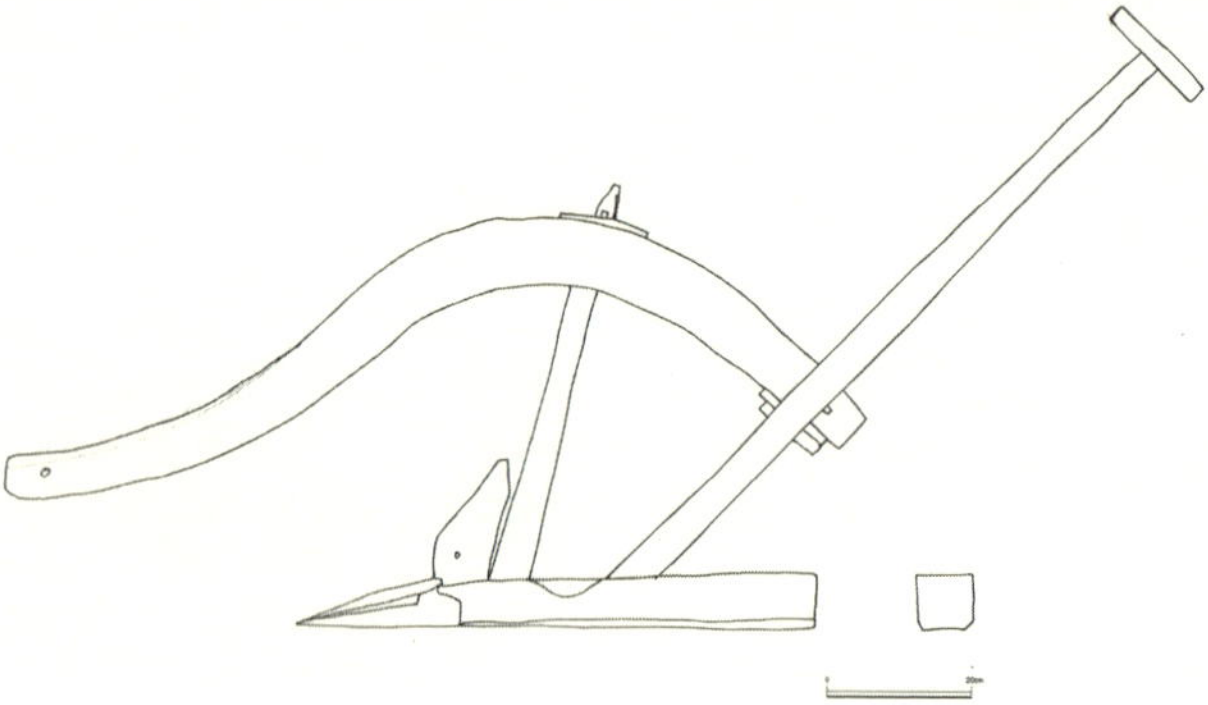

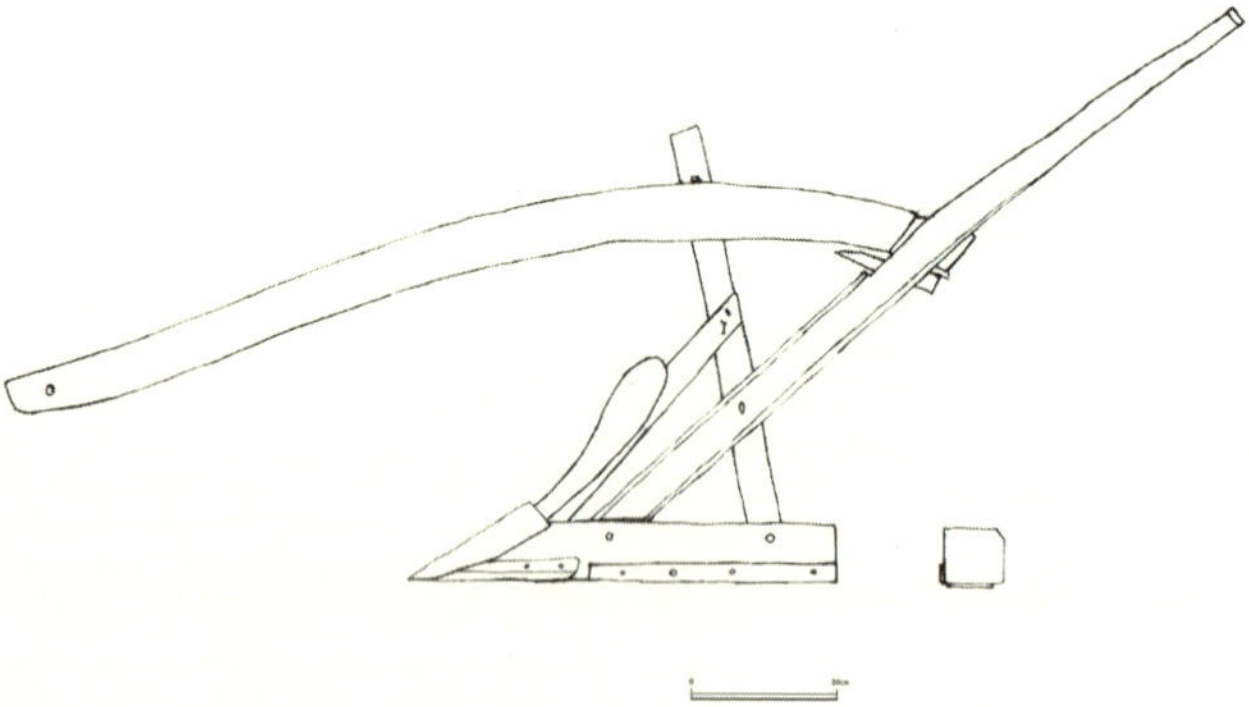

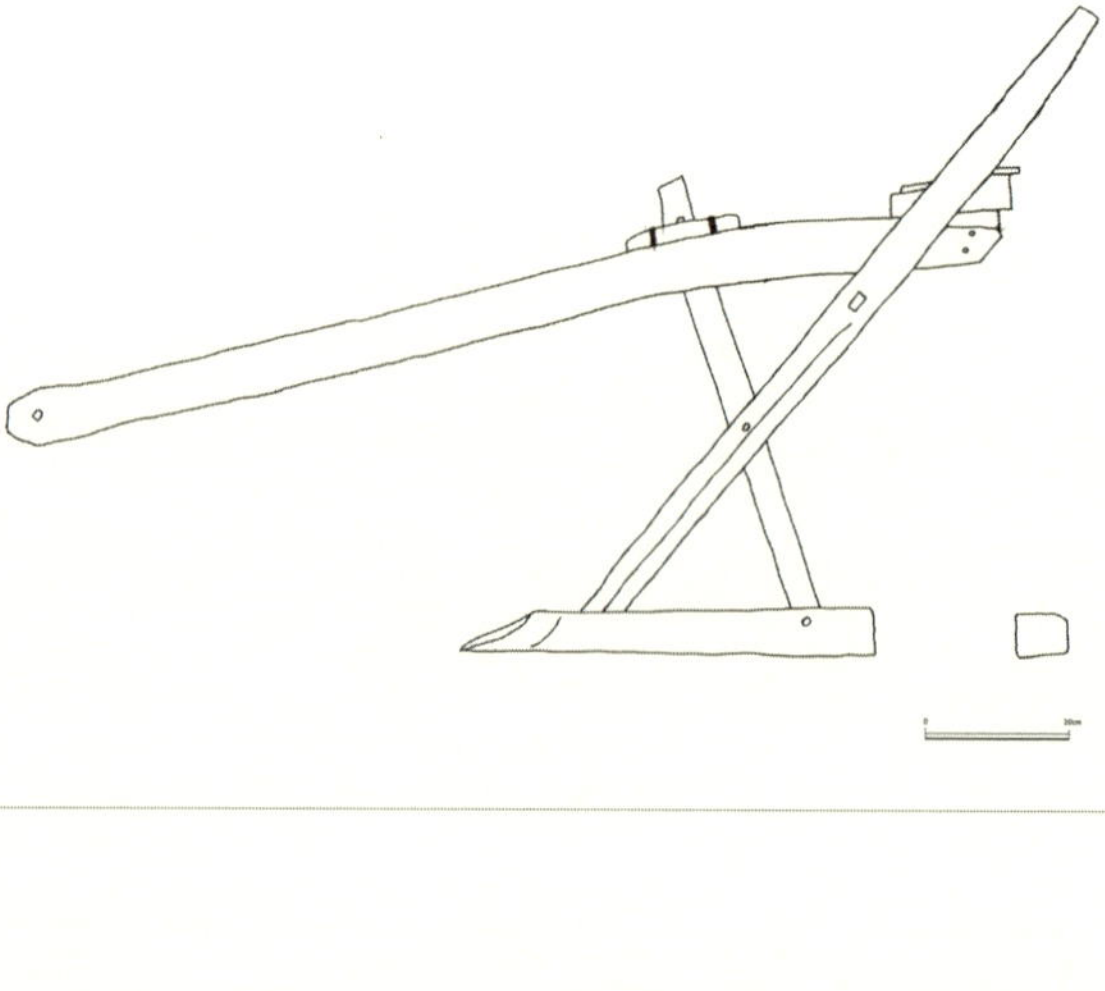

❖実測図・上から　※縮尺単位20センチ
・中床犂IIの例　犂12（長床犂の床を短くした犂）
・中床犂IIIの例　犂15（犂柱と犂柄をX字に組み、犂床を固定した犂）
・中床犂IIIの例　犂17（犂柱と犂柄をX字に組み、犂床を固定した犂）

要である。

次に、犂床に土がたまらないように、犂柱と犂柄の間の左右にくぼみをつけているものを挙げると、犂02、03、12、13、14、16、19である。形態による分類では、長床犂、中床犂Ⅱ、中床犂Ⅲに該当するものに多い。犂01は土をはねよける木製の板を犂床に取り付けることによって、耕作土の付着の問題を解決しようとした特殊な例である。

これを含め、犂床に土がたまるという問題を抱えている犂は、犂先で耕作土を掘り返すだけではなく、さらに耕作土に犂床で圧力をかけるという機能が、設計上盛り込まれていると考えることができる。犂床の底面に押された耕作土は、犂床の左右側面から持ち上がり、犂床の上部、特に土をかえす箆を持たない犂柄の付け根に引っ掛かり、たまっていく。犂床のくぼみに着目すると、犂床に耕作土がたまらないための何らかの工夫がなされているものは、従来の長床犂の機能を継承する要素があり、それが必要無いものは、土を深く掘り起こすことに念頭が置かれた近代の短床犂の機能を重視するものととらえることができる。前掲の長床犂、中床犂Ⅱ、中床犂Ⅲは前者の在来犂の機能を継承するものと位置づけることができる。

使用されている木材については、犂床と犂柱といった耕作土が直接当たる部材は、磨り減りにくく水分にも強いカシ類が用いられ、犂柄と犂轅はマツ・ヒノキ・スギといった比較的軽く加工しやすい材を使っている。しかしいかにカシとはいえ、耕作土との摩擦には負けてしまうので、鉄製の底板・側板を張る工夫がなされている。これは、水田から畑に切り替える際に、犂床で床土を磨るように均して水持ちを良くする機能を高める工夫であると思われる。

一方、人力犂については、基本的な構造は変わらないが、細かな点が標準化されていなかったことが注目される。個別の要望に応じて製作されたため、畑地の種蒔き用の筋切り具と変わらないような華奢な作りのものから、犂の部品を使った頑丈なものまで様々である。犂床と犂柄の角度は、人力犂05の一点を除いておよそ二八度〜三〇度の傾斜角で統一されている。人力で引きやすい適当な角度が経験上割り出されていたのであろう。人力犂05だけは40度とかなり急角度で、牽引に相当の労力が必要だったと思われる。これには犂柱にかけられた腰紐

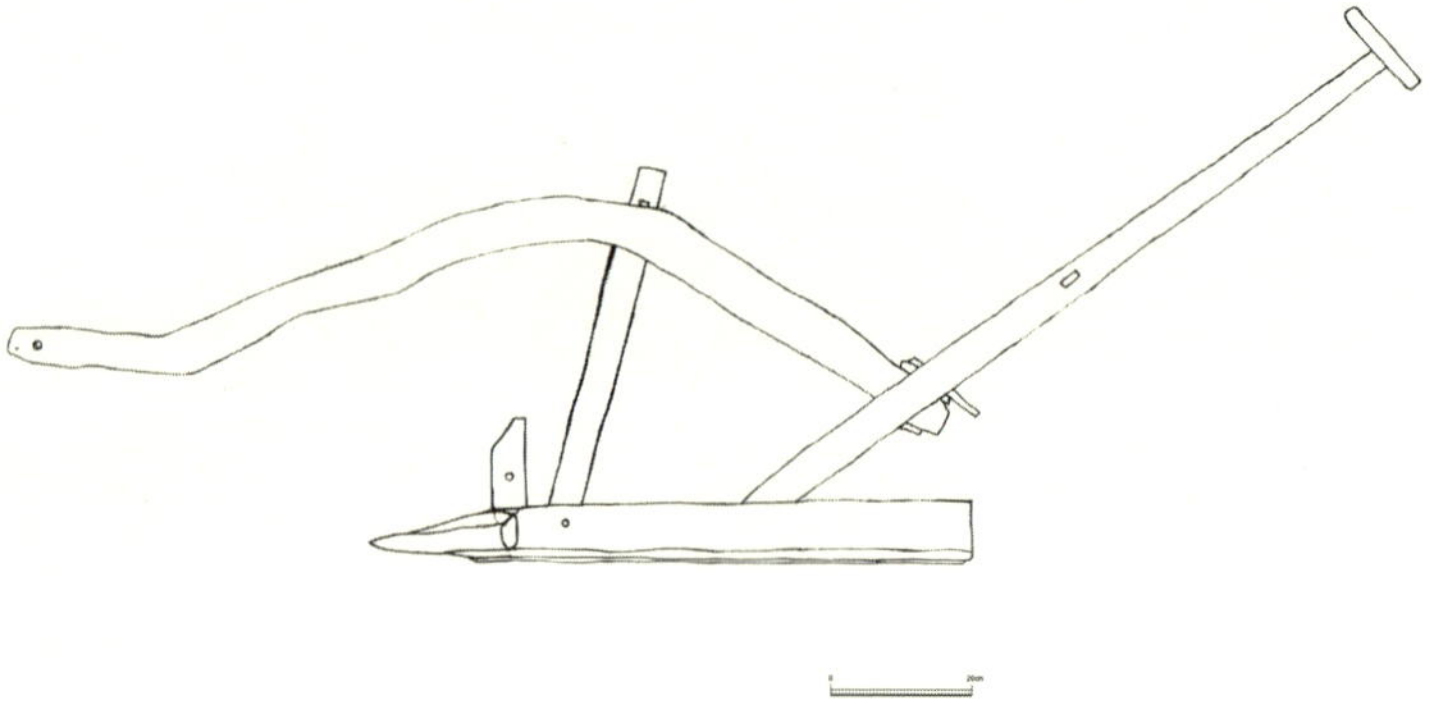

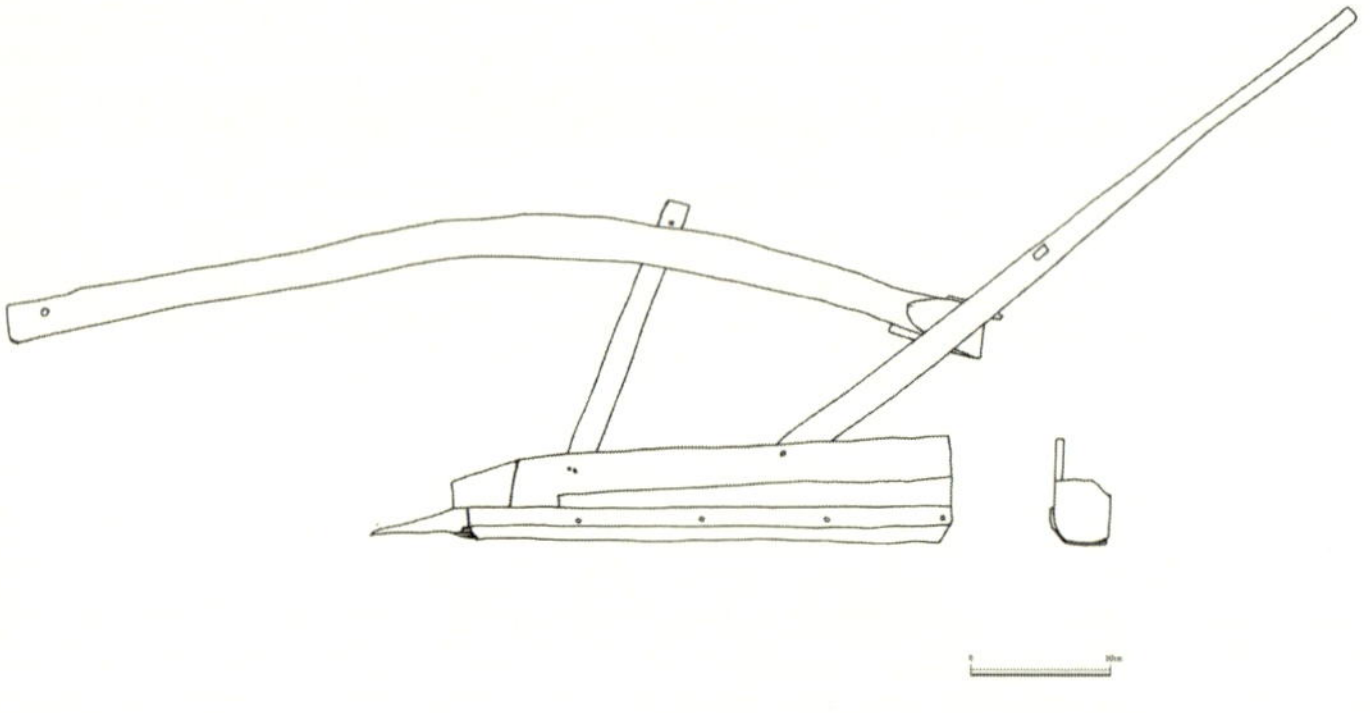

❖実測図・上から　※縮尺単位20センチ
・長床犂　犂01
・長床犂　犂02

写真上から❶中床犂Ⅲの犂床上部のくぼみの例（13）❷中床犂Ⅲの犂床底部の鉄部品補強の例（13）❸中床犂Ⅲの犂床底部の鉄部品補強の例（18）
❖和歌山県立紀伊風土記の丘所蔵

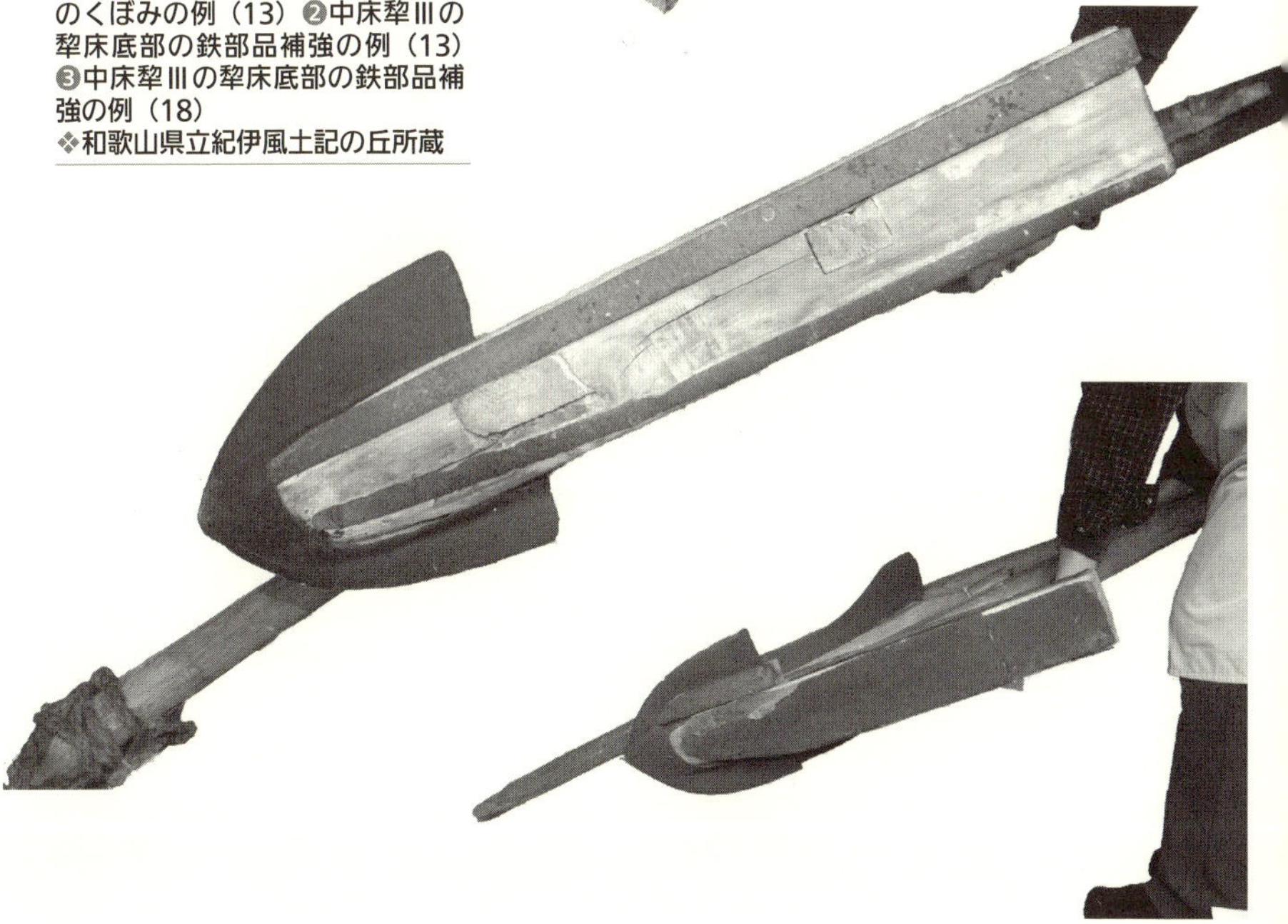

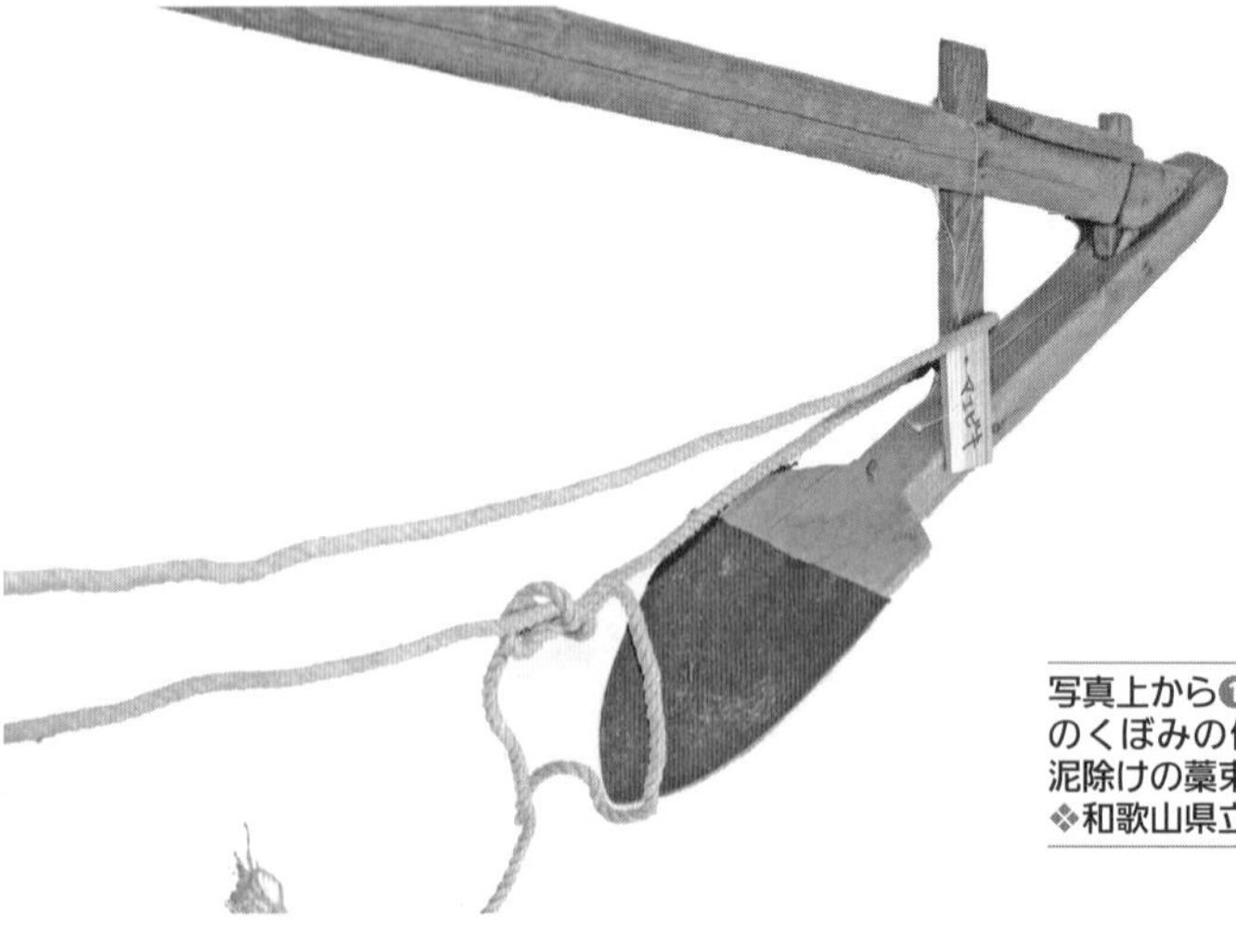

写真上から❶中床犂Ⅱの犂床上部のくぼみの例（19）❷人力犂の泥除けの藁束❸人力犂の腰紐
❖和歌山県立紀伊風土記の丘所蔵

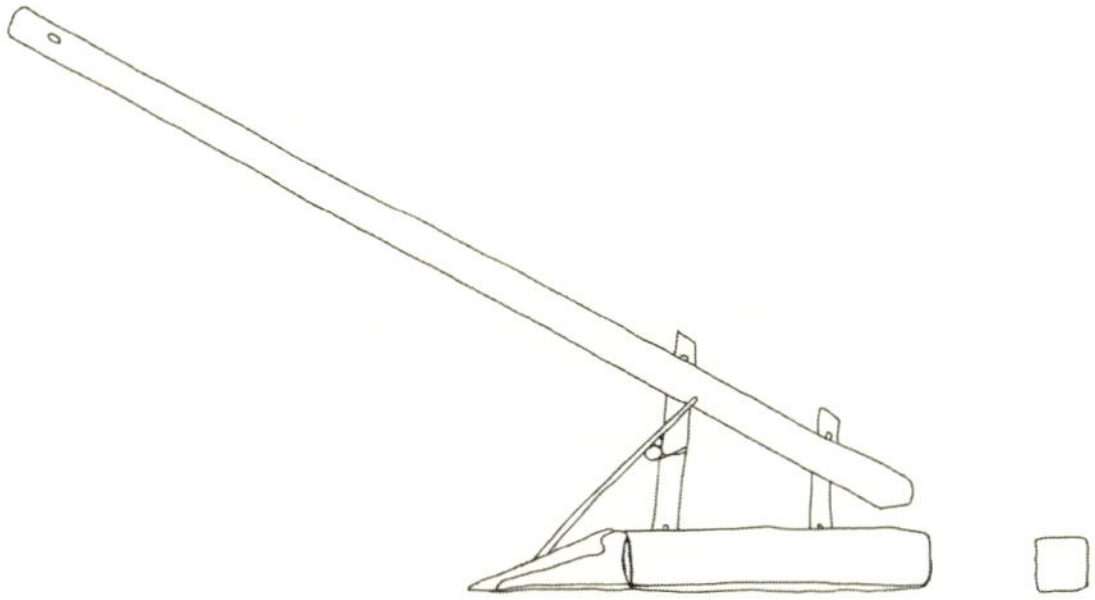

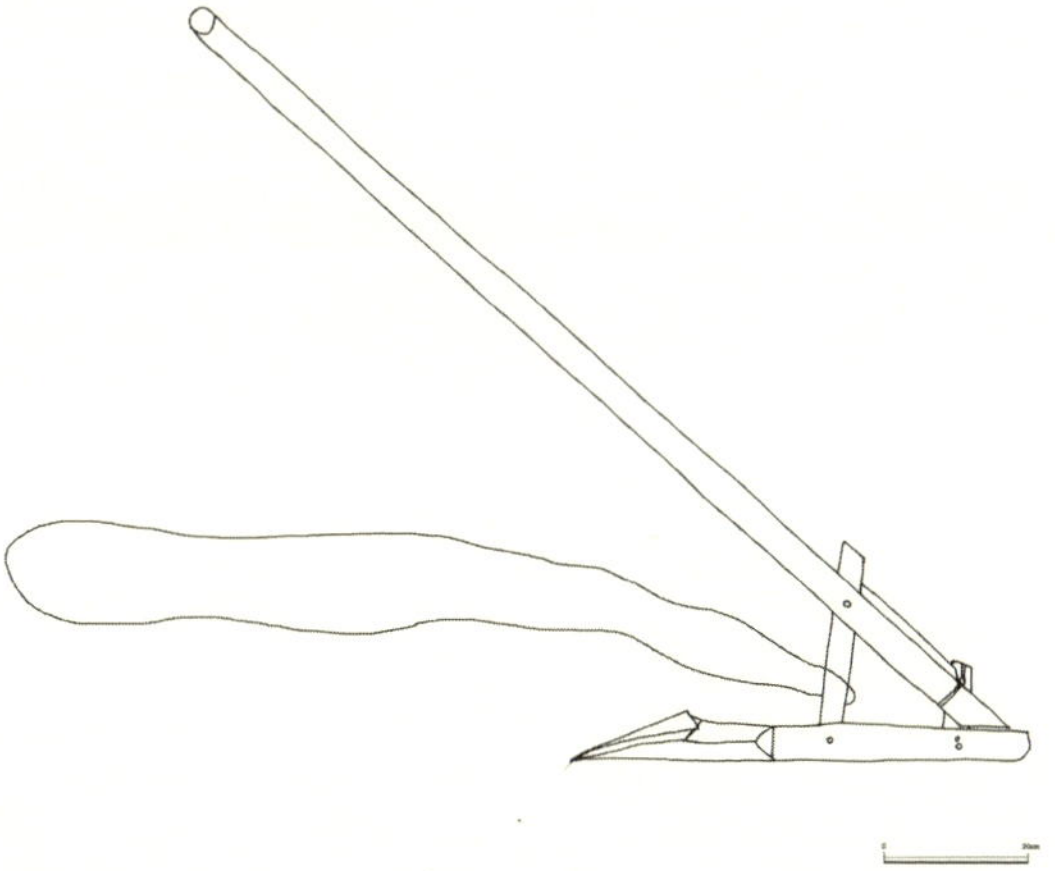

❖実測図・上から　※縮尺単位20センチ
・人力犂06
・人力犂02　人力犂（腰紐付き）
・人力犂05　人力犂（犂箆付き）

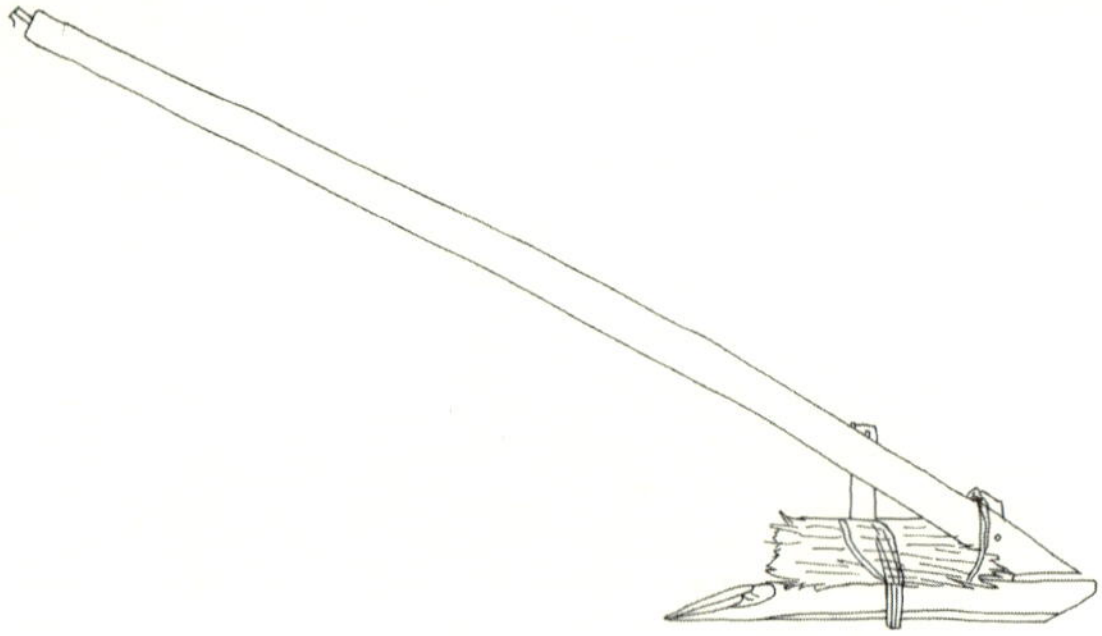

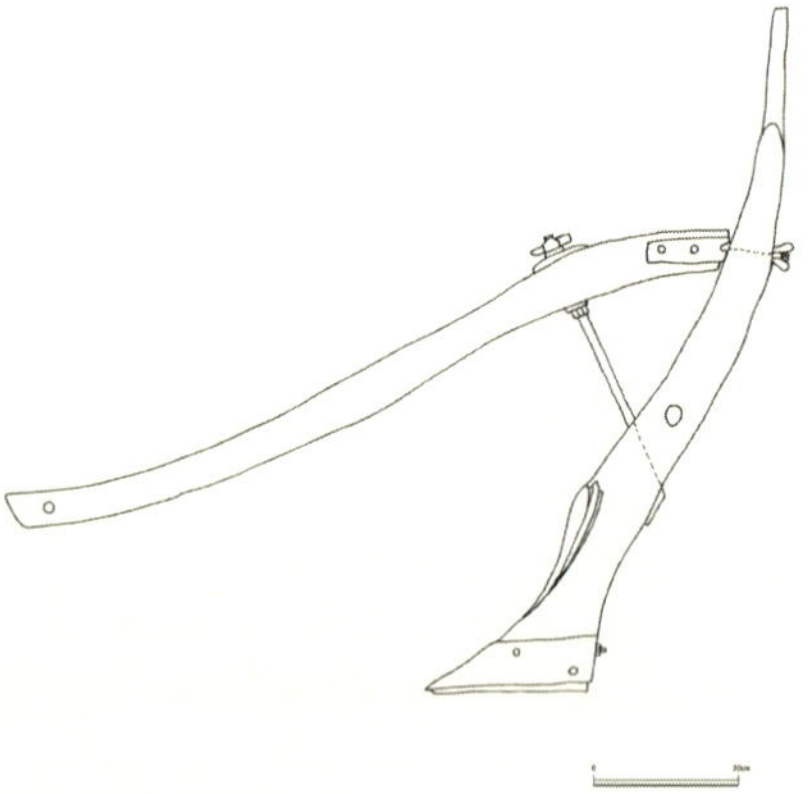

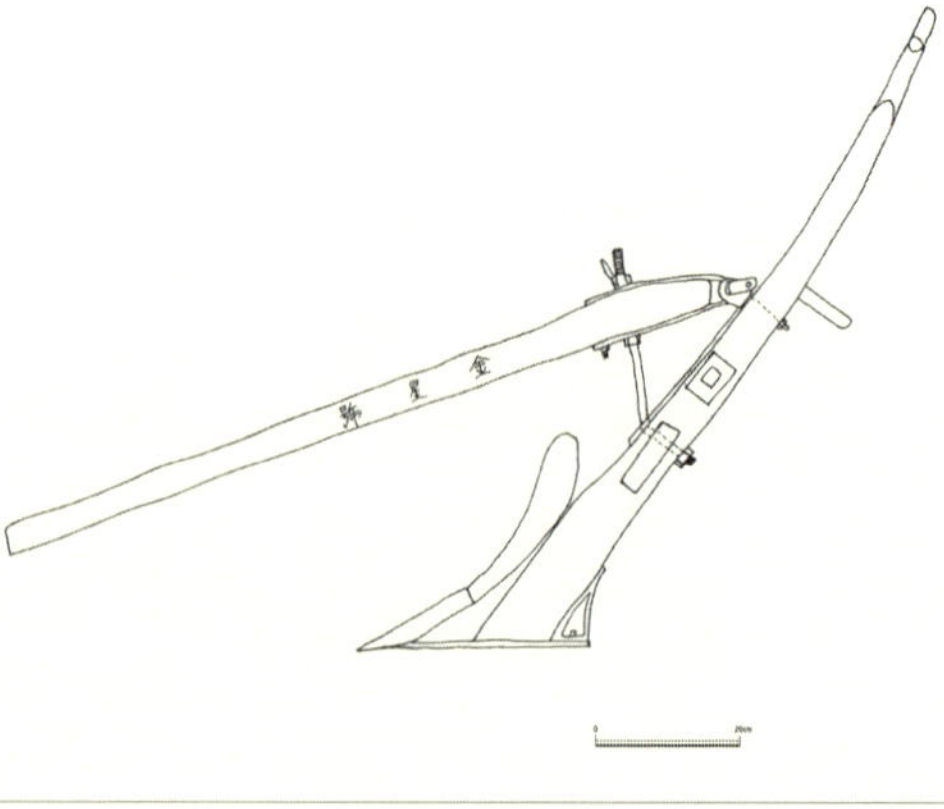

❖実測図・上から　※縮尺単位20センチ
・人力犂07（泥除けの藁束付き）
・短床犂　犂11
・短床犂　犂08

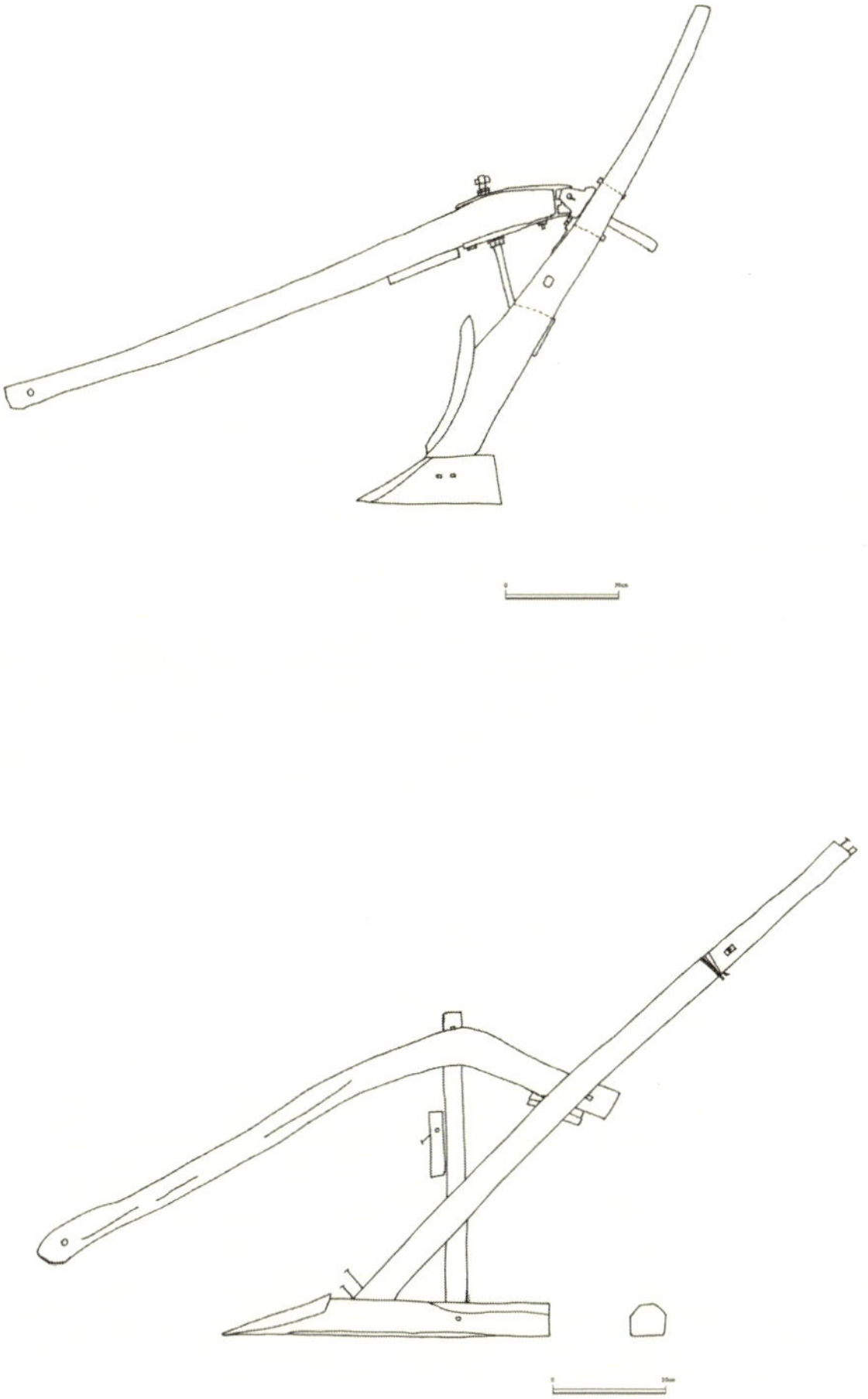

❖実測図・上から　※縮尺単位20センチ
・中床犂Ⅰ　犂07
・中床犂Ⅲ　犂16

のロープが残存しており、腕だけではなく全身の力で牽引するという使い方をしたことがうかがわれる。

大正～昭和前期における犂において二つの動きが見られた。既成の流通品の導入と、同等品・類似品の開発である。

ひとつ目は、既成の流通品の導入である。在来の長床犂から犂床の長さが極端に短く、軽便な短床犂が熊本県などから移入した。角度をつけた鉄先で、より深く耕す効果があり、深く耕すことで土に空気が入り、肥料もよく浸透することが重視された当時にあって、短床犂はその目的を充分果たすものであった。科学的な知識の普及と肥料の流通の拡大という時代背景は、この道具の普及を後押しした。サンプルでは、「熊本縣上熊本駅前　東洋社」の焼印がある犂04がこれにあたる。

二つ目は、同等品・類似品の開発である。流通する商品を導入する動きと並行して、和歌山の在地の鍛冶職人と農機具商人が、それを真似た犂を作って販売する動きも見られた。こうした商品は、いわゆるリバース・エンジニアリング（通常の製品製作とは逆に、既存の完成品を分解・解析して、その内容をもとに新製品を製作すること）で製作された。サンプルでは、「和歌山市手平出島　金星農機具製造株式会社」の焼印がある犂05、11がこれにあたり、犂05との形態上の類似点が指摘できる犂06、07もこれに該当する。類似点とは、犂柄と犂床を別部品で作り、犂床の踵部を犂柄より後方に伸ばし、ふたつの部材を四角形の鉄釘二点で固定する形式である。この床長の短い中床犂は細かい点の改善によってバージョンアップされていったことは犂05の「登録商標　金星號七號」という銘から想像できる。農機具職人たちは、こうした新たな商品開発と、流通品の販売、修理や改善などを行うようになり、農民のアイデアを取り入れた新たな農具を開発するようになった。

大正～昭和初期に見られる二つの動き、すなわち既成の流通品の導入、同等品・類似品の開発という犂をめぐる動向は、技術においては在来技術の洗練化であった。新たな犂の導入は、役牛とそれを飼う施設や道具、ウシの流通体制、ウシを扱う技術や飼育技術、ウシに関する様々な儀礼やタブーなど、ウシに関係する様々な設備や民俗に対して、大きな変化を強いるものではなかった。従来の牛に田畑を耕耘させる工程そのものにも変化は必要なかった。深耕を効率よく行う新技術の恩恵を受けるために農民に必要なことは、牛に曳かせる犂を新たな商品に買い替えるだけであった。

この動向は、民間の業者の販売戦略のみならず、その普及には行政的な指導が影響力を持った。農事試験場は、様々な流通品を試験し、「優良」とお墨付きを与えることで、ある商品は信頼に足るものとして商品的価値を高めた。末端の農家からみれば、農業近代化は知識として理解されるものではなく、犂を介して経験的に理解されるものであり、短床犂の普及は、「公的な標準」の形成過程とみなすことができる。

同時代のウシを持たない中・下層農民は、こうした大正〜昭和初期の技術革新の流れに参画することができなかった。しかし、農具の新技術普及において、ウシを持たない農民もまた小さからぬ市場であった。彼らの労働粗放化のニーズに対応して作られたのが、人力犂である。これは近世後期に河内地域の畑作のため作られた源吾兵衛犂に、独自の改善を加えたものである。標本資料は、牛耕の犂同様に鉄製あるいは木製の犂箆を装着したものがあり、より犂に近い効果を期待したものと思われる。

犂において、外部からの新技術の直接的導入は、流通品の短床犂の受容過程に見られた。この短床犂は、前掲の『県農業概要』にもあったように、田の床土を破って保水に悪影響を及ぼして不評であったとして、行政的に推奨する犂を普及させたとされるものである。筆者は、よく言われるこの点に疑問を持っている。もともと馬耕の畑地耕作に用いられた無床犂や短床犂が日本の水田に合わないならば、短床犂は普及しなかったはずである。しかし、農具の民具調査では必ずと言っていいほど短床犂が見つかるほど、短床犂は現実に普及した。また、リバース・エンジニアリングによって、在地の農機具商人による短床犂の商品化もなされたように、短床犂は当時の犂の主流であった。

上記のような短床犂に対する不評について、二つの疑問がある。ひとつは、こうした不評がある犂を使いこなすために、どういった工夫が見られたかという点。もうひとつは、そうした短床犂をめぐる風評にもかかわらず、短床犂が普及したのはなぜか、という点である。

具体的な作業においては、土を起す際に水田の床を破ってしまうほどの抵抗を生み出す犂を、従来から使ってきたウシにどのように曳かせるかという課題でもある。サンプルの短床犂、および短床犂を基本に作られた中床犂Ⅰのそれぞれの犂を観察すると、すべて短床犂の犂轅を最小角に近い調整が施されている。これにより犂先が耕作土にアプローチする角度が浅くなり、過度の深耕を避けることができると考えられる。この角度が大きくなればなるほど、犂先にかかる抵抗は増えるため、ウシに対する負担も大きくなり、作業の効率も悪くなったはずである。この点は瑣末なことに思えるが、新技術の導入のプロセスとして重要である。牛耕による深耕によって効率よく地味を上げるという目的のために、使い方を誤れば田の床土を破りかねない新たな道具を、農民は角度の調整を施してうまく使いこなしたのではないだろうか。サンプルは一様に短床犂の犂轅を最小角に近い調整をしているが、それは個々の農民が新しい農具を導入するために施したカスタマイズの結果である。

農民は、こうした農具を使用する経験を通じて、深耕による地味向上と、肥料の浸透性向上という、農業近代化の課題を自らの農業経営の課題としてとらえることになった。

もうひとつの疑問の、行政的な文書にも記述されたほどの風評にもかかわらず、短床犂が普及したのはなぜかについては、「公的な標準」をとりまく問題と読み替えることができる。短床犂に代表される改良犂の普及は、行政的なあるいは学理農法的な信頼を背景に普及がはかられたものである。行政的な指導をともなう技術や道具の普及には、強大な権力が背景にある。これを導入することは近代化の第一歩とされ、導入しないことは近代化への意識の欠如と受け止められた。当時にあっては、国力増強のために短床犂は普及されなければならないものであり、現場の些細な不平不満を汲み取る余地はあまりない。ただ農民に視座を置けば、経営的にリスクを伴う新たな農具の導入に際し、経営維持を念頭に置いた保守的な思考が強くなり、在来技術へのこだわりが生まれるといった状況は、多分に想定される。

短床犂への不評の背景には、近代化推進への意識と表裏一体のものとしてある、急激な近代化に対する抵抗感と経営的な保守主義もあると思われる。短床犂が水田の床土を破って保水に悪影響を与えるという風評は、それが機能的に正しい評価であったかどうかは別にして、近代化に直面した農民たちが作り出したひとつの言説だったのではないか。

一方、中床犂Ⅲに分類したX字中床犂について新技術受容の観点から考察してみたい。サンプルでは、犂14、

上から❶中床犂Ⅲの角度調整部分（15）❷短床犂の角度調整部分（11）❸長床犂（03）
❖和歌山県立紀伊風土記の丘所蔵

15、16、17、18、19である。

和泉平野から紀ノ川流域というごく限られた地域において独自に開発されたX脚中床犂は、行政的な文書にあらわれないものの、多くの農家で収集可能であり、かなりの普及をみた農具であるという印象が強い。

この犂の特色は、犂轅と犂柄の固定部分のホゾの広さにある。長床犂の犂轅と犂柄の楔が単に固定の目的であるのに対し、X脚中床犂の結合部はホゾが長く切られ、幅広の楔を打ち込むようになっている。その楔は、決して楔には適さない針葉樹系の端材であり、農民による自作と見られる。これは、ユーザーである農民が、犂轅の傾斜角を変えることによって、土に食い込む犂先の角度を変える工夫であり、これは短床犂の特性から着想を得た。また犂柱と犂柄をX字に組むことで、犂柄の角度が低くなり、操舵性が増すと考えられる。且つ、在来の犂と同様にある程度の長さを持つ犂床によって、耕地の床土を絞める効果も期待できる。

この犂が近代において使用され続けたひとつの要因は、流通品の短床犂の利点である犂轅の角度を変えて犂先の耕作土へのアプローチ角度を変えられる機能を有していたことにあると、筆者は考える。農業近代化に合致しない長床犂は廃れる傾向にあった。第5章では複数の犂を使い分ける聞書きデータを挙げたが、X脚の特徴を持つ中床犂Ⅲは、近代の農民の農作業にも応用可能であり、長床犂とは逆に広範に使用され続けた。

最後に、長床犂についてもカスタマイズの観点から述べておきたい。短床犂や中床犂の普及によって、在来犂である長床犂が完全に使われなくなったわけではない。新たな道具と在来の道具はまったく置き換え可能であった。短床犂や中床犂の普及過程において、在来犂である長床犂も継続的に使用されていたと考えられる。例えば犂03では、本来装着されていた鉄製の犂先と犂箆は失われている。しかし、異なる犂の犂先が添え木をはさんで装着され、手作りの木製犂箆が針金で犂柱に結び付けられている。昭和中期の戦中戦後にも、この長床犂が使用され続けていたことを示す痕跡ととらえることができる。この長床犂に対するカスタマイズの事例から、短床犂と中床犂を視野に入れつつ、あえて在来犂を使い続けることを選択した農民が少なからずいたことが予想される。

犂は昭和後期に起こった技術革新によってそのすべてが陳腐化することとなった。エンジン動力の導入直前には牛耕プラウが使われたが、昭和三〇年代前半、積極的な設備投資によって動力を用いた耕耘機が導入されると、牛耕具が陳腐化し、犂は耕耘機の一部品であるプラウとなり、牛耕の犂を駆逐した。同時に、農家でウシを飼うことそのものや、ウシにまつわる様々な儀礼（牛神の祭祀や）も、これを境に行なわれなくなった。

（2）砕土器の例

砕土器の基本構造

砕土器《さいどき》とは、犂や鍬を用いて耕起した土を、細かく砕くための道具である。二毛作では、秋期に収穫した水稲の脱穀調整と、水田から畑への耕地転換が同時期に重なる。この独特の農繁期をいかに効率化するかは、近世以来の課題であった。近世は集約的な労働力の投入によってその解決を図ったが、近代以降は畜力を用いた道具の改良による労働粗放化に特化したようである。耕地転換における砕土器は、水田における馬鍬のように単に犂で起した耕作土の土塊を砕くだけでなく、耕作の効果が期待された。

砕土器に関しては、明治後期以降に本格化する農業近代化以前から、二毛作先進地域である河内・和泉地域の影響のもと、技術の洗練化が進行していた。車馬鍬の導入と歯減らし馬鍬の創作はその代表的なものである。ヤツゴの創作以前は、牛耕による犂での直線的な耕起と手作業による塊割り具での砕土が中心であった。ヤツゴは、牛耕での面的な耕起を可能にした。これにより塊割り具は陳腐化した。

ただ牛を買うことができない中・小規模の農民は、砕土の作業を手作業で行うしかなかった。土を砕く塊割り具そのものには、現在に至るまでほとんど改善が加えられなかったことから、この道具に関して技術革新は起こらなかった。

砕土器の構造は、歯減らし馬鍬《まんが》の場合、土塊を砕土する歯《は》が、台木《だいき》に等間隔で固定され、その台木から二本の柄《え》と、持ち手となる把手《とって》がつく。ウシに曳かせるため、台木には引棒《ひきぼう》を二本装着するが、これは取り外し式となっている。これを用いる場合はウシの尻木は用いず、首木と鞍に固定された紐を直接引棒に結びつけ、バランス良く牽引させるという作業になる。

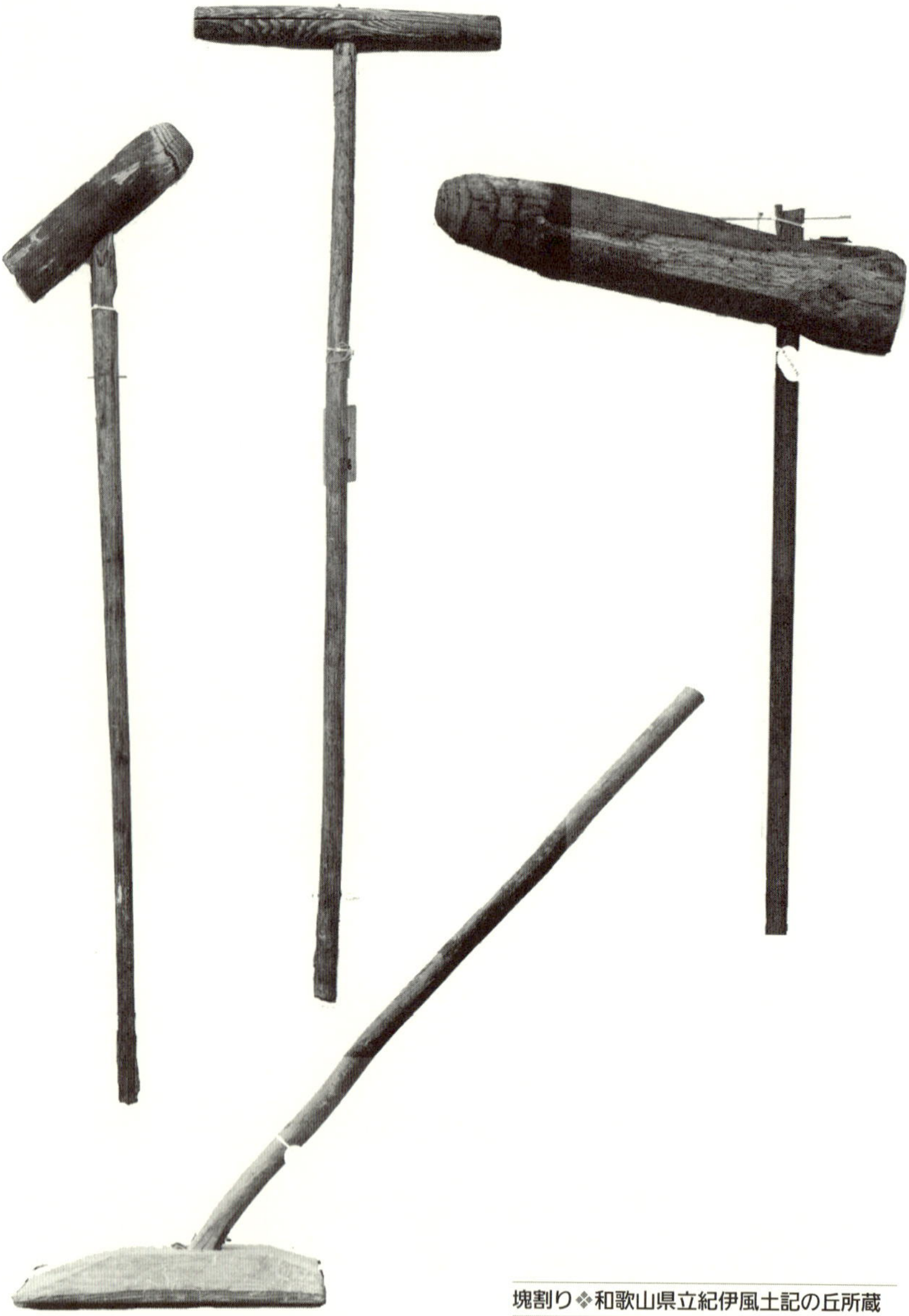

塊割り❖和歌山県立紀伊風土記の丘所蔵

上から❶ヤツゴ❷トンビ❸カニケンガ❖和歌山県立紀伊風土記の丘所蔵

砕土器の近代化過程で登場するトンビ、ヒコーキ、カニケンガといった砕土器は、歯が土を切りやすいように薙刀形となっているため、刃《は》と表現する。そして刃を固定する台木、柄、把手という基本構造は、歯減らし馬鍬と大差ない。

砕土器は、歯または刃を、どのように台木に固定するかが設計のポイントであったようで、この点にバリエーションが見られる。

昭和初期の文献資料より

前章でとりあげた『和歌山縣農業概要』では、砕土器について以下の調査報告を掲載している。

砕土器　古來本縣に於て使用する砕土器は主として水田跡地を耕起せる土塊の粉碎に使用せられ慶應年間に畜力用回轉馬耙を使用するものありたり。其の作用は只土を碎くのみにして機械的構造上欠陥少なからざりしが大正七年那賀地方に於て耕起せる土塊を刃状の刃物多數を有すカニ（俗稱）又は飛行機（俗稱）とて弧状馬耙に類するものにて土塊を切斷するもの考案製作せられ以來地方的に多少の普及を見しが昭和元年に於ける碎土器比較試驗の結果一層其の効果の大なるを認められ普く管内に普及せんとしつ、あり（和歌山県内務部編　一九三一、九八〜九九頁）

標本資料の観察データ

分析対象とした歯減らし馬鍬のデータを別表3に、砕土器のデータを別表4にまとめた。

歯減らし馬鍬（ヤツゴ）は、一般的な馬鍬の歯の本数を八本に減らしたうえで、それぞれの歯の長さを伸ばした農具である。サンプルとしたのは、歯減らし馬鍬01〜11の11点である。

従来、歯減らし馬鍬という呼称にあらわれているように、歯を減らしたことが特色と考えられてきた。しかし、作図による調査では、むしろ引棒の長さが長く、しかもそれが歯が直立する角度とされていることの重要性

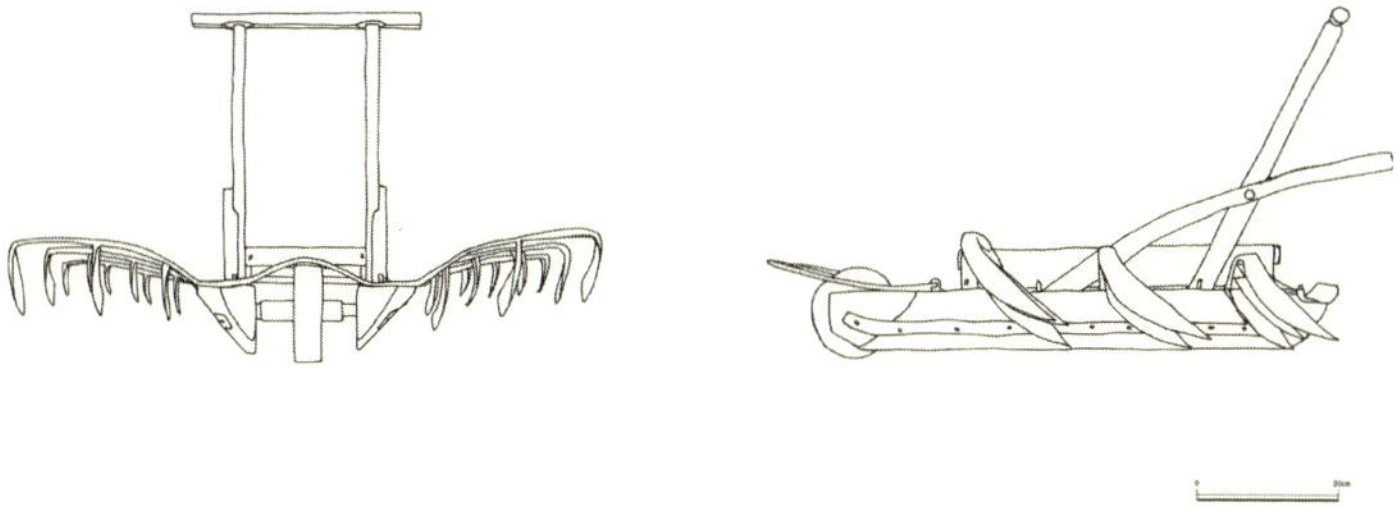

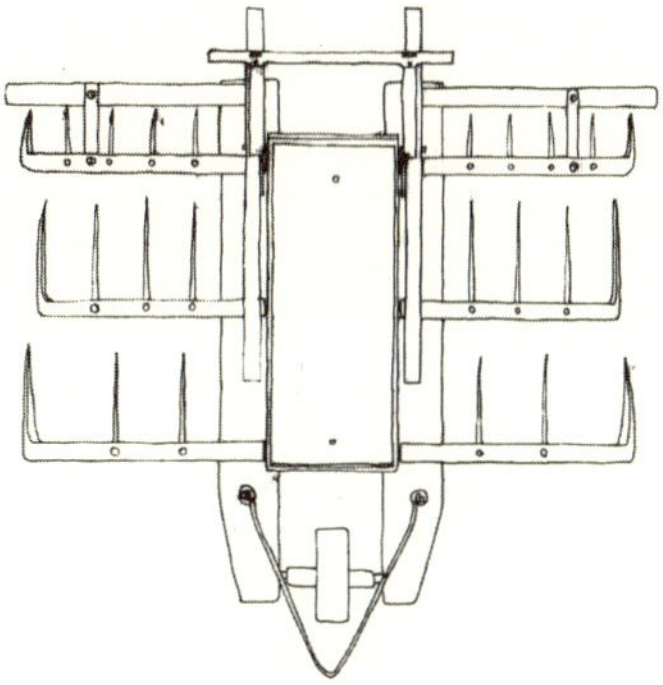

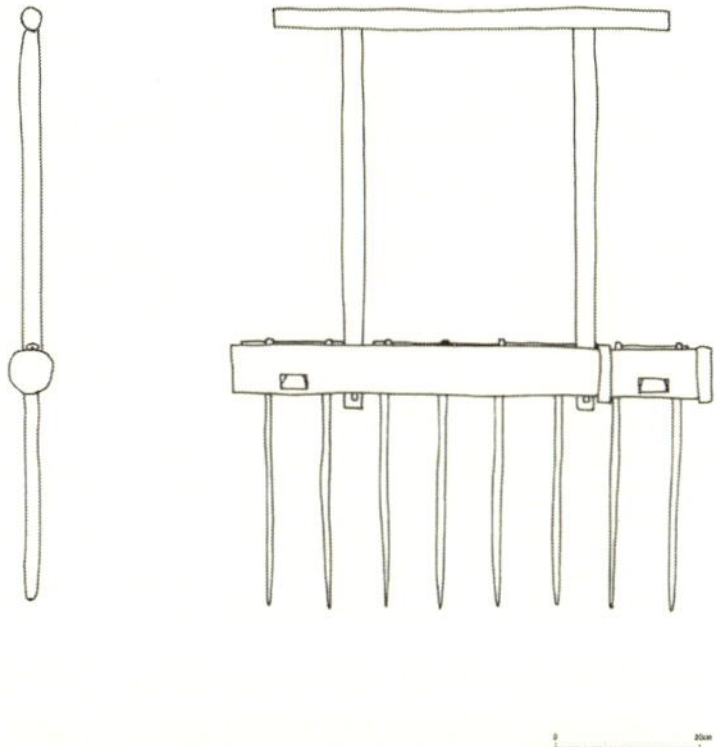

❖実測図・上から　※縮尺単位20センチ
・トンビ　砕土器01（側面）
・トンビ　砕土器01（平面）
・歯減らし馬鍬01

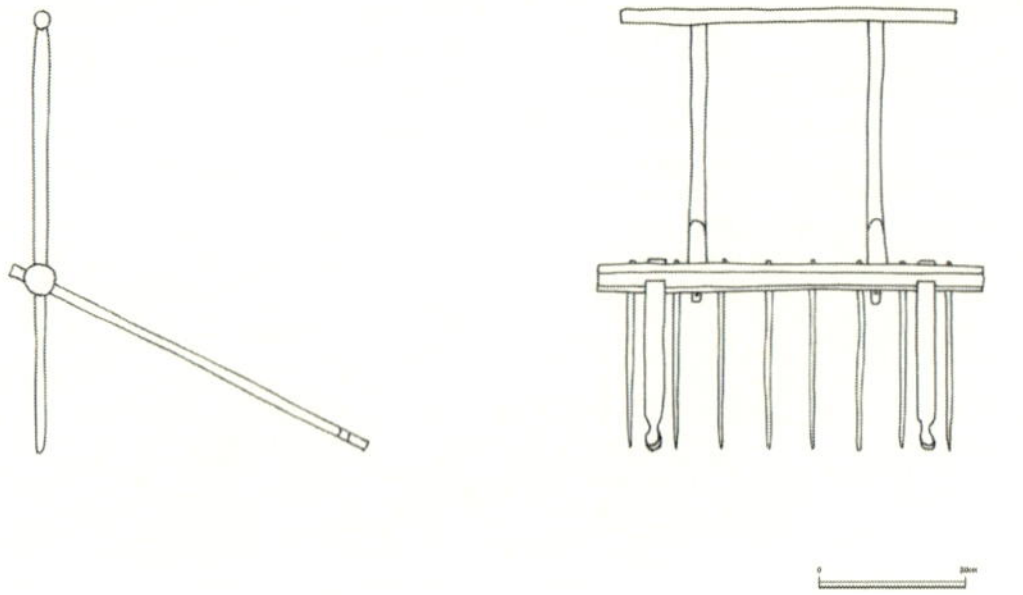

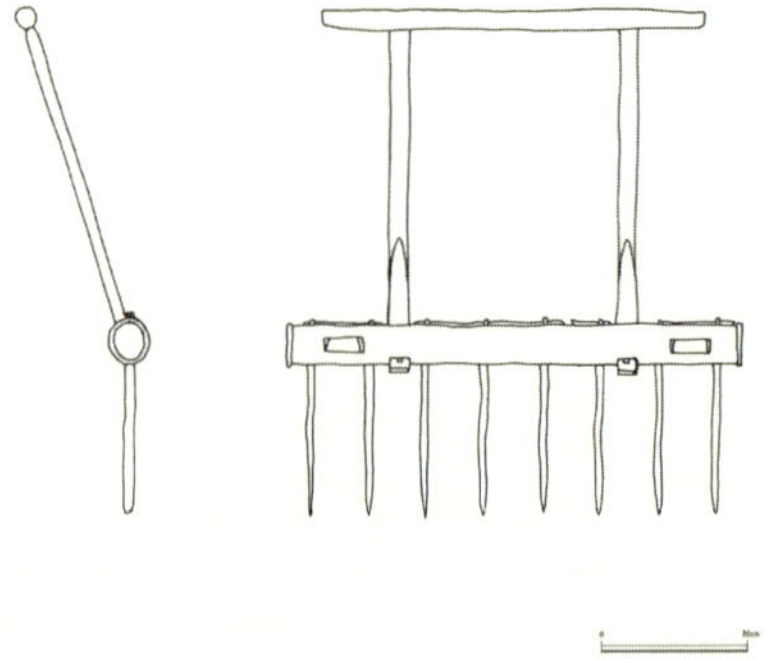

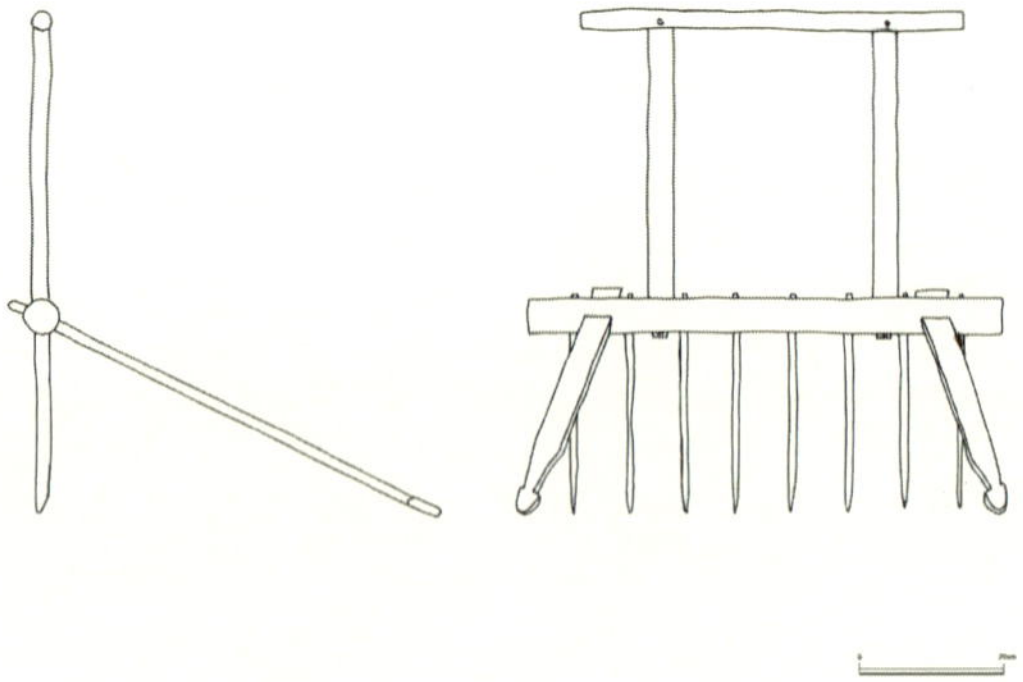

❖実測図・上から　※縮尺単位20センチ
・歯減らし馬鍬02
・歯減らし馬鍬03（柄が傾斜して取り付く）
・歯減らし馬鍬05（柄が垂直に取り付く）

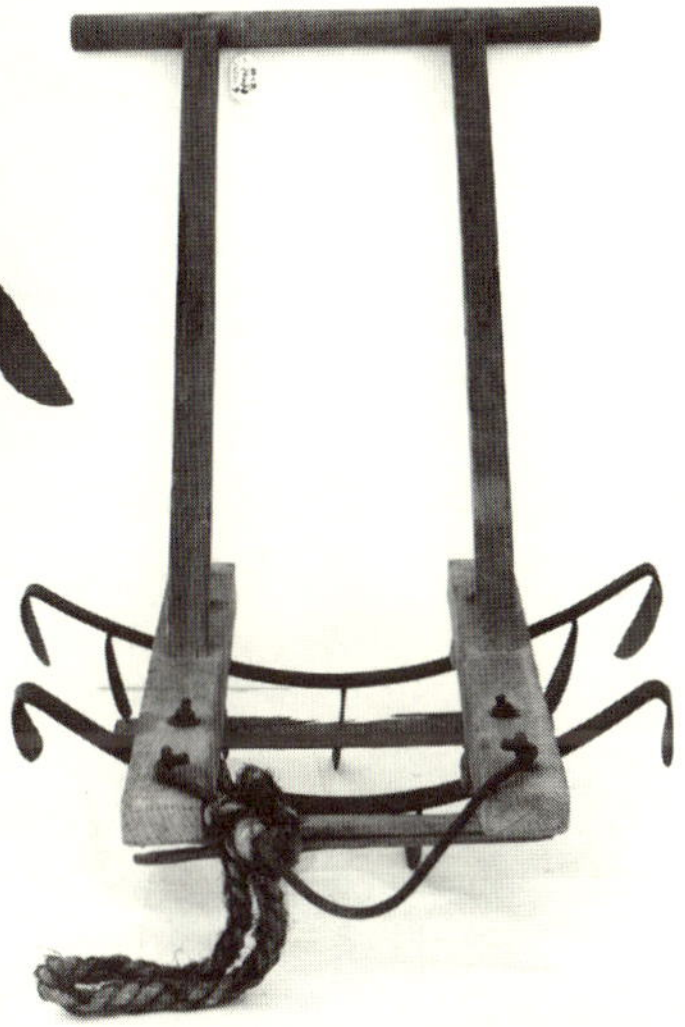

上２点　砕土器─谷形（02）
下２点　砕土器─山形（06）
❖和歌山県立紀伊風土記の丘所蔵

折れた歯をつないだ痕跡、歯減らし馬鍬
❖和歌山県立紀伊風土記の丘所蔵

が認識できた。引棒が残存する資料は、歯減らし馬鍬02、04、05、06、08、09、10、11であるが、08を除いて引棒を装着すると歯が九〇度に直立する。これを牛の尻木に装着すると、引棒が地上から持ち上げられるため、歯は耕地に対して傾斜角を持って接触する。このことによって、犂よりも幅広く、馬鍬よりも深く土を掘り起こし、砕土することが可能となったと考えられる。歯減らし馬鍬とは、水田から畑への転換に際し、農民の人力による道具の使いこなし方ではなく、使う農具の側に砕土とともに深耕も行なうことが設計されたところに工夫を見出される。

歯減らし馬鍬は、手作業で砕土を行なう塊割りから、牛耕での砕土器の転換をもたらした画期的な農具であったが、これが農具における技術改善が推進される以前の一八八八（明治二一）年の水害資料に見えることから、紀ノ川流域の在来砕土器として位置づけられる。

砕土器のうちトンビと呼ばれる砕土器01は、他に同形のものを収集することができず、量産品ではなく試作品と思われる。一九一四（大正三）年の銘があり、規格化以前の実験段階を示す資料である。柄に「大正拾五年拾一月十五日新調　木の本　恒本熊右衛門所有」の銘、台木に「新案特許前田式整畦器　□□□　發明發買元紀伊粉河前田利右衛門」の銘がある。前者はユーザーが、後者はメーカーが記した墨書と思われる。この農具は、左右に広げた刃で砕土をするだけでなく、「整畦器」とあることから畑の畝立ても意図していたようである。ただ、機構上これを牛に曳かせただけで耕作土を左右に持ち上げ、さらにその土を砕土することは困難ではないかと思われる。実際、この資料の台木部分には擦れ痕などの使用紺が希薄であり、刃の磨耗もさほど目立たない。収集時の聞書きでは、重量を加えるために台木に装着した木箱に子どもを乗せて使ったといい、機能的には未熟な砕土器であった。ただ、トンビの新しさは、刃を着脱可能なボルト留めとしている点にある。これによりユーザーは交換刃を購入するだけで磨耗時のメンテナンスが可能となった。

紀ノ川流域で普及した量産品の砕土器は、カニケンガと呼ばれる薙刀形の刃をとりつける砕土器である。サンプルとしたのは、砕土器02〜12の11点である。軸が谷形のものと山形のものに大別される。砕土器02、03、04、11は谷形のカニケンガに類別され、引棒が左右対称の三角形で、ウシの真後ろで砕土していくようになっている。一方、砕土器05、06、07、08、09、10、12は山形のカニケンガに類別され、引棒が右または左に片寄った三角形で、ウシに対して右もしくは左側で砕土を行なうようになっている。これは畑地の畝間にウシを歩かせ、どの部分を砕土していくかによって使い分けることを意図していたためである。

ちなみに、引棒が右側に片寄った三角形なのは砕土器06、08、12で、左側に片寄った三角形なのは砕土器05、07、09、10、11である。いずれの資料も、刃の磨耗が激しく、盛んに使用されたことを裏付ける。

砕土器の台木は、塗料を施しているものが多い。これは、水分の浸透によって鉄部品との結合部、特にボルト止め部分の侵食や破損を防ぐ意図があったであろう。この部分が破損すると、磨耗部品を取り替えることができなくなるからである。

また、砕土の為の刃の列については、谷形の砕土器は基本的に二列で、刃は前列五枚—後列六枚のもの（砕土器03、11）と、前列六枚—後列七枚のもの（砕土器02、04）の大小二種類がある。山形の砕土器は基本的に三列で、刃は前列四枚—中列五枚—後列六枚のもの（砕土器05、09、12）と、前列五枚—中列六枚—後列七枚のもの（砕土器06、07、08）の大小二種類がある。刃は、先の列から後ろの列に向かって一枚ずつ増やしていくことでは共通しており、前列の刃と刃の間に次列の刃がくるように設計され、効率よく砕土することができる。

砕土器08、09、11には製作者の銘があり、このうち09には「金星印砕土機」と見えるのは、犂05、11と同様の金星農機具製作所の商標と思われ、和歌山市の農機具商人が製作販売していたものと思われる。

従来の歯減らし馬鍬は、ほとんどの資料に歯の修理痕（いわゆる先掛け）が視認でき（刃減らし馬鍬01、03、04、06、08、09、10、11）、鍛冶職人による定期的な歯の補修が必要であった。特に01と11には、折れた歯をつないだ痕跡も見られる。歯減らし馬鍬は深耕の機能が設計づけられていたため、歯には通常の馬鍬とは比較にならないほどの抵抗がかかっていたはずである。歯が折れた場合、それを鍛冶職人に修復してもらうことがあったのである。トンビ（砕土器01）の段階で実験され、カニケンガ（砕土器02〜12）の段階では実用化された着脱式の刃は、従来の農家と鍛冶職人との関係を根底から変えるものであった。農民は、刃が磨耗あるいは破損すると、農機具商人から部品を取り寄せ、自ら磨耗部品を着脱交換したのである。着脱可能な部品への転換は、部品の大量生産へと導く画期的な変化であり、各部の規格化がさらに進んだ砕土器が昭和前期に一気に普及した。

こうした砕土器の普及は、農業近代化の達成のための行政的な課題と位置づけられ、農事試験場等は様々な商品を実験し、一部の優良品を推奨した。行政的な推薦が権威付けとなって農具が普及したという側面から、「公的な標準」の受容過程と理解することもできる。

幕末から明治前期に創作されたと思われるヤツゴは、従来の手作業による砕土作業に用いる塊割り具を陳腐化し、牛による砕土を一般化したという意味では画期的であった。それに続いて実験的に作られたトンビ、昭和前期に普及したカニケンガは、牛に曳かせるという動力や、土を効率よく砕くための発想そのものに変化をもたらすものではなかった。主眼は、その作業をいかに効率化するか、道具をいかに軽便化するか、そしていかにしてユーザー自身による消耗する部品の交換を簡単にするかにあった。

こうした流れは、昭和後期に犂と並行して起こった技術革新によってそのすべてが陳腐化することとなった。エンジン動力の導入直前には牛耕ハーローが使われたが、エンジン動力のハーロー・ロータリーの登場は、それまで牛耕砕土器を牽引させて土を砕いていた作業と牛耕砕土器を陳腐化した。

(3) 牛耕除草具の例

中耕除草具の基本構造

中耕除草具とは、畑の畝間を牛に曳かせた中耕除草具で攪乱し、雑草の除去と土壌の転覆による地味向上を目的とした道具である。農業近代化においては、近世に培われた労働の集約的投下による草削りによる除草と攪乱が、畜力を利用した中耕除草に転換され、それによる省力化が課題となった。

昭和初期の文献資料より

前章でとりあげた『和歌山縣農業概要』では、中耕除草具について以下の調査報告を掲載している。

畜力用耕培土器　普通作物栽培上畜力用中耕器並に培土器は水田裏作の中耕培土に當り犂、四ッ子、小型回轉馬耙、三ケ月等を使用し能率の増進を期するにあるが管内全般を通觀する時は未だ之れが普及充分ならず只海草郡の一部に於て相當利用せられつつあるのみなるを以て農事試験場に於ては一層之が普及を期しつ、あり（和歌山県内務部編　一九三一、九九頁）

標本資料の観察データ

分析対象とした中耕除草具の観察データを別表5にまとめた。

二毛作の裏作である麦の畑作において、中耕除草作業は人件費がかさむため、この作業の技術改善は農家の経営において重要な課題であった。特にこの作業は表作の水稲の脱穀調整および出荷作業と時期的に一部重なるため、中耕除草はできるだけ省力化したい作業であった。

明治二一年の水害資料には、すでに「車毛鍬　小」すなわち小型車馬鍬（マイケンガ）と、「四ッ子」すなわち歯減らし馬鍬（ヨツゴ）が見える。また、昭和初期の『県農業概要』でも「小型回轉馬耙」「四ッ子」が使われていたことがわかる。

ヨツゴとマイケンガ、ハザウチに代表されるように、水田裏作の畑作で畝間除草と中耕の作業に用いる道具を改善して省力化を目指すことに関して、紀ノ川流域では様々な実験が試みられたものと思われる。そもそも牛耕で中耕除草を行うという発想はなかったはずで、こうした牛耕中耕除草具の発明によって、手作業で除草を行う草削りは陳腐化した。ただ、牛を持たない中・小規模の農民は、この技術革新の恩恵を受けることはできず、草削りを用いた人力による除草作業にとどまった。

普及していったマイケンガは、ある程度の定型化がはかられていたが、回転部の後部に砕土のための歯や刃を追加する程度の改善が加えられた。中耕した土をより細かく砕き、マイケンガの台木で均すという機能であり、在来の農具の洗練化であった。ただ、こうした工夫の一方で、全く異なる発想で中耕除草を行なうミカヅキ、ハラカキが登場することになる。

大正期の試作品として、マンノウと呼ばれる牛耕中耕除草具がある。マンノウという名称は、この地域の民俗語彙においてはもともと草削りのことをいうので、この時期において中耕除草作業に用いる道具一般を指す名称として採用されたものと思われる。あるいは、この試作品のマンノウを見て中耕除草に用いるということがイメージしにくかったため、あえてこれをマンノウと名付けて普及しようとしたものかもしれない。

マンノウは、従来用いてきた草削りに模した鉄製の刃を装着した牛耕農具であり、ヨツゴと同様に牛にひかせることで中耕除草を行おうとするものである。ヨツゴよりも軽便である点、先端が磨耗した場合に修理がしやすい点などが、ヨツゴよりも優れていた。刃部分は、草削りは軟鉄と鋼を鍛着して作るが、このマンノウは全て軟

上から❶ヨツゴ❷ハラカキ❸ミカヅキ
❖和歌山県立紀伊風土記の丘蔵

上から❶ハザウチ（中耕具）❷ハザウチ（中耕具）❸マイケンガ（中耕用車馬鍬）❖和歌山県立紀伊風土記の丘所蔵

試作品と思われるマンノウ
❖和歌山県立紀伊風土記の丘所蔵

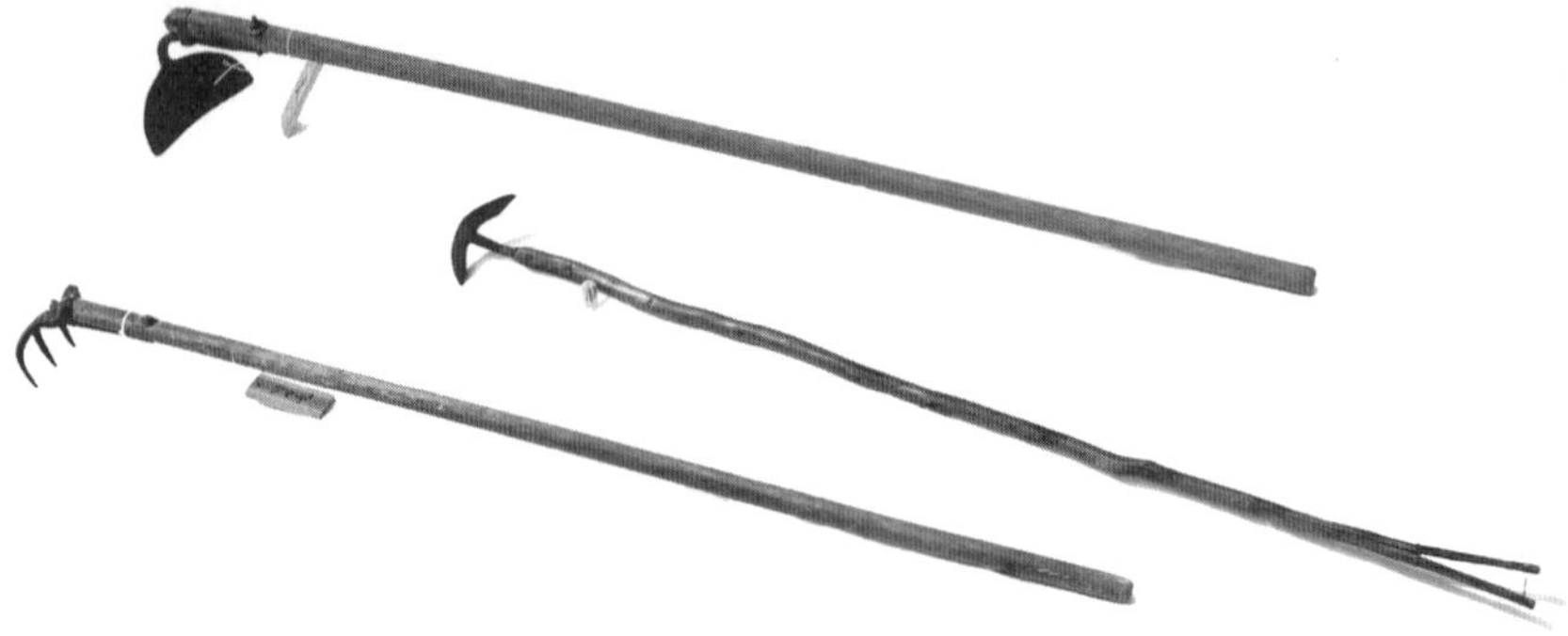

上３点　在来の手作業のマンノウ（草削り）／下３点　マンノウの先端部❖和歌山県立紀伊風土記の丘所蔵

ミカヅキ❖和歌山県立紀伊風土記の丘所蔵

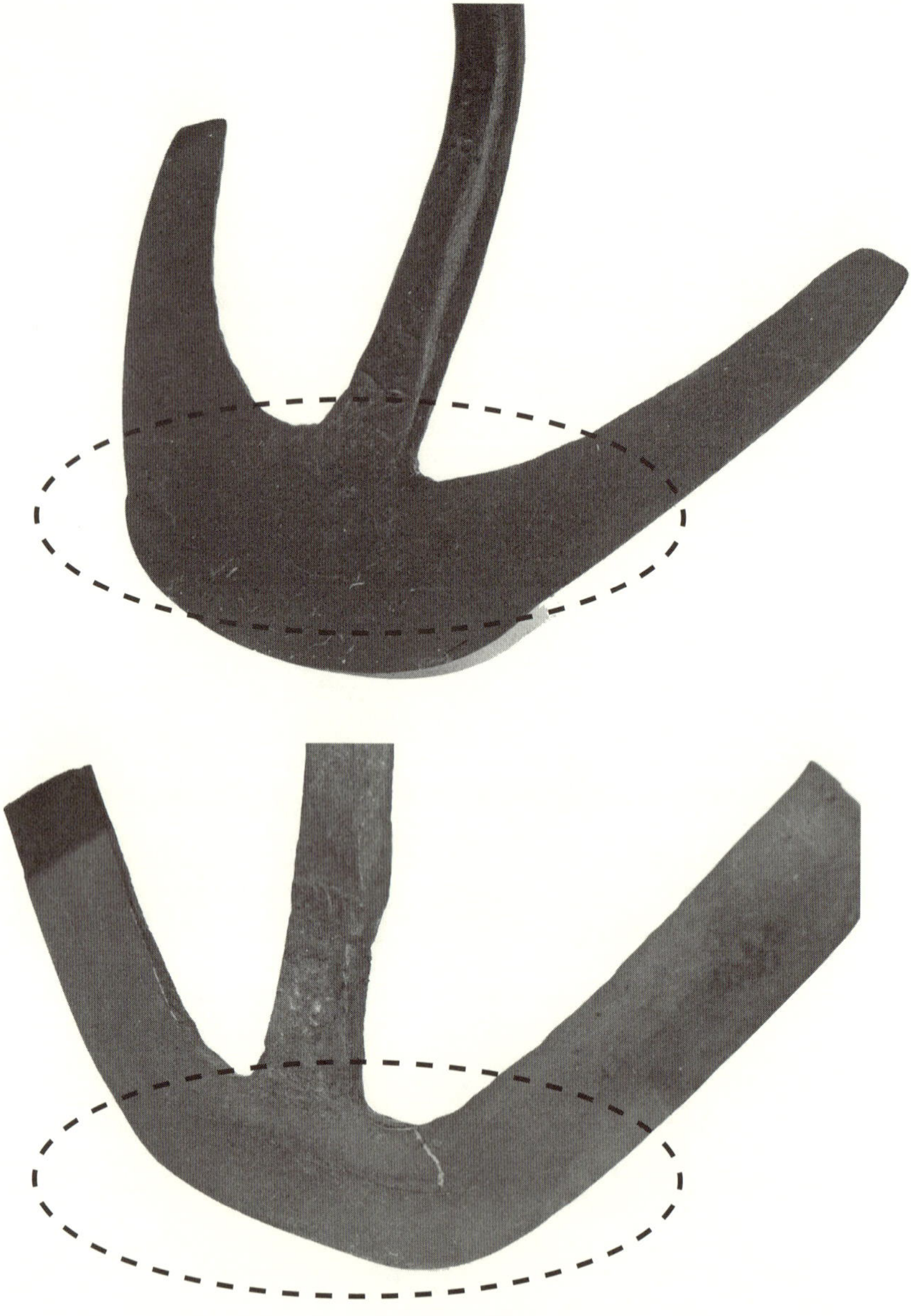

ミカヅキの刃にみられる鍛冶職人による修理の痕跡❖和歌山県立紀伊風土記の丘所蔵

㊤ 両刃の刃をつけたヨツゴ
㊦左は自作のヨツゴ（㊦右は部分）
❖和歌山県立紀伊風土記の丘所蔵

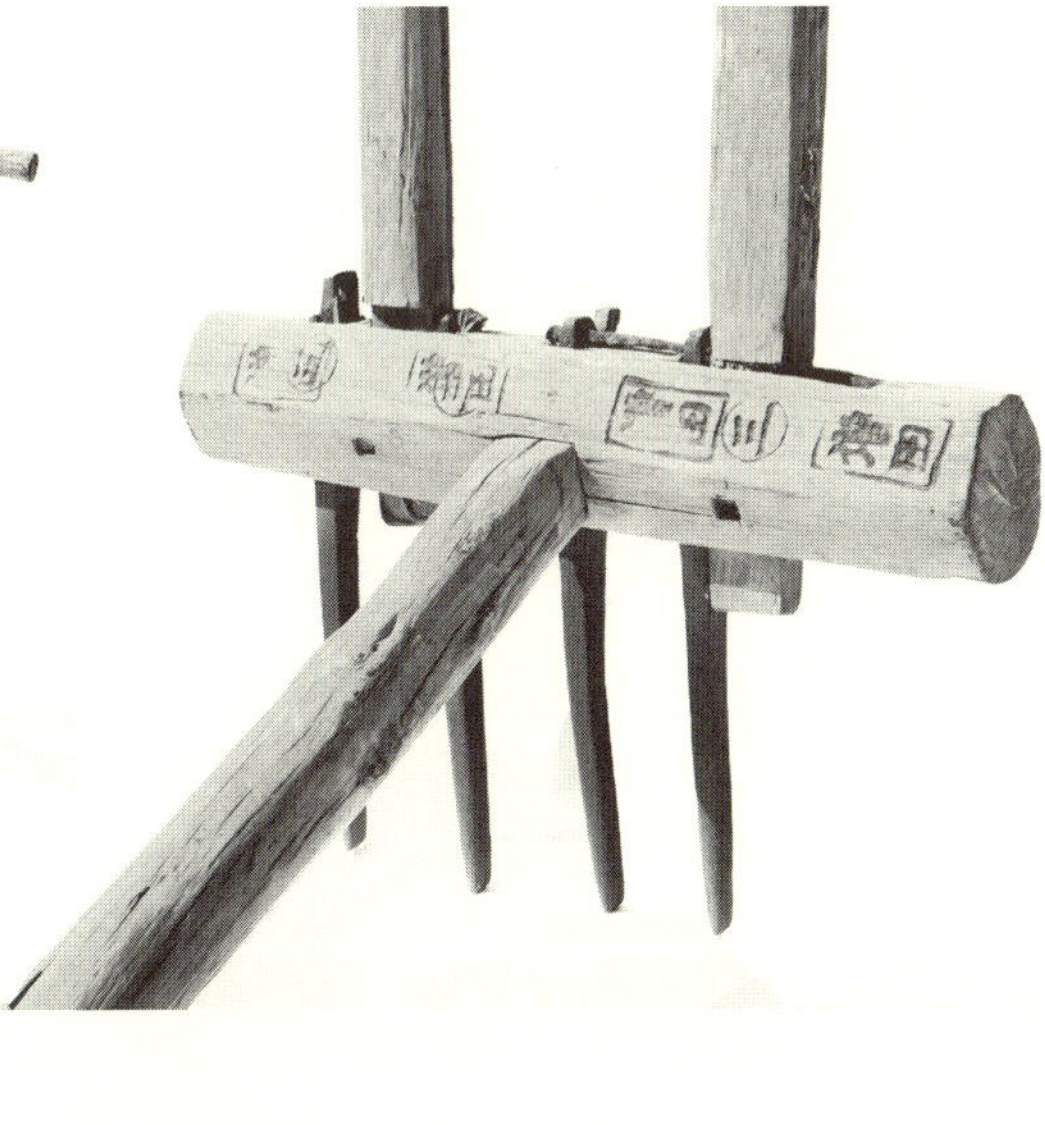

鉄製と見られる。この試作品は、耕作土に接地する刃の部分が四角形であったため、牛に曳かせて操舵を誤ると畝を崩してしまう難点があった。

大正~昭和前期における中耕除草具は、この草削りであるマンノウの機能を改善していくアプローチで進められた。紀ノ川流域で広く普及したのが、試作品のマンノウをさらに軽量化するとともに、ボルト接続による部品の着脱交換を可能にし、接地部品を畝間に合わせて三日月形にしたミカヅキであった。

標本資料からは、規格には至らなかったがかなり普及した農具であることがわかる。砕土器のカニケンガの場合は、外部からの流通品がほとんどで、行政的な推奨もあって普及したのに対し、ミカヅキの場合は、地域の農機具職人が商品化して普及したもので、紀ノ川流域の農業に対応した独特な農具であった。そのため、カニケンガのように、刃が消耗したら部品を購入して自ら付け替えるということは不可能で、三日月形の刃先を鍛冶職人に先掛けしてもらう必要があった。標本資料の刃先のサビを落としてよく観察すると、どのミカヅキにもその痕跡が明らかに見られる。また、ミカヅキをさらに軽量化したハラカキという農具も流通した。これは鉄板を折り曲げたりU字形に曲げたりして装着しているため、比較的簡単に交換部品を作ることができた。ただし、これもまた一般に広く流通した商品ではないため、修理には鍛冶職人の個別の対応が求められたと思われる。

紀ノ川流域では、従来マンノウを使って手作業で行っていた中耕除草作業を、牛耕によって行うという発想がヨッゴに始まり、その後マンノウという実験的な試作品を経て、ミカヅキ、ハラカキという独自の農具の発展をみたわけだが、この一連の流れは在来技術の洗練化として進んだと評価することができる。そしてそれは同時に、二毛作における中耕除草作業を改善する必要があるというこの地域独特のニーズをもとに、農民と農具商人や鍛冶職人が新たな農具を開発し、結果的にミカヅキが広く普及したという点で、ボトムアップの「事実上の標準」の形成過程と見ることができる。

こうした明治~昭和初期の農具の改善過程に対し、別の技術革新が起こった。大日本農会を頂点とする農業組織の確立によって、農業近代化への制度的基盤が整備されるにともない、除草剤と化学肥料が安定的に供給されるようになったのである。昭和前期における除草剤や化学肥料の普及は、農業近代化という行政的な課題でもあり、牛による中耕除草からこれの使用への転換は「公的な標準」として展開した。

これにより、徐々にミカヅキ、ハラカキといった牛耕の中耕除草具そのものが不要となって陳腐化し、薬剤や肥料散布のための道具に置き換えられる方向にあった。この動きは、ミカヅキ、ハラカキ等の農具の普及過程と同時並行であったため、牛耕による中耕除草作業が、エンジン動力を用いたカルチベーターにとって代わる昭和三〇年代まで、これらの農具は使われ続けた。

個々の農具を観察すると、そこには様々なカスタマイズの痕跡は見られる。例えば歯に両刃の刃をつけているものが見られる。これは他には見られない特徴であり、鍛冶職人に依頼した特注品であろう。また、水田耕作時の砕土と均し作業に用いる馬鍬の部品を用いて自作したヨツゴも見られる。これは言わば歯の短いヨツゴであり、ヨツゴの長い歯が何らかの弊害を持っていたことを示唆している。深く掘りすぎることが問題なのか、長い歯は抵抗が大きいためウシに負担がかかることが問題なのか、実際のところはわからない。

4 まとめ

農具の技術改善のプロセス

（1）犂の技術改善

犂は大正～昭和前期にかけて、既成の流通品の導入、同等品・類似品の開発、在来犂の応用という展開を見た。このうち既成の流通品である短床犂は、深耕によって地味を上げ、肥料の浸透を良くするという、耕作作業における行政的な農業近代化を具現化するものという位置づけから普及した「公的な標準」であった。

同等品・類似品の開発は、地域の農機具職人や商人が、流通品の短床犂をまねつつ少し機能を拡張して製作・販売した犂である。中床犂Ⅰ、Ⅱは、短床犂の犂轅の角度を変えることができる特性と、在来犂としての長床犂の利点である犂床の長さと自重の確保というアイデアを盛り込んだ、新たな発想の商品であった。

三つ目の在来犂の応用は、中床犂Ⅲ（X脚中床犂）の普及である。廃れていく傾向の強かった長床犂とは違い、近代以降にむしろさらに普及した。これは軽量である点、犂の土に食い込む角度を可変できる点、床が十分な長さがあり、田の床固めにも効果を発揮したからであろう。

一貫して犂をめぐる技術革新は、在来技術の延長に位置付けられていた。それぞれの農具は、牛に牽引させて犂先で土を掘り、犂篦で反転させるという発想は変化せず、どれも置き換え可能であった。そうした状況は昭和中期の耕耘機導入による技術革新が起こるまで続いた。実際の農作業で複数の犂を使い分けることがあったが、これについては第5章で事例を紹介する。

（2）砕土器の技術改善

砕土器は、すでに幕末から明治前期において、砕土作業を塊割り具を用いて手作業で行う方式から、独自の牛耕具であるヤツゴと呼ばれる歯減らし馬鍬や小型の車馬鍬を用いて畜力で行う方式へと転換していた。大正～昭和前期においては、このヤツゴや小型の車馬鍬をもとに、いかに軽便化し、消耗部品の交換を簡便にするかが課題となり、実験的なトンビの開発を経て、既成の流通品であるカニケンガの普及を見た。

新技術の普及の側面からは、ヤツゴという独自の農具の普及は、二毛作の耕地転換の効率化という地域独自のニーズをもとに、地域において創作された農具が、地域的に普及したという点で「事実上の標準」としての展開であったが、大正期以降のカニケンガの普及に関しては、明治後期以降の労働粗放化による省力化という農業近代化の課題に即した「公的な標準」と見ることができる。

（3）牛耕中耕具の技術改善

牛耕中耕具は、砕土器同様に、幕末から明治前期において、草削り具を用いた手作業から、独自の牛耕具であるヨツゴと呼ばれる歯減らし馬鍬を用いる畜力の方式へと転換していた。以後、ヨツゴの発展型として実験的なマンノウ、普及したミカヅキやハラカキの登場をみる。これらはすべて、他地域には見られない農具であり、

「事実上の標準」の形成の典型的な例であると思われる。

ただ、昭和初期から除草剤や化学肥料の普及が進むにつれ、牛に曳かせて行う中耕除草作業そのものが陳腐化していく技術革新が起こった。しかし、それへの転換は急激に進んだわけではなかったため、牛耕による中耕除草と、除草剤と化学肥料による除草・地味向上が並存することになった。

これら三つの農具は、昭和後期のエンジン動力を用いた様々な農具への設備投資が進むにつれ急速に陳腐化した。ウシを飼うことそのものが放棄され、それまでウシに曳かせていた農具は、プラウ、ハーロー、カルチベーターといった農業機械の一部品となった。

技術改善ブームと商品

(1) 共存する二つの標準

新たな製品開発が連鎖的に行われる技術改善ブームにおいて、標本資料の分析からわかることは、近代化は新技術の普及が地域に浸透する過程であるばかりではなく、地域での生産にあたる農民と彼らの道具を製作する鍛冶職人や農機具商人が、地域のニーズに応じた改善を道具に加えて普及する過程もあるということである。前者を「公的な標準」、後者を「事実上の標準」の一形態と見るとき、様々な作業に用いる農具が、時には行政的文脈で、時には地域的文脈で改善されていったことがわかる。総じて地域のニーズをもとに、地域において創作され、地域的に普及したボトムアップ型の農具は、在来技術を温存する側面が強かった。それらは農民にとって、こうした農具は新規の資本投入や新技術の習得、新たな知識の獲得を必要とせず、経営的リスクが少ない点が重要であった。

細かい点を見て行くと、「公的な標準」と「事実上の標準」の共存を確認できる。例えば、犂では行政が優良とお墨付きを与えた流通品の短床犂がある一方で、地域の農機具職人らが、これを真似して、少し機能を拡張して製作した短床犂が見られる。また、「事実上の標準」を形成していた中床犂Ⅲは、廃れていく傾向にあった長床犂とはことなり、近代以降さらに普及した。「公的な標準」が、「事実上の標準」を圧倒するといった二者択一ではなく、地域においては二つの標準は共存しつつ展開していった。

（2）農作業の一部を改良する思考

農具の導入においても、農民は経営的なリスクの大きいドラスティックな変化を避け、自らの生産活動の土台である二毛作そのものを放棄することはなく、その洗練化においてのみ新技術を導入するという一貫した傾向がある。二毛作特有の農繁期に用いる農具に対する意識は高く、新たな商品開発とその普及の原動力となった。

実際のところ、農民にとっては二毛作という在来の生産基盤に依拠している限りにおいては、特定の農具の導入が在来の農具に対してどのような効果をもたらす技術革新なのかは、大きな問題ではないのではないか。むしろ念頭に置かれているのは、農作業の一連のプロセスであり、第3章で紹介したような表作から裏作までの総体で得られる収入と支出のバランスにあると思われる。

農民が受容する過程では、農業の技術改善のための新技術を、在来の方法に新技術を置き換える思考が不可欠である。例えば二毛作の畑から田への転換作業での土塊を砕く作業についていえば、この地域では塊割り具、歯減らし馬鍬、薙刀刃装着の砕土器、牛耕ハーロー、エンジン動力のハーローと転換していったわけだが、農民にとっては〝歯減らし馬鍬は牛に曳かせる塊割り具〟、〝薙刀刃装着の砕土器は軽量な歯減らし馬鍬〟、〝牛耕ハーローは量産の安価な薙刀刃装着の砕土器〟、〝エンジン動力のハーローは餌の要らない牛耕ハーロー〟として、そのつど既知のものに置き換えて理解された。そして農民にとっては、そのすべてが、二毛作の畑から田への転換作業での土塊を砕く作業を省力化するものという意味では共通していた。

新技術の受容は、特定の農作業の効率化のみを期待され、生産活動全体を再構成するようなものは不要であった。換言すれば、一連の生産活動のプロセスを価値判断の基準とする「本位」があってはじめて、個別の作業の在来技術と新技術との関係が認識され、それをもとにした価値判断によって導入／放棄されると考えることができる。(14)

◆別表1　犂の観察データ

サンプル番号	収集地	法量	床長	特徴
犂01（三-01-01-079）	和歌山市上野	2200×190×800	910	犂床と犂柱はカシ類、犂轅と犂柄はヒノキか。犂床には磨耗防止のための鉄板が底部から進行方向左側面にかけて鉄釘で装着されている。犂先は欠落している。犂篦は無く、犂床に付けられた木製の障壁によって土を進行方向左側に返すようになっている。鉄製犂篦のついていた痕跡は見られない。犂轅は湾曲が少ない。
犂02（三-01-01-098）	和歌山市西	2040×220×940	960	犂床と犂柱はカシ類、犂柄はヒノキか。犂轅はマツ。犂床には磨耗防止のための鉄製底板が装着されている。犂先と犂篦は欠落しおり、犂篦の支柱だけが残存している。湾曲した犂轅は虫食いが激しく破損している。
犂03（三-01-01-099）	和歌山市冬野	2400×250×920	940	犂床と犂柱はカシ類、犂柄はスギか。犂轅はマツ。犂床の犂柱と犂柄の間に左右のくぼみがつけられている。犂床に鉄板等の磨耗防止部品はつけられていない。鉄製犂先、木製（スギか）犂篦が装着されており、犂篦は進行方向に正面している。犂篦はユーザーが製作したものとみられ、犂柱に針金で固定し錆防止のためか細く裂いた木綿の布を巻いている。犂先も、犂床との間に隙間をうめるための木製の自作アジャスターがはめられており、犂篦で上から押さえるように固定されている。当初から使われていた犂先ではない、別のものを後からつけたと思われる。犂床には、犂篦の支柱の痕跡がある。湾曲した犂轅は一部に虫食いによる欠損がある。
犂04（三-01-01-100）	和歌山市梶取	1430×190×1000	340	犂身に鉄製犂先、鉄製底板、鉄製犂篦を装着した構造である。犂床は犂身と一体となっており、頑丈な鉄製底板が固定されているボルトで上下に動くようになっており、最下部で固定されている。犂轅は犂身に固定されている。「新案特許」「熊本縣上熊本駅前東洋社」「日の本號」「TRADE MARK　日の本」の刻印がある。
犂05（三-01-01-102）	和歌山市西	1450×270×1000	470	犂柄に鉄製犂篦を直接装着した構造で、鉄先と鉄製底板はカシ類の犂床に固定されている。犂轅は犂柄に固定されているボルトで上下に動くようになっており、最下部で固定されている。「金星號　七号」「金星農機具製作株式会社」「登録商標　金星號七號」の刻印がある。犂柄と犂床は組み合わせ式となっており、四角形の鉄釘で固定されている。犂床の踵部が犂柄より後ろ側に飛び出した形状が特徴的であり、犂床と犂柄を一体化して犂身とする短床犂よりも、犂床の長さを伸ばす設計がなされている。犂6と大きさ・構造が類似する。
犂06（三-01-01-101）	和歌山市南畑	1580×180×1010	330	犂柄に鉄製犂篦を直接装着した構造で、鉄先と鉄製底板はカシ類の犂床に固定されている。犂轅は犂柄に固定されているボルトで上下に動くようになっており、最下部で固定されている。犂柄と犂床は組み合わせ式となっており、四角形の鉄釘で固定されている。犂床の踵部は、犂身より後ろ側に突き出た形状となっており、短床犂よりも、犂床の長さを伸ばす設計がなされている。犂5と大きさ・構造が類似する。ユーザーによって丸に「光」の刻印が入れられている。

犂07（Ⅱ-01-01-043）	和歌山市木ノ本	1400×300×1030	320	犂柄に鉄製犂箆を直接装着した構造で、鉄犂先は欠落している。鉄製底板はカシ類の犂床に直接装着されている。犂轅は犂柄に固定されているボルトで上下に動く仕組みで、最下部で固定されている。犂轅下部には、ユーザーが装着した木製の部品があり、これを持つと重心が保たれ、片手でバランス良く犂を運ぶことができる。犂柄と犂床は組み合わせ式となっており、四角形の鉄釘で固定されている。犂床の踵部は、犂身より後ろ側に突き出た形状となっており、短床犂よりも、犂床の長さを伸ばす設計がなされている。
犂08（Ⅱ-01-01-089）	和歌山市上野	1300×80×1090	260	犂身に鉄製犂先、鉄製犂箆を犂身に装着した構造で、鉄製犂先・鉄製犂箆はともに欠落している。犂身に犂箆を支えるための鉄製部品だけが残っている。犂床は鉄製底板・側板が装着されている。犂轅は犂身に固定されているボルトで上下に動くようになっており、最下部で固定されている。犂身と犂轅はスリムな形状で軽便化が図られている。
犂09（Ⅱ-01-01-080）	和歌山市上野	1500×160×900	360	犂身に鉄製犂先、鉄製犂箆を犂身に装着した構造で、鉄製犂先・鉄製犂箆はともに残存している。犂床は鉄製底板・側板が装着されている。犂轅は犂身に固定されているボルトで上下に動くようになっており、最下部で固定されている。犂身と犂轅はスリムな形状で軽便化が図られている。犂身と犂床は組み合わせ式となっており、四角形の鉄釘で固定されている。犂床は台形で踵部が犂身より外側に突き出た形状となっている。
犂10（Ⅱ-01-01-087）	和歌山市上野	1470×170×1100	360	犂身に鉄製犂先、鉄製犂箆を犂身に装着した構造で、鉄製犂先・鉄製犂箆はともに残存している。犂床は鉄製底板・側板が装着されている。犂轅は犂身に固定されているボルトで上下に動くようになっており、最下部で固定されている。犂身と犂轅はスリムな形状で軽便化が図られている。犂身の持ち手部分には、ユーザーが装着した銅製の板が巻かれている。
犂11（Ⅱ-01-01-075）	和歌山市小豆島	1450×170×820	380	犂身に鉄製犂先、鉄製犂箆、鉄製底板を犂身に装着した頑丈な構造である。犂床は犂身と一体となっており、頑丈な鉄製底板が固定されている。犂先は犂箆とジョイント部分によって連結する特殊な構造となっている。犂轅は犂身に固定されているボルトで上下に動くようになっており、最下部で固定されている。犂轅は、犂身との接合部分のハンドルを回すことで左右にも角度が変えられるようになっている。上下左右に犂轅を稼動できる構造である。「和歌山市手平出島　金星農機具製造株式会社」「登録商標　金星」プレートと、「金星號」の銘がある。
犂12（Ⅱ-01-01-001）	和歌山市岩橋	1900×100×1000	770	犂床と犂柱はカシ類、犂轅はマツ、犂柄はヒノキなどの針葉樹製である。耕作土の付着防止の工夫として、犂床の犂柱と犂柄の間に左右のくぼみがつけられている。鉄製犂先は残存、犂箆は欠損している。犂轅は大きく湾曲している。犂轅と犂柄の接合部のホゾは大きく、楔の入れ方によって犂轅の角度が調整できる工夫がなされている。

犂13（ニ-01-01-065）	和歌山市平岡	1850×200×950	700	犂床と犂柱はカシ類、犂轅はマツ、犂柄はヒノキなどの針葉樹製である。耕作土の付着防止の工夫として、犂床の犂柱と犂柄の間に左右のくぼみがつけられている。犂轅には、ユーザーが打った鉄製の鎹があり、これを持つと重心が保たれ、片手でバランス良く犂を運ぶことができる。犂箆は、犂柱を左右に挟むようにつけられた木製の板で補強されており、竹釘で固定されている。犂轅は大きく湾曲している。犂轅と犂柄の接合部のホゾは大きく、楔の入れ方によって犂轅の角度が調整できる工夫がなされている。
犂14（ニ-01-01-045）	海南市溝ノ口	2070×960×210	600	犂床と犂柱はカシ類、犂轅はマツ、犂柄はヒノキなどの針葉樹製である。耕作土の付着防止の工夫として、犂床の犂柱と犂柄の間に左右のくぼみがつけられている。鉄製犂先は欠損、犂箆は残存している。犂箆は犂柱および犂柄には装着せず、犂柱に取り付けた犂箆の支柱に固定される構造となっている。犂柄は犂柱とX字に組まれている。犂轅はゆるやかな湾曲しており、犂轅と犂柄の接合部のホゾは大きく、楔の入れ方によって犂轅の角度が調整できる工夫がなされている。犂15と大きさ・構造が類似する。
犂15（ニ-01-01-047）	海南市阪井	2090×220×920	660	犂床と犂柱はカシ類、犂轅はマツ、犂柄はヒノキなどの針葉樹製である。耕作土の付着防止の工夫として、犂床の犂柱と犂柄の間に左右のくぼみがつけられている。鉄製犂先は欠損、犂箆は残存している。犂箆は犂柱および犂柄には装着せず、犂柱に取り付けた犂箆の支柱に固定される構造となっている。犂柄は犂柱とX字に組まれている。犂轅はゆるやかな湾曲しており、犂轅と犂柄の接合部のホゾは大きく、楔の入れ方によって犂轅の角度が調整できる工夫がなされている。犂柄の把手は欠損している。犂14と大きさ・構造が類似する。メーカーによって、「大阪　製作人　藤田松造」の刻印が入れられている。
犂16（ニ-01-01-046）	和歌山市南畑	720×245×910	620	犂床と犂柱はカシ類、犂轅はマツ、犂柄はヒノキなどの針葉樹製である。犂床の底部は磨耗している。耕作土の付着防止の工夫として、犂床の中央から踵部にかけて削られている。鉄製犂先は残存、犂箆は欠損している。犂柱に取り付けた犂箆の支柱は欠損しているが、犂柱にそれを固定した木製の部材と、犂柄に固定していた鉄釘のみ残存している。犂柄は犂柱とX字に組まれている。犂轅はゆるやかな湾曲しており、犂轅と犂柄の接合部のホゾは大きく、楔の入れ方によって犂轅の角度が調整できる工夫がなされている。犂柄の把手は欠損している。
犂17（ニ-01-01-081）	和歌山市上野	1650×130×840	600	犂床と犂柱はカシ類、犂轅はマツ、犂柄はヒノキなどの針葉樹製である。鉄製犂先、鉄製犂箆は欠損している。犂柱に取り付けた犂箆の支柱の痕跡は無く、犂柄に直接装着したものと想像される。犂柄は犂柱とX字に組まれている。犂轅の湾曲はほとんど無い。犂轅と犂柄の接合部のホゾは大きく、楔の入れ方によって犂轅の角度が調整できる工夫がなされている。犂柄の把手は欠損している。
犂18（ニ-01-01-044）	和歌山市木ノ本	1640×200×990	560	犂床と犂柱はカシ類、犂轅はマツ、犂柄はヒノキなどの針葉樹製である。犂先は欠損、鉄製犂箆は残存している。犂箆は犂柄に直接装着し、犂箆の裏側に添え木が固定されている。犂柄は犂柱とX字に組まれている。犂轅の湾曲はほとんど無い。犂轅と犂柄の接合部のホゾは大きく、楔の入れ方によって犂轅の角度が調整できる工夫がなされている。

犂19（Ⅱ-01-01-103）	和歌山市大垣内	1770×270×920	520	犂床と犂柱はカシ類、犂轅はマツ、犂柄はヒノキなどの針葉樹製である。鉄製犂先は欠損、鉄製犂箆は残存している。犂床底部に鉄製底板を装着した痕跡があるが、底板そのものは欠損している。耕作土の付着防止の工夫として、犂床の犂柱と犂柄の間に左右のくぼみがつけられている。犂柄を犂箆装着部が太く、そこに貫通させた細い横棒が犂箆の端を支える構造となっている。犂柄は犂柱とX字に組まれている。犂轅のわずかに湾曲がある。犂轅と犂柄の接合部のホゾは大きく、楔の入れ方によって犂轅の角度が調整できる工夫がなされている。

◆別表2　人力犂の観察データ

サンプル番号	収集地	法量	角度	床長	特徴
人力犂01（Ⅱ-01-01-095）	和歌山市打越	1180×200×980	28度	490	すべての部材がヒノキかスギ製である。犂床は小型で、主体の左右に磨耗防止のための側板がついており、犂先だけが鉄製で、犂箆は無く、装着されていた痕跡も無い。犂柄に対し、二本の犂柱で固定され、角度の調整は不可能である。曳き綱などの補助具はない。
人力犂02（Ⅱ-01-01-021）	和歌山市津秦	1580×210×300	28度	670	犂床はカシ製で、犂柄と犂柱はヒノキかスギ製である。犂先は鉄製、犂箆はスギ板製である。犂箆は進行方向に正面しており、犂柱に針金と木製の棒で固定されている。犂柄の固定には若干の遊びがあり、およそ5度程度上下する。曳き綱などの補助具はない。
人力犂03（Ⅱ-01-01-022）	和歌山市朝日	1640×120×750	28度	630	犂床はカシ製で、犂柄と犂柱はヒノキかスギ製である。犂先は鉄製、犂箆は無く、装着されていた痕跡も無い。犂柄の固定には若干の遊びがあり、およそ5度程度上下する。曳き綱などの補助具はない。人力犂7と大きさ・構造が類似する。
人力犂04（Ⅱ-01-01-025）	和歌山市木ノ本	1510×270×830	28度	530	犂床はカシ製で、犂柄と犂柱はヒノキかスギ製である。犂先は鉄製、犂箆はスギ板製である。犂箆は進行方向に対して左側に傾斜し、耕作土が反転するようになっており、犂床と犂柱に鉄釘で固定されている。曳き綱などの補助具はない。
人力犂05（Ⅱ-01-01-023）	和歌山市大垣内	1720×155×110	40度	740	犂床はカシ製で、犂柄と犂柱はヒノキかスギ製である。犂先は鉄製、犂箆は無く、装着されていた痕跡も無い。曳き綱が残存しており、二本の犂柱の間に通して輪に結んである。曳く人はこれを腰に回して、牽引の補助に使ったものであろう。二本の犂柱は、ユーザーによって針金で補強してあるが、これは曳き綱の負荷がかかるためと思われる。犂床と犂柄の傾斜角は広い。

人力犂06（二-01-01-020）	和歌山市平井	1650×270×900	30度	810	犂床はカシ製で、犂柄と犂柱はヒノキかスギ製である。犂先は鉄製、犂箆も鉄製で、犂箆は犂柱と箆の支柱で固定されている。二本の犂柱のうち、犂床の踵部に近い方は、犂柄と頑丈に組んであり、他と異なる構造となっている。この部分はユーザーによって針金で補強されており、負荷が大きかったものと思われる。犂箆は牛耕の犂の部品の転用品と思われる。曳き綱などの補助具はない。
人力犂07（二-01-01-094）	和歌山市冬野	1680×100×730	30度	600	犂床はカシ製で、犂柄と犂柱はヒノキかスギ製である。犂先は鉄製、犂箆は無く、装着されていた痕跡も無い。犂柄の持ち手は欠損している。曳き綱などの補助具はない。犂床の上にワラ束が装着されている。犂床と犂柄の二ヶ所で紐を使って固定され、ワラ束には泥が付着している。曳き綱などの補助具はない。人力犂3と大きさ・構造が類似する。ユーザーによって「高山」の刻印が入れられている。

◆別表3　歯減らし馬鍬の観察データ

サンプル番号	収集地	法量	歯の長さ	特徴
歯減らし馬鍬01（二-2-1-058）	和歌山市津秦	720×860×80	310	地方名：ヤツゴ。台木の断面は丸形で、二ヶ所に鉄製の留め輪がはめられている。引棒は欠落。木製部分は塗装なし。歯は二本に補修痕が見られる。
歯減らし馬鍬02（二-2-1-006）	和歌山市黒田	580×765×80	290	地方名：ヤツゴ。台木の断面は隅丸角形である。木製部分は塗装なし。引棒を装着すると本体は地面に対して90度角に直立し、引棒は二本とも台木に直交する形で取付く。
歯減らし馬鍬03（二-2-1-008）	和歌山市大垣内	820×720×260	240	地方名：ヤツゴ。台木の断面は隅丸角形で、両端二ヶ所に鉄製の留め輪がはめられている。引棒は欠落。木製部分は、黒い油性塗装が施してある。柄は台木に傾斜して取付く。
歯減らし馬鍬04（二-2-1-035）	和歌山市新庄	850×800×70	300	地方名：ヤツゴ。台木の断面は丸形である。木製部分は塗装なし。引棒を装着すると本体は地面に対して90度角に直立し、引棒はハの字形に開いた形で取付く。
歯減らし馬鍬05（二-2-1-005）	和歌山市南畑	785×660×70	250	地方名：ヤツゴ。台木の断面は丸形である。木製部分は、黒い油性塗装が施してある。引棒を装着すると本体は地面に対して90度角に直立し、引棒はハの字形に開いた形で取付く。
歯減らし馬鍬06（二-2-1-007）	和歌山市朝日	660×870×80	320	地方名：ヤツゴ。台木の断面は丸形である。木製部分は、緑色のペンキ塗装が施してある。引棒を装着すると本体は地面に対して90度角に直立し、引棒はややハの字形に開いた形で取付く。歯は一本失われている。
歯減らし馬鍬07（二-2-1-037）	和歌山市岩橋	880×780×80	240	地方名：ヤツゴ。台木の断面は丸形で、両端二ヶ所に鉄製の留め輪がはめられ、ひとつは外れて針金で補強してある。木製部分は塗装なし。引棒は欠落。

サンプル番号	収集地	法量	刃の数	特徴
歯減らし馬鍬08 (二-1-1-073)	和歌山市小豆島	1070×700×80	140 (210)	地方名：ヤツゴ。台木の断面は上部は丸形、下部は隅丸角形である。木製部分は塗装なし。もともと歯減らし馬鍬（ヤツゴ）であったものに、台木を二段重ねにして左右に二本ずつ短い歯を加え、馬鍬として用いるように改変されている。但し右端の歯は欠落。引棒を装着すると本体は地面に対して90度角に直立しない。引棒は二本とも台木に直交する形で取付く。二本の台木は着脱不可
歯減らし馬鍬09 (二-2-1-036)	紀の川市丸栖	800×900×60	330	地方名：ヤツゴ。台木の断面は丸形で、片端一ヶ所に鉄製の留め輪がはめられ、反対側の端にも留め輪がはめられていた痕跡がある。また、把手が欠損している。木製部分は塗装なし。引棒を装着すると本体は地面に対して90度角に直立し、引棒は二本とも台木に直交する形で取付く。
歯減らし馬鍬10 (二-02-01-004)	和歌山市南畑	740×870×60	330	地方名：ヤツゴ。台木の断面は隅丸角丸形である。木製部分は塗装なし。「角に梅」の焼印がある。引棒を装着すると本体は地面に対して90度角に直立し、引棒は二本とも台木に直交する形で取付く。
歯減らし馬鍬11 (二-02-01-053)	和歌山市上野	820×730×70	320	地方名：ヤツゴ。木の断面は隅丸角形である。木製部分は塗装なし。歯は四本に補修痕が見られる。引棒を装着すると本体は地面に対して90度角に直立し、引棒は二本とも台木に直交する形で取付く。

◆表4　砕土器の観察データ

サンプル番号	収集地	法量	刃の数	特徴
砕土器01 (二-01-01-051)	和歌山市木ノ本	1100×1100×90	6+8+10	地方名：トンビ。柄に「大正拾五年拾一月十五日新調　木の本　恒本熊右衛門所有」の銘、台木に「新案特許前田式整畦器　□□□　□明發賈元紀伊粉河前田利右衛門」の銘がある。前者はユーザーが、後者はメーカーが記した墨書と思われる。台木に木製の小箱が固定されており、木ノ本での聞書きではここに子どもを乗せて重石にしたという。刃は左右対称に取り付いており、すべて使用痕は薄い。台木は虫食いが激しいが目立った磨耗痕はみられない。先端に木製の車輪がついており、通常の運搬に使用したと思われる。
砕土器02 (二-02-01-011)	和歌山市南畑	560×870×680	6+7	地方名：カニケンガ。刃は二段で谷形に湾曲した軸に取り付けられている。台木の塗装はなし。台木に固定された鉄製の引棒は、左右対称の三角形となっており、ウシの真後ろで砕土器を曳くようになっている。二本の台木は、二本の木製の板材で補強されている。
砕土器03 (二-02-01-044)	和歌山市小豆島	490×1000×740	5+6	地方名：カニケンガ。刃は二段で谷形に湾曲した軸に取り付けられている。台木は腐食防止のためペンキで塗装されている。台木に固定された鉄製の引棒は、左右対称の三角形となっており、ウシの真後ろで砕土器を曳くようになっている。

砕土器04（二-02-01-040）	和歌山市吉礼	500×1050×690	6+7	地方名：カニケンガ。刃は二段で谷形に湾曲した軸に取り付けられている。台木は腐食防止のためペンキで塗装されている。台木に固定された鉄製の引棒は、左右対称の三角形となっており、ウシの真後ろで砕土器を曳くようになっている。柄に「囲いに清水」の刻印がある。
砕土器05（二-02-01-059）	和歌山市上野	700×1100×850	4+5+6	地方名：カニケンガ。刃は三段で山形に湾曲した軸に取り付けられている。台木の塗装はなし。台木に固定された鉄製の引棒は、左側に片寄った三角形となっており、ウシの左後方で砕土器を曳くようになっている。
砕土器06（二-02-01-041）	かつらぎ町大谷	720×1060×760	5+6+7	地方名：カニケンガ。刃は三段で山形に湾曲した軸に取り付けられている。台木は腐食防止のためペンキで塗装されている。台木に固定された鉄製の引棒は、右側に片寄った三角形となっており、ウシの右後方で砕土器を曳くようになっている。
砕土器07（二-02-01-042）	紀の川市貴志川町井ノ口	730×1000×770	5+6+7	地方名：カニケンガ。刃は三段で山形に湾曲した軸に取り付けられている。台木の塗装はなし。台木に固定された鉄製の引棒は、左側に片寄った三角形となっており、ウシの左後方で砕土器を曳くようになっている。柄に「丸に小」の刻印が押されている。
砕土器08（二-02-01-045）	和歌山市布施屋	730×1070×700	5+6+7	地方名：カニケンガ。刃は三段で山形に湾曲した軸に取り付けられている。台木は腐食防止のためペンキで塗装されている。台木に固定された鉄製の引棒は、右側に片寄った三角形となっており、ウシの右後方で砕土器を曳くようになっている。柄に、「□□□□□農具製作所」の銘があり、柄と把手は補強されている。
砕土器09（二-02-01-039）	海南市七山	760×1040×760	4+5+6	地方名：カニケンガ。刃は三段で山形に湾曲した軸に取り付けられている。台木は腐食防止のためペンキで塗装されている。台木に固定された鉄製の引棒は、左側に片寄った三角形となっており、ウシの左後方で砕土器を曳くようになっている。柄に「金星印砕土機」の銘がある。
砕土器10（二-02-01-046）	和歌山市岩橋	740×1070×770	5+6+7	地方名：カニケンガ。刃は三段で山形に湾曲した軸に取り付けられている。台木は腐食防止のためオイルステンのようなもので塗装されている。台木に固定された鉄製の引棒は、左側に片寄った三角形となっており、ウシの左後方で砕土器を曳くようになっている。柄と把手は補強されている。
砕土器11（二-02-01-043）	和歌山市梶取	520×970×870	5+6	地方名：カニケンガ。刃は二段で谷形に湾曲した軸に取り付けられている。台木は腐食防止のためペンキで塗装されている。台木に固定された鉄製の引棒は、左右対称の三角形となっており、ウシの真後ろで砕土器を曳くようになっている。柄に「□（マーク）特製砕土機」の銘、「山にト」の刻印がある。
砕土器12（二-02-01-048）	和歌山市木ノ本	750×1000×770	4+5+6	地方名：カニケンガ。刃は三段で山形に湾曲した軸に取り付けられている。台木の塗装はなし。台木に固定された鉄製の引棒は、右側に片寄った三角形となっており、ウシの右後方で砕土器を曳くようになっている。

◆別表5　牛耕除草具の観察データ

サンプル番号	収集地	法量	歯の数	特徴
中耕用車馬鍬01（二-02-05-049）	和歌山市小豆島	410×810×790	12	地方名：マイケンガ。木部はカシ類で二ヶ所にノミで彫った跡あり、土と擦った跡が削れている。回転部の木製軸に鉄輪装着、引棒は山形に曲がった木を使用。台木と柄の支柱はなし。「丸に西」の焼印あり。
中耕用車馬鍬02（二-02-05-068）	和歌山市永穂	410×830×820	9	地方名：マイケンガ。台木はカシ類で、土と擦った跡が削れている。回転部の木製軸に鉄輪装着、引棒は山形に曲がった木を使用。台木と柄の支柱あり。「山にイ」「山にカ」の焼印あり。
中耕用車馬鍬03（二-02-05-067）	和歌山市上野	420×910×870	12	地方名：マイケンガ。台木はカシ類で、土と擦った跡が削れて、側板が割れている。後部に木製板をユーザーが装着。進行方向右側の台部側面にも木製板を装着。回転部の木製軸に鉄輪装着、台部にも鉄輪を埋め込み、木製部品の磨耗を避けている。引棒は木材を加工して使用。台木と柄の支柱あり。木製部品は黒く塗装していた痕跡がある。
中耕用車馬鍬04（二-02-05-071）	和歌山市岩橋	460×920×780	9	地方名:マイケンガ。台木はカシ類で、土と擦った跡が削れている。後部に木製板をユーザーが装着。回転部の木製軸に鉄輪装着、軸と側板の間にユーザーがあて木を装着している。引棒は山形に曲がった木を使用。台木と柄の支柱あり。把手は井桁に組む構造となっている。
中耕用車馬鍬05（二-02-05-046）	和歌山市上野	410×900×800	12	地方名：マイケンガ。台木はカシ類で、土と擦った跡が削れ、側板が割れている。回転部の木製軸に鉄輪装着、引棒は山形に曲がった木を使用。台木と柄の支柱あり。「丸にモ」の焼印あり。
中耕用車馬鍬06（二-02-05-047）	和歌山市梶取	410×900×770	9	地方名：マイケンガ。台木はカシ類で、土と擦った跡が削れている。回転部の木製軸に鉄輪装着、引棒は山形に曲がった木を使用。台木と柄の支柱あり。「山にト」の焼印あり。
中耕用車馬鍬07（二-02-05-044）	和歌山市小豆島	410×900×800	9	地方名：マイケンガ。台木はカシ類で、土と擦った跡が削れている。回転部の木製軸に鉄輪装着、引棒は木材を加工して使用。台木と柄の支柱あり。「丸に善」の焼印あり。
中耕用車馬鍬08（二-02-01-010）	和歌山市吉礼	430×1000×700	12	地方名：マイケンガ。台木はカシ類で、土と擦った跡が削れている。回転部の木製軸に鉄輪装着、引棒は木材を加工して使用。台木と柄の支柱あり。「清水」の焼印あり。後部に鉄製の短い歯5本を装着し、培土した土を砕いて均すよう設計されている。
中耕用車馬鍬09（二-02-05-059）	和歌山市西	480×800×800	11	地方名：マイケンガ。台木はカシ類で、土と擦った跡が削れている。回転部の木製軸に鉄輪装着、引棒はまっすぐの角棒状。回転する歯は斜めに固定され、より土に食い込みやすい構造となっている。抵抗が大きいためか、歯と軸の固定に木綿布を挟んで固定している。台木と柄の支柱あり。後部に鉄製の長めの歯4本を装着し、針金を歯の穴に通して台木に固定し、培土した土を砕いて均すよう設計されていた痕跡がある。台木の後部は鉄板をはって磨耗防止としている。木製部品は黒く塗装している。

中耕用車馬鍬10（二-02-05-048）	和歌山市西	470×800×800	10	地方名：マイケンガ。台木はカシ類で、土と擦った跡が削れている。回転部の木製軸に鉄輪装着、引棒はまっすぐの角棒状。回転する歯は斜めに固定され、より土に食い込みやすい構造となっている。台木と柄の支柱あり。後部に鉄製の長めの歯4本を装着し、針金を歯の穴に通して台木に固定し、培土した土を砕いて均すよう設計されている。木製部品は黒く塗装していた痕跡がある。
中耕用車馬鍬11（二-02-05-050）	紀の川市井ノ口	410×900×760	12	地方名：マイケンガ。台木はカシ類で、側板は鉄製である。回転部の木製軸に鉄輪装着、引棒はまっすぐの角棒状。回転する歯は既成の鉄の丸棒を使用し、先端部分だけ角状に加工されている。台木と柄の支柱あり。後部に鉄製の薙刀形刃4本を装着し、針金を歯の穴に通して台木に固定し、培土した土を砕いて均すよう設計されている。
中耕具1（二-02-05-064）	和歌山市津秦	290×870×760	2+3+4	地方名：ハザウチ。台木は針葉樹で青色に塗装されていた痕跡がある。引棒は進行方向左寄りに設定されている。全体に軽量で、刃は前列から中列、後列と一枚ずつ刃が増えていき、土を切りながら攪拌できる構造となっている。
中耕具2（二-02-05-063）	和歌山市秋月	270×850×740	2+3+3	地方名：ハザウチ。台木は針葉樹である。全体に軽量で、刃は中列と後列の刃をずらして設定してあるため、土を切りながら攪拌できる構造となっている。柄に虫食いがある。
中耕具3（二-02-05-045）	和歌山市南畑	250×850×770	6×4＋5×3＋6×4	地方名：ハザウチ。台部は鉄製で、柄は木製、回転軸は木製で、全体に重量がある。引棒は進行方向に向かって右寄り・中央・左よりと、引棒の部品をどの穴に挿すかによってユーザーが変えることができ、右寄りに設定されている。柄についているプレートには、「栄農號　人力脱穀機　動力脱穀機　唐箕　各種農具　製作元　紀州粉河駅前　青木農具製作所　電話（粉河）一七八番」とある。
中耕具4（二-02-05-069）	和歌山市上野	260×820×750	6×4＋6×3＋6×4	地方名：ハザウチ。台部は鉄製で、柄は木製、回転軸は木製で、全体に重量がある。引棒は進行方向に向かって右寄りに設定されている。柄に「タチバナ式　中打機」の銘がある。

第5章　聞書きの中の農業技術改善

本章では、聞書きや農作業への参与観察などを主体とした民俗誌調査で得られたデータを、前章までの文献や民具の分析データと関連づけながら総合化し、農業技術改善を主題とした民俗誌を記述する。

本章の内容は和歌山市田屋地区、上野地区におけるインテンシヴな民俗調査のデータである。本章1節では地域概要を述べ、2～6節は和歌山市田屋地区のデータを中心に提示する。本章7節は和歌山市上野地区で収集した民具の分析である。

1　民俗誌記述の対象地域概要

田屋地区は、紀ノ川の河岸段丘下の沖積平野上の農村の典型であり、国府に隣接する平野の集落として古代から開発された歴史の古い集落である。近世は「天保郷帳」で村高八八一石とされ、『紀伊《きい》続風土記《ぞくふどき》』では四〇軒一九四人が在住していたとされる。近隣の集落に比べて、人口に比した村高が高く、生産力の高い比較的豊かな集落であったと考えられる。紀ノ川の河岸段丘下に展開し、集落を横断する紀ノ川からの井堰灌漑である六箇井が、安定した農業用水を供給している。集落は、大きく分けて三つに区分される。まず六箇井にそって一列にならぶ東出、その西側の一群の集落である西出、南側に張り出した南出である。南出は当初四軒から始まったので

❖田屋地区の景観

四軒垣内（シケンガイト）とも呼ばれる。最も軒数の多い東出は、さらに中、辻堂、東と区分され、その区分は現在も冠婚葬祭の相互扶助慣行などに継承されてきた。

開発伝承では、もともと北隣の和歌山市弘西地区に住んでいた人が、南側の段丘下の耕地に小屋を建て、住みついたのだとされている。紀ノ川の堤防がまだしっかりしていない時代、紀ノ川は水の量によって河道を変え、上流から運ばれてきた養分を含んだ土が堆積して島状になっていた。そこに田畑を作った人がいて、次第にそこに出作りの小屋を建てるようになり、農繁期にはそこで生活するようになった。やがて、その土地で生計を立てる人々が住宅も建てて引っ越してきて、村の形になったというのである。そのことから、田屋とは元来、「田にある小屋（いわゆる出作り小屋）」のことだと言われている。田屋地区の集落の特に家が並んでいる場所は、周囲の水田の場所よりも少し高いという。考古学的な成果によると、この地域には田屋遺跡、西田井遺跡、宇田森遺跡、川辺遺跡の範囲であり、弥生時代の集落が営まれ、古代を通じて開発が進んでいた地域である。その後も戦国期には根来寺の勢力下にあると考えられ、近世を通じて農村として発展してきたのであり、田屋地名の由来との整合性はほとんどないが、人々の解釈においては上記の開発伝承が強固に浸透している。人々の記憶のなかでは、紀ノ川の堤防が決壊して大きな被害を出した一九五二（昭和二七）年水害時、隣接する集落が一面の池のように冠水するなか、田屋地区の集落だけが床下

❖井堰と牛神サン

浸水でとどまったという経験が、この伝承に真実味を覚える直接の体験となっているようである。

集落にはもともと氏神である十五社明神社があったが、府中八幡宮に合祀され、現在はその名残の竹藪が残っている。本道（ホンミチ）と呼ぶ六箇井と並行するメインストリートからその竹藪へと伸びる道はもとの参道で、祭では馬場として使われたという伝承がある。神社跡の周辺は不安な心意を抱かせる場所でキツネが住んでいるなどの噂話があった。現在でも府中八幡宮の総代として、正月・春祭り・秋祭りなどには田屋から奉仕することになっている。集落内には賽神という小字がある。東出の川向の現在は水田になっている一帯だがそこに賽神が祭られていたという。古い時代はここが集落の端だったという。無縁仏の墓のような五輪塔が最近まで残っていた。また辻堂の北側の水田になっている一帯は山王という小字になっている。ここに何が祀られていたかは聞いていない。（紀伊村郷土誌に山王権現の記載有）。寺は浄土宗西山派阿弥陀寺で、集落の全員が檀家である。また、集落の西の端に砂山という場所があり、高川という小川に堆積した土砂を浚渫して積み上げた場所があった。その近くにヤキバ（火葬場）があり、より古くはそこがサンマイ（土葬墓）であった。隣説する和歌山市直川地区との境界は、ゴコミチ（後光道）と呼ばれる道路で、府中八幡の神から光が発せられてできた道だと言われている。北側の和歌山市府中地区・弘西地区とは段丘で隔てられている。南の小豆島地区とは土地が入り組んでいる。また、集落の南側の水路沿いには、水田の真ん中にこんもりした塚がある。桜の木が植えられているこの一画は牛神サンと呼ばれ周囲を石垣で積んで残している。田植が終わったあと、ここでウシを洗い、労をねぎらうのである。

田屋地区は、集落と耕地とそれらをつなぐ道と水路で構成された平地の集落であり、里山として使う雑木林も背後に持たない農業に特化した集落である。昭和前期まで、緑肥とする若草は川の土手で刈り、焚き物に使う柴は紀ノ川の河川敷で上流からの流木を拾ったという。四方はすべて隣接する集落の耕地と隣接しており、新たな開発の余地は全くない。田屋地区の人々が豊かになる道は、限られた土地からの収量を上げるしかなく、集約的な農業が発展した素地はこの地形と環境に由来する。

2 農法と農具にみる技術改善

田屋地区の灌漑用水

和歌山市田屋の農業用水は、もっぱら六箇井に頼っている。集落そのものも六箇井に沿って横長に展開している。六箇井は単にカワ、あるいはロッカガワ（六箇川）と呼ばれ、それに対し紀ノ川本流はオオカワと呼ばれている。用水は上流の集落から水田に引き入れる決まりで、水門を開ける日から各集落ほぼ一日ずつずらして上流から順番に田植えをしていく。「水はカミから」といわれるゆえんである。田屋の場合、六箇井の本流が集落の中心を流れ、集落周囲の水田を潤す。一方、集落の北側の水田には、和歌山市と岩出市の境界付近で枝分かれした六箇井の支流が河岸段丘沿いに流れており、そこからの引水となる。田屋地区はすべて六箇井の水でまかなっており、溜池灌漑の水田は一枚もない。伝承においても、旱魃で水田が干上がったという話は一切聞かれない。ちなみに、旱魃を免れてきた理由を語る際にも、前述の開発伝承が関連づけられることが多い。すなわちかつて田屋の集落があった場所は紀ノ川の中州であり、現在水田となっているところは紀ノ川の氾濫原に形成された湿地であったので、水持ちが良いのだという論法である。

六箇井は、近代に入って大規模に改修され、現在は岩出市八七ヘクタール八一軒、和歌山市四四九ヘクタール一三〇七軒が受益する、この地域の農業用水の基盤となっている。この六箇井の開削工事においても、第2章で分析した農書『地方聞書』を執筆した大畑才蔵が活躍している。才蔵は、六箇井を掘り継ぐために現地調査を行なった報告を記しており、「積方品々見合帳」に収録している。これは、一六九六（元禄九）～一六九八（元禄一一）年に、藩の普請方役人としてたずさわった仕事に関する資料を記したものである。このなかの「六箇井筋水たれ」、「六ヶ井仕方に付善悪見合」、「井筋之水たれ覚書」は、六箇井の当時の状況を分析し、改善案を提案したものである。この文章は、六箇井の特徴を端的に記したものであり、基本的な点では現状と大差ない。以下に引用しながら、筆者の現地観察も踏まえながら六箇井の特徴を紹介してみたい。

　六箇井の灌漑用水としての最大の特徴は、灌漑と排水を兼ねた水系となっていることである。この点を才蔵は以下のように指摘している。「井筋平岡村より直川関迄地形南北高ク悪水吐不成候に付真中ひくミへ堀」すなわち、六箇井では、特に和歌山市平岡から同市直川の関までの間では、用水路の左右の土地が高く水田へ配った用水を排水するところがないので、すべてまた六箇井に戻ってくるというのである。悪水とは、大雨で水田に貯まる水であり、これを効率よく排水しないと冠水し、農作物に被害を及ぼすことになる。これは「井筋より上へ入候水ハ本井へもとり本井筋にたれも多く有之候ゆへ井末へ水勢多く可参積ニ候」、すなわちいったん高い土地へ入った水が再び戻ってくる構造であっても、勾配が十分あるため水の勢いが増し、末端の水田にまで配水が可能となる利点がある。しかし六箇井には重大な欠点がある。才蔵は「右の仕方にて悪敷候は悪水皆々本井筋へ落入候故下の方にて水吐兼田地ぬまり夏毛も不作麦毛も大分損亡仕候様ニ見申候」、つまり灌漑と排水が同じ井筋を通る構造では、土地によっては非常に水はけが悪く湿田となるとして、この点の改善を主張している。現在は、この悪水排水の問題は、排水用の水路建設に加え、一部は和泉山脈から紀ノ川へ注ぐ小河川である高川に排水されることで解消されている。和泉山脈から紀ノ川へ注ぐ比較的豊富な水量の河川は、一切水田に配水することはなく、むしろ井堰による用水の悪水排水のために利用されている。これは、治水と水利を両立させるために整備された、この地域の水資源利用の特色である。

　ちなみに、本研究の調査中の平成二〇年五月二五日未明、和歌山県北部は集中豪雨に見舞われ、田植え前の水田の多くが冠水するという小規模な災害が起こった。このとき、六箇井と紀ノ川左岸の宮井の一部に多量の雨水が一気に集まり、用水が湾曲するあたりの水田に溢れ出していた。筆者は、才蔵が指摘した問題は、取水・排水が高度にコントロールされた現在の井堰灌漑においても、構造的な問題として残っていることを実感した。

田屋地区における昭和前期の農作業と農具の使用

田屋地区における昭和前期の農業は、表作は水稲、裏作は小麦・裸麦の二毛作が一般的であった。以下は和歌山市田屋地区のO氏（一九二二年生まれ）、K氏（一九二九年生まれ）、K氏（一九二九年生まれ）からの聞書きデータより、昭和前期における農作業ついてまとめたものである。

播種・育苗

播種は八十八夜（立春から八八日目、新暦五月初旬）が過ぎる頃で、霜の害が確実に無くなるのを待って行なう。ノシロダ（苗代田）と呼ぶ水田の一角に作った苗代を作り、塩水で浮いたモミダネ（種籾の意）を取り除いて蒔く。この頃、同時に麦の収穫を終えて、すぐに牛に犂やカニと呼ぶ薙刀刃のついた牛耕農具を曳かせて耕起・砕土しなければならないので非常に忙しかった。六月中旬に、水田に水が行き渡るころ、ノシロダでは、苗を一つかみずつ藁で束ねるナエトリ（苗取り）をして、移植の準備を整える。

耕起・耕耘

水田は麦の刈り入れが終わると畝を崩して均して土を干す。桜のつぼみが膨らんできたら、犂を牛に曳かせて土を耕起する。このとき、湿り気のある深さの土まで掘って土を起こす。これを天地がえといい、養分を失った表土と養分を蓄えた地中の土を混ぜて、地味を上げる効果があるという。この時使われるのは短床犂と第4章で筆者が中床犂Ⅰと分類した短床犂であり、鋤で土を掘り起こすようなつもりでこれらの犂を用いるのだという。また、牛の体格に合わせて、また土質に合わせて、犂の角度を調整し、深耕した。短床犂は、水田の床を破ることがあり、扱いが難しいと昔から言われているが、これは使いこなせば問題はないという。実際にこれで水漏れを起こしたという話は聞いたことが無いという。

六月上旬～中旬、一度やや多い雨が降って土が湿った頃、藤崎井と六箇井の樋が開けられ、集落内にも用水が流れてくる。水を引き入れてから使うのが第4章で筆者が中床犂Ⅱに分類した長床犂の改良版と、中床犂Ⅲと分類したX脚中床犂である。これらは床の長さが長いのであり、使用時には犂先を土に食い込ませる深耕ではなく、土の表面を滑らせるような扱い方をする。また、先を歩く牛の足が土を練るので、犂の床で土を均していくと、水持ちが良い水田になるのだという。コツは何かと尋ねると、床を進行方向に水平に向けるのではなく、わずかに右斜めに角度をつけるのだという。これは柄を少し下げると床の手前部分に力がかかり、土との抵抗で犂が斜めを向くという。これによる効果は、床が土を均す幅が広がり、理想的には牛の両足の幅を均すことだという。ただしこれは、力を入れすぎると犂が横転してしまうので、牛の歩調とバランスをとる必要があるという。こうした微調整するためには、牛を使いこなす能力が求められたという。

犂の作業が終わると、すぐにミズヒキと言って各々の水田に水を引き入れ、カイガ（馬鍬）でシルカキ（代掻き）をする。カイガは、犂の通った後に残る溝のような跡を掻き消しながら水田を万遍なく均すことが重要であったという。ただ、牛のスピードを上げても均す効果にはそれほど影響しないので、牛の扱いのうまい人は早く作業が終わったという。

仕上げの均しには、家の納屋から梯子を持ってきて、藁縄を使って牛に曳かせた。牛を扱う本人が梯子に乗って均す作業は、自分が歩く必要がないため馬車に乗っているようで、子どもなどは好んで乗ったという。

肥料は、〆カス（ニシン粕）、マメカス（大豆粕）、その他購入する肥料を用い、自家のクマシ（厩肥）やコエ（下肥）とともに水田に鋤きこんだ。

移植

六月中旬、日取りの良い日に移植をする。田植えは家族総出で、親戚なども手伝い合って行なった。小学生

❖田植え時の様子

は苗を運んだり渡したりする役割であった。田植えには、ヒモウエ（紐植え）またはツナウエ（綱植え）と呼ぶ田植え縄を横一列にはって縄につけた目印に植えていく方法と、ワクウエ（枠植え）と呼ぶ田植え定規を転がして筋をつけて植える方法があった。明治前期の頃は、こうして縦横をそろえることはせずに、アルキダ（歩き田）といって一人ひとりが手近なところから勝手に植えていく方法だったと言われている。

除草機を使うようになって、稲は縦横きちんとそろえて植えておく必要ができ、田植え縄や田植え定規を使って揃えて植えるようになった。苗の植え方で注意されたのは次の三点。まずフカウエ（深植え）またはドボンコで、苗を深く植えすぎ、それ以上成長しなくなってしまう場合、次に、コシオレ（腰折れ）といい、苗が斜めに刺さって根付かない場合、最後にウキナエ（浮き苗）と言って、しっかり刺さらずに苗が浮いて流れてしまう場合であった。

除草・防虫防除

最初の除草作業のイチバングサ（一番草）は七夕ごろ、ニバングサ（二番草）は七月中旬、サンバングサ（三番草）は七月二〇日すぎ、ヨバングサ（四番草）は八月四日ごろ、ゴバングサ（五番草）は土用干しの直前であった。これらは近隣や親戚縁者で互いに手伝うほか、耕地が広い農家はヒヨチン（日雇賃）を払って近隣の農民を雇った。また、ヒエを手で刈り取る小鎌もあった。ウンカが発生すると、竹筒で廃油や鯨油を水田に落し、藁草履上の箆のついた棒で、虫の葉を水面に叩き落とし、窒息死させた。また、オガと呼ぶガの幼虫が発生すると、アヒルを借りてきて水田に入れて食べさせ、駆除した。

夏のタノクサトリ（田の草取り）には、回転式の除草機をもっぱら用いた。回転式除草機は、農家の納屋に数多く残されている。必要以上に多く所有しているように見える家も多かったので、この点について尋ねると、理由はふたつあったという。ひとつは、後述のようにタノクサトリは人をたくさん雇うほど効率が良いので、戦前にはそのために設備投資をして回転式除草機を増やした時期があったという。話者の親世代は除草の回数が多いほど収穫量も増えると考える人が多かったのだという。ただ、人件費を上回るだけの収穫量が必要で、現実にそれを確保できていたかはわからないとのことである。

もう一つの理由として、田植え枠との関係があるという。二連の回転式除草機は、田植えの列の幅と除草機の幅が一致していないと使用することができない。そのため、田植え枠を買い替えると回転式除草機も買い替えなければならず、それ以前に使用していたものは使えなくなるため、納屋に増えていくのだという。これに対する対応として、既存の回転式除草機を使うため、それに合う田植え枠を地元の農機具職人にオーダーメイドする人もあったという。

回転式除草機については、以下の話も興味深い。筆者は、犂や馬鍬に比べ、なぜ除草機においては、流行を追うように新たな商品を購入していったのかと質問したが、それに対しての答えは、「除草は人を雇うから」であるという。この作業に雇われる人びとは、旧山口村あたりの人びとが多かった。現在の地名では、和歌山市上黒田、谷、里、中筋日延、平岡などである。雇われる人びとも農家であるから、総じて除草などの作業は慣れているが、それでも個人差は大きい。特に丁寧な人と雑な人の差は、タノクサトリを終えたあと水田を見回ると一目瞭然であった。賃金は日当として払われるし、雇うとはいえ手を借りているという意識が強いから、作業の精度を云々しづらいのである。そこで、良い道具を導入して手広く行えば、成果もばらつきがなくなるという考えが強くなる。こうした考え方をするのは、タノクサトリで使用する回転式脱穀機と、二毛作の水田から畑への切り替えに使用する砕土器と畑作の中耕なのだという。

収穫・脱穀調整

一〇月中旬から、稲刈りが始まる。稲刈りはノコギリ鎌で刈り取り、株四つでひと括りの束にし、それを二束まとめて縛り、ナルと呼ぶ稲架にかけた。ナルは、木の棒で三脚にしてそこに木の棒を横に渡した単純なもので、稲をかけて天日干しした。第二次世界大戦中は、人手不足からマジックハンド式の稲刈り具が流行したが、これはそれほど作業効率を上げるものではなかった。人手不足を解消するという広告を鵜呑みにしたため、多くの農家がこれを買ったのである。ただし、これをうまく使いこなしている人もいたという。

この稲刈り具に対する評価の低さには、もう一つ理由がある。聞書きでは、稲刈りは確かに大変だが、大切に育てた稲を自分の手で刈り取るのが良いのだという意見が聞かれた。現在はコンバインで稲刈りから脱粒、藁の処理まで、機械で行って楽になったが、収穫の喜びは作業の苦労と一体だというのである。

稲は一ヶ月弱乾燥させると、脱穀調整で忙しい。脱穀には種籾はカナゴ（千歯こき）で、出荷用の籾はリンテンキ（回転式脱穀機）を使った。家の庭先に筵を敷き、脱穀して俵に詰めた。リンテンキは、稲穂を持つ手を頻繁に反転させるなど若干のコツはあるが、成果としては誰が作業しても同じようになる点が良い。だからこれの台数を増やして、雇い人を増やせば、それがそのまま省力化につながるという。

畑作

二毛作の裏作で生産された品目は、小麦、裸麦、菜種、甘藷（サトウキビ）、棉、夏野菜などで、家によってはタマネギ栽培を裏作として、表作よりもはるかに利益を上げる場合もあった。麦作は、一〇下旬に稲の収穫の済んだ水田の株切りを、トンガ（唐鍬、株切り鍬）で行なった。その後、犂で耕起したあと、薙刀刃付きの砕土器を牛に曳かせて土を砕いた。これには刃の付き方に様々な種類があり、作業によって使い分けるのであるが、実際には自分が特に気に入ったものを、作業に合わせて使いこなしていた。広い耕地を持つ農家は、この砕土に人を雇っていた。そのため近所から牛を借りる人もあった。牛の運動にもなるし、餌は借りた人が用意したので、貸

❖㊧裏作での蔬菜栽培の様子　㊨裏作でのタマネギ栽培の様子

し賃をもらうということはなかった。天候の関係から稲刈りが遅れたりすると、畑の播種時期を守るために牛を複数使い、雇い人を入れて作業をすることもあった。この作業には効率の良い道具を使うと、そのまま作業の省力化につながる。

そのあと畝上げをし、クマシ（厩肥）を畑に入れた。そこに麦蒔きをした。一一月、麦踏みといって、一〇センチ程度に伸びた芽を、子どもが踏み固めた。これは、成長が早いと分蘖が進まないことと、根が張る前に茎が伸びて、風で倒れることを避けるためである。三月になると畝間に雑草が伸びてくる。これを三日月形の刃のついたミカヅキや、鉄板を畝間の形に加工したハラカキなどの牛耕中耕具で畝間を削る。この作業を「あえす」という。この作業後は、土壌の過度の乾燥を防ぐため、叺《かます》（藁筵を二つ折りにして縫った袋）を人力で曳いて均した。麦刈りは、五月下旬に行った。ノコギリ鎌を使って刈り取り、麦打ち台に穂を打ち付けて穂先を落とす麦打ちをして脱穀作業をした。

ちなみに、盆と暮れには、様々な支払を行なわなければならなかった。いわゆる半期払いである。盆前には裏作の収入が入り、肥料代や日用品代を支払うことが出来た。暮れは稲の収入でまかなった。ちなみに麦の収穫と田植え時期を五月アキといい、米の収穫を九月アキともいった。

技術改善に関する情報収集

前項の農作業に使用する農具について、農民たちはどのように情報収集していたのだろうか。筆者は、農業についての新しい知識や技術が、どのように農村にもたらされたのか、また農民が主体的に情報収集する手段にはどのようなものがあったのかについて聞書きをしてみた。以下は、いくつかの証言である。

事例1

戦前は、村のなかでも新しい技術に関心を持つ人々が何人もいて、村の様々な会合の折には入手した新しい農具の機能や使い勝手の良し悪しなどについて話したものだ。農業の新しい技術や農具についての情報の多くは、農事実行組合という行政の末端組織であった。これは区長に加えて若手・中堅の中から委員数名を選出して運営されていた。肥料などの共同購入や、行政からの様々な情報の伝達、農機具の商人が提案してくる様々な農具の斡旋、頼母子講のような積立金による資金の貸付業務などがおもな仕事であった。特に行政的な指導が入るわけではないが、いろいろな情報は農事実行組合を通して入ってきた。（O氏　一九二二年生まれ）

事例2

戦前は、この周辺からも余裕のある家から西和佐農業補習学校へ行った人がいた。今で言えば中学校にあたる。そういう人は村の中でも農事実行組合の役員になって活躍した。戦前から戦中にかけて学校では畑も作ったし、林業の実習もあったが、学校へ来る子どもらはみんな農家の子だから、学校で新しいことを勉強するというより、普段家で手伝っている仕事を学校でもやるといった感じだった。先生のなかには町の育ちの人もいて、生徒から逆に教えられたり、ぎこちなく鍬を振るしぐさを馬鹿にされたりしていた。

妙なもので、先生ではなく、実習用耕地の日常管理に雇われたおじさんのなかに気兼ねなく教えてもらえる人がいて、畝立ての時に鍬を振る姿勢の足のかたちなどを真似して、技を盗んだこともある。

また、先輩たちは、岩出にあった紀北農業学校に行た人があって、そこで県が主催する農機具の実演会を見て

いろいろな道具について知ったと聞く（大正期の話か）。（O氏　一九二二年生まれ）

事例3

村の青年団では、村内を流れるカワ（紀ノ川からの井堰用水）である六箇井と藤崎井、そこから枝分かれするミゾ、カワを清掃する溝掃除を春の田植え前に行なった。また、紀ノ川の河川敷に肥料とするための草を刈りに行くのも、青年団で行ったことがある。川の土手をグロといい、その雑草を共同作業で刈るグロ刈りは、青年団の仕事であった。これには村役場から報酬が出て、新年会の経費として使った。耕地の耕作や田植え、除草、収穫といった作業は、個々の農家の経営の範疇で、日雇いなどを使うため、青年団を動員して作業することはなかった。

青年団は、たびたび集会所に集まって会合や懇親会を開いていたが、この席で新しい農具や肥料などの良し悪しがよく話題となった。新しいもの好きで次々と色々なものを実験的に使ってみたがる人を、「さとい（聡い）人」と言って、頼りにされていた。「さとい人」には、呆れられるような否定的な意味合いも含む言葉であった。よく和歌山へ出かけていき、店を回っては何か買ってきて自慢する。年寄りからは、より否定的な感じで「さといヤツ」だと噂されていた。ただ、こうした人がもたらす情報と、いち早く使ってみた感想は参考になるものだ。そういう人は一目置かれる存在であったから、次々と真似をするひとが出てくる。（O氏　一九二二年生まれ）

事例4

戦前の和歌山市平岡地区や谷地区、中筋日延地区の小作人は、農繁期によく出稼ぎをした。周辺農村の単純労働を請け負う日雇仕事で、テッタイ（手伝い）と呼ばれた。谷地区に取りまとめの女性がいて、出稼ぎ仕事の段取りをした。出稼ぎの仕事には、田植え、草引き、稲刈り、安楽川地域（現紀の川市貴志川町）の桃の袋かけ、タマネギ収穫などであった。それぞれの時期になると、「～村に田植えのテッタイ行かんか？」と誘いに来た。特に女性は、自家の仕事と重ならなければ、積極的に出かけていった。泊り込みですることはなく、日帰りで昼食は依頼主が出した。農繁期は毎日のように出かけ、小作人にはかなりいい稼ぎになった。これが可能なのは紀ノ川の井堰灌漑のおかげであった。田植は川上から順番に水を取っていくので、田植え日が少しずつずれていくからだ。男性は自分の家の田植えの準備作業をし、その間に女性が出稼ぎに行ったのだ。子どもが小さい人はオンブして仕事をしたり、エジコに子どもを入れて畦に置いたりして、仕事をした。こうした近隣の集落へ頻繁に出稼ぎする人々は、様々な地域での農作業を見聞しており、雇い主となる場合も、昼食やオヤツを出して談笑するなかで、様々な情報のやりとりがあった。（K氏　一九三一年生まれ）

事例5

縁日市の商人や、一角で行なわれた農具の品評会は勉強になった。今でも農家はいろいろと新しい農機具のことを勉強しなければいけないが、昔もそれは同じ。例えば、二月の最初の午の日に開かれる長田観音（紀の川市長田）の初午、一二月一二日に開かれる根来寺の覚鑁上人の供養に、境内で縁日が出る。方々からたくさんの人々がここを訪れ、遠方から訪れる農機具や荒物を扱う商人の口上に耳を傾けたり、出展されている新しい農機具を見学したりするのが楽しみだった。（K氏　一九二九年生まれ）

事例6

日常的な農具は、近隣の和歌山市小豆島地区、永穂地区、園部地区、上野地区に、一軒ずつ鍛冶屋がいて、冬期に農具を集めに来て、減った鍬先・鋤先をサッカケ（先掛け）したり、鋸鎌の刃の修理をしたりした。それに対し、牛耕農具やその部品などは、鍛冶屋や瓦屋がたくさんあった瓦町（現和歌山市田中町周辺）に農機具商人が数軒かあり、各地の先進的な道具を取り扱っていた。互いに競争していたためか、農機具商人の側からも道具の良し悪しや、土質に対する適用性などについて質問されることもあり、店を訪れた際に情報交換をした。岩出市大宮地区にも農機具商があり、修理や改造などを請け負った。肥料は、牛にリヤカーを引かせて、和歌山市街の肥料商人のもとに買いつけに行った。

和歌山市小豆島地区など、農村にも肥料を商う者がいたが、わざわざ町へ出かけるのは新しい情報が得られるからであった。だから緊急時以外は和歌山市街へ買いに行った。

噂とは面白いもので、誰かがそうして聞いてきて取り入れる新しいものは、たくさんの人が後追いをするようなところがある。でも追従する人のほうが、新しいものを冷静に判断していたように感じる。（O氏　一九二二年生まれ）

事例7

昔はカタメの仲の友達とは、一生にわたって親しくしたものだ。カタメとは、親友のことを指し、多くの場合それは小学校の同級生であった。普段は、何かと本家と分家とか、土地の広さとか、村のなかでの発言力などの違いなどにしばられることが多いのが村の生活。だが学校の同級生や幼なじみは、青年団に入っても気が置けない相談相手であった。一人前に一家の経営をする年齢になってもこの関係は続き、このカタメで連れだって和歌山市街へ出かけたり、ともに農業技術の研修会に参加したりした。何かを実験したり、試したりすることは、失敗することも多いから、気心の知れた仲間で遊び気分でやってみると、年寄からも文句を言われなくて済んだ。（K氏　一九二九年生まれ）

事例8

旅の際の土産話のなかに他の地方の農業についての話題があると、みな真剣に聞いた。村には、地区を東西にふたつに分けて、それぞれに牛滝講と伊勢講があった。どの家も任意で入ることができた。牛滝講は、牛滝山（大阪府岸和田市の大威徳寺）に牛の健康安全を祈願するいわゆる牛滝参りの講。年に一度、田植後に代参者一名を派遣し、牛小屋に貼るお札をもらってくる。伊勢講は、農閑期に伊勢神宮に参ってお札をもらってくるもので、これも参るのは代参者のみ。家のならび順に西から東へ毎年一軒ずつ交代で出かける決まり。出発と帰還の折は、盛大に祝うのがしきたりで、このとき道中や宿で見聞きしたことを話して聞かせるのが代参者の役割。かつては伊勢神宮で他地域の農民と交換した籾や種を披露する者もあったという。（K氏　一九二九年生まれ）

このように、新たな農業技術や技術改善のアイデアは、必ずしも行政からトップダウンでもたらされるばかりではない。上記の事例に見られる、「真似る」、「試す」、「追従する」といった表現、また「盗む」という表現は、個人が体得した経験主義的な技術への信頼が表れている。それを自らが身につける方法もまた経験主義であった。

昭和初期においては、町へ買い物に行く、学校で農業について勉強する、旅行をするといった新たな行動を、農民も活発に行なっていた。そうしたなかで、様々な人々との交流から、農民は多くの農業技術に関する情報をつかんでいった。また農業技術に関する情報は、縁日市や日雇い労働など、様々な契機でもたらされ、中には自ら他地域へ取材に行くものまであらわれた。

こうしたとき農村においては、突出した者を抑圧したり排除したりする反応も出てくると想定されるが、聞書きデータで示したカタメという家や村といった枠組みを超越した友達関係、ゆるやかな兄弟分の関係は、新しい技術や知識の受容を比較的容易にしたと思われる。近世においては、地主をはじめとする村の上層が技術改善の主役であったが、近代以降は技術改善に対して多くの人がコミットしていくという図式に移行したと理解できる。

こうした動向は、第4章であきらかにした農具の技術改善ブームとも呼べる現象と、商品としての農具の普及が背景にあることは言うまでもない。しかし、次々と提案される新たな農具とそのアイデアの合理性は、農民自身は経験的にしか検証できないのが現実であったから、技術改善のアイデアが有効かどうかは不確定であり、農民にとってはリスクとして認識された。それに対する心配をいくらかでも和らげたのが、先駆者による実験やカタメなどの仲間の意見などであった。新たな農具を次々と導入して農業経営を再編成していくこの段階は、リスクを負いつつも経営体力に応じて農具に投資するという、近世には見られなかった経営手法が発生したことを意味する。

3 富の資本化と投機のスパイラル

近世における公共事業への投資

近世後期において、溜池築造と水路の開削は、地域の農業を安定させる重要なインフラ整備であったが、庄屋や篤農家にとってこうした事業は、村の経済基盤を安定させるという意義と同時に、地域で威信を得るうえで有効な投資であったとも考えられる。このことは、紀ノ川流域に残されている溜池築造や井堰の灌漑に関する顕彰碑がよく示している。用水の確保と排水の安定化という、水稲栽培において最も重要なインフラ整備に対して貢献した人物は、近代に入って盛んに顕彰された。農業近代化を積極的に推進しようとしたこの地域の農民が、自らと過去の人々の技術改善への実践を、顕彰という行為を通じて結びつけようとした意識が見て取れよう。

❖井堰開削の顕彰碑

井堰開削は、紀州藩の公共事業として行われるものと、紀州藩の承認を受けた庄屋や篤志家によって行なわれるものがあった。前者の代表例は、前述の大畑才蔵の指導による小田井と藤崎井の開発で、粉河寺にはその業績に対する大正一四年の顕彰碑が建っている。後者の代表例としては、中村成近と楠見信貴が挙げられる。中村成近は、六箇井の直川―松江の延長工事に尽力し、仁井田好古撰文による「六堰続渠之碑」と記す顕彰碑が鳴滝川堤防に建っている（和歌山市指定文化財）。建立は天保五年である。楠見信貴は、新六箇井の開削に私財を投じて尽力した人物で、紀ノ川の阪和鉄橋北詰に顕彰碑が建てられている。建立は明治二五年である。

第一次長屋門建設ラッシュ

近代に入ると、こうした状況に変化が起こる。商業的な農業への転換に成功して富を得た農家が、こぞって長《なが》屋門《やもん》を建て始めるのである。詳細な建造物の調査データはないが、現在、田屋地区には一五棟あまりの長屋門が建っている。その半数ほどは、いったん明治末期から大正期に建てられたものを、立て替えたものだという。明治末期から大正期には、第一次の長屋門建設ラッシュがあったのである。現在建っている長屋門は、牛小屋兼倉庫としての長屋門で昭和初期〜三〇年代前半に建てられてものが多い。

長屋門とは、『日本民家語彙解説辞典』によると「細長い建物の中央付近を通り抜けできるようにした門を指す呼称」(日本建築学会民家語彙収録部会編　一九九三)であるが、紀ノ川流域では、大庄屋が行政を行うための公的な性格の強い施設でもあり、富や権力を象徴するものでもあった。近世においては、貧富にかかわらずだれもが建ててよい建物ではなかった。国の重要文化財に指定されている中筋家住宅(和歌山市)の長屋蔵、旧名手本陣妹背家住宅(紀の川市)や増田家住宅(岩出市)の長屋門、岩出町指定文化財の金田家長屋門などは、こうした例である(財団法人和歌山県文化財センター編　一九九三、同編　一九九八)。

農業技術の改善や二毛作による商品作物の出荷などによって、多くの農家が余剰生産の富を得るようになる明治後期以降、長屋門の建設ラッシュが起こった背景は何であろうか。和歌山市田屋地区での聞書きでは、「長屋門を建てることが農家の誇りであった」(K氏　一九三一年生まれ)、「大きな長屋門は、扉についている鉄の飾りの形からチチモン(乳門)と呼ばれるが、そういう家構えを見ると感心したものだ」(O氏　一九二二年生まれ)といった証言が得られた。長屋門を建てることは成功の証としての意味があったようである。長屋門に対する憧れは、当時の農家が持っていた長屋門建設を通じて富を誇示する意識の名残ではないかと考えられる。

第二次長屋門建設ラッシュ

その動向は、昭和初期から昭和三〇年代前半に別の展開を見せたと思われる。

現在、田屋地区をはじめ本研究の対象地域一帯には、長屋門の街並みが見られる。個々の長屋門は、農業倉庫

❖長屋門の例

兼厩舎の施設である。門の両側は、農具の保管庫、元牛小屋のトラクター車庫、元土摺臼による臼挽きの作業場で現在は米の乾燥機や精米機置き場、家によっては隠居した老夫婦が暮らす部屋、便所などが設えられている。全く華美なところはなく、あくまで機能重視の施設である。五〇代以下の世代には、長屋門に対する憧れやそれを誇るような意識は全く見られない。

現在見ることができる長屋門は、第二次長屋門建設ラッシュともいえる昭和初期から昭和三〇年代前半に建てられたものであり、内容は機能重視の農業倉庫・作業場であった。

この動向は農具の技術改善ブームとも重なり、農作業の充実のための設備投資としての性格が強い。第二次長屋門建設ブーム以降、現在に至るまで造られてきた長屋門は、生産施設であり、極論すれば農具のひとつである。富を威信のために使って消費した第一次長屋門建設ブームとは異なり、第二次建設ブームは機能的な設備への投資であり、余剰生産を資本として農業に再投入する流れととらえることができる。

4 新たな農法の採用

直播法の導入

田屋地区には、現在四件の農家が直播法《じかまきほう》による水稲耕作を実践している。この方法は、昭和二〇年代〜三〇年代にかなり流行した。この理由について、現地では人手不足が顕在化してきたため省力化が大きな課題だったためと説明されることが多いが、筆者はこの農法がとりわけ二毛作において有効な省力化につながるという、技術のマッチングの問題が大きかったのではないかと考えている。

直播法を導入したW氏（一九四八年生まれ）の父は、高価な田植機の導入を戸惑っていたことと、田植えが不要である点が兼業農家にはありがたかったことの二点から、直播法を導入したという。直播法は、麦刈り後の調整作業と畑から水田への転換作業、田植え用の育苗の三つの作業が重なる二毛作の農繁期の負担軽減に役立った。

昭和二〇年代~三〇年前後に、多くの農家がこれを実験して導入していったが、農家が思案していた点は上記のようなことであったという。その後、汎用の田植え機が普及し、農協から得られる融資の充実などもあり、在来の移植法に戻していく農家が多くなったが、W氏のように兼業農家を中心に現在でもこれが続けられている。

O氏（一九二二年生まれ）は、「田屋地区の農家はいろいろなところから新しい道具や農法の情報を得て、様々な実験をしてきたが、最近はそうした勉強をしようという者が少ない。直播法はそういったものの最後だったのではないか」と述べたが、これはこの地域の農業の歴史的展開を考えるうえで重要な証言であると考える。

直播法の農作業の特徴

以下は、田屋地区のW氏（一九四八年生まれ）が現在行っている直播法の内容である。

まず種籾を消毒、塩水で浮籾を除去する。そのあと籾に鉛丹をまぶす。これは乾田に蒔いた時にすずめに食べられないようにするためである。この作業と同時に、晴天が続いた日を選んで田を耕す。湿った土に耕耘機を使うと、土塊ができやすいためだという。乾いた土で耕すと土を細かく砕くことができる。耕作において直播法にとって最も大切なのは、水をはる前にできる限り田を平らに均しておくことであるという。低い場所があると、水を入れた際に苗が水没してしまうからである。

通常の移植法をとっている農家は、苗代に種播きをするが、直播法の農家は、この時期に乾田に直接種をまく。つまり、移植法の農家の田植えよりも三週間早く種播きをし、移植法の農家が田植えをする時の苗の長さと、直播法の農家が早めに播いた苗の長さが同じでなければならない。これはどちらの農家も六箇井の用水を共有しているので、田に水を入れる時期はどちらも同じ時期だからである。実際には、直播法の農家は移植法の農家に作業の歩調を合わせる形になっている。田に水が入った時点では、結果的に苗の長さが同じなので、その水田が直播法か移植法かは視覚的に判別するのは不可能である。

直播法の播種は、専用の種播き具で行う。耕した田に水を入れない状態で、種を筋状に落としていき、播種後に除草剤を一回入れる。ベストなのは、種播きをしたあとで、すぐに雨が少し降り、そのあとすぐに除草剤を入れるというスケジュールであるという。こうすると除草剤の浸透が良くなり、三週間程度で苗は大きくなる。苗が十分に伸びていない状態で田に水を入れると、ドボンコといって水没してしまい、苗は二日で腐ってしまう。また、水を入れた後で、別に苗床で育てておいた苗を挿し苗しなければならない。種が芽を出さなかったところや、種が落ちずに空白になっている場所に追加する。水をはったら二回目の除草剤を入れる。

直播法は、上記のように田植え作業がない。そのかわり田植え前の耕土作りに手間がかかり、丁寧さが要求される。専用の種播き具も麦播き具を改良した手動の安価なもので、苗床作りの機械や田植え機などの設備投資がかからない。

5 農具の群資料の分析

群資料への視点

本章では、犂や牛耕中耕具といった個別の農具の近代における変化を分析してきた。対象別の変化を軸としたデータ分析である。本節では、それら相互の関連を理解するため、一軒の農家に残された農具を群として分析する。対象となる資料をここでは仮に群資料と呼ぶ。群資料は、単にそこから資料をピックアップする調査の現場を言うのではない。定義づければ、ある区画された範囲に存在する全ての物質資料を収集し、その群の形成過程や生業の変遷を読み出すという作業のための分析対象である。

一軒の農家における農具の受容と更新

表13は、和歌山市上野地区のT家という一軒の兼業農家に残された農具である。この資料の意義は、農業機械を導入する直前まで使用していた農具の全容がうかがえる点にあるが、それは一群として把握してはじめて意味を持つという性格の資料である。T家に残存する農具の群資料から、一軒の農家の新技術の受容過程をさぐって

耕作用具		
長床犂（二 -1-01-079）	短床犂（二 -1-01-080）	短床犂（二 -1-01-087）
短床犂（二 -1-01-089）	中床犂（二 -1-01-081）	車馬鍬（二 -1-01-083）
首木（二 -1-01-084）	鞍（二 -1-01-085）	尻木（二 -1-01-086）
塊割槌（二 -2-01-052）	塊割槌（二 -2-01-057）	馬鍬（二 -1-01-082）
馬鍬（二 -1-01-088）	歯減し馬鍬（二 -2-01-053）	砕土（カニケンガ）（二 -2-01-055）
牛耕砕土器（ヒコーキ）	牛耕筋切具（二 -2-01-054）	
移植用具		
田植篭一対（二 -1-03-020）	田植篭一対（二 -1-03-021）	田植篭一対（二 -1-03-022）
田植篭一対（二 -1-03-023）	田植篭一対（二 -1-03-024）	田植篭一対（二 -1-03-025）
防虫防除施肥用具		
緑肥籠（二 -1-04-008）	緑肥籠（二 -1-04-010）	草刈鎌（二 -1-05-017）
草刈鎌（二 -1-05-016）	厩肥籠（二 -1-04-009）	農薬用漏斗（二 -1-04-007）
脱穀調整用具		
千歯扱き（二 -1-07-040）	千歯扱き（二 -1-07-047）	千歯扱き（二 -1-07-048）
千歯扱き（二 -1-07-049）	脱穀用横杵（二 -1-07-046）	唐箕（二 -1-07-042）
万石通（二 -1-07-044）	改良篩（二 -1-07-045）	籾探し（二 -1-07-041）
籾探し（二 -1-07-051）	俵編み具（二 -1-07-050）	俵編み具（二 -1-07-052）
漏斗（二 -1-07-043）	俵（二 -1-08-007）	莚 35 枚
中耕除草用具		
小型車馬鍬（二 -2-05-067）	中耕除草具（マンノウ）（二 -3-01-015）	中耕除草具（ヨツゴ）（二 -2-05-069）
中耕除草具（ミカヅキ）（二 -2-05-066）	中耕除草具（ミカヅキ）（二 -2-05-070）	
儀礼用具		
虫送り札（二 -1-09-001）		
牛飼用具		
綱つなぎ棒（二 -3-01-015）	厩舎扉（二 -3-01-012）	押切（二 -3-01-014）
フォーク（二 -3-01-013）	餌桶（二 -3-01-010）	瓦製蚊遣（二 -3-01-011）

表 13　T家（和歌山市上野地区）の長屋門屋根裏に残っていた農具（計 96 点）

みたい。

以下に紹介する資料群は、農業倉庫として使用してきた長屋門に残されたものである。T家では、兼業農家としての農業に本格的に転換するため、一九五七（昭和三二）年に農業機械を本格導入した。機械の内容は、プラウとハーローを牽引するトラクター、様々な資材・肥料・道具を運ぶ運搬機（地方名称：ツイテコイ）、防虫防除のための動力噴霧器、稲収穫に用いるバインダー、脱穀に用いるハーベスターなど一式である。機械の導入による省力化によって、農作業を休日のみでこなせるように経営刷新したのである。その折、ウシを売却し、機械導入によって不要となった農具を全て長屋門の屋根裏（ツシ）へと収納し、ウシ小屋以外の一階部分を農機具の車庫および脱穀機の設置場所としたという。同時に、長屋門の中央にある道から敷地内への通り抜け部分を拡張し、トラクターや運搬機の通路を確保する改築を行なった。T家は二〇〇五年に母屋を取り壊して農業倉庫を建築したため、長屋門を農機具の車庫として使う必要がなくなったため、これも取り壊すことになった。

T家では、残された農具のなかで博物館で活用できるものがあるのではないかと考え、和歌山県立紀伊風土記の丘に調査と寄贈の依頼をしたという。筆者は、二〇〇六年二月に同館の学芸員として本資料の調査を実施し、屋根裏に残されていた以下の農具を収集した（括弧内は同館の資料分類番号）。収集しなかった資料は、湿気で朽ちていた莚一九枚と、土が乾燥して崩壊状態にあった土摺臼のみであった。

この資料群を、用途別にまとめたのが表13である。

耕作用具は、明治後期～昭和前期に購入されたと思われる短床犂、X脚中床犂が並存する一方で、それ以前に使用されたと考えられる長床犂の木製部分のみが残存していた。また、砕土器としては、馬鍬と、明治前期からこの地域で普及した車馬鍬（地方名称：マイケンガ）、大正期～昭和前期に普及した砕土器（地方名称：カニ、カニケンガ）、砕土器（地方名称：ヒコーキ）があり、砕土器の変遷を反映した内容と理解することができる。

移植用具としては田植縄や田植え枠などの正条植えの道具が見られない。田植え籠も残存数は少なく、どれも破損が目立つ資料であった。聞書きでは、一九五七（昭和三二）年の農業機械導入の際には田植え機はまだ一般的ではなく、トラクターで整地した後は、従来どおり手植えしたという。そのため、田植え関係の道具一式はそのまま使い続けられ、長屋門の屋根裏には残らなかったと理解できる。

防虫防除施肥用具については、昭和三二年を境に緑肥・厩肥の使用をやめたことが反映されている。それ以前は、田の畦や河原などで刈った草をためておき、牛小屋で糞尿と混ぜて発酵させる厩肥と、そのまま用いる緑肥とに使い分けたのである。緑肥籠・厩肥籠・草刈鎌はこうした作業に用いた農具である。昭和三二年以降、トラクターの導入によって厩肥を作れなくなり、それ以前から使用を始めていた化学肥料に全面的に依存するようになったのである。

脱穀調整用具は一式そろって残っている。脱粒に用いる千歯扱き、脱粰《だっぷ》に用いる土摺臼（収集せず）、籾殻とゴミを飛ばす唐箕、玄米の粒の大きさ別に選り分ける万石通、天日乾燥に用いる藁莚と籾探しなどである。また米の出荷も麻製の叺に転換していたので、俵編み具や漏斗も不要となっていたのである。

中耕除草用具も、この地域の農具の変遷を反映した内容となっている。明治前期から使われたものとして小型車馬鍬とヨツゴが挙げられるが、特にヨツゴは歯の角度に改良がなされており、軽便なミカヅキやマンノウが導入された大正期〜昭和前期も継続的に使用されて並存していた可能性もある。

儀礼用具として、虫送り札が残っていた。こうしたものは一般的に祈願のための儀礼のあと放置されるか破棄されるため、農具に混ざって残っているのは珍しい。内容は、伊太祁曾神社の札を先をふたつに割った笹竹に挟んだものである。

最後に牛飼用具として、綱つなぎ棒、厩舎扉、飼葉を刻む押切、飼葉を扱う餌桶とフォーク、夏に用いた蚊遣などがある。牛小屋を使用しなくなった後、何らかの理由でこれらの道具だけを屋根裏に移したと思われる。

農家にとって農具は新しいものを入手して使用しなくなった場合でも、それはすぐに廃棄すべき対象とはならなかったようである。短床犂と中床犂が普及してもそれ以前の長床犂は残され、中耕除草具のミカヅキやハラカキといった軽便な農具を導入しても、在来のヨツゴを改造して使い続けた。

そもそもこの群資料そのものが、農業機械導入と同時に陳腐化して使用されないものとなったはずであるが、その時点では廃棄されず、とりあえず屋根裏に保管され、現在まで凍結保存のように残されてきた。小谷方明は、農具は「流動資本」（小谷　一九八二、六七頁）であると前提して流通民具論を展開したが、農家にとって農具はむしろ固定資産であり、商品として購入したものであっても、自作したものであっても、消費され、廃棄され、更新される消費財ではなかったのではないだろうか。前章で、明治二一年の水害で失った農具一式の補償を農家が願い出た文献資料を紹介したが、これは農具が農家の財産であることを端的に示している。

農民と鍛冶職人・農機具商人との関係の変化

農具の技術改善の過程で、農民と鍛冶職人または農機具商人との関係は、大きく変わったと思われる。農具の金属部品の磨耗が、いかに処理されているかを観察することで、それを推測することができる。

従来の農民と鍛冶職人の関係においては、農民は鍬や鋤の先の修理を農閑期に依頼し、鍛冶職人は先掛けと称する磨耗した鉄先に軟鉄を鍛着する作業を行ってきた。鍛冶職人は、一般に「鍛冶三里」と言われるが、これは三里四方の農家を得意先とすれば生計維持が可能という意味であり、農民と鍛冶職人の関係をよくあらわしている。牛耕の農具にあっても、馬鍬の先など鍛造によって製作する部品は、先掛けが可能であり、農民と鍛冶職人の「鍛冶三里」の状況が続く限りは、農民はこの道具を使い続けることができる。

一方、各部の規格化が進んだ流通品の農具においては、消耗した部品を購入することで、農民自らが部品を取り外し、新しい部品に交換することができた。ここにおいては、鍛冶職人の恒年度のメンテナンスは不要で、農機具商人に交換部品を注文するだけで済む。

犂先は鋳造で作るため消耗したものは回収されて鋳直されるため、修理痕は残らない。一方、砕土器と中耕除草具を対象に、消耗箇所の観察をすると、農民と鍛冶職人・農機具商人との関係の一端を見出すことができる。

まず砕土器については、ヤツゴには明らかに先掛けを施した痕跡が見られる。また、八本の歯はすべて同じ早さで消耗するのではなく、端の歯のほうが少し消耗が激しい。これは牛にヤツゴを引かせる際に、耕作土の抵抗を受けて左右に傾くためと考えられる。ヤツゴの歯は元の側に穴が開いており、これに針金を通すことで台木部に固定されている。農民は、消耗した歯を取り外して、歯先をどれだけ付け足してほしいといった注文を鍛冶職人にしたのであろう。また歯そのものの断面は四角形だが、先端の側は進行方向に向けて両刃になっている。この刃のつけ方の加減もあるいは注文によって調整していたかもしれない。一方、大正〜昭和前期に用いられたカニケンガは、鋳造した部品をリベットでつないだものであり、それを台木部にボルトで固定する構造である。この農具に、従来の鍛冶職人の関与する余地はない。製品そのものも部品も流通品であり、農民は農機具商人あるいは農会といった農業組織を通して部品を購入し、メンテナンスを行ったのである。

次に中耕除草具は、ヤツゴと同様にヨツゴにも明らかに先掛けを施した痕跡が見られる。これも消耗した歯のみを取り外して、鍛冶職人に修理してもらったと考えられる。次に、実験的な農具であるマンノウには目立った修理痕は見られない。ただ、マンノウは各部が規格化されておらず、流通する部品を手に入れて交換するといったメンテナンスは不可能であった。おそらく修理を必要とするほど使用しなかったためと考えられる。大正〜昭和前期に普及したミカヅキには、明らかな修理痕が見られる。なかには、数度の先掛けを施した民具も見られる。

砕土器においては、新たな農具の登場によって鍛冶職人のメンテナンスは不要になっていった。一方で中耕除草具の場合は、鍛冶職人が関与し続けた。この違いが生まれた最大の要因は、流通の問題にある。つまり、農具が商品として流通するためには、各部が規格化され、部品が別の部品と交換可能でなくてはならない。砕土器のカニケンガは、規格化が高度に進んだ農具であった。一方、地域の農民のニーズに基づいて、紀ノ川流域のみで使われた中耕除草具のミカヅキは、規格化が進んでいないため、あるミカヅキについている部品を、別のミカヅキに付け替えることは不可能であった。鍛冶職人は、従来の鍬や鋤と同様に、特定の農民のための農具を要望に応じて修理する関係を保った状態で、中耕除草具の修理を行っていたと考えられる。

いわば、レディ・メイドかカスタム・メイドかの違いによって、農民と鍛冶職人・農機具商人との関係は左右される。加えて、地域独自のニーズをもとに、地域において創作され、地域的に普及した農具、つまり「事実上の標準」の農具は、従来からの農民と鍛冶職人の関係が保たれていなければ、必要な恒年度の補修をし続けることができない。農具の改善が活況を呈した大正〜昭和前期、地域においてはレディ・メイドの普及によって従来の鍛冶職人の仕事が圧迫された一方で、地域的な需要に基づいたカスタム・メイドの新たな農具の登場によって、従来の鍬や鋤の先掛け以外の注文も増えたということになる。一般に、農具の近代化によって地域の鍛冶職人の仕事はなくなっていったととらえられている。しかし民具の補修痕から明らかになることは、農民と鍛冶職人の関係をめぐって起こった前述の相反する動向がせめぎあう状況であり、大正~昭和前期に農民と鍛冶職人の関係が大きく転換していったことが浮き彫りにされた。

鍛冶職人の多くは、様々な鉄の加工を請け負う鉄工所となったり、既成の流通品を商う農機具流通業に手を伸ばしたりするなどして、時代の流れに対応していったと考えられる。鍛冶職人にとって、新たな農具が盛んに提案された大正~昭和前期は、従来の「鍛冶三里」といった固定的な得意先を保持する同業者の棲み分けの段階から、いかに得意先を開拓するかという競争の段階に移っていった時代であった。

6 まとめ

技術改善における地域独特の制約

本章では、大正から昭和初期における田屋地区の農業において、新技術と在来技術がどのように結合していたかに着目しながら、聞書きを行ったデータを提示した。そこには、この地域独特の灌漑による制約や、それを逆手に取った新技術の導入が見られた。

地域独特の灌漑による制約は、繰り返し述べてきた二毛作独特の農繁期における耕耘作業と、畑作の中耕・除草作業における農具の洗練化が課題となったことに反映している。ここでいう制約とは、畑作物の収穫・調整作業と畑から水田への転換が重なって忙しいからといって、次に控える田植えの引水日を特定の水田だけ変更することは不可能であるという井堰灌漑の特性である。畑として使用した耕地を水田に転換する作業は、水稲単作の耕地の耕耘とはもちろんプロセスが異なる。

特徴的なのは、水田から畑への転換作業に天地がえと耕耘の二段階があり、前者には深耕が可能な短床犂や中床犂Ⅰのタイプの犂を、後者には、中床犂ⅡかⅢもしくは在来犂の長床犂が適しており、農家はこれを使い分けた。このことが単線的な発達とは異なる、犂のバリエーションとして残存した要因であった。

また、地域独特の灌漑を逆手に取った新技術の導入は、直播法がその代表的な例である。田屋地区は紀ノ川からの井堰灌漑であるため、上流から一日ずつずらしながら田植えのための引水を行うというルールがある。この制約は特定の集落のみ、または特定の家のみが、別の農法を導入することを不可能にしている。しかし直播法は、引水の段階で移植（田植え）をしたのと同じ長さになるように、逆算して播種をすれば、周囲に迷惑をかけることも、自らの水田への引水に支障をきたすこともなかった。田植え作業をすべて排除できた直播法は、農家の経営上劇的な省力化であった。直播法は、既存の二毛作という生産基盤の制約と、井堰灌漑による水利上の制約の、両方をクリアする数少ない新技術として選択され、導入されていったのである。

パーソナルな経験主義への信頼

本章で提示した、新技術導入における農民の情報収集方法の事例からは、農業学校や農業協同組合、行政など、科学的な知識の公的な普及によってもたらされる情報のほか、講などによる旅行や、青年団の共同作業と懇親会、カタメという兄弟分のような同齢の遊び仲間、縁日市など、様々な情報源があったことがわかる。そのなかで、例えば「さとい人」のような実験精神の旺盛な人物や、馴染みの農機具商人などからの情報は、信頼のおけるものとする考え方が見られた。一方、農業補習学校の教員のなかには、鍬を振る姿勢がぎこちないといった理由から、彼が語る科学的な知識に対する不信感が抱かれたという例もあった。

こうした技術を学ぶ方法は、「真似る」、「試す」、「追従する」といったものであり、これを身につけることを「盗む」と表現する点は象徴的である。パーソナルな経験主義への信頼は、農民が自らの農作業に新技術を導入する際に、極めて重要な要素であったようである。

このことは、第2章で近世の農村における農業技術に長けた古老を「能き作人」として評価し、彼の技術を村内に広めることで技術改善を図ろうとする発想、明治期に農政の末端に位置付けられ、新技術と在来技術を融合させて普及する役割を担った「老農」への信頼とも、相通じるものがあろう。

富の資本化と投機のスパイラル

本章では、余剰生産による富の使い方についての事例を提示した。技術改善によって得られた余剰生産が、威信獲得のための象徴財への投資から、さらなる技術改善に資本として再投入されるようになる動向が、農具の商品化による技術改善ブームとパラレルに進行したことも指摘でき、農村における思考の転換点として注目される。

近世後期、庄屋や篤農家の一部は私財を投じて用水路の開削などのインフラ整備に尽力した。また、近代に入ってからは、長屋門建設が成功の証のように認識されていた。この段階では、余剰の富は威信獲得の分野に消費されたと言える。

一方、昭和初期から昭和三〇年代にかけて見られる農具の技術改善ブームにおいては、新たな農具やアイデアをいち早く導入することにエネルギーが注がれた。商品作物の充実化を目的とした二毛作を前提とするこの地域では、二毛作独特の農繁期の作業を効率化するための農具が、次々と試された。そして、技術革新が実際の経営安定化に寄与するだけの利益を生み始めると、「生産力の向上」→「余剰の利益の確保」→「資本として生産に再投下」→「生産力の向上」というスパイラルが安定化した。

この段階では、農業で得られた利益は、資本として農作業効率化や設備の充実に向かい、有効性が未知であるような農具も積極的に導入するようになったのではないか。それによって農民は、様々な商品やアイデアに翻弄されるようになったと思われる。田屋地区の場合、それはとりわけ除草作業と水田から畑への転換作業に向けられ、農家は様々な農具を購入するようになったと思われる。農業内容が質的に向上する体制へ移行したこの時代の状況を、筆者はここで「富の資本化と投機のスパイラル」と表現する。(15)

技術改善をめぐるダブル・スタンダード

水田の除草作業に特徴的に見られた、新技術導入に対する価値観は興味深い。耕地面積の広い農家は、近隣農村から農民を日雇して除草作業を行う。この場合、人数を一度に大量投入して日数を圧縮したほうが効率が良いとのことで、雇う側の農家は様々な農機具を試し、少しでも効率と作業内容を向上しようとした。

これは一見すると流行を追うことになるが、それにはむしろ良い評価が付与される。その理由は、「除草は人を雇うから」であるという。除草作業は、その質において個人差が激しい作業であるが、日雇賃は日当として支払う慣例となっており、雇う側はより良い道具の導入によって作業の個人差を埋めようとした。こうした投資は、言わば経営的な努力として、「手広くやっている」といった良い評価の対象となった。

二毛作の水田から畑への切り替えに使用する砕土器と、畑作の中耕にも同じような評価があることは、農具の導入に対する価値観として興味深い。

一方、稲刈りの効率化については、批判的な語りが聞かれた。収穫作業は、水稲耕作のうえで最も体力を要する作業であるが、これに投入する自らの労働の軽減には〝手抜き〟といった消極的評価を下す価値観があり、あたかも収穫の喜びを労働量と比例するようにとらえられた。この相反する語りを、筆者はここで「労働への美学と労働軽減の正当化のダブル・スタンダード」と表現する。

結論

1 研究の成果

本研究の成果は、農民に視座を置いた新技術受容の実態を描くためのいくつかの視点を提示できた点にある。ケース・スタディにおいては、農民が生産現場で直面するミクロな事情とマクロに展開する政策や物流の変化、科学的知識の普及等とがどのように接合したかをもとに、新技術受容のありかたを詳細に描いた。

従来の民俗研究は、農具の改良や農業近代化、農作業の合理化、学理的農法の科学性といったものを、在来技術の廃絶や駆逐を促すものとして、それ自体を対象化することに消極的であった。そのため、農業技術改善自体を研究対象とする発想が乏しかった。

筆者は、新技術の地域的受容の問題を正面から取り上げた流通民具概念を、本研究の理論的支柱に位置づけた。その内容は、そもそも民具とは知識・情報・技術・物品の流通とその受容過程で生まれるものであり、地域性と見えるものは当該地域の諸条件に適応させた結果であるとする発想であった。

本研究で明らかになったことは、以下の四点に集約できる。

第一に人格的な技術観、第二に技術改善における地域独自の「本位」、第三に労働観や道徳への依存、第四に技術改善ブームへの転換点である。

人格的な技術観

第一の人格的な技術観は、筆者が「パーソナルな経験主義への信頼」と名づけた問題である。これは、身近な人物が経験的に身に付けた技術を、自らの農作業へ適用可能と見做す思考である。具体的には、近世の農書に見られる、技術改善に積極的で知恵のある農民を「能《よ》き作人《さくにん》」として評価し、彼らが身体的に獲得した経験主義的な知識と技術を模範とするような価値観がこれにあたる。

また明治の農政においては、地域的に醸成された経験主義的な農法を普及することで、農業技術の底上げを図ろうとし、近世に「能作人」とされたような人物が、国家的な勧農のシステムの末端を担う「老農《ろうのう》」として担ぎ出された。

聞書きにおいても、青年団における「さとい人」、学校教員に対する鍬の振り方による評価、馴染みの農機具商人、旅先で出会った他地域の農民、カタメと呼ぶ同齢の仲間への信頼など、「パーソナルな経験主義への信頼」にも様々なものが存在することがわかった。

農民の知識は、理論や実験、仕組みといったデータ数値や合理的説明とは相容れず、「真似る」、「試す」、「追従する」ことで身につける（「盗む」）という、人格的な性格を持っていた。

学理的農法や科学的・合理主義的な新技術の無批判な受容は、在来技術や地域の物質文化の没個性化、別の側面からは労働の均質化を促すのに対し、この「パーソナルな経験主義への信頼」は、地域独自の生産状況や環境のみならず、理想の農民像といった価値観も動員されるため、技術改善において地域独自の傾向を生み出す一因となる。

この点については、すでに農村社会学の立場から日本の農業近代化を論じた有賀喜左衛門が指摘している。彼は日本の農業経営の主体が家であったことが、工業に比して家族経営の小農的状況からの脱却を阻み、組織面での経済的能率的な変革が困難であったと指摘している。ただそこでは、「西洋社会では農業労働は非人格

（impersonal）的な性格を獲得しているのに、日本ではそれはまだ人格的（personal）関係に深く埋没している」（有賀一九六七、一五七〜一五八頁）として、それを日本の農業近代化の特質として挙げている。しかし、有賀もその後の研究者も、その「人格的関係に深く埋没」した農業労働について分析しておらず、ここで挙げた「パーソナルな経験主義への信頼」は本研究が提示した新たな点である。

技術改善における地域独自の「本位」

第二の技術改善における地域独自の「本位」は、新技術の取捨選択の結果として認識される偶発的な技術発展を促すものであった。本研究のケースでは、紀ノ川下流域における地域独自の「本位」は「二毛作の洗練化本位」であった。

地域独自の「本位」は、眼前の新技術が、自らの農作業へ適用可能か不可能性かを検討する基準である。それが通時代的に継続するかどうかは、同時代の政治・経済・環境といった様々な要素によって当然ながら可変的である。民俗学は「伝承」という概念で、通時代的に継続する傾向を非時制的に記述する傾向が強い。しかし、その実体は知識・情報・技術・物品の流通と、その受容過程における農民の態度に依存しており、不可変で本質的なものではなく、極めて偶発的な結果であることが多いのではないか。

本論第2章で検証した農書からは、この地域の上層農民は、二毛作の裏作として商品作物を栽培することから出発し、近世後期は一貫して水稲耕作―畑作の二毛作の洗練化を図ろうとしたことがわかった。二毛作の洗練化は、商品作物の栽培のみならず、表作である米の収量増加を同時に達成することが目標であり、そのために投入する労働や肥料を施す方法、種子の選択が研究された。一九世紀に入ると、耕地にとらわれず様々な商品の可能性について模索する上層農民の姿も浮き彫りとなった。

二〇世紀前半になると、一般的には科学的・合理的な学理的農法が影響力を持ち、経験主義的な農法の評価は後退した。とはいえこの地域の農民にとっては、科学的・合理的な先進技術も、二毛作の洗練化に有用でない限り、少しも効果を期待できないものであった。農民は、科学的・合理的農法をひとつの情報ととらえ、資本に見合った内容を主体的に選び取って導入することで、農業経営を再編成した。

こうしたことは、二毛作独特の農繁期に用いる農具の選択に端的にあらわれた。農業の技術改善をめぐってあらわれるボトムアップとトップダウンのせめぎ合いは、近代における農業生産の現場である農村の実像である。農民が目指したものは、スローガン的な近代的な農業ではなく、眼前の二毛作の生産性を高度化することにあった。行政が普及しようとする近代的な技術は、その手段のひとつにすぎなかった。実際、農具において「公的な標準」と「事実上の標準」は地域において共存しており、在来農具は新技術によって陳腐化したものは廃れ、新たな効果を見出されたものは、より広く普及した。

設備面での資本強化は、通常の理解では労働粗放化を促すものである。しかしここでは、耕地そのものの拡大をともなわず、反当り収量の増産を目指す二毛作の洗練化が志向されており、労働粗放化を促すはずの資本投入によって、かえって労働集約化が進展するという一見矛盾した状況が生み出された。すなわち、新たな農具の導入は、生産規模の拡大ではなく、二毛作の高度化をもたらすものとして検討されたのである。

第5章では、紀ノ川下流域における農作業の実際と、そこにみられる技術改善をめぐる様々な事情や状況について、現地での聞書きを中心に復元を試みた。ここでは、二毛作においてどのような農具が重視され、商品として導入されていったかや、新技術に関する情報へのアクセス方法等についての事例を紹介した。農具の技術改善ブームは、二毛作特有の農繁期や経営的な意識の高さと深く関連して展開していたこともうかがうことができた。

こうした動向を通覧してくると、この地域の農民が近世から近代にかけて、都市近郊農村としての利点を活用して商業的農業を発達させるうえで、二毛作の洗練化が常に念頭に置かれていたことが改めてわかる。

商業的農業ということであれば、畑作に特化して商品作物の栽培を大規模に行ったり、稲作作業を徹底的に合理化していったりと、様々なアプローチがあったはずである。また、余剰生産をもとに家内工業へと展開することも想定できたはずである。しかしそうではなく、在来の農法としての二毛作の、各作業を個別に改善するという、保守的なアプローチを継続的に行ってきたのであり、これがこの地域の農業の歴史的展開の特徴として浮き彫りになった。

労働観や道徳への依存

第三の労働観や道徳への依存は、「労働への美学と労働軽減の正当化のダブル・スタンダード」と筆者が名づけた問題である。これは第5章の聞書きデータから析出した傾向で、自らの労働の軽減には〝手抜き〟といった消極的評価がみられる一方、使役する労働の軽減については、経営努力として積極的評価が付与されるというものである。

ここでいう使役する労働の軽減に具体的に該当するのは、水田の除草と、脱穀調整作業、水田から畑への耕地の転換（およびその逆）に特徴的にあらわれていた。水田の除草は労働集約的農業において重要な地味の保持のための作業であり、その他は二毛作独特の農繁期の農作業であった。これに支払う賃金は日当であったことと、労働者の作業の質をそろえるのが難しいことから、農民は新たな農具の導入によって対費用効果を上げようとした。こうした農具の導入は、「手広くやってる」といった良い評価（嫉みや憧れも込めた表現ではあろうが）が付与され、結果的にこれらの作業に使うための様々な農具が農家の納屋に蓄積される結果となった。

一方、稲刈り作業は家族総出で行うものとする考え方があり、この農作業の労働を軽減する農具には良い評価は与えられない。新たな農具を導入するか否かの判断は、こうしたそれぞれの共同体に独特の様々な価値観や道徳に依存する側面が強かったと思われる。

勤勉革命論には、それを下支えしている農村の支配・権力関係が等閑視されているとの批判がある。筆者はこれに加え、勤勉な労働に対する価値観は一枚岩ではなく、ここにも地域独自の論理の存在と複数の価値観の混在があることを指摘した。こうした労働に対する道徳や価値観は、農民による主体的な新技術の取捨選択において、極めて重要な影響を及ぼすと考えることができる。

技術改善ブームへの転換点

第四の技術改善ブームへの転換点は、筆者が「富の資本化と投機のスパイラル」と名づけた動向である。これは技術改善によって得られた余剰生産の利益を、再び生産活動に投入するサイクルである。ただ、農民に視点を置いたミクロな分析においては、これが起こる時代の画期を探り当てるのは難しい。本研究においては、財を誇示する象徴財へ投資する動向が、農機具や新技術の導入が活発化する動向へと転換する状況からこれを描いた。その内容は、幕末から明治前期には公共的な工事や、長屋門建設に代表される威信財に富が投入されることがあったが、この時期には余剰利益を資本と看做す思考が拡大し、長屋門は単なる牛小屋兼農機具倉庫としての広義の農具となった、という流れである。

昭和初期から昭和三〇年代前半にかけて、地域の農機具商人や鍛冶職人が、地域的なニーズと科学的・合理的な知識を融合させた商品としての新しい農具を、次々と開発していった。農民も農業近代化の時流にのって、こうした農具を次々と買い換えていったことは、一軒の農家の所有した農具の構成にもあらわれている。

この動向を筆者は、二毛作の洗練化による余剰利益を、耕地の地味向上やより効率的な農具の設備投資に再投入する、「富の資本化と投機のスパイラル」が生み出されたと理解した。技術改善ブームは、政府・行政による近代化のイデオロギーに基づく知識と技術の普及だけでなく、農民の富に対する意識の変化によって下支えされていたという構図が、筆者が想定する技術改善ブームの内実である。

2　オルタナティヴな技術観

近代化の社会理論

従来の新技術の普及過程の理解は、それを普及する圧力やその効果としての社会の変化が研究対象であった。そこで議論される技術は、もっぱら科学的データや合理的説明と、行政など権力による後ろ楯によってその信頼性が主張されるものと前提にされてきた。換言すれば、新技術に対する信頼性は非人格的で、あらかじめ信頼に足るものとして提示されるため、それを受容する人々を新技術が信頼に足るかどうかを判断する余地がない存在として描いてきた。

特に社会学においては、近代化の社会理論を構築するために近代的技術観が議論の対象となってきた。その代表的なものが、アンソニー・ギデンズによる脱埋め込み（disembedding）概念と、その主要な要素である「専門知のシステム（expert system）」への「信頼（trust）」である。脱埋め込みとは、「社会関係を相互行為の局所的な脈絡から「引き離し」、時空間の無限の広がりの中に再構築すること」であり（ギデンズ　一九九三）、専門家システムとは、「われわれが今日暮らしている物質的、社会的環境の広大な領域を体系付ける、科学技術上の成果や職業上の専門家知識の体系」（ギデンズ　一九九三、四二頁）のこと、端的にいえば科学信仰である。ギデンズによれば、「専門家システム」は「信頼」に依拠している。「信頼」とは、「所与の一連の結果や出来事に関して人やシステムを頼りにすることができるという確信」（ギデンズ　一九九三、五〇頁）であるという。

つまり、近代化過程における先進技術は、科学的理論体系や合理的な説明の説得度などの抽象的原理によって権威づけられ、それへの無批判な「信頼」が広範に受容されるというのである。そこには、在来技術を陳腐化し、それに対する様々な言説を無意味化する強い力があり、それこそが近代化を促進する原動力とされている。

民俗学の技術研究への新たな視点

ここで、序論の1で提示した疑問に立ち返りたい。農業近代化は、技術の均質化の過程であると同時に、技術の地域差を生み出す契機でもあるのではなかろうか。

本研究においては、新技術は前項で述べたギデンズの「専門化システム」への「信頼」を背景に普及するものばかりではないことが明らかである。確かに近代化過程は、一面においては地域の共同体規制や在来技術を駆逐し、合理主義に則った思考は地域の民俗を均質化する。しかし他方で、その過程そのものが、地域独自の「本位」を浮き彫りにし、その歴史的展開の結果としてのローカルな価値観が創造される。

序論で提示した仮説は、近代化の過程は前近代から継続する地域独自の思考に大きく依存しており、農民は極めてローカルな事情を基準に新技術を導入するか否かを判断しているのではないかということであった。本研究のケース・スタディでは、これを以下表現で説明することができた。「パーソナルな経験主義への信頼」、技術改善における地域独自の「本位」の重視、「労働への美学と労働軽減の正当化のダブル・スタンダード」への依存、「富の資本化と投機のスパイラル」に基づく技術改善ブームの展開である。

各地域の事情によって技術改善のあり方は異なり、近代化過程においても知識や技術の取捨選択の仕方に地域差が生じてくる。農業技術改善の過程は、地域差を生み出す契機でもあった。これが、流通民具概念を土台として行った地域的分析から、本研究が従来の生業研究や技術研究に対して提示する新たな視点である。

3 課題と展望

本研究の課題

本研究には、いくつかの課題が留保されたままである。

ひとつは、通時代的に継続する技術改善における地域独自の「本位」が、どの範囲で共通性を持つのかという地域性の範囲の問題である。本研究では紀ノ川下流域という大まかな地域設定ありきで議論を進めたが、この地域設定は、紀ノ川からの井堰灌漑と和泉山脈から流れ下る水を集めた溜池灌漑を使い、和泉山脈から紀ノ川に流れ下る小河川を排除するという独特の灌漑において共通性が見出されるものの、消費地との距離や集落の規模など様々な要因を考えれば均質な地域ではない。今回はとりわけ和歌山市田屋地区というミクロな地域設定に集約したものの、別の集落あるいは地域に集約すると、異なる傾向があぶりだされる可能性もある。

次に、標準の形成に関わる分析概念の有効性である。本研究では、流通民具概念とのマッチングから「公的な標準」・「事実上の標準」の概念を経営学から借用した。

流通民具概念から筆者が抽出したのは、知識・情報・技術・物質の流通によって偶発的に形成されるという発想であった。その分析対象となる資料はその流通の結果として地域的に標準といえるほど普及したものであると考えられることから、その標準の形成過程が問題となる。そこにこの概念を借用する意味があった。ただ、これらは言うまでもなく現代の経済と市場を念頭に置いた概念であり、この実験を他地域に適用させていった場合に、概念の拡大解釈や濫用を生みかねない。筆者は、流通民具概念の理論化・洗練化を今後も自らの課題としていくが、この点は十分に吟味しながら進めていくことが求められると自覚している。

三つ目に、本研究では、流通民具概念は有効な視点を与えてくれたが、こうした記述の方法が、農具以外の生活財一般にも適用可能なものかどうかは、現時点ではわからない。小谷方明自身も『大阪の民具・民俗志』において分析対象としているのは、農業技術と農具にほぼ限定している。流通民具概念は、民具観そのものの問い直しを迫る重要な概念であるが、どのような対象の分析において有効なのかは、今後の長期的な研究課題としたい。

註一覧

（1）小谷はアチック・ミューゼアムの『民具蒐集調査要目』の「我々の同胞が日常生活の必要から技術的に作り出した身辺卑近の道具」、「基層社会の人々（常民）が、自分自身や家族の者が使用する目的で作った手作りのもの。かりに数人の手を経て作らなければならない物も、最後の仕上げをする者は、素人であることをたてまえとする」（アチック・ミューゼアム編　一九三六、一頁）を厳密に適用すると、「終戦後の昭和二十一年一月、私の家にある民具を凍結したとしても、この条件で淘汰すると、おそらく数点、厳選すれば一点も民具が残らないかもしれない。それほど大阪にはそうした意味での民具は少ないのである」（小谷　一九八二、六八頁）として、学術概念としての欠陥を指摘した。もちろんこれは渋沢の民具概念そのものを批判したというよりは、戦後の民具研究において文字通りの意味で定義しようとした当時の民具概念、直接的には宮本常一が『民具学の提唱』において提示した民具概念への批判であり、流通民具の出発点はここにある。

小谷は、従来の民具概念では、理念型としての自給自足的社会は射程に入っても、近世後期に商品経済が農民の意識の隅々まで浸透した農業先進地域の市場対応型の農村の分析には有効ではないことを指摘した。これは、民俗誌的世界観に拘泥する民俗学への批判でもあり、「流通の生活用具類が、各地でのこれまでの生活の維持と向上のうえに果たした役割は、計り知れないほど大きい」（小谷　一九八二、六〇頁）として、市場経済を視野に入れた民俗および民具の分析の必要性を訴えた重要な指摘であった。

流通民具研究は、現在の民具研究においてその意義は誤解されている。小谷自身が流通民具を、自給民具（手作り品といった意味）の対義語として解説したことがその原因である。つまり、手作り以外のものも民具と呼んでよいといった、単なる実体概念の拡大として理解されているのである。流通民具の提案が、民具とは何かという当時の議論にからめとられた結果である。

（2）昭和初期に著された小谷方明の『大阪府民具図録』（小谷　一九三九）には、すでに流通民具研究の萌芽が見られるが、これに柳田國男が序文として使うことを念頭に書いた書簡が収録されている。柳田が物質文化について記述した数少ないものとして引用されることが多い文章である。「中央から離れた田舎の悠長な農民の中にでも、斯ういう判別と改良とを断念して我慢して親譲りの仕来りに取附いて居る者はもうよほど少ない。ましてや刺激も多い近畿の平野で、何代と無くこの努力がくりかえされて居たとすれば、其痕跡は必ず鮮かに残って居る筈である。私たちが是非とも知りたいのはそれである。」（小谷　一九八二、二七〜二八頁）柳田は、昭和初期にすでに構想されていた流通民具の概念を強く支持しており、近畿地方の農村がそれを分析する格好のフィールドであると述べている。

（3）朝岡の関心は、むしろ規格製品が「日常生活の中にどのように取り込まれていくか」（朝岡　一九九七、二四頁）、すなわち使用する側からの視点に向けられている。そこから、「自分が作って自分が使う自製民具のあり方からは、あまりに当たり前で、かえって見えてこない日常生活のなかのクリエイティヴィティというか、創造性というか、そういうものが、規格製品であるがゆえにかえってよく見える」(朝岡 一九九七、二四頁)として、これをひとつの方法の問題へと展開させる提案をした。朝岡の議論によると流通民具研究の意義は、規格化と標準化の問題と、実生活への応用あるいは適応過程の問題にある。

(4)それを克服するための方途としてプファッフェンバーガーは、人間の技術的活動の一般的理解のための概念として社会技術体系(the sociotechnical system)を提示しているが、道具や言語、知識などを綜合的に理解するとする方法論について提示しておらず、漠然としたコンセプトにとどまっている。

(5)一群のものに共通する属性によってカテゴリを規定する古典的カテゴリに対し、ある典型的な概念に類似するものを同様のカテゴリに規定する概念。例えば桶や藁草履のようなものをプロトタイプとし、同様のイメージでとらえられるものを同じカテゴリに回収し、ポリバケツやスニーカーを排除するような概念である。その根本には、自製―流通、人力―動力、自然由来の素材―石油化学素材といった、二項対立の図式を設定し、前者から連想される物質資料を恣意的に選択する志向性がある。

(6)しかしこれらはあくまで理念型であり、実体的な歴史的理解に立つとき、日本の農業の様相はこのような単純な図式で描けるものではない。日本の農業において、単純な自然依存型農業生産システムを歴史的に見出すことは困難であるし、農業は常に時の権力や他地域との流通関係において維持されてきた。また、こうした発展過程の構図そのものが、伝統―近代の二項対立的図式という、近代的な認識に立って構築されており、歴史の現実はより入り組んだものであろう。日本民俗学の農業研究の最大の問題も、同様の構図を前提としている点にある。すなわち、フィールドワークのデータから、農業技術における技術改良や、流通を念頭に置いた商本主義、行政的な指導と経験主義的な技術の相克を排除し、理念型としての自然依存型農業生産システム・自給自足的流通システムという伝統的な農業モデルを再生産することに盲進してきた。

日本の農業の研究に必要なのは、農民がいかに技術改善に取り組み、自らの農業経営を維持・発展させてきたかを、歴史的に追跡することである。そこでは自給自足的な技術と資本依存的な要素を組み合わせて現状維持的な経営を保持したり、自然依存的な技術をもとに市場型流通システムへ対応したりと、様々な農民の意図が存在するであろう。また、行政的な圧力をともなって提示される様々な新技術に対して積極的にアプローチして他の農家から抜きん出ようとするような行動や、政策的な新技術の普及を盲目的に受容することで農業近代化を自らのものとするような、戦略的な態度も見られよう。

(7) 本研究で用いる技術改善という用語は、近代化の議論と混同しやすいものである。例えば、現地での聞書きにおいても「この道具を使うようになったら便利になって近代化した」といった通俗的な表現において、近代化という語は技術改善と同義に使われることが多いからである。ここでは、新たな道具の導入による技術改善が効率化を実現して、その合理的な印象が近代化という言葉で表現されている。しかし、作業の現場においてはそこで達成しようとする作業効率の向上が、封建遺制の客体化や科学的合理主義の体現を志向した結果とは限らない。

(8) 速水は経済社会という概念を、「その国の人々が、一般庶民に至るまで、経済的に行動しうるようになる、換言すれば、経済的価値が、他の価値から独立し、人々が最少の費用で最大の効用を獲得しようとして行動するようになった社会である。人々の行動がこのように経済的に整序されるようになると、諸々の経済法則が成立し、逆にそれによって人々の行動が規制されるようになる。」(速水 二〇〇三、二四〇頁) と定義する。そのうえで、「経済法則が社会の内で回転を始めるためには、まさに、このような意味で、その社会の内部に経済社会としての性格が充実し、一般の人々まで経済的価値観が浸透して、経済行動が日常化している状態が必要である」(速水 二〇〇三、二一三頁) と主張している。支配階級による年貢の強制によってのみ、農業労働に従事していたわけではなく、利潤獲得という農民自身の積極的動機によって、効率的な生産を意図していたということが重要な論点である。こうした体制が内的に成立していた日本の近世社会は、マルクス主義的史観における経済発展段階による決定論的史観がそのまま適用できず、「領主制や年貢制度をとっても、かつていわれたように、ヨーロッパ史の概念でとらえられるような「純粋封建制」社会では決してない」(速水 二〇〇三、二四一頁) ため、独自の概念が必要だという。

(9) 農業の経営主体の変化から見れば、生産を効率的に行なおうとする行動をとる小農の自立が、労働のあり方をドラスティックに転換させたととらえられる。「江戸時代には、夫婦家族を単位とする経営が一般化し、労働力は家族労働力に変化したことが知られている。つまり、かつての身分的隷属性は消滅したのである。今や、農民家族は、一個の経営主体として行動しうる存在となっていた。…江戸時代の農民に課された激しい、長時間の労働は、〝自立〟の代償であったということはできないだろうか。」(速水 二〇〇三、二二四〜二二五頁)「通例小農自立といわれている現象は、ただ単に隷属身分からの解放ではなく、農業経営に対して自身が責任を負うシステムの形成を意味する。そして、その農業経営はもっぱら勤労によって維持・発展するものであった。」(速水 二〇〇三、三〇一頁) そしてその結果、「長時間の激しい労働は、〝勤労〟として道徳的な意味を与えられていった」(速水　二〇〇三、二二五頁)とし、「しばしば指摘される日本人の勤勉さは、すでに江戸時代のうちから、この国を訪れた外国人の眼にもそう映じていたのであるが、この時代の農民階層のうちに形成された一つの行動形態であったのではなかろうか。」(速水　二〇〇三、二二六頁)という見方を提示する。

(10)筆者はこれを古島敏雄の事象の特質や変化を時代的諸条件の中で諸資料を分析する視点を参考にした。古島の仕事のなかでは特異な位置を占める『台所用具の近代史―生産から消費生活をみる』(古島　一九九六)は、台所用品と同時代の文献資料、統計資料を総合的に用い、近代の消費生活の変遷を描いた研究である。その方法は台所用具の使用方法に関する聞書きや記憶をもとにしたデータを、特定の時代の生産統計とインフラ整備に関する文献資料と突合せることで技術革新の画期を探り当てるというものである。この研究の重要な点は、インフラ整備や物流の状況に関するデータを、そのまま個々の生活者レベルでの変化に結び付けて、単線的な発展を描く視点に立っていないことである。また、水道の普及・排水・ガスの普及・電化など複数の要素の組み合わせによって、各戸の台所が具体的にどのように変化していったか、その過程で新たに生まれた不便さは何であったか、あるいはどのような適用が必要であったかなどに注意を向け、水道の普及が生活を総体として合理化されたといった安直な理解を避けている。

(11)農書の概念については、佐藤常雄と大石慎三郎の見方(佐藤・大石　一九九五)に従う。彼らは近世後期における多くの農書の成立には、次のような特殊な時代的要因が背景となったと指摘している。それらは、①小農技術体系の確立、②幕藩領主の年貢収奪に対する農民的対応の所産、③先進地域における商品生産の発展、④文章を理解できるという一定の文化的・教育的水準、⑤家の形成である。

(12)本章のデータは、拙稿〔加藤　二〇〇三〕二〇〇三がもとになっているが、本研究のために大幅に改稿している。

(13)ポール・デヴィッドは、「ポリヤの壷」のモデルを使って説明している。「ポリヤの壷」とは、まず壷の中に白玉と黒玉を入れ、この中から順番に玉を取り出したとき、もし玉が白ならばさらに白玉を一個加え、玉が黒ならばさらに黒玉を一個加えるというもので、こうしたことを繰り返すと、中の白黒の割合はどうなるかという確立モデルである。結果的にどちらが多くなるかは、偶然的な要素に依存している。

(14)これについて、登場間もない新技術は、既存の技術との類似性(アナロジー)において理解されるとする指摘がある。水越伸は、「新しいメディアは、既存のメディアの延長上においてとらえられ、意味付与され、社会的に共有されていく」(水越　一九九三、二七一～二頁)とし、それを「ニュー・メディアは古くからある」という表現であらわした。具体的に言えば、「パーソナル・コンピューター」当初電子的な事務機器としては、無線電話だった。電話は、音の出る電信であり、テレビは電子の小窓のついた豪華版のラジオだった。」といった様相であり、既存の技術との類似性が、新技術受容におけるキー概念のひとつとして意識しなければならない。

(15) 農具の技術改善ブームと、第二次長屋門建設ブームという状況を理解する上で、飯沼二郎が中耕農業を主眼とする日本の農業近代化過程の特色について述べた以下の指摘が有効である。「(西欧の農業を特徴づける)休閑農業においては、労働粗放化によって浮いた労働力は主として、再び従来の経営外に放出される。したがって経営が外延的に拡大される結果を導く。これに対して、中耕農業においては、労働粗放化によって浮いた労働力は主として、再び経営内にフィードバックされる。したがって、経営が内包的に深化されて経営の複合化が進行する。」(飯沼一九七七、二九頁) 近代日本の場合、技術改善によって得られる対面積収量の増加によって得られる余剰の利益は、耕地の外延的発展ではなく、再び同一の耕地に投入されるという集約化現象が起こり、「内包的に向から技術の発展」、換言すれば農業内容の質的充実へと展開した。これを繰り返せば繰り返すほど、きめ細かく質の高い労働が育まれるのであり、この資本投下の図式を、飯沼は「インヴォリューションのスパイラル」と表現する。

和歌山市平岡地区の農業

◉開発と農業

紀ノ川流域のかつての農村地帯は、現在はベッドタウン化が進んでいる。和歌山市や大阪府南部との交通の便のよさと、環境のよさに加え、大規模店舗の進出などで、岩出市は和歌山県内で人口が増加傾向にある数少ない市町村である。この地域の近年の開発は目覚しい。拡張された国道二四号線は和歌山バイパスとなり、大型店舗が次々と進出している。

興味深いことは、その開発が農業と商業とを両立させている点にあり、農業との折り合いをつける個別の工夫によって維持されている。例えば、六箇井の用水は国道を挟んだ南側にも供給されるため、国道整備時に旧来どおりの用水路が暗渠で国道の下を流れている。また新規進出の店舗では下水をそれぞれの浄化槽で処理しているが、店舗の経営のなかで農業用水を汚染する可能性が僅かながらあるということで、毎年保証金が集落側に支払われている。開発は農業用水の変更を極力行なわずに進められるよう、事前に地元との詳細な協議が行われている。

農業は、肥料や燃料のコスト高と農業の担い手の高齢化、米価の低迷、兼業農家の増加など、様々な社会的な状況から年々困難さを増しており、そのモチベーションを維持困難にする要因が多い。農地に対する税制優遇を受けるために農業を続ける農家も少なくなく、市街化調整区域から外れている国道沿いでは店舗進出に伴う農地の売却や貸与が増加している。売却された農地ごとに面積を拡大して行くため、開発はおのずと場当たり的とならざるを得ない。その結果、農地に囲ま

㊨ 国道二四号線の地下には無数の用水路が横断している
㊧ 三つの溜池を整備した「水と土ふれあい公園」（紀の川市南中）

れた敷地に突如として高層マンションや大型店舗が出現したり、数件単位の小規模な住宅分譲地が点在したりといったスプロール的（虫食い的）開発となっており、農地と住宅と店舗が渾然一体となった景観を生み出している。

農地の減少と、新住民の増加は、溜池の役割の変化に如実に現れている。すなわち、灌漑という農業基盤としての溜池から、公園的な交流の場としての溜池への転換である。例えば、岩出市根来の大門池は、岩出市図書館の庭池として、岩出市北大池の新池は緑花センターの公園池として、紀の川市貴志川町平池の平池は、緑地公園および野鳥観察スポットとして、紀の川市北志野の桜池は釣堀と桜の名所として、紀の川市南中の三つの溜池は「水と土のふれあい公園」として、それぞれ整備され、住民参加による環境美化やイベントの開催などが進められている。憩いの景観としての溜池、新住民と旧住民の交流の場としての溜池など、溜池は新たな意味づけによって再定義され、再開発の対象となっている。

また、農産物の販売に対する規制緩和に加え、地産地消など新たな価値観に基づく農産物の地域的意義が高まり、農協や企業、任意団体による農産物販売所も盛況である。従来の量を確保する農業は、生産コスト高や販売価格の低迷によって行き詰る一方、付加価値を追及する農業への転換によって、専業農家は有機栽培やブランド化など様々な試みによって時代の動向に対応しようとしているのが現状である。

第1部第5章で調査対象とした田屋地区は、紀ノ川河岸段丘下の集落、上野地区は河岸段丘上の集落であった。平岡地区は、段丘上から下にまたがる形で展開する集落で、水の使い方や水路への意識などに特徴がみられる。これら地域は、近年急激にベッドタウン化と大規模チェーン店舗の進出などを受入れつつ、現在でも農業が営まれている。第一部の本文では、主として昭和三〇年代頃までの農業の展開を追ってきた。ここでは、田屋地区と上野地区のデータとの比較参考資料として、和歌山市平岡地区のT氏（昭和二〇年生まれ）への聞書きをまとめたものを資料として提示する。現在の農業とそこから相対化される一時代前の農業を語ってもらった。調査は平成二〇年度に実施した。

◉集落の概要

平岡地区のおこりは、山口村誌によると、紀ノ川流路のなかに島があって、そこに淡路の岡島平太なる人が庵を結んで済んでいたのが、次第に人々が集まってきて、ついにはその土地の頭となった。その後、大和の松山将監が治めるようになったという。この地を平太が拓いたとして平村とし、東北八町あたりのところにある鷺の瀬というもう一つの島を岡村と名付け、それを併せて平岡としたとされる。

平岡は、紀ノ川河岸段丘の境界に位置する集落で、集落は段丘上のウエ（上）と段丘下のシタ（下）に分かれている。段丘はドテと呼ばれていて、崩れにくくするために竹藪となっている。この藪はウエの家々の防風林として役に立ってきた。

ウエとシタは現在の自治会も違い、冠婚葬祭の手伝いの範囲も昔から別々であった。自治会はジョウカイ（常会）といって、互選によって会長と班長を決めた。戦後しばらくまでは青年会があり、一八歳〜三五歳位までの若い衆が参加し、消防訓練や溝掃除、道普請などにあたった。氏神はウエ、シタともに山口神社で、それぞれに一軒ずつトウバンという役が現在でも一年交替で回っている。このトウバンは、毎年の祭りに奉仕するほか、神社の関係の連絡のとりまとめをしているが、特に精進潔斎をするような厳しいきまりはない。山口神社の祭りは、四月一七日の春祭り、八月一七日の夏祭り、一〇月一七日の秋祭り、一二月一七日の火焚き祭がある。氏子総代は二一人で、各集落から選ばれる。多田家は、もともと平岡に在住してきた家ではない。明治中期まで段丘上の谷に家があり、現在でも墓地は谷に隣接する中筋日延の集落内にある。

ウエには古い燈篭が一つ立っているが、これは言い伝えではもともとドテよりも下は紀ノ川の氾濫原で、対岸からの渡し舟がこの平岡についたのだという。この燈篭は、夕方から夜に渡し舟を走らせるときに目印とした灯台だったのだという。

◉農業用水

シタには紀ノ川から分水する六箇井が流れており、そのそばに地蔵が祀られている。これは水の守りとして祀られていると聞いている。平岡の集落はこの六箇井と、段丘上を流れる藤崎井に挟まれるかたちで位置しており、水には困らない絶好の位置にある。それぞれロッカガワ（六箇川）、フジサキガワ（藤崎川）と呼ばれている。（筆者補――山口村誌では、山口村の六箇井掛かりの水田は九七町二反五畝一九歩、藤崎井掛かりの水田は六〇町六反六畝一七歩、池掛かりは五〇町八反八畝とある。）この用水路から分岐する細い水路はコミゾと呼び、平岡の水田を潤している。もともとは、段丘上は溜池から水を引いたといわれているが、旱魃でたいへんだったという話はない。むしろ山口や湯屋谷など、今でも溜池に頼っている地区では日照りがつづくと米が著しく不作となって出稼ぎに出なければならないなどの話を聞く。段丘上の水田や畑は、全て藤崎井から延びるコミゾに水を頼っている。それが段丘を落ち、段丘下の水田へ水を配るコミゾとしてさらに伸びていき、最終的には全て六箇井に合流するしくみとなっている。また六箇井周辺は高低差がほとんどないため、水路に堰を入れるだ

㊧シタを流れる六箇井　㊨河岸段丘がウエとシタを隔てる

けで水は高いほうへも流れてくれる。ふだんはヒミゾ（干溝）で、水を入れるときだけ水が上っていく水路も多い。六箇井よりも南側にも平岡の水田がたくさんある。六箇井は、天井川である住吉川の下をトンネル交差でくぐって平岡に入ってくる。

六箇井では、昔はカエルやザリガニとりをしたり、水泳をしたりして、子どもたちの遊び場だった。今では岩出市側はかなり浄化槽がきちんとしているが、和歌山市側は下水がないので、生活排水がそのまま六箇井に流れ込み、紀ノ川へ流出する。生活排水が流れ込むために生き物はまったくいないし、泳ぐなんてとんでもないことだ。川が生活から遠のいた気がする。今から思い出すと、もっとも川を身近に感じるのは、川魚の鮨を夏に作ったことだった。土用干しで田の水を抜くとフナを拾える。本当に拾う感じで軍手をすればすべらない。このほか、水路で釣るアユやジャコまたはハエ（オイカワのこと）を使った鮨もある。炙りにして干し、甘く煮付けて押し鮨にしたものだ。

川に関係した祭りとしては、八月の盆の七日ごろに行なわれたチョウチンという子どもの行事があった。これはウエとシタそれぞれに行なっていたようだ。集落の一角に夕方子どもたちが集まり、提灯に火を灯し、それをもって各家を回っていくとちょっとお菓子などをくれたもので、集落全体を回って最後は六箇井のたもとでゴールする。地蔵のあるところが少し広場になっていてそこで蝋燭の火を消す。単にチョウチンと呼ぶだけの行事で意味はよく分からないが、昭和三〇年ごろまではやっていたのではないか。虫送りの行事かと思うこともあったが、よくわからない。

平岡では、六箇井や藤崎井は枯れることがないので、渇水の不安はないが、土用の前後に雨が降らずに水不足の時は、紀ノ川の河原で麦藁を高く積み上げて、高野山からもらってきた種火で火をつけて雨乞いの般若心経を唱えた。

◉現在の稲作

二毛作をしない田では四月中にトラクターで一回かき混ぜておく。二毛作をする畑では五月中旬に一回鋤いて土に空気を入れる。二毛作をしない田ではこれが二回目の耕起となる。このとき石灰窒素を鋤きこみ、これを土作りという。石灰窒素は毒性があって取り扱いに注意が必要だが、肥料と農薬の二つの効果がある。五月五日、モミダネ（種籾）を細菌による害を予防するモミガードC水和剤と、防虫剤のスミチオン乳剤の混合液に二四時間つけて殺菌殺虫をする。その籾を干して五月一一日に育苗箱（三〇×六〇×三センチ）に籾播きをする。五月一五日〜一六日、段積みといって、これを倉庫内で棚に積んでいく。もやしを育てるような感じである。これは苗が日に当たって緑色になると長く伸びてくれないので、白い葉のまま長さを確保するために必要な作業で、こうして伸ばした苗でないと、田植え機の爪にひっかかりにくいのである。それが終わると育苗箱を庭に出して、五月二七日〜二八日に米一番という肥料を入れて元肥とする。六月二日、田に水を引き入れて、トラクターを使ってシルカキ（代掻き）をする。これは土を撹拌させて沈殿させ、床を固めるのである。ひととおりシルカキをした後は、より均すために、はしごに縄をつけたものを人力で曳いて平らにする。六月四日は田植えである。育苗箱に防虫剤のビームプリンス粒剤を箱当たり五〇グラムずつ入れて田植え機で植える。田植え翌日の六月五日、ジャンボタニシ（正確にはスクミリンゴガイ）害の予防のため、キタジンP粒剤を田に蒔き入れる。これはもともとイモチ病予防の防虫剤だが、近年農家を困らせているジャンボタニシにも効果を発揮する。六月一〇日、田の草取りをする作業としてはリボルバー一キロ粒剤を一キロ散布する。また雑草や害虫の活動が旺盛となる七月下旬には、カメムシ大作のミスター・ジョーカーと、紋枯病対策のモンカット水和剤などの殺虫剤を施す。またカスラブサイドゾルを散布してイモチ病を防ぐ。八月上旬から中旬にかけては、水田の水を抜くいわゆる土用干しを行なう。これは稲の根をしっかり晴らせて秋の台風に備えさせると同時に、分蘖（ぶんげつ—稲の株別れ）を促すのである。土用干しは通常一週間から一〇日間行ない、再び水を入れる。八月二五日には追い肥を入れる。多田家は水田を借りているため、作業はここまで、ここから先は、中筋日延の中祢さんが行い、地主に納め、利益の一部を現金でもらう。作業は、一〇月一〇日稲刈り、続けて脱穀乾燥の機械にかける。中祢さんは、何でも屋さんで、さまざまな重機や機器を持っており、水路や畦の土木工事から稲刈り脱穀などの農作業まで、様々な仕事を請け負ってくれる人で、重宝がられている。

雑草としては、スブタ、マツバイ・ホタルイ、ウリカワ、イヌビエ、オモカワ、ヒルムシロなど。虫害としては、ニカメイチュウ、イネミズゾウムシ、カメムシ、シンガレセンチュウ、コブノメイガ、ウンカ類など。菌害としては、イモチ病、紋枯病などが、常に問題となるので気を配らなければならない。

◉戦前の農業

昭和三〇年代初頭までの農業は、表作は水稲、裏作は小麦・裸麦の二毛作が中心であった。家によってはタマネギ栽培を一生懸命やるところもあった。

元旦、ミズキという立て札を作る家があった。これは半紙を折って上という字を書き、青竹に挟んだもので、田の水口に立てて豊作祈願をしたのである。これが農業の一年のスタートだ。稲作はまず、八十八夜（立春から八八日目、新暦五月の始め）が過ぎる頃にノシロダ（苗代田）と呼ぶ水田の一角に作った苗代に、モミダネを籾種をまく。その理由は、霜の害が確実に無くなるのを待ったのである。この頃、同時に麦の収穫を終えて、すぐに牛に犂やカニと呼ぶ薙刀刃のついた農具を曳かせて耕起・砕土しなければならないので忙しい。六月上旬〜中旬、一度雨が降って土が湿ったら、用水路に水が来る。ミズヒキと言って、各々の田に水を引きいれる。水が行き渡ったら、カイガ（馬鍬）でシルカキをする。最後の均しには、梯子を牛に引かせた。ノシロダでは、苗を1つかみずつ藁で束ねるナエトリ（苗取り）をして、準備を整える。家によっては水口に束ねた苗を三つ置いて豊作を祈るということもした。これが終わると、六月中旬に田植えとなる。田植えは家族総出で、親戚なども手伝いあって行なった。また、カタメといって親しい仲間や同年代の仲間で手伝い合うこともあった。新しい技術をこのカタメで試したり、新たな農機具を購入する際に相談しあったりした。小学生も苗を運んだり渡したりする役であった。田植えには田植え縄を横一列にはって目印に植えていく方法と、枠と呼ばれる定規を転がして筋をつけて植える方法があったが、ほとんどは縄であったと思う。これをヒモウエ（紐植え）・ツナウエ（綱植え）ともいった。大昔はこうして縦横をそろえることはせずに、アルキダ（歩き田）といって一人ひとりが手近なところから勝手に植えていく方法だったが、これは除草がたいへんだったろう。除草機を使うようになって、稲は縦横きちんとそろえて植えておく必要が出来たからそろえて植えるようになった。子どもは苗配りという役であった。また、苗の植え方を誤るとフカウエ（深植え）とかドボンコと言って、深く植えすぎる場合や、コシオレ（腰折れ）という、斜めに刺さってしっかり根付かない場合、ウキナエ（浮き苗）と言って、しっかり刺さらず浮いてしまう場合などがあった。その後、集落全体で田植えが終わると、ケヅケ休みといって仕事を休み、みんなで旅行へ行った時期もあった。このとき作るのはボタモチまたはサナモチと呼ぶ案子持ちを作る。小豆がないときはソラマメやインゲンと黒砂糖で炊いた餡を使った。これを神棚に供えて豊作祈願をするほか、田植えを手伝ってもらった家にお礼として重箱につめてもって行った。夏の田の草取りには、爪のついた道具や、回転式の除草機が用いられた。田の草取りは、イチバングサは七夕ごろ、ニバングサは七月中ごろ、サンバングサは七月二〇日ごろ、ヨバングサは八月四日ごろ、ゴバングサは土用干しの直前。また、ヒエを手で刈り取る小鎌もあった。ウンカが発生すると、竹筒に廃油を入れて、それを水田に落していく。そして竹の棒でウンカの突いた稲穂を叩いて虫を落とし、窒息させた。また、オガと呼ぶガが発生すると、アヒルを入れて食べさせた。一〇月中旬から、稲刈りが始まる。稲刈りはノコギリ鎌で刈り取り、株四つでひとくりにして、それを二束で縛ってナルと呼ぶ稲架にかけた。ナルは、木の棒で三脚にしてそこに木の棒を横に渡した単純なもので、そこに、稲をかけて天日干ししたのである。一ヶ月弱乾燥させると、脱穀調整で忙しい。脱穀には種籾はカナゴ（千歯こき）で、出荷用の籾はリンテンキ（回転式脱穀機）を使った。家の庭先に筵を敷き、脱穀して俵につめた。これは昭和三〇年代の半ば過ぎから、稲刈りと結束を行なうバインダーと脱穀調整を行なうハーベスターが普及し、四〇年代にはコンバイン（コンバイン・ハーベスター）が使われるようになった。籾摺りは、発動機に臼ひき機をつないで玄米にした。

麦作は、一〇下旬に稲の収穫の済んだ水田の株切りをする。トンガ（唐鍬、株切り鍬）で、行なった。その後、牛に引かせて畝上げをし、そこに麦蒔きを行い、クマシと呼ぶ厩肥を畑に入れた。一一月、麦踏みといって、一〇センチぐらいまで伸びた麦の上を、子どもが踏身固めていく。これは、どんどん伸びてしまって分けつしなくなってしまうのを避けるためにする。三月ごろ、雑草が伸びてくる。このとき、トンビあるいはミカヅキと呼ぶ三日月形の刃のついたものや、ハラカキとよぶ農具を牛に引かせて畝間を攪乱する。これをチュウコウあるいはアエスという。また攪乱した土をカマスをひっぱってならした。麦刈りは、五月下旬に集中的に行った。ノコギリ鎌を使って、刈り取り、麦打ちと呼ぶ脱穀作業をした。麦打ち台という台に穂を打ち付けて穂先を落すのである。戦前から平岡農事実行組合というものがあり、肥料などの共同購入や、新技術の導入に際して協同していた。

正月、田植え後のケヅケ休みまたはオオヤスミを二～三日、旱魃の時に雨に恵まれたときなどの雨休み、八朔、二百十日（九月一日、立春から二一〇日）の風休み、二百二十日（九月一一日）、果ての二十日（一二月二〇日）。ケヅケ休みには、ケヅケ講といって、高積神社へ出かけてお弁当を食べるということもあった。方々の集落から集まってきて楽しかった。

ちなみに、盆と暮れには、様々な支払が一気にきて大変だった。半期払いである。盆前には裏毛の収入が入り、肥料代や日用品代を払うことが出来る。暮れは稲の収入である。ちなみに麦の収穫と田植え時期を五月アキといい、米の収穫を九月アキともいった。

農業と同じぐらい大切な仕事として、平岡では日帰りの出稼ぎ仕事があった。この近辺の山口や谷の人たちは、農繁期に出稼ぎということをしていて、わが家にもよく誘いが来て母親（大正一二年生まれ）が良く出かけていた。昭和三〇年代まではとても盛んだった。隣の山口には、出稼ぎの働き手を取りまとめている女性がいた。出稼ぎの仕事は、田植え、草引き、稲刈り、桃の袋かけ、タマネギひきなどで、ミカンの仕事はなかった。それぞれの時期になると、「〇〇村に田植えのテッタイ行かんか？」と誘いに来る。自分の家の仕事と重ならなければ出かけていくのである。泊り込みですることはなく、日帰りで昼ごはんは依頼主が出してくれた。毎日のように出かけているといい稼ぎになった。

実は、これが可能なのは紀ノ川の水路のおかげである。なぜなら、田植は川上から順番に水を取っていくので、田植え日が少しずつずれていくことになる。その間、男性は自分の家の田植えの準備作業をして、その間に女性が別の田植えの手伝いに行くのだ。子どもが小さい人はオンブして仕事をしたり、エジコに子どもを入れて畦に置いて仕事をしたりしたのである。昔の人はよく働いたものだ。

第2部 漁業技術改善の民俗誌

序論

1 目的と仮説

本研究の目的は、地域に視座を置いた民俗技術研究のシステム論的性格への批判をもとに、動態的な技術改善の動向を描くことにある。ここでは仮説的に、民俗技術研究には、システムとして理解できる側面と、状況依存的な歴史的展開のなかから形成されるプロセスとして理解できる側面の両方があるとの認識に立つ。

民俗学における技術研究の最大の問題点は、システム論的理解への無批判な依存にある。特定のフィールドにおいて技術のありようを理解しようとする民俗技術研究は、技術を地域の民俗的背景を反映して歴史的に形成されてくるものと前提し、その結果、技術を生活全体のなかに埋め込んで自己完結的に描く手法をとらざるをえない。

筆者は、コミュニティにおいて技術を理解するシステム論と、技術を状況依存的で偶発的な変化において理解するプロセス論の接合を、物質文化研究において目論んでいる。これについては、すでに『農業技術改善の民俗誌』において実験を試みた（加藤 二〇一〇 ※第1部参照）。具体的には、「動きのなかのモノ」（Appadurai. ed. 1986）、あるいは「変化のなかの技術」を重視し、技術改善の傾向や新技術受容における価値観（これを第1部の分析において「本位」と表現した）を抽出することで、技術の変化をとらえる方法論を模索している。筆者が本研究で考える研究の枠組みは、システム論で明らかにすべきことがらと、プロセス論で明らかにすべきことがらを仕分けたうえで、さまざまな記述を地域において統合するプラットホームである民俗誌において、民俗技術を総合的に記述する手法の実験である。

2 生業研究の問題点

民俗学の確立期における漁撈活研究は、近代漁業的な技術の展開によって駆逐されていくものを在来の技術として位置づけながら、始原的・原初的形態を究明しようとする傾向が強かった。それは自治体史や民俗文化財の調査報告書等で特に顕著である。近年の民俗学の技術研究は、現代社会のミクロな動向の記述による動態的なコミュニティの描出や、生計維持活動の総体的把握に力点を置いた研究、技術を個人において理解することで身体や環境との関わりを把握しようとする研究など、生活の現実にそくした地域的コンテクストを重視した民俗誌的研究が主流となっている。

技術から環境を捉えようとする研究として、篠原徹《しのはらとおる》は「民俗自然誌」のフレームワークを提示した〔篠原二〇〇五〕。これは、人間の存在を主軸に、広義の技術から環境を捉えなおそうとする動き、技術論や分布論に終始しがちな生業研究に対するアンチテーゼとしての意義がある。篠原は、民俗から見た人間の自然への関与の度合いを、次の三つの段階で示す。①原型的＝自然の要素の本来あるべき生態や整理や習性に深く依存した利用。②変形的＝自然のあるべき姿に加工や変形を加えて自然を手なづける利用。③改良的＝何らかの形で生殖過程に人が介入し選択や品種改良によって本来あるべき自然の性質をかなり変える利用である。この図式では、道具の利用は後へいくほど大型化・精緻化し、人の知識は後へいくほど減少する。「民俗自然誌」研究は、生産活動における伝統的な技術と新たにもたらされた技術が、生産の場においてどのように使用者に認知され、受容されているかを問題とするが、これについては、「民俗を具現したり伝承を語る人の感性や感覚まで碇を下ろした民俗誌」、すなわち「地域の自然誌としての民俗の把握」という表現に集約されている。篠原の研究の背景には理学系の豊富な知識がある。筆者が直接伺ったところでは、自然に対する理解は、様々な分野の研究の総体によって明らかにできるものであり、民俗学でできることはこれのほんの一片にすぎないという。これを受けての筆者の理解では、民俗自然誌とは様々な自然科学の成果と、民俗学の成果をコネクトする試みのひとつであると位置づけられる。

一方、為政者の行政でも個人的な利益追求でもない資源利用・管理から、「共」的な枠組みを抽出し、それによる環境保全の歴史を明らかにする視点が、コモンズ論であり、民俗学とこれを接合する仕事がある（菅二〇〇六など）。コモンズ論が明らかにするのは、地域資源に対してある集団による占有を前提とした「共」的利用のありかたであり、そこにおいては成員によって規制される慣習的なルールによって維持されると同時に、非貨幣的な相互扶助によるサーヴィスが見られ、それにより環境は持続的に利用され、独自の生態系を創出しつつ荒廃を免れているというのである。個人所有とも公的権力による占有とも異なる「共」的利用は、コミュニティの利益に基づいて維持され循環する。近代以降、こうした枠組みは国家権力によって弱化されてきたが、慣例的な協働による自然環境への持続的なアクセスは、枠組みをかえつつも随所で温存されてきた。こうした持続的利用への関心は、一九九二年の地球サミット以降、資源管理が地球規模の問題としてクローズアップされるにおよび、自由主義一辺倒の経済発展に対する大きな疑念が生じる結果となった。ポストモダンな状況における多様な市民の出現や、モノ・人・情報・金融のトランスナショナルな流れが、国民国家の枠組みに依拠しないコミュニティ益による個別の経済活動を隆盛させるに至ったのであり、こうした動向が同時代の学問に影響を及ぼし、パラダイム・シフトが起こりつつあるのである。コモンズを把握するための条件としては、行政的な境界の認識、ルールとルール維持の担い手およびその監視システム、制裁と紛争解決の手段、資源利用に対する規制のタイトさルースさの度合い、レジティマシー「正統性」の獲得などが挙げられる。現代においては、ローカルなコミュニティ益を主眼に維持されるコモンズが、地球環境の維持といったグローバルなコモンズとしても同時に認識される。ある環境についての資源管理の枠組みについて社会的認知・承認がなされた状態を、いかなるプロセスで形成するかという、実践的な議論、公共性の議論への展開がこの研究のポイントである。

筆者は、コモンズ論の最大の課題は、コモンズという分析概念に事例をひきつけて理解しようとする誘惑にあると考える。個別の事例が、資源利用とその分配において「共」的な性格を認められただけで、これを〝コモンズ的〟とカテゴライズしてしまう危険性がある。コモンズ論が、本来の問題意識をはなれて、「共」的なあり方をするシステムの抽出に終始してしまうとき、この分析概念は便利な用語として消尽され、陳腐化していくであろう。

一九九〇年代以降、民俗学においても多大な影響力を及ぼしたマイナーサブシステンス論は、生業のなかの〝遊び〟に対する視点として、現在も広く定着している（松井　一九九七、松井　一九九八）。サブシステンス（生業）は、直接的に生計維持に関わるものと、実際には関わっていないが重要視されているものなど、様々な側面を持っている。現在では、本業―副業といった二分法はすでに使われなくなっている。様々な生業を複合的に行なっている場合、そのすべてが生命維持のためのエネルギー摂取に直結しているということは、現実にはほとんどないということが明らかになってきたからである。マイナーサブシステンスとは、生活の周縁的な領域に成立する生業であり、経済性と深く関わらないオプショナルな行為である。民俗社会においては、こうした生業が大きな意義を持っている場合が多く、遊び仕事的な領域が人々の社会関係を切り結ぶ手立てとして存在している。その特性は、経済性と関わらない分、技術や道具の発達を促進するものに乏しく、コツや感覚といったものに依拠した生業として、メジャーな生業よりも伝承性を持つことがある。また、こうした生業は技術的な個人差がでてくるため、競争心を生み、これで他より秀でることは威信と深く関係するものである。例えば、現在営まれている多くの狩猟採集民のコミュニティは、実際には女性による採集と小動物捕獲などによって十分なエネルギーが摂取されていることが多い。この場合、狩猟は生きるためといったものよりは高度に社会的な行為と言える。社会関係の中心に狩猟がある場合、エネルギー摂取の度合いの大小に関わらず、その人々は狩猟民として表象され、みずからもそう認識しているのである。マイナーサブシステンスは、季節ごとの自然の移り変わりに対応したものがほとんどであり、人々の時間認識と深く関わっている。そのリズムは生活の〝楽しみ〟と不可分である。生業のある側面においては、その活動そのものの魅力が人々の関係を豊かなものとし、その魅力自体が目的化され、その目的が生業の継承される原動力である。素朴な技術は、ただひたすら停滞的に変化を拒みながらそこにあるわけでは決してない。一見すると伝統的なものは、生計維持に関係しないからこそ道具が発達しなかった場合があり、そのときその技術は個人差のあるコツや勘に裏付けられ、その生業は威信と関係している。

この研究は、周縁的な生業に着目することで「本業」の仮構性をあばくというアプローチをとっているところが方法論的特徴である。つまり、マイナーサブシステンス論とは、周縁的な生業の意義を主張することが重要なのではなく、生業とその技術の総体をいかに把握できるかという、記述論的意義が大きい。しかし、その記述の核にあるのは、技術を担う一人一人の人間の個別の実践である。その総体として対象とする社会の生計維持活動全体を理解しようとするのが、この分析概念の本来の問題意識であろう。生計維持に関係するものと、いわゆる遊び仕事の総体をシステムとして固定的に描くとき、マイナーサブシステンス論は陳腐化するであろう。

近年の民俗技術や生業の研究の理論的な枠組みとして「複合生業論」を紹介しておかなければならない（安室一九九八）。これを提唱した安室知《やすむろさとる》は、「複合生業論では、人（または家）を中心にその生計維持方法を明らかにする。従来は個別に論じられてきた生業技術を人が生きていく上でいかに複合させているかに重点を置く。従来の生業研究が分析的方向性を持つとするならば、複合生業論は総合化を志向するものであるということができる。」（安室　一九九七、三九頁）として、個々の生計において、複数の技術がどのように組み合わされているかに価値を見出し、個別分野に細分化した生業研究の総合化を目指す方法論を提示している。それは生業研究を、民俗誌的視点において再編成し、地域的文脈における生業の理解を志向するものである。

ここまで、「民俗自然誌」「コモンズ」「マイナーサブシステンス」「複合生業論」を取り上げ、現代の民俗学における環境利用の研究の主要なアプローチについて紹介してきた。これらは、従来の研究にパラダイム・シフトをもたらす概念と方法を含有しており、人間の生活と環境がいかなるかたちで関係を切り結んできたかを分析しうる点で画期的であった。

しかし、そもそも技術は、様々なインパクトによって変化するものである。また、技術は習得することができるものであるから、移転可能であるし担い手たる主体を選ばない。筆者はこれらの方法論が、いずれも個別事象の総合によって得られるパターンの抽出によってフィールドの事象を記述するという方法をとる点に問題があると考える。すなわち単純化して言えば、これらがシステム論的理解にのみ立脚した理論なのであり、技術を介した生活と環境との循環的な関係性をシステマチックでスタティックなものとして描いてしまいやすい。篠原の仕事などは、歴史的な変化や地理的な展開、植生や気候を視野に入れた動態的な記述に、いわば名人芸的に成功しているが、「民俗自然誌」を方法として多くの研究者が実践しようとするとき、静態的な民俗誌に陥りやすいと思われる点で汎用性に乏しい。また、マイナーサブシステンス論においては、「遊び」を履き違えやすい。近代の諸観念において、「遊び」は「労働」に対峙され、パーソナルなものとして理解される。そして「遊び」が社会の潤滑油として機能すると言ったそのときから、記述の形式は自己完結的で循環的なものとならざるを得ない。実際は、マイナーサブシステンス論は、社会の動態とパラレルに展開した描き方によって、その面白さが浮かび上がってくるのであるが、その部分はフィールドワーカーの資質に委ねられている。

つまり、安易に「民俗自然誌」「コモンズ」「マイナーサブシステンス」「複合生業論」などの方法論を活用すると、循環的、静態的なモデルの抽出によるシステム論的理解の陥穽にはまることになる。単純化した系として社会を描くことは、当該社会を理解したと納得するのに好都合だから、システム論的理解は、「解かりたい」と願うすべてのフィールドワーカーを誘惑するのである。

こうしたシステム論的理解から脱却し、ダイナミックな歴史的展開を民俗技術研究に反映させるには、どのようなスタンスに立てばよいだろうか。その解は当然、いくつも存在する。筆者は、あくまで歴史的アプローチに軸足を置くことが重要だと考える。対象とする技術の歴史的展開を、進歩主義や合理主義にもとづく理念的な発展段階論ではなく、地域においてどのように展開してきたかを確認し、そこに作用する経済的・政治的・文化的背景を分析するのである。技術の歴史的展開は状況依存的なものと前提し、地域において新技術がいかなる論理で選別され、受容・排除されてきたか、そしてそれがいかなる「本位」を形成し、通時代的に継続してきたかを描く民俗誌が必要である。

3 漁撈民俗研究の問題点

近代以降、先進的な地域において船の大型化と動力化によって沖合漁業が可能となり、さらに商業資本を背景とした遠洋漁業へと展開した。同時に漁獲物の流通機構が整備されることによって、海村の生業は否応無しに近代漁業の枠組みに取り込まれていった。また、養殖に関する研究の進展によって、大きな設備投資を必要とする栽培漁業が増大した。一九四九（昭和二四）年の新漁業法以降、近世以来の漁場慣行にもとづく慣行専用漁業権・地先水面専用漁業権は、共同漁業権・区画漁業権・定置漁業権に再編成され、効率的で安定的、そして投機的な運用漁業への転換を発展する海村像として位置づける進歩主義と、在来漁法を伝統的・本質的とする視角とがパラレルに形成されていった。筆者は、漁撈活動の民俗研究は、そうした動向を間接的にうけつつ、より伝統的、より原初的なもの探しへと邁進していったと見ている。

従来は、海を舞台とした生業によって生活を営む人々＝漁撈をする人々というイメージで漁民という言葉が無批判に用いられた。しかし、海村の人々は、漁撈・藻や貝などの採取・製塩・交易・農業・狩猟、そして農業などの多様な生業を営みつつ、海運業によって近隣地域のコミュニティにおさまらない活動の舞台を前提としてきた。実際のところ、民俗学が明らかにしてきた海村研究の一側面は、民俗社会において純粋に漁民と呼べるような、明確な集団を見出すことは現実には困難であり、漁民とは外部から設定されるカテゴリにすぎないということであった。漁民とは、農民の概念を前提とした近代的な言葉である。

漁撈研究に、個人と技術との関係から独特なアプローチをしているのが、小島孝夫《こじまたかお》の潜水漁撈の研究である（小島　二〇〇二）。道具そのものの理解から、道具を使う人間の理解へ、技能や技術の分析に主眼のおかれた民具研究から、人が何を心のよりどころとして生きてきたのかという視座へ、というのが、この研究のコンセプトと目される。そして、道具を運用する主体としての人間の行動と、それを介してコンタクトする環境に対しての視点が目新しい。そのためのケース・スタディとして、小島は海女の漁獲量と年齢の比較を通して、個人の意欲や願望を満足させる様々な指標が内在されていることを明らかにした。ここでは、生業を人間の生の一部分をなすものとして、いかに生きるか、なにを目標とするかという問題に置き換えることで、生活全般の課題へと普遍化している。ミクロな調査から帰納する民俗学らしい研究として、もっと議論されてよいと考える。

こうしたミクロな実践からの視点に対し、ダイナミックな技術の移動に対する視点からの研究として、野地《のじ》恒有《つねあり》の移住誌がある（野地　二〇〇一）。この研究は、漁具・漁法から漁業技術の把握を目指す研究に対する批判を出発点にしている点で示唆的である。具体的には、分布論だけでは技術の伝播なのか、移住者による導入なのかを判別できず、さらに技術の存在する理由と技術伝播による地域社会との関わりも明らかにできないと野地は指摘し、技術伝播や人の移動、それに伴う地域社会構造の関わりを把握する視点を確立するためのケース・スタディとして「移住誌」を提示した。この研究は、回遊魚を対象とした与論島漁民の、屋久島への移住を事例に、移住先での漁撈活動の展開、移住した漁民が移住先で展開する技術、移住漁民と在来漁民の漁撈活動の変容過程の動態的把握を試みている。

また技術の移動に対する別のアプローチとして、池田哲夫《いけだてつお》の実証的な研究をあげることができる（池田　二〇〇四）。佐渡式と呼ばれるイカ釣具は、日本海側の沿岸地域一円に見られ、佐渡からの技術移入の伝承がある。池田の研究では、明治期の輸出製品のための新たな加工技術を持つ佐渡の漁民が東北・北海道に出漁し、その技術が先進的とみなされ、さらに他県にも官の指導によって漁業近代化の方法として導入されていき、結果として中国地方から九州にいたるまで技術が普及したと明らかにした。時代背景をふまえた歴史的展開を明らかにすることによって、分布論では明らかにできないプロセスを描き出すことに成功した。野地と池田の研究は、方法は全く異なるものの、技術とは自動的に伝承されたり伝播したりするものではなく、様々なコミュニティの関係性や官の指導、それを受容した民衆の経済活動など、個別の状況に応じて様々に変化・展開するものとみなす点で共鳴している。筆者は、ダイナミズムのなかで技術を描くこうしたアプローチを高く評価する。

現代の民俗学における漁撈民俗研究において、重視すべき記述の論点を、筆者なりに以下の点にまとめてみた。①漁民の出稼ぎ・移動（移民を含む）の背景にある地縁・血縁のネットワーク、②新技術の流行と受容、③村落外からの雇用や、漁閑期における他業種への出稼ぎなど、労働力の動き、④商品経済を前提とした漁業とその流通、商業資本と海村との関係、⑤出自に対する語り（海人の末裔など）の生成と再生産、⑥水産行政と技術の受容との関係、⑦漁業権と漁場をめぐる慣行と新漁業法以降の動向、⑧現代の漁業をめぐる状況と合意形成のプロセス、⑨資源管理におけるグローバルなルールと個別地域の論理等である。

あくまで試論ではあるが、以上をふまえて民俗誌を描くことで、プロセス論的理解を深めることができるのではないだろうか。

4 技術革新の分析概念

筆者が検証に取り組んでいる仮説は、近代化の過程は前近代から継続する地域独自の思考に大きく依存しており、人々は極めてローカルな事情を基準に新技術を導入するか否かを判断しているのではないか、ということである。

具体的なアプローチは、個別地域においていかなる技術改善の論理が「本位」とされてきたかを析出することである。ここで言う「本位」とは、物事の価値判断の基準となる事柄であり、具体的には漁業技術改善において新技術導入の価値判断の基準となるものを指す。

本研究での実験は二つの意図を持っている。ひとつはこの「本位」の理解において、システム論的理解とプロセス論的理解が、どのような意義をもつのかを検討することである。もうひとつは、プロセス論的理解にもとづく「本位」の理解が、以下に述べる「能力改善型技術革新」といかなる親和性を持つかの検討である。

従来の民俗学の技術研究では、技術改善の画期に対する理解が極めて曖昧であり、それ自体を追求することを放棄してきた。従来の伝統―近代の二項対立図式では、すべての技術革新が民俗の消失過程としてしか理解され得ない。しかし、むしろそれ自体を研究対象に据える必要があり、個別地域において技術が変化するとき、いかなる内容の技術革新が起こっており、それがどのように受容されているかを明らかにしなければならない。

技術革新の語源となった語であるイノベーションは、もともとヨーゼフ・シュンペーターが提示した経済発展の枠組みである。それを要約すれば、従来の手法の繰り返しによる発展とは異なり、そのルーティーンから飛躍した新しい方式や方法論をまったく異なる結合の仕方で導入することで新たなフェーズに移行することである。技術革新は、新たなビジネス形態を創り出すイノベーターとしての企業家・起業家の登場を前提とし、それは新たな財貨・生産方法・販路・仕入先・組織などの創造・開拓というかたちをとる。

この技術革新は二つの技術革新に分けることができる（延岡二〇〇二）。能力改善型技術革新（incremental innovation）と能力破壊型技術革新（radical innovation）である。「能力改善型技術革新」は、既存の技術や道具の一部に改善を加えることで効率性や利便性を向上させようとする発想であり、既存技術の基本的な部分は温存される。また、一部の改善にとどまるため、設備投資を圧縮できる反面、劇的な効率性や利便性の向上は望むべくもない。既存技術の影響を多分に受けるが、従来の民具研究ではそれを「技術の伝承・継承」として、超時間的な枠組みに留めてきた。こうした技術革新は、既存技術における熟練者が、その経験をもとに提示されるものであり、その技術革新に対する信頼性はその熟練者そのものと、彼／彼女があげる成果に対する信頼に基盤を置いていることが多い。換言すれば、「能力改善型技術革新」は経験主義的な技術に裏付けられ、新技術に対する信頼性は人格的に確保されるのである。

一方、「能力破壊型技術革新」は、既存の技術や道具とはまったく異なる観点による方式に切り替えようとする発想であり、既存技術に対する信頼の根幹が揺らいで陳腐化する力がある。従来の民具研究では、それを「技術の伝承の廃絶・駆逐」ととらえてきた。設備投資の面から言えば、従来使っていたものに代わって、全く別のものを導入する必要があるためコストは嵩むが、劇的な効率性や利便性の向上を期待できる。ただし、新技術が有効でない場合も考えられ、これを導入する際のリスクは相応に高い。こうした技術革新は、科学的なデータや合理的な説明、権力による後ろ楯によってその信頼性が主張されるため、技術を導入する側にはそれが信頼に足

技術革新の分類	能力改善型技術革新	能力破壊型技術革新
技術革新の内容	一部を改善して従来の技術を発展	全く別の観点に切り替える
既存技術との関係	既存技術を温存	既存技術を陳腐化
コストとリスク	ローリスク・ローリターン	ハイリスク・ハイリターン
知識の普及	経験主義的・人格的	知識普及的・非人格的

るかどうかを判断することができない。むしろ新技術が信頼性とセットで提示されるため、判断の余地が無い。換言すれば、「能力破壊型技術革新」は知識普及的な側面が強く、新技術に対する信頼性は非人格的で、あらかじめ信頼に足るものとして提示されるのである。

こうした枠組みを、プロセス論的理解にもとづく「本位」の抽出という作業に、そのまま受入れることができるかどうかは、ケース・スタディによって検討する必要がある。能力発展型および能力破壊型技術革新という二つの技術革新は、技術改善過程における技術の画期を、技術の側から分析するためのツールとなろう。なぜなら、民具には様々なかたちで新技術が盛り込まれており、かつそれを使用した人々の活動の痕跡も残されるからである。

「能力改善型技術革新」は経験主義的であり、「能力破壊型技術革新」は知識普及的である。フィールドワークを基盤とした物質文化研究は、その両方の画期をとらえうるのであり、本研究はこの技術革新の概念を用いて漁撈技術の変化をとらえようとする実験でもある。

5 調査の経緯と本論の構成

本研究の契機は、筆者が和歌山県立紀伊風土記の丘に在職時、一九九八（平成一〇）年に地曳網漁用和船の寄贈を受けたことをきっかけに、平成一二年度特別展「地びき網漁の生活」を企画したことにはじまる。この展示にむけて筆者は、平成一一年六月〜平成一二年八月まで、和歌山県日高郡由良町・日高町・美浜町・印南町・御

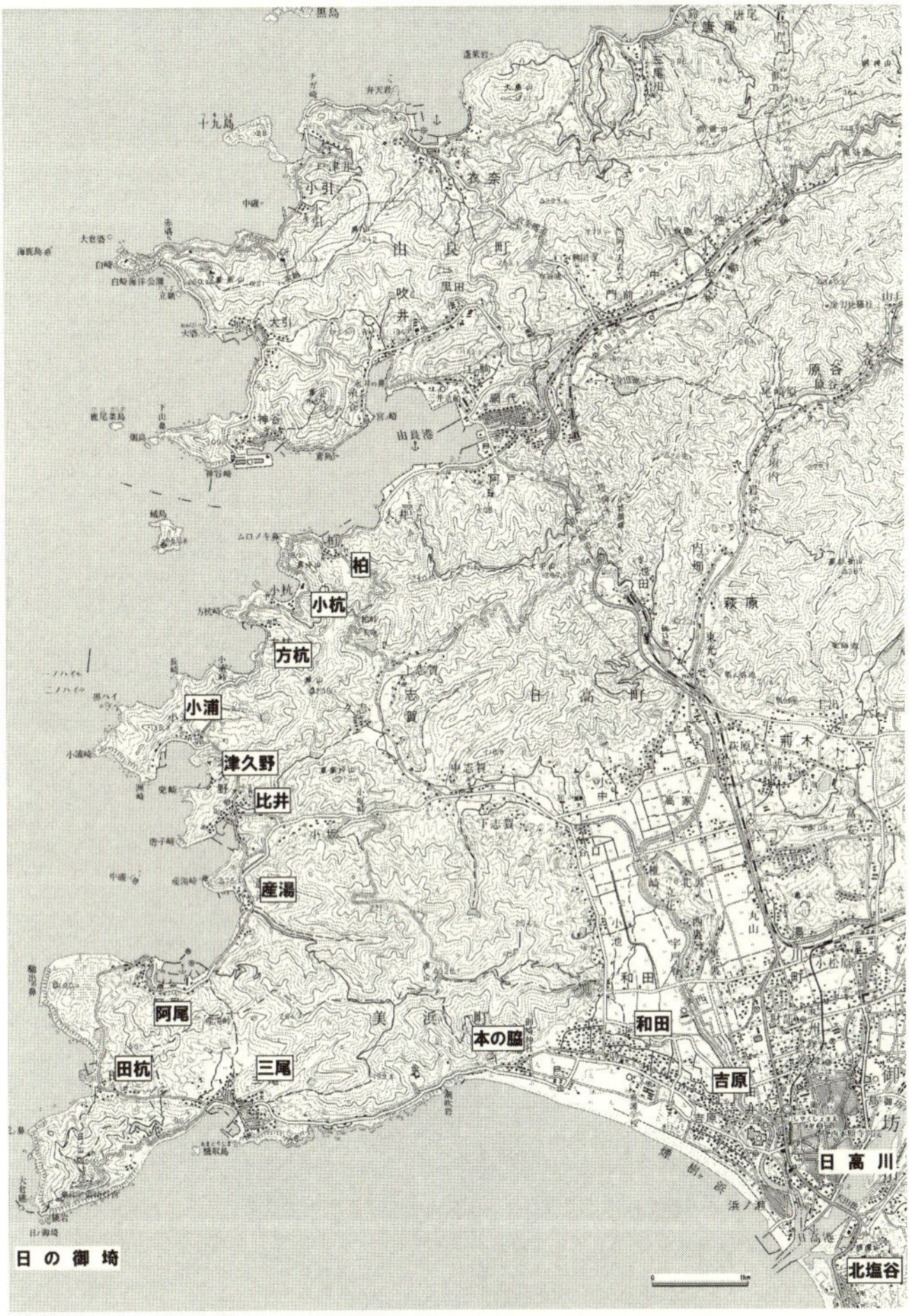

第２部フィールド地図（25,000 分の１地形図「三尾」NI-53-16-13-4、平成 17 年 12 月１日発行を基に作成）

坊市でインタビューや参与観察、民具調査、文献資料調査を行った。本稿執筆のために、二〇一〇年一一月には、文献資料と現地での観察を中心とする集中的な補充調査を行った。調査では、和歌山県日高郡内および御坊市のすべての海村に赴いたが、産湯というひとつの海村の地曳網漁の在り方を記述する。

このフィールドワークの概報は、すでに「地曳網漁の技術と近代化」〔加藤　二〇〇四〕ほか、〔加藤　一九九九〕、〔加藤　二〇〇〇〕、〔加藤　二〇〇一〕としてまとめている。また本調査で収集した民具は、「日高地域の地曳網漁用具および和船」として和歌山県指定有形民俗文化財に指定されており、その経緯については〔加藤　二〇〇八〕にまとめている。

地曳網漁分布図

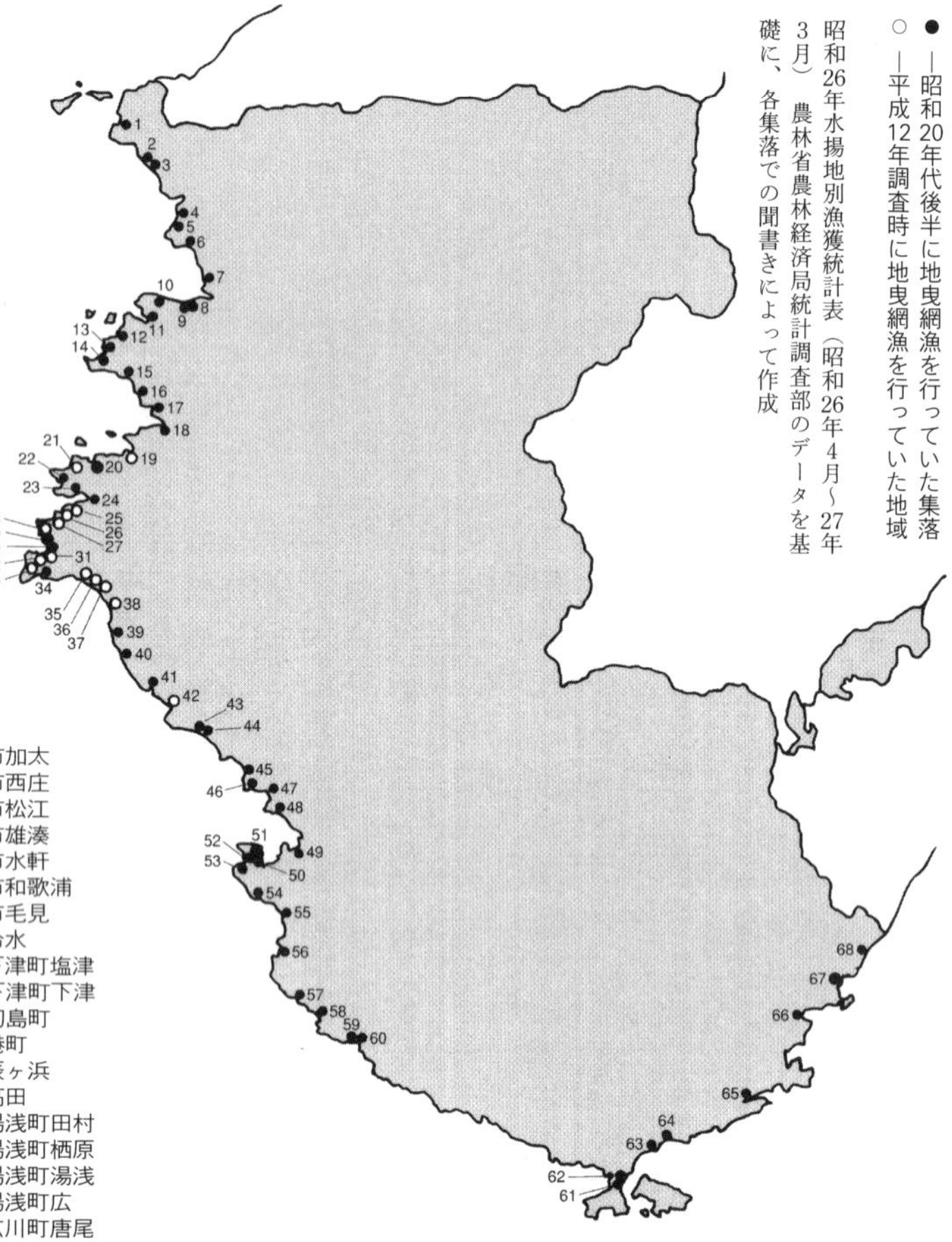

●—昭和20年代後半に地曳網漁を行っていた集落
○—平成12年調査時に地曳網漁を行っていた地域

昭和26年水揚地別漁獲統計表（昭和26年4月～27年3月）農林省農林経済局統計調査部のデータを基礎に、各集落での聞書きによって作成

1 和歌山市加太
2 和歌山市西庄
3 和歌山市松江
4 和歌山市雄湊
5 和歌山市水軒
6 和歌山市和歌浦
7 和歌山市毛見
8 海南市冷水
9 海南市下津町塩津
10 海南市下津町下津
11 有田市初島町
12 有田市港町
13 有田市辰ヶ浜
14 有田市高田
15 有田郡湯浅町田村
16 有田郡湯浅町栖原
17 有田郡湯浅町湯浅
18 有田郡湯浅町広
19 有田郡広川町唐尾
20 日高郡由良町衣奈
21 日高郡由良町小引
22 日高郡由良町大引
23 日高郡由良町神谷
24 日高郡由良町網代
25 日高郡日高町柏
26 日高郡日高町小杭
27 日高郡日高町小浦
28 日高郡日高町方杭
29 日高郡日高町津久野
30 日高郡日高町比井
31 日高郡日高町産湯
32 日高郡日高町阿尾
33 日高郡日高町田杭
34 日高郡美浜町三尾
35 日高郡美浜町和田
36 日高郡美浜町吉原
37 日高郡美浜町浜ノ瀬
38 御坊市北塩屋
39 御坊市名田町野島
40 御坊市名田町上野
41 日高郡印南町印南
42 日高郡印南町西地
43 日高郡みなべ町東岩代
44 日高郡みなべ町西岩代
45 日高郡みなべ町埴田
46 日高郡みなべ町堺
47 田辺市芳養町
48 田辺市江川町
49 田辺市新庄町
50 西牟婁郡白浜町江津良
51 西牟婁郡白浜町綱不知
52 西牟婁郡白浜町瀬戸
53 西牟婁郡白浜町白浜
54 西牟婁郡白浜町鴨居
55 西牟婁郡白浜町中
56 西牟婁郡白浜町朝来帰
57 西牟婁郡白浜町志原
58 西牟婁郡白浜町日置
59 西牟婁郡すさみ町小泊
60 西牟婁郡すさみ町平松
61 東牟婁郡串本町串本
62 東牟婁郡串本町大水埼
63 東牟婁郡串本町伊串
64 東牟婁郡串本町西向
65 東牟婁郡那智勝浦町浦神
66 東牟婁郡那智勝浦町勝浦
67 新宮市佐野
68 新宮市王子ヶ浜

第1章 地曳網漁のシステム論的理解

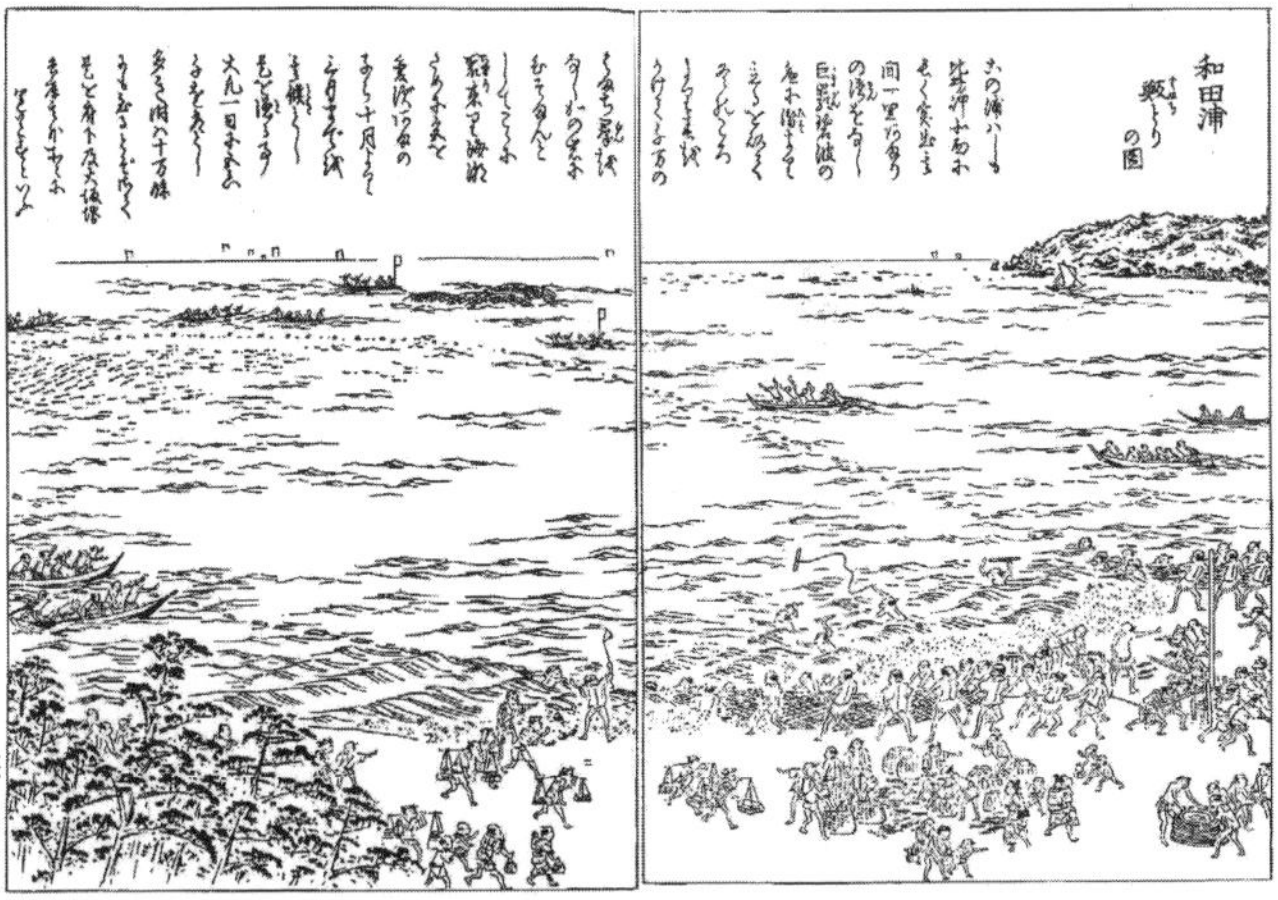

❖和田浦（現美浜町）の地曳網漁　紀伊国名所図会後編巻之五より

1 地勢と漁業経営の環境

和歌山県は紀伊半島の西側半分を占め、西に紀伊水道を隔てて四国と相対し、南は太平洋に臨む位置にある。その地形は山がそのまま海に臨むため、日の御崎以北の紀伊水道沿岸部は、リアス式海岸の様相を呈す。紀北の河口部には良港が発達しているが、日高町周辺の海岸は入り組んだ湾に集落が点在する景観であり、日ノ御崎以南は海岸段丘や隆起・沈降による変化に富んだ地形が見られる。

紀伊半島の民俗は、その地形から山村・海村の生活に端的に特色を見出すことができる。特に漁業では運用漁業の発達以前の小規模で零細な経営主体による漁業が残存しており、伝統的な沿岸地域の生活様式を知る上で格好のフィールドを

❖砂浜とイロミヤマ

提供してくれる。

地曳網漁は、アミブネと呼ばれる和船二艘で、沖合から網を置きながら左右に分かれて魚群を包囲し、両端の綱を陸から主として人力で曳いて魚を獲る漁法であるが、技術的には単純で、沿岸漁業が中心であった近世期の漁業においては主力となる漁法のひとつであった。もともとアバという浮きとイワという錘をつけず、単純な網をひいて魚を獲っていた漁であったが、近世初頭に上記のような漁法へと発達したと考えられている。紀伊半島では、リアス式海岸の入り組んだ砂浜で営まれてきたことは、次項の分布図にあらわれている。調査では、昭和二〇年代には六九地区で操業、二〇〇〇（平成一二）年当時も一四地区で操業していたことを確認した。

日高町産湯《うぶゆ》の集落は、地曳網漁と稲作の半農半漁の生産活動を営むために、有効な空間利用がなされている。写真（次頁）は産湯の集落を俯瞰した写真である。遠浅の入江、砂浜、防風林、集落と続き、その背後に水田と薪などをとる山という景観となっている。この写真を撮影した場所は、遠浅の海を見渡すことができるイロミヤマ（色見山）と称する魚群を目視で探す場所である。魚群の場所や規模、固まり具合などは確実に把握しなければ、網を置いても逃がしてしまう可能性がある。こうした魚群探知に有効

❖イロミヤマからみた産湯の景観（和歌山県立紀伊風土記の丘提供）

な山があることも、農業の傍ら地曳網漁をするという半農半漁の生活を可能にしている重要な要素である。もともと産湯が位置する阿尾湾は、リアス式海岸に形成された中規模の湾であり、その内側は波が穏やかである。魚群が滞留しやすく、かつ人間もそれを捕獲しやすい。そして遠浅の砂浜が形成されており、網を人力で丘に引き上げることが可能である。沿岸漁業を営む条件を整えていることは、産湯にとって半農半漁を営む重要な環境的条件であった。

　前述のように地曳網漁は、回遊してくる魚群が沿岸に近づくのを待って操業する漁である。漁民たちは魚群の沿岸への接近を待っている間は、集落と里山との中間に広がる平地において、農業にいそしんでいる。一方イロミヤマにおいては、各網の当番やイロミ番（後述）としてイロミヤマから魚群を探す役にあたる人が随時魚群を目視で探知している。そしていったん魚を見つけると、大声を上げるなどの方法で網を曳く人手（ヒキコ）を集める。耕地で農作業をしていた漁民は、その声を聞くなり作業を中断し、浜へ出て地曳網を張って漁をするのである。漁のあとは分配の作業のあと、網の管理に関する作業をし、再び耕地へと向かうのである。地曳網漁は魚を追い求めて海へ繰り出す積極性はないが、不安定な漁を耕地での農作業で埋め合わせをすることで一年の生計を立てている典型的な半農半漁の生活であると言える。現地の老人の言を借りれば、地曳網漁の漁民はまさに「鍬振る漁師」なのである。

「鍬振る漁師」は、何を生産していたか。産湯集会場に保管されている「産湯浦普通物産表」「産湯浦特有物産表」（ともに産湯区有文書）からは、一八八〇（明治一三）年の農産物の産額がわかる。それによると、産湯の人々は漁業の傍ら、米、小麦、裸麦、大麦、大豆、甘薯、菜種、薪などを生産していたことがわかる。

一方、地曳網漁の主な対象となるのは、イワシなど周期的に沿岸へ近づく回遊魚である。「和歌山県日高郡産湯浦魚貝採藻期節表」（産湯区有文書）の記載からは、一八八二（明治一五）年の日高町産湯の地曳網漁による漁獲物

品名	播種地反別	産額	当年の単価
米	拾五町六反歩	百八拾七石貳斗	一石あたり拾円
小麥	六反歩	三石三斗	一石あたり七円八拾銭
裸麥	九町八反歩	五拾八石八斗	一石あたり七円五十銭
大麥	壱反五町歩	六斗八升	一石あたり七円廿銭
大豆	四反六畝歩	貳石三斗	一石あたり七円五拾銭
甘藷	三町八反歩	壱万七千百斤	一斤あたり七厘

表１　「明治一三年産湯浦普通物産表」による産湯の農産物

品名	産額	平年の単価
菜種	壱石八斗五升	一石あたり壱石七円
薪	壱万三千メ目	拾メ目七銭

表２　「明治一三産湯浦特有物産表」による産湯の産物

月名	漁獲対象	月名	漁獲対象
一月	魬　鯛	七月	鰺　鯖
二月	右同シ	八月	右同シ
三月	右同シ　鰯アリ	九月	鰺　鮭大小
四月	鯛　鰯	十月	魬・鯛・鰯
五月	五月魚　鰯	十一月	右同シ　鰯ナシ
六月	右同シ	十二月	右同シ　鰯アリ

表３　「明治一五年　和歌山県日高郡産湯浦魚貝採藻期節表」による産湯での地曳網漁対象魚種

がわかる。また「漁村取調概目」（産湯区有文書）では、「一　主ナル漁獲物　飯鯛鱶鰺鰹鰯鯖□」とある。同文書では「一　漁業ノ盛衰并其原因　原因詳ラカナラスト云トモ老人ノ説ニ依レバ近年漁業ヲ勉ムト云エトモ従前ニ比スレバ漁獲物減スト云」との記載もあり、漁獲高の減少について記述している。現在はイワシ類とハマチに焦点を絞った漁にかわっているが、同じ地曳網漁の技術で多種多様な魚を獲っていたことがわかる。

日高町産湯には「漁師は五斗一升」という格言がある。漁師の生活は五斗の米を持っていても、魚群の接近が無ければ一升になるまで食いつぶさなければならないという意味である。この言葉は地曳網漁の不安定さを端的に表現している。産湯区有文書の明治前期の資料は、この半農半漁の生活の具体的な内容を知ることができる点で貴重である。

2 魚種と魚群の探知

一八八〇（大正一三）年の「大正拾三年以降徴収簿　比井崎浦」（産湯区有文書）より魚種の部分だけ抜粋してみると、産湯でとってきたこの時期の詳細な魚種を確認することができる。

大正一三年の記録では、現地で現在も呼ばれている魚の地方名で漁獲が記されており、聞き書きと『紀州魚譜』（宇井一九二四）を参考にすると、その一般名称との対応は次の通りである。ウルメイワシ＝ウルメ、マイワシ＝ヒラゴ（小さいものはコビラ）、カタクチイワシ＝カタクチまたはセグロ（幼魚はシラス）。表中のアジコやサバコはアジとサバの小さいもので、アジはジャコと呼ぶ。

また聞き書きでは、大イワシといえば一〇センチから一二センチほどのものを言い、小イワシというとマッチ棒くらいのものを言うとのことである。イワシセグロイワシ、ヒラゴイワシ、キビナゴイワシのそれぞれの大小によって呼称が異なる。シラス（小）→小イワシ（中）→セグロイワシ（大）、アオコまたはコビラ（小）→ヒラゴイワシ（大）、ヨガワリ（小）→キビナゴイワシ（大）とかわる。スズキの中ぐらいのものがトツカであり、小さいものはコセゴと呼ぶ。アジの小をゼンゴまたはマメアジ。サバコはサバの小さいもの、ハマチはメジロ、ブリと出世する。ムロとはムロアジのことで、スジはスジガツヲ、カツヲはハマチと同じように沸くのでよく間違えてとってしまうという。イカではマイカがとれる。

こうした魚群の探知の方法としては、環境に応じて次の四つがある。

月名	漁獲対象
一月	シラス
二月	シラス
三月	イワシ・シラス・平子イワシ・ブリメジロ・サワラ・中イワシ・背黒
四月	イワシ・サワラ・シラス・タイ・モンダイ・メジロ・イカ・ボラ・サバコ・小平イワシ・背黒
五月	イカ・アジコ・小平イワシ・ボラ・キビナゴ
六月	アジコ・イカ・サバコ・アジコ・キビナゴ・ツバス
七月	イカ・ツバス・アジコ・トツカ
八月	アジコ・イワシ
九月	イワシ・飯
十月	イワシ・小キビ・飯
十一月	カツヲ
十二月	カツオ・シラス・フカ・平子イワシ・メジロ・飯

表４「大正拾三年以降徴収簿　比井崎浦」によるこの地域の地曳網漁対象魚種

①イロ―イロミヤマと呼ぶ集落の小高い山から遠浅の入江を見ると、海の青のなかに魚群が赤や黒に染まって見える。これを見てイロミヤマから手旗などで指示を送ったり、大声で叫んだりして網を置いていく。魚群そのもののこともイロと呼ぶ。

②ヒキ―日が暮れてから船を出して、海面を櫓などでバシャンと叩くと、海にネオンがともったように光ることがある。これは夜光虫などと呼ぶ発光するプランクトンの光で、この光によってイワシなどこれを餌としている魚群が近くにいることを知ることができる。光が海のなかに消えていく様を、「引く」と表現する。

③ワキ―イワシはよりタチウオなどより大きな魚の餌となっており、イワシの魚群が他の魚に追われているとき、逃げ回って海面に飛び跳ねる。イロミヤマから海面を見ていると、イワシが跳ねてそこだけあたかも湯が沸騰しているような状態になり、イワシの魚群の場所を知ることができる。この海面の状態を「沸く」と表現する。

④トリ―イワシの群れはカモメなどの鳥の餌ともなっており、沖を飛ぶ鳥の急降下する動きなどを観察することでイワシの群れを発見することができる。

こうした魚群を目当てに漁をする場合と、魚群のいそうな場所に見当をつけて網を置く、アテバリまたはアテオキと称する方法をとる場合もあり、イカの産卵期の六月から七月にかけて藻に産卵するために集まるイカなどは、漁師の海の知識と勘でアテバリをして獲ることができた。日高町産湯ではナカイソ付近にあるアゼモと呼ぶ藻の繁茂しているところに集団で産卵に来るイカを、勘で網を海に入れて浜まで曳いてとるのである。魚群探知機が昭和三〇年代に導入される以前は、上記のように魚の習性や他の生物との関係などをたよりに魚群を探してきたのである。

3 網元の経営

産湯には、ハマチとイワシを対象とした地曳網があるが、ハマチ網には「新網《しん》」「今出来網《いまでき》」「元網《もと》」の三統の網組があり、産湯の七五軒のアミシ（網師）がそれぞれの網組に二五軒ずつ所属していた。網株は「新網」が（姓は、玉置・向井・向井・松原・松原・松原・西・本多・北出）、「今出来網」が（姓は、寺田・中井・塩崎・塩崎・村上・下野・下野）、「元網」が（姓は、塩崎・浮津・浮津・崎野・松原・松原・橋本）でそれぞれ構成されていた。ハマチの漁期は一一月から四月ごろまでであるが、この間一日一組ずつ日替わりで各網組のバン（番）が回っていく。すなわちハマチの網を置けるのは、三日に一度のみである。この順番は毎年一〇月ごろになるとくじ引きをして決めることになっていた。ちなみにイワシの地曳網は全戸が参加する中網と五軒ほどで持っていた小網があるのみで、漁期は四月末から七月ごろである。

セシュ（施主・株持ちの中での会計）は、「ヒキコ帳」をつけて漁一回（一回ごとの漁を「アミ一回する」と言う）ごとの会計と配分をする家であり、一般にはヤド（宿）と呼ばれた。ヤドの家ではその日ごとの計算をし、アタリを取りに来いとふれてひとりひとりにしおりのような紙に人の名前と金額を書いて、現金で支払った。ヤドは責任ある役で信用が必要であったが、作業は網元の複数の成員で行うので、ごまかすようなことは考えられなかった。ヤドには二倍のアタリが配分された。

網の組織は村落の祭祀においても大きな役割を持っている。産湯の大祭り(かつては一〇月一五日、現在は一〇月一〇日)には、総代三人と区長、神主、各網からの代表者ひとりずつ、当家が二軒出て境内に並び、オザ(御座)をした。このとき必ずカモウリ(冬瓜)とシラスのなますを食べた。これを振舞いながら、酒をまわして飲む。酒は三周回ると宴を締めくくる決まりであったという。

地曳網漁はいくつかの仕事の役割分担によって操業され、それぞれにアタリと呼ぶ配当は異なる。それらは各集落によって異なるが、子供を含めて漁に携わるもの全員がアタリを受けることでは共通しており、漁をすることで病弱なものから老人まで集落の人々が生活することができ、さらに漁獲の一部を「村税」「浜税」と称して区の運営費に当てたり、婦人会や青年会などの組織や寺社に配当したりするなど、共同性の高いのが特色である。

日高町産湯の場合、一回の地曳網で獲れたハマチの総額から、まず組合歩金三%、イロミヤマの番に当っていた家(実際に番をしていた人ではない)に三%、区税・浜税を数パーセント、西京寺(寺のことをオナカと言う)に一%を差し引き、残高をフタツワリ(二つ割り)し、半分は網元・株持ちに入り、残りのフタツワリがヒキコのアタリとなる。ヒキコのフタツワリの内訳は、オキノリがヒトシロハン(一代半、一・五人分)、建網を張るタテアミがヒトシロニンゴ(一代二合、一・二人分)、ヒキコの一人前の男性がヒトシロ(一代)、ヒキコの女性がハンシロ(半代、〇・五人分)、満五歳から一四歳までの子供(男女)がニンゴ(二合、〇・二人前)であった。これらはすべて網元のアタリ帳(収集済み)に書きこまれ、一日に漁を数回行った時は、そのたびに二回目、三回目とそれぞれに対して配当を配っていくのである。ヒキコは網元の会計担当者にその日曳いたことを届け出る。するとヒキコ帳に子供から老人まですべて名前を書き並べ、競りの後にアタリを渡す覚書とする。アタリは産湯の青年会館で渡される。それぞれの名前を書いたしおり状の短冊に、それぞれのアタリの現金が乗せてあり、これを取っていくのである。子供にとってはこれが唯一の小遣いであり、親はアタリを取り上げたりするようなことはなかったという。足腰が弱くかえって網に引っ張られてしまうような老人であっても、ヒキコに加わって網に触っていればヒ

集落名	アタリの割合	ヒキコのアタリ	その他のアタリ
日高町 産湯	利益からイロミ番（3%）組合歩金・区税・浜税（各3%）寺（1%）を引き、残りを半分ずつ網元、ヒキコのアタリ。	成年男（1シロ） 男子14〜5才（0.2シロ） 成年女（0.5シロ）	オキノリ—アミブネに乗る（1.5シロ）、タテアミ—ハマチが逃げないように建網を張る（1.2シロ）
日高町 方杭	利益からイロミ番（1%と米3斗）組合歩金・区歩金（各3%）を引き、残りを半分ずつ網元とヒキコのアタリ。	成年男（1シロ） 男子（0.3〜0.5シロ） 成年女（0.3シロ）	アミブネ（2シロ）タテアミ（1シロ）伝馬船（0.3シロ）神社（0.2シロ）当日の番でないイロミ（0.5シロ）
日高町 比井	組合歩金（3%）を引いて、残りを半分ずつ網元とヒキコのアタリ。	成年男（1シロ） 成年女（0.3〜5シロ）	イロミ（3シロ）網師（1.5シロ）アミブネ（0.5シロ）寺社（各0.5シロ）
日高町 田杭	セシュ—操業の指揮と会計を担当（高の2%—6シロ相当）を引いて、残りを区歩金（10%）網元（30%）ヒキコのアタリ（60%）と配分。	成年男（1シロ） 男17〜15才（0.5シロ） 男14〜11才（0.25シロ） 成年女（0.5シロ）	ヤマミ2〜3名（4シロ）網師3名（4シロ）アミブネ（1シロ）青年団（3シロ）婦人会（5シロ）寺（3シロ）ケガ人（1シロ）病人（0.5シロ）
日高町 小浦	網元—高の3割（網三分という） 魚見（ウオミ・イロミ）2人—1シロ	成年男（1シロ）	なし

表　日高町産湯周辺集落の利益の分配システムの比較（聞き取りより作成）

❖網元資料

トシロ（一代、一人前）をもらえたのであり、それが老人の生活を保証しているのであった。

以下に、日高町産湯の網元の収支がわかる「大正拾五年拾月　大網水揚帳　新網」「大正拾五年拾月　大網支出控帳　新網」から、同時期の記述をそれぞれ引用する。水揚帳からは利益の分配の様子が具体的にわかる。また支出帳からは網元で共同所有するものや大漁祈願の祭り関係の記述があり、当時の習俗を知ることができる。この帳面は、基本的に以下のような記述のフォーマットを持っている。

水揚帳は、基本的に一頁で一回の漁の利益と配分が記載されるが、一日に複数回漁がある場合は記述が複数頁に渡ることもある。内容は総利益から諸配当をどのように引いていって最終的に網元にいくら入ったかがわかる計算式である。記載内容から以下の計算方法で記述されていることがわかり、アタリの配分の実践状況が見て取れる資料である。

総利益　～円
　商人税（＝組合費）（3％）　～円
商人税を引いた残高　～円
　イロミヤマの番への配当（3％）　～円
イロミヤマの番への配当を引いた残高　～円
　神社または寺への配当（約1％）　～円
神社または寺への配当を引いた残高　～円
　区税（区へ支払う税金）の額（3％）～円
区税を引いた残高　～円
　テガカリ（死んだ魚）を売った場合その利益　～円
テガカリを足した残高　～円

此ノ二ツ割（半分に割って半分はヒキコへの配当・半分は網元の配当）〜円
総利益　〜円
テガヤシ（網を干す作業をした人への配当）〜円
総利益からテガヤシを引いた残高　＝その回の漁の網元の利益

●網元関係資料：「大正拾五年拾月　大網水揚帳　新網」　昭和二年二月から三年一月分抜粋

二月五日
目白魚
一　六百参拾四疋
高
一　壱千〇四拾六円十銭
　内引参拾壱円三十八銭　商人
残り
一　壱千〇拾四円七十二銭
　内引三十円四十四銭　山
残り
一　九百八拾四円二十九銭
　内引四円九十銭　宮ノ魚
残り
一　九百七拾九円三十九銭
　内引六十三円六十六銭　税金
残り
一　九百壱拾五円七十三銭
　内引九円十五銭　寺ノ魚
残り
一　九百〇六円五拾八銭
　内引拾八円十三銭　高二分
残り
一　八百八拾八円四十五銭
此ノ二ツ割
一金四百四拾四円二拾二銭五厘
手掛リ魚
一　三拾六疋
高
一五拾九円四十銭
　内引壱円七十八銭　商人
残り
一　五拾七円六十二銭
内引一円拾五銭　山
残り
一　五拾六円四十七銭
此ノ二ツ割
一金　二拾八円二拾三銭
二口計
一金四百七拾弐円四拾五銭五厘　網ノ分金

弐月七日
元網ヨリ四分方入
金八百四拾円三十八銭
高弐分
　拾六円八十銭
差引
金八百弐拾参円五十八銭也
手ガカリ魚代
金拾六円五十八銭
計
金八百四拾円拾六銭
此ノ二ツ割
金四百弐拾円八銭　網ノ分金
弐月拾六日
元網ヨリ四分方入金
一金参百六拾八円六十八銭也
此之高弐分
一金七円参拾七銭也
残リ

一金参百六拾壱円参拾壱銭
此之二ッ割
一金百八拾円六拾五銭也　網ノ分金
昭和弐年三月二十五日
高引二ッ割
一金八円六拾七銭也

四月十一日
合計
一金壱千八拾壱円八拾五銭五厘
昭和弐年四月支拂
合計
一金六百四拾六円八拾六銭
差引残金
一金四百参拾四円九拾九銭五厘
（昭和弐年四月拾壱日勘定）

四月弐拾四日　イカアミ
総高
一金四拾四円六銭也
内商税一円三十四銭五厘
差引残
一金四拾弐円七拾壱銭五厘
内ホーピ八拾五銭也
差引残
一金四拾壱円八拾六銭五厘
内村税弐円参拾銭
差引残

一金参拾九円五拾六銭五厘
一金五十九銭　小賣魚代
〆
一金四拾円拾五銭五厘
此之二ッ割
一金弐拾円〇七銭五厘
五月六日
高
一金四拾五円四拾銭也
此ノ内商税一円二十六銭
残
一金四拾四円〇四銭
ホーピ八十八銭
残
四拾参円十六銭
税金二円三十七銭
残
一金四拾円七十九銭
小賣魚七十一銭
計
四拾一円五十銭
此二ッ割
金弐拾円七拾五銭
五月九日
一金四拾八円九十銭
商人税一円四十六銭七厘也
残リ

一金四拾七円四拾参銭
ホーピ九十四銭八厘
残リ
一金四拾六円四十八銭也
村税二円五十五銭
残リ
一金四拾三円九十三銭也
小賣魚弐拾八銭也
合計
一金四拾四円弐拾壱銭
二ッ割
一金弐拾弐円拾銭五厘
手ガヤシ賃三回分
六□也
差引残
一金拾八円拾銭五厘也
一円　アミキヨリ代
差引
一、拾七円十銭五厘
五月十二日
一金八円四十銭
常吉アミヨリ入
五月
一金三十六銭
カチン小賣入
内一円　イカアミ比井行
アタリ付二□ノ分引
差引
三十六銭

五月
弐円五拾銭　古アミ代

●網元関係資料：「大正拾五年拾月　大網支出控帳　新網」　昭和二年二月から三年一月分抜粋

昭和二年二月
一、四拾六銭　ローソク一斤
二月五日
一、三円七十銭　ヲ一〆
一、二円三十銭　ナンバ
二月二十日
一、三円五十銭　アバナハ代
〃
一、六円八十銭　糸代
二十日
一、一円十三銭　あみ送賃
二月七日
一、二円　千田まいり
〃
一、三円　右小使賃
三月四日
一、六十銭　アバ送賃
四月十一日支拂　玉キ弥之助
一、金七円二十銭　モチ米　一斗六升
三月二十一日
一、百参拾四円四十四銭　あみ代
四月十一日
一金参円五拾銭　松代　駒吉
四月十一日
一金五拾円四拾銭　工代合計
四月十一日
一金参円也　伊勢参り餅料
二七七・四二
〃
一金壱円也　三月二十五日　高引テガヤ
レ
昭和弐年四月十一日
支拂合計
一、弐百七拾七円四拾弐銭也
四月十一日支拂
一、参百五拾弐円六十八銭
大正十五年九月二十五日借入
右利子六ヶ月分但月入
一金拾六円八拾銭也
右合計
一金拾六百四拾六円八拾六銭也
(昭和弐年四月十一日勘定)
昭弐年四月十一日ヨリ
三月三日借り
一金七円五拾銭　アバ弐百五十枚
六月三日
一、六十銭　ナワ代（ヤネフキ）
六月二十八日
一、一円六十五銭　家屋税
八月二日
一、八円拾九銭也　カシラゲ舩　一ツ
八月二日
一、壱円六銭　アミカコイ　菓子代
八月二日
一、六円三十六銭　北出店
八月二日
一、六円　ワラ代
八月二日
一、六円　工賃
八月二日
一、十円八銭　大江店
四月ヨリ八月二日迄勘定
惣支出
八月二日
一、六拾五円八十一銭五厘
一、三円　先ノ拂残リノ分　八月二日
二代
八月拾日
一、二円　網運賃
八月拾日
一、七拾五円　□帳
八月十二日
一、二十銭　田辺へ電話
八月十二日
一、九拾銭　十日エビスノ魚代
八月十三日
一、七円　シュロナワ　十五ワ

八月十四日
一、五廿五銭　村崎払
八月十五日
一、七円三十銭　カシラギ舟代
八月二十一日
一、二十九銭　白サト一斤
八月二十三日
一、三十円　ウドン粉
八月二十五日
一、二十円七十三銭ナマリ　十五□
　三百五十
八月二十六日
一、八十銭　吉原ヨリ　ナワノ運賃
八月三十一日
一、二円八十二銭　高引あみぬい魚代
一、七拾餞　ナンバコマ
九月五日
一、六十八銭　アミノ運賃
一、白サト氷コホリ
九月十二日
一、拾五円　ナワ代　吉原拂
一、二円五十餞　ナワ代
十月十三日
一、二円五十銭　由松拂　アミヌイ魚代
十月十三日
一、二円六十銭　〃魚代サキサヘ
一、三百四十九円五十四銭　田辺網代
　運賃
十月二十七日

一、四円八十銭　米代　一斗二升
〃
一、四円　米代一斗
一、四円七十銭　アミヌイ魚代勘十郎
八月ノ分
百拾四円拾銭　イカアミ大アミ運賃
昭和弐年拾月弐拾九日
支出合計
一金五百四拾四円九拾壱銭
十二月一日
一、二円四十一銭　ロップ運賃
十二月一日
一、百五十円　ロップ三丸代
十二月一日
一、一円六十五銭　家屋税
十二月一日
一、拾円　トマ二拾枚
〃
一、十五銭　サイラ十匹
十二月二十一日
一、拾九円　ろくろ代
十二月二十六日
一、六円　みとだる
〃二十六日
一、参拾二銭　﨑店拂
二十六日
一、拾壱円二十九銭　大江店
二十六日
一、拾七円八十七銭　北出

一月四日
一、六円　山東参リ
一月九日
一、四円二十銭　十日エビス魚代
一月九日
一、三十銭　白サト一斤
一月九日
一、二十銭　シラス
一月十九日
一、二円五十銭　潮祭費

今出来網「アタリ帳」（村﨑肇氏蔵）には昭和二年時よりも詳細な記載があり、ヒキコへの配当額まででかかれている。残念ながらヒキコの人数は記載されていないが、総利益との計算によってそれを割り出すことはできる資料である。一例として一九六一（昭和三六）年一月から一二月までの一年分の漁獲記録を提示しておく。

●網元関係資料：「昭和三十六年度　アタリ帳　今出来網」昭和三六年一月から同年一二月分抜粋

三万〇七百五十円
　九百二十二円　山　一代　一八五円
　　　　　　　沖　　三百七十円
二万九千八百二十八円
　一千四百五十円　区　ハト　二四〇円
　　　　　　　　　女　七十四円
二万八千三百三十八円
　四百五十円　　組合
二万七千八百八十八円　　二合　三八円
　　　　　　　　　　半代　九二円
二ツ割
一万三千九百四十四円
二月廿八、
二万六千百五十円　　一代　百九十円
　七百八十四円　山　沖　三百八十円
二万五千三百六十六円　区　女　七十六円
一千二百六十八円　　半代　九十五円
二万四千百円
　三百円　組合
二万三千八百円
二ツ割　一万一千九百
　五月卅一、
一万二千八百二十五円
　　三百八十四山　山
一万二千四百四十一円
　六百二十円　区
一万千八百二十一円
　百五十円　組合
一万千六百七十一円
二ツ割　五千八百三十五円
一代　八十九円　九十円
沖　百七十八円　百八十円
女　三十五円　三十六円
　六月六、
一万九千六百三十五円
　五百八十九円　山　一代　百十円
一万九千〇四十六円　沖　二百二十円
　九百五十円　区　女　四十四円
一万八千〇九十六円
　二百七十円　組合
一万七千八百二十六円
二ツ割　八千九百十三円
　一八、
六千円
　百八十円　山　一代　四十四円
五千九百二十円　沖　八十八円
　三百四十円　区　女　十七円
五千四百八十円
二ツ割　二千七百四十円
二番目
一万千八百八十円
　三百五十六円　山　一代　八十五円
一万千五百三十円　沖　百七十円
　五百七十五円　区　女　三十四円
一万〇九百三十五円
　百円　組合
一万〇八百五十五円
二ツ割　五千四百二十七円
　六月十八、　三番目
八千円
　二百四十円　山　一代　六十円
七千七百六十円　沖　百二十円
三百八十五円　区　女　二十四円
七千三百七十五円
二ツ割　三千六百八十七円
　七月廿一、
一万四千〇二十二円
　四百二十円　山
一万三千六百円
　六百八十円　区
一万二千九百五十円
　百五十円　組合コレマデス
ミ
一万二千七百七十円
二ツ割　六千三百八十三円
　一代　百五円
沖　二百十円

女　四十二円
七月廿七、
五千二百八円　一代　三十五円
百五十六円　山　沖　七十円
五千〇五十二円
二ッ割　二千五百二十六円
卅、
三万〇六百十五円
九百十八円　山
二万九千七百円　一代　二百十円
一千四百八十円　区　沖　四百二十円
二万八千二百二十円　女　八十四円
四百円　組合　二合　四十二円
二万七千八百二十円
二ッ割　一万三千九百十円
八月二十三、
一万二千五百八十六円
三百七十五円　山　一代　九十円
一万二千二百十一円　沖　百八十円
六百十円　区　女　三十六円
一万千六百円
二百二十円　組合
一万千三百八十円
二ッ割　五千六百九十円
二番目
六千四百四十七円　四十円
百九十円　山　一代　三十八円
六千二百五十四円　八十沖　七十六円
三百十　区　女　十五円
五千九百　十六円
二ッ割　二千九百七十二円
四番目
九千六百六十九円
二百九十円　山　一代　五十五円
九千三百七十九円　沖　百十円
四百六十五円　区　女　二十二円
八千九百十四円
二ッ割　四千四百五十七円
五番目
八千八百円
二百六十円　山　一代　五十四円
八千五百四十円　沖　百八円
四百二十円　区　女　二十一円
八百二十円
二ッ割　四千六百十円
六万五千二百円
一千九百五十六円　山
六万三千二百四十四円
三千百六十円　区
六万〇八十円
六百円　組合
五万九千四百八十四円
二ッ割　二万九千七百四十二円
一代　四百二十円
沖　八四十円
ハト　五百四十六円
女　百六十八円
二合　八十四円
四万七千六百円
千九百四円　山
四万五千七百円
二千二百八十五円　山
四万五千七百円
二千二百八十五円　区
四万三千四百十五円
四百円　組合
四万三千十五円
二ッ割　二万千五百円
代　二百三十円
沖　四百六十円
ハト　三百円
女　九十二円
三千二百九十五円　山　一代　二十四円
百三十五円　沖　四十八円
三千二百六十円　区　女　十円
二ッ割　千六百三十円
二番目
五千九百二十円

百七十五円　　山　一代　三十六円
五千七百四十五円　沖　七十二円
二百八十五円　区　女　十四円
五千四百六十円
二ッ割　二千七百三十円

七月七、
六千三百五十円
百九十円　山
六千百六十円
三百円　区
五千八百六十円
二ッ割　二千九百三十円
一代　五十円
沖　百円
女　二十円

八月二十七、
六千三百十二円
百九十円　ホービ
六千百二十二円
三百円　区
五千八百二十二円
二ッ割　二千九百十一円
一代　三十八円
沖　七十六円
ハト　四十九円
女　十五円

二番目
七千四百五十円
二百二十円　山
七千二百三十円
三百六十円　区
六千八百七十円
二ッ割　三千四百三十五円
一代　四十六円
沖　九十六円
女　十九円

十二月一、
八千三百円
二百五十円　山　一代　七十円
八千五十円　沖　百四十円
四百円　区　ハト　九十円
七千六百五十円　女　二十八円
二ッ割
三千八百二十五円

二番
五千円
百五十円　山　一代　三十五円
四千八百五十円　沖　七十円
二ッ割　二千四百二十五円　女　十四円

十二月十九日

九千三百十円
二百八十円　山　一代　百円
九千〇三十円　沖　二百円
四百五十円　区　女　四十円
八千五百八十円
二ッ割　四千二百九十円

二番目
九千五百九十円
二百八十七円　山　一代　九十円
九千三百十円　沖　百八十円
四百六十円　区　女　三十六円
八千八百五十円
二ッ割　四千四百二十五円

4 地曳網漁のシステム論的理解

本章では、民俗技術をシステム論的理解によって把握すべき項目として、村落の空間利用、半農半漁的性格、対象とする資源、組織の運営、分配のルールを扱った。これらは、生業を営むためのさまざまな条件を村落内で整備する過程で作られてきたものであり、相互に関連するシステムとして描くことが有効である。産湯の場合、漁業は農業との関係において実践されるものであった。その特徴を、次のように要約する。

入り組んだ小さな湾内に位置する地形的な条件から、漁業は個別の集落において完結した組織によって運営されており、対象となる魚群は網代場と呼ばれる集落が面する湾内に接近したものに限定される。地曳網漁の集落では、技術の近代化においても魚群の接近を待機することについては一貫して変わらない態度であった。逆にいえば比較的安定して沿岸部への接近を期待できる、回遊性の強い魚群に対象を絞ることで、利益を確保することを選択したのであり、沖合で魚群を追う漁業は志向されなかった。

半農半漁によって維持されてきた在来の地曳網漁のあり方は、砂浜―集落―耕作地―里山という配置と、イロミヤマや漁業に関する施設が点在する空間構成に反映されている。「鍬を振る漁師」という現地の言葉に代表されるように、農業に依存した生活様式を維持する志向が強く、このことも漁業技術の近代化を現状維持的なものとする方向付けをした。

地曳網漁においては、魚群の状態の把握がきわめて重要であった。海では魚の方が和船よりも動きに機動性があるので、魚の動きを先回りして船を動かす必要があるからである。具体的には、イワシそのものの見え方や魚群の形、イワシを捕獲する鳥や大型の魚などの他の生物に対する知識、イワシが捕食するプランクトンの動きなどであった。これに、当日の天候や風の状態を考慮して、指示を送るのである。魚群の認知の知識には、さまざまな自然や環境に対する知識が動員されてきた。

地曳網漁は、複数の家が出資して運営されるものであり、その組織を網元と呼んだ。網元は、地縁をもとに営まれており、メンバーシップが集落の範囲を超えることは基本的にない。

第２章　地曳網漁のプロセス論的理解

1 労働力に依存する地曳網漁

この地域で、地曳網漁の技術とそれに用いられる道具について、詳細に遡及できるのはせいぜい昭和初期までである。それ以前について知ることができる資料は限定的である。例えば、「戸津井《とつい》地曳網絵図」（由良町中央公民館蔵）には、幕末期の地曳網の規模についての記載が認められる。

日高小引浦之内　戸ツ井地引あミ図
奥　口迄九ツニキレ候事　行手
フクロ凡五間真角　此処継　同段
同段　行手
奥十六尋四切又十五尋一切又十二尋一切又六尋一切又八尋一切

また前掲の明治初期の漁村取調概目（産湯区有文書）においては、網の長さについて記載がある。これは産湯にある地曳網の規模を示す資料であるが、どの網がどの組のものかについては記述がないが、聞書きでは、小網とは集落に三統あった地曳網の各組の下位に位置する組織で営まれたもので、個人経営であったらしい。

一　主ナル漁具

地引飯網三條巾拾尋長八百尋
高引網三條巾八尋長四百尋
地引鰯網三條巾七尋長弐百尋
地引小網三條巾四尋長百尋
其他釣具色〱

地曳網漁の道具は、網に関するもの、網を曳くための道具、網や道具の管理のための道具、和船に関する道具などに分けることができるが、こうしたものを詳細に知ることができる資料に、一九三二（昭和七）年の調査記録である和歌山県水産会刊行の「紀州の水産」別冊付録『紀州漁業図説』がある。以下、地曳網に関する部分を抜粋する。

一、飯網
組織　網船二艘　伝馬船二艘
乗組十六人乃至二十人陸引　娚二十人乃至三十人
網惣長　五百九十二尋
但七百四十尋ノモノヲ縫縮ム
仕立方「真網逆網ハ同一ナルモノニ付其一方ヲ記ス」
一図「セメ」ハ十節長五尋ノモノヲ引目二反続キ深エ各四反ヲ綴合シ尚上端「エハ際以下同」エ同節ノモノ八寸ヲ竪目ニ横ヘ二巾ヲ並べ下端「イワ際己下同」エニツ指一尺五寸ヲ竪目ニ横ヘ六巾ヲ並ヘ綴合ス

二図ハ二ツ指長六尋ノモノヲ引目ニ深エ三反ヲ綴合シ尚上端エ同目合ノモノ八寸ヲ竪目ニ横ヘ五巾ヲ並ヘ
下端ヘ三ツ指三尺ヲ竪目ニ横ヘ四巾ヲ並ヘ綴合ス
三図ハ三ツ指長十六尋ノモノヲ引目ニ深エ三反ヲ綴合シ尚上端エ二ツ指八寸ヲ竪目ニ横ヘ八巾ヲ並ヘ下端
ヘ三ツ指八寸ヲ竪目ニ横ヘ八巾ヲ並ヘ綴合ス
因ニ以上ハ中心引目ニシテ上下ハ皆竪目ナリ
上端ヲ「アバ」ヅレ　下端ヲ「イワ」ヅレ　ト称ス
四図ハ三ツ指竪目「以下皆同」ニ横エ三十二反深九尋
五図ハ三ツ指横ヘ八反深八尋二尺五寸
六図ハ三ツ指横エ八反深八尋一尺
七図ハ四ツ指横エ八反深七尋三尺
八図ハ四ツ指横エ八反深七尋一尺
九図ハ四ツ指横エ八反深六尋三尺
十図ハ四ツ指横エ八反深六尋一尺
十一図ハ四ツ指横エ八反深五尋三尺
十二図ハ四ツ指横エ八反深五尋一尺ニ終十三図手木ニ接ス
十三図手木ハ網ノ最端「アバ」及「イワ」縄エ各長三間程ノ椋梠網ヲ結付尚「アバ」ト「イワ」ト接セザ
ルヤウ五尺乃至一丈ノ木ヲ以テ張トス而シテ此三角形ヲ為シタル所ヲ手木ト惣称ス
十四図嚢「三ツ撚苧ニテ拵タル網」ハ十四節長五間中八反トス
十五図「上戸」ハ十節ニシテ長六尋巾　片端三尺中央四巾（網一反ノ）片端七八寸　ニシテ狭キ一方ハ嚢
ニ属シ「アバ」縄ニ接スル方ハ「アバ」ヲ付着ス
因ニ上戸ハ嚢ノ口ヲ廣ケン為ニ付着スルモノニシテ嚢ノ上下エ二枚ヲ要シ狭キ一方ノ端ヲ嚢ノ中央迄綴合
セ其他ハ眞網ト逆網トニ綴合スルモノナリ

「アバ」杉長八寸　巾三寸　厚六分　ハ椋梠ニテ作レル「アバ」縄エ付着スルモノニシテ其数第十五図ノ所ニテ「アバ」ト「アバ」トノ間ハ二寸ヲ隔テ第一図ヨリ二図マデハ八寸ヲ隔テ第三図ヨリ六図迄ハ一尋間ニ三枚第七図以下ハ一尋間ニ二枚トス

「イワ」（石斤二百目）ハ嚢ニテ作レル縄エ付着スルモノニシテ其数第一図ヨリ二図迄ハ三尺ヲ隔ル毎ニ一個夫ヨリ一尋乃至二尋間ニ一個ヲ付着ス

使用方

本網ハ群魚正ニ網代場ニ来ルヲ認ルヤ（是ヲ認ムルハ船及海浜ヨリ莅ミ見ル）真網船及逆網船（平素網ヲ折半シテ積入置シモノナリ）ハ同時ニ網ヲ投シ沖合ヨリ海浜ニ向テ従テ漕キ従テ網ヲ投シテ陸地ニ達シ而シテ陸地ニ於テハ盤車ト称ス枠様ノモノニテ徐ロニ巻キ三ツ指ノ処ニ至リ初メテ手ヲ以テ引寄ルナリ

重ナル捕魚及季節

鯎　八月ヨリ翌年五月迄トス

一、鯎地引

組織　船五艘　乗組廿人乃至卅人

網総長　八百三十尋

仕立方（真網、逆網モ同一ノモノニ付其一方ヲ記ス）

一図「ワキ」二ツ指長十尋ヲ引目ニ深エ四反ヲ綴其下（即深）エ二ツ指竪目ニ横エ四反ヲ連ネ綴合ス

二図ハ三ツ指長十六尋ヲ竪目ニ横エ十二反

三図ハ三ツ指長十六尋ヲ竪目ニ横エ十二反

四図ハ三ツ指長十五尋ヲ竪目ニ横エ十二反

五図ハ三ツ指長十二尋ヲ竪目ニ横エ十二反

六図ハ三ツ指長十尋ヲ竪目ニ横エ十二反

七図ハ三ツ指長八尋ヲ竪目ニ横エ十二反
八図ハ三ツ指長六尋ヲ竪目ニ横エ十二反
以上ヲ綴合セ第一図ノ（真網ト逆網トノ）間ニ嚢ヲ付着ス
九図「嚢」ハ十節長十尋廻リ廿尋ニシテ「アバ」ノ際ニ綴合ス
「アバ」（桐　長八寸　巾三寸　巾七歩）ハ棕梠ニテ製セシ縄エ付着ス其数嚢ヨリ其左右各五十五尋ノ間ハ八寸ヲ隔テ其他ハ一尋間ニ三枚乃至二枚トス
「イワ」石（自二百匁　至三百匁）ハ「イチビ」苧ニテ製セシ縄エ付着ス其数両脇五十五尋間ハ一尋毎ニ其他ハ二尋乃至三尋間ニ各一個トス
使用方
イロ見ノ指揮ニヨリ両船ニ分積シタル所ノ網（嚢ヨリ）ヲ投シ指揮ノ方針ニ従ツテ漕キ終ニ陸ニ達セシム（陸地ヨリ距里遠キ所ニテ群魚ヲ囲マントシテ網陸ニ達セサル場合アルキハ「ソデ」ト称エ網船ノ陸ニ達セントスルト同時ニ陸地ヨリ網船ニ向フテ網ヲ投シテ網船ニ達シテ逃ルヲ防グ者アリ）陸地ニ達スレハ乗組ハ上陸シ「アバ」「イワ」ノ四手ニ別レ漸次ニ引寄ルナリ又付船並ニ伝馬ハ始終周囲ヲ巡視シ眞網逆網ノ緩急ヲ知ラセ及網ノ破綻ニ意ヲ注キ網引上ケ終ル迄上陸セスシテ網中ノ防衛ヲ為ス
重ナル捕魚
魬　季節八月ヨリ翌年三月頃迄トス

この記録がなされた昭和初期の地曳網漁について、産湯のS氏（一九三〇年生まれ）に聞書きを行ったのが以下の記述である。

網元とそこへ所属するヒキコ（曳子）と呼ばれる労働力が、それぞれ役割分担をして地曳網を行うのが戦前の形式であった。地曳網漁はイロミヤマで魚群を探して人を集め、船で網を降ろしながら魚群を囲い、陸から引っ張るという三つの作業工程からなる。イロミヤマに上るのは当番制であったが、実際の漁では誰がどの役割につくかは、産湯の場合はあらかじめ決まっておらず、ヒキコが浜へ集まってアタリ（配当）の多い作業を競って取り合った。アタリが最も多いのはオキノリ（沖乗り）である。これは網を置く船に乗る男で、一艘に四～五人ずつ二艘で曳くので合計八～一〇名必要であった。船（船の数え方は一パイ、二ハイ）には、トモロ（艫櫓）、ワキロ（脇櫓）、マエロ（前櫓）、カイロ（櫂櫓）、ワカレロ（分れ櫓）の役がある。船は二艘で出て、沖へ行く前に二艘がモヤイで（併進して）網を下ろし、沖へ出て魚群を囲むように分かれて網を張っていく。このときワカレロは、二艘が分かれるように船を操る。もし魚群がナカイソから由良側へ出ようとした場合、タテアミと呼ぶナカイソと産湯崎の間、あるいはナカイソともうひとつ北の岬の唐子崎の間に建網を張る船（三名が乗る）を出し、通路をふさぐ。船の誘導はすべてイロミヤマからダイという竹の枠に白い布をかぶせた手旗で伝える。

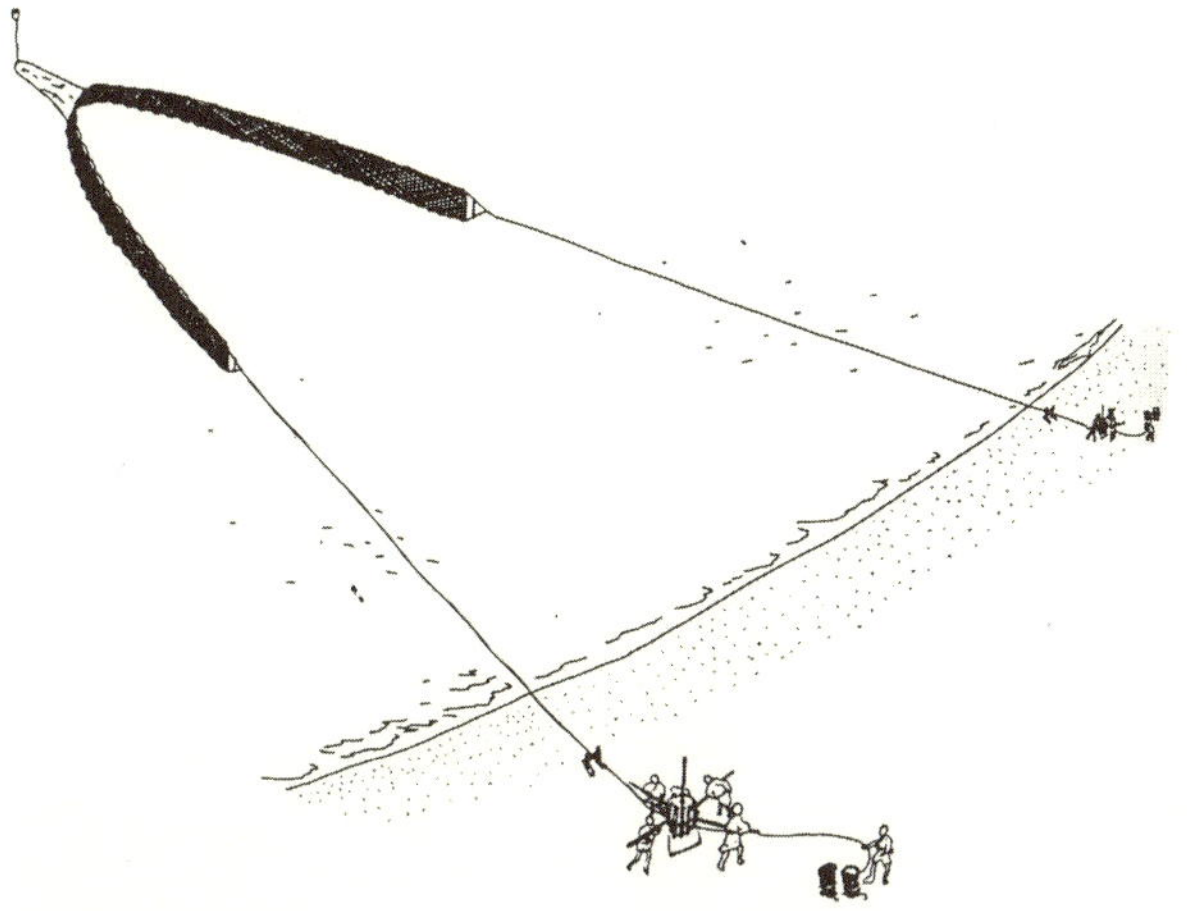

❖地曳網の概念図

船に乗れなかった人は波止場での作業をするハトという役割をする。浜ではヒキコがすでに集まっていて、ヒキヅナ（網に結び付けてロクロで引く）や網を巻くロクロ、ロクロの手前で網の動きを調整するアホ（網保）、生簀などを用意している。ヒキコには子供でも女性でも老人でも参加でき、それ相応のアタリをもらうことができる。

マアミとサカアミは上下に、海面側にアバ（浮子）をつけたアバ網とイワ（錘）をつけたイワ網で張られ、中央の袋網にはミトダルという樽浮きをつけていた。アバは野上町から棕櫚縄を買ってきて網に付ける。イワは鉛か陶製だが、むしろ川から適当な丸い石を拾ってきて、それを細い縄でつけていた。マアミ・サカアミの先はアバ網とイワ網を木の棒を支柱にして三角に結び、網船が網を曳いてくると、ロクロにつながったヒキヅナをそこに結ぶ。ヒキコはヒキヅナを曳いたり、ロクロを回したり、コシヅナという四角形の木の板をつけた綱をヒキヅナに結び付けて腰の力で引いたりしながら、網をハマに手繰り寄せていく。ヒキコはどこの場所で曳いてもよいが、その時々によって漁獲の量や波の具合などによって左右のバランスが異なってくる。ヒキコはどこするとイロミヤマからダイで「右が強い」「左が弱い」などと、指示して力加減を調整するのである。ただ毎回作業としてはおよそ同じなので、ヒキコの場所は何となく決まってくるという。ヒキヅナを曳いて網があがってくると、アバ網を外側に、イワ網を内側にして魚が逃げないように徐々に網を絞っていき、魚群を袋網に集めていく。

網は戦前は綿製、アバは桐製なので、漁が済んだら干さなければ腐ってしまうので、ウマと呼ばれる木の台に干す。船をハマに上げるには、まずシダ（修羅）を並べ、船に綱をつけてナンバと呼ばれる滑車で力を分散し、カングラサンというロクロで引き上げた。船にはトマグサ（茅の長いもの）を一メートル半くらいに切って編んだトマをかけて雨に濡れないようにしておく。トマには塩をつけておくとさらに強くなった。またハマチ網のように、特定の季節にしか使わない網は、船に網を乗せ、その上からトマをかけて保管しておいた。トマは湿ったり乾いたりを繰り返すとボロボロになって崩れて幅が短くなっていってしまうので、船に乗せてある状態で適宜トマの上から塩水をかけるのである。

カングラサンや船のイカリ（キゴイカリ）、ロクロ、アホなどは船大工がつくる。ロクロの枠はヒノキで作り、芯は松である。同じ木同士では回転のところに抵抗が大きくなり、消耗も激しい。松でなくてもよいが、種類を変えることが重要なのだという。

ヒキヅナは真苧を使った。広島、岡山が産地で網元が自分で仕入れに行った。材料だけ仕入れ、ヒキコを農閑期や作業ができない天候の日などに動員して、手綯いでなった。最初は細くない、それを綱打ち具で手回しでヨリをいれてよる。御坊市北塩屋では塩屋王子神社の馬場でこのヒキヅナ綯いの作業をした。昭和初期までその作業の光景があったが、ヒキコの日当は網元が食べ物や酒をご馳走を出した。こうした作業のときは、ハンパクメシ（半白飯）でなく白米飯が食べられたので、皆とても喜んだ。

アバは奈良の五条に専門につくる業者がいて、そこからが仕入れる。イワはテイシといって、くくり付けやすい石を拾ってきてイワに使った。御坊市北塩屋では日高の上流まで若い衆で取りに行った。これをテイシヒライと言ったが、一回網を置いたらいくつかのイワは縄がほどけて落ちてしまうので、拾いに行くときはアミブネに一杯拾ってきた。

ミトダルは袋網の端に、フクロダルをふたつ袋網の入り口につけて、網が閉じてしまわないようにする。

イワシを曳くときは網にイワシ・シラスがくっついてくるときに、それを落としながら集めていくことを「袋を剥く」という。由良町ではこの作業に掛け声があり、網を上下に揺らしながら「ヤレトコ、ヤレコイ（×5）、サーンヤァノドッコイセ！」とかける。最後のところで網を水にたたきつけるように落とすと、網にひっかかった魚が落ちる。

漁に関する道具は、網の組ごとで浜に葦で垣をしたコヤを持って保管している場合が多い。産湯の場合は共同の船小屋を持っていた。また、ナイロン網が導入される以前の綿糸の地曳網は、漁の度に干して修繕が必要であった。そのため漁のない午後などは男性も女性も浜で網を繕ったが、このとき饅頭やパンがヤツ（おやつ）として網元より出される。網の会計簿には「饅頭」や「パン」、「アイスキャンディー」などの記載が随所に出てくるのはこのことである。網を繕うことをアミキヨリという。繕うことを「キヨる」と言う。子どもたちはヤツが出そうな時間を見計らって手伝いに行ったものだという。子どもたちは浜へウマを並べて網を干しているところで、網が重なって乾いていない部分を表にひっくり返すアミフルイ（網振るい）の作業をしなくてはならなかった。アミフルイはテガヤシ（手返し）とも呼ぶ。またツナホシをするのも子どもの役割で、ツナホシとは網を曳く太いヒキヅナを輪にしながら並べていって干すことである。ヤツ目当てに集まってくる子どもたちは、与えられた仕事をしながら少しずつ漁の道具の扱いに慣れていき、徐々に仕事を覚えていくのだという。

昭和初期の地曳網漁は、複数の家で出資して網元を形成して運営し、そこに多くの家の者が作業に加わり日当を得るというあり方が、もっとも明確に見られる時期であった。この時期に営まれた地曳網漁は、労働力をふん

㊧ロクロ　㊨アホ
❖和歌山県立紀伊風土記の丘所蔵

㊧コシヅナ　㊨ミトダル
❖和歌山県立紀伊風土記の丘所蔵

だんに投入して作業を分担する体制を前提としており、極めて労働集約型の漁業である。さらに作業の難易度や漁への貢献度に応じて日当に差を設定して集落内での競争が促され、同時に漁への動機付けが明確に示されていた。この頃は、月給をもらうような仕事は役所勤めか教員かといった状況であり、他に現金収入も乏しいことから、集落内で大量の労働力を確保できたのであり、技術もそれを前提としたものであった。

2 労働力不足に対応する地曳網漁

こうした昭和初期の労働集約型の地曳網漁は、第二次世界大戦の末期から昭和二〇年代にかけて大きく変化した。集落から働き盛りの男性が戦地や工廠などにかり出され、主要な労働力を確保できなくなったのである。こうした労働力不足に対応するかたちで、昭和一〇年代後半に、和船一艘で運用できるカタゲという新たな漁法を考案する者が現れた。

地曳網のなかでも最も小規模のものをカタゲ網と呼ぶ。カタゲ網は、本来は船を使わずに二人で天秤棒でかついで水に入り、もう一人が網を置いていき、浜に寄った魚群を囲んで曳くものを指した。ただしカタゲ網をこのように使った経験のある人はほとんどおらず、船を出して小さな魚群を囲む小規模の地曳網をカタゲと呼んでいる。カタゲは、地曳網の片袖を最初から浜に縛り付けておき、もう片袖と袋網の分を和船に載せて小さな魚群を囲い、浜で引き上げる漁法である。これだと浜で作業する人は一〇名もいらず、しかも女性の力でも十分である。和船に乗る人も、三人程度あればよい。とれる魚の量も減るが、魚を加工して販売するよりも自家消費に難渋する時代であったから、返ってその規模の地曳網漁の方が状況にそくしていたのである。第二次大戦の激化と、終戦後のさらなる食糧難をうけて、労働力はますます外部へ出て行くことになった。カタゲは、老人と子供と女性とで運用できる漁法として定着していったのである。

一方、日高町に隣接する美浜町の煙樹ヶ浜や御坊市の塩屋浜では、地曳網漁の別の展開が見られた。産湯が労働力不足に対応したカタゲを行っているときに、煙樹ヶ浜では逆に規模を拡大した地曳網漁が展開するのである。この地域では一九四八（昭和二三）年ごろ、綿糸が統制品で手に入りにくい時期に和歌山市水軒の漁師によってもたらされたシュロ製の荒手の地曳網である権現網が導入された。当初はシュロでなく、スベ縄（藁の先端部分のみを使った藁縄よりも硬い縄）を使った。これを五年ほど使い、その後シュロ製に変わったという。この網は、袋網から遠いところは、網目が六尺四方の四角形で、四尺角、二尺角、一尺角、五寸角とだんだん細かくなって目数が増えていく形をしている。対象とするのはシラスである。シラスの大きさはわずか数センチだが、それをとるための網の網目が六尺角、つまり一八〇センチ四方もあり、一見シラスはすぐに網からすり抜けてしまうように思える。ところが、海中ではシラスの目には網目の大きな網は壁のように見えるといい、魚群は返って中心に凝縮するのだという。効率よく魚群を集め、しかも乾燥させやすい権現網を、美浜町の煙樹ヶ浜や御坊市の塩屋浜の網元は競って導入したという。この網は大型であり、労働集約型の地曳網漁を前提としている。大阪などの大都市に遠く、近隣の御坊市や和歌山市には仕事があまりなかったため、周辺の海付きの集落からは、多くの男たちが日雇いの地曳網漁の仕事を求めて集まっていたために可能となったものであった。地域では網元が次々と組織され、そこに多くの家が出資し、加工業者と結びつきながら利益が追求されていった。こうしたことによって、次の時代の動力に依存する地曳網漁への転換の素地が固められていったと見ることもできる。

この時期の地曳網漁は、個別の集落で確保できる労働力に応じた規模が選択されていたところに特徴がある。自活のための地曳網漁と、事業として展開される地曳網漁が共存する、得意な時代でもあった。ここでは、技術は単なるリソースとして選択的に使用されるものにすぎない。この時期、技術とは、自らアレンジして変化させるものであり、特許として所有されるものであり、それを使って事業を行うリソースであった。しかも、そうした態度は行政に奨励されるものでもあった。

3 動力に依存する地曳網漁

昭和三〇年代は、地曳網漁が大きく変化した時代である。それは動力に依存する地曳網漁の形成過程であった。具体的には、①綿や木などの部品を石油化学製品へ転換すること、②網を曳くネットローラー、網船を牽引するヒキボートの導入、③魚群を探す電探の導入、④市場の動向への関心である。

❖ネットローラー

①の網の素材の変化は、綿糸（幕末は藁網）からナイロン網への転換、木製アバからプラスチック製アバへの転換、ミトダルのプラスチックブイへの転換などが主な流れである。木造船をFRP製の船にかえるのも同じである。しかし網の構造としてはほとんど変化がない。その意味では技術的には伝統的な枠組みを保持しつつ、道具の管理面で作業の省力化を図ったという方向での近代化であった。すなわちそれまでの木製道具や綿網などを使用するばあい、道具の管理として前述のアミフルイ・アミキヨリ・ツナホシなどの作業が不可欠であった。その場は同時に漁の技術や知識を次世代へと伝えていく場であり、地域住民の情報交換の場でもあった。しかし、道具の転換はそうした場を失わせる結果となった。ただし、現在でも漁の後始末の場面ではパンやおやつが出され、人々が和やかに談笑する光景も見られ、そうした雰囲気の一端を感じさせてくれる。

日高町では、アミブネをFRP船に変えている地域が多い。その場合ナイロン網を載せっぱなしで、網の方袖をあらかじめ陸に固定してお

❖㊧ブル　㊨ウインチで引き上げる（和歌山県立紀伊風土記の丘提供）

き、魚群の周りを船でまわりながら巻き網漁のようにして魚群を追い込み、陸で曳くという作業工程になっている。一方美浜町の煙樹ヶ浜や御坊市北塩屋においては、木造船が現役で使用されている。この地域の浜では船が砂浜に波で打ち上げられたり、横風を受けたりで自重がある木造船のほうが漁に都合がよいのだという。

②のネットローラーに関しては、美浜町の煙樹ヶ浜では、元吉原浦漁業組合長が、海外移民としてアメリカにいたときに使っていた機械や、一九五三（昭和二八）年の水害時に使われた復旧作業用のブルドーザーなどをヒントに、ロクロやカングラサンの代用となる地曳網用ネットローラーを開発し、人手不足の解消を図った。御坊市北塩屋では、ネットローラーは御坊の紀陽鉄鋼が一九五七（昭和三二）年ごろに作って、網元はすぐにこれを導入した。ネットローラーは船を引き上げるときにも使える形に改良されていった。サラリーマンの家が増えてきて、女性もなかなか網を曳きに出てこなくなり、網を曳く労働力が急に減ったことから導入された。ネットローラーやウインチが広く普及するのは昭和三〇年代も後半に入ってからである。

ネットローラーは、労働力の労働力の減少への対策として、アホとロクロを組み合わせて動力をつけた道具を創出したものであるが、これにより作業的には網をさばく程度で十分な漁獲を得ることができるようになった。ネットローラーのキャタピラつきのものは船を後ろから海へ押し出したり、ワイヤーで引き上げたりすることもでき、船を引き上げるロクロであるカングラサンの役割も果たす。また、アミブネを浜に引き上げる作業も、人力でカングラサンを回す作業から、ブル（ブルドーザー）で引き上げる作業に転換した。

③の魚群探知機は昭和三〇年頃から導入された。これにより毎日イロミヤマから海を見て目を見張る必要はなくなった。しかし、現在でも魚群探知機をつけた後、イロミヤマへ上って実際に魚群の規模やかたまり具合を見極めたり、今後の動きなどを予測したりする作業は行っている。機械を導入しても、伝統的な技術の延長線上にある以上、こうした民俗知識や技術にある程度頼らざるをえないのである。

④の市場の動向への関心は、イケブネ・コハリの導入を通じて浸透した。コハリとは海面で使用する大型の生簀で、地曳網の袋網を直接この生簀につないで魚を保管しておくことができるので、イワシなどの魚を陸からあげる作業が必要なくなった。すなわち生かしたまま湾内に保管しておくことができるのであり、相場を見て必要な種類を必要な分だけ出荷できるようになったのである。イケブネとはもとはイリヤ（加工業者）が使用していたもので、現在ではこの船にあらかじめ氷を入れておき、コハリからイケブネに出荷する魚を入れて直接港へ持ち込むことができるようになった。氷ですぐに絞めて出荷できるので鮮度も保つことができる。昭和四〇年代まではドヒョウカンゴに魚を詰めてセリをしていたが、現在では漁港にある五〇〇キロ入りの水槽にクレーンでイケブネから魚を移し、その場でセリにかけることができるので、省力化と鮮度を保つことを同時に達成することができたのである。

4 現在の地曳網漁

現在は、世界的なイワシの減少と、人々のサラリーマン化＋海村の高齢化によって、再び戦時中の省力的な技法が主流となっている。観光においては、人力を用いる点を伝統的と解釈して付加価値をつける言説が生み出されているが、技術的には特定の時代のものである。

一方で、大半の人々にとって移民という問題は、海外に残っている三世・四世の親戚との付き合いというかたちで日常化しており、移民を顕彰するグループとの温度差がみられる。移民が持ち帰って応用された技術は、現代の地曳網漁の技法において不可欠なものであるが、それを人々が再認識する場面は聞書き時以外はほとんどない。

二〇〇〇（平成一二）年現在の漁の実際について、漁への参加を含む参与観察データによって概観する。

ケース①　平成一二年六月二三日

前日午後一〇時ごろ、魚群探知機で湾内のナブラ（魚群）を確認。網で魚群を囲い、引き上げずに浜に固定してあるとの連絡を受けた。このように夜に魚を囲って、翌朝引き上げて午前八時三〇分の漁に出荷するのが近年の地曳網イワシ漁である。

朝五時、浜にまず男六名が集合、櫓こぎの小船一艘に二人が乗り込み、網の中の魚の量や種類、質（一種類の魚が均等に入っているほうがよい）を、箱メガネで見ながら確認する。これを波止で待っていた四人と一緒に協議してとり方を判断する。今回は網のなかにカタゲと呼ぶ小さな曳き網を張って、それをコハリと呼ぶ生簀三つに小取りして、それを出荷し、残りは網を張ったまま置いておき、翌日にこれを引いて出荷することに決めた。

五時二〇分頃、女性六人も到着し、コハリを出す作業をはじめる。コハリは波止に常時ふたつ置いてある。これを一二人で押して海に出す。エンジン付きの小船で、コハリを網の袋網近くに押していく。もうひとつのコハリも同じく出し、前のコハリと並べるようにして海に出す。今回はナブラの量から三つのコハリに入れることになったので、もうひとつのコハリを組み立てる。部品は舟小屋に納めてある。コハリの一辺ずつに分かれていて、木の枠に発泡スチロールが番線で縛り付けてある。これをそれぞれ番線でしっかり結んでいく。でき上がると同じように海に出す。

カタゲをつんだ網船を出し、マアミ側の浜にこぎつけ、船にのせている網のマアミを下ろしていく。マアミのハリギのところに曳き綱をくくりつける。引き綱はウインチにつながっている。湾内に張っている網のなかにひと回り小さなカタゲを張っていくので、海上にアバが半円の同心円状に展開する。サカアミまでおろした時点で、サカアミのハリギのところにもう一方の曳き綱をくくりつけ、船は一度網から出る。網の上を船が横切ると

❖イケブネにイワシを移す（和歌山県立紀伊風土記の丘提供）

きは、スクリューを持ち上げるだけでスムーズに超えることができる。

五時四〇分、コハリをカタゲの袋網部分にくくりつける。この時点で、浜ではカタゲを曳きはじめる。マアミとサカアミにそれぞれ四人ずつつき、ウインチの助けをするように網を浜側へゆっくり曳いていく。最初は曳き網を曳くのであるが、ハリギのところまで来た段階で、引き網をほどき、残りは人力のみで曳く。曳いた網は時計と反対周りに丸めながら束ねていく。また曳く際には、それぞれがイワ網をアバ網にかけるようにして網をひきずらないように、また絡まないようにして引く。ある程度まで曳くと、ナブラは自分からコハリのなかに入っていくので、コハリがいっぱいになった時点で曳くのをやめて、コハリの網をとじてカタゲはあげてしまう。コハリの上には二人の男が残り、魚をあげる船を待つ。

午前六時、魚をあげる船に三人が乗り込み、阿尾の港へ向かう。行きがけに、小浦の船とすれ違う。このとき「今日は何杯な？」「何入っとった？」など言葉少なくやりとりし、情報収集をする。このとき今日コハリから港へ上げるイワシの量を決定する。他の集落と競合したりすると値段を買い叩かれるのである。港へつくと製氷会社に氷を二本頼む。係の人が二本の氷を機械に入れ、パイプから砕けた氷が出てくる。これを船の生簀のなか

❖漁協で水揚げする（和歌山県立紀伊風土記の丘提供）

に入れていく。またコンテナの中にも何杯か入れておく。氷がつみ終わると再び産湯の浜へ戻る。

六時二〇分、船をコハリにぴったり横付けする。コハリの上の男二人が、コハリに渡した竹の棒で網をあげるようにして船のほうに手繰り寄せていき、網のなかのイワシの群れの密度が次第に濃くなり、いわゆる湧く状態になる。イワシをタモで直接船にあげていく。氷漬けになったイワシは暴れるので生簀が泡だらけになるが、しばらくすると死んで落ち着く。タモはいっぱいにイワシをいれて、袋の先につけた紐を引っ張るようにして船へ中身を空ける。船の生簀はいっぱいに入れると二〇〇〇キロ入るが、コハリひとつすべてをあけて全体の八分目ほどになった。質も均質なヒラゴイワシの大漁である。

積み終わるとすぐに五名が全員船に乗り込み、阿尾の漁港に向かう。途中、カモメが船のあとをついてくる。男たちはイワシに混ざった雑魚（アジ）などを空に放り投げると、カモメがくいついて離れていく。魚を船に積んで港へ向かうわずか一〇分ほどの間の時間が、漁師にとって一番うれしい時だという。

阿尾ではすでに女性たちが待ち構えている。船を港につけると、クレーンでイワシをいっぱい五〇〇キロ入る籠に移していく。積み終わるとすぐに次の籠を用意し、そのままセリにかける。今日は三杯、すなわち一五〇〇キロの水揚げがあった。もしいろいろな魚が混ざっているナブラであれば、台の上でより分ける作業を女性でやらなければならない。今日は均等なのでその仕事はなかった。これまでほとんど量がないところへ、均等なヒラゴイワシがたくさん取れたので、ひと籠約三〇万の値がつく豊漁だった。つみ出す作業が終わり、船で再び産湯へ戻ったのは八時ごろだった。このあと、残りのコハリへイワシを入れる作業を続けて、すべてが終わったのが一〇時ごろだった。網は浜へ残しておいてあるが、これは明日曳くことになる。またコハリは一日一杯ずつ出荷するので、今日移した二つのコハリのイワシは二日にわたって出荷する。また残りの網の分もだいたいコハリ二つ分ほどあるので、すべてを出荷し終わるのは今日の分も含めて五日かかることになる。日を置くほど死ぬイワシがでて質が落ちることになるが、漁は毎日必ずあるわけではないので、こうして価格を落とされないようにしているのである。

ケース② 平成一二年六月二九日

午前六時から前日までにとっておいたコハリのなかのイワシを出荷する。

午後七時三〇分、女性たちが波止に集まってきて、男たちも船で阿尾港から戻ってくる。

網は、前日の晩に海が荒れたので、浜にできるだけ引き寄せておいてある。袋網はすでにコハリにつながっている。網船を出し、マアミの浜との接触点付近までつける。網にしばってある曳き網をほどき、網を網舟にあげていく。アバ側とイワ側を交差しないように船にあげていく。このとき網に刺した魚を取り除くが、網の隙間からイワシが逃げないように気をつける。網を引き寄せながら積んでいくが、ある程度まで引き寄せたところで、全員がマアミとサカアミにわかれて網をすくうように持ち上げてよせていく。外側にアバ網、内側にイワ網になるようにして、最初はイワ網は引き上げずにアバ網のみを曳きながら徐々にマアミとサカアミを狭めていく。イワシが湧くほどにかたまったら、イワ網をタイミングよく上にあげて袋にたまるようなかたちにしてイワシをコハリに追い込む。少しずつ前進しながら腰あたりまで水に使った地点ですべてコハリに追い込んでしまってコハ

❖網をひく（和歌山県立紀伊風土記の丘提供）

リを閉じる。網に残ったイワシはタモですくってコハリに移す。混ざって入っている太刀魚やタイなどは船に上げておいてあとでほしい人が持ち帰る。

網は最初の三分の一ほどが船に乗った状態なので、残りの網も手繰り寄せながら船に乗せていく。エイなどが引っかかり網を破るので、そうしたことにも気を使いながら、サカアミまですべての網を一艘の船に乗せてしまう。

コハリにとった魚はその日の内に出荷せず、古いものから順番に出していく。コハリは波止近くに止めておく。

船をあげるのも全員で手伝う。曳くのはウインチだが、人力に大きく頼る。シダ（修羅）を並べながらあげるが、人数が少ないほうが効率よくあがるという。仕事が終わると、オカズと呼ぶ小取りしてあった持ち帰りの取り分を受け取り、冷やしてあったジュースやパンなどを皆で食べて休憩する。

5 地曳網漁そのものの資源化

近年では地曳網漁が観光漁業、あるいは地域の児童の体験学習として復活している例も美浜町や印南町はじめ各地で見られる。また、人力で網を曳いて操業されてきた地曳網漁は地域の暮らしぶりを知ることができる民俗文化財として認識されるようになっており、筆者が指定に関わった和歌山県指定有形民俗文化財「日高地域の地曳網漁用具および和船」や、和歌山県立紀伊風土記の丘での特別展「地びき網漁の生活」も、そうした動向を反映している。また、生業としての地曳網漁は衰退傾向が加速する一方で、美浜町において木造船のアミブネを新造するという動きもあり、干しイワシやシラス干しはこの地域の名産品として人々に好まれている。最近では贈答用の高価なシラス干しがかえってよく売れているとも聞く。

地曳網漁は、衰退と再活性化の両側面がパラレルに進んでおり、現在もまさにプロセスのなかにある。生きるための地曳網漁（名産品の生産活動）、楽しまれる地曳網漁（体験そのものを目的化した観光資源）、学ばれる地曳網漁（地域学習の教育資源）、指定され保護される地曳網漁（文化財）、博物館で展示される地曳網漁（文化資源）と、現代の地曳網はさまざまな存在意義を持っている。

そうしたなか、若い漁師は農業に関わることをやめ、早朝の地曳網漁の手伝いを終えると、クエ釣りで一攫千金を狙って沖合いへ出るという新たな戦略をとっている。筆者は、彼が「地曳網漁をしないと元気なお年寄りがいなくなってしまう」と語ったことが印象に残っている。産湯の地曳網漁は、もちろん利益を得るという側面が強くあるが、生活者のほとんどが高齢者である産湯のような集落にとって、生きがいと健康保持のための地曳網漁（福祉）という側面も見逃すことができない。

6 地曳網漁の和船

地曳網漁で用いる和船は、船大工が製作してきた。和歌山県立紀伊風土記の丘が、産湯で収集した和船は、全長一一・〇五メートル、最大幅二・二四メートル、船体部高さ〇・九メートルである。一九六三（昭和三八）年に製作され、以後一九九三（平成五）年まで地曳網に用いられてきた。造船したのは、日高町産湯地区の新網であった。船体の材料はほとんどがスギであるが、シキとオキザの杭にはウバメガシ、ミオシと各トダテにはヒノキ、トコの部分にはクスかマツがそれぞれ用いられている。動力は地曳網を曳航するため、四丁の櫓のみである。地曳網の網船には、一般にマアミ（真網）を曳く真網船とサカアミ（逆網）を曳く逆網船があり、すなわち二艘の船が併進して内側に網を下ろすため、櫓はそれぞれ逆の舷《ふなばた》側に付くのである。この資料では櫓はオモ側、すなわちトモ（前部・舳先はオモテという）を向いて右側に櫓がついている。産湯海岸の場合、海岸から海を向いて南側（阿尾方面）がマアミ、北側（由良方面）がサカアミなので、この網船で〝網を置く〟（地曳網を海に入れて張ること）場合、真網船になる（一般的には網の左側がマアミである）。

❖地曳網漁用和船（和歌山県立紀伊風土記の丘提供）

　船の横板の上の段をウワダナといい、下の段をカジキ（ナカダナとも）という。舳先のことをミヨシといい、水を押すのでミヨシというと教えられたという。シキ（船底）はヒノキでつくる。櫓を置く台のことをロトコまたはオキザと呼ぶ。コベリは丸コベリと角コベリがあり、地びきは角コベリ、権現網は丸コベリが基本だという。

船曳網のアミブネのウワダナの側面には家紋と唐草文様を入れて化粧をした。地曳網のアミブネではこれは施さない。この唐草文様は浮き彫りのようにして着色し派手に飾るが、文様の唐草の先が下を向いているのを忌む。また葉が裏返ったような文様も忌む。一種の縁起担ぎだという。ウワダナとナカダナをつなぐのはヒラクギまたはトオリクギという船釘が入っているが、この釘穴を漆喰を塗った上にアカを埋め込む。銅を短冊形に切り、唐草文様の入ったウワダナのオモテ側とトモ側の部分に埋め込む。その他は漆喰を詰めるだけで処理するという。船尾の端をオケドコといい、クの字型の枠をチリという。チリのクの字型の部分は扇形に切った木をはめ込んで飾る。

網を下ろす側にテンギという回転式の櫓を置く台をつける場合がある。テンギは普段はアミマ（船の甲板部分）に倒しておき、必要なときにくるりと回して外へ出し、櫓を置いてこぐ。網を下ろす側には、櫓があっては邪魔になるので櫓を置く場所を作らないが、ハマチなど動きの素早い魚を追う場合には、そちらにも櫓を置く必要があり、回転式で収納できるテンギが考案されたのだという。

船の柱であるトダテは、オモテ（船の前方）に近い一番前のものをイチノクチ、船の中心のトダテをコシアテとそれぞれいい、コシアテにはフナガミサン（船魂のこと）を埋め込む。トモのトダテはオケドコまたはトモトダテという。

ミヨシの先端はアカカブトといって銅製のカブトを被せ、その下のコミオシという部分には鉄漿《おはぐろ》を塗りこんで、その上から鬢付け油でこすってすりこむ。半日ほどすり込む。これは装飾の意味と、船尾から櫓や舵を持ちながら船を進めるときに、黒く塗ったミヨシとその先に見える目印になる山とを重ねて見て、船をまっすぐ進めるヤマアテに使うという実用的な意味の両方がある。またミヨシの部分は突き出ていて木が朽ちやすいので鬢付け油を塗りこんでおくと長持ちするのだともいう。また、船の底はシキと呼び、シキの下には船を海に押し出しやすくするスベリという部材が付属する。船体の縁の部分はコベリと呼び、網を下ろす側は網やアバ、イワなどの部品が当

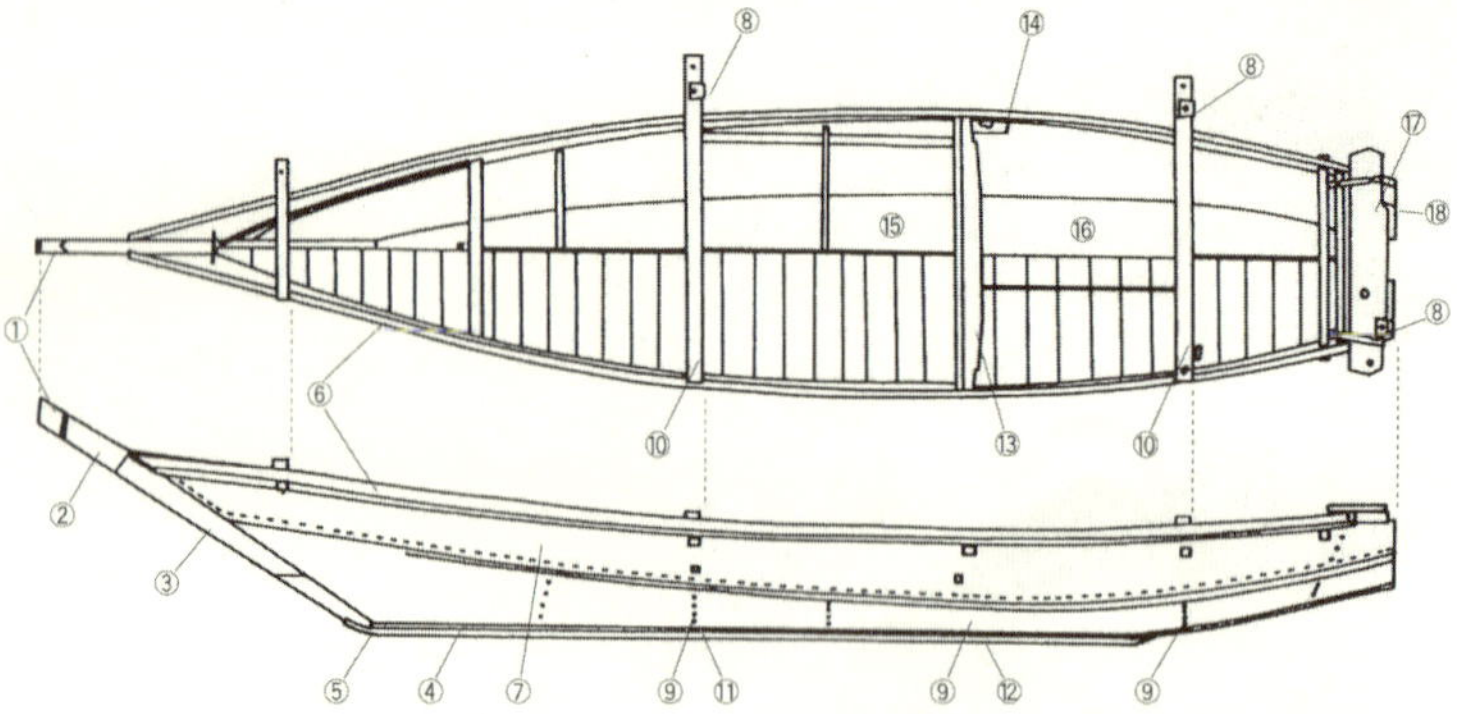

地びき網用アミブネ（紀伊風土記の丘蔵）1/70

各部の名称

①カブトガネ　②コミオシ　③ミヨシ　④シキ
⑤シキノツケドマリ　⑥コベリ　⑦ウワダナ　⑧オキザ・オキダ
⑨トダテ　⑩ローロク　⑪イチノクチ　⑫コシアテ
⑬フナバリ　⑭ネコ　⑮アミマ　⑯ハサミノマ
⑰トコ　⑱チリ

❖㊤ アミブネ　㊦ アミブネの実測図

たって擦り減っているのが確認できる。コシアテのトダテ（柱）には、フナガミサンと呼ばれる船魂（玉）が埋め込まれ、船体の最後尾のトコ（チリドコ）には大漁旗を立てる穴があいている。船体の材料はほとんどがスギであるが、シキとオキザの杭にはウバメガシ、ミオシと各トダテにはヒノキ、トコの部分にはクスかマツをそれぞれ用いている。

木造船の管理については、普段はアミブネは砂浜に停泊させておいて乾燥をよくすることが重要であった。夏には木が乾燥し過ぎないように真水をかけ、冬には底にこびりついたフジツボを焼くためにアミブネの下に柴を敷いて焼く管理作業があった。

産湯では、一九九三（平成五）年以降、ＦＲＰ製の動力船一艘を地曳網漁に使っており、イケブネとも呼んでいる。カタゲであるから船は一艘あれば漁ができる。漁の様子の観察データでも書いたように、現在の地曳網漁はイワシを浜に上げず、コハリに追い込んで湾内で一定期間、生きたまま保存する。それを出荷する際には、阿尾の比井崎漁港にある製氷工場でイケブネに砕氷を詰め、そこにイワシを入れて運搬する。木造船ではこれは不可能であり、ＦＲＰ製の船の導入は、鮮度を保ったまま海上で容易に漁港へ運搬できるというメリットがある。カタゲの網は規模が小さいので、一度にとれる魚の量が少ない。その魚を少しでも高価に販売するためには、市場の動向をみつつ、迅速に運搬することが重要であり、船の新造のために設備投資したのだという。

7　地曳網漁のプロセス論的理解

本章では、民俗技術をプロセス論的理解によって把握すべき内容として、漁撈技術の変化を扱った。これらは、その特徴を、次のように要約する。

産湯の地曳網漁は、漁業技術の近代化を沖合漁業への転換としてではなく、従来の地曳網漁の技術に近代的技術や動力を部分的に導入して省力化するという、現状維持的な近代化を歩んできた点に特色を見出すことができる。

その条件としては、適当な耕地を得られた地形的条件が挙げられる。農業を生活の基本としつつ、そこに地曳網漁を組み合わせるという生業の複合によって、比較的安定した生産活動を営むことができたため、ドラスティックな漁業技術の転換をする必然性が乏しい。そのことは新技術を地曳網漁の一部に適用するという能力改善型技術革新への関心を高め、移民の持ち帰る技術や特許用具などの導入へと展開した。

産湯でも阿尾でも、明治後期、技術改善を担うのはもっぱら「株」と呼ばれる網元たちであり、彼らは資産を形成していったため移民帰りの成功者の技術を取り込んで新技術を漁業に投入していった。産湯の地曳網漁を考える際、同じ阿尾湾内に位置し、隣接する阿尾地区との対比が興味深い。

隣接する阿尾地区の多くの漁民は、動力船を用いた沖合漁業である巻網に転換することに資本を投入した。従来の地曳網漁を捨て、積極的な設備投資によって沖合漁業へ転換するありかたは、在来技術を陳腐化して生産活動を根本的に変える能力破壊型技術革新であった。集落の後背地に水田をほとんど持たない阿尾は、漁業でいかに食べていくかを中心的課題に据えてきたため、新技術を積極的に取り入れ、港湾整備にも大規模に取り組んでいった。

一方、産湯地区においては労働を機械に置き換えるのではなく、村落内の人的資源から獲得することを重視する、現状維持的なアプローチを重視した。村落の人々の生活様式を維持しつつ、利益を上げるためには、水稲耕作と地曳網漁の組み合わせを高度化することが彼らの課題であった。「地曳網漁本位」である。具体的には分配システムや分業体制など基本的な在来技術は温存しつつ、魚群探知の方法に機械を投入し、移民の帰国者がカナダのサケ漁で用いた機械をヒントに網の牽引を機械化し、港湾整備の土木工事に用いる重機を改良して地曳網用和船を引き上げる機械を考案するなどして、省力化をはかった。地曳網漁の近代化は、従来の技術を継承させつつ新技術・新素材を取り入れる志向が強く、その焦点は利益の安定化と省力化であった。産湯での漁業技術改善のあり方は、在来技術の一部を新技術に置き換え、現状維持的に省力化を目指す、能力改善型技術革新であった。

とりわけ戦後は、シラスやイワシの流通経路の拡大にともない、農業よりも大きな比重を置いて活況を呈する。軽四トラックの普及によって、耕地と浜の移動や道具の運搬が迅速化されたこと、捕獲した魚を傷めずに加工業者に持ち込めるようになったことも、農業と漁業の両立にとっては重要であった。

このように、産湯地区に見られるいくつかの地曳網漁の技術においては、時代ごとの経済的・文化的状況を背景に、様々な技術改善がなされてきた。これに対しては、知識・情報・技術・物品の流通を軸に、歴史的にとらえることが重要であり、システムで完結させず、プロセスとして把握することが最大の課題である。

産湯では、「漁師は五斗一升」と表現されてきたように、魚群の接近を待つ生業の不安定さから、一回の漁での収益を上げるため、類似した生活様式である周辺集落との競合を常に意識し、隣接する集落の動向に対する情報収集が重要な活動であった。集落内の複数の網元間の競争、他集落の網元との資源の奪い合いなど、地曳網運用上のいくつかの葛藤は、技術改善を促す要因ともなった。より安定した漁獲物の販売を確保するために、魚群を海上においてコハリのなかで回遊させ相場に応じて出荷する体制に移行したことは、流通の上ではドラスティックな変化であり、その意味でコハリの導入は既存のドヒョウカンゴなどの出荷用具と競りの場をすべて陳腐化する能力破壊型技術革新であったと評価できる。

また、現代に目を移すと、「伝統的」とされる地曳網漁は、アミブネ一艘で魚群を網で囲い込むことができるカタゲの漁法である。第二次大戦中・戦後、地曳網漁は慢性的な労働力不足のなかで編みだされた漁法である。石油化学素材への転換による操業後の後始末の省力化、網を曳いたり船を浜へ引き上げたりするためのウインチや、ネットローラーの導入による省力化のアイデアを加え、極めて少人数での操業が可能となったものが、高齢化が進む海村の現状に偶然にも適しているのである。人々は、「産湯の地曳網漁は昔とちっとも変っていない」と語る。能力改善型技術革新の集積によって編み出された新たな地曳網の漁法は、人々に変化を認識させないのであろう。

結論

1 生業のプロセス論的理解

本研究では、産湯という海付きの集落における生業の展開を、システム論とプロセス論の両面から把握することを試みた。システム論においては、農業と地曳網漁という半農半漁の生産体制の維持に対する理解を深めるために、文献資料の記述と聞書きデータを関連付けながら活用した。一方、プロセス論においては、近代における地曳網漁の技術と道具が、どのように変化してきたかを理解するために、主として民具と参与観察データ、聞書きデータを関連付けながら活用した。技術の変化は、地曳網漁の一部に新技術を導入するという発想で展開したが、これは半農半漁の生産体制の維持が主眼であったことに起因している。そのため、技術改善は現状維持的なアプローチをとることになり、能力改善型技術革新として展開した。それによって、生産活動の枠組みを大きく変えることなく、労働力の増減や流通体制の変化などに対応してきたのである。

民具や観察からは明らかにさまざまな新要素が加えられていることがわかるが、人々には技術は変化していないと認識され、地曳網漁は昔ながらの漁法として語られる。システム論においては、そうした語りのなかの技術を相対化することが重要である。民俗学の技術研究は、聞書きにおいて語られることに全幅の信頼を置き、観察や物質資料を軽視する傾向がある。語りのなかの技術の危うさを克服するためには、あえてモノに固執する態度が有効である。物質文化研究は、一九八六年刊のアパデュライ編『モノの社会生活』(Appadurai. ed. 一九八六)を契機として、大きなパラダイム・シフトを経験した。その理論的な核である方法論的フェティシズムという立場は、モノや技術の意味づけに介在するイデオロギーを客体化するために、学術的な態度としてあえてモノに対して執着することで、主体―対象の図式を相対化する、平たくいえば、社会や行為の側からモノや技術を理解するのではなく、技術の側から人間の社会や行為を理解するという態度である。

技術を研究対象とするときに、技術を文化の担い手から理解する見方は常套手段である。それは、生活の様々な側面との連関のなかで他から独立して存在するから、技術は地域的な独自性を持っており、技術は社会を基盤として理解することができるという思考を前提とみなすことができる。これに固執すると、地域社会の人々を社会化された人間の集団としてみなされず、技術の理解も自己完結的なシステムにおいてしか記述できず、それを分析するまなざしも社会通念(たとえば伝統―近代の二分法、あるいは素朴な進歩主義)に囚われやすい。民俗学における技術の研究は、地域におけるミクロな状況に視座を置くというスタンスを、個別の実践を埋没させたムラ社会に立脚することと無批判に理解しているのではないか。技術とアイデンティティを一体化させる見方を創出してきたのは、むしろ外部からのまなざしではなかったか。

産湯地区に見られるいくつかの地曳網漁の技術においては、時代ごとの経済的・文化的状況を背景に、様々な技術改善がなされてきた。これに対しては、知識・情報・技術・物品の流通を軸に、歴史的にとらえることが重要であり、システムで完結させず、プロセスとして把握することが最大の課題である。この地域の地曳網漁を、歴史的展開を、「産湯の漁師は伝統的な半農半漁の生活を守ってきたので、昔ながらの漁を現在も伝承しているのだ」と表現しないために、学術的な態度としてあえてモノと技術に対して執着する方法論的フェティシズムが求められるのである。

2 地曳網漁における技術改善の「本位」

紀伊半島中部のリアス式海岸地域の海村の事例からは、近世から現代に至るまで、半農半漁による水稲耕作と地曳網漁の組み合わせを高度化することを「本位」としてきたことが明らかである。

巻網漁など沖合漁業に転換する海村がある一方で、筆者が調査してきた日高郡日高町産湯の集落では、魚群探知の方法や、分配システム、漁の技術など、基本的な在来技術は温存しつつ、移民の帰国者がカナダのサケ漁で用いた機械をヒントに機械化を進めたり、港湾整備の土木工事に用いる重機を改良して地曳網用和船を動かす機械を考案したりして、省力化をはかっていた。ここでは「農漁両立本位」の技術改善を見てとれる。

いわゆる半農半漁の生業形態とは、農業と漁業の双方に経済的に依存する状態を指すが、そのことは生計維持戦略としてのシステムに重要性があるのではない。むしろ、その生計維持戦略をもとに、外来技術あるいは近代化の新技術が地域的文脈において吟味され、それを導入するか否かが取捨選択されていくところに、研究課題がある。地域において、いかなる技術が選択され、どのような部分に導入され、それに伴ってどのような部分に在来技術を残すかが問題であり、そこにおいては在来技術と見えるものも、変化のなかの一形態でしかなく、無批判に改変されなかったわけではない。地曳網漁という、近世から連続する生業を現代にいたるまで継続してきている状況を、技術の「伝承」といった安直な本質化をすべきでない。地域住民が何をもとに技術を吟味してきたか、それを「本位」において検討することで、筆者は従来の民俗学の調査成果を活かしながら民俗技術に新たな視点を導入することができるのではないかと考える。

日高町産湯のエビス神信仰と俗信

◉エビス神と十日戎

地曳網漁の集落に限らず、日高郡内の漁村の浜にエビス神の祠があるのは一般的である。地曳網漁の集落では、ほとんどの場合これを地曳網漁の組織が主体となって祀っている。エビス神の祠は、日高町内の地曳網漁の集落においては、海岸線でも意識的に地曳網漁をする遠浅の砂浜の地点を選んで祀られている。阿尾、産湯、比井（現在は比井王子神社に移転）、津久野、小浦はいずれも地曳網漁を操業する浜にエビス神の祠がある。祠には多くの場合、左右にイワシの切り身が備えられている。この地域の地曳網の主要な漁獲対象であるイワシの大漁を願ったものである。

日高町産湯で地曳網漁を行う通称ハマの防波堤の上に位置するエベッサン（エビス神）の祭りは一月一〇日で、これをトオカエビス（十日戎）という。網の組織が機能していた昭和四〇年代までは、元網、新出来網、今出来網が毎年順番で、ヤド（宿）になって祭りを執行してきた。ヤドをするのは網中でも会計を担当する家で、当日は神主と区長、区の宮総代（三人）、網のそれぞれの代表を宿でもてなし直会をする。その後、エベッサンの祠の前で祝詞を上げ、モチナゲ（餅投げ）をして、再び直会をする。この日ヤドには厄年の人がもち米か菓子を持ってきて、ヤドではこれを帳面につけている。それを丸餅にしてモチナゲをするが、神前に供えたオカガミとコバン（コバン型の鏡餅）もいっしょに配る。このことによって厄払いになるのだという。家の厄払いとして毎年もち米か菓子を奉納する家も多く、奉納した家は神主がご祈祷をした紅白のヤクモチを家に持ちかえり、それを神棚に供えたあと家族で食する。奉納する人は産湯の家に限らず広範囲にわたる。元網の所有していたトオカエビスのヤドの会計帳によると、昭和五八年度と昭和六一年度の記載に奉納者の住所がごく簡単に記してある。人数を数えると以下のとおりである。

昭和五八年度—志賀二七名、和歌山三八名、大阪七名

昭和六一年度—久志五名、産湯七八名、荊木一名、和佐一名、産湯の各網一口ずつ、住所記載無し三名。

エベッサンでまく餅のうち、「ユ5」(五個)「ユ10」(一〇個)「ハ」(一〇個)と赤で墨書きされた餅が混ぜてある。それを拾った人は、漁があった時にイワシでドヒョウカンゴに一杯を「ユ5」なら五人で分け、「ユ10」なら一〇人で分けた分を褒美としてもらうことができる。「ハ」の餅は、ハマチが一千本の漁獲があった時にハマチ一本の褒美がある。大漁の時は、集落内の放送で「エベッサンでイワシひろた人、波止へ取りに来てくださ〜い」などと伝えられるので、このとき褒美をもらえる。褒美をもらうと、トウヤは再び帳面に褒美を渡したことを記す。子供たちはこのエベッサンの餅まきで、必死に赤い墨入りの餅を探したものだという。この祭りは現在も自治会の行事として行なわれている。

◉平成一一年の十日戎

祭りの準備

一月九日朝から、公民館へ当番と自治会の関係者が集まり、餅の準備をする。現在は十日戎は区(自治会)の行事になっているが、平成六年以前は各網が毎年交替で十日戎を担当し、準備などはすべて網のヤドが行うことになっていた。ヤドの家で餅を蒸し、杵と臼で餅をつき、食紅で紅白の餅

をついて、丸めたり決まった形にしたりする。またヤクモチ（後述）の奉納の受付と分配もまたヤドの仕事であり、これらの会計もヤドの仕事である。すなわち平成六年以前の十日戎の会計簿などの記録は、三年に一度のバンの時しか記されないのである。現在の帳面には当然毎年の記録がある。現在は自治会の行事になっているが、各網のヤドの家は、毎年一応バンを回して準備を取りしきっている。平成一一年度は今出来網がバンであった。バンのヤドはヤクモチを供えた人の名簿や会計帳などを十日戎終了後に回す。バンは網を置く番とは逆の順番でまわす決まりになっており、すなわち元網・今出来網・新出来網の順番である。餅は、平成六年以前は各網から一斗三升ずつ出してお鏡とテヌグイモチを作り、ヤクモチは一口一升かそれに相当する金額のお金を奉納した。今年度は七五〇円。網の分は現在は自治会から三升出すことで代用している。

奉納物

ヤクモチ（厄餅）とは十日戎に各家から奉納される餅米や初穂のことで、十日戎でまかれる餅や菓子は、すべてこれによってまかなうことができる。ちなみに餅は一俵半ついてまくのが通例である。ヤクモチは厄年などに関わらず家の一年間の安泰や漁の祈願などを契機に奉納され、カナダやアメリカに移民として渡っている親戚の分まで納める家もある。そのため一軒の家で何口も出す家が多い。これを出すと一口に紅白の餅を一つずつ、餅まきのあとにもらうことができる（ただし餅米を供えた人だけである）。このもちはエベッサン（戎社）に供えられ、神主による祈祷がされる。ヤクモチはもらったあとは家の神棚に供え、一定期間した一四日のトンどの日や一五日などにおさがりをいただく。今年度は九七口の申込があったうち、餅米を供えた人が四七口あったので少し余分を作って紅白四九個ずつのヤクモチが作られた。ヤクモチは紅白とも直径約八センチで、近年は衛生面に配慮してビニール袋に詰めてある。

オカガミ（御鏡）は、三段に重ねた鏡餅であり、これは網で十日戎をしていた時は各網からひとつず

㊨餅の準備　㊧アタリの餅

つ供えた名残である。その時も三段に重ねて奉納した。現在はこのオカガミも持ちまきで投げてしまうが、網ごとでしていた時は網元で分割しておさがりをいただいたという。お鏡の作り方は同じ大きさの鉢を型にして、そこにサランラップを敷き、そこに白い餅を詰めて冷ます。このときしっかり餅を詰めて、十分に乾いてから餅をはずさないと、オカガミにしわがよってしまう。直径二〇センチほどの大きさで、当然これは型の鉢の大きさである。ヤクモチは人にあげてはいけないという。

コモチ（小餅）はもっぱら餅まき用で、神事の際も神前には供えられない。しかしヤクモチで奉納されるもち米で作るので、ご利益は有効なのだと説明される。コモチの大きさは約四センチで紅白あわせて六〇〇個ほどになる。手でちぎって丸めて、ずらりと並べられた情景は壮観であるが、本調査で紅の方が多く作られていたのは単なる偶然だという。建前としては同じ数だけ作るという。

コモチのなかで食紅で「ハ」とか「ユ」と書いた餅があり、これをアタリの餅という。コモチに書かれた「ハ」をひろうと、ハマチが一〇〇〇本獲れたときにハマチを一本もらえる。また「ユ」と書かれたコモチのうち裏に「十」と書かれているものは、イワシがドヒョウカンゴで一〇〇杯獲れたときに1杯のイワシを一〇人で分けることが出来る。「ユ」の裏に「五」と書かれたものはその一杯を五人で分けることが出来る。すな

㊨ 産湯のエビス祠での神事　㊧ 堤防上からの餅まき

わち「五」の方が「十」より多くもらえるのである。これも他の餅と同時にまくので、誰が当たるかわからないものであり、皆の楽しみとするところでもある。

小判形の餅はテヌグイモチといい、長径が五〇センチ、短径が一五センチほどである。紅白を三つずつ作り、表には食紅で「祝　十日えびす」と書く。これもかつては網からひとつずつ奉納したもので、平成六年以前は「大漁　今出来網」などと書いたのだという。

ヤクモチは餅箱に入れる。コモチとテヌグイモチは塗りのお櫃に入れるが、先ずお櫃のそこにヒバ（檜の葉）を敷き、そこにコモチを入れ、お菓子で底上げしたあとにまたコモチを詰めこみ、最後にテヌグイモチの紅白を平行に並べてその上に置く。このお櫃で餅まきをするが、今年はこれが九個用意された。

神饌

十日戎の神事にエベッサンに供える神饌は、三宝の上にヒバを敷き、決められたものをのせる。洗米・塩・水、ミカン・リンゴ・バナナ、菓子類、椎茸・大根・ニンジン、雌雄タイ二尾、鏡餅三段、神酒徳利の七つである。このほかに各網のヤドは自分の家から徳利に酒を入れて持ってきて、神酒口として南天の枝つきの葉を刺して供える。これらを神前に供えるのである。これも前日に準備をする。また餅まき後の直会の席には、仕出弁当（戦前はヤドで用意した）のほか、皿にバナナ・りんご・椎茸・菓子をのせたものが出される。この品目は戦前から変わっていないというので、大層なご馳走であったのであろう。
準備は午前中でおよそ終了し、お昼に皆でアンコロモチとなますでお神酒をいただく。アンコロモチはヤクモチの餅を少し残しておいて、それに漉し餡をからめる。なますはシラスと大根とにんじんのなますで、十日戎の準備には決まってこれが出されるのだという。

十日戎行事次第

11・00　役員（区長・副区長・網のヤド三人・神社総代四人）、準備の奥さんらが公民館に集合
11・30　神主到着（この日は田杭もトオカエビスなので、神主はこれを終わらせてから来る）
11・40　公民館出発、神主を先頭に、役員が三宝とヤクモチの餅箱を持ってエベッサンへ向かう。通り道は決まっているわけではないが、公民館から浜へ向かい、集落内を通って、堤防の上をつたって社につく。かつてはヤドで準備をしたので、その経路は毎回変わることになる。時はヤドの家からエベッサンの社まで行く。
11：45　社の前に神主用と役員用のゴザを敷き、神饌を供え、ヤクモチも社の脇に供える。拍手・祝詞・祓い・祝詞・玉串奉奠。
12：00　神饌を提げ、公民館へもどす。この時放送で「これからエベッサンの餅ほります。」と流し、集落のひとびとが続々と浜に集まる。再びエベッサンへ。トラックで餅の入ったおひつを浜へ運ぶ。
12：15　餅まき。テヌグイモチやオカガミもいっしょに投げる。
12：20　ヤクモチを配るのと「ユ」と「ハ」を取った人が堤防の階段に並び、役員は階段の頂上でヤクモチの数と受け渡し、当たった人の名前を記入していく。
12：40　公民館へ戻り、役員で直会をする。自治会のことなどが話し合われる初寄りでもある。

◉俗信

地曳網のアバの一つを大きく作るなど、アミダマ（網魂）は当該地域において見当たらないはないが、御坊市北塩屋では網の先端につけた袋網のミトダルをまたいだり腰掛けたりするのを忌んだ。またミトダルは桶屋が作るが、なかにサイコロを二つ仕込んでおく。これは大漁のまじないであるという。

アミブネには必ず船玉・魂が仕込まれており、フナガミサンと呼ぶ。由良町の船大工宮川繁次氏によると、フナガミサンはサイコロふたつ。一五ミリ角のサイコロで、ヒノキでつくる。直方体の木を二つに割って、二つのサイコロにするが、そのふたつが紙一枚でつながっているように、全部切らずにつくる。最後にそのつながった部分を水でぬらして曲げて割る。そのふたつは、切れ目の面が五を向かい合わせにする。「オモテみあわせ、トモしあわせ、オモ舵トリ舵ごっそりごっそり、一天下六」とまじない言葉をつぶやく。サイコロの目はスミサシで書く。このサイコロと、神社でもらってきた洗米と人形、塩、一文銭を、船の一部に彫って埋め込む。埋め木をしてしまうので、一度入れたら取り出せないし、どこに仕込んだかわからないほど磨きをかけて埋め木をするのが、こだわる所なのだという。フナガミサンは、進水式の前日の晩に、誰にも見つからないように船大工が仕込む。晩二時ごろに作った船大工がひとりで入れる秘儀で、親方から本当に信用されて造船を任された職人だけが、教えてもらえる。

日高町産湯でも、船を新造したときに船大工がフナガミサンにオショウネ（お正念）を入れる。フナガミサンを入れるときは、トリカジ側から船上に上がり、お神酒とオツクリ（刺身）二切れを供えて拝むという。御坊市南塩屋の小竹市太郎氏によると、アミブネに入れるフナガミサンは、コシアテのトダテの中央からトリカジ側に一寸八分よせたところに入れると言う。人間の心臓と同じだと言う。中身は神社からもらってきた紙でできた人形であり、これは船大工の棟梁が自らもらいに言って、進水式の前日に極秘に埋め込む。進水式にはトモに真新しい笹の先に有田市千田の須佐神社で船を発注した施主がもらってきたフライ旗をあげる。

　また神社でもらってきた黄色または赤の鉢巻を舳先のアカカブト（銅製のカバー）の少し下の部分に縛り付ける。家紋の入った鉢巻をつける人もいる。これは絶対にはずさないで、ボロボロになってもそのままにしておく。この鉢巻を結ぶ部分をヘサキノハチマキなどと呼ぶ。この鉢巻は船のセシュ（施主—依頼主）が用意して、神社でご祈祷してもらったものを船大工かセシュが進水式の朝につける。そして数十年使用していよいよアミブネを廃船にしようというときに、ヘサキノハチマキの部分から先をのこぎりで切り落として神社に納めた。この意味はすなわち、鉢巻を結ぶことで船に命が吹き込まれ、それを切り落とすことで命を全うするのだという。

　また、日高町から由良町に超える峠のあたりに地蔵の祠があり、不漁の時はその地蔵の石像を産湯の集落の方向に向けに行ったという。これをお地蔵さんの「首を回す」という。例えば沖でハマチが湧いて、オカへ来ない（沖の方で留まっている）というような時、地蔵さんまで歩いていくと、たいてい他の集落の方向へ向いている。それを産湯のほうに「首を回し」、拝んでくる。前の日に隣の小浦でイワシを獲ったとか、方杭でハマチを獲ったなどの情報を得ると、すぐに地蔵さんへ参って「首を回した」という。

　沖で水死体を見つけたときは、必ず引き上げる。このとき必ず船のトモから船へあげなければならない。あげるときは船に乗っている一人が「漁さすか?」と大きな声で聞き、別の一人が「さす!」と言う。また「間違いないか?」と聞き、「さす!」と返す。このやりとりをした後、船へあげるが、ほとんどの場合、水死体を船へ引き上げたときに、その遺体は体にたまったガスのためか鼻血を噴出すという。時には甲板が真っ赤になるほど吹くが、これを「引き上げてもらって喜んでいるんだ」と考えられている。また水死体へ触れるときに、手のひらにつばをたくさん吹きかけておくと、あとで匂いがつかないということを言われてきたが、これは前田氏によるとほとんど効果がないという。そして水死体は必ず一般の墓地とは離れた場所に、土葬をする。火葬しないのは、あとで身元が分かったときなどに警察に遺体を提出しなければ行けないためだとか、伝染病にかかっているかもしれない体とか、いろいろな説明があるが、村人とは別の場所に無縁仏として埋めてきた。水死体を見つけた人が属する網が、そのあと大漁になるといわれている。実際そうなってきたと語る。浜には水害のたびに死体があがる。浜の護岸工事やテトラポットの工事をすると、現在でも必ずといっていいほど白骨死体が出てくるのである。日高町産湯の場合水死体を埋葬する場所がある。集落が途切れて阿尾へ行く途中の道の陸側に、現在は夏用の三角形の駐車場がある場所の一角がそこであるが、死人を見つけると、そこへ持っていって土葬する。その上に浜にある石を置くので、この場所は、見た目は浜の石がごろごろと転がっているだけである。当然のように子どもなどはここで遊ばなかったし、ふだん作業をするような場所でない

また現在の産湯と比井の境界は、唐子崎の鼻より比井よりである。本来は岬の突端が比井と産湯の境界であったが、昭和二〇年代の水害で唐子崎の比井よりの岸壁に水死体が打ち上げられた。「この遺体を誰が処理するんだ?」ということになって、このあたりは産湯の地曳き網でもよく使う場所だから、比井の側から産湯で処理してくれと言われ、産湯で処理をした。しかし処理をしたからにはこの場所は産湯のものだという主張が出てきて、比井と産湯の境界は唐子崎の突端より比井寄りになったという。

第3部 山林資源利用の民俗誌

序論　山村の民俗研究の課題

1　山人論から「奥まった農村」の研究へ

民俗学の草創期、山村は地理的要因により平地との交通が隔絶されているために、日本人の生活の本質へと迫る材料を提供してくれる空間とされた。当時の柳田國男は、平地に暮らす稲作中心の生活様式とは異なる固有な文化を保持すると想定した山人を研究することを、日本民族形成論の一環と位置付けていたと言われている。しかしその試みは挫折し、一九三四〜一九三六年度に実施された山地における民俗誌的調査の報告書『山村生活の研究』（柳田編　一九三七）では、一部の生産労働（狩猟・木地屋・炭焼き・紙漉き・タタラなどの山林資源加工の生業）に関する伝承や、山の神信仰の他には、山村であるがゆえの特殊性は認められず、山村は「奥まった農村」にすぎないと結論付けられたことは、学史における有名なエピソードである。

『山村生活の研究』は、柳田が自邸で講義する木曜会のメンバーを中心に日本学術振興会の補助金を獲得して実施された全国調査であり、正式な名称を「日本僻陬諸村における郷党生活の資料収集調査」といった。一〇〇項目におよぶ共通項目による統一的な内容での大規模な調査は、日本民俗学の形成においては画期的なものと位置付けられる。その報告書である『山村生活の研究』に、柳田が寄せた文章が「山立と山臥」である。本稿は、全体としては、山間にあって農民とは異なる生活を基盤とする山人の「大いなる歴史」（柳田　一九三七、五三九頁）と、その系譜に位置すると想定された山立ち（マタギや狩猟者）や修験者などの伝承の興味深さについて述べた文章であった。しかし学史のうえでは、「木曜会の同人が踏破した山村は、四十何箇所まではたゞ奥まった農村というに過ぎなかった」（柳田　一九三七、五三九頁）という「我々の失望の記録」（柳田　一九三七、五三八頁）として読まれてきた。

農山漁村といふ名稱は近年頻りに用ゐられ、三者はほゞ類を異にして相對するもの丶如く、推定されて居る様であるが、この堺目は頗る明白を缺いて居る。最初から斯うだつたのではあるまいと我々は考へる。漁村の方はもう一度是から確めて見るとして、少なくとも山村に在つては、その農村化とも名づくべき變動が、此頃になつて急に目に立つて現はれて來たやうである。消費生活の様式統一は大きな原動力だつたに相違ないが、是は交易の便宜と伴なふ以上、何とでもまだ折合ふことが出來る。もつと根本に於て山間の特殊なる生業が、一つ一つその獨立性を失ひ始めたのである。林野の整理といふことは、國又は私人の外部資本が、之に向つて投下せられることを意味し、個々の住民の活計を本位とする經營法の不可能になつたことは平地部よりも甚だしい。（柳田　一九三七、五三八頁）

柳田の「失望」は、「個々の住民の活計を本位とする経営法」が「農村化」によって損なわれた結果、山村は「奥まった農村」になったといい、山人の系譜の「大いなる歴史」を明らかにすることは困難であるということであった。この時点で浮かび上がったのが、日本文化が単一の基盤の上に成立したという新たな仮説であった。交通が未発達で近代化や〝中央〟の文化の影響が少ないと想定された山地には、「古風な」民俗事象が残存していると位置づけられ、山村は新たな研究対象として再定義されたと学史では位置付けられている。

しかし谷川健一《たにがわけんいち》によれば、この山人＝先住民から常民＝平地人への柳田の関心の転換は、すでに一九二五（大正一四）年の『山の人生』に見られるという。大正期に、柳田は南方熊楠から「柳田の云う山人というのは平地人が何らかの事情で山に入りこみ、世界と交渉を断って暮らしている程度の者であって、先住民族の末裔とか原始人類とかいうような仰々しいものではないことを指摘」(谷川 一九七五、一二二頁)されていた。そして新たな視角の獲得への模索は『山の人生』に反映されているというのである。以下は、「山人と平地人 ―ある挫折と転向―」(谷川 一九七五)からの引用である。

たしかに山人への関心はその後(「山人外伝資料」以後、筆者補)も持続され、その関心の延長上に「山の人生」が結実した。しかし、そこでは山人を先住民のなれの果とみるあからさまな主張は影をひそめてしまっている。山の神秘はもっぱら山民の生活と宗教とにかぎられている。「後狩詞記」や「遠野物語」にはじまる山への関心が「山の人生」へと移行する過程で、柳田は山人=先住民の主張を目立たぬようになしくずしにしてしまった。それ以来、柳田は日本列島の歴史民俗社会を異質の複合文化としてみる視点を捨てたとみることができる。それは柳田の民俗学、引いては日本民俗学にとっては大きな転回であった。(谷川 一九七五、一二三頁)

筆者はかねてより、柳田が『山の人生』から一〇年以上経過した『山村生活の研究』で、なぜ改めて山人への関心と決別する表明をする必要があったかを疑問に思っている。山村調査が始まった一九三四(昭和九)年から『山村生活の研究』が刊行された一九三七(昭和一二)年の著作を洗い直したが、これに直接ふれた文章は管見の限り見当たらない。しかし少々突飛な仮説であるが、筆者は昭和一一年に考古学界で交わされたミネルヴァ論争との関係に注目している。

ミネルヴァ論争とは、大衆向けを意識した学術雑誌であった『ミネルヴァ』において、喜田貞吉《きたさだきち》と山内清男《やまのうちすがお》の間で交わされた縄文時代の終焉にまつわる論争であった。歴史家の喜田は、亀ヶ岡式土器が宋銭を伴って出土した亀ヶ岡遺跡(岩手県大原町)の例を根拠に、東北では平安末から鎌倉まで石器時代の様相を呈していたことを主張した。これに対し、当時若手の考古学者であった山内は、層位学・型式学による土器編年を軸に据え、大洞貝塚（岩手県大船渡市）の遺物を分析し、土器形式における日本列島の地域的な時間差はそれほど大きくないと主張し、縄文時代の終末が東北においても平安や鎌倉時代までは下りえないと主張した。橿原遺跡（奈良県橿原市）の事例でも同様に広範な交流と土器の共通が明らかとなり、学史上は土器型式の編年体系の持つ科学的合理性を広く知らしめたエピソードとして知られている。

推論でしかないが、山間奥地の人々の生活に先住民の文化要素を見出そうとする問題意識に対するゆらぎを『山の人生』以降の柳田自身が抱えていたとすれば、ミネルヴァ論争における山内の主張とその説得性は、決して無視することができなかったはずである。なぜなら、稲作以前の生計維持方法に依存する人々が、決して鎌倉時代まで残存しないとなれば、近世・近代の山間奥地の人々に稲作以前の文化を想定することなど全くできなくなるからである。著作集をいくら探してもミネルヴァ論争、あるいは山内清男の名はあらわれないので、この議論と柳田の転回の関係性は不明である。一九人もの若手研究者を擁して三年間集中的に実施された山村調査の過程で、同時代のミネルヴァ論争にふれた文章が見つからないのも奇異なことである。しかし、この論争が一九三六年（昭和一一）年、山人研究の挫折を柳田が再確認するのが翌一九三七年（昭和一二）年である。そこにいかなる関係があるかについては、今後の課題として様々な同時代の文章を分析していきたい。

2 「山村性」から「畑作類型」へ

柳田の山村調査以降、各地で山地の民俗誌的研究が進められたが、千葉徳爾《ちばとくじ》が「山村で採集した資料については、これまで文句なしに原型に近いもののように扱いがちでした。文献史学の方でも山間部すなわち後進地域といったシェマが暗黙のうちにたてられているのはないでしょうか。」（千葉　一九五八、一一～一二頁）と指摘したように、日本の民俗を稲作単一起源と仮定した上で、山村の民俗を安直に発達過程のなかでの古層に序列化する方法論が広く受け入れられたために、山地の集落の生活様式そのものを理解する視点を欠く傾向が顕著になった。この時期の研究状況を湯川洋司《ゆかわようじ》は次のように端的に要約している。「この時点でさきの柳田流の山人研究を軸にした山の民俗研究は姿を消し、それ以後は全国的視点から山村の類型化を図ることと、個別の山村の暮らしを民俗誌として把握する方向が顕著になった。その場合、類型化は素朴な山村史の再編成を、民俗誌の作成は消えかかる古風を記録に留めることが大きな目標とされ、以後踏襲されることとなった。」(湯川　一九九七、二三頁)

こうしたなかで、農村とは異なる山村に特徴的に見られる多くの事象から帰納される「山村性」なるものへの到達が山村研究の目的とする千葉徳爾の主張が一定の影響力を持っていく。民俗学の第二世代のなかで山村の民俗研究において中心的役割を果たした千葉は、「山村」の概念規定について思索を深めることの必要性を繰り返し説いた。千葉は「民俗学で「山村の民俗」という以上は、その地域社会に保持されている民間伝承が、山間部においてのみ成立するような、そのような性格を含んでいなくてはなるまい」(千葉　一九五八、七頁)とし、「そこに認められる民間伝承ならば、どんなものでも山村の民俗であるとする研究態度では、山村民俗の研究としてはこの書物—すでに四〇年近くも以前の—(『山村生活の研究』)の段階を超えることはできない」(千葉一九五八、七頁)と主張する。そして「山村」概念を「山間なるが故に成立し保持されてきた伝承を、その民俗の少なくとも一部分に含んでいるような地域社会」(千葉　一九五八、八頁)とした上で、「民俗学上の「山村」とは実体ではなくて、抽象的な「山村性」と解すべきである」(千葉　一九五八、九頁)と山村研究の目的意識を明確にしようとした。方法論的には山村の類型化へと展開し、個別地域の調査研究に立脚しつつも、類型化の段階で個々の資料はモデルのなかに抽象化されていった。

一方で昭和三〇年代後半～五〇年代にかけて、ダムに沈む山地の集落の緊急民俗調査や自治体史編纂の一環で、多くの山地の地域において民俗調査が実施された。前述の湯川による指摘のとおり、この時期の調査の成果は、開発や過疎の影響によって急激に失われていく民俗資料の収集に、最も大きな学史的価値があったと振り返ることができるが、そこでも千葉が「山村性」と表現したような問題意識には欠けていた。

そうした時期に、坪井洋文《つぼいひろふみ》は畑作文化の研究を通じて山地の民俗の特色を明らかにしようとしていた。坪井は「〈山〉対〈里〉」の対比は、日本の民俗文化の研究において、多くの話題を提供してきた。その研究が導き出した山の民俗的位置は、極めてアンビヴァレントな霊的次元の世界としての性格であった。それはあくまで里という歴史的次元の世界の住民の立場からの位置づけであり、（中略）同じ歴史的世界に属する里と山との住民の関係は、里人から見れば山人は暗いイメージをともなう、文化的に劣った人間としてとらえられていた。」（坪井一九八二、一九～二〇頁）と、山地の民俗研究における民俗学の態度に、山村の側に立った視点に欠けていたことを指摘した。そしてそれは、民俗学は「いわゆる山村を後進的、周辺的文化空間として位置づけ、そこから古い民俗要素を抽出することに目的を置いてきたが、山村としての地域ごとの個性について、あるいは歴史について深く立ち入ることはなかった」（坪井　一九八二、二〇～二一頁）とし、稲作基盤の民俗文化の単一観批判としての焼畑研究に成果を残した。具体的には、「畑作類型」の文化的風土を「山」で示し、「稲作類型」の風土である「里」と対比させ、畑作に基礎付けられた山地の生活のあり方を明らかにした。坪井が批判した、山村を周縁と位置付けることで文化的・経済的影響が少なくより本質的な文化を保持するとする視点は、石高制による米で富を換算する近世社会における山地の集落の位置付け、明治以降の林業政策による山林利用の規制、昭和初期の疲弊した山村、戦後の都市への人口移動による山地の過疎化と地域社会の崩壊、造林地の荒廃など、各時代の山地の集落が置かれた社会的な状況に対する認識が、大きく影響していよう。

山地の民俗は、高度経済成長期における生活様式の劇的な変化の影響を最も大きく受けると危惧された。そうした状況にもかかわらず、各地で作成される山地の民俗誌的調査は、ほとんどが項目羅列主義的で、地域的特色を描こうとするものは少なく、個別技術の記述に終始するものが多かった。そうした状況のなか湯川洋司は、開発や過疎などの社会状況に対する山地の文化の変容に本格的に取り組み、現代の山村民俗研究の筋道をつけた。その一方で特定の生業研究の深化によって山地の民俗を捉えようとする作業も地道に進められた。

3 転換点としての「複合生業論」

個別テーマに細分化された山村の生業研究は、安室知による「複合生業論」や篠原徹による「民俗自然誌」の提唱など、いくつかの新たな枠組みによって再編成されていった。安室知は、「複合生業論では、人（または家）を中心にその生計維持方法を明らかにする。従来は個別に論じられてきた生業技術を人が生きていく上でいかに複合させているかに重点を置く。従来の生業研究が分析的方向性を持つとするならば、複合生業論は総合化を志向するものであるということができる。」（安室　一九九八、三九頁）として、個々の生計において、複数の技術がどのように組み合わされているかに価値を見出し、個別分野に細分化した生業研究の総合化を目指す方法論を提示している。それは生業研究を民俗誌の枠組みにおいて再編成するものであり、地域的文脈における生業の理解を志向するものであり、地域博物館的な視点に立脚したものである。主として水田稲作をめぐる複数の技術の総合的理解に業績をあげているが、山地の民俗研究に対しても「山の生計活動の研究は、各生業間の関係性に焦点を当ててトータルに生計活動を捉える視点よりは、山地に展開する多様な生業技術の発見とその報告に終始する場合が多かった」（安室　一九九八、四八頁）とする、生業の複合の観点からの発言が見られる。

具体的には、まず山の生計活動の特徴として、次の三つの基本的な生計維持の原理の存在を指摘している。

① ひとつの生業に特化するほどに有力な生業技術が存在しなかった。

② 生産物を特定のものに特化させては自然環境の変動などによる危険性を回避できない。

③ 貨幣経済のいち早い浸透。（安室　一九九八、四七頁）

これらはすでに千葉徳爾が指摘してきたことではあったが、「山間地においては、全体として実に多様な生業が存在する。そうした生業の選択肢の中から、季節ごとまたは家族の成員ごとに選択的に組み合わせてその家の生計活動としている。その家の労働力構成や山林地主との関係といった社会的習慣により、選択・組み合わせの様相は違ったものになっている。」（安室　一九九七、二六七頁）と、それぞれの生計や地理的条件などに応じた生業の複合の状況によって、生業を地域において理解する視点に基礎を置く視点は、現在でも大きな影響力を持っている。

ところで伊藤廣之《いとうひろゆき》は、山地の民俗研究の現状を「山村の現実に目をむけてみると、明治期以降にかぎっても、山村はいくつもの時代の節目をくぐり抜けていく中で、生業を含め、暮らしの全般にわたって、大きな変容を余儀なくされてきた。そうした山村の生業や暮らしの変容は、これまでの民俗学の物差しでは分析がむずかしい状況となっている」（伊藤　二〇〇〇、四三頁）としている。その上で「伝統的な仕事だけを対象とするのではなく、商品生産や賃労働などを含め、山に暮らす人びとの生計維持のための仕事全体を視野に入れた分析」（伊藤　二〇〇〇、四三頁）が必要であるとして、「生計維持活動の全体的な分析の中で、伝統的な生業活動の変容や、山と人とのかかわりの変容をみつめ」（伊藤　二〇〇〇、四三頁）ることが重要であるとしている。商品経済が早くから浸透した山地の村落は、とりわけ都市との交流において同時代の経済的状況の影響を受けやすく、柔軟に対応しながら変化することで対応してきた歴史があり、単一の生業に比較的停滞的である平地の村落とは異なる分析方法を見出す必要があるとする主張は、民俗誌における記述方法の再考を迫っていよう。

4 本論における技術改善への視角

筆者は、千葉徳爾が主張する「山村性」、坪井洋文が「山」に象徴させて描こうとした「畑作類型」、さらに筆者が深く共感し地域理解の基盤としてきた「複合生業論」の、すべてに共通する限界は、生業のシステム論的理解にあると考える。この第3部において、筆者は熊野地域の山林資源利用の理解のために、大枠では生業相互の関係性と相互依存性について論じる。そこでは、個々の生業は自己完結的なシステムの一部として記述せざるをえない。

しかし筆者は、個々の生業に向けられる、在来技術を近代化と二項対立的に位置付けるまなざしを意識的に捕捉する。在来技術は、新技術の到来によって人々に認識される。新技術の受容には地域の人々の取捨選択が働くので、割に合わないドラスティックな変化は拒絶されることがある。このとき、その地域において歴史的に継承されてきた在来技術を積極的に評価する言説が生み出される。在来技術の一部に新技術を導入して、新たな生業の形態を生み出すという現状維持的な技術改善の契機はここにある。伝統—近代は二項対立ではなく、そこにあるのはむしろハイブリッドな新たなシステムを構築しながら漸次変化し続けていくプロセスである。

山林資源は、商品としての性格を持つものと、自給的な性格を持つものがある。とりわけ、商品としての木材を生産する林業においては、生産方式を効率化しようとする政策的な介入を受ける。他の商品においても、程度の差はあれ、そうした政治・経済と無縁ではいられない。熊野地域では地形的条件や在来の山林資源管理方法など、様々な要件からラディカルな技術改善が受け入れられなかった。そこには単純に採算が合わないという経済的な理由と、現状維持の安定感を求める志向とが混在している。このとき、在来技術が当該地域においては理に適っているとする主張が生まれる。熊野式林業や熊野式養蜂など、在来技術を文化として価値転換する言説である。しかし、それはもはや純粋な在来技術ではなく、近代化の合わせ鏡に映った虚像にすぎない。現実には在来技術の一部に新技術や新たな経営方法が組み込まれている。

昭和後期は、木材はグローバルな商品の流れに位置付けられると同時に、拡大造林政策やトラックによる陸送の一般化など、様々な要因が地域の生産技術を劇的に変化させた。それによって林業は採算の合わないものになっていき、手入れがなされない山林は荒廃の一途をたどった。同時に、観光資源としての山林、ローカルなモノづくりへの評価、棚田の活用による都市住民との交流など、山地の生業には多様なまなざしが注がれる時代となった。現在においても、伝統と近代の二項対立を前提としたまなざしが、地域の山林資源利用の技術を不断に変化させ続けている。

熊野地域では、このように固有な伝統文化が伝承されるといった余地はほとんどないといえるほど近代化に翻弄されてきた。そのなかで興味深いのは、江戸時代に基盤となった紀州備長炭生産の二次林を舞台とした諸生業を、一貫して保持しようとしてきたことであった。林業は常に二次林とのせめぎあいのなかで存在してきた。養蜂や狩猟、様々な資源の採集やキノコの半栽培は、この二次林を舞台に営まれてきた。その技術の内実は時代ごとに大きく変化してきたのであるが、人工林の拡大によって規模を縮小させながらも、単なる生産活動にとどまらない付加価値を見出されてきた。

山村の民俗研究は、その担い手に視座を置いた記述のみでは、担い手における生活世界の認識に技術を従属させることになり、おのずとその記述はシステム論的な自己完結性を帯びる。一方、技術の展開から人々の動きをとらえる視座からは、動態的な技術の記述を志向できる可能性がある。ここで道具を研究素材として使うのは、それが特定の時代の労働形態と価値観を示す痕跡（trace）としての意義があるからである。

第3部では、こうしたことに留意しながら、熊野地域における山林資源利用の展開とその特色を明らかにする。

第1章　対象地域概要と調査経緯

1　対象地域概要

第3部の対象地域である紀伊半島南部の山間地域は、黒潮の影響を強く受けた高温多雨の気候である。いわゆる熊野地域と呼ばれる和歌山県西牟婁郡・東牟婁郡、三重県南牟婁郡の山地では、近世以来の雑木林利用による紀州備長炭の生産に加え、近代以降急激に展開した林業が地域の基幹産業であり、人々の多くは、棚田や天水田による水稲栽培、蔬菜・根菜・茶などの畑作の傍ら、山林での日雇労働などによって生計を維持してきた。

紀伊半島南部の山地は、標高一〇〇〇メートルを一つの植生の境目とし、大塔山や法師山頂付近には本州南限とも言われるブナ林を中心とした落葉広葉樹林が残っていた。そのブナ林の下には常緑広葉樹の照葉樹林が展開するが、熊野地域の場合そこにツガ・モミ・トガサワラ・ヒメコマツ・コウヤマキなどの針葉樹がまばらに混生するのが特色である。また、クロキ（黒木）と呼ばれるスギ・ヒノキ以外の針葉樹は、海抜五〇〇メートル以上に見られ、渓谷にはサワグルミやトチノキの群落も点在する。こうした天然林は、明治以降伐採が進み、ある程度は製炭のために雑木林として保持されたものの、多くはスギ・ヒノキの植林地への転換が進められていった。

一方、熊野地域の急峻な地形は、奥まった谷筋や峰辺の開発を妨げ、生産活動の及ばない天然林が残された。

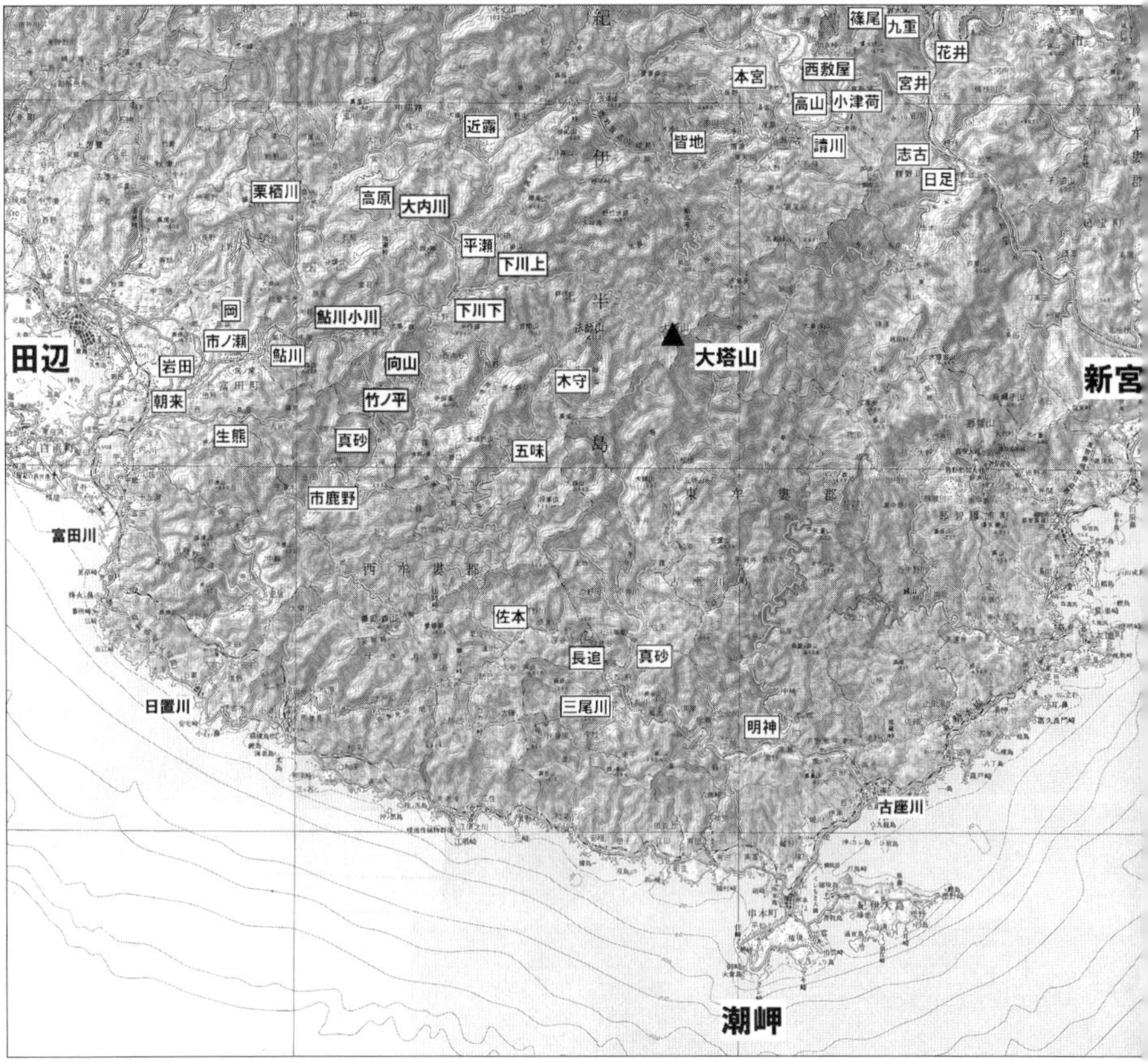

第３部フィールド地図（200,000 万分の１地形図「田辺」NI-53-16、平成 23 年要部修正を基に作成）

本研究で紹介する、紀州備長炭として知られる白炭の生産、野生のニホンミツバチを利用した蜂蜜採取や、広範な山林資源の採集活動、犬を調教して行う狩猟などは、雑木林の様相を呈する二次林を前提としている。近世において紀州藩は、森林資源を温存し、併せて二次林の持続的利用による生業を保護・育成する政策をとった。それらの生業は、人工林の造林に傾斜地利用の中心が移っていった近現代にも受け継がれ、現在も紀州備長炭は和歌山県の特産品として知られている。

筆者はこの地域の生業は、近世以来の雑木林利用の生業と、近代林業による森林開発のせめぎあいの場として理解することができると考えており、この相反する傾斜地利用を調整してきた各集落のヤマバンの役割について注目している。そのせめぎあいの結果、この地域は他地域に比して雑木林が温存され、わずかな天然林と二次林、人工林の調和は、戦後の拡大造林による劇的な林地転換が行われるまで保たれてきた。

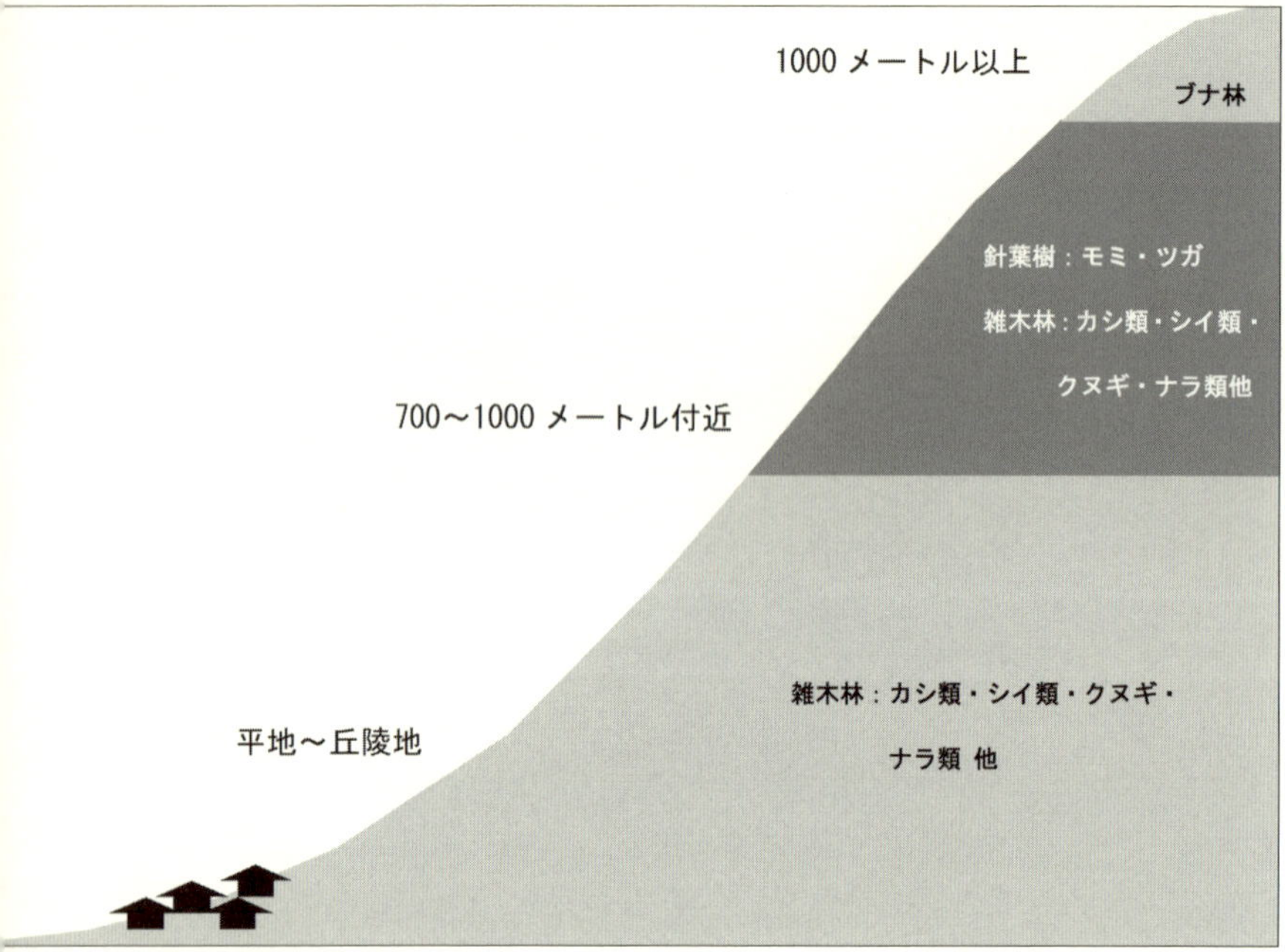

山の構成の概念図

良質な白炭である紀州備長炭を生産するための二次林は、選択的に樹木を伐採する択伐をした場合、比較的短い年数で伐採前の状態にまで復活する。その過程においては、樹高はもちろん周囲の植物の植相、林のなかの照度や湿度といった環境は随時変化していく。人々は特定の環境を好んで集まる動物や、そこに咲く花や植物を利用する民俗知識を獲得していったため、製炭の生産の舞台である二次林は様々な生業が複合する空間となった。また、そうして獲得される山林資源は、問屋や仲買人に販売したり、町場で売ったりして換金されるものであり、それゆえ山村には農村よりもむしろ早く商品経済が浸透していった。

この地域の山林資源利用は、あくまで現金収入獲得を目的としたものであり、売れなければ別のものを多く獲得できるように躊躇なく転換される。昭和後期の拡大造林は政策的な失敗と揶揄されることが多いが、木材が商品的価値を持った時代、地域社会は二次林を放棄して人工林への転換する道を積極的に選択した。現代にあっては、観光や自然といった付加価値を背景とした産業への転換が課題とされており、過疎と高齢化のなか、地域の模索は続いている。このように、熊野地域の生業を理解するうえでは、歴史的な変化、地域がどのような生産基盤を重視し、何を選択し、何を放棄してきたかについて考える必要がある。この民俗誌では、本書に一貫したキー概念である「本位」に依拠しながら、二次林の保持とその環境利用を中心に近代の熊野地域の展開を読み解いていきたい。

ところでこの地域の民俗を理解する上で、避けて通ることができないのが災害の問題である。この地域は、年間を通じた降水量が一〇〇〇〇ミリを超えるうえ、台風の常襲地帯であるため、災害と背中合わせであった。聞書きにおいても、どの集落でもいくつかの洪水や土砂災害、鉄砲水などの話を聞くことができる。近代に入ってからも、明治二二年水害、昭和九年の室戸台風、二八年（ニッパチ）水害、三四年の伊勢湾台風、三六年の第二室戸台風、そして平成二三年の台風一二号による水害と、数多くの水害に見舞われてきた。これ以外にも日常的に土砂崩れや道路の寸断などが起こる地域であり、かつて筏流しをしていた時代は水難事故も多い。しかし、そうした災害のリスクを負って余りあるほど、かつての森林資源は人々に利益をもたらした。自己完結的な環境のサイクルに人間の活動を位置付けてシステム論的に理解できるほど、熊野地域の生業は安定的なものではなく、人命や財産を失う恐れと不可分のものであった。

2 調査経緯

この民俗誌は二〇〇二年～二〇一一年までに実施した、紀伊半島南部の山村生産用具の資料調査の成果をまとめたものである。本書の第二部の内容である日高地域の地曳網漁の二年間の調査が一旦区切りがつき、次のフィールドとして筆者が選んだのが熊野であった。当時は世界遺産登録に向けた動きが活発化していった時期であり、山村の人々の生活にも関心が高まっていた。こうした状況は、地域社会に大きなインパクトとなって様々なものを変容させていくであろうと予想して、筆者はまず西牟婁郡上富田町に調査に入り、二〇〇三年からは西牟婁郡中辺路町および西牟婁郡大塔村（現：田辺市）に、二〇〇四年からは東牟婁郡古座川町と那智勝浦町でフィールドワークを行った。その成果は、和歌山県立紀伊風土記の丘の特別展「熊野・山に生きる知恵」（二〇〇六年）として公表し、二〇〇六年からは新たに熊野川町史編纂の調査員として新宮市を含む熊野川流域での調査を開始した。筆者は二〇〇九年に和歌山県を離れたが、その後も継続的に地域の変化を観察しつつ、この地域で地域博物館や郷土資料館がどのように作られていったかの調査も実施している。

山村の生業は、特定の生業への依存を避け、傾斜地利用の諸生業によって現金収入へと結びつくものを状況対応的に選択する戦略にその特色を見出せる。筆者は、複数の生産的活動の相互依存性や連続性、あるいは矛盾やせめぎ合いについて、より注意深く見ていく必要があると感じており、生計維持のために組み合わせられる複数の生業の関係が、いかなるものであるのかに関心を持ってきた。この民俗誌はそうした問題意識のもと、人々の技術と道具について記述していこうとするものである。

第2章　せめぎあう二次林と人工林

1　東牟婁郡における近代林業の実像

"熊野式林業"への関心

大正期の熊野地域の林業に関する資料に、興味深い言葉が散見する。"熊野式林業"である。

本縣南部地方には古來所謂熊野式造林法行はれ疎植粗放主義を執り僅かに下刈を行ふのみにて、枝打間伐を行はざるも氣候の温暖降水の多量なる為め林木の育成極めて旺盛にして二十年の満たざるに已に用材として伐採せらるゝもの尠からず。然るに明治四十年頃より造林熱の擡頭により、吉野式密植造林を模倣するもの頻出し、その勢ひ縣下を風靡するに至れり。この粗植、密植の両極端造林法の何れが縣下に於て適するやの問題は各観る人をして異にせり、然るに俄然勃發せし歐洲戰亂は惹いて物價の騰貴を示し造林費及手入費の上騰となり、然も間伐材は交通機關の不備に阻まれ、造林費に多額を要する密植林業は茲に漸く衰退を來し、古來久しく唱へられたる熊野式林業に復歸せらるゝに至れり。今これが一般要領を示せば

一、地拵方法　筋刈

二、植栽本數　二千本乃至三千本
三、下　刈　五回
四、枝　打　枝打を行ふもの少なきも扁柏に對しては行ふ
五、間　伐　利用の程度に應じ數回行はる

（和歌山縣内務部林務課編一九二六、三二〜三三頁、傍点筆者）

ここから読み取れることは、

①熊野地域の独特の林業の様式があること。
②先進的と捉えられていた吉野式林業（おそらくはその導入は近代化の時期と重なる）に対し、「疎植粗放主義」で手間をかけないものであること。
③明治時代末期に吉野式林業が急速に普及したが、第一次世界大戦後、人件費のかかる吉野式林業に疑問が呈され、〝熊野式林業〟に戻すことが主張されたこと。
④〝熊野式林業〟は、高温多湿多雨の熊野地域の自然環境や風土から育まれたと捉えられていること。

などである。また、〝熊野式林業〟という表現は、吉野式林業の導入を契機に、熊野地域の方法が相対的に認識され、〝熊野式〟と名付けられたものであろうと感じている。熊野地域の林業に関する民俗学的調査例は、吉野地域などに比して極めて少ない現状では、この地域独特の生産技術を理解することは難しい。筆者は、この〝熊野式林業〟なるものの実像を理解したいと考え、熊野地域の林業の中心地であった熊野川流域と古座川流域での民俗・民具調査を行ってきた。筆者はこの用語の背景にあるものが、紀伊半島南部の熊野地域の山林利用のあり方を理解する上で重要な概念となると確信している。〝熊野式林業〟すなわち、熊野地域における林業の独自の展開を明らかにするためのステップとして、本章の1では、山林労働の現地監督と山林の日常管理を担当する

ショウヌシ（商主）経験者であるH氏（古座川町長追在住、一九三一年生まれ）への聞書きデータを中心に記述する。

紀伊半島南部における林業の概要

江戸時代の旧紀州藩領では、いわゆる留山制度と呼ばれる木材の伐採規制によって天然林が比較的保持されてきたが、本稿の対象地域である古座川流域では、明治時代以前からすでに村外地主による山林買収が始まっていた。例えば、紀伊半島南部の大山林地主として有名な矢倉甚兵衛《やぐらじんべえ》家は、元々はカツオ漁・鰹節製造業に従事していたが、漁閑期の労働力を山林開発に向けるかたちで串本周辺の山林を買収しはじめ、事業規模の拡大とともに木材搬出に便の良い古座川流域の山林を買い増していったと言われる。矢倉家の他にも、村外地主として成功した事業主は多く、明治時代後期には古座川流域のみならず東牟婁郡の私有林の割合が高くなっていた。『和歌山県史　近現代一』（和歌山県史編さん委員会編　一九八九）によると、明治四〇年の東牟婁郡の山林面積は約九万二〇〇〇町であるが、このうち私有林は七万三〇〇〇町弱であり、全体の八割弱が私有林であった。

こうした状況は、村外地主の持つ山林を地元の管理者が日常的に管理・出伐・植林の全てを代行する、ショウヌシと呼ぶシステムを生む背景となった。明治時代末期から昭和時代初期にかけては、大規模な造林が国策として進められた時代であり、紀州備長炭の製炭のために持続的に利用されてきた紀伊半島南部の広大な雑木林が、スギ・ヒノキの人工林に急速に転換していき、古座川流域は熊野川流域と並んで近代林業の中心地であった。古座川河口には多くの製材所が林立し、昭和一〇年代後半には二一の製材工場があった。戦時中は木材が統制下に置かれ、古座川流域では和歌山県古座川林材株式会社が林産業務を統括し、製材工場も一五箇所に統合された。

古座川流域の林業が最も活況を呈するのは、戦後復興期である。大阪をはじめ各地方都市の復興のための建築資材を中心として木材需要が一気に増大し、空前の伐採ブームが起こり、県外から多くの労働者が流入した。山林の立木を購入して、それを伐採・搬出・製材している間に値が高騰し、出荷時には購入金額の二倍・三倍の価格となることが常態化していた。こうした状況下では、立木の購入値段の値引きの駆け引きをするよりも、高くとも他より先に購入し、一本でも多く木を伐出した者が成功するというほどの好景気であったという。

しかしこうした景気も、昭和三〇年代に入ると徐々に後退し、木材消費量と炭の生産量がともに減少傾向となり、外材依存による木材価格の低迷、林業労働力の流出、造林費用増大による事業意欲の減退などの要因によって、林業は急速に衰退し、現在は長い木材不況の時代が続いている。

古座川流域における山林の様相とその利用

本稿の対象地域を流れる古座川は、熊野地域の最高峰である大塔山水系のひとつである。古座川の全長は六四キロメートルで、高温多雨の紀伊半島南部のなかでもとりわけ山深い地域であり、林業盛況時の戦前〜昭和二〇年代後半には地域住民の約八割が林業関係の仕事に従事していたと言われる。地域住民は、棚田や天水田による水稲栽培、蔬菜・根菜・茶などの畑作の傍ら、雑木林でのシイタケ栽培や養蜂業、川漁に携わる人も多く、これに山林での日雇労働を加えて、多種多様な生業によって生計を維持していた。西牟婁地域同様、白炭いわゆる備長炭生産も盛んではあるが、聞書きでは製炭夫はほぼすべて西牟婁からの出職であったという。

紀伊半島南部の山地は、標高一〇〇〇メートルが一つの植生の境目となっており、大塔山（一一二二メートル）や法師山頂付近には、ブナ林を中心とした落葉広葉樹林が残っている。そのブナ林の下には、カシ類を中心とした常緑広葉樹の照葉樹林が展開するが、熊野地域の場合そこにツガ・モミ・トガサワラ・ヒメコマツ・コウヤマキなどの針葉樹が混生するのが特色である。岩場や急峻な崖が多く、川もたいへんに険しく入り組んでいるため、広葉樹が育ちにくい環境が随所に生まれ、そうした場所に這いつくばるように針葉樹が年月をかけて伸びていくのだという。しかし針葉樹は、群生するほどではなく、照葉樹林に点在する格好となっている。また、クロキ（黒木）と呼ばれるスギ・ヒノキ以外の針葉樹は、海抜五〇〇メートル以上にのみ見られ、古座川流域では七川地区より上流にしか見られない。一方、地域の山林のいたる場所で維持されてきた雑木林は、ゾウキヤマ（雑木山）と呼ばれる。ゾウキヤマのなかでも、渓谷には、サワグルミやトチの群落も見られ、二次林化以前には、こうした樹種は、より多く見られたであろう。また、ゾウキヤマのなかに、ヒノキやスギの種子が落ちて、自然に生えて大きくなった野生の針葉樹をチリキ（散木）と呼び、この地域では建築木材の最高級品とされた。チリキは崖などに育ち、広葉樹との競争のなかで成長するため、年輪が狭く、その木材はメゴミ（目込み）と呼ばれた。昭和二〇年代には、ワリモンと呼ばれる四寸柱が一〇本とれるほどの直径を持ったヒノキのチリキが多く見られたというが、現在ではこうしたチリキを材として用いることはない。

林業の技術とその変化に関する聞書き

ショウヌシの役割

古座川流域では、木材を伐出する作業の総監督と、植林・撫育の現地管理者とを兼ねた役割をショウヌシ（商主）と呼ぶ。古座川流域のショウヌシは村外地主が自ら木材素材業に携わる場合の、現地での作業を取り仕切る役割を主に担っていた。ショウヌシは、林業に関係した事柄の他にも、日常生活の様々な局面で地域の顔役として活躍することを求められた。

林業の技術的特色と民俗知識

① 育苗

古座川流域で植林されるスギ苗は、その大半が串本町神野川《このがわ》で生産された。これに各戸で栽培する苗を補充して、古座川流域の苗はほぼすべて供給できた。種子の採取は、スギもヒノキも秋季が最適で、採取する木は八〇年生以上が最良とされた。採取した種子は自然乾燥させ、三月中旬に播種する。畑は畝を高くして排水を良くし、平蒔きした上に流出防止と雑草抑制のため草や柴で被った。施肥・除草などの管理をし、一年経過するとヨウビョウ（幼苗）となり、翌年三月に苗と苗の間隔を広くとるために植え替えをする。幼苗は育成状況によって〃大〃・〃中〃・〃小〃の三段階に区分され、それぞれ別の畑に植えた。〃大〃の場合は七センチ四方に一本、〃中〃・〃小〃はそれよりややせまい間隔で、植え替えていく。一年目同様に、施肥・除草を繰り返し、二年を経過すると、そのうち育成の良い一部の苗がヤマイキ（植林地へ移植する苗）となった。一年目に植え替えた〃大〃は全体の約八割、〃中〃は四～五割がヤマイキとなったが、〃小〃は二年経過してもヤマイキまでには成長しない。二年経過で移植できなかった苗は、苗の長さごとに二度目の植え替えがなされた。それらは三年苗と言い、三年経過時点で全てヤマイキとして移植された。こうした畑で栽培される苗に加え、ナエヒキ（苗引き）といって、山道の脇や炭窯の跡地などで自然に育った苗も採取した。

② 地拵《じごしら》え・移植

地拵えとは、植栽場所の確保と土流防止を目的に、針葉樹・雑木などの伐採跡地を幅三丈（約九メートル）間隔の段に拵える作業で、ジアラケとも言った。古座川流域では、山林の三割がスギ、七割がヒノキを植えるのが目安とされ、地味の肥沃な影地にスギ、痩せ地にヒノキを植えていった。一町歩に約四〇〇〇本程度を移植するのが一般的で、これは除伐を経て伐採期には約一五〇〇本となった。

移植作業は、男性のヒヨ（日雇＝山林労働者）で一日に二〇〇～二五〇本、女性で一五〇本植えれば一人前と言われた。この男性の植える量を一工《く》として、一町歩の土地へ移植するのに、およそ二〇工が平均であった。

移植の適期は三月初旬から五〇日間程度で、一〇月に植えることも稀にあった。

ショウヌシは、植林地は〝山は上三割は残せ〟と教えられた。これは、山の頂上付近と尾根には天然林を残すという意味で、残した天然林の保水力のために植林地にも適当な水分が与えられ、湿気が麓に向けて降りてくるので湿度の調整もおのずとうまくいくという知識である。例えば、ある一つの山を、麓から頂上まで全て植林すれば一万本植えられる場合、頂上付近に天然林を残して七〇〇〇本に控えて植林する方が、伐採期に至ったときの総材積が多いのだという。こうした植栽方法は、一九六〇（昭和三五）年以降、吉野林業の業者による指導が本格化すると、一町歩に八〇〇〇本以上植える密植に転換していった。林地転換する面積を増やすことが優先的に考えられ、それまで木炭生産のために保全されてきた雑木林が、木炭需要の落ち込みをうけて、パルプ材利用のために急激に皆伐が進められた。その伐採跡地は、全てスギ・ヒノキの植林地として頂上まで植林し、さらに植え方も密植が基本となっていったために、人工林の保水力が減退し、樹木の育成もそれ以前に比べて悪くなったのだという。この過程で、環境に応じた植栽方法を行うための知識や経験は、実際の作業に活かされることは無くなっていった。

また、建材利用を目的とした植林とは別に、熊野川河口の製紙工場で使用するパルプ材は、木材としての品質は問われないため、通常の植林の三倍以上の苗を植える超密植をし、オオボウ植えと呼ばれた。これは、使用する苗を田辺市芳養大坊《おおぼう》で栽培したことからそう呼ばれるようになり、移植作業も〝オオボウの一鍬《ひとくわ》植え〟と言って、唐鍬を地面にひと打ちして、開いた穴にスギ苗を植えて、唐鍬でさっと埋めるという、効率重視の植え方であった。昭和三〇年代後半から四〇年代後半には、皆伐した山に製紙会社がオオボウ植えをする場所が古座川流域のあちこちに見られたという。

③ 撫育・枝打ち・除伐

移植後、初年度は一回だけ長柄鎌でシタガリ（下草刈り）をし、その作業をトウダシ（薹出し）と言った。薹はフキノトウのトウで、苗の〝芽を出す〟という意味だという。初年度のシタガリ時期は、梅雨明けに日照りが続くと予想すれば盆明けまで遅らせた。雑草はすべて刈ればよいというわけではなく、日照り続きの時期には、伸びてきた雑草が影を作って苗を守ると言われる。逆に夏の日照りが厳しくないと予想すれば、梅雨明けすぐにトウダシをした。このタイミングを決めるのはショウヌシの判断で、トウダシは影地の無い炎天下での厳しい作業であり、これを二度することはできるだけ避けたのだという。また、移植後の最初の冬は、霜柱が立つと苗が枯れるので、地下足袋で地面を踏みつけ、苗を柴で覆うなどの処置を施した。

二～六年目までは、地味の良いところでは一年に二度シタガリをした。適期は梅雨時期に一回、一〇月に一回するのが良いという。しかし実際には、広大な山林の作業量を消化するため、時期を選ばず、とにかく同じ場所を二回刈ることを目標にしていたため、四～一〇月までは、常にどこかの山林でシタガリをしていた。シタガリの日当であるヒヨチン（日雇賃）は、二回目のシタガリ作業は、一回目の半額となった。また、作業はショウヌシが統括するが、何箇所も同時並行で作業する場合は、ショウヌシの代理としてメダイ（米代）と呼ぶ現地監督を配置した。二回目のシタガリは、雑草が若草で〝鎌切れがいい〟、つまり能率がいいから、広い面積をこなすことができた。ショウヌシのなかには、ヒョチンを節減するために一回しかシタガリを行わない者も多かったというが、当時は、この時期の育成が数十年後の品質に関わるとして、必ず六年目までは一年に二回シタガリを実施したという。

七~八年目のシタガリは、年に一度で十分であった。そして一〇年あまり経過すると、育成した苗の葉が生い茂り、下草も育たなくなるので、定期的なシタガリが不要になり、これをクサヌケ（草抜け）と言った。

枝打ちは、吉野林業から学んだもので、本来は古座川流域のスギ林業に枝打ちという作業そのものが無かったという。枝打ちを実践するようになるのは昭和四〇年代後半からだという。

移植から一〇年を経過すると、木は胸高で径五センチ程度となり、枝打ちを始める時期の目安となった。初めて枝打ちをすることをヒモウチ（紐打ち）と呼ぶ。歩きながら鎌で枝を払うことができるので、梯子は不要である。その後は三年間隔で三、四回の枝打ちを実施していき、移植してからおよそ一八年で枝打ち作業も不要となる。枝打ちは、伐採時に木材として使用できる高さまでするので、地上から一五メートル程度まで行った。

除伐・間伐について、〝間伐をする阿呆、せぬ阿呆〟という言葉がある。古座川流域の山林は、比較的急峻で道路も開けていなかったので、一つ一つの作業の効率が悪く、ヒョチンがかさむ。そのため育成については放任主義的な部分が多く、除伐・間伐についても〝細く低いものは自然淘汰で枯れていく〟から、そこに手間をかけるぐらいなら他の仕事をしたほうが良いと考えるショウヌシが多かった。逆に、作業が大変でもやはり除伐した方が良材を多く取れて利益が上がると考えるショウヌシもあった。しかし、どちらにしても最終的な利益はあまり変わらないので、どの程度の作業量を投入するか、ショウヌシは難しい判断を迫られたという。除伐・間伐をする場合は、移植後一〇年目から枝打ちの開始とともに始めた。成長の悪いものや、日光を入れたいところを優先的に伐採し、伐採期には一町当り一五〇〇本程度となった。

④ **調査と売買**

ショウヌシは、移植・育成・伐採・搬出のすべてにおいて中心的役割を担っていたが、山林地主が他の地主の山林の立木を購入する場合の交渉役でもあった。また、他の山林地主が、自分が管理している山林の立木を購入する場合も、販売側の交渉役となった。こうした局面において、まず売買の対象地にある立木の種類と、とれる木材の量を調査する。伐採前の立木は、モトキ（元木）と呼ぶが、伐採後に玉切りしてできる木材は、以下のように分類された。

「二間物」・〝本木〟（ニケンモン・ホンキ）
長さ四メートルの木材で、ヒノキは末口径五寸五分以上、スギは末口径六寸以上の太さのあるもの。
「一丈物」（ヒトタケモン）
長さ三メートルの木材で、ヒノキは末口径三寸以上五寸五分未満、スギ末口径五寸九分以上の太さのあるもの。
「小二間」（コニケン）
径が細くても長い木材がほしいという場合のみ作る、長さ三・六メートルの木材。

「二間物」はホンキと呼ばれることから分かるように標準木とされる木材で、伐採した木材を加工する際に、まずこの「二間物」を取れるかどうかを検討した。「二間物」は「一丈物」のサンボンマワシ（三本回し）と言って、約三倍の値段が付けられた。

一本のモトキの単価は、これらの木材がその木からいくつ取り出せるかを計算することで決まってくるが、それは以下のように分類された。

「二間本」（ニケンモト）
一本のモトキから、「二間物」が二本と「一丈物」が三本取れるもの。
「丈本」（ジョウモト）
一本のモトキから、「二間物」は取れず「一丈物」が四本だけ取れるもの。

これらが調査対象地にそれぞれ何本あるかによって、すべての木材の金額が出される。傾向としては、麓近くの山林では「二間本」が多く、頂上に近い場所ほど「丈本」が多い。それは土壌の養分が麓に流れるため、頂上付近よりも早く太くなるのと、標高差による気温の違いが原因だという。

ショウヌシは経験から、一日かけて調査対象地を見回れば、スギ何本、ヒノキ何本、そのうち「二間本」がスギは何割、ヒノキは何割と割り出し、その見立ては、実際に伐採し終えて木材の量が確定した後に比較しても、ほとんど誤差が無いよう訓練されていた。昭和時代初期は、ほとんどすべての売買交渉が、こうしたショウヌシの見立てによって行われてきたという。しかし昭和二〇年代からは、急激に伐採量が増えたため、一つの山林にいくつも買い手がつく状況に変わっていき、山林の材積をそれまでよりも厳密に調査する必要に迫られ、ワラツケ（藁付）という方法がとられるようになった。これはまず、稲藁を押し切りで半分に切り、穂の方をヒノキ、株の方をスギに付けていく。藁は一〇〇本ずつ束にしておき、人夫を雇って調査対象地の立木の皮に挟んでいく。調査対象地のワラツケが終わると、使った稲藁の束数でモトキの本数が明らかとなった。一九五〇（昭和二五）年頃に一〇〇本束の紙テープが手に入るようになり、赤い紙をスギ、白い紙をヒノキにつけるように変わったが、その作業もワラツケと呼んでいた。

ここで実際の調査をシミュレーションしてみる。木材の価格は、「一丈物」つまり三メートル材の単価を設定し、「二間物」はその三倍として計算した。つまり、対象地のモトキを、「一丈物」が何本分となるかで算出するのである。

例えば、対象地に伐採期を迎えたモトキが五〇〇〇本あったとする。平均的には一町で一五〇〇本であるから、対象地の面積はおよそ三町三反程度である。五〇〇〇本のうち、「二間本」が一五〇〇本、「丈本」が三五〇〇本あったとする。

《総数五、〇〇〇本＝A（「二間本」一、五〇〇本）＋B（「丈本」三、五〇〇本）》

Aの二間本は、「二間物」（四メートル材）が二本と、「一丈物」（三メートル材）が三本取れる。「二間本」一五〇〇本からは、「二間物」が三〇〇〇本と「一丈物」四五〇〇本が取れる計算となる。また、先にも述べたように、「二間物」は「一丈物」の三倍であるから、「二間本」一五〇〇本から取れる「一丈物」の本数の計算式は以下の通りとなる。

《「二間物」三、〇〇〇本×三＋「一丈物」四、五〇〇本＝「一丈物」一万三、五〇〇本分》

Bの「丈本」は、一丈物が四本取れるので、「丈本」三五〇〇本から取れる一丈物の本数の計算式は以下の通りとなる。

《「一丈物」三、五〇〇本×四本＝「一丈物」一万四、〇〇〇本分》

最後に「二間本」と「丈本」から取れる「一丈物」の本数をそれぞれ足すと、調査地全体の木材の量が算出される。

《一万三、五〇〇本＋一万四、〇〇〇本＝調査地全体からとれる「一丈物」二万七、五〇〇本》

こうして算出された調査地の「一丈物」の本数に、調査当時の相場を掛ければ、調査地全体の立木の価格が割り出される。仮に「一丈物」が一〇円ならば、

《調査地全体からとれる〝一丈物〟二万七、五〇〇本×当時の相場一本単価一〇円＝二七万五、〇〇〇円》

こうして算出した金額をもとに、売買交渉に入る。先の二七万五〇〇〇円の山林を例とすれば、こちらが三五万円でどうかと打診すれば、相手はいや三一万円だと切り返す。ならば三三万円でどうかといえば、相手は一万円まけろと返す。こうして最終的に三二万円でまとまれば、元値の計算上は二七万五〇〇〇円であるので、四万五〇〇〇円の儲けとなった。また、購入した側も、その木材を総額三五万円で販売すれば、三万円の儲けとなる。ここでは単純化して説明したが、実際には伐採・搬出にかかる人件費や資材費、税金などを入れて詳細な計算が必要であった。とはいえ古座川流域における木材の売買は、一本一本の積算で値段交渉をするのではなく、こうしたかなり大雑把な金額の競り合いによって決定された。古座川流域は、台風の通り道であり、流送中に大雨で木材を流失してしまう危険性が他地域に比べて高い。そのため、立木を購入する際には、木材全体の五割を流失しても利潤が出る程度の値で購入するよう交渉に臨んだ。こうした事情は山林地主も承知で、おのずと

売買の際の交渉は一六勝負（博打）的なものであったという。

こうした売買方法は、昭和三五年頃から本格的に吉野林業の技術が導入されるにつれ、胸高の円周や直径、三角関数で高さを測るなど厳密に計算する現在の方式に転換していったという。

⑤ 立木の伐採

立木の伐採は、まずショウヌシが、伐採対象地の面積や地形に応じた必要なヒヨの人数を割り出し、必要な期間、伐採作業に従事してもらえるように人員を確保した。伐採作業を始める日をヤマイレ（山入れ）というが、縁起をかついで必ず大安の日を選び、その日にヒヨを集めた。ヤマイレは、伐採地の麓にあたる場所を選び、適当な木の前に神酒・洗米・アジ二匹を供え、榊を立てて周囲に神酒をまいて山を清め、安全を山ノ神に祈願した。

次に、リンと呼ぶ「一丈物」の木材一本分の作業単価を決める。ヒヨの報酬は、日当ではなく、基準となる「一丈物」の木材の本数に応じて支払われ、調査と同様に「二間物」は三倍であった。このリンは、ショウヌシとヒヨが全員で相談して決定し、伐採地が大規模な場合は、料亭や料理旅館などで祝宴を開くこともあった。ショウヌシが一方的に決めるものではなかった。リンを決めてから、神酒を回し飲みして安全を祈願し、伐採地が大規模な場合は、料亭や料理旅館などで祝宴を開くこともあった。

リンが決まると、次はヒヨたちだけで、コバ（木場）分けをする。コバとは一人が作業する区域で、ヒヨが一〇人いれば、伐採地を一〇のエリアに区分して作業量を割り当てるのである。コバの分け方は、基本的には作業面積が均等になるように区分けされ、隣り合ったコバで木を倒すときに危険が及ばないようになど、様々な配慮で等分した。

コバ分けができると、次にオイヒキ（追引き）をした。オイヒキとは、区分したコバの地形や木の育成具合などを考慮して、作業が楽なコバのリンは安くし、作業が厳しいコバのリンには上乗せすることである。山の麓は、木の伸び・太さが良いため、材が柔らかく、移動距離も短く、「二間本」が多いため、作業効率が良い。逆に頂上付近は、木が細く成長が悪いため、材が硬く、寄宿する山小屋からコバへの移動距離も長い。そのため、例えばショウヌシとともにリンを五円と決めたら、一〇に区分したエリアのうち、麓の方のリンを四円に減らし、頂上付近のリンを一円足して六円とする。同じように、あるコバのリンを三円にして、別の場所は七円という具合に、リンを値上げ（追い）・値下げ（引き）したのである。値上げも値下げもしない平均の作業量の場所は、リンは五円のままであり、これをモチネ（持ち値）と言った。こうしてそれぞれのコバの作業単価を足し引きして、ヒヨが平等に作業できるように話し合ったのである。この交渉には、ショウヌシは一切関わらない慣例であった。リンのオイヒキが決定すると、次はそれぞれのヒヨの担当するコバを決めていく。これは早いもの勝ちであったが、オイヒキのヒキの方から、つまり単価が低い方から希望者を募った。

　コバが決定すると、翌日から早速作業にかかる。コバ一つに、ヒヨ一人が入り、木を倒す方角に斧でウケと呼ぶ切込みを入れ、逆側から鋸で切れ目を入れ、最後にヤと呼ぶ木製楔を打ち込んで倒木させるのである。伐採作業をモトナギ（元薙ぎ）といい、「一丈物」で換算して、一日平均七〇本の木材を切れば一人前とされた。その後すぐに皮剥具で樹皮を剥き、木材を二〇日ほどかけて乾燥させる。乾燥した木材は、その直径によって「二間物」にするか「一丈物」にするかを決め、前者なら四メートル、後者なら三メートルの長さで玉切りした。このとき木材の搬出作業で木口が傷むことを勘案し、両木口を二寸程度余分に切るのが決まりであった。伐採を終え、皮を剥いた木材が乾燥すると、タナガケ（棚掛け）と言って木材を斜面に整然と並べていく。このとき種類別に数えやすく並べ、それぞれにチョークで「二間」「一丈」と明記した。これをタナガキ（棚書き）と呼んだ。全ての木材を並べ終えると、最後にショウヌシが「二間物」と「一丈物」のそれぞれの本数を数える。このとき、もし十分な太さが無いのに「二間物」として並べてあると、それを「一丈物」として勘定し、また、「一丈物」にも満たない太さのものが並べてあると、オチキ（落ち木）として、リンの半値しか支払わなかった。こうした木材は実際には製品にならず、細いため流送作業中に折れてしまうのだが、ショウヌシは労働に対する対価として半値を支払ったという。

　樹皮を剥いて乾燥させるのは、搬出の際に水に浮きやすくするためであったが、古座川上流の七川ダム建設とともに川岸の道路が整備され、木材を陸送するようになった後も、数年間は皮を剥いた木材を搬出していた。しかし、吉野林業が本格的に導入される昭和三五年頃から、樹皮を剥くとヒワレ（干割れ・乾燥割れのこと）するので、樹皮を付けたまま出荷するようにとの吉野林業の指導員の助言を受け、樹皮を剥かずに搬出するようになっていった。

伐採に関する民具は、木に登る道具（シゴ・一本梯子）、伐採用具（切斧・鉈・台切鋸・横挽鋸・枝打鎌・矢・金矢・鶴嘴）、樹皮剥き具（鼻付鉈・皮剥箆）、刻印用具（焼印・切版刻み具）、間棹、鑢と砥石などがあり、現存状況は比較的良い。

⑥ **搬出1　シュラとキウマ**

昭和三〇年頃までの木材の搬出は、シュラとキウマによる運搬と管流しによる流送によって行っていた。シュラやキウマによる搬出作業は、平均五人から一〇人のチームで行い、伐採とは別に作業員を組織した。これを取り仕切るのはショウヌシであったが、現場監督としてサキヤリというベテラン作業員を配置した。

シュラ（修羅）と呼ぶ丸太で作る滑り台状の樋による木材の搬出は、サキヤリという特に手馴れた勘の良い作業員が取り仕切った。山の斜面にシュラを組むコースや幅、傾斜角度、距離などは、現場に応じて判断して計画する必要があり、サキヤリの指示のもと、キマワシと呼ばれる助手が、材料を準備し配置した。キマワシは、〝筋の良い〟若手の中から選抜され、将来的にはサキヤリになることを嘱望された。

シュラを組むには、まず土台を立てる。柱となるマボウ（真棒）を二本立て、その上にヨコダイ（横台）と呼ぶ梁を渡す。マボウの先端は、マイナスドライバー状に削ってあり、それをヨコダイに突き刺すかたちで固定する。ヨコダイはマボウを補助するように縦揺れを防ぐオイボウ（追棒）と、横揺れを防ぐハリボウ（張棒）を張って、グラグラしないように固定する。それぞれの棒の結合部分はフジカズラを使って縛る。このようなヨコダイを、およそ一二メートル間隔で設置し、ヨコダイ同士をサオ（棹）とよぶ四丈（＝約一二メートル）の長さの丸太でつなぐ。サオはモトサキ、すなわち木の根元に近い方を傾斜の下側にし、ヨコダイに合うように斧でくぼみを作って、ヨコダイに乗せた。サオは、両端のヨコダイだけでは強度不足なので、四メートル間隔で支柱としてマボウを一本ずつ足した。こうして台部分ができると、そこにボーズと呼ぶ、樋の底にあたる丸太を二本並べる。

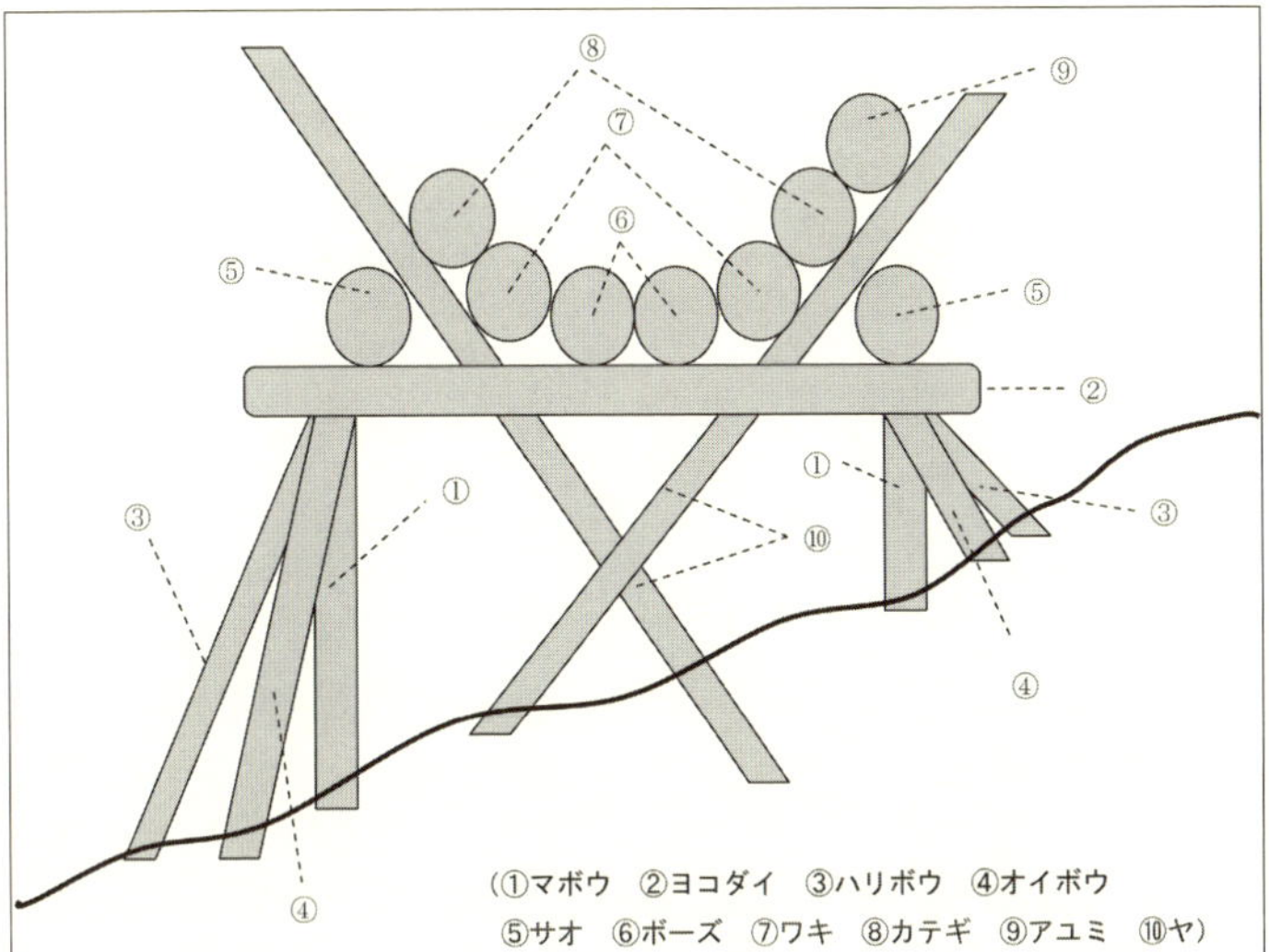

シュラの模式図

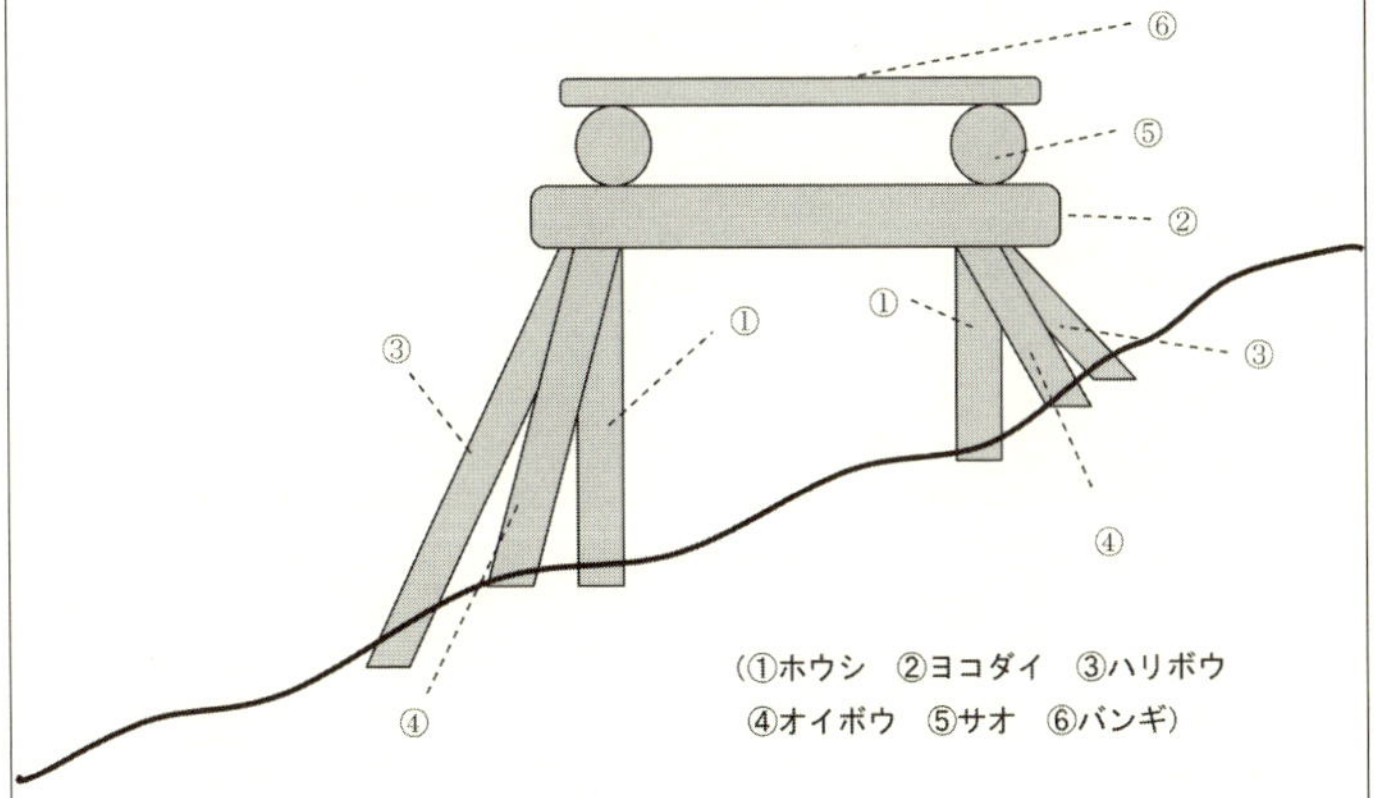

キウマ道の模式図

ボーズの両脇にはヤ（矢）と呼ぶ丸太を、サオに立てかけるように斜めに当て、ヤジリ（矢尻）と呼ぶ尖らせた丸太の先端部分を地面に突き刺す。このヤは、立木の木材を取った残りの先端部分（ウレ）を利用した。このヤに沿うように、ボーズの両脇にワキ（脇）と呼ぶ丸太を一本ずつ組み、その外側にカテギと呼ぶ丸太をそれぞれ一本ずつ組んだ。ボーズとワキは全てホボサキ（木の先端を斜面の下に向ける）に向けて組み、一番外側にあたるカテギはモトサキ（木の根元を斜面の下に向ける）に組んだ。シュラは、通常の場合はボーズ二本・ワキ二本・カテギ二本の合計六本が基本だが、樹齢が古く太い木を運ぶ場合は、ボーズを三本にして道幅を広げる場合もあった。これらボーズ・ワキ・カテギの材料は、「二間物」の丸太（長さ四メートル）を使用した。また、カテギのさらに外側には、振動止めと作業用の歩道とするためのアユミと呼ぶ細い丸太を一、二本乗せた。滑らせている木材が、途中で止まってしまった場合などは、ヒヨがここを走って移動するのである。木材が一箇所で止まると、すべての搬出する木材の流れが止まってしまうので、油壺に鯨油を入れて各所に吊っておき、木を滑らす道に鯨油を適宜塗り、冬季は夜明け前に水を打って、凍らせて滑らせた。

シュラは、終着点近くになると傾斜を緩め、木材の滑り落ちる速度を落としていく。そして最後の部分は、ハネル（跳ねる）といって緩やかに上るように逆傾斜する部分をつくり、滑ってきた木材にブレーキを掛けた。そしてシュラの先には、クスノキで壁を作り、木材がこれに当たって、丸太を敷いたバンダイ（板台）とよぶ場所に転がり落ちるようにした。

シュラは、四〇丈（約一二〇メートル）程度を、一区切りとし、一つのシュラが終わる場所に中継地を作り、再び別のシュラをかけてさらに麓に向けて滑らせていく。一台のシュラの距離を長くすると、もし事故が起こってシュラが崩れた場合に、被害が大きくなる。また、長いシュラでは木材の滑り落ちるスピードが上がって危険なので、これを抑えるために、長くとも四〇丈間隔で一箇所の区切りを付けたのである。シュラに使う部材は、すべて、山で伐採して乾燥させた木材を使用する。基本的には「二間物」が使われたが、サオの部分に使う部材は一二メートル以上の長い丸太を必要とするので、ショウヌシが事前にサオが何本必要か見当をつけ、伐採時に指示しておかなければならなかった。こうして、四〇丈ごとのシュラをいくつかつないで、最終的にキウマミチ

（木馬道）まで木材を下ろし、そこから流送する川岸まではキウマ（木馬）と呼ぶ橇を用いた。

キウマに木材を載せて運ぶ道をキウマミチというが、この道筋をうまくつけるのも現場監督であるサキヤリの仕事であった。キウマミチは、緩やかに傾斜して斜面を降りていくようにしなければならず、できるだけ谷を渡ったり、宙に浮いたりする場所を少なくする方が効率的で安全であった。地面に直接バンギ（板木）と呼ぶ横木を並べていくだけのキウマミチは、ドバン（土板）といい、最も作りやすいキウマミチであった。バンギはスギ・ヒノキの端材を用いて作った。ドバンは、鍬で土を掘り、バンギを半分埋めた状態にして固定した。キウマミチがやむを得ず上り坂になってしまう場所も出てくるが、その場合は、アサバン（浅板）とよぶ硬い雑木のバンギを使うと滑りが良かった。雑木のことをアサキ（浅木）と呼ぶので、アサキのバンギという意味でアサバンと呼んだ。また、それでも荷が滑りにくい場合は、モウソウダケを半裁してバンギに被せると軽く滑るようになった。崖のような場所や小さな谷をキウマミチが横切る場合、バンギを宙に浮かせた状態で道を作る必要がある。その場合、まずホウシと呼ぶ支柱を二本立て、シュラの支柱のように垂直に立てたマボウに斜めから支えるハリボウ（張棒）・オイボウ（追棒）で固定する。その上にサオ（棹）と呼ぶ長い丸太を乗せる。二本のサオを安定よく立ててたら、バンギを歩幅の間隔で固定していく。バンギはスギ・ヒノキでつくり、シッポと呼ぶカシ材で作った楔でサオとバンギを固定する。こうしてできたキウマミチを、キウマに木材を乗せヒヨが肩で曳いた。キウマに乗せた木材は、鎹やワイヤロープで固定し、鯨油を入れた油壷で油をバンギに掛けながら、流送する川岸まで運搬したのである。

ところで、伐採・搬出の作業中、ヒヨは山小屋に泊りがけで仕事をしていた。このヒヨの寄宿舎をソロバと言い、長方形の敷地に杉皮で屋根と壁を張っただけの簡単な建物で、中央にドブチと呼ぶ一本抜けた廊下を通し、両側に扉をつけてある。ドブチには天井から自在鉤をつるして炊事場とし、ドブチの両側には莚一畳敷きの部屋が複数並んでいた。炊事はカシキ（炊き）と呼ぶワカヤク（若い衆）に一任されており、〝ドブチ八寸カシキの権限〟と言って、食事の内容や量に関して絶対に文句を言ってはいけないという暗黙の了解があった。

こうした、シュラ・キウマによる搬出の道具は、個人所有のものが少なく、民具としての残存状況は良くな

❖鉄砲堰（新宮木材協同組合所蔵）

い。キウマは良質のカシ材で作られているため、使用されなくなった頃から、農具の柄や別の道具に作りかえられることが多かったといい、キウマを買い集める業者まであったという。今回の調査では、こうした作業に使用される民具はほとんど収集できなかったが、引き続き探していきたいと考えている。

⑦ 搬出2　上流部の管流し

急流が連続する古座川では、基本的に筏流しは行われず、木材の流送は全て管流し、つまり丸太をバラバラで流すカリカワ（狩川）またはバラナガシと呼ばれる方式が取られた。上流から河口までの約六四キロメートルを二分して、最上流部の古座川町松根から中流の古座川町真砂《まなご》にあるツノブチ（綱渕）までの約三〇キロメートルをコドリ（小取）、残りの河口までの約三〇キロメートルをシモカワ（下川）と呼んだ。この間に、管流しの木材を留めるトメバ・アバ（留場・網場）が、上流から古座川町真砂のツノブチ・古座川町鶴川地区・串本町古座の河内神社前の三個所あり、それぞれの集落には、丸太を留めるたびにアバリョウ

（網場料）として、使用料を支払わなければならなかった。トメバでは、両岸に渡すように張ったシュロ縄やワイヤロープに、丸太を何本も沿わせて結び付け、流れる丸太を堰き止めていた。各支流も、本流への合流地点までをコドリと称していた。

ツノブチより上流部のヒヨへの流送賃金は、まず川へ流す前にキウマミチの終着点のドバ（土場＝木材置き場）に、木材を積み上げ、それを数えて本数とヒヨ一人の賃金を割り出した。木材を積み上げた状態をハエと呼び、積み上げることをハエると言い、途中で折れる木材の本数なども勘案しながらショウヌシは計算した。前述のように立木の伐採作業の場合は、作業量を「一丈物」（三メートル材）に換算して賃金を割り出したが、管流しの賃金の場合は「二間物」（四メートル材）を基準に換算する慣例であった。つまり〝一万本のカリカワ〟と言うと「二間物」に換算して一万本という意味であり、「一丈物」は三本で一本という計算であった。ヒヨチンも「二間物」一本で幾らという計算をした。コドリ区間のヒヨチンの支払いはコドリカンジョウ（小取勘定）といったが、これはツノブチまで木材を運び終えた後に支払われた。コドリでの作業は、前述のように急流のため危険を伴うので、ヒヨチンは下流のシモカワの区間の作業よりも二割増であった。これをチンマシ（賃増し）とかシュウギ（祝儀）と呼んだ。また、逆に、丸太に乗れず一人前の仕事ができない人は、チンモリ（賃漏り）と言って、減額された。

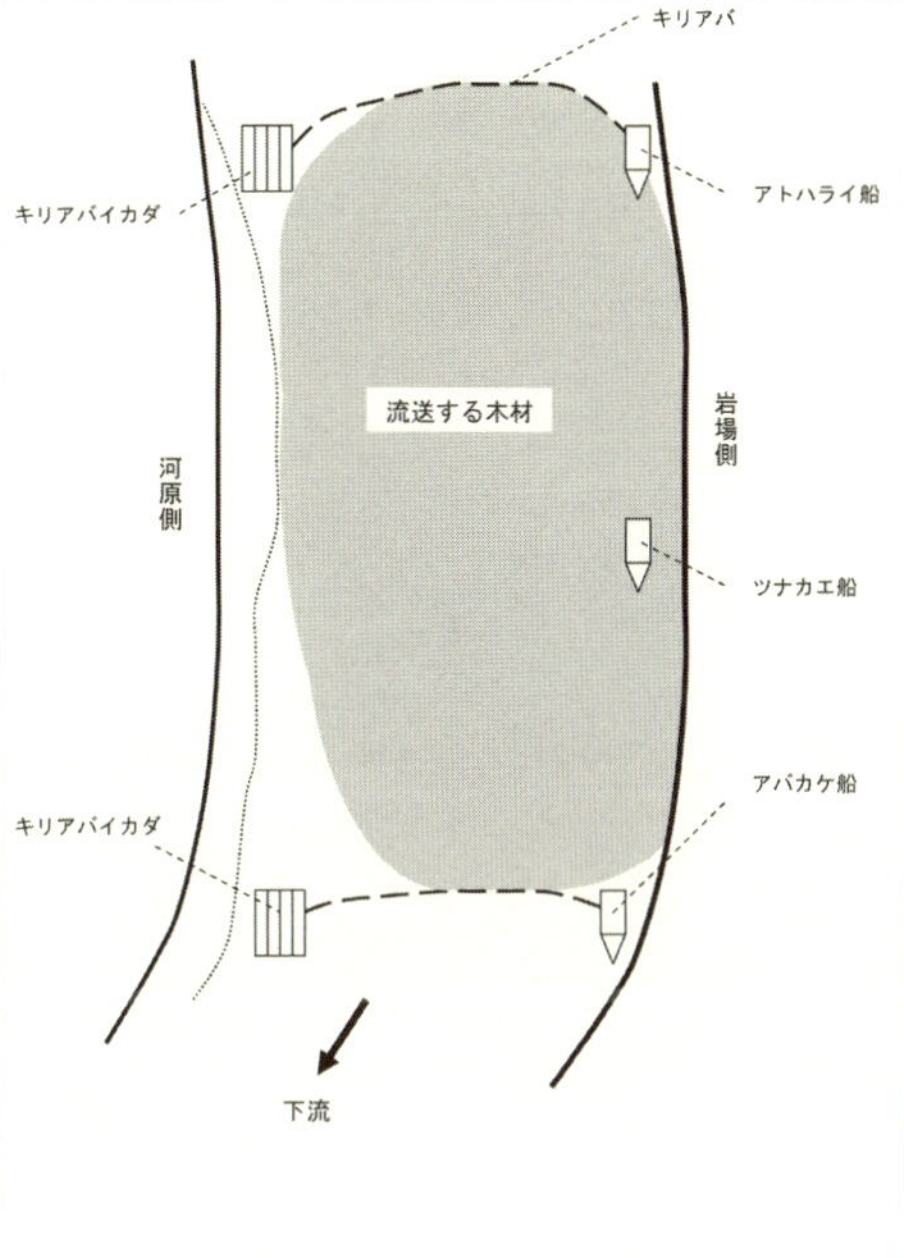

渇水時のカリカワ作業の模式図

古座川町松根周辺の最上流部では、丸太を組み上げて作るテッポウ（鉄砲堰）を作って水を貯め、トマイグチと呼ぶ水の排出口を開いて木材を流した。距離の長い支流では、二箇所にテッポウを作り、水をリレーするように堰を切って流した。

古座川のそれぞれの支流では、同時期に複数の事業主が木材の伐採・搬出を行っていた。そして雨が降って水位が上昇すると、それぞれの事業主は、川岸まで搬出した木材を、上流と下流の境界とされる古座川町真砂のツノブチを目標に、一斉に流し始める。コドリ区間の流送は、各事業主別の作業であった。ヒヨは一グループ五～六人で、それを統括するのはショウヌシの仕事であった。急流のためコドリ区間は作業船が通行できないので、ヒヨは鳶口だけを持って一本ずつ木材に飛び乗り、急流を流して行った。この丸太に乗る技術が上手な人を〝足元が軽い〟といい、〝一本丸太踏ませたらチチン（セキレイ）みたいや〟と賞賛した。セキレイはよく丸太に乗って歩き、水に落ちることが無いからだという。急流の崖地の場所をアラと呼ぶが、こうした場所では流れてくる木材が一箇所に溜まってしまう。現在は七川ダム湖に沈んだタキウラ淵は急流のなかでも特に難所とされ、川幅が狭く「二間物」の木材が横向きに堰止めてしまう状態となりやすかった。そこに次から次へと木材が流れてきて、山盛りになるほど積もってしまう。こうした場合、詰まっている木材に鋸でほんの少し鋸目を入れると、後ろからの荷重で一気に折れ、木材は文字通り堰を切って流れ始める。また、詰まった木材を別の木材で鐘をつくように叩いて外すこともあり、この方法を〝セト（関戸）をコブツ（壊す）〟とか〝セトを抜く〟といった。しかし、丸太が空中を飛ぶほどの威力で流れるので大変危険な作業であり、死者を出すこともあった。

ちなみに、下流への中継地のトメバであるツノブチに至るまでに、多くの木材が損失してしまうが、これらをオレキ（折れ木）と呼び、川岸の集落の人々はこれを拾って竈や風呂の焚き木などにしていた。また、刻印が確認できれば、製材所に持っていくとごく安値で買い取ってもらえたという。オレキ探しは、川沿いの集落の子どもたちの小遣い稼ぎでもあった。

⑧ 搬出3　下流部の管流し

それぞれの支流から流された木材は、古座川本流で合流し、上流と下流の境界とされる古座川町真砂のツノブチに集められた。木材の一本一本には、それぞれの事業主の刻印が打たれているので、所有者が分からなくなることは無いが、トメバでは各業者の木材が混ざり合った状態となる。この状態をアイカワ（合川）といった。ツノブチに集まった各事業主の木材は、所有者ごとに分けることはせず、全ての木材を一緒にシモカワの区間に流してしまう。しかし各業者の木材の本数を概算で確認しないと、上流部分での支払いが計算できない。また、木材を一緒に流してしまうため、どの業者が流送の指揮をとるのかを決める必要がある。そのため、シモカワに流す際に、マスイレ（枡入れ）と呼ぶ独特の制度によって主導権を得るショウヌシを決定する。まず木材一〇〇本を流し、それぞれの刻印を数えてどの事業主の木材が何本あるか計算する。例えば五種類の刻印がある場合、A事業主の刻印が四〇本、B事業主の刻印が三〇本、C事業主の刻印が二〇本、残りの一〇本がD・E事業主の木材であった場合、最も流送する木材の多いA事業主がシモカワの区間の作業の支配権を得て、A事業主のショウヌシがオヤカタ（親方）となるのである。オヤカタは、各事業主のヒヨへの作業指示からヒヨチンの配分に至るまで、アイカワにある全ての木材の運搬作業の統括者となった。オヤカタとなることは、〝オモ（主）を取る〟と呼んで名誉なことであった。

古座川は筏を組む十分な場所を確保できないことと、下流域でも川幅が広くないことから、ツノブチを過ぎた下流域でも筏に組まず、管流しであった。ただし、水勢に任せて木材を流し下るコドリ区間とは異なり、下流のシモカワ区間では和船で綱を張りそのなかに浮かべた木材をゆっくりと流していく方法が取られた。ツノブチのトメバからシモカワの区間に木材を流し始めることを〝留めを抜く〟といい、シモカワの区間の作業は〝シモカワする〟といった。ヒヨは通常二〇人体制で当たり、作業には一〇日前後かかる。シモカワの作業は一回平均二万本程度、多い時で三万本以上を運んだ。稼動する川船は三艘で、先頭の船をアバカケ（網場掛）船、次の船はツナカエ（綱替）船、最後尾の船をアトハライ（後掃い）船とそれぞれ呼び、それぞれ異なる役割を担った。それぞれの船には、センドウ（船頭）・テザオ（手棹）の二名が乗船し、炊事夫であるカシキ（炊き）一〜二人がいずれかの船に同船した。

先頭を行くアバカケ船には、二人のヒヨが乗船する。アバカケは、船よりも先に木材が流れてしまわないように綱で留める役割である。次のツナカエ船は、作業に使うシュロ縄を積む運搬船で、ハネという役割の四人とナカナガシ（仲流）という役割の三〜四人が乗船した。ハネは蛇行する川の瀬が遠浅のような形になっていたり、蛇行して水が滞っていたりするような場所に、木材が詰まってしまわないよう操作する役で、鳶口を持って木材から木材へ飛び歩きながら作業をした。また、明らかに木材が詰まりやすい川床の浅い場所には、あらかじめウケグミ（受け組み）と呼ばれるガードレールのような働きをするものを、丸太を使って仮設し、流路を確保した。逆に深い淵にもシュロ縄を張って木材が沈み込んでしまわないようにした。下流に至るにつれて川床は浅くなっていくが、水量が少ない場合、ウケバネ（受け羽根）・ダイバネ（台羽根）といって流路を狭める施設を丸太で仮設し、川の中央に水が集中的に流れるようにして水嵩を上げた。いわゆる水修羅の一種である。ウケバネ・ダイバネが大規模になる場合はハネ四人では作業できないので、アトハライ船から二人増員することもあった。ツナカエ船に同船する三〜四人のナカナガシは、川が蛇行した場所で木材が滞ったときに詰まっている丸太を抜くのが仕事であった。ナカナガシには流れる一本の丸太に乗れる技術を持っているものがあたり、〃セトを抜く〃（詰まっている丸太を抜く）瞬間に衣服が丸太に引っかかって水中に引き込まれて命を落とすこともある危険な作業であった。最後尾につくアトハライ船は、木材を流し残すことの無いように確認するのが役割で、最大で一一人ほどのヒヨがこれに従事した。

基本的には前述のように三艘の船とそれぞれの役割のヒヨによる作業で木材を運搬したが、渇水期にはキリアバ（切り浮子）という方法を用いた。岩場の合間を流れる古座川は、ほとんどの場合、片岸は河原で対岸は切り立った岩場となっている。キリアバは、まずキリアバイカダ（切り網場筏）と呼ぶ「二間物」の木材六〜七本で組んだ筏を組み、それと並行して進むアトハライ船との間に、キリアバと呼ばれる縄を張る。このキリアバには、一二本程度の「二間物」の木材を、カルコと呼ばれるフジカズラの紐で結び付けてある。これを川に流す木材の最後尾に張り、イカダは河原から人力で曳航し、アトハライ船がそれと並行して進むと、キリアバが木材を押し流していくのである。渇水期のとりわけ水嵩が少ない時期には、川下から風が吹いたら丸太が逆流して、木材の重さでキリアバが後ろに丸くたゆんでいく。そのたゆみをセカタ（瀬肩）と呼ぶが、木材をセカタに溜め込みながらキリアバで押し流し、カンバン（甲板）と呼ばれるアトハライ船に乗る若手のヒヨが、船首に立って船の進行を妨げる木材を、鳶口や足でセカタのなかに押し込んでいくのである。また、水嵩が最も少ない時期には、水流の一番多い場所を掘り広げる場合もあり、これを〝ミョウを掘る〟といった。ミョウとは水流の最も速い場所を指した。

こうして製材所が集まる古座川河口まで流し終えた木材は、まず川岸に揚げられ、シタゴと呼ぶ段々に組んだ状態にして保管した。その後、ナカシ（仲仕）あるいはモチ（持ち）と呼ばれるヒヨが、各製材所の木材積み場に運搬した。河口周辺では常時二〇〇名を超えるナカシが待機して、流送されてくる木材を運搬していた。台風の通り道であるこの地域では、河口の岸に置いた木材を海に流失してしまうことも度々あった。各製材所は、台風の前に木材を運搬したり、流失した木材を捜索したりする作業にバイマシ（倍増し・二倍）のヒヨチンを支払い、木材積み場に運び込む前の木材の損失を、最小限に食い止めようとしたのである。全ての木材を運び終えると、木材協同組合の検査員が各製材所の本数を数えた。流送した木材の最終的な本数の内訳は、河口での検査員による検査で確定し、誤差が大きければヒヨチンの過不足を事業主間で調整した。

前述のように、ツノブチのトメバから河口の製材所までの木材の流送には、平均約一〇日間かかったので、古座川流域の各所にナガシヤド（流し宿）と呼ばれる管流しのヒヨのための宿屋があった。一九五五（昭和三〇）年以前に操業していたのは、古座川町蔵土の平田《へいだ》、古座川町相瀬の石見屋・保良、古座川町鶴川の少し上流の峯店、古座川町鶴川の川ノ口、古座川町明神の藤田店、古座川町川口の浜野、古座川町高瀬の中川、古座川町高池の清水屋・山崎屋・松下旅館、串本町古座のハッピー、串本町西向に二軒などがあった。これらの宿屋で出される食事はおかずのみで、主食はカシキがイモ、ムギ、コメで飯や粥を炊いた。

こうした流送は、昭和三〇年に古座川上流に七川ダムが建設され、徐々に川岸の道路も整備されていくにつれ陸送に移っていき、一九六〇（昭和三五）年には管流しはまったく見られなくなった。

流送作業の民具は、木材を留める道具（錟、鏆、鏆打ち抜き具など）や、木材を扱う道具（鶴嘴、鳶口など）のように、個人所有のものは各戸に残存するものの、和船や共同作業で使用する民具は、現在では収集することが非常に困難である。

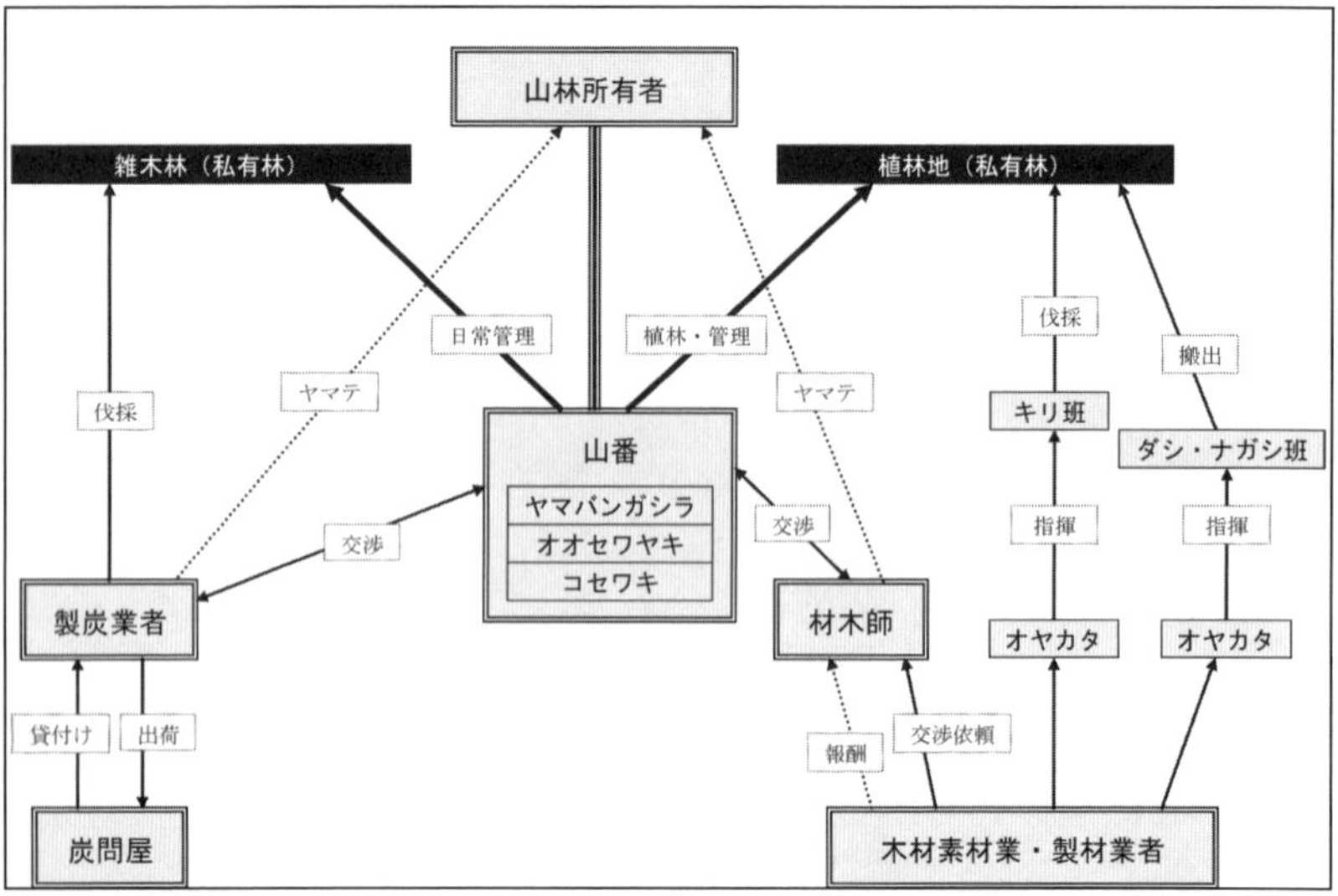

図　近代の西牟婁郡におけるヤマバンの位置（図参照）

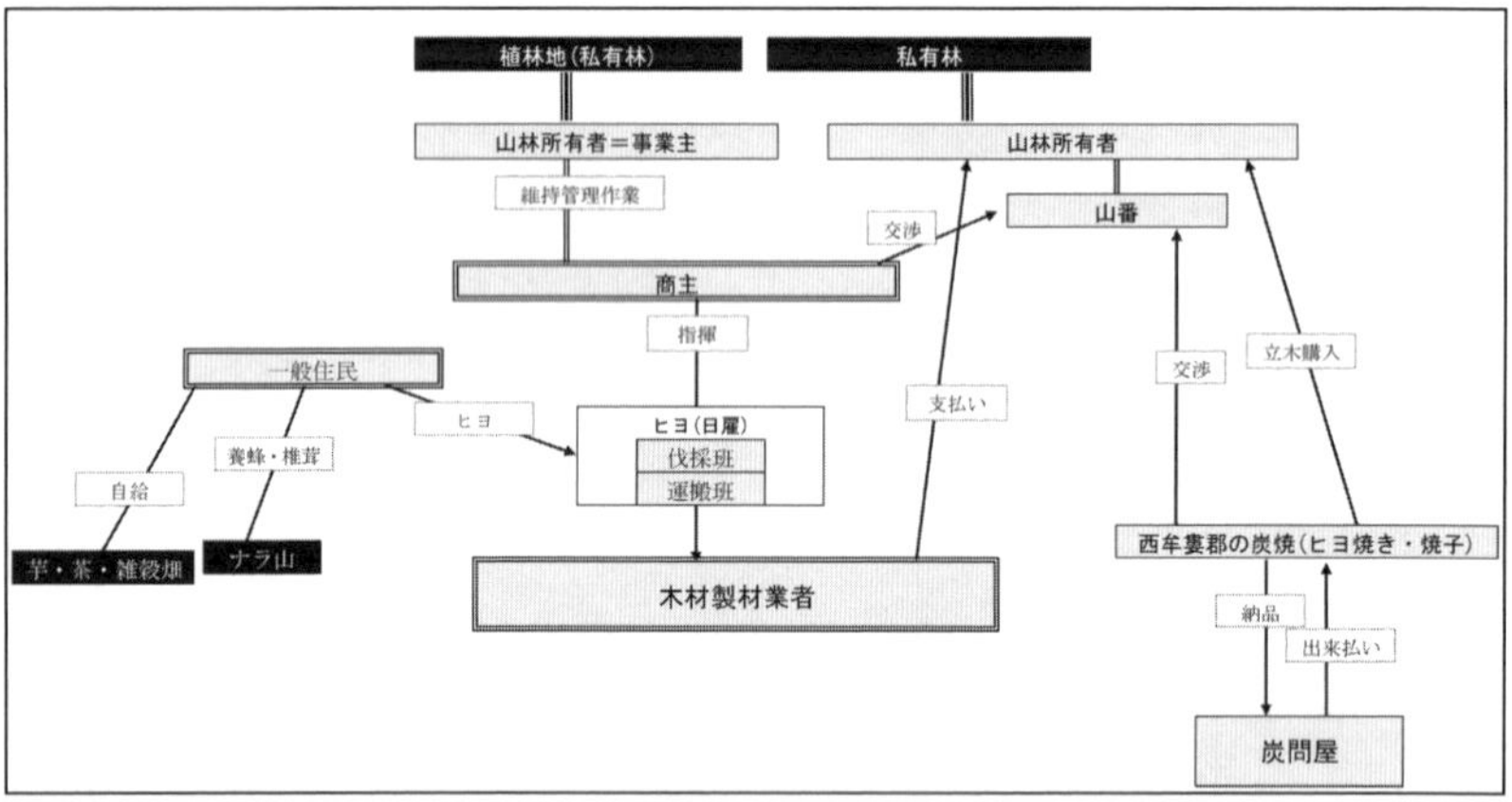

図　近代の東牟婁郡におけるショウヌシの位置

〝熊野式林業〟の現在

本稿では、〝熊野式林業〟の具体像を探るため、主として昭和二〇年代から三〇年代の、古座川流域における林業の様子について聞書きをもとに復元してみた。

はじめにで述べたように〝熊野式林業〟は、明治時代末期における、いわば第一次の吉野式林業導入とその失敗を経て認識されるようになったと筆者は考えている。古座川上流の七川ダムの建設は昭和三〇年、第二次の吉野式林業導入が始まるのは昭和三五年であるから、これまで述べてきた林業の姿は、吉野林業導入の第一次と第二次のちょうど合間にあたるもので、大正時代後期から昭和時代初期にかけてこの地域の林業が〝熊野式林業〟に〝復帰〟した後の実態を伝えるものであるということができる。おそらくそれは、第一次の吉野式林業導入以前とは異なる要素も多いであろうが。それでも、この地域の環境に即した技術や組織、制度などいくらかの要素は、〝熊野式林業〟への〝復帰〟後にも受け継がれているであろう。吉野式林業は本来、山林に負担を掛けずに最大限の利益を生む管理徹底型の林業理論であるが、それとは異なる道を歩んできた熊野の林業もまた独自の理論であるといえよう。

昭和四〇年代以降、日本の山村では、木材需要の後退と外材依存によって産業が衰微した。労働者の流出とともに過疎が進むなか、さらなる林地転換によって豊かな山林資源が失われ、右肩下がりの木材不況を受けて山林の荒廃が進んでいる。そのなかで、山村に残ることを選んだ年配者は、何とか生活を維持するために棚田や山林に手をかけてきた。しかし熊野地域では、こうした努力も維持できないところまで来ており、林業も事業として成り立たないため植林地への造林さえ放棄される現状である。古座川上流では、伐採後に植林せず放置したために人の利用に益さないシダ藪やイバラ野となった山林が、古座川町松根・平井などに一〇〇〇町歩以上もあるという。歴史的には熊野地域の山林は生産力旺盛であったが、現代は圧倒的面積の山林が非生産的な場となってしまっているのである。

2　西牟婁郡における近代林業と備長炭生産

西牟婁地域における山林利用の地域的展開

近世における紀州藩による山林政策は、一六三六（寛永一三）年の「奥熊野山林御定書」に代表される山林保護政策に特色がある。具体的には自給木材の確保と、薪炭生産による庶民生活の保護、治水防災を両立するもので、『和歌山県史　近世』（和歌山県史編さん委員会編一九九〇）をもとに要約すると以下の内容である。

①藩有の官林・民有地を含む山林に「御留山」を定め、伐採を禁止する　②留山以外の「個人持ち山」は各百姓「入会山」は村の裁量に、その利用を任す　③畑作、柴刈場、牛飼場、肥草の下草山などは相応に残す　④許可なく山焼きする事を禁ず　⑤クス、カヤ、ケヤキは大小枯れ木とも一切の切出し禁止　⑥スギ、ヒノキ、マツは七から八尺以上の太さ以上は切出し禁止、などである。これらの規制は、藩有林のみならず百姓持ち山にも留木という形で適用され、木材の濫伐を防止しようとした。

前述の山林の伐採規制は、災害における生活復興や貧困地域の救済を名目として、次第に緩和されていく。しかし木材伐採規制が緩和されても、急峻な地形と交通路の未発達、搬出技術の未熟さから、大規模な伐採・搬出は進まなかった。『紀伊続風土記』には、当該地域で最も標高の高い大塔山周辺での木材伐採に関する記述があるが、その規模は限定的なものであったようである。

大塔峰（中略）古より今に至りて其頂を窮めたるものなければその高さを測る事あたはす（中略）深山中に入りて材木《ママ》を伐出を業とするもの三四十人伍をなし大塔の麓木守村の奥に小屋を掛て三四年其内に住みしもの、語るを聞きしに春の末三四人伴ひ早朝より山に登りしに八時比になりて僅に山の四合に至るを覚ふこれより復路して小屋に歸りしに酉の剋なりしといふ路は険しからされとも廣大なる事推し測るへし（仁井田好

古著　一八三四〜四三『紀伊続風土記』巻七五、巌南堂書店　一九一〇、七二八頁を参照した）

耕地の少ない山地では水田経営による自給は困難で、製炭等の現金収入を米に替える事が生活基盤となっていたと考えられる。

近代に入ると、紀州藩による留山制度も効力を失い、山林は「保護」から「開発」の対象へと劇的に変化する。明治初期は官林払下げに便乗し、広大な官有林が盗伐され、近世に留木とされた樹種の伐採制限も解除となったため、濫伐が進んだ。政府はそれに対応するため、一八七八（明治一一）年に官有林の保護政策を打出し、和歌山県も明治一六年に以下の県令告諭を打出した（和歌山県史編さん委員会編　一九八九、五〇五頁）。

然ルニ現今各地ノ林相タル、荒廃シテ鬱蒼ノ色ヲナスモノ殆ント稀ナルニ至ル。今ヤ之ノ挽回ヲ策ラサレハ往々不可謂ノ巨害ヲ来シ、頓ニ日用必需ノ材料ニ欠乏ヲ告ルニ及フモ亦知ル可カラス。已ニ維新以前ニハ旧藩々各山林取締ノ厳法アリテ多年継続セシモ、一時各般ノ改革ト倶ニ自ラ解弛ニ属セシヨリ、惣チニ各人其保護ノ念ヲ緩フシ濫伐妄採スルニ及ヒ、殊ニ近時ニ至リ其甚シキハ根株ヲ掘削シ苗木ヲ刈除スルニ至ル所モ間々有之趣ニ相聞、以テノ外ノ事ニ候

しかし一八八九（明治二二）年大水害が発生し、これを契機に治山治水への意識が高まり、一八九七（明治三〇）年には近代的林業政策の基礎を確立したと称される森林法が制定された。和歌山県西牟婁郡では郡長下に熊野山林会が設置され、林産物や森林副産物の生産奨励、樹種選定・植栽方法・枝打ち・間伐方法、伐期の適正化などの指導等が行われた。この地域で林業技術の近代化が飛躍的に進むのは、この時期と思われる。同時に政府は広大な林野を官有林に編入したが、和歌山県南部の西・東牟婁地域では、林野の公有化は製炭や森林資源利用を通じた庶民の生活基盤を没収する事と同義だったため、県は入会林野等の公有化には消極的であったとされる。明治末期の統計資料（和歌山県編　一九〇九）によると、西牟婁郡では全面積約七万三〇〇〇町歩中、国有林二四%、私有林七五%と、私有林の割合が比較的高い。

明治末期、日清戦争により木材価格が急騰するにおよび、植林が活発になり、企業勃興、都市の拡大、鉄道敷設などによって建設資材・枕木・輸出農産用の箱材等の材木需要が増大した。この時期、山林伐採と製材業で成功したり、製炭業で事業規模を拡大させたりして、突出した利益を得る事業者が出てくる。こうした事業者は、立木を購入して行う事業によって得た利益を、林地購入にまわす形で富を集積させていき、山林地主の成長が進んだ。日露戦争を契機に再び増大した材木需要、第一次大戦によるさらなる需要の増大、植民地建設目的の木材移出量の急増といった歴史的展開のなかで、山林地主は確固たる地位を築くことになる。西牟婁地域の森林開発は、こうして成長した山林地主による私有林の造林を中心に進展していく事になる。大正末期の統計資料(和歌山県編 一九二六)によると、西牟婁郡全面積約七万五〇〇〇町歩中、国有林は約一〇〇〇町歩(一%強)、私有林六万町歩(八〇%)という割合で、依然民有林の卓越した状況のなかで林業が進められた。一九二七(昭和二)年には西牟婁郡内の製材所一四箇所・木材消費量四万六〇〇〇石、一九三四(昭和九)年には西牟婁郡内の製材所三八箇所・木材消費量一六万六〇〇〇石と順調に成長している。山林地主は、大正期以降の用材需要の増大に対応し、製炭用の雑木林を植林地へ積極的に転換していったと考えられる。

昭和一〇年代、昭和恐慌から脱し日中戦争を経て材木需要は急激に増大するものの、太平洋戦争開戦に伴い外材輸入が禁止されたため、山地が無計画に伐採され、多くの山林が荒廃した。一方昭和一〇年の木炭生産量を見ると、白炭は全県五〇〇万貫中、西牟婁郡二六〇万貫(五二%)、黒炭は全県一二〇万貫中、西牟婁郡五万六〇〇〇貫(四%)で、西牟婁郡の白炭生産量は圧倒的に多かった(和歌山県編 一九三六)。

戦時中は木材統制法(昭和一六年)が制定され、材木が本格的に統制下に入った。生産と配給業務の指定機関として、和歌山県地方木材株式会社(昭和一八年)とその支店である流域ごとの会社(西牟婁地域では県田辺林材株式会社・県日置川林材株式会社)が設立され、材木生産・供給の管理に当った。一方で燃料の枯渇から、地域住民による濫伐が行われ、山林資源の枯渇・治山治水への悪影響を引き起こし、一九五三(昭和二八)年水害の被害拡大の一要因となった。

戦後は一九五一（昭和二六）年に森林法が改正され、行政主導の造林事業によるいわゆる「拡大造林」の方針が打出された。これは奥地未利用林の開発と林道の整備を中核とするもので、辛うじて残されていた天然林も開発の対象となった。西牟婁郡でも、大塔山山頂付近の国有林の一部にブナ林を残すのみで、山林面積のほとんどが、スギ・ヒノキの一元的な植林の対象となった。山林は農地解放の対象となっていないため、戦前からの山林地主は所有地を温存し、一九六〇（昭和三五）年においても、西牟婁郡の林業経営者二三八一軒中、一〇〇ヘクタール以上所有者が一二三軒あり、これは全山林面積の三割にあたる（和歌山県史編さん委員会編 一九九三）。そのため、後述する山林の立木利用にかかる制度は、戦前とほとんど変わらない形で戦後も行われているところに特徴を見出せる。しかし昭和三六年以降は、材木消費量、炭の生産量ともに減少傾向となる。原因は木材価格の低迷、林業労働力の流出、外材輸入増加、拡大造林の造林費用増大による事業意欲の減退などが挙げられる。

本章1では東牟婁郡の林業について古座川流域を中心にみてきた。一方、西牟婁郡の様相はこれとは大きく異なる。特にヤマバン（山番）の役割が独特である。本章2では現在も森林組合で重要な役割を果しているM氏（田辺市大塔村鮎川、一九三二年生まれ）、M氏（田辺市下川上、一九三五年生まれ）からの聞書きをもとに記述していく。

山林利用の特色と山番制度

山林利用と山番制度

山林地主の所有面積はまちまちであるが、規模の大きな山林地主の場合はヤマバンガシラ（山番頭）を置き、所有する山林全体の管理の総括をさせる。その下位にセワヤキ（世話焼き）またはオオセワヤキ（大世話焼き）が置かれ、いくつかに区分された山林の管理に当る。セワヤキは担当の山林をひとりで管理しきれない場合、谷筋ごとにコセワキ（小世話焼き）を配置する。規模の比較的小さな山林地主の場合は、山番ひとりを置く場合が多いが、山番自身が何人かのコセワキを雇って仕事をする場合もある。山林の立木の利用者である、製炭業者あるいは木材素材業者・木材加工業者らは、山林地主に直接立木の購入を交渉せず、山番を仲介して交渉にあたる。山番制度は、実体としては様々な様相を呈すが、広義には山林全体のとりまとめをするヤマバンガシラから谷筋ごとの作業の実際に当るコセワキまでを含むこととなり、この山林の管理体制そのものを当該地域における山番制度と位置付けることができよう。

多くの山林地主は毎年一度、山番の家を訪問し、前年度の山林の管理状況と次年度の経営方針について話し合いを持つ。この場には谷筋ごとに配置されたコセワキも同席し、地域ごとに山の管理状況（伐採後の年数、生育状況、作業の進捗状況等）を報告する。そして個々に製炭業者や製材事業主から受けた、立木購入の打診を山林地主に報告し、山林地主は販売するかどうか、販売する場合は皆伐か択伐（後述）とするかなどを決めていく。山林地主は山仕事の実際や立木自体の事についての知識が豊富でない場合も多く、山番は山林の作業方針や見込まれる利益について「助言」をする。放任主義的な山林地主が多く、山番は立木の売買に関する判断を事実上一任されていた。こうして山林経営に関する話し合いが終わると、酒席がもうけられ、山林地主は一年間の労をねぎらったという。山番は複数の山林地主の土地を管理している場合が多く、こうした山番の家での話し合いは年数回行われた。規模の大きな山林地主が生まれ、山林の所有者が複雑に入り組み土地も頻繁に転売される近代以降、常に山林を管理し境界線を確認する山番は山林経営に不可欠であった。

山番の報酬は、木材の積の見積もりなど売買にかかる作業への日当のほか、立木の販売交渉の成立時に山林地主から報奨金がでるのみで、山林の日常管理については一切収入に結びつかない。山番はヤマテ（立木の販売価格）の一五％を山林地主から受取るのが慣例だったが、これはあくまで山を一代（前回売ってから今回売るまでの期間、三〇～五〇年間）に渡って世話してきたことへの報奨金であった。山番は安定した収入を確保するため、農業や製炭業を兼業していた。

山番の管理対象は、雑木林も植林地も含まれる。アサキ（浅木―落葉広葉樹一般）と呼ばれる雑木林は製炭業者が利用し、スギ・ヒノキの植林地と雑木林のクロキ（黒木―モミ・ツガ・トガサワラ地方名カワキ）と呼ばれる針葉樹は木材素材業者・木材加工業者が利用する。山番は対象となる山林を、樹種に応じて適切に管理する必要がある。また購入希望者と価格の駆け引きをする上でも品質を見極める必要があり、森林について幅広い知識と経験が要求された。こうした山番の仕事は、近代の山林利用に対応して機能してきたものであり、植林地と雑木林の生業が並存する大正期~昭和後期の山林の生業を特徴づけるものといえる。

山林の開発と造林

木材素材業・木材加工業者への立木の売買交渉

本節では、大正期~昭和三〇年代における、山林の立木の維持管理と売買交渉、伐採・搬出の技術について、聞書きをもとに記述する。

昭和二〇年代以前、木材素材業者・木材加工業者は、交渉の場に代理人として材木師と呼ばれる木材ブローカーを派遣し、山林の購入希望者側に立って山林地主側と立木購入交渉をした。材木師は業者から独立した存在で、昭和二〇年代には大塔村内に五人が活動していたが、後述するように昭和三〇年代以降は木材素材業者らに雇用されていった。材木師は常に山を見て回り、今どの谷筋がどの程度成長しているとか、何年前にどの業者がどこの山で作業をし、現状はどうかといった情報収集をし、交渉に備えていたという。

木材素材業者・木材加工業者への立木の売買交渉は、スギ・ヒノキの植林地が対象となる。ヒノキは三〇~五〇年、スギは四〇~六〇年で伐採するが、植林地の木材の体積計算は雑木林よりも厳密に行われるため、山番は事前に仮計算をする。立木は場所によって品質が異なり、ソラ（空―山頂付近）はノビ（伸び―木の高さ）とフトリ（太り―木の太さ）がない、南側斜面は芯が中心から片寄る等の特徴がある。そのため対象の土地の地形や高度、日当たりなどを考慮して、立木の成長具合に応じた区画に分け、それぞれの区画に一本ずつ標準木を決める。山番は区画ごとの標準木の木材の体積にスギとヒノキの本数を掛け合わせ、区画の数だけ合計し、山全体の木材の体積の概算を出すのである。この見積り作業をヤマミ（山見）という。ちなみに、当該地域の林業・製炭業で使用された長さ・量の単位は、一尺＝三〇三ミリメートル・一間＝一八二センチメートル・一斗＝約一八リットル・一貫＝三七五〇グラムである。

まず標準木の体積は、立木の地面からある高さの直径と、木全体の高さの二点から割出す。木の太さを測る場所は人によって異なり、トーシャク（地面から一〇尺部分）・フタケン（地面から二間部分）・ヨン（地面から四メートル部分）などがある。いずれの場合もその部分の直径をもとに、その木を二間ごとにタマギリ（玉切り—輪切り）した場合の体積を計算する。次に木の高さから、二間の輪切りした木材がいくつ取れるかを判断する。地面から直径を計測した高さまでと木の先端部分は意外とする。木の高さは一見して一〇メートル、一八メートルなどと分かるように訓練する。木はホボ（木の先端部分）方向に細くなるので、二間の長さに輪切りした木材の体積は、スギの場合一段先端に行くごとに五％ずつ減らした体積を求め、ヒノキの場合は太さを一寸ずつ減らして体積を算出する。一五メートルのスギから二間の長さの丸太が三本取れる場合、直径から割出した丸太ひとつの体積を基準に、その一〇〇％＋その九五％＋その九〇％の和が、その木一本の木材の体積である。区画内の立木の成長の度合にばらつきが見られる場合、一区画に複数の標準木を設定し計測しておく。

次に区画内に設定した標準木に対応する木が、それぞれ何本あるかを数え、掛け合せるとその区画の木材の体積を求めることができる。実際の算出作業では、山を歩きながら随時標準木を決定し、その区画内の標準木の太さに対応する木の本数と高さを次々に数え上げ、補佐役が帳面に本数と直径を記入する。帳面には、総一〇画となる「口構えに米」という字を書き記して本数を数え、この作業を「ギョクを取る」と言う。こうして売買対象となる山の全区画の木材の体積を合計し、「一町当り何斗取り」と算出できるのである。

山番のヤマミが終わると、次に山番と材木師が一緒に対象となる山林に赴く。ここでは材木師側がその場で木材の体積を概算で見積もる。材木師のヤマミは、「二間一丁」といい、地面から二間の高さで直径を測る。定規を当てずに立木を見て回るだけで、適切な木材の体積と金額を算出し提示するのが美学であるという。大塔村下川下字上野の元材木師のM氏は、こうした方法を「日置川流」と称した。北山杉等のように一本数百万円で売買される集約的な林業と異なり、紀伊半島南部では、広大な山林が対象となることと、搬出の交通の不便さから、立木の見積りや植林方法が非常に大雑把なのが特色である。それゆえ、「日置川流」では、見積りが大雑把な分、以下に見るように交渉力次第で利益が増える可能性があり、材木師には一攫千金のチャンスがあった。

材木師は、山番との交渉によってまとめたヤマテを、自己資金で仮払いする。そしてヤマテにいくらか上乗せした金額を業者に提示し、その差額が利益となる。すなわち山番との交渉では、材木師は仮に木材の体積を一〇石と見積もっても、山番には「この山は八石だ」と主張し、山番が「いや一〇石だ」と返せば、「では中間の九石でどうだ?」とまとめ上げる。自らの計算による木材の体積は最後まで明かさないが、両者の見積りが極端に異なる事はなく、両者の主張する二割の差をどこまで押し通せるかが交渉の山場だという。こうして材木師は山林地主に九石分の金額を支払い、業者には「一〇石のところ九石五斗でまとめてきた」とすれば、材木師は五斗分の利益を得られるのである。材木師は、業者からの支払いを通常三分割で受取った。相手が木材素材業の場合、まずウチキン（内金）として三分の一受取り、伐採・製材・運搬し、製材業者へと商品が渡った段階でチュウキン（中金）、カイキン（皆金）となった。もし台風で材木が沖に流されたり、自身の見積りが甘くて元金よりも利益が出なかったりする場合、チュウキン以降の支払が滞り大損益を被る場合もある。自己資金を元手に、「日置川流」の見積りによって山林地主側とも購入者側とも渡り合う材木師は、一度に大儲けする可能性もあるが、その逆も多く、一回の契約で家が廃絶した逸話もある。

材木師はこのように博打的な要素を含んだ仕事であり、昭和三〇年代以降、安定を求めて事業主に雇用され、業者の側に立つ交渉役に変わっていった。しかし交渉に当っては、山番との以前からの慣例もあり、「日置川流」の見積り方法が残り、昭和末期まで変わらず行われていた。実際の交渉では、山番は山林地主から全権を託されていたが、損失が出ても山番に責任を問う事はない。山番はその時の交渉に対し、山林地主も購入希望者も双方に納得のいくヤマテを探る事が最終目標であった。

木材の伐採・搬出と造林

木材素材業者や製材業者と山林地主の間の売買交渉が、山番と材木師を介して終了すると、木材の伐採、搬出作業が始まる。伐採が終了すると、造林・育成の作業へと移行する。昭和前期、当該地域の山林労働者の多くは、日雇いで雇用されるヒヨ（日雇）として林業に従事した。仕事は伐採や運搬の現場監督であるオヤカタ（親方）に統括され、他郡・他県からの出稼ぎ労働者も多かったが、地元の働き手は山番から事業主へ紹介してもらうことが多かった。山林労働者は、キリ（伐採）ダシ（搬出）ナガシ（河川運搬）の作業別の班に編成される。当該地域での民俗調査で収集できる林業の道具の多くは、ヒヨとして山仕事に携わった地元の人々が使用した道具がほとんどであり、民具の理解のためにヒヨの仕事内容と伐採から搬出に至る過程を押さえる必要がある。

① **伐採技術と道具**

伐採作業は各労働者に一定の面積が割当てられ、切った木材の体積に応じて賃金を得る。すなわち伐採作業は基本的に個人作業で、労働者は一定の距離をおいて山中に展開した。一人分の作業区画をサイメ（境目）といい、これを割当てる事をサイメワリ（境目割）という。伐採作業そのものはサキヤマ（先山）という。サイメは労働者の能力に応じて作業日ごとにオヤカタが決め、サイメ帳という控えを記したというが、今回の調査ではこの記録を発見出来なかった。伐採作業は、天然林と植林地とで異なるので、それぞれについて概要を記述する。

　天然林の場合、伐採対象となる区画の用材のみを択伐することになる。伐採するのはツガ（地方名トガ）・トガサワラ（地方名カワキ）など前述したクロキと呼ばれる樹種、スギ・ヒノキ・マツの針葉樹、トチ、ケヤキ、カシなどの落葉広葉樹が含まれる。伐採に使用する基本的な道具は、横挽鋸の大小それぞれ三種、斧の大小三種、間棹、鶴嘴、鑢《やすり》や砥石などを所持していた。鋸のうち最大のものは三尺五寸で、これで直径五尺までの木を切ったという。また直径一尺未満の若木は切らないという暗黙の了解があった。山林保護のほか、こうした木は商品とならなかったからである。

伐採はまず、切り倒す方角を立木の状況や地形に応じて決定する。木を倒す方角は、わずかにホボ（先端）を山頂に向け、等高線にほぼ水平に倒すのが常であるが、隣接する立木の枝の張り具合や、風向きと強さ、地形によって倒す方向は経験的に決まってくるという。作業はまずキリヨキ（切斧）でネキリ（根切り）をする。立木は根を広げるために太く張出している。これをまずキリヨキで断ち切った後、立木と同じ太さに削っていく。この作業をモトマキ（元巻き）という。次に木にキリヨキ（切斧）でウケと呼ばれる切込みを作る。そしてウケの切込みから約五寸上の位置で、逆側から横挽鋸を入れる。最後に鋸で切った溝にヤ（矢）と呼ぶ楔を数本打込み、角度を調整しながら倒す。ヤはカシやカナメモチ（地方名ソバ）で作るが、堅い広葉樹を倒すには鉄製のヤも使用する。キリヨキの背は金槌状になっており、これを用いてヤを打込む。ウケと鋸で入れた切り口の間をツルと呼ぶが、木はこの部分を支点にゆっくり倒れるのが安全であり、「木が音も立てずに倒れる」のが最も良いとされる。ツルの部分が大きすぎると、そこから木材そのものが割れてその部分が無駄となり、小さすぎると勢いよく倒れてしまい、倒す方向を操作するのが難しいのだという。切った木は二間ごとに輪切りし、太い木は前挽鋸でドウワリ（胴割り―半分に割る事）する。そして木材をハツリヨキ（削斧）で削り角材とし、前挽鋸で製材し、伐採現場に積み重ねて保管する。ここまでがサキヤマの仕事で、キリの班の労働者がたずさわる仕事である。切り集めた木材は、オヤカタが一本ずつ差金を当てて木材の体積を測り、ヒヨの賃金を割出す。木材は日の当る側面をアテ、影側をウラと呼び、アテは年輪が荒く木材としての強度は低い。丸太の切り口は、木の先端側をスレグチ、根元側の切り口をモトクチと呼び、太さはスレグチ何寸、モトクチ何寸という。計測が終わると一日の作業が終了し、木材はダシの班が搬出する。当該地域では、天然林を昭和初期までに切り尽くしてしまい、若年の頃この作業に従事した経験をもつ話者が数名いる程度で、詳細の把握は難しい。

一方スギ・ヒノキを対象とした植林地の伐採作業は、樹皮も商品となるため、作業手順が異なる。スギは、まず杉皮をタチキハギ（立木剥ぎ）する。立木の根元から三尺おきに、鉈で皮の深さだけ一周切り目を入れるキリマワシ（切回し）をしていく。木に登るために、シゴ（梯子）と呼ばれるカシの棒にシュロ縄を付けた道具を、一定間隔に木に巻いて固定してこれを登る。キリマワシをしながら立木の先まで登ったら、カワハギと呼ぶ鉄製の箆で杉皮を剥いで下に投げ落とし、シゴを外しながら降りてくる。杉皮は夏の土用明けに剥ぐのが高品質とされ秋皮と呼ばれている。皮は三尺四方に広げて重ね、これをカワウチ（皮打ち）という。桧皮《ひわ(は)だ》も基本的には同じ作業である。杉皮は民家の屋根材や炭焼き小屋の壁面材として、地元で消費された。

次に皮を剥ぎ終わった立木を伐採する。伐採はキリヨキで根を切り、倒す方向にウケを作り、ウケよりも少し上の位置で逆側から横挽鋸で切る。そしてヤを打込み、倒す方向を調整しながら倒す。伐採方法は天然林と大差ない。

切倒した木は、最低一〜二ヶ月間、伐採現場に放置し自然乾燥する。これをヒカス（干かす）といい、木材の水分を減らして重量を軽くするのが目的である。その後、ダシの班による搬出作業に入る。木材の伐採作業は、地元の人々の現金収入でもあり、これに携わった経験のある話者は多く、比較的情報収集が容易である。

伐採に関する民具は、納屋などによく残っており、収集は容易である。民具は、木に登る道具（シゴ・一本梯子）、伐採用具（切斧・鉈・台切鋸・横挽鋸・枝打鎌・矢・金矢・鶴嘴）、皮剥き具（鼻付鉈・皮剥箆）、刻印用具（焼印・切版刻み具）、間棹、鑢と砥石等があり、チェーンソーを中心に使用する現在も頻繁に使われる道具が多い。斧のうち収集できるのは切斧が中心で、「紀州ハビロ（刃広）」とも呼ばれる丸太を角材にするハツリヨキ（削斧）は比較的少ない。鉈は片刃で、鼻付鉈は、刃先から柄の根元までを一尺の定規として使用し、鉈三本分の三尺の長さで杉皮を剥いた。また山仕事で腰に吊るして使用する尻当は、イノシシ皮とサル皮のものを収集し、山仕事の弁当箱として使用された請川ワッパ（本宮町請川で生産された）も重点的に収集した。またカルサンと呼ぶ鹿皮製のズボンと上着が昭和四〇年代まで常用されたというが、今回の調査では発見できなかった。

② 搬出技術と道具

こうして伐採された木材はダシ・ナガシの班によって搬出作業に入る。この作業では山林労働者は共同作業に加わることになり、賃金は対象となる山林で伐採された全ての木材を運搬し終えてはじめて事業主から支払われる。日雇いの労働者を集める伐採作業と異なり、出勤簿が付けられ、期間中労働者はハンバ（飯場）に泊り込み食事が支給され、白米がふんだんに振舞われた。大塔村立平瀬歴史民俗資料館には、出勤簿の版木や木製の大型の穀櫃が残っている。

ダシすなわち木材を山の斜面で運搬する作業は、伐採現場から人力による運搬と、シュラ・キウマを利用した運搬作業に分かれる。まず伐採された木材を、鐶を打ち綱を結び、肩にかけて引くトチカン（鐶の地方名）曳きと、木材を前後に二人ずつ並び天秤棒で担いで運ぶカタゲ曳きなどで、シュラのある場所または木馬道まで人力で運ぶ。シュラはヤマオトシ（山落し）とも呼ばれ、約五本の木材で道を作り、木材をその上に滑らせて山麓に運搬する方法である。シュラによる搬出は、ヒヨウジョウヤ（日雇庄屋）が個々のヒヨ（労働者）を統括する協同作業で、丸太を並べたシュラの上に、トビ（鳶口）で木材を滑らせ送り出す。聞書きでは、シュラ出し作業には比較的県外からの労働者が多く携わったようで、作業に関わった話者を探すのは困難であった。キウマ（木馬）出しは、梯子形のそりを、バンギと呼ぶ丸太を枕木のように二尺おきに並べたキウマ道に滑らせて木材を運搬する方法である。キウマの橇部分はウバメガシまたはアラカシで作り、横木は運搬する木材に合せて、その都度製作する。そのためキウマは橇部分のみを収納する形で民具として残り、横木は失われることがほとんどである。木材を運ぶ時は、腰に吊るした油つぼから油さしで廃油をバンギにたらし、キウマの滑りを良くしながら、キウマを曳く紐を肩に掛けて引っ張る。キウマを曳く紐は、襷にかけるとウマが誤った方向へ滑った時に巻き込まれ、キウマに轢かれてしまうので、必ず片肩にかけて曳くのだという。キウマを曳く人をヒキカタといい、一度に一〇石程度の木材を曳いた。

❖キウマ道（新宮木材協同組合所蔵）

　鎖で曳く、天秤棒で担ぐ、シュラで滑らす、キウマに載せて曳く等の方法で、木材は河原の木材一時保管場所であるドバ（土場）まで運ばれ、そこからは水流を利用して運搬するナガシの班の作業となる。ナガシすなわち木材を水流で運搬する作業は、カリカワ（狩川）またはクダナガシ（管流し）という丸太を束ねずに一本ずつ流す方法と、筏に組んで流す方法とがあり、当該地域では現在の大塔村合川よりも上流ではカリカワで、合川から筏に組む場合が多

❖キウマを曳く（新宮市歴史民俗資料館掲載写真）

かった。流す木材は、天然林で伐採したモミ・ツガ等の針葉樹を製材した角材や、植林地のスギ・ヒノキの丸太であり、ヒヨ一〇名程度ずつの班に分かれて作業を行った。現場ではショウヤが監督し、各班の責任者であるヨコが作業を取り仕切った。水量が少ない場合、テッポウ（鉄砲堰）と呼ばれる丸太を組み上げた高さ二間・幅約一三間の堰を設け、そこに溜めた水を、トマイグチと呼ばれる排水口を一気に開け放って丸太を流す。カリカワの場合、ヒヨは一本の木材の上にバランスをとって乗り、丸太から丸太へと跳び移り、滞りなく流れるよう周りの木をトビで引掛けて流しながら、木材を筏に組む場所まで運搬するのである。

木材が一ヶ所に引掛かり流れないことをセトコグというが、興味深いことにヒヨが流しきれず途中の川岸に留まった木材は、その場所の集落のものとする慣例があった。木材の運搬の事業主は、流れなかった木材をその集落から買い取らねばならず、ヒヨが順調に木材を流さないと損益となってしまい、特に比較的川の水量の少ない夏季にうまく流れないことが多い。逆に水量が多く、作業が順調で作業が楽な場合、これをテントノリ（天道乗り）またはテ

❖キウマを曳く（新宮木材協同組合所蔵）

ントマカセ（天道任せ）といった。日置川支流の前ノ川沿いでは、カリカワで全ての丸太をドバまで運び終わると、ハナミセといい現場監督のショウヤがヨコとヒヨに酒を振舞った。日置川支流の安川沿いでも、同じようにフタコイリといってホンカワ（日置川本流）と安川の合流地点までカリカワで運搬出来た時に、ショウヤがヒヨに酒を振舞ったという。

日置川沿いには何箇所かアバ（網場）と呼ばれるカリカワで流す丸太の留場があり、丸太はそこで筏に組まれる。アバでは、川の両岸からアバヅナ（網場綱）と呼ばれる綱を張って丸太をせき止め、フジの蔓で木材を筏に組む。筏は長さ二間の丸太を横に数本並べ一トコ（床）とし、蔓やワイヤーで結び、鎹で打ち固める。縦に一二床繋いだイカダを一ハバ（巾）といい、これが約一〇〇石であった。大塔村合川の日置川本流と前ノ川の合流地点は筏を組む拠点であったが、前ノ川沿いに大塔村五味から数百メートル上流にも筏を組む場所があったといわれている。また日置川河口までカリカワで流すケースもあったという。筏を流すのは筏師で、全て日置川河口の製材所に運搬された。

搬出作業の民具は、収集困難なものが多い。鎹や

❖シュラ（新宮木材協同組合所蔵）

鎖、鶴嘴、鳶口、キウマなど、個人所有のものは、農家の納屋に良く見られるが、川のドバやアバでの仕事がわかるような資料は、ほとんど収集することが出来なかった。

③ 山中の製材所

日置川上流地域には、かつて天然林の伐採が進んだ大正～昭和初期に稼動していた製材所跡が複数のこっている。製材所跡は、現在も道路が通っていないような場所にあり、水力を利用するために日置川支流沿いに点在している。これは搬出が困難な天然林のモミ・ツガを、山中で角材や板材にしたといわれている。昭和初期には閉鎖されたため、そこでの作業や組織について詳細を知ることはできないが、一部では自家発電による二四時間稼動体制で、機械製材が行われていたといわれている。和歌山県内でも都市部のわずかな地域にしか電気が普及していない時代に、山奥の集落もない場所で光々と電気が灯っていたのである。製材された木材は、架線で峠をこえて運搬される他、幅数メートルの樋を流す方法や、筏に組んで川に流す方法があったという。

❖シュラ（田辺市教育委員会所蔵）

④ 造林・育成

木材を伐採したあとの山林は、雑木林の場合は自然の再生に任せるが、植林地には再びスギ・ヒノキを造林する。山地の北側斜面をオジ（隠地）、南側斜面をヒウラ（日裏）と呼び、造林の際にはオジにスギを、ヒウラにヒノキを植林する事が多い。またサデ（谷）は地味が良く、オカ（尾根）は悪いとされ、オカには植林せずアサキヤマ（浅木山―雑木林）として残す場合もある。しかし採算重視で全て植えてしまうことが多く、土砂災害の原因ともいわれている。

伐採後、次に伐採できるようになるまで森を育成するのは山林地主の仕事で、実務は山番が取り仕切った。皆伐しはげ山となった山林は、まずジアラケ（地明け）をする。当該地域では基本的に火入れを行わず、冬期に散乱した枝葉を切り株に寄せて整地する。この状態で一～二年間土地を休ませる。スギ・ヒノキの苗は、耕地で自分で育てる場合と、田辺市文里港に搬入されるスギ苗を扱う苗問屋から購入する場合とがある。スギ苗を育てる場合は、まず種子を約六〇～八〇年育った親木から採集する。前述のシゴ（梯子）を用いて木に登り、実のついた枝を切り落とし、乾燥させた後、良質な種子を水に漬けて選別する。それを三月下旬に畑に蒔き、森の木漏れ日を想定したスギ枝製の屋根を設け、直射日光を遮る。スギは二年、ヒノキは三年で山に移植できる。植付けは二月中旬～三月中旬に行い、この期を逃した場合は梅雨時期または秋植えをする。混植は一切せず、昭和三〇年代までは吉野・北山林業のように多量の資本と労働力を投入し土地を高度に利用する集約的な林業ではなく、広大な山地に一町あたり三〇〇〇～三五〇〇本と比較的粗植えするのが基本であった。間伐も林層を均一にする程度で、粗植して間伐・枝打ちをあまりしないというのが一般的であった。

昭和五〇年代以降、密植が指導されるようになり、密植した上で、まっすぐな苗を残して間伐するように作業が変化してきている。一回目は一二～一五年位に間伐、以後五年ごとに間伐するのが一般的で、林地面積の約一割程度を間伐する。こうした作業は山番が地元の集落から労働者を集めて行った。こうして三〇年以上管理し、前述のように伐採に適当な時期を生育状況や相場、製材事業者との交渉のなかから判断し、再び前述の立木売買の交渉へと移るのである。

山林の持続的利用の生業

製炭業者への立木の売買交渉

本節では、大正期～昭和三〇年代における、雑木林の売買交渉と製炭の技術について、聞書きをもとに記述する。

前述のように製炭業者も、山番を介して製炭の原木となる立木を確保した。製炭業者への立木の売買交渉は炭材となる雑木林の立木が対象となり、雑木林の木材の体積見積り作業もヤマミという。雑木林の立木の伐採方法は、山林地主の意向によって皆伐《かいばつ》と択伐《たくばつ》の二種類がある。皆伐は、製炭業者側はその土地の立木を無条件に伐採でき、炭材にならない細い木も、伐採して口焚き（後述）用の薪に使ったり、カシギ薪（炊ぎ薪―日用の薪）として売ったりすることもできた。しかし一度皆伐すると、森林の再生には一五～二〇年かかり、治水面でも悪影響を及ぼすことがある。一方択伐（間伐ともいわれる）は、伐採後の森林の再生サイクルが八～一〇年と早く、山林地主側にとっては次の伐採までのサイクルが縮まり有益である。製炭業者側から見れば、細い木を伐採せずに残す作業面での煩わしさもあり、皆伐を選択することも多い。この選択は山林地主側に決定権があり、直接的には山番が決めることが多かった。

雑木林の立木の見積りは、対象となる区画の立木を炭に焼いて何俵分になるかを基準に金額を割出す。雑木林のヤマミの場合、炭材となる原木の種類ごとに本数を数えて計算する慣例であった。皆伐の場合はその区画全ての立木が対象となり、択伐での計算であれば、一定の太さ未満の若木は勘定に入れない。また炭材によって炭の品質が区分されるので、ウバメガシ、カシ類、ナラ類、その他雑木に分けてそれぞれの本数を数えた。山番は平素からの山の観察を踏まえ、キアシ（木足―立木の密集具合）やシゲリ（茂り―成長具合）、タチ（立ち―一定区画の本数）、前回の伐採からの年数、総面積から木材の体積の概算を出してヤマミを算出した。

ヤマミは現場で山番と製炭業者がおよそ幾らと提示しあって交渉する。ヤマミの立会い時、製炭業者はいかに「色を付けてもらうか」（値引きできるか）を交渉の目標とし、窯の構築費や諸経費を足して、元値いくらで立木を購入すれば炭を焼いて利益が生じるようになるかを見定め交渉するのである。また、売買対象となる区画の境界を確認し、傍示となる杭を打ったり木に標をつけたりする作業も、ヤマミの立会い時に行う。金額がまとまると、山番は山林地主に報告し、製炭業者は山林地主に金額を支払う。支払は分割払いで、契約時にヤマテキン（山手金）半額を支払い、炭の出荷後にオイキン（追金）半額を納める慣例であった。

製炭業者のなかには三種類の経営方式があった。ひとつは「自営《じえい》」と呼ばれる、業者自身が自らの資本で立木を購入し製品を問屋に販売するケースである。問屋から独立し、自らの意思で立木購入地を選択し、出荷先も選択できる。二番目は「前借り」と呼ばれる、問屋から立木の購入資金半額を前借りし、その問屋に製品を納めるケースである。山林地主へのヤマテは前述のように半額をヤマテキンとして前払いする必要がある。この資金を炭問屋から借用する体制で、残りのオイキン分の利益を出せない場合は自費で支払わねばならず、問屋にさらに借金をし、なかなか借金のサイクルから抜け出せない製炭業者も多かった。これら二種類の製炭業者は、農業を営みつつも製炭業に比重を置いて仕事をしている者である。三番目は「日雇焼《ひよや》き」と呼ばれる、問屋から割当てられた山林を焼いて日当を受取るケースであり、立木を自己購入しないためリスクが少ないが、反面利益は少ない。副業で製炭に携わる場合と、自己資本を持たない者がこの経営方式をとった。昭和五〇年代以降はほとんどが「自営」に移行した。

白炭には、馬目（うまめ―ウバメガシの炭）・備長（びんちょう―カシ類の炭）・雑（クヌギ・コナラ・シイなどの雑木）の区分があった。現在はほぼ全てウバメガシ炭となっているが、昭和五〇年代以前は立木を購入した山中に窯を築いて移動する生活であり、雑木林の木は樹種に拘わらず焼いたため、これらの品質区分が必要であった。この区分に太さに応じて「太丸・上小丸・小丸・細丸・乙細丸」があった。また太い原木を四分割にした割、半切した半丸もある。現在の炭の製品基準は、馬目中丸＝一寸三分～二寸・馬目上小丸＝一寸～一寸三分・馬目小丸＝七分～一寸・馬目細丸＝五分～七分・馬目半丸＝一寸～二寸の二分割・馬目割＝一寸～二寸の四分割・備長小丸＝七分～一寸三分・備長細丸＝五分～七分・備長半丸＝一寸～二寸の半切となっている。これを昭和四〇年代以前は、ススキをコモ編みの要領で編んだ俵を使用し出荷した。横糸となるススキは茎を折らずに左右に往復しながら編んでいき、縦糸には藁縄を使用した。俵の開口部は、クチシバと呼ぶウバメガシの枝を鹿角製の針で編みこむ。この俵をダツ・ザツと呼び、西牟婁地域では一俵が四貫であった。

製炭の技術と道具

昭和四〇年代以前は、山林で伐採した木材を人力で集落まで運ぶことは不可能なため、窯は伐採現場の谷筋に築かれた。ひと窯で約一八俵程度の炭が焼ける小型の窯跡が現在も山中に無数に確認できる。

原木は腰鉈や腰鋸で切り、山の斜面を滑らせて落とす。次に数本の炭材をカタゲウマ（担げ馬）で担ぎ、木馬道（窯まで伸びた木馬を滑らす枕木列）まで運び、木馬で窯まで運ぶ。炭材は伐採後できるだけ早く窯詰するのが良く、木に残った水分が抜ける時に炭材が収縮し、堅い炭に仕上がるため、炭の窯出し後数時間の余熱が残っている間にするのが良いとされる。この時ホボ（木の先端側）を下にして立てると、水分が抜けやすいともいう。原木はウレ（枝）を落とし、太い木は割り、曲った木はコミと呼ぶ楔を入れて真直ぐにし、約一間の長さに切り揃える。炭材は窯奥からタテマタ（立又）を使って壁面に立てかける「縦くべ」で、原則的に奥にウバメガシとカシ類、焚き口付近にその他の樹種を入れる。大正年間に紀伊半島から室戸岬周辺に伝えられた備長炭の技術は、現地で独自の発展を遂げ、一回に約一五〇俵を焼く大型窯で薪を寝かせて積上げる「横くべ」の技術が確立した

❖㊤ キウマで木材を運ぶ　㊦ カタゲウマデ木材を運ぶ(田辺市教育委員会所蔵)

（土佐備長炭）。和歌山県内には「横くべ」方式は一切見られない。

原木を詰め終えると、窯の焚き口上半分を閉じる。焚き口は、口石と呼ぶ砂岩と赤土とを交互に乗せて閉じ、窯内の空気調整は赤土部分に穴をあけたり閉じたりして行う。雑木を焚き口で燃やしながら水分を抜き、これを口焚きという。戦前から昭和四〇年代以前は、これに約一～二日かけた。原木に火がつき、窯内の全てに火が回ると、煙の匂いが酸っぱい匂いに変わり、ヒジリ（煙突）から出る煙が無色に変わる。この時、口の開いた下の部分を石と泥で閉じる。この閉じるタイミングに経験を要するという。早く閉じると酸欠で消火してしまい、遅いと原木が燃えつきてしまう。

❖㊤製炭　窯出し（田辺市大塔村鮎川）（田辺市教育員会所蔵）
㊦窯出し作業

焚き口の泥の部分に少しずつ穴を開け空気の量を調整し、そこから約三日間燃焼させると原木はすべて炭に変わる。黒炭の場合はこのまま冷まして取り出すが、白炭の場合は、火が消える寸前で再び口をあけ、燃焼させる。これを「練らし」といい一〇〇〇度以上の高温で原木を焼き締める。十分に硬度が上がった時、エブリで焚き口付近に少しずつ炭を寄せるがすぐには出さず、原木が重なり合った部分などにも十分な温度を行き渡らせ、燃焼させる。さらに温度を上げるため、砂を投げ込み風を送り、同時に表面に浮いている木の皮を取る。最高潮になったところで窯出しし、炭をハイトコと呼ぶ作業スペースに掻き寄せる。そして灰掛けを使ってスバイ（湿らせた赤土）を真っ赤に焼けた炭にかけ、一気に温度を下げる。鋼の焼入れと同様、この時に一気に硬度が増す。カマ出しのタイミングを逃すと、炭は燃え尽きて灰になってしまう。この作業を繰り返し、窯内の炭を全て取り出す。全ての炭を出し終わると、余熱の残っている間に新たな原木を入れる。これをクベカエといい、再び炭焼き作業が始まるのである。

昭和二〇～三〇年代前半、製炭業者は「年千俵」が目標値であり、一年間に一〇〇〇俵を出荷すれば、相応の生活レベルを保てたという。問屋はほとんどが田辺市新庄にあり、前後に二俵ずつ担ぐ天秤棒で運搬したり、小荷駄（こんだ）または馬力と呼ぶ馬車による運搬業者に依頼したりして運搬された。昭和三〇年代以降、ガスの普及や造林の拡大など様々な要因で製炭業者は減少し、雑木林も急速に植林地に転換されていった。残った製炭業者は、原木を他所から自動車で運搬し、集落近くの道路沿いに大型の窯を作るようになり、昭和五〇年頃には山中を移動する製炭業者はなくなった。窯はそれまでの二倍の大型窯（約四〇俵窯）で、作業に重機を持ち込んだ効率性重視の経営に転換した。窯の大型化に伴い、炭焼き日数は約四～五日から約一週間～一〇日と伸びたが、全体の生産効率は上がった。

製炭に関する民具は、備長炭生産が現在も盛んであることもあって、比較的収集しやすい。製炭業を止めた人々は、道具を別の製炭業者に譲ることが一般的である。民具には窯作り用具（石鑿・玄翁・金鎚・金矢）、原木伐採用具（鼻付鉈・手斧・腰鋸）、原木運搬用具（カタゲウマ・木馬）、窯詰め・炭焼き用具（立叉・エブリ・灰掛け具）、梱包・出荷用具（炭俵・炭俵編み具）、諸記録がある。このうち木材運搬と窯出し後の冷却作業などに重機を使うようになっており、カタゲウマやキウマなどの収集が極端に困難になっている。特にカタゲウマは紀伊半島に特徴ある民具といわれ、重点的に収集しておきたい民具である。

日置川上流地域の山林利用の地域的特色

① 近世は搬出技術の未熟さや留山制度による樹木の伐採規制と、藩による製炭の保護政策により、雑木林利

用の生業が広く定着し、近代以降に植林・造林に移行するなかでも、地域住民の雑木林への依存度は高く技術も温存されてきた。地域住民は製炭や養蜂、畑作等に従事する一方で、林業の労働者として現金収入を得て生計を支えた。

② 他地域在住の林業に関わりの薄い山林地主が所有する私有林が多く、雑木林と植林地の双方を対象に、山番が日常管理や立木を利用する人々との売買交渉において幅広く活動してきた。

③ 植林は、森林面積の広大さ、豊富な日照と降雨量、搬出が困難なこと等により、立木の見積りや植林方法が比較的大雑把であった。地域住民は伐採・搬出の日雇い労働者となり、作業に用いた道具が各戸に民具として残った。

④ 山林の持続的利用を基盤とする白炭生産は、地域住民の主要な現金収入源であった。昭和三〇年代以降は急激に雑木林が植林地に転換されたが、木材を他所から移入し集落近くの大型窯で生産する体制に移行し製炭技術が残った。

大正期～昭和三〇年代における当該地域の山林利用は、図のような図式で展開していたと考えられる。山林が急速に天然林・雑木林から植林地へと転換した時期において、山番は山林地主と立木の利用者を仲介し、山林の撫育・管理に当り、大きな役割を果たしていた。

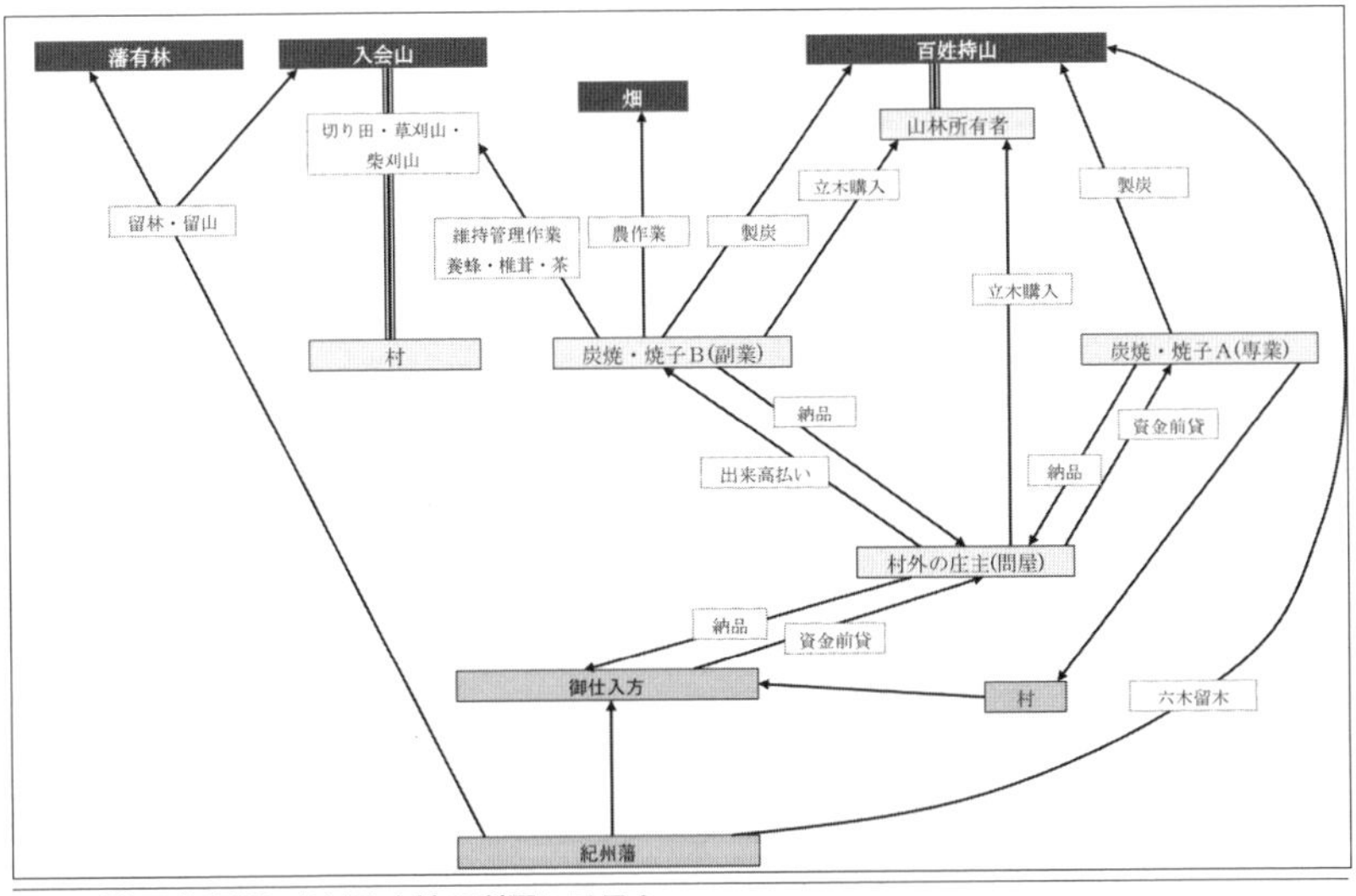

図　近世西牟婁郡における山地の利用システム

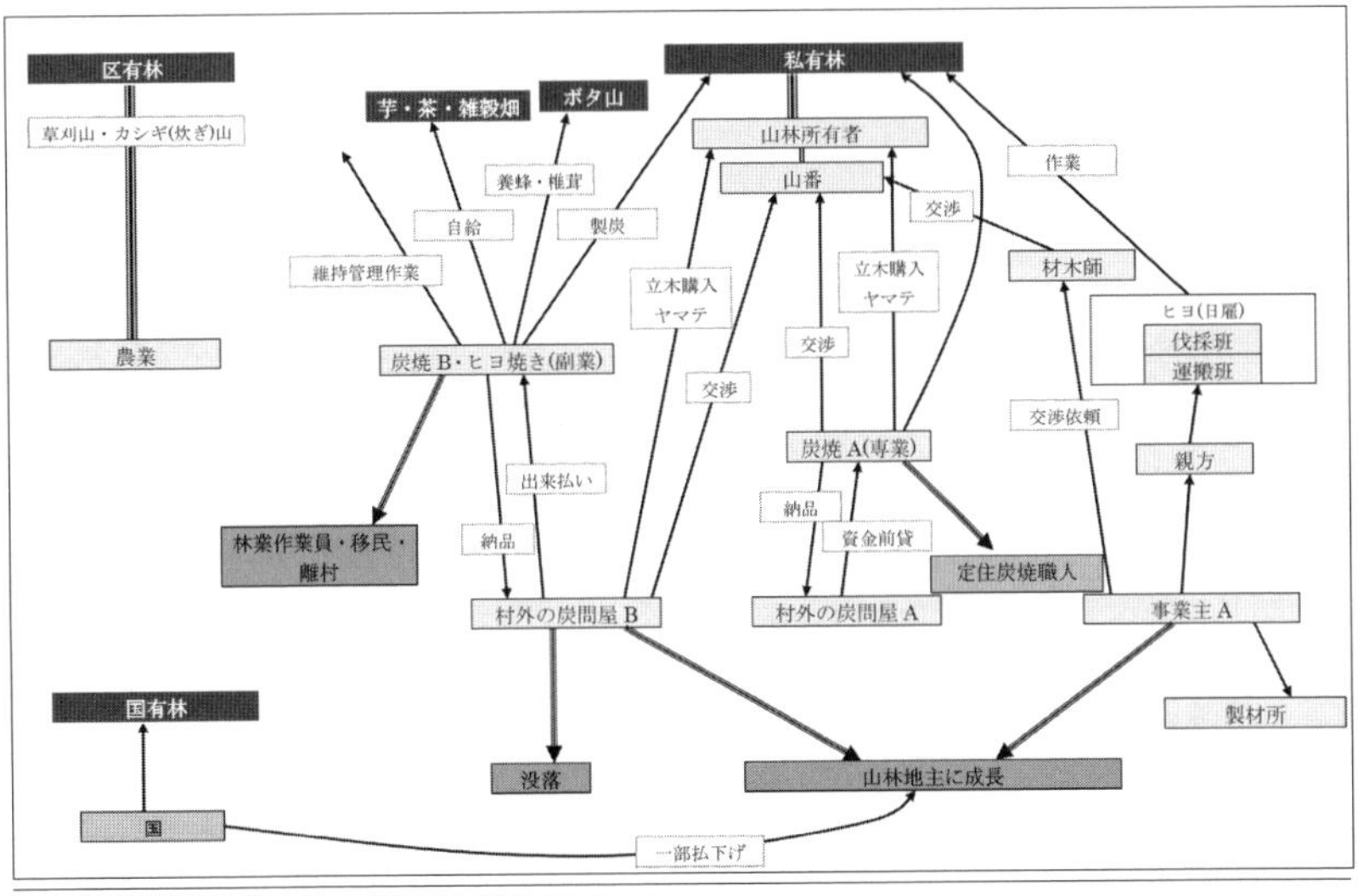

図　近代西牟婁郡における山地の利用システム

第3章　二次林における山林資源の獲得と流通

1　ニホンミツバチの養蜂

熊野地域の養蜂

熊野地域の野生のニホンミツバチを利用した蜂蜜採取は、近世以来育まれてきた二次林を基盤としている。近世において紀州藩は、森林資源を温存し、併せて雑木林の持続的利用による製炭やシイタケ栽培などを山間地域の生業として保護・育成する政策をとった。それらの生業は、人工林の造林に傾斜地利用の中心が移っていった近現代にも受け継がれ、現在も紀州備長炭は和歌山県の特産品として知られている。筆者はこの地域の生業は、近世以来の雑木林利用の生業と、近代林業による森林開発のせめぎあいとして理解されると考えており、この相反する傾斜地利用を調整してきたヤマバンの役割については上述のとおりである。こうした近代における山林利用の歴史的背景から、この地域は他地域に比して雑木林が温存され、そうした天然林と二次林、人工林の調和は、戦後の拡大造林による劇的な林地転換が行われるまで保たれてきた。ニホンミツバチは、その種の保全のために特定の種類の花に依存することを避け、多種多様な草本・木本の花から採蜜するといわれている。そのため、地域住民による野生のニホンミツバチの養蜂と蜂蜜採取は、こうして保全されてきた天然林とある程度の樹

❖古座川上流域

種の多様性を持っている二次林を舞台に行われてきたのである。

この地域におけるニホンミツバチの養蜂については、井上直人らによる自然に対する認識も視野に入れた民族生物学的な調査報告（井上ほか 一九九五）や、宅野幸徳による古座川流域をフィールドとしたインテンシヴな調査報告などの成果があり（宅野 一九九一、一九九三、一九九八）、野生の昆虫を半家畜化する独特の技術は研究者の関心の対象となってきた。

対象地域は、①日置川上流域 支流・前ノ川流域（田辺市木守地区）、②日置川上流域 支流・熊野川流域（田辺市熊野地区）、③日置川上流域 支流・安川流域（田辺市下川上地区）、④富田川中流域（上富田町市ノ瀬地区）、⑤すさみ川上流域（すさみ町佐本深谷地区）、⑥古座川上流域（古座川町長追地区）である。次節からは、現地での調査を踏まえ、養蜂に関連した記述のあるいくつかの文献資料を参照しつつ、熊野地域における養蜂について記述したい。なお、聞書きデータの多くは、M氏（田辺市大塔村木守、一九三〇年生まれ）より得たものを使っている。

近世における熊野地域の養蜂

まず熊野地域における近世の生業を総括して記述したものに、「御国并勢州三領共郡々覚記」（一六九九年）がある。紀州藩領内における山林政策や各地域の生業に触れたこの文献には、養蜂についてのわずかな記述が見られる。

口熊野

材木炭伐木多出ス、船道具船板品々多仕出ス、ヤネ木多出ス、樫木類鑓之柄其外諸道具之柄山中　出ル、杣人有リ、安宅川筋ニ而多他国多領へ稼ニ参候、木地挽有リ、蜜多シ名物、椎茸名物、石焼（灰）少々焼出ス、鯨名物、鰹節多出ル名物、カマスサヨリムロ漁有リ、鮎アリ、涌湯弐ヶ所　湯崎ニ壱ヶ所人ノ入多シ古座川筋洞瀬村ニ壱ヶ所人多不入（和歌山県史編さん委員会編　一九八四）

この文中の「蜜多し名物」は、すでに近世前期からニホンミツバチの養蜂が行われ、その蜜が地域ならではの産物として認識されていたことを示している。その具体的な技術や利用法はここからは分からないが、滋養剤・薬として流通していたものと予想される。

この記述から一〇〇年後になると、地域における蜂蜜採取の具体的な様相が分かる資料が出てくる。そのひとつが、個別集落における養蜂に関わる家とその養蜂箱の数を書き上げた「巣蜜調書上控」（一七九九年）である。

小野村
一巣蜜　五ツ　長五郎
一同　四ツ　文太夫
一同　弐ツ　平蔵
一同　弐ツ　三次
一同　壱ツ　善右衛門

一同　　壱ツ　　喜平二
一同　　壱ツ　　喜四郎
〆　拾六巣
右者毎年九月土用指入ニ蜜取、直ニ町へ出申候、尤出所田辺江川富田屋善六所へ出申候

熊野川
一巣蜜　四ツ　　熊右衛門
一同　　壱ツ　　武平
〆　五巣
右ハ取節右同断、尤出所田辺新町備中屋六左衛門所へ出申候、右両村トモ巣数相調べ未五月廿九日御調べ御調べニ付、書付指上申候
寛政十一年未五月
右両村庄屋　代右衛門

（和歌山県史編さん委員会編　一九八四）

これによると養蜂は、山間の農家が個別に取り組み、地域の政治・経済の中心地であり備長炭の出荷先でもある田辺の問屋に出荷していることがわかる。ここでは、旧暦の九月に採蜜を行い、それを特定の問屋に出荷する体制が整っており、さらにその問屋は複数あり、蜂蜜の流通に関わっていることがわかる。

熊野の蜂蜜に関して最もよく知られている近世の文献に、『日本山海名産図会』（一七九九年）があるが、これはこの書き上げと同時代の資料である。この文献は、当時の様々な名産品を全国的に取り上げて紹介した出版物で、熊野地域の養蜂が、「熊野蜂蜜」として挿絵付きで紹介されている。以下にその冒頭部分を引用する。

❖『日本山海名物図会』の挿絵

蜂蜜
凡蜜を醸する所諸国皆有。中にも紀州熊野を第一とす。藝州是に亜ぐ。其外勢州、尾州、石州、筑前、伊豫、丹波、丹後、出雲などに昔より出せり。又舶来の蜜あり。下品なり。…（千葉註解一九八四）

ここではまず、蜂蜜を生産する地域は多いが、なかでも熊野のものが第一であるとされ、次いでいくつかの地域が挙げられている。海外からの輸入品もあるとし、その品質は劣るとしている点は、当時からニホンミツバチの蜜とセイヨウミツバチの蜜の違いが認識されていたことを示している。また、これに続く記述は、日本独自の養蜂学的な知識と技術が確立されていたことを伝えるものであるが、これが熊野地域における固有の技術について書いているのかどうかは定かではない。ともかく、近世後期には、熊野地域で産する蜂蜜は品質を認められ、かつ名産品として広く認識されていたのであり、出版物にも取り上げられるほどであったことから、量的にも安定的に供給される状態であったと想像される。

また、「熊野蜂蜜」と銘打った挿絵も、次の点で現在の方法と異なっており、興味深い。まず、養蜂箱が木製の桶であることである。挿絵では、桶に小さな穴を複数あけた木製の蓋を取り付けており、この穴は働き蜂が出入りする穴であろう。採蜜の時は、この蓋を取り外しており簡単に脱着可能である。また、大型の箱を養蜂箱として用いているものも複数見られる。次に、桶を天井から吊るしている点である。挿絵では茅葺きの屋根から紐で桶を吊るしており、その向きは桶の蓋を横に向けており、巣房は桶の側板の内側に付けられることになるのであろう。その巣房を外す際には、箆状の蜜刀を用いており、受け皿には木地鉢のようなものを用いている。さらに奥では、蜜を煮詰めているような作業も見える。熊野地域では、現在の木洞形の養蜂箱をミツオケと呼ぶ人も何人かいる。この名称は桶形の養蜂箱との関連があるかもしれない。

いくつかの資料から近世の熊野地域における養蜂を見てきたが、その規模や流通量について全体像を知ることはできない。だが山地の農家の生計の一部をなすものとしてすでに定着していたことは確かであろう。

近代における熊野地域の養蜂

『和歌山県農事調査書』(一八九三年)は、近代に入っておそらく初めて熊野地域の養蜂を総括的に記述したものである。後に引用する『東牟婁郡誌』の記述がこれを下敷きにしつつデータを整えた構成となっていることからも、明治前期における熊野の養蜂を考える上でこの記述は詳細に見ておく必要があろう。

養蜂

蜜蜂飼養ノ濫觴ハ得テ記スヘキモノナシ、当県山間ノ村落ニ飼育セル事ハ甚タ古シト云フ、東牟婁郡松根村(今ハ七川村ニ属ス)内ニ太古ト称スル一部落アリ有名ナル大塔山ノ麓ニアリ、居家僅カニ二三戸本村ヲ距ル事ニ里余専ラ椎茸ヲ製造スルヲ業トシ古来傍ラ蜜蜂ヲ養フヲ常トス、此地深森ニシテ養分ヲ草花ニ取ラザルヲ以テ一種品格上等ノ蜜ヲ製造スルト云フ、同郡ニ伊藤多輔ト云フモノアリ其父ヲ吉左衛門ト云フ、同人ハ巣ニ桶ヲ用ヒス大樹蟠根ノ洞窟ヲ凌ヘ土ヲ去リ石テ畳ミテ閉戸ニ代ヘ畳石ノ中央ニ小口ヲ存シ出入ニ供ヘ其

内ニ蜜汁ヲ製セシメ頗ル佳良ノモノヲ得タリ、維新后制木ノ禁解ケシ以来楠樹等ノ古木跡ヲ断チ今ハ此法ヲ用フル能ハサルニ至リシト云フ然レ共古昔ハ飼育法モ巧ミナラサリシヨリ蕃殖セスシテ殆ント玩弄ニ類スル程ノモノナリシカ、有田郡道村（今ハ宮原村ニ属ス）ニ貞市右衛門テフモノアリ元伊都郡新子村（今ハ花園村ニ属ス）ノ産ナリシカ今ヲ去ル五十年前即チ天保十年新子村ニテ蜜蜂一箱ヲ講《（ママ）》求シ尚又嘉永六年ニ二十箱ヲ購入シ之ヲ携ヘテ道村ニ移住セシカ其分巣セントスルニ当リテハ桜樹ノ皮ノ剥キタルモノヲ酒ニ浸タシ適宜ノ樹木ニ掲ケ王蜂ヲシテ出テ之ニ駐ラシメ、子蜂ノ之ニ群集スルヲ俟チ取テ巣箱ニ投スル等意ノ如クナラサル無ク、其平生ノ飼育ニ至リテハ開花ノ季候ヲ考察シ或ハ山間ニ曠野ニ或ハ枇杷ノ花期ニハ栖原田村ノ民家ニ運搬シ、菜種ノ花期至レハ和歌山近村ニ依託スル等時々養分ノアル所ヲ追ヒ転々其所ヲ変換スル等、其他市右衛門ノ養蜂ニ熟達精錬ナル事四方ニ伝聞セシ以来各地ノ飼育者皆之ニ傚ヒ相競ヒテ養蜂ヲ蕃殖シ、年一年ニ増加シ明治九年京都博覧会ニ出品シ頗ル称賛ヲ博シ一等賞ヲ仝十年内国博覧会ニ出品シ褒状ヲ受領セリ、先是仝人カ養蜂ノ熟練ナル農商務省ノ聞ク所トナリ其子市次郎（現時吉田ト改姓ス）召サレテ農商務省ニ入リ仝九年四月東京内藤新宿勧業寮出仕養蜂係申付ラレ仝十年一月ニ至リ辞シテ帰ル人皆栄トセリト云フ、古ハ太古蜜ノ名ヲ博セルアリ、近クハ市右衛門ノ熟練アリテ遂ニ県下一部ノ物産トナレリ

（和歌山県史編さん委員会編　一九七九）

ここでは、まず熊野地域の養蜂の起源について語られる。それによると「東牟婁郡松根村（今ハ七川村ニ属ス）」（現：古座川町松根）の太古というわずか二、三軒の集落が、その発祥であるとされている。松根の集落からさらに八キロほど離れた大塔山の麓の集落で、もっぱらシイタケ栽培で生計を立てているとある。ここの蜜の良い理由は、山深いために小さな草木に養分を取られることが少なく樹木に栄養が豊富に供給されるためだと説明されている。

それにつづいて紹介されるのは、養蜂の道具を発明しその技術を進歩させた人物である。まず登場する伊藤多輔なる人物は、養蜂箱に桶を用いず、大木の根の洞になった部分を使った最初の人だとされている。現在広く用

いられている木の洞を再現した養蜂箱の起源について触れられているのは興味深いが、同時に『日本山海名産図会』の挿絵にあった桶を使った養蜂箱について記述されているのも注目される。次に、幕末の有田郡の貞市右衛門なる人物は、伊都郡にて購入した巣の蜂を分封（春の巣別れ）するのに、酒に浸したサクラの樹皮に停留させることで別の養蜂箱への営巣を確実にしたとある。「貞市」としてよく知られているこの貞市右衛門は、蜜を求めて季節ごとに養蜂箱を移動させる方法（いわゆる転飼）の先駆者とされている。紀北地域各所を移動しながら採蜜するその技術によって、内国博覧会等で賞を得たことから、その息子市次郎は農商務省に入省した。最後は、こうした歴史から、蜂蜜が和歌山県の物産として確立したと結論付けられている。

次に、『和歌山県農事調査書』における養蜂の記述の中で、熊野地域について具体的に述べた部分を引用する。

西牟婁郡

山家ノ四時花ニ富メル地ニ非サレハ到底生育ヲ盛ニスル能ハス、世人或ハ言フ巣室ノ構造完全ナラサレハ忽飛ヒ去テ返ラスト、又言フ不祥ノ事発セントスルトキハ群ヲ挙テ退キ散スト皆非ナリ、其群ヲ尽シテ飛去ルハ食料ノ乏シクシテ生計ノ不十分ナルニ由ル、苟モ生計豊饒ナル地ニ在テハ其巣室ノ如何ヲ問ハス決シテ飛ヒ去ル者ニ非ス故ニ此多節虫ハ市街ノ地ニ畜テハ必ス利益アル者ニ非サルナリ、又豊原富里等ノ地ニテハ山中自生ノ蜂巣ヲ探テ之ヲ獲ル者アリ其事ニ工ナル者ハ金三拾余円ノ利ヲ収ムルニ至ル、其法山林無人ノ境ニテ便宜ノ地ニ坐ヲ占メ閑ニ烟ヲ喫シ糧ヲ喰ヒ或ハ終日仰臥シテ蜜蜂ノ飛行ニ注目シ、其往ク者ナルカ還ル者ナルカ且其方向及遠近ハ如何等ヲ審察シ然ル後ニ其巣ノ在ル処ヲ探ルナリ、又蜜蜂ハ好テ尿気ノアル処ニ集マル者ニシテ山中ナル椎茸松煙木炭ナドヲ製スルカリヤノ近傍ニ来ル事アリ、往々土人之ニ木灰ヲ撒スルトキハ翅ノ湿リタル者ハ忽其灰ニ塗レナガラ飛去スル者アリ乃其蜂アル処ヲ認メテ巣ヲ探ルノ一便トナス

東牟婁郡

分巣ハ人為ヲ以テ之ヲ増殖スルヲ得ズ、故ニ蜂房ノ盛ンナルモノハ一箱ヨリ二三ノ（一年ノ中ニ）分巣ヲ見ル事アリ（分巣ニ当リ養主ノ得モノトナルコトナク遠ク飛ヒ去ルモノアリ）ト雖甚稀ナリ、通例ノ分巣ハ一個ナリ、尤

モ其分巣シタルガ為メ本分家トモ族勢ノ衰微ヨリ共ニ餓死スルニイタル事アリ、又従来盛ナリシ蜂房ニシテ養主ノ交代（蜂房位置移転セサルモ）等ニ際シ他ニ飛ヒ去ルモノ或ハ養主ノ死亡後蜂族又一時ニ死スル等ノコトアリ、故ニ年々多少分巣スルモノアリト雖モ又死亡ノ者モ大抵之ト相半スルヲ以テ逐年蜂房ノ増殖ヲ見ル事割合少ナキト云フ

又時トシテ蜂房ヲ他ニ売却スル事アリト雖モ多クハ郡内各地ノ売買ニシテ他郡ニ出ルモノハ殆ントマレナリト云、売買代価一箱凡一円内外ナリトス

（和歌山県史編さん委員会編　一九七九）

ここでは、病気や天敵の害、蜂群の飛去など、養蜂における不確定要素やリスクについて、具体的に述べられている。例えば、西牟婁郡では、蜂群が養蜂箱から飛散してしまう理由として、巣の不完全な形成、蜜源の不足などが挙げられている。また東牟婁郡では、分封の難しさについて触れられ、巣別れしたために群の勢いが衰えて餓死するケース、女王蜂の死亡による群の離散などが挙げられている。

一方、新たな巣を得る方法について、西牟婁郡では、働き蜂の飛び方を観察して本巣を探す方法や、蜂が「尿気」を好む習性があるとして、シイタケ栽培・松煙生産・製炭など、人間の活動のある場所の近くに蜂が飛来することを紹介している。同様のことは、現在も各地で聞くことができ、これらは経験の蓄積から得られた知識であろう。また東牟婁郡では、分封した養蜂箱を販売するということも行われているとあり、郡内で売買されていたという。

次に、『東牟婁郡誌　下巻』（一九一七年）における記述を見てみたい。ここでは前述の通り『和歌山県農事調査書』を下敷きに養蜂の起源や技術に触れ、さらにこれが書かれた大正期における具体的な状況が書かれていて、『和歌山県農事調査書』の後の展開について知ることができる。以下、まずその歴史に関して記述した部分を引用する。

本郡養蜂の起源は頗る古く、其何れの時代より始まりしかは記録の存するもの無しと雖、今を距る凡そ千余年前松根の太古（今の七川村大字松根）と稱する戸數三戸の部落に於ては野生蜜蜂の釀巣より其貯蜜を採取し、以て他の生活資料と交換せし事は口碑の傳ふる所にして、實に太古蜜の起源なりとす。後人々其有利を覺り、此等野生蜂を捕へ木洞に入れ人家の付近に据江置きたるもの漸次文巣増加して山間一般に飼養するに至り、竟に太古蜜の名は熊野蜜に變し大に世の喧傳を得るに至れり。元來本郡の大部は森林植物學上暖帯に位し、四時蜜原植物の開花豊饒なるヲ以て、自然に蜂蜜の野生群集し古木の空洞、自然の岩窟などに巣を營むもの多く山間の部落にては其釀巣を索め之を發きて採蜜するは古来往々盛はれたる所なりとす。

（和歌山縣東牟婁郡役所編　一九一七、二一二頁）

ここでは、やはり古座川上流の太古が発祥であるとし、それを「太古蜜」と名付けている。その技術は「野生蜂を捕へ木洞に入れ人家の付近に据江置きたる」といったもので、そうした技術が広く周辺地域に伝わって「熊野蜜」と呼ばれ、評判を得たとある。また、良質の蜜が取れる理由として、その温暖な気候を挙げ、一年を通して花が豊富で、野生のミツバチが古木の空洞や自然の岩窟に巣を営むのだとある。ただ、ここでは養蜂箱について、「木洞」が伝統的な方法として位置づけられており、近世の『日本山海名産図会』や、明治前期の『和歌山県農事調査書』にあるような、木製の桶を用いた養蜂については触れられていない。これについては、明治後期から急速に普及するセイヨウミツバチによる集約的な養蜂業との対比において、熊野のニホンミツバチの養蜂に用いられてきた「木洞」の養蜂箱が、この地域において生まれた独特の方法として「伝統的」と位置づけられたのではないだろうか。以下、続けて『東牟婁郡誌　下巻』における記述を引用し、その後の展開について見てみたい。

斯の如き古き歴史を有する本郡養蜂界か其後著しき發達ヲ遂けさりしものは以上所説の如く地勢氣候等自然の恩澤に浴すること深きより、其飼育に格別の改良を圖らす、多く放任の状態にありしに依るものとす。明治維新の頃天候の不良に遇ひ、蜜原植物伐採等の為め採蜜の量年々乏しく、且蠟蛾著しく發生したる事あり

て、遂に一噸挫を來すに至れり。其後蠟蛾益々猛烈の繁殖を極め、之か驅除豫防容易に普及せす被害年々多大なりけれは、明治三十六年縣農會に専門技師を置き、大に飼養管理の方法を指導する處ありたる結果、木洞飼養を改良巣箱に轉換し、或は人工分封を施行し、或は巣蜜採収を改むる等切りに改良飼育の奨勵に勗め大に從來の面目を改むるに至れり。其後在來種に對する改良箱飼育は採蜜の少きと蜜蜂の飛ひ去ることの缺点あるを唱ふるもの多く養蜂界玆に又一噸挫を來し、切りに西洋種蜂飼育の利得ヲ唱導するに至れるを以て郡農會にては大正元年此等兩種を試育し、其比較をなしたる結果、洋蜂の有利なるを認むるも、其管理周到ならされは却て失敗を來すへく、本郡の如き飼養幼稚にして、管理粗放なる所にありては其管理の簡易なる在來種を飼育し、周到精密の管理を馴致せしめて漸次洋種飼育に進むの上策なるへきを認め爾來之の方針の下に奨勵を加ふるに至れり。

（『紀伊東牟婁郡誌』和歌山縣東牟婁郡役所編　一九一七、二二二頁）

ここで注目したいのは、地域的に育まれた独特の養蜂技術を、非常に否定的にとらえる見方が含まれている点である。すなわち、その技術は、自然の恩恵によって支えられてきたのであり、そのために技術を進歩させることを怠り、「放任の状態」にあると批判される。加えて、害虫となるガの発生や天候不順によって生産量が大きく左右されることも、批判の対象となっている。こうした記述は、農業をはじめ、様々な技術を「改良」し、その生産を科学的に管理することが「近代化」であるとされた当時の風潮を反映しているものと位置づけられるが、その解決策は、養蜂箱の改良と、セイヨウミツバチの導入であるとしている。まず養蜂箱は、改良巣箱とよばれる箱の内部に複数の巣板を入れたもので、これにより「木洞」に比べて蜂群の飛去を防ぐことができるという。次に、「在来種」(＝ニホンミツバチ)から、「西洋種」・「洋蜂」(＝セイヨウミツバチ)への転換の有効性が一九一二(大正元)年に試験され、それが推奨された。こうした有用昆虫学の一部としてヨーロッパで理論化された養蜂学の技術とセイヨウミツバチを地域に導入することによって、ニホンミツバチの養蜂が抱えていた不確定要素を解消しつつ、安定的で収量が予測可能な養蜂へと転換し、そのことによって近代化を図ろうとしたのである。

年	飼養戸数	飼養函数	収蜜高（斤）	價額（円）
明治 38 年	279	911	22110	6191
仝　39 年	324	836	21150	5922
仝　40 年	336	840	1577	473
仝　41 年	304	779	1588	508
仝　42 年	350	1520	12160	3891
仝　43 年	303	953	3941	1254
仝　44 年	320	1012	3933	1180
大正元年	349	1085	5773	2324
仝　2 年	419	1244	6496	2292
仝　3 年	384	1244	4701	1710

表　明治末期〜大正初期における養蜂農家数と収蜜量（『東牟婁郡誌　下巻』より作成）

ところが、現実にはそれはうまくいかなかったようである。ここではその原因として、技術の未熟さが挙げられ、熊野地域は「飼養幼稚にして、管理粗放なる所」であるとされている。結局、現行の「在来種」による飼育で「周到精密の管理」をし、その上で漸次セイヨウミツバチに転換するのが良いと結論付けている。

これに続き、明治末期〜大正初期における統計資料が掲載されている。この統計を見ると、養蜂業に携わる戸数や養蜂箱の個数に増減が甚だしく、またこれらが多い年であっても必ずしも収蜜量が多いわけではなく、野生のニホンミツバチを扱う難しさを反映していると思われる。

これらの資料から読み取れることは、近代におけるニホンミツバチの養蜂は、地域的特色のある生業に対する積極的な評価と、野性の生物を扱う不確定な諸要素に対する否定的な評価が、入り混じったかたちでとらえられていたということである。前者は、技術や道具が創出されるプロセスや、その発祥地などについての様々な言説が、熊野地域に独特の技術というローカルな価値を固定化する結果となり、それはセイヨウミツバチの養蜂業の普及によって、それとの対比から一層強化されていったものと思われる。一方後者は、病気や天敵の害、蜂群の飛去など、ニホンミツバチによる養蜂の不確定要素を批判し、ヨーロッパの養蜂学に基づくセイヨウミツバチによる養蜂への転換や「改良」された養蜂箱の導入によって、技術革新をすることが重要だという主張によって進められており、それに貢献した人物を顕彰したり、内国博覧会等の外部評価を根拠に改良の正当性が訴えられたりしている。

筆者が最も興味深く感じているのは、そうした一九〇〇年代〜三〇年代の養蜂をめぐる社会情勢において、結局はセイヨウミツバチへの転換が進まず、逆に地域の農家は旧来のニホンミツバチを利用し続け、木の洞を再現した養蜂箱を用いる方法が保持されていったことである。その理由のひとつは、それが生計維持に直接的な影響を及ぼすほど各農家が養蜂業に依存していなかった点で、新たな設備投資をしてまで従来の方法を変える方向には向かなかったのであろう。また、養蜂を行う農家にとって、全く未知のセイヨウミツバチの養蜂を基礎から学ぶことは、大変な労力である。また、それをうまく実践できるのか、また地域の環境に合うのかについては確証がなく、それはニホンミツバチの養蜂における不確定要素よりも、さらに大きな不安として感じられたであろう。また、セイヨウミツバチの蜂蜜よりもニホンミツバチの蜂蜜の方が、明らかに品質が良いことも、収量安定のためにセイヨウミツバチへ転換することを躊躇させたのであろう。

いずれにしても、地域の農家の多くはニホンミツバチの養蜂を続けることを選んだわけであるが、こうした事実は、地域において育まれた独特の技術が「伝承」されるといった、従来の民俗誌の生業観を再考させるものである。歴史的に変化しながら洗練されてきた民俗技術は、ただ伝えられてきたものを実践するのではない。時代ごとに技術に対する再評価が加えられ、それによってある部分が変化したり、新たな要素が加わったり、あるいは変化が拒まれたりして、民俗技術は現代にその姿を残している。その上で、新技術を受容して変化・進化させることができたにもかかわらず、それを選択せずに、逆に従来の方法に停滞することに意義が見出されることもあり、熊野地域の養蜂はその技術に大きな変更が加えられなかった。こうした保守的な立場で実践されてきた技術を「伝承」という言葉で囲い込んでしまうと、その技術の歴史的展開を等閑視することにつながりかねない。むしろ、技術が変化することを選ばない、または技術の無変化を選ぶ「戦略的な停滞」としてそれをとらえ、その背景を問題とすることで、保持された技術の歴史的意義にも目を向けられるようになるであろう。

ちなみに同様の動向は、熊野地域の林業にも言える。近代化された林業の具体像として一九一〇年代〜二〇年代（大正〜昭和初期）に提示された「吉野式林業」のインパクトを受け、熊野地域では逆に旧来の方法に対する意識が強められ、「熊野式林業」が主張されていったことは、第3部第2章で述べたとおりである。

聞書きでは、『東牟婁郡誌　下巻』の作成された時期以降、昭和初期から一九六〇年代においては、この地域の林業が非常に活況を呈していたこともあり、ニホンミツバチの養蜂を生計の一部とするような農家はほとんど無かったようである。

擬似的な営巣環境の設定

熊野地域では、ニホンミツバチのことを、ヤマバチ・ワバチなどと呼ぶ。また、蜂蜜のことは、アメ・ニホンミツ・百花蜜などと呼び、前章で近代において名付けられた太古蜜という名称は、現在では聞かれない。

ニホンミツバチの養蜂は、野生の育成環境を一年間にわたって再現することが最も重要な要素となる。その方法は、各人の創意工夫とアイデアの具現、実験によって編み出されており、個人差が激しい。以下、養蜂の作業手順を追いながら、熊野地域のニホンミツバチの養蜂の現在の方法について、ハチの生態と擬似的な営巣環境の設定という観点から紹介したい。

① 営巣場所

まず、野生のニホンミツバチが好んで巣を作る場所を、人々がどうとらえているかということが、養蜂箱の設置場所を確定するための判断基準に大きく関わっている。例として、花の咲く植物のある天然林と畑の入り混じった環境またはその境界となる場所（すさみ町佐本深谷地区・田辺市熊野）、炭焼きをしていた雑木林の近くであれば家の庭先であっても良い（上富田町市之瀬地区）、植林地の途切れたところや植林していない尾根筋に近い山の麓（田辺市下川上地区）、集落の奥に十分な天然林が残っておりどこに置いてもハチが自分で探しに行くからあまり場所は関係ない（田辺市木守地区）、などがあり、前提としては草木の花、とりわけ雑木林や天然林の残る場所では蜜源が豊富なので、その近くが良いととらえられている。また、田辺市本宮町大瀬地区では、断崖絶壁の岩肌に養蜂箱を設置しているのが見られ、他の地域でもそうした場所に好んで置く例がある。これは現在は希少となったクマが数多く棲息していた時期、蜜を求めてクマが養蜂箱を壊してしまうことがあったため、養蜂箱をクマがたどり着けないような場所に置いたのだという。現在は蜜をクマにとられることは無いが、こうした場所は蜜源にも近いとして、数多く設置されているのが観察できる。

こうした条件をもとに、養蜂箱の設置は、樹木のたもと、岩場の陰、切り立った崖、道端、集落の庭先など、個人の経験と考え方によって千差万別であり、同じ人でも蜜が集まらなければ翌年は場所を変えることも多い。養蜂箱を置く場所は、山林・原野であれば基本的にどこへ置いても自由であり、個人所有の場所であれば口頭で許可を取って置くことになる。蜜源を独占しようと考える人はあまりないが、これは実際に蜜をとるのはハチであり、ハチは自ら他の集団との住み分けを行うので、養蜂箱を隣に置いても、実際の蜜源は異なるかもしれないという意見もあった（すさみ町佐本深谷地区・田辺市熊野地区）。

② 分封

ニホンミツバチは、四月中旬から五月上旬にかけて、分封と呼ばれる巣別れを行う。ひとつの巣で一匹〜数匹の新女王が生まれ、働き蜂を伴って巣別れするのであり、元の巣はモトス（元巣）、新たな集団はブンケ（分家）とそれぞれ呼ばれる。この巣別れした集団を、別の巣箱に納める作業を、いかにうまく行うかは、この時期の養蜂の重要なテーマとなる。なぜなら、巣別れした集団は、飛散してしまうことも多く、また別の人の養蜂箱に入ってしまうと、それを取り戻すことはできず、その人のものになってしまうからである。すなわち巣は誰にも帰属しておらず、ただ自然の営みのなかにあるのであり、養蜂を行う農家が所有するのは養蜂箱のみであるととらえられるのである。

分封を円滑に行うために、多くの人が実践しているのが、飛散防止のための一時滞在場所を作ることである。例を挙げると、サクラの皮で作った屋根型の道具を木に吊るす（上富田町市之瀬地区・すさみ町佐本深谷地区）、黒く塗った桶を木に吊るす（古座川上流地域）、などがある。この分封をうまくできるかどうかは、個人の技術と力量、運に負うところが大きい。分封によって、その年の養蜂箱をいくつ持つことができたかは、地域では「自慢の種」であり、その噂は瞬く間に広がる。また、古座川流域では、養蜂箱を「一〇〇箱持っている」というの

❖養蜂箱の設置（上2点、右下）と蜂蜜の収穫（左下）

は、かなり精力的に養蜂を行っている人への賞賛の言葉であり、ひとつの目標ともなっているようである。

　一方、自然の巣からの分封を受けることもある。これには近代の資料で紹介されていた、ハチの飛び方を見て巣を探し出し、それを養蜂箱に納めるという方法も含まれるが、単に空の養蜂箱を寝かせて置いて、自然に入ってくるのを待つという方法もあり、これをマチオケ（待ち桶）と呼ぶ。ただし、せっかく入ったハチの集団が、野生化したセイヨウミツバチであることも多く、その場合は放棄してしまうのだという。

③ 養蜂箱

　こうして巣別れしたハチの集団は、一匹のいわゆる女王蜂と、数千匹のオスの働き蜂から構成され、働き蜂は、蜜集め専門のハチと保管専門のハチに分業されている。蜜集め専門の働き蜂は、草木の花の蜜を求めて飛び回り、腹のなかにある蜜のタンクに収めて巣に戻ってくる。持ち帰った蜜は、巣にいる保管専門のハチに口移しで渡される。このとき、体のなかの酵素の働きで、ショ糖でできた花の蜜が果糖・ブドウ糖に分解される。果糖・ブドウ糖は、体に吸収されやすくすぐにエネルギーに変わるので、ハチの活動と子育てを支える重要な食事である。保管専門のハチは、蜜蝋の部屋に蜜を蓄えていく。巣は六角形の部屋で構築され、木の洞の天井から吊るすように作られる。働き蜂は、巣の入口で羽ばたく動きをして、巣の中に新鮮な空気を送る姿が観察されるが、これは巣のなかを乾燥させ、蜜の水分を飛ばして濃縮しているのだといわれている。また、蜜には花粉が混ざりビタミン・たんぱく質も豊富であり、働き蜂は蜂蜜一グラムで一〇〇〇キロもの距離を飛ぶといわれる。

自然界では、ニホンミツバチは主に木の洞などに営巣するといわれる。これを真似して人工的に作ったものが、丸太をくりぬいた養蜂箱である。前述のように江戸時代は桶や箱に数個の小さな穴を開けた蓋をつける形式の養蜂箱を軒に吊るして用いたようであるが、明治期に入り、木の洞を模したものが考案され、現在ではこれが「伝統的」な熊野地域の養蜂箱として認識されている。この養蜂箱の名称は、ミツオケ・ゴウラ・ウトウなどと呼ばれており、昭和前期には、雑木林にあるヤマザクラやハゼの大木のうち、自然に幹のなかが虫やカビによって朽ちた中空の部分を輪切りにして養蜂箱を作ったといい（すさみ町佐本深谷地区）、現在ではこうした大木は稀なので、スギの間伐材を小切りして人為的になかを刳りぬき、製作される。なかを刳りぬく道具は、一九五〇年代までは、専用の長い鑿のような道具を鍛冶屋に注文して製作したり（田辺市下川上地区）、樟脳の原材料となるクスの木片削り具として使われていた手斧の刃を逆に据えて、それを鑿のようにして用いたりして（すさみ町佐本深谷地区・田辺市熊野地区）、手作業でなかをくりぬいたというが、現在は、チェーンソーで内側を刳って作られている。天井板は端材を転用するなどしているが、養蜂箱本体とは釘で確実に固定されている。また、働き蜂が出入りする入口は箱の底部に接する接地面を削って、ニホンミツバチだけが通れるようなわずかな隙間を作ったり、錐で小さな穴を数個あけたりするなどの方法がある。

また、人によってはハチが黒い色を好むといって、養蜂箱を黒く塗ったり、風雨による腐食を防止するために表面を焼いたりする例もあり、それぞれに工夫が凝らされている。

④ 採蜜

ニホンミツバチは、梅雨から夏にかけて、盛んに花を探して蜜を集める。ニホンミツバチは決して単一の植物に依存することをしないという。雑木林や畑、河川敷などにある、ありとあらゆる花から蜜を集め、蜜を貯蔵する部屋を無数に持つ蜂房へと蓄えていくのである。この蜂房は、熊野地域ほぼ全域でヘカという名称で呼ばれており、その下のほうには幼虫や蛹が入った白い部分がある。採蜜作業は、八月中旬を盛期として前後二週間ほどの間で集中的に行われる。採蜜時期をこの時期にするのは、夏〜秋にかけても蜜を集めさせて、花の無くなる冬に備えさせるためである。

現在の採蜜用具は、蜂房を切るナイフとクーラーボックスや陶器の鉢などである。蜂房は養蜂箱に四、五列ついていることが多いが、これを全て採ってしまうと、その群れは越冬することができずに絶滅してしまうので、必ず半分以上は残しておかなければならない。また、切り取った蜂房に残っている幼虫・蛹の部屋は、ナイフで切り取って養蜂箱の内側天井に吊るす場合もある（すさみ町佐本深谷）。こうしておくと、働き蜂が蜜蝋で養蜂箱の天井にくっつき、再び蜜をそこに集めるようになるのだという。採蜜は八月中旬の年一回のみであり、花を求めて移動し、一年を通して採蜜作業を行うセイヨウミツバチの養蜂とは大きく異なっている。

切り取った蜂房は、蜜蝋でできた巣室の蓋部分を庖丁で切り取り、それを網の上に乗せて、数日間かけて蜜を落とす。比重が重いことと、蜂房の大きさがまちまちであることから、遠心分離機は使われない。また、蜂房に残った幼虫がつぶれて体液が蜂蜜に混ざると、味が酸っぱくなるので、蜂房を無理に搾るなどの負荷はできるだけかけないようにするのだという。また、人によっては天日に当てながら蜜を落とすと、適度に水分が抜けて甘みが増すともいう（すさみ町佐本深谷地区・田辺市熊野地区）。一年間寝かせて出荷するという例も、同様の効果を狙ったものであろう（古座川町長追地区）。

蜂蜜の収量は、その年の気候や、分封・養育の成否、養蜂箱の設置場所、病気の有無、降雨量や風向きなど、様々な影響が存在し、その総合的な影響によって決定される。また蜂群が、何の前ぶれも無く養蜂箱から飛散してしまうこともめずらしくない。調査では、「アメはハチ任せ」（すさみ町佐本深谷地区）、「ハチのご機嫌取りの通信簿」（上富田町市之瀬地区）という言葉が聞かれたが、筆者にはこれが、採れただけの物で満足するしかないという意識を端的に表しているように感じられた。

⑤ 天敵対策など

ニホンミツバチはかねてより蜜の収量の安定的な確保を阻む不確定要素を指摘されてきた。ここでは、それらに対する現在の対処法について述べる。

まず、養蜂箱を壊すクマについては、現在ほとんどその被害はない。かつてツキノワグマなどが多数生息していた時期は、養蜂箱の設置場所の工夫で対処するしかなかったであろう。

次に、肉食昆虫の大スズメバチやカマキリ、クモ、ガなど、ニホンミツバチと敵対する昆虫からの保護は、人間の側からできることは養蜂箱の入口の大きさを調整することぐらいであった。よく知られているように、ニホンミツバチはスズメバチの襲撃を受けると、蜂蜜をエネルギー源に胸の筋肉を極度に激しく震わせて熱を発し、数百匹でスズメバチを取り囲んで熱で殺す。スズメバチは四八度までしか生きられないが、ニホンミツバチは五〇度まで生きられるという、体質の差を利用して撃退するのである。人間は入口からたやすくスズメバチが入らないようにはできるが、あとは蜂群の戦闘力に託すしかなかった。

三つ目に、原因不明の病気等が挙げられるが、これに対しては人間はどうすることもできないという。

四つ目にカエルが、巣の入口から出てくる働き蜂を待ち構えて、次々と食べてしまうという害もある。これに対する有効な対処法はないが、巣全体の存続に影響を及ぼすほどのものではないため、特に防御策は講じられていない。

最後にニホンミツバチの養蜂で最も苦労するのが越冬である。ニホンミツバチは、越冬するための食料源として、蓄えておいた蜂蜜を使う。働き蜂は、盛んに体から熱を発し巣全体を真冬でも三〇度近くに保つという。しかし、蜂蜜が足りないと、食料不足で蜂群は全滅してしまうので、砂糖水を入れた鉢を巣の中や入口に置き、これを働き蜂に運ばせて蜂蜜を補充させるのである（すさみ町佐本深谷地区・田辺市木守地区ほか）。また、真冬の最も寒い時期には、養蜂箱そのものを移動させることもあるが、熊野地域は黒潮の影響を直接受けるために冬期でも比較的温暖であり、その点ではあまり神経質にならなくても良いという人もいる。こうした気候の変化や食物連鎖のなかでのニホンミツバチへの助力は、個人の経験や試行錯誤、実験などによって実践されてきたものであるが、それを別の人が同じように取り組んで成功するとは限らないので、その技術は秘密主義ではなく、むしろ情報交換によってその成否を楽しんでいるようにも見えた。

余談であるが、養蜂箱そのものが盗難される事件が近年は増加している。これに対しては、養蜂箱に記銘したり、樹木に鎖で養蜂箱を結びつけたりするなどの対処法がとられている。「自然より人間が恐い」というある農家のつぶやきが印象的であった。

現代における養蜂の活況

興味深いことに、一九七〇年代以降、ニホンミツバチの養蜂にたずさわる人が再び増加してきた。熊野地域には養蜂業組合的な組織が無いため、正確な人数を統計的に把握する資料は見出せないが、以前より多くの人がこれに携わっているのだという。現在ニホンミツバチの養蜂を行っている人の多くは、一部を個人的な希望者や地域の物産販売所などで手売りして収入を得ている。相場は年によって変動するが、近年は一升でおよそ一万五〇〇〇円での販売が一般的である。ただ、販売するのはその年の収量の一部で、多くは近隣の人々に無償で分配する場合が多い。これは野生の蜜蜂によって得られた山林資源を、地域で共有するという意識と見ることもできる。

また、この生業の持つ不確定要素と、個人の創意工夫による成否の差が大きいことなどが、一種の競争心を生み出しているように見える。彼らの会話や噂話は、その養蜂箱の数を競ったり、採蜜量を誇ったりする話題が多く、山村のひとつの楽しみとして、定着しつつあるようである。

一方近年、「紀伊山地の霊場と参詣道」の世界遺産登録（二〇〇四年）にともない、地域の山林資源・水産資源を利用した多くの生業が、「熊野の〜」、「自然とともに〜」といった文脈で再定義されていく状況がある。今後は生業をめぐる表象についても、地域の観光化との関連に注意しながら追跡していく必要があろう。

熊野地域における養蜂の近代的特質

本稿では、熊野地域のニホンミツバチを利用した採蜜について報告してきた。

具体的な技術としては、野生のニホンミツバチの育成環境を一年間にわたって再現することが最も重要な要素となっており、養蜂箱の体裁、設置場所、蜜源の想定場所、分封の補助方法、越冬の補助など、個別の課題において、各人の創意工夫が見られ、その具体的な手法は個人差が激しい。

また一九七〇年代以降、とりわけ近年は、不確定要素の大きい生業である養蜂に、むしろ技術の向上を競うといったやり方で、多くの農家が取り組むようになっている。すなわち、養蜂をすることそのものが目的化しているといった側面があるともいえるが、得られる蜂蜜の品質に対する満足度が格別に高いため、地域の人々にとっては魅力的な仕事としてとらえられている。

このニホンミツバチを飼い馴らす熊野の養蜂は、黒潮の影響を受け温暖な紀伊半島南部の山間地域で広く行われ、近世にはすでに特産品として認識されていた。明治前期、まず養蜂箱が桶を利用したものから、洞になった木材またはそれを模したものを使うものへと転換した。桶を利用したものが現在全く見られず、その存在すら聞くことが出来ないことから、その有効性は近代の早い段階で広く受容され、急速に普及していったものと思われる。

一方明治後期、このニホンミツバチによる養蜂は、その不確定要素の多い技術を「改良」し、セイヨウミツバチの蜂種の転換と養蜂学の理論を導入することが必要であるという意見が影響力を持ち、行政的にも指導されていくことになった。しかしこのときは、その動きが強くなる一方で、伝統的なニホンミツバチの養蜂を地域独自の技術として再評価するスタンスも受け入れられていく。新たな設備投資の必要と、全く新しい技術へと転換することへの抵抗感から、結果としてそれらは受容されることは少なかった。すなわち、新技術の提案によって旧来の技術が廃れるのではなく、地域の農家の多くはニホンミツバチの養蜂を続けることを選んだのであり、そうした過程を経て技術は保持され、現代に至っているのである。

こうした事実は、技術が単純に「伝承」されるととらえてしまう従来の民俗誌の生業観を再考させるものである。歴史的に変化しながら洗練されてきた民俗技術は、ただ伝えられてきたまま実践されるものではない。時代ごとに技術に対する再評価が加えられ、それによってある部分が変化したり、新たな要素が加わったり、あるいは変化が拒まれたりして、民俗技術は現代にその姿を残している。その過程では、新技術を受容して変化・進化させることができたにもかかわらず、それを選択せずに、逆に従来の方法に停滞することに意義が見出されることもあり、熊野地域の養蜂はその技術に大きな変更が加えられなかった。こうした保守的な立場で実践されてきた技術を「伝承」という言葉で囲い込んでしまうと、その技術の歴史的展開を等閑視することにつながりかねない。むしろ、技術が変化することを選ばない、または技術の無変化を選ぶいわば「戦略的な停滞」としてそれをとらえ、その背景を問題とすることで、保持された技術の歴史的意義にも目を向けられるようになるであろう。

そうした観点から熊野地域で使われる養蜂箱を見ると、近世における桶による養蜂箱から木洞による養蜂箱へ転換することが選択されたのは、ひとつの重要な歴史的過程であった。しかし、木洞による養蜂箱から改良式の養蜂箱へ転換しないことが選択されたのもまた、同様に重要な歴史的過程であったととらえることができる。

2 環境の遷移とシイタケ半栽培

古座川流域における二次林でのシイタケ栽培

山林・河川資源の利用（木の実や草木の採集・養蜂・狩猟・漁撈など）の多様性は、この地域の民俗を特徴付ける要素である。ここでは、古座川流域で一九七〇年代まで行われていた二次林でのシイタケ栽培について報告する。これは、人為的に攪乱した環境の回復過程で得られる一時的な環境を利用した生業である。生業の背景と資源へのアクセスについて事例を挙げながら、環境の攪乱が副次的に生む生業について検討してみたい。

（1）紀州備長炭生産と炭材の択伐

常緑広葉樹の照葉樹林を基調とした紀伊半島南部の山林では、江戸時代から製炭が行われてきた。紀州藩は、白炭である〝熊野炭・紀州炭〟（現在の紀州備長炭）の生産を保護し、庶民生活の保護と藩の財政収入の安定化を図ろうとした。近代以降、紀州藩による森林伐採規制は解除され、明治後期からは本格的な森林伐採・造林が進み、ウバメガシ・カシ類・雑木の二次林は減少した。しかし、製品の品質が高いことや、流通経路が確立していたことなどから、紀州備長炭の技術は途絶えることなく、人工林と二次林は並存してきたのである。

紀州備長炭の素材は、ウバメガシを最良材とし、一九七〇年代まではカシ類・クヌギ・コナラ等の雑木も低級品ながら炭材として用いられた。定期的な伐採による人為的な攪乱は、森林資源の持続的利用と深く関わってきたのであり、その日常的な管理は、ヤマバンと呼ばれる現地管理人が取り仕切っていた。二次林を製炭のために皆伐した場合、次の製炭に使える木材が成育するまでに二〇年あまりを要する。しかし実際には、一定以上の太さの木材だけを伐採する択伐が広く行われてきたため、その回復期間は一〇年程度であったという。山林は伐採せずにおけば天然林となり極相に向かって遷移していくが、この地域の場合は定期的な伐採がそれを妨げ、炭材として有用なものを得続けることができたのである。

この炭材としての木材は、山林地主の私的な所有物であり、ヤマバンが管理していた。ヤマバンは、炭材として最も適当な成育時期に、立木を炭焼き職人へ販売する仲介をした。択伐の場合は、一定の太さ以下の立木は伐採してはならず、その利用は厳密に管理されていたのである。この場合、立木の利用は私的所有として排他的なプライベートな介入に限定されていた。

（2）遷移過程の二次林における採集

一方、こうした製炭に有用な炭材以外の植物は、多くが地域住民に開放されたオープンアクセスな資源であった。ワラビ、フキ、コゴミ、ミズ、ツクシ、ウド、ゼンマイ、ヨモギ、セリなどのいわゆる山菜と、ホンシメジ・ダイコクシメジ・ナメタケなどのキノコ採集は、毎年恒例の季節の楽しみであった。

また日常的な薪炭採取もこうした炭材のための二次林で行われ、「鎌で切れるものは自由に取れる」といった規制の範囲で自由な取得が保障されていた。

(3) 遷移過程の二次林における半栽培

この炭材以外の資源利用のなかで、単なる採集にとどまらない利用が、シイタケ栽培であった。これはシイタケ菌を人工的に打ち込んだクヌギの台木(榾―ほた)によるシイタケ栽培が行われるようになる一九六〇年頃以前の技術である。現在のシイタケ栽培は、スギ・ヒノキの人工林の陰地で行われるのに対し、かつてのシイタケ栽培は、炭材を目的とした二次林を舞台に行われるものであった。

以下、昭和初期~中期の技術に関するM氏(古座川町長追、一九三一年生まれ)への聞書きをもとに、その方法を具体的に記述してみたい。

二次林でシイタケを栽培する台木には、ナラの木を使ったため、シイタケを採ることができる山はナラヤマ(楢山)と呼ばれた。ナラヤマといっても、ナラばかりが生えている林ではなく、比較的多いといった程度のものであった。シイタケを栽培できる場所は、紀州備長炭生産のための択伐が行われたあと数年間経過した傾斜地で、その場所を探すのは各々の勘や経験が頼りであった。それは比較的土地が肥沃で湿潤さを保ち、枝葉が張って陰地を作りながら、適度に風通しがよい場所であるという。主に太陽が直接照りつかない北側斜面にそうした場所が多いとされ、森林の回復過程で地形や周囲の植生などの影響から偶然に現れる場所で、それを見出すこと自体がシイタケ栽培の成否を左右するのだという。このように言葉で表現できない不確定要素が、シイタケ栽培の醍醐味であると語った話者もいた。

シイタケ栽培の台木となる榾は、ボタギと呼ばれた。シイタケのボタギを切るのは、ナラの木の葉が紅葉してくる秋がよく、それは必ず新暦の霜月(一一月)の末の新月の闇夜でなくてはならないという。理由は、月夜は木が水を吸い上げており、水分を多く含んだボタギには菌がつきにくいからとされている。木は根元から切って、そのまま山に放置する。そして木に水をかけて、乾燥しすぎないように気をつけながら、一月に入ったら木を一尋（約一・八メートル）ごとに切ってさらに放置する。ここまでが、第一段階の台木の準備である。

次に、傾斜のある場所に段々にボタギを組んで積んでいく。これをハエるといい、二月に入ったらすぐに行う作業であった。組み方は鳥居を寝かせたかたちで地面に置き、その上に同じかたちで組み、積み上げていく。ハエる場所は、南向きの乾燥した傾斜地では、段の高さを低くしてボタギを地面にできるだけ近い状態にして湿気を保つ。逆に北向き斜面の湿気の多い場所では、段の高さを高くして、湿度調整をした。これが第二段階の台木作りの作業である。

こうして台木を組んだ状態で、翌年の秋まで一年半ほど置いておく。台木の原木を切り倒して二年が経過した秋、ボタギを山形に立てて並べていく。そしてそのまま翌年の夏まで置いておく。これが第三段階の台木作りの作業である。

翌年の夏、シイタケを出すために重要とされる作業をしなければならない。それはボタウチと呼ばれるものである。まず、ダコチ（最も激しい雷雨の状態）の真っ只中に、山形に立ててあったボタギを地面に倒す。立てていたときに片面が濡れ、倒すと残りの側面がよく濡れて、台木全体が水分を含むのだという。そしてウバメガシで作ったボタウチギネ（梢打ち杵）と呼ぶ横杵で、倒したボタギの両木口を力いっぱいに叩く。ボタウチをしないと、シイタケが出てくることはないのだといい、それについてはある種のまじないだという人、菌が振動で目を覚ますのだと比喩する人など様々である。そしてボタギを倒したままにしておく。雨が上がり、三日〜一週間後、ボタギを再び山形に立て直す。これが第四段階の台木作りの作業である。

こうして、ナラの木を切り倒してから三年後の秋、シイタケが一斉に出てくるのである。このシイタケをアキコ（秋子）と呼び、味は一番良いのだという。アキコは、正月ごろまで生え続ける。そして正月から二月末まで生えるものをカンコ（寒子）と呼ぶ。カンコはハ（笠のこと）が肉厚であり、味はアキコにひけを取らないという。そして三月に入って出てくるものをハルコ（春子）と呼んだ。ハルコは数がたくさん出るが、味は落ちるという。

一方、シイタケが全く現れないボタギもあり、これをクロボタ（黒榾）と呼ぶ。クロボタになるかどうかは、事前に判別できるという。二年目の秋に、鉈でボタギにキズ（鉈目）を入れてみて、内側がほんのり赤黄色に染まっているとしっかり菌が入っている証拠であり、木の幹の色をしていたらクロボタの可能性が高いという。その場合、枯れ枝をボタギに被せるなどして、湿度や温度調整をすると、運がよければシイタケが出るボタギもあったが、大概は失敗するのだという。クロボタになるかシイタケが生えるかは、そこに至る過程での温湿度の管理次第で、これには経験を要する。温湿度管理のもっとも重要な要素は地形的な条件だという。太陽の当たる向きや、周囲の環境、湿気や温度、葉の茂り具合、すべてを総合的に判断して、ハエる時の段の高さ、湿気の持たせ方などを調整した結果、うまく生えてくるのだという。

ボタウチをした最初の年は、シイタケが最も多く出て、三年間は良く出続けるという。ボタウチは毎年一回、やはり夏の雷雨の只中にしなければならないのである。ボタギは、五年程度経過すると、シイタケはあまり生えなくなり、その役割を終える。これをステボタ（捨てボタ）と呼んだ。

こうして採れたシイタケは、ほとんどが自家消費用であったが、大量に作って出荷して現金収入を得る人もあった。シイタケムロ（室）と呼ぶ窯で薪を炊き、エビラと呼ぶ炭俵の要領で編んだチガヤの簾にシイタケを並べ、燻して乾燥させた。昭和二〇年代は、アキコの干しシイタケで一〇〇匁（三七五グラム）で三〇〇円で売れたという。なかには作業員を雇ってシイタケ栽培をする人もあり、当時の日当が三〇〇円だったため、〝一〇〇メ一日〟という言葉もあった。ただ、こうした現金収入目的のシイタケ栽培は、昭和二〇年代の一時期のことで、昭和初期以前は自給的なものであったという。

このシイタケ栽培が行われる場所は、個人所有の土地である。そこには明確な土地所有者である山林地主がいて（熊野地域の場合、地主の多くは地域に居住していない）、現地管理者としてのヤマバンが立木の育成を管理し、その売買に主導的に関わっている。そうした場所での山菜採取や薪炭拾い、養蜂などは、地域住民であればだれもが無条件に介入できるオープンアクセスな利用が慣例化されていた。一方、シイタケ栽培は、樹木の伐採を伴うため、そうした利用よりも積極的な介入であり、立木をヤマバンから購入しなければならなかった。ただし、それを購入するための条件はなく、誰もが金銭で買うことができたという。ヤマバンは、炭材としての伐採期にあたらなければ、その売買には気軽に応じ、栽培のために台木を斜面に並べたりする土地の占有については何の代償も要求することはなかったという。

このシイタケ栽培は、採集と栽培の中間に位置づけられるようなものである。かつて中尾佐助は、半栽培という用語を農耕の発達段階の一概念として提示した。環境に一定のコントロールを加えることによって、野生のキノコが生えるように仕組む行為は、広い意味では半栽培的な行為ととらえることができよう。

（4）近世のシイタケ栽培技術との比較

ここまで述べてきた技術はあくまで昭和初期〜中期のものではあるが、その民俗知識は歴史的に形作られてきたものであろう。その過程を復元するのは資料的に制約があるが、若干の資料によってその様相を窺い知ることができる。

一七九九（寛政一一）年の日本山海名産図会には、熊野地域のシイタケ栽培について具体的な技術に関する言及箇所がある。聞書きにおける昭和初期〜中期における技術と比較する上で、大変興味深いので、以下に引用する。

日向産を上品とす多くは熊野辺にも出せり椎の木に生ずるを本條とす但し自然生のものは少なし故に是を造るに椎の木を伐て雨に朽たし米泔を沃ぎて薦を覆い日を経て生ず又櫧の木を採て日に乾かさず炙て乾かす故に香味全し又生乾しとは木に生ながら乾かしたるものにて香味甚佳美なり是を漢名家蕈といふ形松蕈のごとく茎正中に着くものを真とす又漢に雷菌という物あり疑ごうらくは作り蕈の類なるべし通雅云椿楡構抔を斧をもてうち釿り其皮を久雨に爛かし米の潘を沃ぎ雷の音を聞けば蕈を生す若雷鳴らざる時は大斧をもて是を撃ては忽蕈を生ずと云り是香蕈を作る法のごとし今和州吉野又伊勢山などに作り出せるもの日向には勝れり其法は扶移の樹を多伐て一所にあつめ、少し土に埋め垣を結まわして風を厭其まま晴雨に暴すこと凡一年斗

程よく腐爛したるを候がいてかの斧をもち撃て目入置くのみにて米泪を沃ぐこともなしされども其始て生うるはすくなく大抵三年の後を十分の盛りとしそれより毎年に生うるのすくなければ又斧を入れつつ年を重ぬなり春夏秋と出で冬はなし其内春の物を上品として春香と称す夏は傘薄く味も劣れり又別に雪香と云て絶品の物は縁も厚く形勢も全備えり是は春香の内より選出せるものにて裏なども潔白なるを称せり（千葉註解一九七〇、四五〜四七頁）

ここでは、熊野でも多く産すると紹介したうえで、シイにシイタケを発生させる方法について述べられている。その方法は、シイを伐り、朽ちるまで雨に曝し、「米泪（しろみず）」すなわち米のとぎ汁を注いで薦（こも）で覆うと、日を経れば発生するとある。また、「櫧（カシ）」でも作ることがあるとしている。また、ここでは『通雅』という文献を引きながら、椿・楡（ニレ）・構（カジノキ）などを伐って雨に曝し、やはり米のとぎ汁を注いで、雷の音を聞くと、シイタケが生じるとしている。加えて、もし雷が鳴らない場合は、大斧で打てば発生するとしている。台木作りにおいて、筆者の聞書きと共通する要素としては、木を伐採して朽ちさせること、雨に曝すこと、叩いて振動を与えるとシイタケが生えることなどがある。また毎年のように振動を与えることなども共通している。逆に異なる要素は、台木の樹種がナラではなくシイ・ツバキ・ニレ・カジノキなどであること、雷鳴が重要な要素であることが強調されていることなどである。また名称について、春に出るシイタケを「春香」と表記してハルコとふり仮名を添えていることも、古座川流域でのハルコという名称と符合する。

総じて、雑木林の広葉樹を用いて台木を作り、風雨に曝して腐らせた後、ある衝撃を加えてシイタケを生じさせるというプロセスは共通しており、かつてはこうした技術が熊野のみならず広い地域で行われていたことがわかる。

熊野地域で産するシイタケは、遅くとも江戸時代には名物として認識されていたが、本稿で対象地域とした古座川流域では、一八〇六（文化三）年の「椎茸山売渡証文」が残っている。

売渡申椎茸山之事
所ハ松根領大河奥足河谷
一椎茸山壱ヶ所
堺目　奥岡ハ双方水流次第しもハ出口之大尾限り谷内不残
弐拾壱貫文
代銭弐拾壱貫文
右山境目之間六歩通りハ北ノ川持分のけ置、残四歩通り此度村中相語致代銭慥ニ受取申候、尤才木ハのけ置
年限之儀者当寅より来ル辰迄拾五ヶ年切ニ売渡し申候、ケ様ニ売渡し申上者年限之内勝手次第稼取可被成
候、為後日椎茸木壱トはへ売証文、仍而如件
文化三年寅十月
松根村惣代組頭　源右衛門
右同断肝煎　伴之丞
右同断庄屋　伊右衛門
同村　利左衛門殿
同村　徳平次殿
同村　喜平次殿
同村　重助殿
（『古座川町史　近世資料編』古座川町史編纂委員会　二〇〇五、一二三三頁～一二三四頁）

同様の文書は、日置川流域でも複数見られ（大塔村　二〇〇五、六七九～六九一頁）、シイタケ栽培をする山林が売買などの取引の対象となっていたことがわかる。しかし近世の山村における具体的なシイタケ栽培について知ることができる資料は総じて少なく、その技術の実際については民俗調査のデータから類推するほかない。

(5) 二次林でのシイタケ栽培の条件

二次林でのシイタケ栽培を成り立たせてきた条件は、以下のようにまとめることができる。

① 定期的な人為的攪乱

紀州備長炭生産のためのおよそ一〇年周期の択伐という環境の攪乱を前提としていた。伐採直後の林は、比較的乾燥した環境となるためシイタケ栽培には向かないが、その後二次林が再生していく過程でシイタケ栽培に適した環境が生まれた。

② 遷移する環境

シイタケ栽培に適した環境は、恒常的に存在しているわけではない。また、環境の回復過程は一様ではなく、また仮にシイタケ栽培に適した場所を見つけ出し、そこに対応した方法を会得したとしても、最終的にその林は、再び伐採期を迎えて攪乱され、その環境は損なわれ、再生した林は必ずしも元の環境と同じではないのである。

③ 山林管理者の思惑

炭材としての販売を目的とした山林管理にあたるヤマバンは、炭材として利用できるもの以外の資源に関しては頓着しなかった。シイタケ栽培の台木に使用されたナラは、紀州備長炭ための炭材としては低級品であった。山林地主およびヤマバンにとっては、それを除伐しておくことは炭材管理の面では好都合であり、また炭材としては価値を持たないものが安価でも販売できることはむしろ喜ばしいことであった。

④ 技術的な不確定要素

人為的に自然のシイタケ菌が付きやすい状況を作る技術は、地形や台木の状態を見極める経験値に全面的に頼ったものであり、そうした非理論的な技術は、娯楽的な要素を強め、その成否が威信と関わる。

⑤ 資源へのアクセス

地域住民は、安価に手に入れることができる台木でシイタケ栽培に誰もが介入でき、うまくいけば現金収入にもつなげることが可能であった。しかし二次林でのシイタケ栽培は、その成否が不安定であることから、専業化してそれのみで生計を立てることは不可能であった。

（6）二次林でのシイタケ栽培の衰退

こうした二次林でのシイタケ栽培は、一九六〇年代以降、急激に廃れていった。その原因は三つ挙げられる。

一つは、拡大造林にともなう、植林地の拡大である。シイタケ栽培を行える二次林自体が減少していったのである。二つ目に、燃料革命にともなう紀州備長炭生産の縮小と原材料の確保方法の変化である。従来の択伐はあまり行われなくなり、里山利用の生業も廃れていった。三つ目に、これが実は最も大きな要因であるが、シイタケ菌を培養した種駒を、クヌギなどの台木に人工的に移植するシイタケ栽培の普及である。これは確実に台木にシイタケ菌を植えることができるうえ、植林地の陰地に立て並べて行えるため、広く取り入れられていき、現在に至っている。

山林資源利用の諸相

古座川流域における山林の環境の攪乱によって獲得する資源の利用について、その資源利用を形式的に分類してみたい。

まず、人為的介入によって獲得する資源がある。これは白炭生産のための炭材であり、ウバメガシを最上として、アカガシ・シラカシなどのカシ類、クヌギやコナラなどの雑木である。これらの木はある程度の太さになると定期的・選択的に伐採され、伐採後も他の樹種が優先するような森林にはならない。それによって継続的に獲得できる炭材は、ヤマバンを通して炭焼き職人に販売されるため、その資源の利用はプライベートなアクセスに限定される。

次に、環境攪乱後に獲得できる副次的な資源がある。これは、炭材を得るための攪乱後に、結果的に現れる山菜や天然のキノコなどの資源である。これらは、山林地主にとっても、ヤマバンにとっても、売買の対象とはならず、地域住民であればどこでどれだけ採ってもかまわない資源とされている。また、細い枝や幹を薪炭として採ることも、誰にでも許されており、それらはオープンアクセスな資源として共有されている。

三つ目に、攪乱後の環境において栽培などの活動によって獲得できる資源がある。本稿で詳細に報告した二次林でのキノコ栽培がこれにあたるが、この場合、ナラの木を伐採して台木として利用するという、より積極的な介入をともなうため、その台木となる樹木は金銭で購入しなければならない。その意味ではプライベートなアクセスと見えるが、購入する条件などはなく、代金さえ支払えば誰もが実践することが可能な生業であり、利用者を選ばないという意味では地域住民に開放されたアクセスが確保されているということもできる。ナラの台木を利用して二次林内で栽培したシイタケは、栽培者が独占して得ることができるのであり、山林地主やヤマバンへの返礼などの慣行は見られない。

ヤマバンにとっては、シイタケ栽培のために地域住民にナラの木を売ることは、炭焼き職人に炭材を売ることとよく似ている。炭焼き職人は、炭材を伐採して、その山林内の適当な場所に窯を建設して、商品としての炭を得る。シイタケ栽培の場合も、台木となる樹木を伐採して、その山林地内の適当な場所に立て並べて、目的とするシイタケを得る。しかし、この二つの大きな違いは、前者は専業化した炭焼き職人とその家族によって営まれるのに対し、後者は地域住民のなかでシイタケ栽培を行いたい人が営み、それは生計維持に直接関わるほどの収入源とはなっていないことである。そのために、シイタケ栽培は仕事あるいは労働とは認識されておらず、山菜などの採集と同じ文脈で語られることが多い。

環境の攪乱によって獲得できる副次的な資源の利用は、紀州備長炭の炭材とシイタケ栽培の関係に見られるのみではない。例えば、人工林の育成過程で林床にシダ類が繁茂する。これらは土壌の保全にも役立っているが、シダ籠作りの材料とする採集が無条件で許されており、昭和初期には、それらを採って白浜周辺のシダ籠作りの職人に販売するということも行われていたという。地域住民にとっては、開放的な資源利用のもと得られる現金収入源のひとつであった。

山林資源の利用は、環境の攪乱によって得ようとする資源と、本来の意図とは別に結果的に得られる資源の、両方の利用によって維持されていた。山村の生業の具体的な理解のためには、山林資源利用の様々な位相を、環境の攪乱との関係を念頭に、より細かく見ていく必要があろう。

3 川漁の多様性と非所有資源利用

古座川における伝統的な河川漁撈技術の概要

全長およそ四〇キロメートルの古座川（和歌山県）は、その水の清らかさから四万十川に倣って「最後の清流」と称されることもあり、岩々がそそり立つ古座峡を蛇行する古座川の奇景は江戸時代の『紀伊国名所図会』にも描かれている。現代では渓流釣り・カヌー・キャンプなどのアウトドアレジャーの観光地として人気が高い。

自然資源の利用の多様性は、この地域の民俗を特徴付けるものであり、資源管理と利用の慣行を知る上では格好のフィールドといえる。古座川流域では三〇種を超える漁法が行なわれたことが確認でき、その技術の多様さは紀伊半島の他の河川に比して顕著である。その一方で、川漁を専業とする者があらわれなかった点は注意すべきである。現代のように河川漁業協同組合によって資源利用がタイトに管理されるようになる以前は、基本的には河川資源はオープンアクセスでの利用が確保されていたと考えられる。

本稿では、漁撈技術の実態とそれをとりまく背景について、流域での聞書きをもとに復元してみたい。調査の過程では、流域の各集落での聞書きによって漁撈の全体像の理解を進めていった。

聞書きによると、一九五五（昭和三〇）年の七川ダム建設以前の古座川本流は、河口（串本町古座）から一枚岩（古座川町相瀬）までを下流、一枚岩から真砂の船着場（古座川町真砂）までを中流、それ以上を上流と地域住民に認識されていたようで、それぞれに異なる漁法が見られた。

漁撈の対象となる魚種は、河口の汽水域ではボラや近海魚、中流域および上流域ではアユ・アマゴ（地方名：コサメ）・ウナギ・ウグイ・イワナ・ボウズハゼ（地方名：ナベラ）・アユカケ（地方名：ボッカイ）・カジカ（地方名：ジョロイ）・各種ハゼ類・スズキ・サケ・モクズガニ（地方名：ズゴ・ズガニ）・テナガエビ・小型のエビ類（地方名：コエビ）などであった。古座川流域での聞書きでは、ダム建設以前、上記の魚やエビ・カニを捕獲する方法として、

表1（458頁以降参照）に示した諸種の漁法を確認した。

漁法とその類型

漁法の類型設定

表1（458頁以降参照）に明らかなように、古座川における漁法はひとつの河川に見られる技術としては多様さを持っている。従来の民俗学では、様々な漁法の分類がなされてきた。ただ、河川漁撈を含む内水面漁撈について詳細な分類を試みた例はあまりなく、表作成に当たり筆者は、国の重要有形民俗文化財に指定された三件の河川漁撈用具のひとつである「江の川流域の漁撈用具」（広島県立歴史民俗資料館所蔵）の分類に依拠した。調査報告書（広島県立歴史民俗資料館編　二〇〇二）では、以下の分類を設定している。

A　網漁及び網漁具
1　鮎刺網漁、2　刺網漁、3　すくい網、4　投網、5　建網・袋網
B　釣漁及び用具
1　竿釣漁、2　置釣漁
C　突鈎漁及び用具
D　陥穽漁及び用具
E　鵜飼・鵜縄漁及び用具　**（漁法部分のみ抜粋）**

表1では、これに従い、A網漁、B釣漁、C突鈎漁、D陥穽漁、E鵜飼漁、Fその他の分類を設定し、流域の場所ごとに挙げた。しかし、これは漁具による分類であり、技術の社会的背景に対する理解を除外しているため、ここでは新たに二つの枠組みを設定し類型化してみた。いうまでもなくこれはあくまで試論であり、他地域の事例も踏まえつつその問題点を比較検証していく必要がある。

まず大分類として、個人で行う漁と、集団で行う漁の類型を設定した。漁撈の主体の数によって単純に区分したもので、前者は個人的、後者は集団的と表現した。後者には、いくつかの形態の集団が想定されるが、これについては後述する。

上記の主体の数による分類を大分類とし、下位分類として漁具の機能にもとづく漁撈にあたる人間の数と漁撈対象の数による類型を設定した。対象とは様々な魚やエビ・カニであるが、道具を一回使って一匹とるものと、複数をとるものに分けた。これにより、前者に人間の数を、後者に対象数をあてはめ、一対一型、一対多型、多対多型の類型を設定した。

この分類に従い、本節では漁法を以下のように類型化する。

1—① 個人的・一対一型
1—② 個人的・一対多型
2—① 集団的・多対一型
2—② 集団的・多対多型

以下は、H氏（古座川町長追在住、一九三一年生まれ）への聞書きデータから、個別の漁法について詳述する。それを踏まえて、それぞれの類型の特色について述べてみたい。

1 個人的な漁法

1—① 一対一型の漁法

アユ・アマゴを対象とした漁撈は以下のようなものである。アユは夏に河川を遡上し、上流で生活する。良い餌場を確保することは、秋の生殖に備える最も重要な要素であり、縄張り意識が強くなる。聞書きでは、流れが速く藻などの育成が良い場所を守りきれるアユは、非常に大きく成長できるとして、アユ漁で狙うのはこうした「フトリ（太り）の良いアユ」であるという。一方、繁殖競争に敗れたアユは淵に集まってくるが、そこでは泥が溜まって藻などの生長が悪く、アユの体長も小さい。こうしたものをフチアユと呼び、サイズのみならず味も泥臭く品質は数段落ちるという。一対一型漁法の漁撈においては、生存競争を優位に生きているアユをいかに捕獲するかが問題とされる。「フトリの良いアユ」を追求する漁法には、トモアユ、カラバリ、カマカケ、ヒコ釣り、チョッカケ、タモガキ、急流で行なうトントン釣りとダンビキがある。

トモアユはいわゆる友釣りで、囮アユを泳がせて、囮を追い払おうと出てきたアユを針で釣り上げる漁法である。釣竿は、現地でコサンチクと呼ぶ細く節の少ない竹を選んで自作した。先が細いほど良い。竹の油抜きは、先端はコエマツ（肥松）と呼ぶ松脂の多いマツの根部分の破片に点した小さな炎で曲がった部分を矯正し、高い木の枝から紐でぶら下げ、下に錘をつけて真っ直ぐに伸ばした。一週間から一〇日すると、良い竿になったという。こうした技術は、小学校の先輩がするのを見よう見まねで身につけたという。

カラバリは、囮アユも餌も使わない糸と針だけで釣り上げる漁法である。これはヒミズ（干水）すなわち夏季の渇水時に、岩の上からアユの様子を目視して針を川床に落としておいて、アユの泳ぐ方向を見定めて素早く糸を引き上げて引っ掛けるのである。カラバリには、釣り糸に針三つと錘を付けたものを用いた。話者は、「フトリの良いアユ」の住処となる岩陰を見定めるのは水流や岩の形、日照の状況など様々な要素から総合して判断するしかなく、言葉で言い表すことが出来ないという。アユは自らの姿を隠すため、木陰の岩を選ぶと良いという解釈もあり、佐本川などの古座川支流の岩場はカラバリに最適であったともいう。同様の漁法でアマゴもとれた。

カマカケはカラバリとよく似ているが、漁具として使うのは稲刈り用の鋸鎌である。これは、ヒミズの折に、岩の上からアユやアマゴを眺め、動きを見計らって鎌で引っ掛けるのである。

ヒコ釣り（引き釣り）とは、釣針をいくつもつけた糸を持って川床を引き摺らせながら歩くと、針にアユがかかるというものである。これもアユの縄張り意識を逆手に取ったもので、ヒコ釣りに良く反応するアユは闘争心が旺盛であり、漁法の単純さのわりに、「フトリの良いアユ」がかかったという。

チョッカケは、箱眼鏡で水中を覗きながら、アユビシと呼ぶ三又・四又のヒシ（ヤス―簎）で、アユやアマゴを突く漁法である。これもアユの住処を探し、そのなかでも特に「フトリの良いアユ」の縄張りを見出すのがポイントである。アユの住処を探すコツは人によって様々であるが、石についた藻などをアユが食べた痕跡であるハミアト（食み跡）のつき方で判断する場合が多かった。成否を左右するのは、一突きで仕留める決断力だという。アユビシは、スギの間伐材の細い幹を水田の泥中に浸けて油抜きして自作した。ホボ先（木の先端）の直径一センチぐらいのところに鍛冶職人に製作してもらったヤスの鉄先を装着した。箱眼鏡とヤスを用いる漁法は、昭和五〇年代前半に禁止され、現在では行なわれていない。

タモガキは、川幅の狭い佐本川で盛んであった。これは玉網と真竹を切っただけの「追い棒」を持って、棒で水面を叩き、アユやアマゴを追って、タモで掬う漁法である。タモガキは、個人でできる追い込み漁であった。

アユの通り道となる急流の滝で行うのが、トントン釣りとダンビキである。トントン釣りは、「滝の拝」と呼ばれる上流部の急流で七月一日から二〇日頃の増水時に行う。現在では観光名所となっている「滝の拝」のみで行われるが、七川ダム建設の前は各所の急流で行なわれた。トントン釣りに使うのは、糸の先に石などの錘を提げて、そのうえに数本の針を付け、竿で吊るした道具である。この竿を上下に揺らすと、川底に錘が当たり、トントンと当たることからトントン釣りの名がある。急流のアユの通り道で竿を揺らすと勢いよく上っていくアユが針にかかるのである。ダンビキは、トントン釣りと同じような竿で、落ちアユ（秋に産卵場に向かって川を下るアユのこと）やウグイをとるのである。ちなみに、落ちアユは古座川流域ではマワリアユ（回りアユ）とも呼ばれる。

次に、ウナギを対象とした一対一型の漁法について述べる。カマカケは岩の上から水中を眺め、出てきたところを鋸鎌で引っ掻きとるものである。ウナギバサミはこれとよく似ていて、他のウナギ漁では釣り上げたウナギを掴むのに用いるウナギ挟み具で、岩の上から直接水中のウナギを掴み取ってしまうというものである。アユと違い、ウナギは大きければ良いというものではなく、身の締まった「中の上」くらいのサイズを狙ったという。ウナギヒロイは、文字通りウナギを拾うものである。ウナギは土にわずかな水分があればどんな山中でも這っていく。山仕事で雑木林に分け入った折に、地面を蛇のように這っているウナギに出くわすことがよくあり、これを素手でひろうのがウナギヒロイである。ウナギ漁の多くは、闇夜に行う。ウナギは夜行性であり、月夜には警戒して自由に行動することはない。暗闇のなかで活動するウナギに合わせ、ウナギに仕掛ける罠も闇夜に設置するのである。

アユやウナギの他には、ボウズハゼが漁撈の対象となった。ボウズハゼは、古座川ではナベラと呼ばれるが、「滝の拝」ではボウズハゼのトントン釣りが行われている。また、イワオコシというごく簡単な方法でもとることができた。これは、冬に石の下で冬眠しているボウズハゼをねらって、カシの棒で石を揺らし、魚が流れ出たところを玉網で掬うのである。イシウチという方法もこれと似ていて、冬に川端の石に別の石を思いっきり投げてぶつけると、衝撃で気絶したボウズハゼが浮き上がり、それを玉網でとるのである。

1―② 一対多型の漁法

次に、個人で行うアユ・アマゴを対象とした一対多型の漁法について紹介する。九月を過ぎると、アユは中流から下流の小石や砂の多い場所で産卵するために降河する。このときオスは結婚色であるオレンジと黒に体を変色させる。アユは一斉に川を下り、これをマワリアユと呼んで漁撈の対象とする。いわゆる落ちアユである。このマワリアユの漁には、アユの通り道で待ち構えて一網打尽にしようとする一対多型の漁法が見られる。コケアガリ、ササタテ漁、ヒブリ漁、ヨセアミ、タモガキ、トントン釣り、ダンビキなどがそれである。

コケアガリは、いわゆる簗であり、急流の瀬で落ちアユをとった。アユの通り道で一網打尽にするので、一度の漁でたくさんのアユがとれ、養蚕に用いた桑摘み籠を魚籠代わりにしたほどたくさんとれた時期もあったという。

ササタテ漁は、セガタ（瀬）へ一～二メートルの笹を五〇センチ間隔で立てておき、そこへ泳いできたマワリアユをコタカ（小鷹）網と呼ぶ投網で取る漁法である。これをするには、まず川底を整える。川底の状態が良い場所を「アジロ（網代）が良い」というが、そうした場所に目を付けておき、あらかじめ投網の邪魔となる大きな石を退けておく。そして網を投げる場所のすぐ近くに笹を立て、その場所をササバ（笹場）と呼ぶ。ササタテ漁に使うコタカ網は広げると一〇メートルの網であり、これを右利きならば、右手に三メートル分、左手に七メートル分の網を持って投げる。ササタテ漁に最も適しているのは、夜明け前に雨があがり、水深がヒミズの時よりも二〇センチ程度増した状態（これを「ニサむ」という）だという。話者は、マワリアユは雨が上る少し前から下り出すと考えている。それをササバで待ち構え、マワリアユが行く手を阻む笹を不審に感じてUターンするその瞬間、コタカ網を投げてアユを一網打尽にするのである。その瞬間の判断は微妙なもので、「追い網」といってUターンしたアユを追いかけて投げる状態になると、逃げられてしまう。また、「カブる」とはタイミングが遅れてアユが網を潜り抜けてしまうこと、「タカアミ」とは網を広げすぎて空中に浮かせてしまうことで、魚群を確実に包んでも、空気抵抗を受けた網のせいで錘が水面から川底に沈む時間にわずかなロスが生まれ、アユに逃げられてしまうのだという。また大きすぎる魚群を狙うと、多くのアユの勢いで網に隙間が出来て、そこから一斉に抜けられることがある。さらに、投げた網に絡めとられずにいるアユが動きを止め、網を引き上げる瞬間に逃げるといったこともあるのだという。話者は、「刹那になってもアユは生きようとする。そのアユとの駆け引きが面白いのだ」と表現した。ササタテ漁に最も適した、水が「ニさんだ」状態の時は、網をいくつも持っていき、最初に投げた一番網を上げずに置いておいて、そのまま二番網を投げるといった調子で、いくつも網を投げてから上げることもある。こうして多くのアユを短時間にとることができるが、H氏への聞書きでは、「家に残すのはほんの〝おかず獲り〟程度で、アユは隣近所に分けてあげたものだ。上手だからといって、独り占めしては色々といわれることになる」といい、とったアユは自家用にする他、近所へ全て配ってしまうのが常であった。資源を共有することの確認であり、技術があるからといって資源を独占してしまうことは、逆に倫理的に負い目を背負ってしまうということである。こうしたササタテ漁は現在でも行われており、九月二〇日の解禁日を心待ちにしている人も多い。

次に、ウナギを対象とした一対多型の漁法について述べる。ウナギ漁として最も一般的に行なわれたのが罠を仕掛ける陥穽漁である。具体的にはウナギウケ・ビンヅケ・ツツッポがあるが、これは全て筌漁であり、漁法名の違いは用具の違いのみである。ウナギウケは、いわゆるモドリと呼ばれる、竹ひごで丸く筒状に編んだ両端に、はめ込み式の返り部分をつけた一般的な筌である。ビンヅケはビンモンドリと呼ぶ透明のガラス瓶を用いた筌であり、ツツッポは竹筒に返り部分をつけた簡単な筌である。すべて餌として用いるのは、アユ・テナガエビを最上としたが、これは勿体ないので、ミミズを用いることが多かった。カブラタと呼ぶ黒く大型のミミズは、ウナギをよくひきつけたため、これを田や落葉の下などで取ったという。ミミズは、シュロ皮で包んでモドリに入れるとよいという人もある。ミミズは布で包むとすぐに死んでしまうが、シュロだと長く生きるのだという。こうした陥穽具を仕掛ける場所には、特に規制はなく、ウナギが隠れていそうな場所で、夜にウナギが行動すると予想される道筋を見定め、重石をして沈めておくのである。

次に針に引っ掛けてウナギをとる漁法として、サゲ釣り・ナゲ釣り・ジュズ釣り・アナ釣りなどがある。サゲ釣りまたはイッポン釣りは、篠竹の竿先につけた糸と針に餌をつけて川に流した状態で提げ、竿を岸にさして仕掛けるものである。ナゲ釣りは、糸に複数の針をつけ、糸の両端を重石で押さえ、川に渡すように仕掛けるものである。針先には小型のハゼをつけておく。これらはともに、岩や石の上流向きの場所に仕掛けると食いつきがよいそうで、ウナギはエサが上流から流れてくるのを待っているのだろうというのがその理由であった。

ジュズ釣りは突鈎漁の一種である。ジュズ釣りは餌の付け方に最も特徴がある。まず、糸の先に布団針や竹針をつける。次に針をミミズの頭から尻尾まで貫通させ、糸に通す。同様に、ミミズを何匹も糸に通していくと、一直線にミミズが並んだ一・五メートルほどの糸ができる。最後に、端からしぼっていくと圧縮された一匹一匹のミミズが丸い玉状になり、こうして作ったミミズ玉のたくさんついた糸の仕掛けをジュズ（数珠）と呼ぶ。それを直径一〇センチほどの輪にして縛る。このミミズのジュズをいくつも作り、竹の棒の先に結び付け、雨上がりの水の濁った日に川岸近くに沈めるのである。釣針はついていないが、ウナギが何匹もジュズに食いついてくる。これをウナギの歯に引っ掛けたまま素早く引き上げ、桶に放り込むのである。ジュズが仕掛けであることが感づかれにくい、水中の澱みの激しい場所で、且つウナギが行動しそうな場所を選ぶのが成否を分けるのだという。

ドクナガシは、エゴノキの実やマタタビの実を潰した毒液を作り、これを川に流してウナギをしびれさせ、浮いてきたウナギをとるものであった。現在ビンヅケやドクナガシは、厳しく規制されている。

エビやカニを対象とした一対多型の筌漁は、多くの人が行なっていた漁法である。特にコエビと呼ぶ体長一センチほどの小型のエビは、春季の娯楽のひとつで、川岸の水際を上るエビを石で作った垣から筌に誘い込むのである。テナガエビも米糠を入れて三日程度つけておくと、筌が満杯になるほどとれることもあるという。またモクズガニ（地方名：ズガニ・ズゴ）は、カニヅケという大型の筌を仕掛けてとるほか、ヨツデと呼ばれる漁法でとった。ヨツデは、いわゆる四手網の一種で、針金で作った目の粗い網を竿から紐で吊り下げて川床に沈め、モクズガニがその上を歩いてきたら、カニが進む方向に引きずりながら上げるという単純なものであった。

2 集団的な漁法

2─① 多対一型の漁法

スズキは夏季に海から川を遡上し産卵するのであるが、これを大型の銛で突くのがスズキビシという漁法である。この漁は、主に木材運搬の仕事の合間や休憩時間に行った。男たちが銛を持ち寄り、岸や木材の上から素早く泳ぎ回るスズキに銛を打ち込むのである。なかなか当たらないものだが、運よく突けた場合は、しばらく銛を刺したまま泳がせ、体力が弱ってからとったという。大きなものは三〇分以上泳いでいたといい、強引に銛の柄を掴んで引き上げようとすると、スズキの逃げる力で柄が折られてしまうのだという。これが最も盛んであったのは中流の古座川町明神あたりであり、この場所は木材運搬の休憩所であった。

スズキのように大型の魚では、サケもとれたという話を聞くことができる。スズキと思って突いてみたらサケであったというのである。太平洋岸のしかも黒潮の影響を直接的に受ける紀伊半島南部でサケが遡上するとは驚きであったが、実際に二〇〇六(平成一八)年にも体長七五センチのサケが遡上して話題となり、和歌山県立自然博物館に標本として収蔵された。

2─② 多対多型の漁法

アユ・アマゴを対象とした多対多の漁法としては、ヨセアミがある。ヨセアミは昭和四〇年頃まで盛んに行われた共同漁である。これは、川上に作った追い込み場所に向かって、人々が叫んだり、木の枝で波を立てたり、鐘のように缶などを鳴らしたりして嚇しながらアユを追うという単純な漁法である。水量の少なくなる夏期盆前後に、集落内で誘い合って共同で行った。ヨセアミをするには、あらかじめ淵を目の細かい網で塞ぎ、瀬に水路を作っておく。そこへ向けてアユやアマゴの群れを追い立て、追い込み場所にアユが入ったら、川上から水路に入る水を塞いで追い込み場所の水かさを下げる。あとはアユを手掴みするだけである。大勢でするため祭のような騒ぎとなり、とったアユは河原で大鍋を使ってニビヤシ（味噌煮）にした。中流にある一枚岩より下流では、川幅が広いためこれに適さず、古座川町真砂・長追周辺がちょうどよい場所だった。

ヨセアミのように魚を追い込む漁に、ヒブリ漁がある。これは、漁のためのグループを編成して行うものである。深い淵のところや流れがゆるい場所に刺網を張り、日が暮れたあと、上流から下流へ向けて松明の火で脅して追い込む漁である。現在も観光目的のヒブリ漁が九月二〇日以降に行われている。

エビ・カニを対象とした多対多型の漁法としてはニゴカキがある。これは台風などの増水時に、ニゴダマと呼ぶ大型の玉網を使って、川岸近くに避難してきた稚魚・小魚・川エビなどを掬いとるのである。現在では洪水警報が発令されたら川へ近づかないというのが常識であるが、昭和三〇年ごろまでは、増水時に多くの男たちがニゴダマを持って川へ降りて、危険なニゴカキを平気で行ったものだという。

こうして得られた漁獲物は、商店や消費地から遠い古座川では、一部の温泉旅館を除いて出荷先は乏しく、むしろ隣近所に分配あるいは物々交換して消費された。ほとんどは数日内に食せる調理法で加工され、一部は保存食として貯蔵された。

調理法と保存法

ここで代表的な保存法および調理法について魚種ごとに紹介する。アユやアマゴなどの魚は、アブリ（炙り）にして保存するのがほとんどであった。特に一度にたくさん取れる陥穽漁の場合は、保存食として蓄えておく必要があった。アブリを作るには、アユを串に刺し、囲炉裏に備長炭を入れて三日ほどかけて燻製にする。このときの火加減は、一気に熱してしまうと芯までじっくり加熱されないので、最初は弱火でそれから徐々に火勢を強めていき、三日目に温度が最高潮になるようにするのである。表面が飴色にかがやく状態が最良であり、現在でも土産物として販売されている。これを使った調理法には、アブリを出汁に用いたアユ素麺、アブリごと炊き込むアユ飯・アユ粥、炙りアユを番茶で煮て酒・醤油・砂糖で味をつけた甘露煮、醤油のみで煮付けた炙りアユ佃煮などがある。また、細かく砕いたアブリを味噌と味醂に混ぜて煮たアユミソ（鮎味噌）も古くから山仕事の弁当のおかずに使われてきた。このほか、短期間で消費する時に作るアユの一夜干し、長期保存のために発酵させるアユ・アマゴのなれ鮨などがある。また、アユ釣りの現場で即席に食べる方法として、セゴシといって骨ごとブツ切りにして、酢味噌で食べる調理法もあった。

ウナギはツケアブリといって砂糖醤油をつけながら焼いて食べる方法と、白焼きにしてタレをつける方法があった。テナガエビは串焼きか天ぷら、小型のエビは甘辛く煮て保存しておくものであった。

ハゼは腸を取ってから炙り、醤油と砂糖で煮付けて食べた。また、アブリのように出汁にも使える。炙ったハゼをお茶・醤油・砂糖で煮る方法もあった。

スズキは舟上ですぐに血抜きをしてから、包丁でさばき、梅干で味をつけ、舟のアカトリ（浸水の掻き出し具）に盛り付けて食べたという。海でとれるスズキとは比較にならないほど美味しいといい、「土用のスズキはタイより旨し」といって、魚屋や旅館も高値で買ってくれたのだという。

漁法の類型にもとづく特色

1—①に類型した一対一型は多分に遊戯的な側面を持っている。それがよく表れるのはアユ・アマゴなど素早い魚を対象としたもののうち、より質のよい対象を求めて、魚同士の競争の激しい場所へとアプローチする漁法である。漁法としては、トモアユ、カラバリ、カマカケ、チョッカケなどがこれに該当する。これらは、人間と魚が一対一で向き合うものであり、個人の力量が釣果を左右し、おのずと遊びの様相を呈してくる。魚場の見極め、アユの動きを先読みする感性、道具を使いこなす技術などが総合的に要求され、その成否は「あの人はよくとる」といった評判へとつながる。ウナギの陥穽漁も、個人の力量を競う側面がある。その力量を証明するのは、漁獲物の質である。アユの場合は「フトリの良いアユ」と表現されるように大きさがその指標となる。アユ同士の生存競争に勝ったものは、子孫を残すチャンスを得るだけでなく、良い餌場を確保して良質な藻を食べて自らも大きく成長することが出来る。一方、ウナギについては、大きすぎると大味になるため、サイズはあまり重視されない。むしろ身の締りが重視され「中の上」というサイズが目標となった。

①—②に類型した一対多型の漁撈活動は、質より量を目的とするため、重視されるのはアジロすなわち漁場の設定に関する知識である。対象物がどのような環境に住み、どのような場合にどこに集まるのかを先読みして罠を仕掛けるのが陥穽漁のポイントであり、所定の道具で可能な限り漁獲を増やせたものが技術的には高く評価される。このアジロは、多くの場合は漁業権と結びついて漁を行おうとする複数の主体が競合することになる。ただ、専業の漁師の発達を見なかった古座川においては、競合する場合が全く無いわけではないが、アジロの設定に対する自由度は高かったと思われる。

②に類型した集団的な漁撈活動においては、大きく分けてふたつの集団がみられた。ひとつ目は、サブグループとも呼べるような、漁撈仲間による漁撈活動である。スズキ漁の場合は、木材運搬の仕事仲間が協同して大型の対象物を狙うのであり、ヒブリ漁では気の合う仲間が役割分担し、舟を操舵する人、松明をかざしてアユを追う人、網を張る人などに分かれ、収穫物を分配あるいは販売して得た利益を分配した。

一方、集落の人々が集まって行うアユのヨセアミは、共同体的な漁撈活動の事例である。生業というよりはレクリエーションであり、漁を通してコミュニティの融和を図ろうとする活動である。人々は林業や農業などの仕事を休んで川原に集まり、皆で協力して大量のアユを捕獲し、大鍋で調理したものを共に食すのである。川を堰き止めてアユを手掴みする漁撈には、子どもから老人まで容易に参加でき、交流の手段としての側面が強かった。共に遊ぶことが目的化した漁撈といえる。

しかしここでの疑問は、こうした多様な漁法があったにもかかわらず、なぜ川の資源をもとにした専業漁民化が起こらなかったのか、という点である。

次では、目を転じて川の主要な利用方法であった木材搬送について概要を述べてみたい。

木材の流送経路としての川

古座川流域の林業

多様な漁法が実践されてきた古座川も、地域経済全体から見れば、川漁の舞台というよりは木材流送のための道であった。

江戸時代の紀州藩領では、いわゆる留山制度と呼ばれる木材の伐採規制によって天然林が比較的保持されてきたが、古座川流域では、明治時代以前からすでに村外地主による山林買収が始まっていた。しかしこの地域の林業が飛躍的に発展するのは、明治時代末期から昭和時代初期にかけてである。この時代、大規模な造林が国策として進められ、紀州備長炭の製炭のために持続的に利用されてきた紀伊半島南部の広大な雑木林が、スギ・ヒノキの人工林に急速に転換していった。河口には多くの製材所が林立し、昭和一〇年代後半には二一の製材工場があった。戦時中は木材が統制下に置かれた。熊野地域の林業が最も活況を呈するのは、戦後復興期である。大阪をはじめとする地方都市の復興のため、建築資材を中心として木材需要が一気に増大し、空前の伐採ブームが起こり、県外から多くの労働者が流入した。山林の立木を購入して、それを伐採・搬出・製材している間に値が高騰し、出荷時には購入金額の二倍・三倍の価格となることが常態化していた。

しかし、こうした景気も、昭和三〇年代に入ると徐々に後退し、木材消費量と炭の生産量がともに減少傾向となり、外材依存による木材価格の低迷、林業労働力の流出、造林費用増大による事業意欲の減退などの要因によって林業は急速に衰退し、現在は長い木材不況の時代が続いている。

古座川の林業の歴史を通して、川は木材の搬出路であった。急流が連続する古座川では、基本的に筏流しは行われなかった。木材の流送は全て、丸太をバラバラで流すカリカワ（狩川）またはバラナガシと呼ばれるいわゆる管流しが採用された。木材の流送路としての古座川は、冒頭で述べた上・中・下流の区分とは異なる指標で川を区分している。それは、上流から囲うまでの約六四キロメートルを二分して、最上流部の古座川町松根から中流の古座川町真砂にあるツノブチ（綱渕）までの約三〇キロメートルをコドリ（小取）、残りの河口までの約三〇キロメートルをシモカワ（下川）と呼ぶ、川を二分する認識である。松根の木材は、河口の製材所に荷揚げされるまでに平均一〇日間を要した。松根周辺の最上流部では、水流が充分でないため、丸太を組み上げてテッポウ（鉄砲堰）を作って水を貯め、水の排出口を開いて勢いをつけて木材を流した。

それぞれの支流から流された木材は、古座川本流で合流し、上流と下流の境界とされる古座川町真砂のツノブチに集められた。他の河川であれば、この中流の土場で筏を編成するのであるが、前述のとおり古座川は筏を組む充分な場所を確保できないことと、下流域でも川幅が広くないことから、ツノブチを過ぎた下流域でも筏に組まず、河口まで一貫して管流しであった。ただし、水勢に任せて木材を流し下るコドリ区間とは異なり、下流のシモカワ区間では和船で綱を張りその中に浮かべた木材をゆっくりと流していく方法が取られた。こうして製材所が集まる古座川河口まで流し終えた木材は、ようやく川岸に揚げられ、運賃が支払われたのである。こうした流送は、一九五五年に古座川上流に七川ダムが建設され、徐々に川岸の道路も整備されていくにつれ減っていき、一九六〇年頃にはまったく見られなくなった。

漁撈活動と林業

こうした木材流送と漁撈活動とは、一見すると無関係に思われるが、その関係を次の二点で指摘することができる。

まず、木材の管流しが川漁師の専業化を妨げたことである。古座川流域では、川漁のみで生計を立てることができるいわゆる川漁師がほとんどいない。恒常的に大量の木材が流れていく川では、安定した漁撈活動などできないからである。人々の漁撈活動は、木材の流送の合間に行われてきたのであり、専業の漁師が恒常的に魚場を確保して漁撈活動を行なうことは著しく困難であった。よって漁法は単一の漁法に収斂されることなく、雑多で多様な漁法が、それぞれの目的において個別に実践されてきたのである。換言すれば、川魚は直接的に生計維持の資源とはなりえなかった。各所で行われる漁撈において、総じて地域住民のオープンアクセスでの利用が確保されていたことも、川漁が生計維持と直接的に結びついてこなかったことによって、資源をめぐる利害が生まれにくかったことと関係している。

二つ目に、環境の撹乱の問題がある。大量の木材が一斉に流された後は、川床が少なからず撹乱される。上流部では、鉄砲堰を切って人為的な鉄砲水を作り出し、そこを木材が周囲の岩にぶつかりながら一気に流れ下る。中流から下流でも、船から張ったロープのなかに木材が押し詰められた状態で運ばれていく。川床や水中の状態は一定でなく、常に変化することになり、そこに生きる生物の生息環境にも少なからず影響があったと思われる。こうしたことについて、ある話者は、「川はいつも変化していて、特にバラナガシのあとは、以前のアジロ（魚場）が使えなくなる。ただ、魚はちゃんと別の場所にいて、それをいち早く探すのも技のうちだった」と語り、「現在は、台風でも来ない限りこうした変化が起らないから、細かい泥が溜まって魚の隠れ処や産卵場所が著しく減った」のだという。鉄砲堰による一斉放水と多量の木材の通過がもたらす環境の撹乱は、生き物の住む環境に影響を与え変化をもたらし続けていた側面があった。木材流送に伴う適度な環境の撹乱は、環境に適度なた。そこでは専業の漁師が生計維持のために恒常的な漁撈活動を行なうことは困難であった。

一方で、地域住民はこうした川で〝おかず獲り〟程度の漁撈活動を行なってきた。そこでは、刻々と変わる状況に対応する経験や勘が求められた。季節に応じていろいろな漁法によって様々な魚種を狙ったことが、非専業の人々による三〇種を越える多様な漁法を支えていたと考えられる。

古座川の河川漁撈の現在

一九五五年の七川ダム建設以降、現在に至るまで、古座川の河川資源は、古座川漁業協同組合と七川漁業協同組合の二つの内水面漁業協同組合（以下、内水面漁協）によって管理されてきた。内水面漁協は、資源の管理（仔魚の放流・捕獲制限・漁期の設定）と、漁業従事者（漁業協同組合員）の統括、一般の遊漁者の許可などを行っている。

七川漁業協同組合は、七川ダムより上流の古座川水系のアユ・アマゴ・ウナギの漁業権を扱い、二〇〇五年の漁期はそれぞれアユは六月二〇日～一二月三一日、アマゴは三月一日～九月三〇日、ウナギは六月一日～一二月三一日であった。古座川漁業協同組合は、「滝の拝」橋より上流の小川と、三尾川口より上流の古座川のアユ・アマゴの漁業権を扱い、平成一九年度の漁期は七川漁協と同様に、それぞれアユは六月一日～一二月三一日、アマゴは三月一日~九月三〇日としている。また、禁漁区域は、下流は右岸:串本町古田の岩渕谷、左岸は古座川町高池の岩鼻から、上流は古座川町高瀬橋までで、一〇月一一日~一二月一〇日を禁漁期間と設定している。一般の遊漁者には友釣りしか許されていないが、漁業従事者にはササタテ漁やヒブリ漁、籠を用いた陥穽漁が許可されている。

七川ダム建設以前の漁撈民俗から見ると、現在の漁撈は内水面漁協を主体とした公的な側面を持つ共的管理の上に成り立っており、かつてのような開放的な資源利用への介入や共同体をあげて取り組む遊びの空間は、もちろんみられない。現行の漁法は、ウナギのサゲ釣り・ナゲ釣り・各種の筌漁(ガラスビンを用いるのは禁止)、アユ・アマゴのササタテ漁による投網、観光化したヒブリ漁などで、以前のような多様性は見られない。

七川ダム建設以降は、こうした河川資源の利用は極端に減っていき、漁撈にたずさわる地域住民は激減した。一方、山村の観光化にともない、都市部から多くの遊漁者が訪れるようになり、内水面漁協による資源管理のもと、川そのものが観光資源として認識されていく。「最後の清流」「渓流釣りのメッカ」といったレッテルはこの頃からつき始めたもので、観光ガイドブックや釣り関係雑誌にとり上げられるようになった。地域住民もそうしたイメージを利用し、地域開発に活用していったのである。

現在の古座川では、遊漁者のアユの友釣り、観光化した見せ物としてのヒブリ漁がもっぱら有名である。また、トントン釣りは、「滝の拝」の特徴ある風景とその漁法の珍しさから、「夏の風物詩」としてメディアにとり上げられることも多い。その一方で、ササタテ漁、川エビやウナギを対象とした筌漁・サゲ釣り・ナゲ釣りなどは、地域住民(もちろん内水面漁協の管理下で)によって続けられている。

河川資源と漁法の研究

本稿では、紀伊半島南部に位置する古座川を対象に、林業と漁撈について事例を紹介してきた。一九五〇年代前半まで実践されていた漁法は三〇種類以上にのぼり、上・中・下流のそれぞれの地形や魚の生息状況に合わせた多様な漁撈が行われていたことがわかる。漁法は従来の漁法と漁具にもとづく分類のほかに、個人的・集団的の類型と、漁法の主体と対象の数から一対一型、一対多型、多対一型、多対多型の類型を設定し、それにあたる漁法を紹介することで全体像の理解を試みた。

こうした漁法の多様性が生まれた要因は、現代の「最後の清流」といった表現に象徴される言説では、〝川が美しいから〟、あるいは〝河川資源が豊富であるから〟といった、環境そのもののポテンシャルの高さに求められがちである。ただ、近代林業と並行して行われてきた古座川の漁撈活動においては、むしろ川が近代林業の木材搬出路としてもっぱら使われてきたことに付随する状況が大きな役割を果たしたと考えられる。鉄砲堰による増水と、川幅いっぱいの大量の木材が頻繁に通過した古座川では、川漁で生計を立てることは困難で、それが専業の川漁師の成立を妨げ、特定の技術に漁法が収斂されていくこともなかった。

古座川における専業漁民化を阻んだ要素として、消費地との物理的な距離も大きく影響している。地形の入り組んだ熊野地域では、新鮮な魚を短時間で消費地に届けることは困難である。最も近い町場である新宮でさえ、直線距離で三〇キロメートル、道程ではその倍以上となろう。生きた川魚の長距離運搬は、保津川（桂川・大堰川）のアユを京都へ担いで運んだ例などもあるが、古座川ではそうした交通経路、運搬手段の成立を見なかった。販売先が一部の商店や旅館に限られる状況では、専業の川漁師として生計維持することは不可能であった。

だれもが資源を獲得できるオープンアクセスでの資源利用に共通するのは、現金収入に直接結びつくものではなく、枯渇するほど採集しない資源であるということである。すなわち、それをめぐって利害の対立を生まないことを前提としていたことから、その資源を利用する専門職が独立せず、遊びの延長の状況にとどまっていることが条件である。また、その資源が枯渇しない自然条件のみならず、人為的条件（ここでは木材流送による適度な攪乱）も作用していた。また、木材輸送に伴う適度な環境の撹乱に対して、対象がどのような対応をするのかを予想するためには経験や勘が求められ、それが漁撈の楽しみにもつながっていたのであり、漁撈の遊戯性を温存する大きな要素であった。こうした川漁における遊びの要素については、河川漁撈を対象に共的資源利用研究に取り組む菅豊が強調している点である。菅の表現を借りれば、「魚捕りをする男たちは、ウグイを味わう以上に、その魚捕り自体を味わっている」という「なりわいと遊びの連続性」（菅　二〇〇八、二五五頁）である。

古座川のような林業に制約された漁撈活動という事例は、全ての非所有資源の利用に一般化できるものではなく、ある特殊な状況の分析にすぎない。しかし、オープンアクセスでの資源利用の理解のためのひとつの事例として提示することで、従来はフィールドワークでとるに足らないと受け流した多くの事象を再考する契機とはなろう。「とるに足らない仕事」という解釈自体が、話者の価値観に便乗しているのであり、そうしたものを相対化するうえでもオープンアクセスでの資源利用を研究する余地がある。

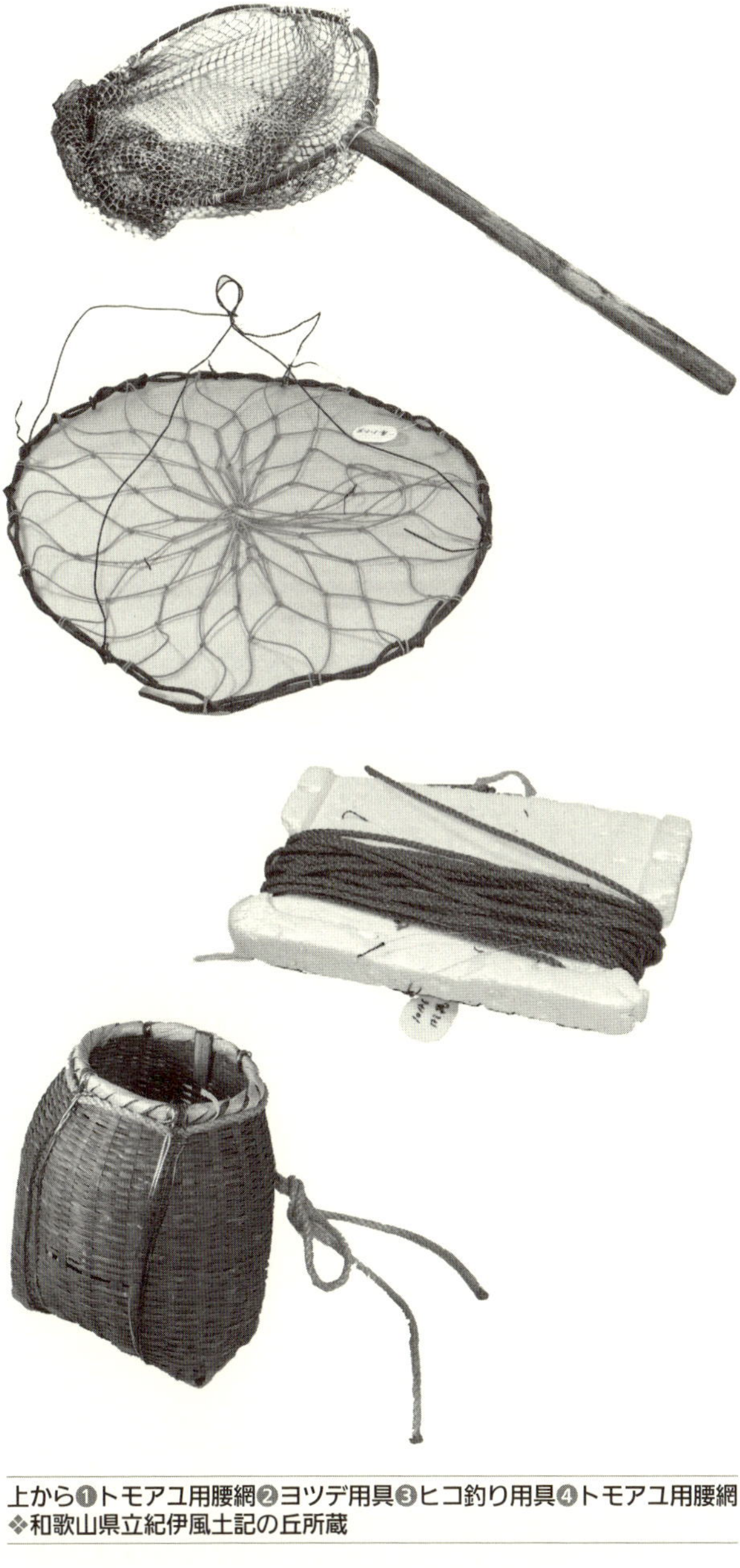

上から❶トモアユ用腰網❷ヨツデ用具❸ヒコ釣り用具❹トモアユ用腰網
❖和歌山県立紀伊風土記の丘所蔵

◆表1　一九五五年以前の古座川流域における漁法

漁法名	区分	場所	対象	主体	主体：対象	現行
サゲ釣り（提げ釣り）	C突鉤漁	下・中流	ウナギ	個人的	一対一型	○
ニゴカキ（濁掻き）	A網漁	下・中流	幼魚・エビ等	個人的	一対多型	
スズキビシ	C突鉤漁	下・中流	スズキ	個人的	一対一型	
コケアガリ（こけ上り）	D陥穽漁	中流	アユ・カジカ（小）	個人的	一対多型	
ヒブリ漁（火振り漁）	A網漁	中流	アユ・アマゴ	集団的	多対多型	○
ササタテ漁（笹立て漁）	A網漁	中流	アユ・アマゴ	個人的	一対多型	○
コタカアミ（小鷹網）	A網漁	中流	アユ・アマゴ	個人的	一対多型	
ヨセアミ（寄せ網）	A網漁	中流	アユ・アマゴ	集団的	多対多型	
ヨツデ（四手）	A網漁	中流	モクズガニ	個人的	一対一型	
カチウカイ（徒歩鵜飼）	E鵜飼漁	中流	アユ	集団的	多対多型	
トモアユ（友鮎）	B釣漁	中・上流	アユ	個人的	一対一型	○
ヒコ釣り（引き摺り）	C突鉤漁	中・上流	アユ	個人的	一対多型	
カラバリ（空針）	C突鉤漁	中・上流	アユ	個人的	一対一型	
チョッカケ（チョッ掛け）	C突鉤漁	中・上流	アユ・アマゴ	個人的	一対一型	
ダンビキ	C突鉤漁	中・上流	アユ・アマゴ	個人的	一対一型	
ドクナガシ（毒流し）	その他	中・上流	アユ・アマゴ・ウナギ	個人的	一対多型	
カマカケ（鎌掛け）	C突鉤漁	中・上流	アユ・アマゴ・ウナギ	個人的	一対一型	
デンキショック（電気ショック）	Fその他	中・上流	アユ・アマゴ・ウナギ	個人的	一対多型	
コサメ釣り（コサメ釣り）	B釣漁	中・上流	アマゴ	個人的	一対一型	

コサメヅケ（コサメ漬け）	D陥穽漁	中・上流	アマゴ	個人的	一対多型	
ビンヅケ（瓶漬け）	D陥穽漁	中・上流	アユ・アマゴ・ウナギ	個人的	一対多型	
ウナギウケ（筌）	D陥穽漁	中・上流	ウナギ	個人的	一対多型	○
ツッポ（筒っぽ）	D陥穽漁	中・上流	ウナギ	個人的	一対多型	
ナゲ釣り（投げ釣り）	C突鈎漁	中・上流	ウナギ	個人的	一対一型	○
ジュズ釣り（数珠釣り）	C突鈎漁	中・上流	ウナギ	個人的	一対多型	
エビヅケ（海老浸け）	D陥穽漁	中・上流	テナガエビ	個人的	一対多型	
コエビヅケ（小海老浸け）	D陥穽漁	中・上流	小型のエビ類	個人的	一対多型	
カニヅケ（蟹浸け）	D陥穽漁	中・上流	モクズガニ	個人的	一対多型	
タモスクイ（玉網掬い）	A網漁	滝の拝	アユ	個人的	一対多型	
トントン釣り（トントン釣り）	C突鈎漁	滝の拝	ボウズハゼ	個人的	一対一型	○
タモガキ（玉網掻き）	A網漁	上流	アユ・アマゴ	個人的	一対一型	
ウナギバサミ（鰻挟み）	C突鈎漁	上流	ウナギ	個人的	一対一型	
アナ釣り（穴釣り）	C突鈎漁	上流	ウナギ	個人的	一対一型	
イワオコシ（岩起し）	A網漁	上流	ボウズハゼ	個人的	一対多型	
イシウチ（石打ち）	Fその他	上流	ハゼ類	個人的	一対多型	
イワナ釣り（イワナ釣り）	B釣漁	上流	イワナ	個人的	一対一型	
ウナギヒロイ（ウナギ拾い）	その他	源流・山中	ウナギ	個人的	一対一型	

富田川中流域の川漁と漁具

古座川は「最後の清流」と称され、釣り愛好家のアユ釣りのメッカとなっているが、ダムの存在しない和歌山県唯一の一級河川である富田川の川漁もまた、豊かな河川漁撈の民俗が育まれたフィールドである。富田川中流域の農村では古くから様々な方法で川魚やカニ・エビなどの漁を行っており、上富田町立民具館にもそれに伴う民具が多数見られる。ここでは古座川の漁法に対する、比較の対象として富田川の河川漁撈について紹介する。

川漁の聞書きをすると、まず話題にのぼるのは春・梅雨・夏期のウナギ漁である。富田川のウナギ漁は、筌《うけ》漁・釣り漁・突き漁に分かれる。

まず、ウナギの筌は広くモドリと呼ばれるもので、竹の簾を丸めたような割竹の筒か竹筒に、魚が一度中に入ったら出られない構造のカエリ（返り）と呼ぶ部品を装着したものである。なかには小型のアユ・ハヤ・ミミズなどの餌を入れて夕方に川に沈めておき、夜明けに上げると、うまくいけばウナギがなかに捕らえられる。この設置場所は、それぞれの人の経験や勘に頼る部分が大きく、川漁を生業とする人は一度に数十本の筌を仕掛けた。また、竹の香りを抜くために、火であぶって油抜きしたり、泥につけておいたりするなどの処置をする人もある。捕れたウナギは、ボッツリと呼ぶ腰魚籠に入れる。ボッツリへウナギを入れるときに使うのがウナギ挟《はさみ》で、ウナギの頭をつかんで尾からボッツリへ素早く入れた。

一方ウナギの釣り漁は、流し釣りで複数の針を付けた延縄を石などで固定し、ハゼやミミズを付けて夕方に仕掛けておくと、翌朝にはウナギが引っかかっているという。また、大きめの釣り針を装着した釣り糸にアユやミミズなどの餌を引っかけて、糸を節を抜いた笹竹の竿に通す釣り具によるアナヅリ（穴釣り）も行われた。岩の隙間などのウナギの隠れ家にこれを差し入れ、竿だけを抜くと針にウナギがかかり、針が外れないように引き出すのである。現在は禁止であるが、かつてこのアナヅリには箱眼鏡を使用した。箱眼鏡は、木箱の底部分がガラスになっており、目を蝋やコーキング材などで水漏れ処理したものである。

ウナギと同様に川漁の主要な対象となるのはアユである。アユ漁は、釣り漁・突き漁・網による掬《すく》い漁・梁漁などがある。このうち釣り漁は、現在の主要なアユ釣り漁法である開漁期の友釣りが主で、鑑札を必要としてい

❖富田川中流域の景観

る。アユの突き漁は、ヒシと呼ばれる簎《やす》を用いた。尖った先端部分は三本のものと四本のものがあった。現在は禁止であるが、かつては箱眼鏡で水中をのぞきながらヒシで突いたが、これも個人によって勘やコツが異なり、技術的な差による収量の違いが激しい漁法であった。

アユの網漁には、玉網による掬いと、投網があった。まず、掬い漁法には二種類がある。一つは、叩き棒によって、水面を叩いてアユを脅し、逃げる方向に玉網を刺し入れ、アユを掬い上げるというものである。この叩き棒は、枝のついた笹を用い、長さは二メートルほどが平均である。この掬い漁は、より確実にアユがとれるように、建網で川を仕切り、ある程度逃げにくい環境を作り出して行う場合が多かった。これに加え、もう一つの掬い漁法は、主として台風などの出水時に、川岸に非難してくる小魚や川エビなどを掬い取る方法で、ニゴダマなどと呼ばれた。

次に投網は、陶錘や鉛錘のついた網を、魚群に向かって投げて被せる漁法で、投げるタイミングや網が沈むまでのタイムラグ、アユの動きを先読みした投げ場所など、様々なコツがあり、これも技術的な差による収量の違いが激しい漁法である。

アユの簗漁は、秋の落ちアユを狙って、アユの通る特定の場所に仕掛けるものである。簗は、ソデと呼ばれる石や竹の簀でさえぎられた道をアユが辿っていくと、最終的にクチとよばれる場所に囲まれ、アユがとれるというものである。こうしてとったアユは、塩焼きにして食べるほか、燻製にして保存食にもした。

ウナギ・アユと並んで、富田川中流域で盛んなのは、ズガニと呼ばれるモクズガニの筌漁である。一般にエサは使わず、川の浅瀬のカニの通り道を読み、簀を立てて道をつけたり、流れに沿って誘導するように砂礫を盛ったりして、筌にモクズガニを誘き入れるのが難しく、得意な人は重さで筌を持ち上げられないほどのカニをとるのだという。

こうした川漁の伝統も、砂利採取による河床の荒廃や、水環境および護岸環境の変化によって、川の生き物が激減し、さらに生活様式や物資流通の変化などから、川漁に携わる人も少なくなっている。漁の技術を知る話者も、今後少なくなっていくであろう。漁具とその使用法に関する調査は、農具に比べて緊急度が高いといえよう。

4　二次林における採集と商品

二次林は様々な資源を採集できる場であった。

ここでは、二次林における採集と商品の事例として富田川中流域における集落背後の雑木林利用について概観したい。西牟婁地域では比較的広い平野を持つ当該地域でも、水田経営のみで生計が保てる農家は少なかった。その反面、平地の広い紀ノ川流域とは違い、ほとんど全ての集落が、日常的な利用によって維持される雑木林を有しており、それへの依存度も高いと思われる。

雑木林利用として、聞書きデータを、①薪・柴の燃料採取、②山菜や木の実などの保存食採取と現金収入となる採集資源、③草や小枝の肥料としての利用、④集落の守り神や雨乞いの神の祭祀、⑤子供の遊び場、に整理してみたい。

①に挙げた薪・柴の燃料採取については、ガスの普及以前、一年分の炊事・風呂焚き用の薪や柴と、着火材としてのスギ葉を、冬期に採って蓄えるのが一般的であった。薪・柴にはアラカシ・コナラ（地方名ホウソ）・クヌギ（地方名ドングリ）・スダジイ・ヤマモモ他が使用されたが、カシやコナラなどのカタギ（堅木）は、薪に最も適していた。ジゲヤマ・ノヤマと呼ぶ共有林はもちろん、個人所有の山林でも比較的自由にとることができたが、森林の持続的利用のための一定の規則はあった。それは、マツ・スギ・ヒノキ・クスノキ・カシ・ケヤキは伐採禁止、炭焼きの材料となるナラ・ウバメガシは伐採禁止、片手で握ることができない太さの木は伐採禁止、マツタケの季節は、マツタケを入札する山には進入禁止、柴は刈って束ねた時から刈った人の所有物、などであり、森林利用のいわば「常識」であったという。薪・柴は自家利用のみならず、上富田町岡では田辺市街へ薪を売りに行き、農家の冬期の収入源とした。薪・柴の採取には、天秤棒の両端に束ねた柴を突き刺して使用するササオコ（笹負子）や腰鉈が使用された。また、古くは照明用に肥松の根を採取したという。

次に、②に挙げた山菜や木の実などの保存食採取と現金収入となる採集資源も、集落背後の雑木林の重要な利用であった。木の実の採集はトチ・クリ・シイなどが挙げられる。クリは花が養蜂の蜜に、樹皮の煮汁は皮なめしに、幹は樋の材にとその利用の幅は広い。採集する山菜としては、ワラビ・ゼンマイ・フキ・イタドリ・ウドなどがあり、根を食するものとしてはクズ・ヒガンバナ・ワラビ・ヤマノイモがある。

西牟婁地域の山間部では「雑木林には薬の植物七七種ある」という伝承が大塔村の日置川流域の集落で聞かれるが、センブリ・キハダ（胃腸薬）・ヨモギ・アザミ（止血薬）・カンゾウ（心臓病）・マタタビ（神経痛）・タラ（破傷風予防）などは代表的なものであった。富田川流域でも、同様の植物が広く利用されたと考えられる。

一方、現金収入となる採集資源には、ハゼの実（ろうそくの素材）、ガンピ（地方名ガンピ）の樹皮（和紙の素材）、クスノキ（樟脳の素材）などが挙げられる。クスノキは艶のある材のため、家具や器具、建築、船舶の用材ともなった。

田辺市大塔村鮎川での聞書きでは、西牟婁地域には「山の豊年、里不作」という言葉があるという。雑木林の恵みと水田の恵みのどちらも大切だが、里山のものが豊富な年は米が不作、雑木林が不作なら米は豊作になるという意味だという。水稲耕作のみに依拠しないこの地域の生活のあり方を端的にいい表していよう。

③に挙げた、草や小枝の肥料としての利用を目的とした山焼きは、前節で見たとおりである。④集落の守り神や雨乞いの神の祭祀については、雨乞いの神仏などが祀られ、山の神祭祀の場でもあった。また、かつて農村近くの雑木林は、貴重な資源を与えてくれると同時に、⑤に挙げた子供の遊び場でもあり、子どもたちは常に自然と触れ合っていたのである。

このように、富田川中流域の平地では雑木林利用が日常的に行われていた。そのことは、川沿いに水田が展開し、山際に民家が立地し、背後に雑木林が広がるというこの地域の景観にも如実に現れている。ただし、こうした雑木林が保持される前提として、白炭・黒炭の炭焼きが西牟婁地域に広く展開していたことも大きく寄与していたことはいうまでもない。

第4章　傾斜地の水田経営と山村観光

1　熊野の水田経営と観光への活用

変化の契機としての世界遺産登録

二〇〇四（平成一六）年、「紀伊山地の霊場と参詣道」がユネスコ世界遺産に登録された。それによる観光現象の拡大は、紀伊半島南部の地域社会に少なからぬインパクトを与え、それに対する様々な反応が見られる。本章では、観光とローカリティにまつわる近年の議論を意識しつつ（アーリ　二〇〇三、太田　一九九八、Massey　一九九四ほか）、現在フィールドで起こっている諸現象を理解する契機をつかみたいと思う。

筆者は、自然への畏敬と信仰を育んだ精神性を、〝癒し・蘇り〟といった隠喩に収斂させ消費しようとする欲望と憧憬による、〝熊野イメージ〟がどのように生成し、人々を惹きつけるようになっていったのかを分析する。そして、視座を地域に移し、和歌山県田辺市中辺路町高原を事例に、地域住民が自らに向けられたまなざしをどのように受けとめ、柔軟に対応しながら生活を再構築しているのかを素描してみたい。こうした記述を通して、〝熊野イメージ〟をめぐる現在の熊野古道の状況を対象化してみたい。

“熊野イメージ”の「精神性」と観光のまなざし

(1) 現代山村をとりまく状況

昭和初期から中期、熊野の山村はまさに激動の歴史を経験した。明治末期から昭和初期にかけては、大規模な造林が国策として進められた時代であり、紀州備長炭の製炭や養蜂等のために持続的に利用されてきた広大な雑木林が、スギ・ヒノキの人工林に急速に転換していった。戦時中は木材が統制下に置かれたが、戦後復興期の木材特需は、山村にかつてない活力を与えた。大阪をはじめ各地方都市の復興のため、建築資材を中心として木材需要が一気に増大、空前の伐採・造林ブームが起こり、県外から多くの労働者が流入したのである。しかし高度経済成長期以降、消費木材の外材依存とそれにともなう山村からの人口流出により、林業は急激にその勢いを失っていった。同時期、一方では大気汚染や水質汚濁が社会問題化し、森林資源の価値を再評価する動きも見られたが、山間地域の活性化の特効薬はなく、現在も山村経済の低迷は続いている。造林熱が冷めたあとの山林は荒廃の一途を辿っており、社会問題化している。

出口の見えない山村の疲弊状態に対し、一九九〇年代以降、従来の林業振興策とは異なる施策が講じられるようになった(重栖 一九九七)。環境保護の上で森林が持つ公益性を守るため、保全策を講じるというエコロジカルな構想である。これは、一九九二(平成四)年の国連環境開発リオ・デ・ジャネイロ会議で打ち出された「持続可能な開発」の基本理念に象徴される、一連の環境に関する思潮と連動する動きとして理解される。具体的には、山林を経済的な意味での開発の対象から、環境保全や自然との共生といった外部経済的な付加価値としてとらえることへと、重点が劇的にシフトしていったのである。

(2) “熊野イメージ”と創られた「精神性」

そもそも住民にとって熊野地域の山林は、信仰の場である以上に生産の場であった。熊野古道も、昭和初期～中期は、生活道路あるいは日常的な山林管理の通路として使用され、王子社跡や大雲取越えなど一部の難所や峠以外は、地域住民による特別な呼称はなかった。

また、観光資源として比較的古くから人々を惹きつけてきたのは、熊野三山や湯峰温泉であって、熊野古道ではなかった。前者は戦前から観光地として、絵はがきや画題に数多く取り上げられてきた。とりわけ那智の滝は、熊野観光の目玉として人気が高かった。一方、熊野古道は、それ自体が観光地というよりは、むしろ観光地に至る道程にすぎなかったと思われる。〝熊野イメージ〟は、ありふれた〝古い山道〟が、文化財、あるいは観光資源としての熊野古道として整備されていく過程で、生成されてきたものであろう。

一九七〇年代以降、熊野古道は歴史的な価値を持つ文化財として再認識され、山中の石畳や路傍の石像、王子社の調査が進められるようになった（西　一九七一など）。一九七七（昭和五二）年には、文化庁が「熊野参詣道」を「歴史の道」に指定、一九七八（昭和五三）年からは五年計画で古道の保存整備事業が行われたのである。また、各自治体史編纂事業においても、文化財や石造遺物の調査が大規模に進められた。

こうした文化財調査の進展に歩調を合わせるように、熊野古道は観光資源として急速に注目を集めていった。古道沿いの苔むした牛馬童子の石像や、スギの巨木が林立する大門坂の石段、雲海たなびく果無山脈などの写真が、自然と信仰というイメージを雄弁に語り始め、人々の心をとらえていった。観光において語られる熊野古道は、原初の自然に還るといった〝癒し・蘇り〟を基調とした〝熊野イメージ〟が強調されているのである。

〝熊野イメージ〟の「精神性」については、すでに小山靖憲《こやまやすのり》が以下のように指摘している。「熊野を暗いイメージでとらえる典型は、熊野を「隠国（こもりく）」ないし「死の国」とみる説であろう。この説の難点は、記紀神話の一挿話が現代まで生きているとみなしたり、那智にだけ見られる習俗を熊野全体に拡大してしまうことにある…」。小山はこれを、学問的な論争をするのにふさわしくないとして研究の対象としないと明言しているが、現代の〝熊野イメージ〟を分析する上では明快な指摘であろう。熊野全体の「精神性」を統一されたものとして語る理論的土台のひとつは、一二世紀前半の本地垂迹説の拡大解釈にある。本地垂迹説では、本宮の家津御子神＝阿弥陀仏、那智の結神＝千手観音、新宮の速玉神＝薬師如来として解釈され、それぞれ西方浄土・補陀落浄土・東方瑠璃浄土と位置づけられている。つまり、「熊野全体が広義の浄土」と見なされた。現代の熊野にまつわる〝蘇り〟のイメージは、まさにこの熊野に参詣してそこから帰還することで生まれ変わるという〝物語〟の再生産からきていると見える。また、修験における「擬死再生」の概念もそこに加わり、熊野を神秘付けている。

こうして静かなブームとなっていた〝熊野イメージ〟は、一九九九（平成一一）年に大々的に紹介されることになる。「ジャパンエキスポ　南紀熊野体験博　リゾートピアわかやま99」の開催である。熊野各地に分散した会場とその周辺では様々なイベントが開催され、その後の体験型観光のモデルがセットとして提示された。イベントの広報には、あらゆる〝熊野イメージ〟が総動員された感がある。また、博覧会の余韻が残っていた二〇〇一（平成一三）年度後半には、NHK大阪放送局制作によるこの地域を舞台とした連続ドラマ「ほんまもん」（主演：池脇千鶴）が放送され、放送終了後しばらくは、撮影スポットが名所化するといった現象も見られた。

こうしたメディアによる〝熊野イメージ〟の流布は、イメージの再生産と消費の循環をさらに強固なものにしている。〝癒し・蘇り〟のイメージは、原形となった宗教的なモチーフをもぼやかすほど一人歩きし、観光産業やメディア、時には行政までもが〝熊野イメージ〟に便乗したキャンペーンを張ることが多い。世界遺産登録以降、こうしたイメージは糺《ただ》される機会も増えたが、一方で観光の肥大化にともない、さらに拡散している感がある。

(3) 世界遺産登録と「文化的景観」概念

二〇〇四（平成一六）年は熊野地域にとって歴史的な転換点であった。中国で開催された第二八回世界遺産委員会において、「紀伊山地の霊場と参詣道」の世界遺産登録が正式に決定したのである。霊場「吉野・大峯（修験道）」「熊野三山（熊野信仰）」「高野山（真言密教）」と、その霊場に対する信仰によって整備されていった「参詣道」（大峯奥駈道、熊野参詣道―中辺路・小辺地・大辺路・伊勢路、高野山町石道）がその資産の概要であり、その登録資産は実際には文化財保護法・自然公園法・森林法等、および条例等によって保護措置が定められている。バッファーゾーン（資産保護のため周囲に設けられる利用制限区域）も含めると、総面積は一万一三七〇ヘクタールにもおよび、「熊野参詣道」の総延長は三〇〇キロメートルを超える。世界遺産登録は、地域活性化の起爆剤として期待されている。全国から、あるいは海外から多くの観光客が訪れるようになり、〝現代の熊野参詣道〟と化した国道三一一号は、平日・休日を問わず大型観光バスの列が途絶えることはない。

世界遺産登録においては、熊野のもつ現代的意義に大きく関わる重要な概念が提示された。「文化的景観」である。「紀伊山地の霊場と参詣道」に含まれる霊場「吉野・大峯」「熊野三山」「高野山」は本来全く別々の経緯で成立したものである。それらを同一の価値として結びつける唯一の概念が、「文化的景観」である。もともと一九九〇年代から世界遺産の枠組みで導入された概念であったが、現在は日本の文化財保護法にも取り入れられ、国の指定になると重要文化的景観として保存と活用が図られるまでになった。ユネスコによると「文化的景観（cultural landscapes）」とは、「自然と人間の共同作品」を表し、「人間が自然を利用して長い時間をかけて作り出された景観」であると説明されている。「文化的景観」を一般向けに解説した別の文章では、「人々が長い間、日常生活や産業を営む中で自然と関わりながら育まれてきた風景であるため、身近すぎて、その価値を改めて認識したり、客観的にも価値が認められずにいることが多いものです」（石田 二〇〇五）としている。これは「文化的景観」の解説として非常にわかりやすいものであり、地域の人々の資産とそれをめぐる環境の保全意識を高めるのに十分な効果を発揮している。

しかし、この「文化的景観」概念は、本来の意味を離れて一人歩きしている感がある。筆者には、「文化的景観」の喚起させるイメージが、フォークロリズムをめぐる様々な言説とよく似た問題を孕んでいるように思われる。先ほどの「文化的景観」の説明は、民俗と置き換えても全く違和感なく、その定義の曖昧さゆえ本質主義的な解釈を生みかねないのである。そこではややもすると、時代とともに変化していく生活の実態に眼を向けず、凍結した民俗誌的現在を現実の空間に投影することにつながりかねない。「紀伊山地の霊場と参詣道」についていえば、果てしなく続く山々がすべて世界遺産であるかのようにとらえられ、そこに内包されているものすべてに容易に〝熊野イメージ〟が塗り込められてしまうという現象である。こうしたことは、「自然環境と信仰の場が一体となった独特な風景」という、世界遺産の文脈における「文化的景観」から完全に飛躍しており、もはや〝熊野イメージ〟を消費しているに過ぎない。

世界遺産および「文化的景観」という、グローバルな概念による地域の価値付けは、現場においては地域的文脈にあるものを、人類普遍の価値という枠組みに動員していく本質主義的理解の、いわばエンジンとして機能している側面もあるのである。

（4）観光における〝熊野イメージ〟の実践

本来、観光は労働―余暇という生活の二項区分を前提としており、日常を逸脱する遊興への期待に下支えされているものである。例えばエキゾチックなものを期待する旅行では、自らの属する文化とは異なるものに触れることで得られる楽しみや憧れが期待されている。ノスタルジックなものを期待する旅行は、一時的に懐古的な時間・空間に身をおくことが、日常の現実世界を客観化するプロセスとなる。エキゾチシズムとノスタルジーは現代の観光の中軸にある。しかし、熊野に対して期待されている〝癒し・蘇り〟は、その両方の要素を持ちながらも、微妙にその枠組みがずれている。神崎宣武は、蟻の熊野詣と称された庶民の旅について以下のように概説している。「当時は、道中の設備が不十分であり、特に熊野は不便の地であった。しかし、信仰のたびは、かえってその不便さを「馬にて参れば苦行ならず」といって尊び、徒歩参拝を定法として定めたのである。」（『日本民俗大辞典　下』吉川弘文館、二〇〇〇　の「旅」の項）筆者は、現代の熊野の観光をめぐる言説の特徴は、人々が〝熊野イメージ〟によって集団的に動員される一方で、それが〝癒し・蘇り〟という、個人的な動機付けによる旅として、いわば一種の〝苦行〟として語られるところにあると考えている。すなわち、観光のまなざしが、対象となる地域や人々に向けられると同時に、旅を通した自省の営みとして語られるのである。日常に対する不安感や鬱積から自らを解放するためのプロセスとして語られる〝熊野イメージ〟は、昨今の四国巡礼の流行とも相通じる部分があろう。

交通網の発達は、都市から遠く離れた山村を観光の流れにのみ込んできた。メディアの発達は、熊野を彩る様々なイメージを流布させ、〝熊野イメージ〟を拡散した。そして、物流の拡大によって物があふれるなか、逆に山村でしか手に入らないもの、あるいはそこで得られる付加価値は、都市に生きる人々の消費欲を誘う。そこに世界遺産というグローバルな価値が、違和感なく浸透している。これが、現代の熊野観光を成り立たせている要素であろう。こうした状況のなかで、山村の人々の生活も大きな変化を余儀なくされているのである。

地域住民による観光現象の受容

熊野地域の観光化は、熊野古道沿いの一部の集落に大きな影響を与えている。熊野古道は、一般の人々が暮らす生活区域を通るからである。

(1) 観光化する熊野古道と棚田の再発見

集落を熊野古道が東西に貫く田辺市中辺路町高原は、富田川左岸の標高三〇〇メートルあまりの尾根上に集落が展開している。地名の通り、熊野地域としては高地にある集落である。集落の氏神である高原熊野神社は、若一王子を祀り、中世の建築とされる本殿は和歌山県の文化財に指定されている。

この高原は、熊野三山の霊域の玄関口である滝尻王子(県指定史跡)から出発する、古道ウォーキングの終点のひとつとされている。滝尻—高原間には、胎内くぐり・乳岩・不寝王子跡・剣ノ山経塚跡・針地蔵尊・高原熊野神社といった名所があり、その距離が四キロメートルあまりと半日で歩けるコースであることから、最もポピュラーな古道ウォーキングのルートとして知られている。ただし、高原集落内の熊野古道は、改変が激しいことから世界遺産の「熊野参詣道」からは除外されている。

世界遺産登録以降、高原熊野神社と熊野古道がより観光化すると同時に、展望台から一望できる棚田の景観が山村イメージに合致するため注目を集め、展望台の駐車場、水車小屋、休憩所を兼ねた物産販売所「高原霧の里」が新たに整備された。「霧の里」の名称は、この地域がしばしば霧に覆われ、霧のなかに集落が浮かぶ幻想的な風景を、地域の人々が誇りに思っていることからつけられた。

(2) 伝統的な水田経営

高原地区の水田は、大きく三つの形式に分けることができ、現地の民俗語彙で概念化すれば、テンスイ・アゲジ・ミズカカリと規定できる。以下は昭和三〇年代以前の農業に関する聞書きである。

テンスイはいわゆる天水田という珍しい農耕技術である。天水田とは、水路を持たない雨水をためるだけの水田である。また、ソラマチとも呼ばれ、これはまさに〝空〟から雨が降るのを〝待つ〟ところから命名されたという。テンスイは基本的には一枚ごと独立した水田で、床土を搗き固めて水漏れを防止する。床を固める作業はトコウチと呼び、三月に水田の水を完全に抜き、表土をはがし、槌で叩き締めていくのである。床土はそのまま畦までつなげて塗りこんでしまうので、テンスイでは雑草防止のための畦塗り作業が必要である。また、テンスイは畦畔を高くしてできるだけ床を深くする。話者の言によれば「溜めた水は絶対逃がさない」ことが必要だったのである。テンスイは、湧き水や谷水などを流してくることのできない場所に作るのが一般的で、山の尾根上付近に多い。テンスイでは、他の水田よりも入念に代掻き作業をしなければならない。まず牛に犂を曳かせて田を耕し、馬鍬を使って土を細かく砕いていく。このとき、牛をできるだけ走らせて、土を練っておく必要があった。水が深い場合は、牛は足をとられて大変な作業であったが、牛の足で練りまわすことによって土が細かくなり、水漏れを防ぐのである。テンスイでは複数の牛を競わせながら土を練ることで、より良い水田に仕上げることができたのである。

田植え時期は六月初旬で、通常の水田と同じように行った。ただし他の田に比べて一株の苗の数を倍ほどに増やすフトナエ（太苗）と呼ばれる植え方をしたという。これは水かさが深いので、ウキナエ（浮苗）と呼ぶ根付かない苗が出てくるからだという。田植え後から、夏にかけて田の草取りを三回程度実施する。テンスイに致命的な影響を与えるのが旱魃である。水が干上がって床土が割れると次に水が入ってもすぐに漏れてしまい、いったんひび割れた田は再び固めてもなかなか水持ちが悪い。一度でも水が干上がったら、その秋の収穫はほとんど見込めないという。水を抜くことができないため、一一月初旬の収穫には他の田には無い苦労がある。泥のなかでの稲刈り作業のため、稲穂を運ぶために田舟や盥が用いられた。稲穂を水にぬらさずに収穫するのは体力を必要としたが、テンスイは谷水を引く水田よりも水温が高いため、収量も多く味も良かったので、苦労をいとわず作り続けてきたのだという。水を抜くことができないため、二毛作は不可能であり、米の二期作も行われなかった。

現在は、耕運機などの機械を使えないテンスイは、ほとんどが耕作を放棄されてしまったが、ごく一部のテンスイでは、水をポンプでくみ上げてビニールホースで給水しながら今も米作りが続けられている。

テンスイは、高原地区では数が少なく、ほとんどは棚田の景観を呈するアゲジとミズカカリである。アゲジとは、いわゆる〝田越し〟の水田で、田から田へと水を流していく水田である。それに対し、ミズカカリとは、水路から水を分配していく水田である。アゲジとミズカカリは、畦畔の除草が不要なテンスイとは異なり、畦塗り作業を入念に行う必要があった。また、耕作・代掻きは、水を入れる順番に上から下に向かって行い、テンスイほど牛を走らせる必要はないが、丁寧に攪拌すれば稲の根付きが良く、それが収量にも反映された。

田植えは六月初旬、これも上から下に向かって、すなわち水が入っていく順番に植えていった。ただ、それぞれの農家が持つ田は入り組んでいるので、必然的に互いに手伝いながら進めていくことになった。夏には田の草取りと同時に、山のカヤバと呼ぶ草刈場で刈ったカヤなどのシダキ（緑肥）と、それを厩舎の糞尿とともに発酵させたホロタ（厩肥）を施肥した。収穫はテンスイと同様、一一月初旬で、その後は二毛作の裏作として麦を栽培する場所もあった。

高原地区の棚田は、一見すると一様に同じ田が並んでいるように見えるのだが、実際にはアゲジとミズカカリが並存している。集落の背後の山から水を集めた水路が三本整備され、それが棚田に向けて流れ下っているのである。その水量は驚くほど豊富で、「この水のおかげで高原はこの高地に集落を構えていられるのだ」という古老の言も納得できる。簡易水道が敷設される数十年前までは、この水を生活用水として使うための洗い場や洗濯場が集落のあちこちに設けられていた。集落は棚田の上方に位置するので、食べかすなどの有機物を含んだ水が田に流れ込むようになっていたわけである。

(3) 棚田の現代的展開

上述のように、高原の棚田は、田越しの順送りによるアゲジと、水路からの分配によるミズカカリが混在する変則的な棚田である。この棚田は近年大きく姿を変えてきている。ここではその動きとして、放棄・風景の目的化・畑地化という三つの事象をとらえてみたい。

まず、僻地山村である高原にも高齢化と過疎化の問題がある。地元に残ることを選んだ人々も、ほとんどがサ

❖展望台からの棚田の景観

ラリーマンと農業を兼業するのが現状である。米の販売価格も決して高くはないうえ、国道から遠く交通の便が悪いため、運搬にかかる手間と経費が他の集落よりも余分にかかる。おのずと維持できる水田の数は限定され、とりわけ集落から離れたテンスイやアゲジは放棄されやすい。棚田の下方で、現在は休耕田として放棄されているのはそうしたアゲジがほとんどである。一枚の田で稲作を止めたら、その下の田もすべて休めざるを得ないのである。

次に、風景の目的化である。風景の目的化とは、景観保持を目的とした水田の維持と規定しておく。すなわち観光客に棚田の景観を見せることを意識して放棄しない田である。高原地区の場合は、観光客の休憩所兼物産販売所「高原霧の里」からの眺望がそれにあたる。すべてが水田として維持されているわけではないが、全体として棚田らしい景観を保つことが意識されて、この周辺の水田はあまり放棄されていない。また、高原へ徒歩で行くルートが、観光バスを国道三一一号沿いに停め、そこから棚田に沿って高原地区まで上り高原熊野神社に参る細道であるが、このときに見える棚田には水車小屋が配されて写真撮影ポイントになっている。こうして景観維持そのものが目的化した棚田は、放棄されることなく水田として維持されているのである。観光客が水田の畦にまで入ってくるため、柵を設置するなどの対応もなされているが、大きなトラブルは見られない。

ちなみに、一部では新形質米の一種であるいわゆる〝香り米〟も栽培され、物産販売所で販売されている。水田としての外観を保ちながら、商品としても成立するものを作るのは、付加価値・経済性・景観維持をすべて満たしているわけであるが、これは経営戦略というよりは、むしろ生きがい・楽しみを創造した結果としてあるように思われる。観光化を自らの楽しみに変えているわけであるが、この点は次に述べる畑地化にも共通するのである。

三つ目に、畑地化である。畑地化した棚田では、水田として稲作をすることは放棄され、その代わりに畑に作り変えて商品作物が栽培されている。棚田の畑地化は、高原地区ではおそらくミズカカリの水田でのみ見られる

❖上から、棚田の田植え、天水田（参考：田辺市竹の平）、畑地化したミズカカリの棚田、放棄されたアゲジ（草むら部分）

ものである。つまり、田越しの給水で運用されている棚田（アゲジ）では、こうした改変は不可能である。なぜなら、一枚の水田で水を止めて畑地化すると、そこから給水される他の水田がすべて干上がってしまうからである。棚田がまばらに畑地化しているのは特異な景観ではあるが、三本の水路から枝分かれ状に水を入れている高原の田では、水路を一部封鎖して田の水を排出することで、容易に畑地化できるのである。

畑地化した棚田で作られる様々な有機野菜や山野草は、物産販売所で農家が自ら販売している。「高原霧の里」で観光客の対応をしている人々は、みなボランティアなのだという。物産所には当番表が張られていて、毎日女性たちが交代で店番をし、男性たちは交通整理や環境整備に積極的に参加している。彼らは、観光客に喜ばれる作物は何かということを話し合い、それぞれに実践している。ある人は珍しい西洋野菜やハーブを植え、ある人は山野でゼンマイをとって畑に移植し、各自値段をつけて持ち寄り、観光客の反応を見るというふうに、ある種の競争意識も見て取れた。それは、調和的・共栄的な競争である。そこでは観光客と直接コミュニケーションすることやそのニーズを探ることが地域住民の楽しみとなっている。そうした取り組みは、明らかに山村に活気を与えていると思われ、経済よりも生きがいとして定着してきているのである。

（4）観光の時代を柔軟に生き抜く山村の人々

こうした現象は、安直な〝熊野イメージ〟に便乗したがる観光産業や行政の思惑とは対照的である。すなわち地域の人々は、〝熊野イメージ〟を真正面から受け止めることをむしろ避け、自らの地域の独自性を越えない範囲において柔軟に対応しているのである。高原地区では、風景の目的化と畑地化というかたちで、積極的に環境へ働きかけている。風景の目的化は、水田をこれまでどおり維持することを選択すればよく、あとは水車小屋を建てるなどの演出を施すのみである。一方、畑地化はこの地域にとって、より積極的な観光への対応であった。それを可能にしたのはこの地域独特の棚田の構成であったが、そこには、柔軟に発想し、自らの土地を貪欲に作り変えていく山村の人々の創造性・適応性がみてとれる。そもそも山村は、単一の生業に依存することを避けることを戦略として持っており、ここでもそれを見出すことができる。筆者は当初、高原の棚田を山村の疲弊による〝景観の崩壊〟というネガティヴな枠組みでとらえていた。研究者自身が、ともすれば「美しい棚田の風景」や「それを守る勤勉な人々」といった、棚田をめぐる言説やまなざしに囚われていて、フィールドの人々の実践的な試みを通して時代をとらえることを忘れがちであることを痛感したのであった。

〝熊野イメージ〟を超えて

〝熊野イメージ〟は、つまるところ、熊野信仰や寺社の歴史的な展開において確立してきた様々な要素のコラージュである。そしてそれは「精神性」を消費する憧れと欲望によって生み出されており、最終的には〝癒し・蘇り〟という文脈に収斂されていく。拡散した〝熊野イメージ〟は、世界遺産の持つ「人類共通の遺産」といった枠組みの拡大解釈による本質主義化や、飛躍した「文化的景観」概念によってイメージの景観への埋め込みを正当化する土台となっている。

観光現象は、外部からのイメージとそれを受けて変化を迫られる地域という一方的な図式で語られることが多い。しかし上述のように、地域住民はそうした状況に柔軟に対応し、バランスをとりつつ積極的に観光に関与している。すなわち、観光客とのコミュニケーションから自らに寄せられるまなざしを見出し、それに応じるかたちで地域の空間を再編成し、耕地を再生させ、農業を持続させる試み（棚田の風景の目的化と畑地化）を行っているのである。

こうした観光客―地域住民の〝熊野イメージ〟を媒介とした関係は、微妙にすれ違いながらも、ある交渉の場を生んでいる。この奇妙な調和関係が、熊野の山村における観光現象を成り立たせている一側面なのである。

2 東牟婁郡における農具の特色

熊野川町での農具の調査

新宮市教育委員会では、旧熊野川町域で収集された民具を保管していた。このコレクションは、テーマ的な調査というよりは、急速に失われていく民具の救済としての意味合いが強い収集活動の成果であった。この資料は平成一七年度の市町村合併に伴い、新宮市教育委員会の管轄となり、旧敷屋小学校の一教室に保管された。しかし、二〇一一（平成二三）年の台風一二号で校舎が被災し、資料がバラバラになるほど破損し、その瓦礫撤去の過程で本資料は廃棄された。以下に述べるように、この地域の民俗の理解に欠かせない資料であっただけに、非常に残念なことであった。台風の常襲地域であり、大規模な地震も想定されているこの地域の防災計画に、文化財保護意識に基づく対策や体制づくり、何より意識改革が求められていよう。

一方で、地域の民俗資料として継続的に保存されたこのコレクションは、今後は熊野川流域の民俗研究の基礎資料として活用していかなければならない。しかしそれらを活用するためには、コレクションの内容を把握し、モノによって地域を理解するための調査研究活動が必要である。資料の価値を高めてこそ、それを保存する意義も認識されるのであるから、今回の事象は研究者にもその責任の一端があると感じている。

稲作用具の特色について

本コレクションの稲作用具は、その工程の全てを構成できるだけの資料がそろっているわけではないが、一部の資料は東牟婁地域の農具の特色をよく反映しており、興味深い。

本コレクションの耕作用具のうち、注目すべき資料は一〇点ある犂である。犂のうち、このコレクションの中で古い形式を知ることができるものは四点あり、すべて長床式犂であった。熊野川中流域および北山川流域では、こうした把手部分と床部分を一木で作り、かつ傾斜を緩やかにした形式のものが、特徴的に見られ、よく似たものが紀宝町ふるさと資料館や新宮市歴史民俗資料館にも保管されている。これらは、他地域から広く流通してくるものではなく、地域の農具職人が地元の農家のニーズに応えるかたちで改善を加え、洗練されていったものであろう。そうした農具は、棚田や天水田など、比較的小規模の耕地で使用する様々な制約と深く関係していると予想されるので、生業全般からみた農具の理解が必要であるが、それは今後の課題である。ちなみに、その形式は以前に話題となった野田地区遺跡出土の犂とよく似ており、考古資料との比較検討、特に考古資料からの民俗例としての参照ではなく、物質文化研究として対等な資料の扱いでの比較が必要であろう。

犂は、明治後期から大正・昭和初期にかけてのいわゆる農業の「改良」の流れのなかで、県外から深耕に適した既製品が次々と移入されるようになり、長床式犂から短床式犂に転換していく。一点は、銘から福岡県博多市で製作されたものであることがわかる。いずれも既製品で、大量生産され、全国に普及されていったものである。こうした改良犂は、多くの場合、行政による試験・推奨を経て地域に普及していったので、このコレクションでは二点しかなかったが、実際には収集されなかった数多くの種類の犂が地域には残されていたであろう。こうした資料は収蔵庫で嵩張り、同じ物がいくつもあるため選択的に収集されることが多い。またそれらは、近代化の展開によって地域の多様性を失わせるものとしてとらえられてきた向きがあるが、近年では地域の農業近代史の研究資料として改めて注目する動向もみられ、再調査が必要である。

このコレクションには、短床式犂のうち、既製品でない小型のものが複数みられる。コレクション中には四点あり、現地でも収集可能である。この形式の犂は、旧熊野川町内各所での聞書きによると、前述の長床式犂、既製の短床式犂よりも後の形式で、昭和前期から動力が導入される昭和三〇年代まで使用されたもので、地域の器用な人が製作した自製の犂のようである。既製の短床式犂との違いは、短床式犂は深耕しすぎるため、この地域では田の床を破ってしまうことが多いのだという。そのため、狭小な耕地でも、より小型・軽量で小回りの利く小型の犂が好まれたのだという。こうした資料は、農業近代化に伴う諸技術が地域的にどのように受容されていったのかを知る重要な資料である。犂はとくに笹尾の集落で作られていたともいう。

上から❶小型の犂❷馬鍬❸首木❖和歌山県立紀伊風土記の丘所蔵

❖田掻き競牛（新宮市歴史民俗資料館掲載写真）

次に馬鍬についてであるが、紀伊半島南部の馬鍬は、全般的に歯の長さが短いのが一つの特色である。これは、先ほどの耕地の狭小さに伴うものでもあるが、床土を叩き締めて雨水をためる天水田では、床土を破らないことが棚田よりも重要である。歯の短さは、天水田が特徴的に見られる熊野地域の一つの地域性を反映しているものともいえよう。本コレクションにおいては、馬鍬はわずかに二点しか収集されていないが、田辺市教育委員会所蔵の民具（田辺市立近野中学校保管資料）や、田辺市中辺路町大内川地区所蔵の民具（大内川郷土文化交流館保管資料）、和歌山県立紀伊風土記の丘所蔵の民具にもよく似た形態のものが見られる。一方、歯が極端に短く、しかも歯はカシのような堅い木材で作られている非常に珍しい資料もある。田辺市教育委員会所蔵の民具（田辺市立近野中学校保管資料）にもみられ、筆者も一点収集し和歌山県立紀伊風土記の丘所蔵となっている。腕部分がハの字に開き、歯が極端に短いこうした馬鍬は、聞書きによると天水田に対応したものだという。こうした馬鍬で牛を勢いよく走らせて土をよく練ることで、田の床土がより水漏れしにくいものになるのだという。こうした天水田と馬鍬との関係は、牛耕作業がイベント化・スポーツ化したいわゆる〝田掻き競牛〟との関わりも視野に入れて、今後研究していく必要があろう。

一方、こうした牛耕農具を牛に牽引させる時に使用する首木は、東牟婁地域独特の形態があり、本コレクションの全ての首木にその特徴が現れている。これらの首木は、首木本体から、牛の首を挟み込むような鍬形の二本の部品が差し込まれている。この形態は西牟婁地域や、和歌山県北部には見られず、和歌山県東牟婁郡・三重県南牟婁郡あたりの限定された地域を分布圏としていると思われる。古墳時代の首木を思わせるその形態は、多くの研究課題を含んでいよう。本資料の目録は、『熊野川町史』に掲載しているので、そちらも併せて参照いただきたい。

❸ 西牟婁郡における農具の特色

上富田町立民具館の民具コレクション

上富田町教育委員会（以下教育委員会）が所蔵する民具は、その内容と規模において県内で最も充実したコレクションのひとつで、西牟婁地域では最大の資料群である。上富田町を中心とする、いわゆる口熊野と呼ばれる地域の民具調査は、全国的に民具保存運動が盛んになる昭和三〇年代に本格化した。その成果が「熊野中辺路文庫」シリーズとして、現在も地域史研究に活用されているが、ここでは多くの地元の郷土史研究家が、それぞれの得意分野において地域住民とのネットワークを十分に活かしながら調査成果をあげている。このシリーズの第六巻にあたる『熊野中辺路　民具』（熊野中辺路編さん委員会編　一九七四）は一九七四（昭和四九）年に公刊されたが、旧田辺市・上富田町・旧中辺路町・旧本宮町の民具が調査・収集され、概説とともに掲載されている。項目は、一　住居用具、二　飲食・調理用具、三　服装具、四　農具、五　山林用具、六　漁具、七　加工・職人用具、八　畜産用具、九　運搬用具、一〇　交易用具、一一　信仰・その他の、計一一項目に区分され、衣食住など日常生活と生業・諸職をバランス良く紹介している。そのなかでも、例えばこの地域の独特の民具であるカタゲウマ（備長炭の原木運搬具）を表紙で扱い、イタミ（スギ板製の箕）やイドコ（ヒノキの薄板の籠）、カズラフゴ・カズラカゴ（蔓製の畚・籠）を掲載するなど、民具の地域性を理解しようとする問題意識も強く感じられる。地域名称をそのまま民具名称とするものと、一般名称を採用するものが混在するなど、恣意的な呼称の選択が見られるものの、現地での聞書きから使用法について解説するなど、一般にも分かりやすい内容となっている。ここに掲載された民具の一部は、現在、旧朝来小学校校舎を活用した上富田町立民具館（上富田町朝来）や田辺市の旧本宮町山村開発センターの民具展示コーナーに保管されているが、所在のわからないものもいくつか見られる。

この熊野中辺路刊行会による調査や、熱心な郷土史研究家による追跡調査を下地として行われた、上富田町域の民具調査の成果が、『上富田町史　史料編下』に掲載されている。本書は自然科学、考古学、民俗学の調査資料、および町域の指定文化財に関する基礎情報を合冊したものだが、「第三編　民俗」のなかに、「第十三章　民具」という民具調査の成果を報告する章を独立させて設けている。

口熊野から中辺路周辺の地域では、県内でもかなり早い時期から民具調査と収集活動が始められ、総合的な視点からのコレクション形成が進められたという点は特筆すべきである。とりわけ上富田町立民具館の民具コレクションは、当該地域の農山村の生業と衣食住に関する生活用具の基本的な構成を民具から理解することのできる一括資料であるところに価値を見出すことができる。本稿では、県内の他地域との比較から見出せる、口熊野と呼ばれる上富田町周辺地域の民具の特色を概説してみたい。

『農具繪図面　和歌山県西牟婁郡』

富田川中流域の農具には、地域的に特色ある民具がいくつか見られる。それは、明治時代前期の『農具繪図面　和歌山県西牟婁郡』においても認識されていたようで、特徴ある持ち手部分の曲がった形態の犂・ノベ（畦畔に泥を塗るために鍬形をした木製農具）・形態に地域差のみられる首木・麦用竹製千歯扱き・イタミなどをはじめ、明治前期の西牟婁地域の農具が数多く掲載されている。

上から❶田舟❷犂❸マメカス削り器❖上富田町教育委員会所蔵

上から❶麦用竹製千歯扱き❷イタミとイタミ裏面❸ノンキリ❖上富田町教育委員会所蔵

この資料は、いわゆる「農具絵図」と呼ばれる諸資料のなかのひとつである。「農具絵図」は、明治前期に全国で作成された農具のイラスト集で、全国に一九件確認されているものである。和歌山県で作成されたもののひとつである『農具繪図面　和歌山県西牟婁郡』は、明治一四～二一年頃に作成されたものとされている（木下忠一九八三）。筆者は、一九九〇（平成二）年に和歌山県立紀伊風土記の丘が玉置善春氏より提供された、神奈川大学日本常民文化研究所所蔵版の複写を参照した。

この『農具繪図面　和歌山県西牟婁郡』に掲載されている民具は、以下の通りである。

犂・馬鍬・薙刀刃砕土器・風呂鍬・唐鍬五種・熊手・籾探し・叉鍬二種・鶴嘴二種・鋤簾・杁・塊割り・筧・樋・水桶・水車・撥ね釣瓶・踏車・荷車・施肥用竹籠二種・天秤棒・肥桶・シュロ縄・藁畚二種・蔓畚・竹籠・縄畚・鞍一式・首木・尻木・縄各種・柄杓・灰用桶・肥柄杓・鎌・稲用千歯扱き・麦用千歯扱き・篩四種・唐棹・唐箕・土摺臼・漏斗・板箕・俵・莚・稲木・一斗桶・枡・脱穀用搗臼・脱穀用横杵・千石通し・揺り板・籾箱・藁製籾入れ・鉈・斧・藁用押切・横挽鋸・柴橇（用途不明）・ハツリ斧・鳴子・案山子・油筒・草削

ここに掲載されている民具のほとんどが、上富田町立民具館に保管されている民具と照合できるが、こうした絵画資料との比較研究の素材として、ここに挙げられている民具は今後も収集を進めていく必要があろう。

富田川中流域の稲作・畑作と農具

明治後期の当該地域の農業を概観する資料である一八九三年刊行の『和歌山県農事調査書』（大橋博編一九七〇、六六～六九頁）によると、西牟婁郡全体の田畑は六〇九二町五反であり、これは西牟婁郡の総面積八七六五一町五反の七％弱となっている。名草郡の田畑の面積が約四四％であるから、西牟婁郡は田畑の面積が相対的に少ないことが明らかであり、米の産額は五万九七一八石、大麦は一八六六石にとどまっている。

統計的にも、西牟婁地域の農業は全体として小規模であるが、富田川中流域は西牟婁地域のなかでは比較的広い平野を有し、聞書きでも人々の生活基盤は田畑における農業にあるという印象が強い。当該地域では、両岸に山地がせまり平野が狭小なため、水田一枚ごとの規模が小さく、地形的な制約からその形態も多様であり、水田について複数の名称を使い分けている。例えば、平地に作る田は、オオダ（大田）・コダ（小田）などと面積の大きさに応じて呼び分けられる。ザルタ（笊田）とは、田の床土が粘土質に乏しくすぐに乾いてしまうものをいい、逆にヌマタ（沼田）とは、常に泥沼のように湿っていて水を抜いても乾きにくい水田を指した。

教育委員会所蔵の民具には、ヌマタで使用された田舟があり、県内では珍しい例である。一方傾斜地では、谷あいの場所に山地から細々と流れる水を引いて作ったタニダ（谷田）と呼ばれる水田が多く、水温が低く面積当たりの収量は多くない。こうしたタニダでは、水路を作らず田から田へと水を順番に流していくタゴシ（田越し）によって水を入れる場合が多く、景観としては小規模な棚田となる。以下、昭和初期を念頭に生産暦を復元してみたい。

冬期の作業としては肥料作りがあるが、当該地域ではシダキと呼ばれる緑肥と、ホロタと呼ばれる厩肥の利用に特徴を見出せる。前者は、青草を土に鋤き込んで肥料とする緑肥で、草はジゲヤマ（地下山）・ノヤマ（野山）と呼ばれる共有林で刈った。良質な緑肥をとるため一度山焼きをして、コナラなどの雑木の新葉を利用する例もある。ジゲヤマは、その地区の住民であればだれでも自由に刈ることができる。また、河川敷でレンゲソウを栽培し、これを緑肥として刈り取ることもあり、これも含めた緑肥の共同利用が一般化していた。後者の、家畜小屋の糞尿と下草や藁を交ぜて発酵させた厩肥も、一般的に使われた肥料であった。これに使用する民具としては、草を刈る草刈鎌や大型の草薙ぎ鎌、刈った草を刻む押切、刈り取った草を運ぶ草刈籠、束ねた草を両端に刺して肩に担って運ぶササオコ（笹負子）、厩肥を運ぶホロタ籠（苗籠で代用する例が多い）などがある。こうした肥料を水田の土に鋤き込むには、オオアシなどと呼ばれる田下駄が使われた。

水田の耕作を始めるのは、春の彼岸（旧暦）をひとつの目安とした。耕作は鍬・鋤のほか、牛耕の犂や馬鍬が使用されたが、当該地域に非常に特徴的なのは犂の持ち手が曲がっていることである。教育委員会所蔵の民具にもこうした形態の犂が四例見られ、一般的に使用されていたものと思われる。犂床部分は長床式犂よりは短い印象が強いので、明治後期の短床式犂への移行期または移行後に改良・製作され普及したものと考えられるが「日の本號」「JAPAN Hinomotogo Plow Dainippon Kumamotoshi Touyosha」という凹文字が見える。短床式犂の普及以後、この持ち手の湾曲した中床式犂を使用していたということであるので、その使用時期と使い分けなどについて追跡調査をする必要がある。

また、犂床部をX字に交差させた犂柱で棟木に固定する形式の中床式犂が、紀ノ川下流域と徳島県に分布しているが、こうした形態を取り入れた犂も見られるので、今後その使用法や流通などについて調査する必要がある民具である。

牛耕農具を牽引するのに使用する首木は、和歌山県の北部と南部で形態が大きく異なることが指摘されている（河野　一九九四）。当該地域では、元々牛のうなじ部分を挟むように、木製の太い突起部品が付けられたものが特徴であるが、上富田町立民具館所蔵の資料には、こうしたものは無く、突起部分を細い木製の棒や鉄製の棒にして襤褸布を巻き付けたものが多数見られる。

また、グル刈りと呼ばれる、田の畦畔の水漏れを防ぎ、雑草の繁茂を抑制するための畔塗り作業には、畦畔に泥を塗るための鍬形木製農具が使用される。聞書きでは、ノベなどと呼ばれているが、県内の他地域ではあまり見られない農具である。

稲作用の種子選択について、前掲の『和歌山県農事調査書』の「農家カ随意ニ有益ナル種苗ヲ購求若クハ交換シ得ヘキ便宜ナル諸設置」の項に、以下の記述が見られる。

西牟婁郡ニテ大和ノ大峯山ニ詣ルモノ多キカ其季節ハ大抵秋収ノ前后ニアルヲ以テ帰路必ス該地方ノ田ニ就キ最モ優美ナル稲穂數莖を請ヒ得テ翌年之ヲ播下シ其種ヲ各家ニ傳フルヲ古ヨリノ習慣トナレリ（大橋博編　一九七〇、二三頁）

❖㊤ 犂を曳く牛㊦ 田下駄による緑肥の鋤き込み作業（田辺市教育員会所蔵）

すなわち、奈良県大峰山への参詣が米の収穫時期にあたるため、参詣に出かけた人が、他地域のよい稲穂を分けてもらい、これを次年度の種籾とするという慣例があったという。同一品種の種子を使用し続けることによる品質低下と減収を避けるため、他地域と籾を交換し、安定した収穫を確保しようとした知恵である。大正期以降は、行政や農業団体から推薦された品種を使用する傾向が強くなっていき、こうした慣例もなくなっていったと思われる。

播種をする苗代は、ノドコ（苗床）、あるいはケンチと呼ばれ、水田の一角に作る。教育委員会所蔵の民具に見られる苗代籾播き具や、水面に浮く籾を沈める籾押え具は、近代農業の改良の過程で効率性を考えて考案されたものと思われる。育成の状態を見ながら、追肥として下肥を入れる場合もあった。

播種から約一ヵ月後、苗を水田へ移植する。田植えは近所の人が総出で手伝い、こうした相互扶助をテマと呼んだ。田植え作業に他地域と大きな違いはない。田植えの準備では、若い男性が牛で代掻き、高齢者がエブリで均し、子供は肥料を撒く。田植えは女性が活躍し、田植え歌を歌いながら、苗を植えた。また苗を縦・横の列を揃えて植えるために使用する田植え縄も、農業近代化の過程で指導されて普及する農具であるが、平地にある広い水田では移植する苗の間隔を広く設定した縄を、谷田や山際の小さな水田では間隔の狭い縄を使い分けていた。

田植え後の追肥としては、緑肥のほか、煮た大豆を絞りつぶしたマメカス（豆糟）が多用された。マメカスは丸く固められ、別名マメダマと呼び、使用するときはマメカス削り具で薄く削った。一方、屎尿の利用については、前掲の『和歌山県農事調査書』の「重ナル肥料ノ種類及購求ノ便否」の項に、

西牟婁郡田邊近傍各村ノ田邊市街ノ屎尿ヲ買取ルハ大抵一ヵ年ノ代金ヲ前納スルモノアリト雖十ニ八九ハ米麦ヲ以テ之ニ代ルヲ常トス亦貧窶ノモノハ薪ヲ以テ屎尿ト交換スト云フ（大橋博編　一九七〇、二四〜二五頁）

とある。すなわち、田辺近郊農村では、屎尿を買い取る代金一年分を前納する者があるが、そのほとんどは米や麦、薪で支払っていたという。

夏の除草作業は、除草剤が導入される昭和二〇年代以前、除草機で水田の雑草とりを三回実施した。炎天下の単純作業であるため、田の草取り歌を歌って進めた。稲の害虫であるウンカ対策には、水田に油筒で廃油を垂らし、虫を水面に落として窒息させた。鳥害に対しては、縄に触れると音が鳴る鳴子で追い払う程度しか対処法はなかった。上富田町教育委員会所蔵の民具にも、田打車や油筒、鳴子がある。

稲の移植作業を相互扶助で行うのに対し、収穫は家族だけで済ませるのが一般的であった。稲刈り鎌で刈った稲はナル・サガリとよぶ稲木に架けて乾燥させる。稲穂の脱粒は鉄歯の千歯扱きを用い、土摺臼で脱稃、唐箕で籾殻やゴミと玄米を分別した。

精米は各戸の唐臼で行い、イタミ(板箕)で白米と糠をより分けた。このイタミは西牟婁地域から奈良県十津川村周辺まで分布する地域的に特色ある民具である。イタミの古いものにはスギ板で自作したものが見られる。自作のイタミは、曲げ部分に使うスギ板を、イロリの熱がかかる所に吊って、両側に錘となるものを提げ、熱と錘の重力とで徐々に曲げて作ったという。そのため自作のイタミの曲げ部分は黒く煤けている。こうした自作のイタミは現在でも使用されているが、現在ではイタミを自作する人はいないので、より多くの資料を収集しておく必要があろう。一方こうした自作のイタミに対して、職人の手による製品も見られる。そうしたものは、曲げ部分を湯曲げするため、緩やかな弧となっているので一見して判別できる。

籾の脱粒は、古くは千歯扱きが使用されたが、大正時代には回転式足踏脱穀機に急速に転換していった。回転式足踏脱穀機に関して、『和歌山縣農業概要』の「農業の改良」の項には、一九二一(大正一〇)年の回転式足踏脱穀機の比較試験で、「西牟婁郡市之瀬村　稗田農具製作所」製作の「稗松式」と呼ばれるものの性能が試験されている。これは「供試人力用回轉脱穀機二〇種中實用に適するもの四種を撰定し奨勵農具として取扱ふ」(和歌山縣内務部編　一九三一、八八〜九四頁)として県が選んだものであり、「稗松式」回転式足踏脱穀機は有用なものとして当該地域に普及していった可能性が高い。

比較的広い水田では、米を収穫後にムギやイモなどを栽培する二毛作が行なわれた。作物は裸麦・大麦・小麦で、裸麦は精白して麦飯にするほか、石臼でひいて調理、大麦は牛馬の餌、小麦は味噌・醤油に加工するなどして利用された。

二毛作は、稲作が終了後わずか一〜二週間で、水田を畑に作り変え、麦の播種をする必要がある。耕作前には、害虫駆除のため、稲を刈った後の株を抜く「株抜き」をした。田に残る稲株のなかには、螟虫の卵が残っており、放っておくと夏に虫害を起こすため、これを抜き取り集めて焼くのである。これに使うカブヌキ（株抜き）やカブキリ（株切）は、複数の形式があり、地元の鍛冶屋と農家がそれぞれに考案したものと思われる。しかしこうした虫害への知識は、行政的な指導に基づくもので、農業技術の改良が積極的に進められる明治末期以降に普及したものと思われる。

水田から畑への切り替えには、鍬や牛耕の砕土機が使用されるが、紀ノ川下流域で独自に発展したヤツゴと呼ばれる歯減らし馬鍬は、教育委員会所蔵の農具には見られず、周辺地域での聞書きからも使用されていなかったようである。土の塊を砕き、鍬で畝を立て、そこに麦の種子を播き、鋤簾で土を被せ、稲藁で覆った。

犂で耕起して畝を立て、播種した後約一ヶ月で、株張りを良くするために麦踏みをする。一般的には足で踏むが、教育委員会所蔵の民具には石臼形に加工した砂岩を転がして使用する石製麦踏車も複数見られ、農業近代化の過程でこうした道具の導入が試みられたようである。

畝間の雑草を削り取って除草する中耕作業には、草削りを使用するほか、教育委員会所蔵の民具には、紀ノ川下流域で特徴的に見られるミカヅキ・ハラカキなどと呼ばれる牛耕畝間中耕具と類似した資料が見られる。これは、牛に牽引させて畝間の土を削り取ってしまうものであるが、本資料には砕土用の鉄製部品が附属しており、紀ノ川下流域には見られない形式である。

脱穀調整作業の脱粒は、西牟婁地域に独特の形式の麦用竹製千歯扱きが使用された。こうした座位で自らの体重によって千歯扱きを支える形式の民具は、県内の他地域には見られず、より多くの類例を収集する必要がある。麦の脱稃《だつぷ》は莚の上で唐棹・麦摺り機を使った。また、ノンキリ（禾切りか）と呼ばれる脱穀棒は、主に豆の脱穀に使用された民具であるが、日高地域には見られず、西牟婁地域に特徴ある道具と考えられる。

ここでは、富田川中流域における稲作・畑作の具体的な技術と農具について概観してきた。近代以降の当該

❖イノコの飾り物（田辺市教育員会所蔵）

地域の農具は、基本的な編成において他地域と大差ない。しかし、緑肥と厩肥の活用や、特徴的な形状の犂や紀伊半島北部と南部で地域差が見られる首木、紀伊半島南部に分布するイタミやノンキリ、独特な形態の犂や麦用竹製千歯扱きなどの民具は、より詳細な調査が必要であり、データ集積のために今後も更なる収集が求められる。一方、西牟婁地域では、粥占・野遊び・虫送り・イノコなどの農耕儀礼が顕著に見られ、こうした儀礼に使用される道具や作りものに対する調査も充実させていく必要があろう。

4 熊野の和紙生産

小津荷と生業の構成

田辺市本宮町小津荷は、熊野川（熊野川の名称は、もともと音無川・新宮川などの名称があり、法的には新宮川が採用されてきたが、熊野川の名称の方が親しみがあるとして、一九九八年に熊野川に改変された。）中流域の、川が湾曲する岸上に位置する集落である。近世は紀州藩新宮領で、元の津荷村が大津荷・小津荷・津荷谷の山村に分かれたとされている。一八七三（明治六）年の「地誌提要編纂資料」（熊野川町役場文書）によると、小津荷の人口は四六戸一六九名であるが、現在は人口流出・高齢化の進展が著しく、この約半数に減少している。

小津荷の近世以来の生業は、同資料によると「米穀乏敷、産物之品を以新宮ニ於テ交換致来候」といった有様で、収穫高は田が一斗八升四二石五合、畑が一七石二斗一升であった。産物としては、半紙四〇〇束・鼻紙三〇束が見られ、「小高網（小鷹網）」二〇帖ともあることから河川漁撈にもたずさわってきたことがわかる。また小型の「杉板舟」が七隻見られるが、これには渡船と肥取船が含まれると思われる。つまり、農業のみでの生計維持は不可能であり、和紙生産や漁撈、船を用いた生業（物資運搬・渡し船等）に携わっていたのであり、明治初頭

❖小津荷の景観

の段階から貨幣経済を前提に諸生業を複合的に実践していた地域であるといえよう。

近代以降、そうした傾向はますます強くなっていった。小津荷の生計維持の戦略は、在来の生業であった川船による物資輸送業と和紙生産に特化するという形をとった。小津荷の古老の言を借りれば、「おとこ船頭、おんな紙漉き」である。その傾向は、交通網の整備が進展し、地域経済および物流が激変しはじめた昭和三〇年代前半頃まで継続していたのである。

近世から継承された和紙生産

小津荷で漉かれてきた和紙は、音無紙と総称されるものである。近世においては、『十寸穂野薄《ますほのすすき》』（年代不詳）・『紀伊続風土記』（一八三〇〜一八四四）に、小々森・小津荷・高山の傘紙・半紙に関する記述があり、原材料を買うために米を借用する旨の近世後期の文書（本宮町史編さん委員会編　一九九七、四四六頁）も見え、和紙生産が確認できる。近代に入ると、「地誌提要編纂史料」（一八七三）（熊野川町役場文書）（熊野川町史編纂委員会編　二〇〇一、七八六頁）から、小津荷で半紙四〇〇束・鼻紙三〇〇束を産したことが確認できる。『東牟婁郡誌』（一九一七）には、近世に日向・土佐・美濃の人が小津荷・高山周辺で十津川紙

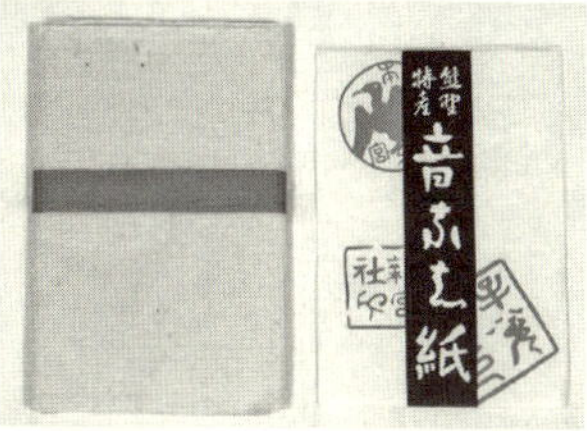

❖音無紙製品

と称して生産したが廃絶し、明治前期に高山で高知県から女工を雇い技術を再興したとあるが（和歌山県東牟婁郡役所編　一九一七）、現地ではこうした事実は確認できない。昭和初期より生産された極薄の塵紙は、本宮町周辺の温泉街や新宮市内で土産物として販売され、戦後に継承された。「音無紙」は、一九七五（昭和五〇）年に農林水産省の補助を受け共同作業の有限会社が設立されたが、その後廃絶した。

聞書きによる和紙生産の実際

原材料はコウゾ（地方名：カンゴ・カゴ）で、主に栽培種とヤマソと呼ぶ野生種も補助的に使用していた。糊材は主にトロロアオイ（自家栽培）、夏季のみビナンカズラ（雑木林で採集）である。コウゾは、紙漉き農家の自給的栽培がほとんどであったが、奈良県十津川周辺から売りに来ることもあり、混合して用いられた。

製品は、明治初期は十文字紙と呼ばれる厚紙もあったが、戦後は半紙・塵紙・障子紙で、商品としては極薄の塵紙のみで、残りは自家消費する紙であった。生産された塵紙は二〇八×一六〇㎜が規定サイズで、三六枚を一帖とし、一〇帖で一束、一〇束で一貫目の重さが基準とされた。塵紙は極薄のコウゾ紙である。昭和三〇年代に「熊野特産音なし紙」の商標で県推奨優良土産品にも指定され、新宮市の紙商を通じ販売された。販売時は一五枚ずつ二つ折りにしたものが四束入りで、表紙をつけて赤い紙テープで留めたものが商品化されていた。

民俗調査で把握できる音無紙は、極薄の塵紙の生産技術である。製品として本宮町高山で生産された粗い障子紙も残っているが、技法や道具は不明である。コウゾは年末と正月明けの数日間で集落の男性が共同作業で刈った。コウゾはその場で六尺程度に押切りで切りそろえ、縄で縛って担ぎ各家に搬入する。戦前は行商人が十津川産のコウゾ皮を売りに来ることもあった。皮の処理は一月中旬から行う。砂岩を積み赤土を塗った竈を川原や空き地に築き、直系三尺の羽釜を据え、高さ五尺のコウゾブタ―桶型の蓋を跳ね釣瓶式に吊り上げて被せ、約九〇分蒸す。次に蒸し上がったコウゾの皮を手で剥き束ねて干す。コウゾの芯は風呂やカマドの焚き物に使った。干した黒皮は、半日以上水に浸してから、台所で使う庖丁等で外皮とアマ皮を削り取る。外皮を剥いた白皮は苛性ソーダで煮て、川でアルカリ成分を抜き、塵選り作業をする。塵を取った繊維は、石製の板上でカシの棒で叩く。叩砕した繊維を目の細かい笊に入れ、再び川でさらして紙料が出来上がる。

コウゾの処理とは違い、紙漉き作業は女性の仕事であった。紙漉き方法は、糊材を多めに入れて漉き簀に紙料を一度溜め込んだ後、すぐに前方に水を捨てる溜め漉きだという。この時紙料が行き届かず穴が空く事が良くあり、熟練を要す。漉いた紙は紙床を作らず、簀から直接ホシイタ（紙干板）に貼る。紙干板には、前に貼った紙の上に重なり合うようにして二重三重に紙を貼っていく。極薄のため重ねても小一時間で乾燥し、熟練者の漉いた紙は重なっていても破れずに紙干板から剥がせるのだという。

和紙生産用具の特色

音無紙の道具は、小津荷のK氏（田辺市本宮町小津荷在住、一九二九年生まれ）所有の一括資料（一部工程欠落）が唯一の資料である。簀は竹ではなく、カヤ・ススキの穂先部分を均等に切り、極細の竹ヒゴをジョイントにしてつないだものを馬の尾毛で編んで作る。水槽（カミブネ）は熊野川の川船大工がスギ材で製作し、板の接着部分には鉄の船釘が打ち込まれ、水漏れ防止のため所謂マキハダ（槙の皮の繊維）を詰めている全国的に例のないものである。紙干板もスギ製であり、二九〇〇×二二八〇×二〇〇㎜で定型化されている。また紙を切って出荷するため、型板と紙切り庖丁も使用された。

5 カワタケの村と物資輸送

近世末期の熊野川の舟運

流域の山村と河口の新宮との間で、熊野川を利用した物資輸送がいつから常態化したかは不明である。川船そ

登り物（移入品）	地米、麦、塩、素麺、細魚、四斗樽
下り物（移出品）	伊丹味・五分板、六分板・分立テ貫板・矢倉板・扮、須繰縄、割菜、蒟蒻玉、柿、太平、線香、松煙、鳥もち、松脂、湯樽、椎皮・桃皮、朱呂皮、上茶、中茶、番茶、炭、たらし蜜、巣蜜、薪、その他

表　幕末期における川船での運搬物資

のものは、熊野詣の一ルートでもあったことからその歴史は浅からぬものがあるが、山村の物資を恒常的に町場へ運搬することによって山村経済が維持される体制が、どの段階で成立したかを特定することはできない。しかし、少なくとも一八世紀末の段階では、熊野川・北山川流域に約四〇〇隻の和船に対して物資輸送業に対する税である船床銀が課せられていた。より具体的な資料としては、一八五六（安政三）年の「船運賃定書」（請川区有文書）（本宮町史編さん委員会編　一九九七、二六四〜二六五頁）がある。具体的な物資の運賃が記されたこの資料からは、熊野川においてどのような物資の往来があったのかを知ることができる。その物資のみをまとめたのが、上記の表である。

これによると、町場からの移入品として、米・麦・塩などの日常生活に不可欠な物資が見えることから自己完結的な自給経済では成り立っていないことは明らかである。それに対し、移出品には船・樽用の木材加工品のほか、山林資源を商品として出荷している。民俗語彙などから考えると、須繰縄は、スクリ・スクロなどと呼ばれるヒノキの綱、太平は安価な松煙であるタイヘイに相当する墨の材料、湯樽は温泉の湯、椎皮と桃皮はシイとヤマモモの樹皮で染料、朱呂皮はタワシやシュロ縄の材料となるシュロの木の毛、たらし蜜・巣蜜はニホンミツバチの養蜂による蜂蜜である。また割菜や茶、コンニャク、柿などの畑作物も見える。こうした物資の販売によって現金収入を得、米などを入手していたのであり、早くから貨幣経済を基盤に置いていたことがうかがえる。

聞書きによる川船での物資輸送の実際

近代以降、川船での物資輸送は、小津荷の主要な現金収入源として、男性がもっぱら従事してきた。以下は昭和二〇年代の和船に関する川船の組合長をしていたK氏への聞書きをもとにしている。組合長という役職は、輸送する物資を受注し、船団を手配し、目的地まで荷を届け、荷主から運賃をもらい、各船に分配するのが仕事で、もちろん自らも物資を運ぶ船を運用した。

熊野川で使用されてきた物資輸送の和船は、ダンベ船（団平船）と呼ばれるもので、昭和二〇年代には小津荷に十数隻あった。ほかに高山に一隻、東敷屋に一隻が操業していた。ダンベ船を所有し、物資運搬に従事する人は、船頭またはフナシ（船師）と呼ばれた。ダンベ船は、二人の乗員で操る。一人はカジトリ（舵取）といって、船尾で梶取りをしながら櫓を漕ぐ。これには熟練者があたった。もう一人は船先でハナトリ（鼻取）といって、棹を持って細かい操舵をした。ミズセ（水瀬、水のよく流れる本流）を選ぶと船足が速いので、それを見極める勘が必要であった。ダンベ船より小型のチュウダンベ（中団平船）という船もあったが、これは日用品などを少量運ぶのに用い、これも二人乗りであった。ヒラタ船は軽量な船で、鮎漁や渡し船として使われた。

船頭の間では、熊野川本流をオオカワスジ（大川筋）と呼び、新宮―請川（現田辺市本宮町請川）間を小津荷の船頭が往復し、請川からは上流地域の船頭に中継した。船は折立まで遡上し、それよりも上流地域へは牛の背に乗せて運ばれたという。また支流の大塔川・四村川筋への船運はなかったので、もっぱら牛による運搬でまかなわれた。ちなみに、この地域では、馬の背で物を運ぶコンダ（小荷駄）は見られなかった。

請川から下るダンベ船は、ひと船に最大で備長炭二〇〇俵（約三〇〇kg）を載せた。船頭は、ダンベ船を操るだけでなく、物資の積み込み、積み下ろしも行わなければならなかった。新宮からの上り荷に筏カン（筏を止める金具）があるが、二〇貫（七五kg）の重さの箱を持てれば一人前といわれた。またスミダツ（炭俵）は、一俵一五kgであったが、これを一度に四俵（六〇kg）担げれば一人前とされた。船へは、重心を低く安定させるため、高さがあまり高くならないように積んだという。こうした重労働から、船頭は一日一升の飯を食べるといわれ、実際にそのくらい食べたという。

請川から新宮までの行程は、下りは順調に下っても三時間ほどかかった。夜明け前に出発し、午前九時頃には着いて、荷を下した。そして昼の間に上り荷の注文を探した。荷主は新宮の商店や鍛治屋などで、その場で現金決済した。空荷で船を動かすのは損であったので、できるだけ店を回って注文を受け、それを数隻に分けて積み込む。ただ、どうしても注文がないときもあった。K氏は組合長であったので、すべての注文の現金を一括で預

❖熊野川の新宮河原町（新宮市歴史民俗資料館掲載写真）

かり、運び終えると全員に分配した。分配は、基本的に一隻いくらと均等割りであった。また船を自分で持たず、他人の船を借用して働く人もあり、一隻分の利益の一〇％を舟の持ち主に支払うという制度もあり、これをフナトコ（船床）と呼んだ。

荷をその日のうちに積み込めなかった場合や、十分な注文を取れなかった場合は、新宮の木賃宿に宿泊した。ここでは米を持参し、自炊する慣わしであった。昭和初期には、熊野川河口の河原町にカワラヤド（河原宿）と呼ばれる仮設小屋の宿があり、これを常用したという。宿では、船師と筏師が一緒になって情報交換をしたり、夜の街へ繰り出したりした。船は、河口は潮の満ち引きがあって泊められないので、現在の新宮市相筋のあたりに泊め置いた。

新宮から請川への上りは、およそ一日半の行程であった。途中、日足（現新宮市熊野川町日足）に宿があったが、K氏は姉が日足に住んでいたので、経費節減のためそこへ泊まることが多かったという。この新宮―日足間が約一日の行程であった。残りの日足―請川は約半日で、着いたらすぐに荷を積み下ろした。次の荷がある場合は、その日のうちに荷を積み込み、翌早朝に出発できるようにした。積荷に、酒や貴重品などがある場合、盗まれることが多かったため、船中で寝泊りすることもあったという。季節によってはマゼと呼ぶ南風が吹き、帆をかけて上ることが出来、その場合は日帰りも可能であった。逆に冬の北風には帆をたたみ、川に下りて人力で船を牽引していった。これが川船の操業で最も重い労働であった。

川船は常に新宮—請川間を往復したのではなかった。新宮から宮井（現新宮市熊野川町宮井）までの区間は、志古の炭鉱からの石炭を運ぶための道路が、一九四五（昭和二〇）年までにできていた。そのため、宮井には運送会社の支所があり、陸路で運ばれてきた物資を、そこから小津荷の船頭が船で中継して請川まで運ぶという仕事もあった。そうした物資は主に米と酒で、宮井からは、米は請川農協へ、酒は酒販組合の責任者であった請川の下地商店へ、それぞれ運ぶのが定期的な仕事であった。

船頭の会計簿から

一九四八（昭和二三）年頃のものという、「運賃覚へ帳」という会計簿がある（東牟婁郡本宮町小津荷　K家蔵）。そこから一年間分の記述を抜書きし、まとめたのが表2（505頁以降参照）である。日付はあるものの年が書かれていないので正確にはわからないが、K氏の記憶によると、この記録は昭和二三年～二四年にかけてのものであるという。少なくともK氏が終戦後小津荷に戻った後から、ダンベ船が廃業した一九五二（昭和二七）年まで、ある一年間の記録であることは確認できる。

これをみると、一年間に物資を運搬したのは三五回（三九往復）であった。日付のうえでは一日として表記されているが、実際には一回の新宮—請川の往復には三日程度を要するため、川船に従事する日数はこの三倍以上である。月ごとの内訳は、一月（六回）、二月（六回）、三月（三回）、四月（一回）、五月（一回）、六月（〇回）、七月（〇回）、八月（二回）、九月（四回）、一〇月（五回）、一一月（三回）、一二月（四回）となっている。K氏によると、五～七月は、田植え前後、十一月は稲刈りと脱穀調整のために、それぞれ川船を休ませて農業に従事したという。また、これと同時に林業の日雇などへも駆り出され、現金収入を得たという。

下り荷は、「木炭」という表記が圧倒的に多い。「空箱」というのは、荷を入れて運ばれてきたものの空き箱であり、主に酒を入れた箱であった。またゴボウやコンニャク、サツマイモ、木の実（トチノキの実）など、山村の産物も見られる。一〇月に農具とあるのは、鍬や鋤などを新宮の鍛冶屋で修繕してもらうためである。記録の二年目からは、音無紙があらわれ始める。第二次世界大戦の混乱を経て、山村のモノ作りとして和紙生産が復活し、新宮に向けて移出できるようになったのであろう。一箇所のみであるが「ガンピ」、つまりガンピの皮を移出していることがわかる。和歌山県内にガンピを原材料とした和紙生産は一切ないため、名塩紙（兵庫県西宮市）などのガンピ紙・鳥の子紙の産地へと出荷されたのであろう。

一方上り荷は、酒類、調味料、肥料、嗜好品、魚、塩、砂糖などの生活物資、筏を留めるカン、ワイヤー、ガラス、ロープといった仕事で用いる資材、サイダーやキャンデーなどの嗜好品、教科書や図書などの教材も見える。物資の量によって、一隻で下る場合もあれば、八隻もの船団で運ぶケースもある。

利益は聞書きのとおり、利益全体から宿代などの支出を差し引いて、

❖ダンベ船と筏（新宮市歴史民俗資料館掲載写真）

船数で均等に割って分配している。また、船を借り受けて物資輸送に加わった場合に船の持ち主に支払う「船床」も、一隻分の一〇%が支払われていることがわかる。

詳細には記されていないが、物資を運ぶルートは、請川から宮井、新宮から宮井、宮井から請川と、様々なケースがあり、荷主の要望に応じて柔軟に対応していたとのことである。またこの「運賃覚へ帳」の一部には、運送業の収支には直接反映されない、個人的な支出のメモ書きが残されている。そこには、歌舞伎や映画などの娯楽を新宮で楽む様子もうかがえ、当時の船頭の息抜きであったと想像される。

❖ダンベ船

川を使った物資輸送の廃業

こうしたダンベ船による物資輸送は、昭和二七年に廃業した。宮井から上流へ道路が延長されたことと、上流にダムが建設されたことで、船運の仕事そのものが維持できなくなったためである。船頭の多くは、架線技師の免許を取って山林労働に従事したり、仕事を求めて村外へ移住したりして生計を立てた。また、農業を中心に土木の日雇い仕事で稼ぐ人もあったという。

近年、熊野川では和船による船下りが復活して観光の目玉となっている。しかし、そのイメージは平安貴族の熊野詣が打ち出されており、物流を担った船頭の活躍は話題に上ることはない。

ダンベ船

昭和二〇年代に熊野川を往来していたダンベ船は、十津川の人に売却され、ダムの遊覧船としてしばらく活用されていたが、現在は残っていない。その姿は、新宮市教育委員会や新宮木材協同組合が所有す

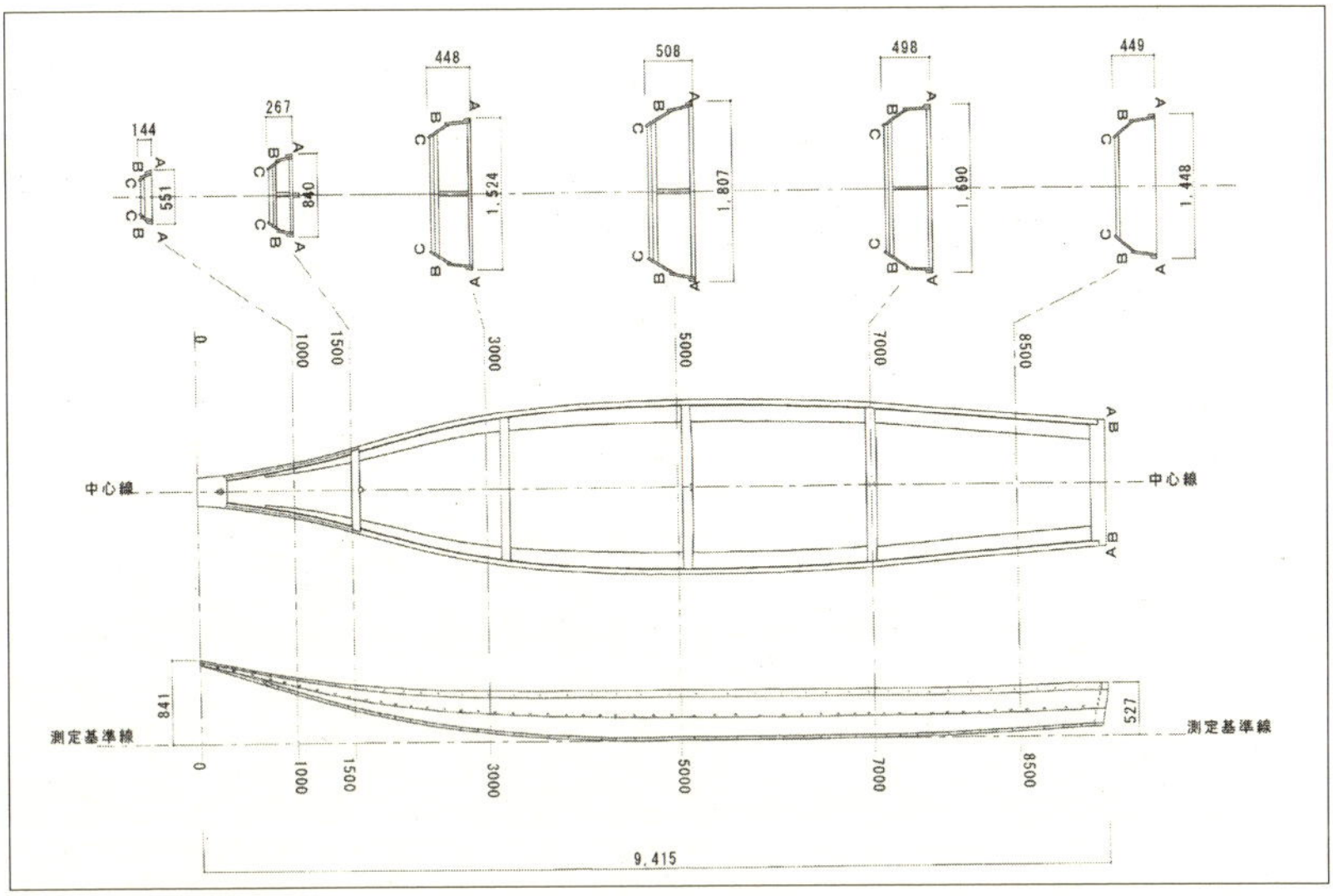

❖ダンベ船の実測図

る写真資料に記録されているが、流域に残る木造船はヒラタ船ばかりである。

　こうしたなか、一九九九（平成一一）年に開催された「ジャパンエキスポ　南紀熊野体験博　リゾートピアわかやま99」では、和歌山県が往時のダンベ船を復元造船し、これが現在田辺市によって保管されている。二次資料ではあるが、ダンベ船の形状を記録できる唯一の資料であり、この調査では、実測図と復元模型を作成した（協力：岡本木工所　模型は和歌山県立紀伊風土記の丘所蔵）。

小津荷の生業から見えてくるもの

　山村の生業が、現金収入へ結び付く諸生業の複合性に特色を見出せることは冒頭で述べたが、その記述においては、複合を重視しつつも、結局は技術の列挙に終始する場合が多い。生計維持の戦略として、個々の生業が、①商品の生産、②物資流通などのサーヴィス、③賃労働（労働の商品化）、④自給的農業、⑤マイナーサブシステンスなど、どこに位置づけられるのかを明らかにする必要がある。

　モノづくりによる商品の生産は、小津荷の場合は和紙生産がこれにあたる。こうした生業は、消費者の嗜好の変化や地域経済の変容など、様々な影響を受け、盛衰が激しい。山村はそれに応じて変化を余儀なくされた。

小津荷の生業で特筆すべきは、流通そのものに主体的に関わっていたことである。自ら投資をして和船を所有し、注文をとって商品や生活必需品を運搬し、そのサーヴィスに対する対価としての現金収入を得ることができた。また、自家の和船を持たなくても他から船を借り受けて仕事を得る船床というシステムも定着していた。

さらに賃労働も重要な収入源である。本稿では詳述しなかったが、昭和中期までは林業や土木工事での日雇い労働によって、恒常的に収入を得ることができたのである。

こうした諸生業によって現金収入を得ると同時に、自家消費のための穀物・蔬菜栽培は、集落周囲の田畑で継続的に営まれた。和船で運搬された物資に、農業に必要な肥料や石灰が大量に見られる。

こうした生計維持に直接関係するものに加え、熊野川流域では養蜂、河川漁撈、山菜採取など季節ごとのマイナーな生業が、生活にリズムを与えていた。

小津荷の生計維持の戦略は、近代における山村経済の状況に柔軟に対応したものであるといえる。近代以降の山村は、農業や山林資源利用で生計維持をするといった自己完結的な経済を前提としていない。こうした状況において、個々の生業がどう位置づけられているのかを詳しく見ていくと、変化の激しい山村の生業を理解する枠組みも得ることができるであろう。

◆表2　川船での物資運搬内容表

日付	下り 荷主数	下り 荷の内容	下り 船数	上り 荷主数	上り 荷の内容	上り 船数	利益	一隻分の利益分配	その他
01/06	4	木炭170俵・木炭202俵・木炭30俵・牛蒡30メ	2	3	セトモノ・筏鈌3・魚箱6・コンニャク1	2	10、146円	5、073円	
01/09	3	木炭206俵・木炭210俵・ヒヨシ	2	3	縄6・金物1・木箱1	2	8、973円	4、486・5円	
01/12				2	箱7・衣料（新宮→宮井）	2			
01/13	4	木炭224俵・木炭125俵・空箱大16・空箱小68・空箱大16	2	4	清酒25・酒上下・ロープ1	2	13、468円	6、734円	支出：電話2円
01/13				2	肥料25・肥料19	3	1、320円	440円	
01/13				1	肥料125	4	625円	156円	
01/19				1	清酒25（新宮→宮井）	2	3、000円	1、500円	
01/30	4	木炭220俵・木炭26俵・牛蒡22メ・木箱1	2	9	筏鈌10・?・?・ツメ樽・?・?・縄12メ・魚5メ・酒上下42本	2	9、117円	4、556・5円	
02/04	1	木炭150俵（宮井→新宮）	7	4	肥料234・箱24メ・ミシン・車2	7	13、463円	1、912円	
02/13	5	木炭118俵・木炭43俵・空樽79・空箱・粉9・ビールビン・トランス1・自転車	2	5	清酒20・筏鈌5・筏鈌5・古針金・上下・?	2	15、518円	7、759円	船床770円
02/18	3	木炭140俵・木炭150俵・ヒヨシ	2				8、965円	4、482・5円	
02/20				6	ビール20・筏鈌5・箱・箱2・?・筏鈌4・筏鈌2	2			船床440円
02/22	4	木炭210俵・ワイヤ100メ・?・樽1・牛蒡12メ	2	4	ビール10・特別酒10・筏鈌10・機械部分品・古針金75メ	2	9、885円	4、942・5円	船床490円
02/27	3	新一250・反一90・ビール16・筏鈌2	2	4	教科書5・洋紙3・セッケン20・マッチ1（新宮→宮井）	2	8、470円	4、235円	船床420円
03/04	4	木炭250俵・引越・?	2	4	キャンデー・カスガイ40〆・トランス1・酢1・筏鈌5	2	11、140円	5、570円	支出：宿賃600円 船床550円
03/07	6	木炭3?6俵・木炭77俵・空箱・箱入・空箱・空箱・	2	2	樽・塩10〆・魚12〆	2	8、553円	4、276・5円	

3/16	2	木炭302俵・木炭120俵		17	筏釻10・ブドウ酒・サトウ・干大根・サトウ・箱・鍋1・箱2・箱・?・?・?・?・?・干切22・酢1・干切1	2	12,792円	6,396円	支出：200円 船床600円
04/04	1	?		1	?	2	46,040円	23,020円	船床2,300円
04/04	1	?		1	?	2			
05/28	1	?		1	?	2	14,285円	7,142.5円	船床700円
08/13				4	?・鉛線外13コ・書籍20〆・飼料3俵	2	1,950円	975円	
08/26	1	木炭170俵					2,210円	2,210円	船床210円
09/02	1	木炭65俵		1	肥料60俵・押麦35・粉190 肥料19のみ（新宮→小津荷）	6	8,619.6円	1,430.2円	支出：電話36円
09/05	1	木炭16俵		5	肥料61俵・タワシ2メ・塩20メ・酢3・肥料・木炭7	2	3,550円	1,775円	
09/05				1	肥料19・木炭65	6	675円	112.5円	
09/17	2	木炭99俵・お客2人		8	セメント40・筏釻10・綿150・煮干150・ジャコ6メ・米50・チリシ7・ジャコ	4	4,344円	1,086円	
09/26				1	セメント60（新宮→高山）	2	3,300円	1,650円	船床160円
10/03	3	木炭150俵・油釻7・木炭180					5,340円	2,615円	船床280円
10/08	3	醤油1・味噌1・醤油1・味噌1・醤油1・味噌2		12	筏釻10・筏釻3・筏釻2・タマ子100メ・筏釻4・タマ子40メ・ドラム1本・釘1・ワイヤ1・雑貨・雑貨・油1・油3・クスリ・洋酒40・燈油40・酢0.5タル・ビール3	4	11,047.5円	2,851.8円	船床280円
10/11	2	農具20メ・お客		2	食料・雑荷・トランス外・飼料100メ	6	8,744.5円	1,457.4円	支出：電話12円 船床金140円
10/20	1	お客		4	電線・味ソ1　セメント60のみ（新宮→高山）セン600メのみ（新宮→下向井）	4	8,500円	2,125円	
10/22	6	トランス電球・醤油1・醤油1・醤油10・綿11メ・木炭66		1	食料	2	5,153円	2,576.5円	船床80円

11/14	7	木炭42俵・木炭70俵・木炭133俵・コンニャク140メ・牛蒡・コウリ3・牛蒡	7	ワイヤ100メ・鉄10・板5・車1・鉄2・セメント外11・ガラス1・紙箱1・網1・石灰	2	9、698円	4、849円	船床480円
11/21	1	さつま3600メ	1	樽5丁・洋酒10箱・焼酒50個	7	15、570円	下り2、000円 上り510円	
11/29	4	木炭46俵・木炭149俵・牛蒡・お客				3、370円	3、370円	
12/05			5	セメント40・酒9・線1・線1・油1	2	6、500円	3、250円	船床620
12/09	1	木炭124俵	1	米60・粉26・ビスケット40	4	4、390円	1、097・75円	船床150円
12/22	3	ツボ46・木の実103・ミルク450・酒木炭150俵・醤油12（宮井まで）	1	樽7・ビン箱50・ツボ12	2	13、050円	6、525円	支出：宿400円
12/29	1	木炭161俵	4	ドラム1・靴箱・酢ビン・酢1・ミシン	1	2、210円	2、210円	
12/29	1	さつま				7、865円	7、865円	船床870円
1/7			1	ワイヤ170メ（宮井→下向井）	1	3、100円	3、100円	船床300円
1/18	5	木炭152俵・大豆40メ・ビン16本・木炭1俵・木炭1俵・牛蒡15メ・紙	11	筏鉄10・筏鉄2・筏鉄3・筏鉄1・縄7・カマド3・帯1・タマ子3・酒16本・カウリ1・箱2・ワイヤ・	2	5、067円	2、280円	船床500円
1/22	4	木炭191俵・コンニャク84メ・樽大1・樽小1・音無紙3	19	筏鉄3・雑貨・自転車・玉子80メ・雑貨・商事・紙・酢・下駄・下駄・木箱2・砂糖1・砂糖1・砂糖1・箱1・箱1・箱2・箪笥・本箱1	3	4、640円	1、546円	船床150円
2/2	3	木炭160・さつま100・音無紙1	10	筏鉄7・玉子・筏鉄5・縄7・肥料14・ツメ樽2・酢樽1・千切1・木箱・セトモノ・カマス	3	5、236円	1、876円	船床500円
2/9	1	木炭150	1	食糧70	3	7、468円	2、489円	
2/13	5	木炭402・牛1・牛蒡	1	凍結米60				
2/22			1	凍結米290俵	11	15、950円	1、450円	
2/24	4	木炭1003俵・本・木炭16				16、483円	2、747円	船床270円
2/24			8	筏鉄11・筏鉄5・筏鉄4・筏鉄4・筏鉄3・筏鉄1・筏鉄2	9	9、780円	1、092円	船床100円
3/2	1	牛	2	セメント170・筏鉄2	6	19、020円	3、170円	船床310円

3/10	5	酒140箱・地下足袋3・紙・空ドラム2・筏鈌・鉄管・酢1・ビン					9、800円	2、450円	船床340円
3/13				1	凍結米60	1	2、690円	1、100円	船床260円
3/14				2	セメント80・肥料14・食料5	5	8、137円	1、487・4円	船床140円
4/8	3	平野先生引越・音無紙・産物		6	食油14・食油21・食油37・食油10・箱1・箱1・	2	3、975円	1、905円	船床190円
4/17	4	木炭280・空ドラム2・石油2・ガンビ1・大豆3・板7・音無紙2・畳		9	筏鈌20・筏鈌大5・筏鈌中3・筏鈌大1・筏鈌中2・筏鈌3・コモ包1・筆筲・スサ・石灰3・針金・釘	2	4、676円	2、338円	船床230円
4/26	5	木炭90・木炭171・ビール24・空ビン・コモ包・醤油					7、134円	3、567円	船床350円
4/27				13	くん炭・テール45メ・テール5・テール5・テール5・縄10・筏鈌2・筏鈌1・サイダーラムネ・畳・醤油・味噌・フトン・肥料	4	12、865円	3、266円	船床320円
5/12	7	木炭186・木炭36・木炭72・木炭115・木箱1・木炭3・音無紙3		4	石灰75・筏鈌中3・キャンデー用品・縄3	2	12、086円	6、043円	船床600円
5/19	1	木炭139		1	ワイヤ	2	6、403円	3、200円	船床320円
6/4	2	木炭30・酒・カサ		1	食料	4	7、121円	1、780円	船床170円
6/23	2	木炭208・縄1・木箱1		1	食料 外米24・裸麦50	4	5、898円	1、474・5円	船床140円
6/27	3	木炭200・木炭134・サイダー		11	肥料46・箱・樽1・ボウシ1・油・玉子16・玉子6・箱70・玉子	2	6、148円	3、074円	支出：電話50円 船床300円
7/12	3	木炭160・空ビン3・ラムネ3・空ツボ2・酒4		6	箱2・線用具13コ・醤油2丁・石油カン1・筏鈌2・ベルト1	1	2090円、	2、090円	支出：電話20円
8/5	3	木炭300・木炭54・牛蒡・綿		19	キャンデー箸3・ラムネ7・玉子50メ・筏鈌10・焼酒1・油2・腕木大小11・コモ包2・コモ包・板・箱7・箱1・金物・看板1・雑貨4・筏鈌2	2	7446円、	3、723円	支出：電話102円 支出：魚90円 船床370円
8/16	1	堤防割石280					2、240円	記載無し	
8/18	1	木炭204		1	ツボ1	1	1、692円	1、692円	支出：電話42円 船床150円

8/23				7	電柱15本・木箱1・木箱3・筏鈌3・小タル1・コモ包3・レール4・筏鈌8	2	4、176円	2、088円	支出：電話24円 船床200円
9/8				5	電線・サイダー5・カン詰1・カン詰1・紙包1・牛蒡	2	5、530円	2、765円	船床270円
9/21	3	木炭410・空ビン・ツボ・牛蒡		5	素メン13・食糧 外米16・麦50・雑貨・醤油15・酒80・ドラム3・雑貨		16、750円	3、350円	支出：電話 船床330円
9/28	4	木炭294・杉皮100・ヤカタ7・箱板2		21	セメント100・自転車1・塩100・醤油5・醤油5・醤油3・味噌300・丸ノコ1・ミルク2・箱8・箱6・箱3・鉄線1・正油2・ツボ2・箱2・鉄棒3・袋1・酢1・噴霧器4・木箱1・木箱1・煙突1・コモ包3・キャンデー箱入1・キャンデー箱入1・キャンデー箱入1・木箱2・木箱1	8	18、950円	2、366円	支出：電話170円 船床230円

別記載事項

日付	支出
1/23	歌舞伎100円・薬150円・菓子20円
1/24	散髪60円・宿320円・魚140円・映画5円・ケブリコ100円・ウドン120円
1/24	好三　千円先渡し
1/27	徳造100円・請川於先渡し・宮井宿賃払ヒ300円　好三・スコップ230円・金アミ90円・魚120円・宿魚180円・ジャコ90円・サンマ36円・ボウシ150円・シビ78円・ホン100円・ミカン90円・アブリコ20円
4/9	魚60円・宿150円・タオル30円・電池70円・金アミ・釘90円・菓子20円
8/24	

結　論

1 生業活動と環境改変

この民俗誌のまとめとして、いくつかの論点をあぶりだしてみたい。

第一に、環境改変に関することである。山村の生業においては、山林資源を獲得するために傾斜地の環境をどのように扱うかによって、その内容が大きく変化する。この点は、生業をトータルに理解しようとするとき、ひとまずシステム論的に把握せざるをえない。

傾斜地利用のパターンには、以下のふたつのカテゴリがある。Ⓐ生業活動そのものが環境改変をともなう生業、Ⓑ生業活動そのものは環境改変をともなわない生業である。Ⓐは、人々が山林資源を獲得しようとするときに、積極的にその植生や地形にアプローチをするものである。Ⓑは、人々が山林資源を獲得しようとするときに、植生や地形は現状維持のままそこから資源を採集したり捕獲したりするものである。民俗学では従来、こうした枠組みに対して、Ⓐは開発的・自然征服的・人工的・環境破壊的・近代的、Ⓑは恩恵利用的・自然依存的・天然的・環境温存的・民俗的と、民俗学は無批判に位置付けてきたと筆者は感じている。さらにⒷを自然依存的とみる見方は、メディアなどでは「エコな環境利用」として環境保護の文脈に結び付ける見方に通じてしまう。

熊野の生業において考えてみると、Ⓐのあり方で循環的環境利用形態が確立されるとき、そこにⒷが従属していくように思われる。熊野地域では山林資源の採集、養蜂、狩猟、シイタケ半栽培といった生業が、すべて白炭生産のための基盤である二次林の成長過程に依存していた。すなわち、ⒷはⒶを前提としており、二次的な環境をⒶに影響のない範囲で利用しているにすぎない。さらに逆の見方をすれば、Ⓑの在りかたで生業活動を行うことが、むしろⒶを補完する場合もある。端的な例では、薪を取るための細い枝の伐採が、二次林の管理に役立ったり、人工林の林床の杉葉や籠の材料となるシダ類の採取が林の管理に好都合だったりすることである。ⒶとⒷは対立するものではない。ともするとⒶの近代的開発行為に対し、Ⓑを守り伝えてきた人々の実践を研究するのが民俗学であるかのような印象すら持たれることもあるが、実はそれら双方が一体としてトータルに生業を構成している点に重要性がある。

2　商品経済と柔軟性

第二に、商品経済に関することである。山林資源はそれ自体で自給自足的な生活を営む志向よりも、むしろそれを町場でまたは仲買人や問屋を介して換金する志向の方が強く、商品経済を前提としている。そのため、時流の変化をダイレクトに受けることになる。

私有林を主体とした熊野地域の場合、地主は地域に居住していない場合が多く、傾斜地からどのような山林資源を獲得してどのように換金するかを判断するのは、もっぱら各集落の山林に付いての識者でもあるヤマバンに委ねられた。ヤマバンには、製炭に用いる二次林を人工林に改変するのか、むしろ二次林を残して多様な資源を獲得するのかといったいわば経営的戦略が必要であった。

こうしたことが可能であったのは、環境改変を柔軟に受け入れてきた環境の側の要因もある。すでに述べたとおり、この地域は高温多湿であり、年間降水量は多く夏の日照も強烈である。さらに起伏に富んで、河川も蛇行を繰り返すような地形では、大規模な開発は不可能であった。また、亜熱帯の植物から寒帯に属するようなものまで、熊野地域の自然は渾然一体となった熱帯雨林的様相を呈する（『大塔村史』自然編）。そうした環境にあっては、植物は旺盛に成長するため、それを利用する人間の側の選択肢も多い。

ここで筆者が思い出すことは、熊野地域の人々への聞書きのなかに時折出てくる「山まかせ」あるいは「放ったらかし」という認識である。ひとつの用語として共有されているわけではないが、筆者は聞書きにおける様々な文脈でこの表現が使われることを意識している。これは自然の生育力を前提とした環境改変という、環境をコントロールする実体験から出た言葉であろう。自然に依存するととらえられる生業が実は人間の側の若干の環境改変に依存しているのであるが、その環境改変の選択肢は環境の条件に制約され、人間の側はその範疇でしか活動できないという限界もある。「山まかせ」は、自然環境がそのまま利用できるというものではなく、ある範疇のなかでは積極的に環境改変に介入しなくても一定の資源を獲得できるといった程度の放任主義である。

ただし、環境へのアプローチは、介入すればするほど人件費がかさむ。その支出は、結果として得られる資源からの利益で回収できないというリスクを伴う。ハイリスク・ハイリターンを追究するのではなく、ローリスク・ローリターンに効率性を見出す思考は、経済的発展を一途に求める立場とは異なるとはいえ、市場経済に依存したシステムであることには変わりない。

3 新技術と在来技術の葛藤

第三に、言説に関することである。山林にはその資源の豊富さゆえ、外部から近代的な技術革新を投入することによって革新的技術を持ち込もうとする圧力が繰り返し加わる。それに対し、人々の側では従来の技術と矛盾なく連続させるための様々な対応をすることになる。興味深いことに、外来の技術に直面した人々は、それと相対的な位置にある在来技術に対し「熊野式」あるいは「日置川流」といった個別の文化としてのレッテルを貼ってきたのである。

その最たる例が「熊野式林業」である。熊野の林業は、ヒノキ六割・スギ四割、地域によっては、ヒノキ七割・スギ三割といわれるように、比較的ヒノキを重点的に植林してきた。粗植は、熊野地域の林業の特色のひとつである。枝打ちは、スギに対しては枝打ち作業そのものが不要で、ヒノキも必要最低限しか行わなかったといわれている。また除伐・間伐も奥地の山林ではあまり精力的に行なわれなかったという。熊野地域では、「間伐をする阿呆、せぬ阿呆」という言葉があるが、これはこの地域の間伐に対する判断の難しさがよくあらわれている。熊野地域の山林は、比較的急峻で道路も開けていなかったので、一つ一つの作業効率が悪く、人件費がかさむ。そのため自然淘汰に任せ、間伐に手間をかけるぐらいなら他の仕事をしたほうがよいと考える者が多かった。逆に、作業が大変でもやはり除伐した方が良材を多く取れて利益が上がると考える者もあった。

実際の吉野式林業からみると信じられないことであるが、昭和初期の熊野の林業では、六〇年～八〇年と極めて早い周期で伐採していた。これは、吉野式林業のおよそ半分の期間で伐採することになる。熊野地域の平均気温の高さ、豊富な日照、多湿多雨の気候は、樹木の生長を旺盛にするのであるが、商品としての木材から見れば、木目が粗く品質は決して高くはない。粗植・放任の林業は、伐採周期がはやく、人件費を抑えることで利益を確保する林業であったといえる。樹木の売買も、本数も数えず山ひとついくらという大雑把なものであり、それは「日置川流」とも呼ばれた。

こうして熊野地域の林業の様相を見てくると、最初に提示した『和歌山縣の林業』(一九二六年)の記述はより具体的に理解できるようになる。まず、「熊野式林業」は、「疎植粗放主義を執り僅かに下刈を行ふのみにて、枝打間伐を行はざる」とあり、聞書きを裏付ける。その理由も「氣候の温暖降水の多量なる為め林木の育成極めて旺盛にして二十年の満たざるに已に用材として伐採せらるゝもの尠からず」とあるように、伐採周期の早さは、温暖で多湿多雨の気候によるものと認識されている。そこに「明治四十年頃より造林熱の擡頭により、吉野式密植造林を模倣するもの頻出し、その勢ひ縣下を風靡するに至れり」とあるように、当時の先進技術であった吉野式林業が導入されたのであるが、ここにおいて「粗植、密植の両極端造林法の何れが縣下に於て適するやの問題」

が生じたことからもわかるように、熊野の人々は吉野式林業との接触を経てはじめて熊野地域の林業に他と異なる特色があることを意識したのだと思われる。

昭和初期において吉野式林業が熊野地域に積極的に導入されなかった理由は、第一次世界大戦による「物價の騰貴」と「造林費及手入費の上騰」、山が奥深く「交通機關の不備」による間伐の困難さ、「造林費に多額を要する」点などが重なり、結局は「熊野式林業に復歸」することになったのである。ちなみにここにあるように、「熊野式林業」が「古來久しく唱へられ」たことは、管見の限りではそれ以前にはなく、近代林業と同義の吉野式林業（これもまた実態とは異なるイメージかもしれない）に対する、地域の伝統的な林業といった意味で「熊野式林業」という言葉は創られたと思われる。

同様のことは、セイヨウミツバチと西洋の養蜂学の導入に際し、「熊野式」を主張して在来技術の温存を図り、新たな設備投資や技術獲得のための余分な労力を避けようとした動向にも共通している。養蜂の生計維持に占める位置があまり高くないなかで、新技術導入に積極的になれなかったという背景もあろう。

こうした新技術と在来技術の葛藤から、在来技術に対する認識が形成され、名づけられていった。

4 「伝承」から「本位」へ

最後に、「本位」に関することである。これまで見てきたとおり、熊野地域の山林資源利用の土台は、紀州備長炭生産による「二次林利用本位」であった。

熊野地域では、近世以来の白炭生産のため、山林を択伐し、およそ一〇～一五年周期の木材利用を維持してきた。製炭のために伐採してから山林が復元するまでの過程では、山村の人々は、ニホンミツバチの養蜂による蜂蜜採取、在来種のイヌを使った狩猟、シイタケ半栽培、その他多様な採集活動を行ってきた。そして、舟運による河口の町との流通の確保が生計維持を可能にしてきた。加えて、こうした二次林が豊かな河川資源を涵養し、地域の人々の自由な河川漁撈を保障してきた。

近代以降、こうした二次林と人工林はせめぎあいながら後者に転換していくが、村外地主にかわって山林を管理する山村のヤマバン（山番）は、投機の対象となった山林が過度に人工林化するのを防ぐ調整役となった。また、科学的な知識の強制的な普及の圧力に対しては、地域の環境や生産体制を正当化する「熊野式林業」や「熊野式養蜂」といった言説で対抗する動向も見られ、トップダウンの新技術の過度の普及を拒んできた歴史もある。山林は、いわば「二次林利用本位」による多様な山林資源の確保に重点が置かれていたと見ることができる。筆者には昭和後期の国策による拡大造林によって一変した山林は、それまでこの地域の人々が技術改善において本位としてきた論理と全く異なるものを持ち込んだことによる矛盾を象徴しているように見える。もちろん、林業停滞化の直截的な要因は、安価な外材との価格競争という市場の論理ではあるが。

筆者が最も避けたいのは、熊野地域の山林資源利用において、在来技術である備長炭生産を基盤とする様々な生業の一体性が、近代林業の展開による人工林の拡大によって駆逐され、民俗が「失われた」といった見方である。これは、林業が一方的に民俗を破壊するものと仮定し、そこにある技術への問いを放棄しており、近代林業の民俗研究の深化を阻んでいる。さらに在来の技術を、「伝承」という超世代的に伝えられる文化の本質に通ずるものの一側面とする位置付けは、「失われる」から「守らなければならない」という思考へと通ずる。筆者が林業、製炭、養蜂、漁撈、狩猟、採集、工芸、舟運といった、比較的手の先にある人間の技術に着目し、河口の企業の工場労働やサービス業を描かなかったのは、前者のテーマが伝統的あるいは民俗学的であるからではなく、そこにむしろ山林資源をめぐる近代の諸問題が凝縮されているからであった。

人々の山林資源との関わりにおいて見出される、生業活動と環境改変、商品経済と柔軟性、新技術と在来技術の葛藤といった問題は、近代化過程における人間の生産活動の一面である。それを描くことで、人々の生活の歴史的展開を明らかにするという民俗学本来の目的に対峙することができると、筆者は考えている。

通時代的に連続していると見える事象のなかに、人々の価値観や、在来技術との接合における工夫、経済的成功を目指した個々の戦略、その変化を経て受容され共有されることによって生じる新たな地域差、そしてそれに対するまなざしと言説など、生活の歴史を考えるうえで重要な多くの課題が内包されている。「伝承」はそれら可変的な特殊状況のすべてを、一時的なあり方として排除する志向を含んでおり、筆者はそのことが民俗技術研究を陳腐化させる最大の要因であるとさえ感じる。「本位」がどこまで汎用性を持つかは現時点ではわからないが、少なくとも民俗学における技術や道具の研究において、「伝承」に代わるものを方法論的に研究する必要があろう。とりわけ物質文化論において、その思考の転換が求められている。

第3部参考資料❶

紀州の和紙生産技術と民具の所在調査

本報告は、筆者が平成一四年度和歌山県立紀伊風土記の丘特別展『紙すきの山里』のために行った調査のまとめである。本調査では、文献や先行研究を元に大まかな調査地域を設定、現地での聞書きをもとに和紙生産地域を集落単位で把握し、昭和三〇年代以前の和紙生産の経験者への聞書き、現役生産者への参与観察、民具の調査を進めた。同時に各地域の博物館施設や教育委員会収蔵の製紙関連資料を調査した。特に熊野地域の和紙生産については、従来ほとんど報告がないので、第三部の参考資料として掲載する。

◉高野紙《こうやがみ》

沿革：『弘法大師行状絵詞』（一〇八八）の高野山麓風景に紙すき作業をする人々が描かれ、中世には京都・奈良に流通していた。近世初期の『毛吹草』（一六三八）や『和漢三才図会』（一七一二）に紹介され、『紀伊続風土記』（一八三〇—四四）からも当地域に冬の副業として定着していたことが分かる。一八末〜一九世紀前半は、高野十郷と呼ばれる一〇村で構成する恵美須講のもと自主統制したが、一九世紀半ば以降は慈尊院取扱所に集め大坂の問屋へ卸す学侶方の専売体制となった。近代に入り傘紙の需要の増大から、海南市内海へ出荷する割合が増えたが、現在では九度山町下古沢に一軒残るのみである。

和紙生産地域：九度山町（笠木・河根・上古沢・椎出・下古沢・中古沢・東郷）・高野町（神谷・西郷・花坂・細川）

原材料供給地域：紙すき農家の自給栽培・旧野上町全域・長谷毛原を中心に旧美里町全域

原材料：紙料はコウゾ（地方名：カンゴ）（主に栽培種、ヤマソと呼ぶ野生種も補助的に使用）。糊材は主にトロロアオイ（地方名：トロロ）（栽培）、夏季のみノリウツギ（野生）。

製品：主に傘紙（約四五cm×三〇cm）・傘紙は六〇枚で一帖（和傘五本分）・一〇帖で一束・二束半を一締とし、上中下の等級。塵紙は二〇枚で一帖・一〇帖で一束・一〇束で一締とする。他に島包紙（呉服や反物を包む紙）・障子紙・竪紙・次第紙（帳簿用）。

大正三年の生産規模：伊都郡全体—三〇七軒（男三六〇名・女四二一名）・半紙なし・傘紙一一、一六〇束（六、六九六、〇〇〇枚）・塵紙一、七三五締（三、四七〇、〇〇〇枚）・その他なし（『和歌山縣統計書　大正三年』和歌山縣（一九一六））

製紙技術：民俗調査で把握できる高野紙生産技術は傘紙・竪紙のみである。これは大正期にはすでに海南市内海への出荷に依存していた事に起因する。昭和初期に県の副業奨励の補助金をもとに福岡の技術者を招聘し、一ヶ月以上にわたる京花紙講習会を開くなど技術の近代化が計られたが、実際には傘紙の生産が多く一部で四枚漉きの大判漉き枠が導入された以外はほとんど技術的変化はなかった。

一二月、コウゾを鎌で刈り三尺程度に切り揃え、納屋に据え付けたコウゾ蒸用の竈で蒸す。大型の羽釜にカンゴブタ—桶型の蓋を被せ約一時間蒸した後、皮を剥き水田の稲架にかけて寒風にさらして干し保存する。干したコウゾを半日水につけ、小川等で足で踏み、シブ（外側の黒皮）を外す。シブ皮（黒皮）を取った後、その下のアマ皮をサクリ包丁で削り取り、再び寒風にさらして干す。白皮を紙すきに使う分ずつ苛性ソーダで煮て繊維をほぐし塵選りをする。さらに板（サクラ）の上でカシの棒を使って叩き、紙料ができる。

紙漉き作業は女性の仕事であった。傘紙は溜漉きで、漉き上げた簀を漉き槽の前に立てて水を切る。漉き簀が一二枚並んだ時点で、最初に漉いた紙から紙床に重ねていき、一二枚重ね上げたところで照葉樹の葉を一枚挟む。一二枚ごとに葉を挟んだ紙床を圧搾具で絞り、カミイタ（紙干板）に表裏三枚ずつ張り、庭や田に並べ乾燥させる。途中で表裏をひっくり返しながら乾燥を進め、乾いたらはがして検品し、六〇枚ごとに荒く綯った藁縄で縛り仲買人に売る。またサクリ作業でとったシブ皮混じりの繊維も同様に漉き上げ竪紙とし、これも六〇枚単位で販売した。製品は仲買人を通して、海南市内海や奈良県五條市へ出荷された。

道具の特色：昭和初期の高野紙の生産用具が分かる民具は、九度山町立紙遊苑・大阪歴史博物館所蔵の断片的な資料と、九度山町下古沢の中坊氏使用の道具のみである。傘紙生産用の道具は漉き槽一五二〇×六五〇×三一〇mm（大阪歴博蔵）が標準サイズと思われ、これに四五〇×三〇〇mmの紙をすく一枚漉き・二枚漉きの漉き枠が対応する。紙干板も傘紙サイズが三枚張れる一六五〇×三五〇×二〇mm（大阪歴博蔵）が標準的なものと思われる。

顕彰施設等：九度山町河根の丹生神社境内の句碑「しら梅や楮を晒す一在所　徒鳴翁　万延元年（一八六〇）」

◉神《こう》野《の》紙《がみ》

沿革：『紀伊続風土記』（一八三〇―四四）の、神野荘の項に「耕作の余業多く紙を製して四方に出す、其紙大抵は古沢と同き紙なれども色白く滑なリ少し糊気あり多く帳紙（包装用紙）に用ふその粗末なるは黒江に出して椀の袋に用ふ神野紙といふ」とある。『紀伊名所図会』（一八五一）も神野紙を挙げ「楮たたく隣里にも砧かな　花友」の歌を掲載している。しかし他に傍証できる資料は無く不詳である。

和紙生産地域：紀美野町神野市場で一軒操業していたという伝承がある。

原材料供給地域：不明。
原材料・製品：近代は不明
大正三年の生産規模：那賀郡全体―一七軒（男一五名・女三八名）・傘紙七三八〇束（四、四二八、〇〇〇枚）がみえ、その一部に旧美里町内を含むと思われる（『和歌山縣統計書　大正三年』和歌山縣（一九一六））
製紙技術：不明。
道具の特色：所在確認できず。
顕彰施設等：なし

◉保田紙《やすだがみ》

沿革：中世の高野山領阿氏河荘（現有田川町）の文書（一二六三）に、和紙を年貢に課した記述があるが、保田紙への連続性は不明である。近世後期の史料には、近世の山保田組大庄屋笠松佐太夫が一六六五年に和紙生産を興し、製紙のために小峠（現：有田川町三田小字小峠）を開拓し大和吉野郡より技術移入したとする伝承が掲載されている。「御用鼻紙」として藩の保護を受け一時は藩札用紙も出荷した。近代以降は山地の現金収入源として活況を呈し、海南市内海の和傘用紙を大量に出荷した。しかし昭和二八年水害で壊滅的被害を受け、ビニール傘の普及で紙の需要の減退も重なり昭和四〇年代に廃絶した。その後昭和五〇年代に再興、現在に至る。
和紙生産地域：有田川町（川合・北野川・久野原・栗林・下湯川・寺原・遠井・中原・二沢・西原・三田・宮川）。美山村上初湯川・紀美野町（上ゲ井・箕六）では旧清水町から嫁入りした女性が生産したといい、生産地域は旧清水町周辺の市町村まで拡大していた。
原材料供給地域：紙すき農家の自給栽培・旧清水町全域・旧美山村寒川周辺・旧龍神村全域
原材料：紙料はコウゾ（地方名：カンゴ）（主に栽培種、ヤマソと呼ぶ野生種も補助的に使用）。糊材は主にトロロアオイ（地方名：トロロ）（栽培）、夏季のみノリウツギ（野生）。

製品：主に傘紙（約四五cm×三〇cm）・アカソ紙・竪紙（米や乾物を包む紙）・六〇枚で一帖（和傘五本分）・一〇帖で一束・二〇束を一荷とする。他に半紙他。

大正三年の生産規模：有田郡全体―二三〇軒（男二〇三名・女四四九名）・半紙なし・傘紙二〇、七五〇束（一二、四五〇、〇〇〇枚）・塵紙一、九八〇締（三、九六〇、〇〇〇枚）・その他なし（『和歌山縣統計書　大正三年』和歌山縣（一九一六））

製紙技術：民俗調査で把握できる生産技術は、傘紙および竪紙のみである。ビーター（叩砕機）の導入以外は技術的変化は少なく、生産地の規模の割には近代化が進まなかった。製紙が農家の副業に留まり、生産組合等の組織が確立せず設備投資が進まなかったためと考えられる。

一二月初旬に畑の畦畔に植えたコウゾ（地方名：カンゴ）を専用の鎌で刈り、枝を払い、押切りで三尺に切り揃えクズの蔓で縛る。それを釜に入れ、カンゴブタ―桶型の蓋を被せ九〇～一二〇分蒸す。これらの作業は男性中心。蒸し上ったコウゾの皮剥き作業―カンゴムキは、子供や近所の手伝いも総出で、ひと釜分剥き終える頃に次のコウゾが蒸し上り、徹夜の作業になることもあった。これを寒風にさらし乾かしたヒソ（干楮）は、紙漉きをしない農家も冬の仕事として生産し仲買人に売り現金収入とした。昭和初期は、コウゾの芯を燃やして懐炉灰として販売した他、夜間の寄り合い等に行く時に松明として利用された。次にコウゾの皮を半日水につけ、河原や田に水を溜めた小池で素足に草履で踏み、シブ（外側の黒皮）を外す。シブ皮（黒皮）を取った後、その下のアマ皮をサクリ包丁で削り取る。皮を取った白皮を、再び寒風にさらして干し、その後軒先に吊り下げて保存する。これを使う分ずつ釜で煮て繊維をほぐし、塵選りをして紙料とする。明治期は主に木灰やヨモギ灰で、大正以降は苛性ソーダを使用。その繊維を、板（サクラ）上でカシの棒を使って叩き繊維をほぐす。子供も手伝い、調子を取るためカミソ打ち歌を歌った。

一～三月の紙漉き作業は、夜明け前から晩まで毎日漉き続けたという。漉き手が圧倒的に女性が多いのは特徴的である。傘紙は厚紙の一種で、強靭さを生む溜め漉きが中心と思われるが、現行の作業はこれに流し漉きの動きも加わり〝溜め漉き風の流し漉き〟とも呼べる独特の漉き方が見て取れる。近代以降、土佐和紙からの技術移入により大型の漉き枠が各地に導入されたが、この地域にも傘紙の二枚漉き四枚漉きの枠が導入されている。大きな漉き枠に均等に紙料を広げるためには水を漉き簀の上で動かすことが必要で、そうした過程で現在のような方法に至ったと考えられるが、追跡調査の必要がある。

傘紙は高野紙と同様六〇枚で一帖なので、漉いた紙を数えるため一〇枚漉くと手元に置いた石を奥から手前に動かし、石を六つ動かしたら花瓶にさしたナンテンの葉を一枚取り、目安として紙と紙の間に挟んだ。漉いた紙は重ねて紙床として絞り、カミイタ（紙干板）に表三枚・裏三枚の計六枚を貼って乾かし、紙干板一〇枚で一帖となる。またシブ入りの繊維で漉く竪紙（サンジとも呼ぶ）、塵選りで取り除いたツメリダシと呼ばれる繊維を使ったアカソ紙も、同様の技術で漉かれた。製品は仲買人を通して、海南市へ出荷された。

道具の特色：二枚漉き用の中型漉き槽（清水町創生館蔵他）が複数見られ、表裏に三枚ずつ張る紙干板もほぼ定型である。竹製の漉き簀は地元で製作された資料を数点収集した他は、全て高知産と思われる。最も収集困難な資料は、製品としての紙そのもので、現地では昭和二八年水害以前生産の傘紙を発見することは困難である。海南市立歴史民俗資料館蔵の和傘製作用具中の一帖分の傘紙とアカソ紙を参考資料として展示したが、この資料を昭和三〇年代の高野紙（柏原夫佐子氏提供）と比較すると、地域差による若干の品質の違いはあれ、サイズや厚さはほぼ規格化されており共通していることが分かる。また清水町教育委員会が、記録用に撮影した製造工程の映像資料と写真資料を所有している。

顕彰施設等：有田川町三田小峠に笠松佐太夫顕彰碑「笠松正永君紀功碑（本文略）昭和二年三月十五

日建之」

◉**藤《ふじ》井《い》紙《がみ》**

沿革：幕末期、藤井村塩路源右衛門が塵紙生産を営み、その子源兵衛がロウソク職人に芯紙を供給していた。明治初期、近世以来の産業であった日高綛は安価な輸入綿糸に押され、新たな産業を育成する必要があった。綛糸で財を成した有志らは、製紙用具と原料を農家に貸付け一括で買占めて販売し、藤井は和紙生産地として確立した。明治一〇年には第一回内国博覧会で表彰されるなど高品質であった。明治二二年の水害で壊滅的な損害を受けたが、明治後期～大正前期に高知県や愛媛県宇摩地方から新技術の講師を招聘し、藤井は障子紙・半紙の産地として再生した。原材料を美山村周辺の農家の作間稼ぎとして栽培する体制は、この時期に確立したと考えられる。大正九年に南海紙業株式会社が設立されると、製紙業者のほとんどがその従業員となり、従来通りの家内生産を続けた製紙業者も機械製紙に押され衰退、昭和二八年水害により廃絶した。昭和四七年、藤井和紙保存研究会が結成され技術の復活に取組み、現在は御坊市無形文化財に指定されている。

和紙生産地域：御坊市（藤田町藤井）

原材料供給地域：日高川町（寒川・熊野川・初湯川・弥谷）龍神村（小家周辺）

原材料：紙料はコウゾ（地方名：カンゴ）（栽培種のみ使用）。糊材はトロロアオイ（地方名：ネジュンメ）。

製品：主に障子紙（約二・五尺×四尺）。半紙・障子紙は二〇枚で一帖、五帖（一〇〇枚）で一締として出荷した。各家で裁断し商標をつけて出荷した。敷紙（畳の下に敷く紙）は竪紙を畳四・五畳・六畳に貼り合せ、柿渋を塗ったもので、これを作る専門の業者が藤井にあった。裁断した余分の紙をシデと言い、愛媛県川之江市の製紙業者が漉き返しのために買い取った。

大正三年の生産規模：日高郡全体―一〇四軒（男七〇名・女四三名）・半紙一六九〇三締（一、六九〇、三〇〇

枚）・傘紙二二五束（一三五、〇〇〇枚）・塵紙四五二〇締・その他五八〇円―内容不明　但しこの中には旧龍神村の山路紙、旧美山村へ拡散した保田紙も含むと思われるが、その内訳は不明（『和歌山縣統計書　大正三年』和歌山縣（一九一六））

製紙技術：御坊市藤田町藤井の専業の製紙業者によって生産され、山地の副業である県内の他の生産地とは性格が異なる。そのため紙すき作業は一年中続けられ、トロロアオイの粘性が弱くなる夏場は、漉き槽に氷を入れて水温を下げるなどの配慮も必要であった。また各製紙業者は各家ごとに半紙などの製品に対し商標をつけて紙問屋に出荷した。

製紙業者はコウゾを蒸して皮を剥いたヒソ（干楮）を、藤井の紙問屋（森田商店他）を通して美山村寒川周辺地域より購入する。仕入れた皮は日高川で水に漬け、足で踏んで外皮を取り除く。そして自家の専用竈で苛性ソーダを使って皮を煮て、再び水に漬けてアルカリ成分を抜く。さらに晒粉（クロール石灰）で煮て、再び日高川でさらす。そして花崗岩の板の上でカシの棒で叩いたり、ビーター（叩砕機）を使ったりして繊維を細かく砕く。砕いた繊維は笊に入れて再び日高川で水にさらし、細かい塵を選り紙料が完成する。製紙業者によっては紙料にパルプや漂泊した反古紙を混ぜる場合もあった。

紙漉き作業の漉き手のほとんどは男性であった。障子紙や半紙八枚取りの大判の枠（カテ）で流漉《ながしず》きをするには大変な力が要り、補助的に天井に張った竹竿にかけた紐で漉き枠を吊って漉き枠を動かした。繊維が一方向に均等に並び、ムラなく漉けた紙を〝紙が立つ〟と称し、逆に繊維の向きにムラがある場合〝筋がとおってない〟などと言った。漉き槽に一回分の紙料と糊材を入れておよそ障子紙一締（一〇〇枚）が漉ければ〝ひと船一〇〇枚〟と言い、歩留まりが良いとされた。一日に漉いた紙は重ねて紙床にするが、一枚漉くごとに一本のヘダテ（隔て）と呼ぶサンカクイ（三角藺）を挟む。これにより紙床からはがして紙干板に貼る時に剥がれ易くなる。紙すきが男性の仕事なのに対し、紙の乾燥と検品は女性の仕事であった。家屋の密集した藤井の集落では、紙干板を並べる空間が少ないので、家の塀や庭先に立てかけて干した。乾燥した紙は型板を当てて裁断する。型板は障子紙用、半紙用、美濃判用と複数あり、全て狂いの少ないサクラ材を用いた。サクラの板の上に紙を一定量のせ、その上に型板をのせる。切る人は型板の上に乗り、紙切り庖丁で切る。紙料とならない粗末なコウゾの繊維を紐状に縒り、これで製品の紙を縛る。そして版木で商標を印刷したものを表紙にかけて問屋に販売する。問屋への販売はそのたびに値段交渉をし、品質に応じて単価が決められた。しかし問屋が原材料を貸し付けて製品を納めさせる場合が多く、原材料分を差し引かれて製紙業者はなかなか利益が上がらなかった。製品は藤井の問屋を通して御坊市内、和歌山、海南、田辺、新宮及び尾鷲方面へ出荷。各地へ仲買人が藤井の紙問屋に買付けに来たという。

道具の特色：昭和初期以降の藤井紙は、明治二二年水害後の土佐和紙等の先進地域からの技術移入の影響を色濃く残す。現在残る道具は御坊市立歴史民俗資料館蔵の一括資料が唯一で、漉き槽・漉き簀・漉き枠等の主要な道具は高知県伊野町産である。紙干板や叩き棒他の構造的に単純な物のみが地元産である。漉き簀はほとんど地元で作ることは無く、伊野町に破れた簀を修理のために送った木箱も残っている。紙料を砕く板は高野紙・保田紙と異なり花崗岩の板石を使用し、藤井の集落の路地や庭先に複数残っている。紙を裁断して出荷するため、サクラの型板や紙切り庖丁などが収集できる。紙切り庖丁は堺打刃物の桑刻み庖丁と思われる刃物を用いている。製品は残っておらず、藤井の元問屋でも収集できなかった。また御坊市本町の民俗写真家杉本静雄氏が、記録用に撮影した製造工程の写真資料を所有している。

顕彰施設等：日高川河川敷に、藤井紙の歴史を刻んだ銅版貼り石碑一基・紙漉き行程のイラストのタイル貼り石碑五基が、藤井区により二〇〇一年に設置されている。

◉山《さん》路《じ》紙《がみ》

沿革：近世に和紙生産があったかどうかは不詳である。山路紙の初出は『上山路村誌』と思われ、現在の龍神村宮代・広井原で傘紙と竪紙を製したとしている。

和紙生産地域：旧龍神村（殿原・西・宮代・広井原・福井・湯ノ又）・旧美山村（寒川）

原材料供給地域：旧龍神村全域

原材料：紙料はコウゾ（地方名：カンゴ）。コウゾの皮は三貫ずつ縛りこれを四束＝一二貫で一荷とした。糊材は主にノリウツギ、トロロアオイも使用。

製品：竪紙（薄手・厚手）・傘紙・福井では藤井紙の土佐和紙講習会で技術を得た障子紙を生産したという。

大正三年の生産規模：藤井紙で挙げた日高郡の軒数の一部に旧龍神村が含まれる可能性がある。（『和歌山縣統計書　大正三年』和歌山縣（一九一六））

製紙技術：現地調査で製紙技術について聞取り調査ができる話者は発見できなかった。旧龍神村・旧美山村で調査できるのはコウゾの皮の加工についてのみで、これを美山村寒川からは藤井紙生産地へ、旧龍神村からは保田紙生産地へと搬出された。畦畔に植えたコウゾを冬に鎌で刈り、三尺ごとに押し切りで切り、納屋の竈場でこれを蒸し、水を打って皮を剥く。蒸す釜は羽釜ではなく番茶の茶煎り用の鍋と共用する家が多い。浅底のため伊都・有田地域よりも深いカンゴブタ―桶型の蓋を使用し、現在も使用されている。繊維を炊く時は、戦前は木灰を戦後は苛性ソーダを用いている。繊維の叩砕作業には、サクラ材のカミシと呼ぶ板とカシの棒を用いる点で藤井紙と共通する。今回の調査では傘紙は全く発見できず、竪紙の厚いものと薄いものの二種のみを見ることができた（奥野誠氏蔵）。聞書きでは、厚手の竪紙はシイタケや茶など、山村の産物を出荷する柿渋塗りの竪紙袋の原材料として使用され、薄手の竪紙は松煙作りや自家用の障子紙として大量に消費されたという。「紀州上山路村の語彙」にもいくつかの和紙生産関係の用語が採集されている。
道具の特色：漉き槽や漉き枠、紙干板等の民具は一切確認できず。製品は奥野誠氏収集の数点の竪紙が残るのみである。
顕彰施設等：なし

◉西牟婁郡の和紙

沿革：一六九九年の「御国並勢州三領共郡々覚記」（註）の、日置川上流地域の田畑の生産以外の副業について「野部紙漉出ス、名物と申候」とあるのが唯一の史料である。野部紙は粗野な紙という程度の意味と考えられるが、その生産の実態について傍証する資料は見当たらない。
和紙生産地域・原材料供給地域：不明。
原材料・製品・製紙技術：不明。
道具の特色：所在確認できず。
顕彰施設等：なし

◉音無紙《おとなしがみ》

沿革：『十寸穂野薄』（年代不詳）・『紀伊続風土記』（一八三〇—四四）では、小々森・小津荷・高山の傘紙・半紙に関する記述がある。また原材料を買うために米を借用する旨の近世後期の文書（『本宮町史』資料編）もあり、製紙が確認できる。近代に入り「地誌提要編纂史料」（熊野川町役場文書・一八七三）から、小津荷で半紙四〇〇束・鼻紙三〇束、高山で半紙五〇〇束・鼻紙三〇〇束を産したことが確認できる。大正三年統計にも東牟婁郡で六四軒約三、〇〇〇円の産額がみえる。『東牟婁郡誌』（一九一七）には、近世に日向・土佐・美濃の人が小津荷・高山周辺で十津川紙と称して生産したが廃絶し、明治前期に高山で高知県から女工を雇い技術を再興したとあるが、現地ではこうした話は確認できない。昭和初期より生産された極薄の塵紙は、本宮町周辺の温泉街や新宮市内で土産物として販売され、昭和五〇年には農林水産省の補助を受け共同作業の有限会社を設立されるがその後廃絶した。また伝承では戦前に本宮町小津荷・高山で一〇軒以上が副業として製紙を行っていた。本宮町小々森の製糸業は、大正～昭和前期には廃絶していたと思われ、一切資料は得られなかった。

和紙生産地域：田辺市本宮町（小津荷・高山）

原材料供給地域：紙すき農家の自給栽培・奈良県十津川周辺

原材料：コウゾ（地方名：カンゴ・カゴ）（主に栽培種、ヤマソと呼ぶ野生種も補助的に使用）。糊材は主にトロロアオイ（栽培）、夏季のみビナンカズラ（野生種）。

製品：明治初期は十文字紙（厚紙）・半紙・鼻紙・障子紙・半紙。

昭和以降生産された塵紙は二〇八×一六〇が規定サイズ。三六枚で一帖、一〇帖で一束、一〇束で一貫目の重さを基準とした。塵紙は極薄のコウゾ紙で、黒皮が比較的多く混入。昭和三〇年代に「熊野特産音なし紙」の商標で県推奨優良土産品にも指定され、新宮市の紙商を通じ土産物として販売された。販売時は一五枚ずつ二つ折りにしたものが四束入りで表紙が付をつけて赤い紙テープで留めている。

製紙技術：民俗調査で把握できる音無紙は、極薄の塵紙の生産技術である。製品として本宮町高山で生産された粗い障子紙も残っているが、技法や道具は不明である。コウゾは年末と正月明けの数日間で集落の男性が共同作業で刈った。コウゾはその場で六尺程度に押切りで切りそろえ、縄で縛って担ぎ各家に搬入する。戦前は行商人が十津川産のコウゾ皮を売りに来ることもあった。皮の処理は一月中旬から行う。砂岩を積み赤土を塗った竈を川原や空き地に築き、直系三尺の羽釜を据え、高さ五尺のコウゾブタ—桶型の蓋を跳ね釣瓶式に吊り上げて被せ、約九〇分蒸す。次に蒸し上がったコウゾの皮を手で剥き束ねて干す。コウゾの芯は風呂やカマドの焚き物に使った。干した黒皮は、半日以上水に浸してから、台所で使う庖丁等で外皮とアマ皮を削り取る。外皮を剥いた白皮は苛性ソーダで煮て、川でアルカリ成分を抜き、塵選り作業をする。塵を取った繊維は、石製の板上でカシの棒で叩く。叩砕した繊維を目の細かい笊に入れ、再び川でさらして紙料が出来上がる。

コウゾの処理とは違い、紙漉き作業は女性の仕事であった。紙漉き方法は、糊材を多めに入れて漉き簀に紙料を一度溜め込んだ後、すぐに前方に水を捨てて溜め漉きする方法だという。この時紙料が行き届かず穴が空く事が良くあり、熟練を要す。漉いた紙は紙床を作らず、簀から直接ホシイタ（紙干板）に貼る。紙干板には、前に貼った紙の上に重なり合うようにして二重三重に紙を貼っていく。極薄のため重ねても小一時間で乾燥し、熟練者の漉いた紙は重なっていても破れずに紙干板から剥がせるのだという。

道具の特色：簀《す》は竹ではなく、カヤ・ススキの穂先部分を均等に切り、極細の竹ヒゴをジョイントにしてつないだものを馬の尾毛で編んで作る。水槽（カミブネ）は熊野川の川船大工がスギ材で製作し、板の接着部分には鉄の船釘が打ち込まれ、水漏れ防止のため所謂マキハダ（槙の皮の繊維）を詰めている全国的に例のないものである。紙干板もスギ製であり、二九〇〇×二二八〇×二〇〇㎜で定型化されている。また紙を切って出荷するため、型板と紙切り庖丁も使用された。

顕彰施設等：なし

◉花《け》井《い》紙《がみ》

沿革：近世前期の『和漢三才図会』（一七一二）に、〝華井紙衣〟として紹介され、元禄期に紙衣を注文した史料（熊野市尾川区文書）もあるが生産の詳細は不明。明治初期、九重村（現新宮市熊野川町）からの第四回内国博覧会への出品願（一八九四）に十文字紙・竪紙が各一帖ずつ挙げられ、製紙を確認できる。その後技術は廃絶し、聞書きも民具収集も困難である。

和紙生産地域：新宮市熊野川町（九重・四瀧）熊野市紀和町（花井）

原材料供給地域：不明

原材料：コウゾ

製品：紙衾は、新宮市立歴史民俗資料館と（財）紙の博物館に一点ずつ残されている。その他、紙衣・十文字紙（厚紙）・竪紙が生産された。

製紙技術：不明

道具の特色：所在確認できず。

顕彰施設等：なし

奈良県吉野地域における林業の調査報告

第3部参考資料❷

本稿は、奈良県吉野郡川上村で筆者が行った吉野式林業に関する聞書きデータである。第3部では、熊野地域における近代の林業の展開を記述したが、このとき技術の基盤となったのは吉野式林業であると説明される。熊野地域では、吉野式林業という言葉は近代の林業技術と同義に用いられ、現在でも先進的な林業を指す言葉として無批判に用いられている。

しかし、現実の吉野地域における林業と、熊野地域における林業は、技術や道具はおろか、木材の目指すところも大きく異なっている。吉野地域における林業は、徹底的な管理によって一本の木材の価値を高める方向性を持っている。一方、戦前の熊野地域の林業は、複雑に入り組んだ地形のため人手をかけると採算が合わないことから、放任主義的な林業としての特徴をもっている。

ここでは、熊野地域の林業の比較対象として、吉野郡川上村の林業の調査データを提示しておく。この調査は、森と水の源流館が主体となった民俗調査として実施したもので、『川上村民俗調査報告書　上巻』（公益財団法人紀の川吉野川源流物語、二〇〇八年）で報告した内容を一部改変して収録した。内容は、川上村大迫で聞書きした植林から伐木を中心とした話、北和田で聞書きした筏流しを中心とした話である。第3部本文の熊野地域における林業と対比できる資料として提示する。大迫ではO氏（一九三三年生まれ）、北和田ではK氏（一九二八年生まれ）とY氏（一九二〇年生まれ）に、それぞれ聞書きを行った。

◉川上村大迫での聞書き

大迫の集落は、吉野川の段丘上の傾斜地に集落は位置しているが、吉野川から見上げても集落そのものは見ることは出来ない。集落は山の中腹の狭小なタイラ（平）と呼ぶ緩斜面に集住する形態であり、石灰岩を積み重ねて築いた平坦地に家屋を建築している。緩斜面は畑地として利用され、周囲には焼畑跡も残る。集落の周囲はすべてスギの植林地であり、吉野式林業の本場であった。

この地域の林業の経営は、下市・上市その他の村外地主の所有する山林地を、川上の地元の管理人が撫育・管理し、伐採適期に至って伐採・搬出し、その利益の一部を村外地主に返すという、いわゆる山番制度によって維持されてきた。管理を担う地元の管理人はヤマモリ（山守）と呼ばれ、山林地主より常に技術的・経済的に指導・助力を受けてきた。また、集落の人々の全てがこのヤマモリから山林の日常管理の仕事を受けることができ、山番制度は大迫の人々の生活を支えていたと言っても過言ではないという。ヤマモリがひとりで山林をカバーしきれない場合は、シュット（守頭）と呼ばれる担当を置き、現地管理人の役割をさせ、ヤマモリがこれを統括する。この村外地主は、大迫の場合は、ほぼ全てが上市のA社と橿原市のB社、広陵町のC社の土地である。ヤマモリは、正月と五月一二日の山守会、一一月八日の山祭りに、全員が本社に集まって研修会や慰労会が行われた。

ヤマモリは、常に山林を監視し、その植栽から撫育、間伐、伐採、搬出の全ての作業に責任を負い、労働者を組織して指導・監督する必要があった。また、台風や土砂崩れなど、非常時には出来る限りの応急的処置を施し、山林地主の指示を仰いだ。作業は一ヶ月ごとに月報としてまとめ、山林地主に送るきまりであった。とはいえ、ヤマモリは単なる山林地主の番頭ではなく、その借地は自分の土地同然と思ってその管理にあたり、その管理を通じて集落を守っていくという自負を持っていた。ヤマモリの、そうした労働への対価である看守料は、伐採して木材を出荷した時の利益の一部を分けてもらうことで支払われた。すなわち、植栽してから伐採するまでのおよそ三代にわたる管理の履歴と販売時の相場の読みが、そのまま利益の増減を左右するため、ヤマモリの仕事は他の仕事の片手間にできるようなものではなく、いわば家業として行うという意識を持っていた。基本的には伐採した後の土地は、再び同じヤマモリに託されるが、形式としては山林地主とヤマモリは、立ち木一代限りの管理の約束で仕事をした。

大迫では、植林するスギ・ヒノキの割合は、スギ七に対し、ヒノキ三であった。このヒノキは、地味のよくない場所などに植栽する程度で、できればスギをより多く植えたいという考えで植えた結果、そうした割合になった。良いスギとは、幹が丸く、真っ直ぐ伸び、枝が少ないという条件を満たし、さらに年輪の幅がそろい、色の良さもかね合わせて判断された。全体としてはキタムキ（北斜面の山）に植えられたものが、地味もよく日当たりも柔らかいので偏って育成することが少なく、品質もそろう。悪いスギとは、年輪の中心に向ってメワレ（目割れ）と呼ぶひびが入っていたり、枝が多く節がたくさんあったり、年輪が中心になく偏っていたりするものを言った。

スギの苗は三重県から移入するものがあったが、一九六五（昭和四〇）年ごろまでは全て大迫地内の畑地で栽培していた。スギにもいろいろと品種があるが、大迫ではイタスギ・ヤワラスギとよぶ品種がある。種子を取る木は、一般に八〇年生以上のものを選ぶというが、だいたい一〇〇年程度の母樹を選んだ。種子を取るのは一〇月ごろが適期。実がはじけ飛ぶ寸前が最も良い。一本梯子や縄梯子を使って木に上り、実を集めたり、鉈で枝を払って落としたりする。これを一一月頃に筵の上で天日干しし、はじけた種子とカラやゴミを、風撰した。これには唐箕を用いることがあった。未熟な種子は水につけるとすぐに浮き上がるのでこれを取り除く、また一旦乾かしてもう一度水につけると、次は悪い種子や大きすぎる種子は沈むので、これを取り除く。こうして最良の種子が取れると、これを翌三月に播種する。土地は冬の間に耕地を整え、弱く人肥を入れておく。蒔く種は一坪に二合程度。蒔いた後には土をかぶせてヒノキなどの葉付の小枝をかぶせる。苗が伸びてくるとこれを外し、地上五〇センチぐらいに日覆いをかける。肥料はその後春一回と秋二回行い、獣害や霜害に気をつけ、除草を行い、一年経過時点で床替えと称して植え替えをする。二年目も管理を続け、スギの場合は三年経過時点で、ヒノキの場合は四年経過時点で山出し苗になる。その時点で十分に育成していない場合、もう一年育てて、山出し苗とする場合もある。地明け作業は、伐採地に対する新たな植林の場合は、刈り払った枝を焼いたり、斜面を整えたりする程度でよい。雑木林を新に開墾して植林地とすることは、昭和に入ってからはほとんど無い。植え付けは二月から三月中旬が適期であった。

植栽はスギの場合、平均一万本、少ないところで八〇〇〇本、多いところでは一万三〇〇〇本であった。ヒノキは平均一万本で少ないところで七～八〇〇〇本といったところである。こうした極端な密植は吉野式林業の特色であるが、通直した節のない木材を取るためになされるもので、徹底した間伐による理論的な林業を山林地主である林業会社から何度も研修を受けて身につけた技術である。植栽に当たっては唐鍬にて穴を掘りくぼめ、そこに苗を植えるが、間隔は鍬の柄一本分であった。一日に五〇〇本植えれば一人前とされた。大迫の山林は遠くても歩いて一時間かからない場所までであったので、一日の作業時間は比較的多く取れた。スギ・ヒノキの混植はしない。こうした植栽作業には日雇い契約で集落内外の労働者を組織するが、これを監督・指揮するのはヤマモリの仕事であった。日雇いの労働者は、ヒヨまたはウケオイなどと呼ばれた。また、こうした作業にかかる経費、人件費・運搬費・資材費などは、全て山林地主が負担する。ヤマモリは、その内訳を細かく記したものを山林地主に提出する。

育成の悪い苗や、風・雪・霜・獣害など様々な要因で育成できなかった苗は、全体の一割弱でてくる。これを補植する作業は、マウエ（間植?）と呼ぶ。これに対して最初の植栽はソウウエ（総植）と呼ぶこともある。植林地に対して施肥はしない。下草刈りは、二～三年生まではハルガリ（春刈り）とアキガリ（秋刈り）の二回、四～五年生はドヨウガリ（土用刈り）の一回。雑草の育成の早い山は六年目にも一回する。枝打ちは、第一段階としてシュウリ（修理）と呼ばれる作業を行う。これは背丈ぐらいまでの枝や葉を払い落とす作業であり、イチバンシュウリ（一番修理）・ニバンシュウリ（二番修理）の二年にわたって一回ずつ実施する。これは木が水を吸い上げない冬季の仕事である。その後は、スギは自然に枝への樹液の流通が遮断されるため、枝は自ら落ちていくので枝打ち作業は不要である。しかしヒノキは枝が残るので、一五年生〜三〇年間での間に高さ地上二〇尺まで枝打ちした。一〇〇年間に一二、三回行うのが良い。枝打ちした切り口から水が入ると材が変色したり、年輪に沿って筋がついたりすることがあるので、切り口に水がたまらないように、刈った後で切り口を整える作業が重要であった。除伐は間伐に先立って行うもので、山全体の育成を考えて、その妨げとなるものを容赦なく伐採する。この選定は経験がものをいい、ヤマモリの勘に全面的に頼るものである。その後、しなったり曲ったりしている木や、飛びぬけて成長の早い木、育成に勢いの無い木などを、間伐していく。間伐の目的は林相をそろえることで、山全体が品質のそろった木材となるようにするのである。B社では間伐をシルシツケ、切ることをツケルというが、A社ではカタツケ、カタツケルと言った。間伐する木を選定するのもヤマモリの重要な仕事であったが、これも勘に頼るものである。強いて表現すれば、眼前の森が、三〇年後どのようになるか、間伐すればどのようになるか、そして六〇年後、九〇年後にどのようになるかをイメージするのである。そうするとおのずと間伐すべき木が特定されるのだという。間伐は林業書では細かく理論化されているが、現場ではこのヤマモリの勘が頼りであった。そしてそれは吉野式林業の基幹に関わるという意識をヤマモリは持っていた。ちなみに、間伐材は、畑の土止めのためのフセギ（伏木）としたり、谷水を引くための樋としたりし、杉皮は屋根材として利用した。

　主伐は、一五〇年生以上の木材に対して皆伐するのがこの地域の流儀と考えてきた。用途によっては一〇〇年生未満で伐採することもあるが、長期伐採が通常である。木材は斜面の上方向に向けて倒す。伐倒方向にまず斧でウケと呼ばれる切れ込みを入れる。そして斜面下方向から鋸を入れて、縄で引っ張って倒す方向を定めて倒すのである。このとき、地面に跳ねて周囲の立ち木を傷つけたり、鋸での切れ目が短くて木材そのものが割れたりすることのないように注意する。樹皮は倒してから剥く。立ち木のまま剥くことはしない。ただし梢には枝葉を残す。伐採作業そのものはスギの場合は五月ごろ、ヒノキはカンギリ（寒切り）とアキギリ（秋切り）がある。乾燥した木材は、太さに応じて三、四、六、七メートルの材に切り分ける。

集材は、一九六〇年代にはすでに全て架線にかわったが、それ以前はシュラ（修羅）とキンマ（木馬）であった。シュラは、山林地内でキンマ道が作れない場所で丸太で滑り台状の道を作り、木材を滑り下ろすものである。まずツヅと呼ぶ支柱を二本立てその上にサオと呼ぶ桁を掛ける。そして二本の桁に枕木を渡すようにマクラと呼ぶ丸太を乗せ、そこにシュラの底部分となるミトと呼ばれる二本の丸太を桁と平行に乗せる。そしてミトの横にミトワキ、その横にカテ、その横にカテワキと呼ばれる丸太を斜めに積み重ねて、丸太が滑り下りる溝ができる。この溝の丸太はマクラの上に置いたセリダイと呼ぶ桁にもたれるように斜めに突き刺すオコと呼ぶ丸太によって支えられている。サオはツヅだけでは不安定なので、地面から伸びる支柱のボウシとサオと直交して下から支えるウデと呼ぶ丸太で固定されている。これらの丸太は全てクズの蔓で結んで固定される。こうして作られるシュラを何台もつなげて丸太を山中からキンマ道まで下ろすのである。シュラはおよそ四〇メートルおきに中断するように作り、そこには臼と呼ばれるストッパーを設置する。また、スピードが上がりすぎるような場所では、丸太の通る溝の上にノレン（暖簾）と呼ぶ丸太を渡して、これに滑る丸太をこすらせて勢いを止める方法もあった。シュラで運ばれた丸太は、キンマと呼ばれる橇に積み重ね、バンギ（盤木）と呼ばれる枕木の道を滑らせて人力で運んだ。牛力は使わなかった。肩紐で橇を曳き、バンギには油壺から油をかけるようにしてすべらせた。集材作業のヒヨを組織して運営・監督するのは全てヤマモリの仕事であった。

吉野川の支流で、筏が使えないような場所では、クダナガシ（管流し）と呼ばれる丸太を縛らずにバラバラで流す方法がとられた。地元の人はこの技術を持っておらず、熊野地域から来た人々が雇われて行っていた。一本丸太に乗るのを、若い頃はわざわざ見にいったものだ。吉野川本流では、もっぱら筏流しを行った。大迫に一番近いドバ（土場）は、大迫ダムのすぐ下流にあるケヤキ谷土場であった。ここからまず北和田と上多古の間にある中継地を経て、大滝に至る。通常はここで一泊する。翌日はまっすぐ上市まで下り、それぞれ目的の市場に運び込んだ。この各区間、つまり大迫〜北和田、北和田〜大滝、大滝〜上市は、全て異なるトンヤ（問屋）と呼ばれる筏業者に委託する形で市場まで運んでもらった。これら林業に関わる作業は、植栽時期の異なる複数の山林に対して、同時進行で行われる。作業をもとにして一年のサイクルに並べてみる。一〜三月は播種と植え替え、下草刈りや地明け、修理などの作業である。四〜一〇月は、出荷、除草、集材・流送などがくる。そして一一〜一二月は種子の収穫、下草刈りなどを行う。

◉川上村北和田での聞書き

北和田の集落は、もともと現在の場所にあり、特に移住などの伝承はない。柏木から和田という者が移住して集落を開いたから北和田となったという言い伝えもあるが、真偽は確かめようもない。大滝ダム建設以前は、吉野川両岸に五〇軒の家があったが、大迫ダムの完成により村外へ多くの人が移住した。川の水位を注意深く監視することが体に染み付いていたほど、北和田の歴史は水害の歴史である。ただ、その川は、筏流しという重要な仕事を与えてくれるものであり、良くも悪くも川は生活の中心であったのだ。伊勢湾台風以前は、現在の河原よりも二〇メートル下まで家が建っていた。台風によりそのうちの数軒が流され、そこに住んでいた家はすべて立ち退いて、集落内の別の場所や吉野町・五条市などに転居していった。

北和田は、入之波から大滝への筏の中継地点であった。吉野町からは陸送になる。地区の多くが上市のA社の持山であった北和田は上多古方面からくる管流しの木材を筏に組む場所であった。ドバ（荷揚げ場）は、河川の合流地点にあり、水かさの減る冬のうちに川さらいをして、木の枝やアシなどで堰を作っておいた。筏仕事の依頼は山林地主や材木業者から、北和田の筏の問屋へ申し込まれ、そこからそれぞれの筏師へ配分された。ただ仕事のほとんどはA社関係のもので、この地域で最も大きな山林地主であり事業主であったA社は、筏師の元締めの様な存在であった。大勢の筏師を抱え、仕事の差配・仲介・請負をする。仕事ぶりが認められれば逐次依頼が来る信用第一の世界であったが、問屋に雇われた筏師の賃金は、運搬速度などに関係なく一律であった。筏が崩れたり木材が流出したりした場合は、問屋が弁償をしたので、そのために破産した問屋もあった。問屋は本人も筏師でなければならないことはできなかった。仕事の内容の理解も必要だったが、何より筏師たちから信頼されることが最も重要だったのである。

戦前は乗夫組合が形式上組織してあり、戦後は労働組合になった。しかし、組合は水神さんの祭りなどの親睦団体としての側面が大きく、事故の補償や賃金の調整などをするものではなかった。六月から一〇月までは渇水期で仕事がないため、山仕事や日雇い労働などを行った。ヤマモリも兼ねていた筏師もあり、本業がどれだということはできない、逆に言うと、とにかく何でもこなしていかなければ北和田では仕事が勤まらないのである。問屋は元手がなくとも筏師を集めることができれば開業できた。支払いは、事業主から半期勘定で支払われ、各筏師の賃金は問屋の親方が直接配分していた。正月の間に問屋同士が集まって、筏師の給料すなわち一枚の筏を運んだらいくらになるかという単価の設定と申し合わせをした。こうしたことは組合とは別の枠組みで決まってきたのである。筏流しはダムが出来るまで続いた。筏乗りは血統を重んじるところがあり、一代で軽く思い立ってなれるようなものではないとされている。

具体的な筏仕事の分担には、クミカエ（組み換え）・イカダムスビ（筏結び）・ジョウフ（乗夫）があった。賃金はジョウフが最も良いし、ジョウフが最も尊敬された。所要時間は、大滝から北和田までは冬場は水が少ないため、鉄砲堰の水量が足りず、筏が水勢を追い越してしまうことが多く、しばしば係留してミズマチ（水待ち）をしなければならなかったので七〜八時間かかった。ただ、水かさが増える三月頃になるとそれが一時間半ほどで下れるようになる。また、流す回数を増やせばそれだけ収入が上がるわけだが、大滝に着くとすぐに走って戻り、その日のうちにもう一枚の筏を流してくることもあった。大滝から北和田へは、徒歩で三時間かかったので、それは並外れた体力の要ることだった。仕事はみな勤勉で、筏流しが済んで、大滝についても遊んで帰るということは無かったという。筏師が仕事をする場合には、その仕事ごとにオヤカタ（親方）―コカタ（子方）という関係を構築する。筏の難所は、岩場や急カーブなどがあるが、いったんぶつかると、後ろの筏がどんどん突いてきて非常に危険であった。二枚目に乗っている舵取り役が、最も怪我をしやすい役割であった。もし筏がぶつかって、川に落ちたら、まず上から頭を沈めてやるのだという。水面に浮かんでいたら、後ろから流れてくる筏がぶつかり、木の間に挟まれてしまうからである。事故で死者が出るときは、だいたいこの事故であった。実際にはスピードがあり一瞬の出来事なので、助けようがないのだといい、現に多くの若者がそれで命を落とした。問屋としては、大水で木材が流れてしまうと、その損失の補填で大損をすることになった。二割程度回収できれば良い方で、ほとんどの木材は傷物になってしまうのだった。また、下流の村では、木材を拾い上げて拾い賃を要求したが、商品になるだけましであった。筏を組む際に用いる藤が腐りにくいことから、筏師は寒い時期が忙しい。藤が腐る暖かい時期は山行きをして収入を得ていた。山行きの仕事がほとんどない一～三月は失業保険が給付された。その管理は「ギョウシャ」（材木業者）が行い、下市の職業安定所で支払われた。後には迫の出張所でも支払われるようになった。ちなみに、山行きの賃金は、労働組合と森林組合・林産組合の三者により調整されていた。

こうした筏流しの仕事は、ダムができるまで北和田の中心的な生業であった。しかしダム建設の時期は、陸送が主流となっていくと同時に、木材価格が低迷し始めたころであったので、ダムができなくても、筏流しは存続できなかっただろうという。

【はじめに　技術と道具の物質文化論にむけて】

有賀喜左衛門　一九五三　「民俗資料の意味　―調査資料論―」『金田一京助博士古稀記念　言語民俗論叢』、三省堂、一二四二―一二七八頁

小川直之　一九八三　特集「基本民具論」3『民具マンスリー』一六巻七号、日本常民文化研究所、一五―二〇頁

加藤幸治　二〇一〇　「ローカルなコンテクストにおける民具の理解に向けて　―四国・那賀川上流地域の天秤腰機を事例に―」『東北学院大学論集　歴史と文化』第四五号　東北学院大学学術研究会、五七―七一頁

河岡武春　一九七二　「民具研究の方法」『月刊文化財』、文化庁文化財部、一九―二五頁

金子守恵　二〇一一　『土器つくりの民族誌　―エチオピア女性職人の地縁技術―』、昭和堂、一―二八七頁

朽木量　二〇〇四　『墓標の考古学・民族学』、慶応大学出版会、一―二六八頁

小谷方明　一九八二　『大阪の民具・民俗志』、文化出版局、一―三五九頁

桜田勝徳　一九六一　「民俗学と技術史との関係」『日本民俗学』二一、日本民俗学会、一―一二頁

菅豊　一九九〇　「低湿地文化論　その可能性と課題―河岡武春の方法論とその展望について―」『史境』二一、歴史人類学会、三九―五二頁

角南聡一郎　二〇〇七　「先住民における多元的「貨幣」受容形態　―東洋と西洋と―」『台湾原住民研究』第一一号、日本順益台湾原住民研究会、八三―一〇五頁

田口理恵　二〇〇二　『ものづくりの人類学　―インドネシア・スンバ島の布織る村の生活誌―』、風響社、一―四二一頁

立平進　一九八三　特集「基本民具論」1『民具マンスリー』一六巻七号、日本常民文化研究所、一―一〇頁

床呂郁哉・河合香吏編　二〇一一　『ものの人類学』、京都大学学術出版会、一―三八一頁

フッサール、エドムンド　一九七四　『ヨーロッパ諸学の危機と超越論的現象学』、中央公論社、一―五五三頁

宮武公夫　二〇〇〇　『テクノロジーの人類学』、岩波書店、一―二二九頁

宮本馨太郎　一九七三　『民具入門　考古民俗叢書〈5〉』、慶友社、一―二二九頁

宮本馨太郎　一九七七　『民具研究の軌跡　―服飾の民俗学的研究―』、柏書房、一―二三六頁

宮本馨太郎編　一九九一　『民具入門事典』、柏書房、一―二一〇頁
宮本常一　一九七九　『民具学の提唱』、未來社、一―一五五頁
宮本常一　一九六九　「民具試論Ⅰ」　日本常民文化研究所編　『民具論集』　慶友社
村田純一　一九九五　『知覚と生活世界』、東京大学出版、一―二八九頁
安田宗生　一九八三　特集「基本民具論」２『民具マンスリー』一六巻七号、日本常民文化研究所、一〇―一四頁

【第１部　農業技術改善の民俗誌】

＊日本語文献

朝岡康二　一九九七　「流通民具研究の意義」『民具研究』一一五号、日本民具学会、二二一―二五頁
朝岡康二　一九九六　「民具研究と文化学　―民具研究の将来像を求めて―」　神奈川大学日本常民文化研究所編、『歴史と民俗』一三号、同所、五八―七七頁
朝岡康二　一九九九　「民俗学的な資料としての「モノ」とその記憶」　国立民族学博物館編　『民俗学の資料論』、吉川弘文館、四九―七四頁
有賀喜左衛門　一九六七　「日本の近代化」　同著、『有賀喜左衛門著作集Ⅳ　―封建遺制と近代化―』、未来社、一一三―一七六頁
安藤精一・徳永光俊・谷山正道・堀尾尚志校註／執筆　一九八二　『日本農書全集二八　地方の聞書、山本家百姓一切有近道、農業稼仕様・作もの仕様』、社団法人農山漁村文化協会、三―九五頁
安藤精一　一九八四　『近世農村史の研究』、清文堂出版、一―二九二頁
安藤精一　一九九三　「近世宮座の変遷　―紀伊国那賀郡上野村の場合―」　『大阪産業大学論集　社会科学編』九三号、大阪産業大学、四一―四八頁
アチック・ミューゼアム編　一九三六　『アチック・ミューゼアム　ノート第一七　民具蒐集調査要目』、同所、一―一六頁
飯沼二郎　一九七七　「農産物」　伊藤俊太郎ほか編、『講座・比較文化　第５巻　日本人の技術』、研究社出版、二〇―四九頁
岩崎真幸・鈴木通大・松田精一郎・山本質素　一九七七　「〈民俗誌〉の系譜」『日本民俗学』第一一三号、日本民俗学会、一―七三頁
梅渓昇　一九七八　「和歌山県地域近代化の特質」　安藤精一編、『和歌山の研究４　近代篇』　清文堂出版、二一―四九頁
海野福寿編　一九八二　『技術の社会史３　西欧技術の移入と明治社会』、有斐閣、一―二五一頁
大内力・金沢夏樹・福武直編　一九七〇　『日本の農業』、東京大学出版会、一―三三四頁

大川一司・ヘンリー・ロソフスキー　一九七三『日本の経済成長―二〇世紀における趨勢加速―』、東洋経済新報社、一―三八二頁

大阪大学経済学部社会経済研究室（宮本又次編）　一九五七『近畿農村の秩序と変貌』、有斐閣、一―二九六頁

大橋厚子　二〇〇六「アグリカルチュラル・インボリューション論と勤勉革命―日本との比較におけるジャワ島の近代―」『GSIDディスカションペーパー』一四〇、名古屋大学大学院、一―二四頁

大橋博編　一九七〇『明治中期産業運動資料〈第1集〉農事調査　第9巻ノ1　和歌山県・三重県』、日本経済評論社

大畑才蔵全集編さん委員会編　一九九三『大畑才蔵』、橋本市、九九九―一一五五頁

金子貞二・有薗正一郎・石川登志雄・岩崎竹彦校註／執筆　一九九九『日本農書全集四〇　地域農書5　濃家心得、農業時の栞、百性作方年中行事、作り方秘伝』　社団法人農山漁村文化協会、二六三―三四一頁

加納敬良　一九八七「農業インボリューション論批判―ジャワ農村経済史研究の視座変換―」『社会科学と東南アジア』、勁草書房、六四―一〇五頁

紀の川農業水利史編纂委員会編　一九六七『紀の川農業水利史』、和歌山県、一―六〇六頁

河野通明　一九九四『日本農耕具史の基礎的研究』、和泉書院、一―六一三頁

河野通明　二〇〇九a「農耕と牛馬」　中澤克昭編『人と動物の日本史2―歴史のなかの動物たち―』、吉川弘文館、九六―一二六頁

河野通明　二〇〇九b「紀北の在来犂―X脚有床犂とチェンギの痕跡―」『近畿民具』三一・三二、近畿民具学会、三―一五頁

小谷方明　一九三九『稿本　大阪府民具図録　和泉郷土文庫叢書第二輯』、和泉郷土文庫（『別冊　柳田先生書信　農具の話』付）

小谷方明　一九八二『大阪の民具・民俗志』、文化出版局、一―三五九頁

小林義孝　二〇〇五「定点から普遍的世界へ―小谷方明の民俗学・民具学に関するノート―」『大阪文化財研究』第二八号、財団法人大阪府文化財センター、一二三―一三二頁

近藤雅樹　一九九一「転用について」『民博通信』五四号、国立民族学博物館、六八―七六頁

近藤雅樹　二〇〇二「民具研究の視点」　赤田光男ほか編『講座日本の民俗学九　民具と民俗』、雄山閣、一五―三一頁

佐々木潤之介編　一九八三『技術の社会史2　在来技術の発展と近世社会』、有斐閣、一―二六〇頁

佐々木長生　一九九〇「民具の保有状況から見た生活誌―福島県高郷村六ヶ峰、佐藤家の調査から―」『歴史と民俗』六、神奈川大学日本常民文化研究所、一〇三―一三三頁

笹原亮二　二〇〇三『三匹獅子舞の研究』、思文閣出版、一―三三四頁

佐藤常雄・大石慎三郎　一九九五「農書が語るもの」　同著『貧農史観を見直す』、講談社、一三七―一七五頁

新宅純一郎・許斐義信・柴田高編　二〇〇〇　『デファクトスタンダードの本質　―技術覇権競争の新展開―』、有斐閣、一―二七七頁
辻雅男　二〇〇四　『アジアの農業近代化を考える　―東南アジアと南アジアの事例から―』、九州大学出版会、一―一二六頁
東畑精一　一九七三　『農書に歴史あり』　家の光協会、一―二六八頁
徳永光俊　二〇〇六　「日本農学の源流・変容・再発見　―心土不二の世界へ―」『岩波講座　「帝国」日本の学知　第七巻　実学としての科学技術』、岩波書店、一八―九七頁
農林省和歌山統計調査事務所　一九五三　『和歌山農林水産統計年報　昭和二八年』、同所
延岡健太郎　二〇〇二　『製品開発の知識』、日本経済新聞社、一―二〇〇頁
橋本毅彦　二〇〇二　『〈標準〉の哲学　―スタンダード・テクノロジーの三〇〇年―』、講談社、一―二三二頁
橋本鉄男　一九八四　『琵琶湖の民俗誌』、文化出版局、一―四一五頁
橋本裕之　一九九一　「なぜ「民俗誌の記述についての基礎研究」なのか」『研究報告』第三四集、国立歴史民俗博物館、一―一〇頁
橋本裕之　一九九一　「なぜ「民俗誌の記述についての基礎研究」だったのか」『研究報告』第五一集、国立歴史民俗博物館、一―一〇頁
橋本裕之　二〇〇六　『民俗芸能研究という神話』、森話社、一―三一七頁
林宏　一九八〇　『吉野の民俗誌』、文化出版局、一―三四六頁
速水融　二〇〇三　『近世日本の経済社会』、麗澤大学出版、一―三二二頁
福田アジオ　一九八三　『日本村落の民俗的構造』、弘文堂、一―三七六頁
福田アジオ　一九八四　『日本民俗学方法序説　―柳田國男と民俗学―』、弘文堂、一―三一六頁
福田栄治　一九八七　『京都の民俗誌』、文化出版局、一―三一三頁
福武直　一九六一　『農業共同化と村落構造』、有斐閣、一―二七五頁
藤本清二郎　一九九八　「紀ノ川筋深田村と曾和家文書」『紀要』第一八号　和歌山大学紀州経済史文化史研究所、一―八頁
藤本清二郎・山陰加春夫　二〇〇三　『街道の日本史三五　和歌山・高野山と紀ノ川』　吉川弘文館、一―二八三
古島敏雄　一九八二　『子供たちの大正時代 田舎町の生活誌』、平凡社、一―二九九頁
古島敏雄　一九九六　『台所用具の近代史　―生産から消費生活をみる』、有斐閣、一―二九〇頁
細川博昭　二〇〇六　『大江戸飼い鳥草子　―江戸のペットブーム―』、吉川弘文館、一―二二九頁
三尾功　一九七二　「江戸初期の記録「祖竹志」について」『和歌山市史編纂資料』、和歌山市役所、一―八頁
水越伸　一九九三　『メディアの生成　―アメリカラジオの動態史―』、同文館、一―三二六頁

宮武公夫　一九九七「越境する技術と個別文化」青木保ほか編、『岩波講座文化人類学　第8巻　異文化の共存』、岩波書店、一三五―一六一頁
宮武公夫　二〇〇〇『テクノロジーの人類学』、岩波書店、一―二二九頁
宮武公夫　二〇〇七「序　―科学技術の人類学へ向けて―」『文化人類学』七一／四、日本文化人類学会、四八三―四九〇頁
宮本馨太郎　一九七三『民具入門　考古民俗叢書〈5〉』、慶友社、一―二七四頁
宮本馨太郎　一九七七『民具研究の軌跡　―服飾の民俗学的研究―』、柏書房、一―二三六頁
宮本常一　一九七九『民具学の提唱』、未來社、一―二五五頁
森田敦郎　二〇〇七「機械と社会集団の相互構成　―タイにおける農業機械技術の発展と職業集団の形成―」『文化人類学』七一／四、日本文化人類学会、四九一―五一七頁
安室知　一九九八『水田をめぐる民俗学的研究　―日本稲作の展開と構造―』、慶友社、一―六二六頁
柳沢秀雄　一九五六『日本篤農技術論』、農林協会、一―二八五頁
柳田國男　一九二三『郷土誌論』郷土研究社（『定本柳田國男集第二五巻』、筑摩書房、一―八二所収）
柳田國男　一九三〇「東北と郷土研究」社団法人日本放送協会東北支部編『東北の民俗』三元社（『定本柳田國男集第二五巻』、筑摩書房、四八二―五〇〇所収）
柳田國男　一九三四「今日の郷土研究」『郷土教育』第四三号　刀江書院（『定本柳田國男集第二九巻』、筑摩書房、二四五―二五二所収）
山田英夫　一九九九『デファクト・スタンダードの経営戦略　―規格競争でどう利益を上げるか―』、中央公論新社、一―一五四。
和歌山県かつらぎ町史編集委員会　一九八八『かつらぎ町史　近世史料編』、かつらぎ町、五六九―六二三
和歌山県史編纂委員会　一九八一『和歌山県史　近世資料3』、和歌山県、四五三―四六六頁
和歌山県内務部編　一九三一『和歌山縣農業概要』、和歌山県
和歌山県農会編　一九一一『和歌山縣農會農事共進會報告書』、同会
和歌山県和歌山市史編纂委員会編　一九七六『和歌山市史』第六巻、和歌山市、六五一―六八一頁
和歌山県立紀伊風土記の丘（制作担当、加藤幸治）二〇〇〇『地びき網漁の生活　―日高町産湯海岸―』（展示図録）、同館、一―一六頁
和歌山県立紀伊風土記の丘（制作担当、加藤幸治）二〇〇五『熊野・山に生きる知恵』（展示図録）、同館、一―二九頁
和歌山県立紀伊風土記の丘（制作担当、加藤幸治）二〇〇五『紀州・移動する職人たち　―鍛治・木地・炭焼き―』（展示図録）、

同館、一—一九頁
和田一雄　一九八八『田植の技術史』、ミネルヴァ書房、一—二五四頁

＊英語文献

Appadurai,Arjun. ed. 1986 The social life of things commodities in cultural perspective. Cambridge University press:1-344.
Baldwin, C. and K. Clark 2000 Design rules: The power of modularity Cambridge,MA, MIT Press:1-483.（安藤晴彦訳　二〇〇四『デザインルール　―モジュール化パワー―』：東洋経済新報社：一—五四八）
Brown,Bill. 2003. A sense of things. The object matters of American literature. The University of Chicago press:1-245.
David,paul.A. 2000 Pass dependence,its critics and the quest for 'historical economics'. All souls collage,Oxford & StanfordUniversity:1-25.
David, Paul A. 1985 Clio and the Economics of QWERTY, The American Economic Review, Vol.75, No.2:332-337.
Geertz,Clifford 1963 Agricultural Involution. The Processes of Ecological Change in Indonesia. University of California Press:1-196.（ギアツ、クリフォード／池本幸生訳　二〇〇一『インボリューション　―内に向かう発展―』：NTT出版、一—二八七頁）
Giddens,Anthony 1990 The consequences of modernity. Polity press.（松岡精文・小幡正敏訳　一九九三『近代とはいかなる時代か？―モダニティの帰結―』　而立書房、一—二五四頁）
Miller,Daniel. 1998 Material culture. Why some things matter. The University of Chicago press:1-243.
Pfaffenberger,Bryan. 1992. Social anthropology of technology. Annual review of anthropology,vol.21:491-516.

【第2部　漁業技術改善の民俗誌】

秋道智彌・岸上伸啓編　二〇〇二『紛争の海　―水産資源管理の人類学―』、人文書院、一—三二三頁
秋道智彌　二〇〇四『コモンズの人類学　―文化・歴史・生態―』、人文書院、一—二四五頁
安斎正人　二〇〇四『理論考古学入門』、柏書房、一—二二六頁
飯田卓　二〇〇八『海を生きる技術と知識の民族誌　―マダガスカル漁撈社会の生態人類学』、世界思想社、一—三四八頁
池田哲夫　二〇〇四『近代の漁撈技術と民俗』、吉川弘文館、一—二八九頁
池田哲夫　二〇〇六『佐渡島の民俗　―島の暮らしを再発見―』、高志書院、一—一八〇頁

井上真・宮内泰介編　二〇〇一　『コモンズの社会学　―森・川・海の資源共同管理を考える―』、新曜社、一―二五一頁
宇井縫蔵　一九二四　『紀州魚譜』、紀元社、一―四三頁
小川徹太郎　二〇〇六　『越境と抵抗　―海のフィールドワーク再考―』、新評論、一―三七〇頁
小島孝夫　二〇〇二　「潜水漁の諸相　―加齢と熟練―」『講座・日本民俗学　民具と民俗』、吉川弘文館
篠原徹　一九九五　『海と山の民俗自然誌』、吉川弘文館、一―二八五頁
篠原徹　二〇〇五　『自然を生きる技術　―暮らしの民俗自然誌―』、吉川弘文館、一―二〇七頁
菅豊　一九九八　「深い遊び　―マイナーサブシステンスの伝承論―」　篠原徹編『民俗の技術』、朝倉書店、二一七―二四六頁
菅豊　二〇〇一　「自然をめぐる労働論からの民俗学批評」　篠原徹編『研究報告八七　日本歴史における労働と自然』、国立歴史民俗博物館、五三―七四頁
菅豊　二〇〇六　『川は誰のものか　―人と環境の民俗学―』、吉川弘文館、一―二二六頁
中村尚司・鶴見良行編　一九九五　『コモンズの海　―交流の道、共有の力―』、学陽書房、一―二七一頁
田中宣一・小島孝夫編　二〇〇二　『海と島のくらし　―沿海諸地域の文化変化―』、雄山閣、一―四九四頁
田辺悟　二〇〇六　『海浜生活の歴史と民俗』、慶友社、一―五八八頁
鳥越皓之編　一九九四　『試みとしての環境民俗学　―琵琶湖のフィールドから―』、有山閣、一―二一六一―五八八頁
二野瓶徳夫　一九九九　『日本漁業近代史』、平凡社、一―二四六頁
野地恒有　二〇〇一　『移住漁民の民俗学的研究』、吉川弘文館、一―三五八頁
延岡健太郎　二〇〇二　『製品開発の基礎』、日本経済新聞社、一―二〇〇頁
延岡健太郎　二〇〇六　『ＭＯＴ［技術経営］入門』、日本経済新聞社、一―三二五頁
野本寛一　一九九五　『海岸環境民俗論』、白水社、一―五〇八頁
橋本毅彦　二〇〇二　『〈標準〉の哲学　―スタンダード・テクノロジーの三〇〇年―』、講談社、一―二三二頁
橋村修　二〇〇九　『漁場利用の社会史　―近世西南九州における水産資源の捕採とテリトリー―』、人文書院、一―二七二頁
松井健　一九九七　『自然の文化人類学』、東京大学出版、一―二一三頁
宮内泰介編　二〇〇六　『コモンズをささえるしくみ　―レジティマシーの環境社会学―』、新曜社、一―二六二頁
安室知　一九九七　「複合生業論」　赤田光男・香月洋一郎ほか編　『講座日本の民俗学第五巻』、吉川弘文館
安室知　一九九八　『水田をめぐる民俗学的研究　―日本稲作の展開と構造―』、慶友社、一―六二六頁
安室知　二〇〇五　『水田漁撈の研究　―稲作と漁撈の複合生業論―』、慶友社、一―四六一頁

山口徹　二〇〇三『海の生活史―半島と島の暮らし―』、吉川弘文館、一―一九八頁
和歌山県立紀伊風土記の丘　二〇〇〇『地びき網漁の生活―日高町産湯海岸―』、同館、一―一六頁

【第3部　山林資源利用の民俗誌】

池谷和信　二〇〇三『山菜採りの社会誌―資源利用とテリトリー―』、東北大学出版会、一―二〇四頁
石田裕美　二〇〇五「信仰する人々と自然との関わりで育まれた文化的景観」『ユネスコ世界遺産年報二〇〇五』、社団法人日本ユネスコ協会連盟
伊藤廣之　二〇〇〇「山里に生きる人びと　奥吉野の山村と生業」八木透編著『フィールドから学ぶ民俗学　関西の地域と伝承』、昭和堂
井上直人・井上梓・梅本信也　一九九五「紀伊半島南部における山蜜蜂の伝統的飼養」『近畿作物・育種研究』第四〇号
岩井宏實　一九八七『地域社会の民俗学的研究』、法政大学出版、一―五八〇頁
太田好信　一九九八『トランスポジションの思想―文化人類学の再想像―』、世界思想社、一―二八四頁
大橋博編　一九七〇『明治中期産業運動資料〈第1集〉農事調査　第9巻ノ1　和歌山県・三重県』、日本経済評論社、
重栖隆　一九九七『木の国熊野からの発信―「森林交付税構想」の波紋―』、中央公論社、一―二三八頁
上富田町史編さん委員会編　一九九二『上富田町史　史料編下』、上富田町
河合一郎　二〇一一「喜田貞吉の歴史地理学―未発表の講演録・講義ノートの分析を中心に―」『人文地理』六三―五、人文地理学会、四一―五六頁
木下忠　一九八三「明治の農具絵図について」四国民家博物館研究所編『愛媛県農具図譜』復刻版
窪田順平編　二〇〇九『モノの越境と地球環境問題―グローバル化時代の〈知産知消〉―』、昭和堂、一―二一五頁
熊野川町史編纂委員会編　二〇〇一『熊野川町史　史料編Ⅰ』、熊野川町
熊野中辺路編さん委員会編　一九七四『熊野中辺路　民具』、熊野中辺路刊行会、一―一七五頁
河野通明　一九九四『日本農耕具史の基礎的研究』、和泉書院、一―六二八頁
小山靖憲　二〇〇〇『熊野古道』、岩波書店、一―二〇七頁
齋藤暖生　二〇〇五「山菜の採取地としてのエコトーン」安室知編『国立歴史民俗博物館研究報告一二三　環境利用システムの多様性と生活世界』、国立歴史民俗博物館

菅豊　一九九八「深い遊び　―マイナー・サブシステンスの伝承論―」篠原徹編『現代民俗学の視点　1民俗の技術』、朝倉書店、二一七―二四六頁
菅豊　二〇〇一「自然をめぐる労働論からの民俗学批評」篠原徹編『国立歴史民俗博物館研究報告八七　日本歴史における労働と自然』、国立歴史民俗博物館、五三―七四頁
菅豊　二〇〇六『川は誰のものか　―人と環境の民俗学―』、吉川弘文館、一―二二八頁
菅豊　二〇〇八「川が結ぶ人々の暮らし　―「里川」に込められた多様な価値―」湯川洋二・福澤昭司・菅豊『日本の民俗2　山と川』、吉川弘文館、一―二八二頁
杉中浩一郎　一九九八『熊野の民俗と歴史』、清文堂出版、一―三六六頁
杉中浩一郎　二〇一二『南紀熊野の諸相　―古道・民俗・文化―』、清文堂出版、一―四二五頁
世界遺産「紀伊山地の霊場と参詣道」三県協議会　二〇〇六『世界遺産「紀伊山地の霊場と参詣道」保存管理計画』、同協議会
宅野幸徳　一九九一「西中国山地における伝統的養蜂」『民具研究』第九六号、日本民具学会、一―二〇頁
宅野幸徳　一九九三「対馬の伝統的養蜂」『民具研究』第一〇三号、日本民具学会、一―一六頁
タットマン、コンラッド　一九九八『日本人はどのように森をつくってきたのか』、築地書館、一―二〇〇頁
田畑久夫　一九七五「わが国における山村研究の系譜とその問題点　―木地屋のムラの場合―」『人文地理』二七―四、人文地理学会、
田辺木材協同組合編　二〇〇三『木に生きる―紀州田辺木材史』、田辺木材協同組合、一―三二九頁
千葉徳而　一九五八「山村の問題」『地方史研究』第八巻第三号
千葉徳爾註解　一九八四『日本山海名産名物図会』、社会思想社、一―三〇八頁
坪井洋文　一九七九『イモと日本人　―民俗文化論の課題―』、未来社、一―二九一頁
坪井洋文　一九八二『稲を選んだ日本人　―民俗的思考の世界―』、未来社、一―二三六頁
中尾佐助　一九六六『栽培植物と農耕の起源』、岩波書店、一―一九二頁
中尾佐助　二〇〇四「半栽培という段階について」『中尾佐助著作集　第Ⅰ巻　農耕の起源と栽培植物』北海道大学図書刊行会
西律　一九七一『熊野九十九王子現状踏査録』私家版
日本在来種みつばちの会編　二〇〇〇『日本ミツバチ　在来種養蜂の実際』、（社）農山漁村文化協会、一―一七五頁
野本寛一　一九八九「熊野山海民俗抄」『民俗文化』創刊号　近畿大学民俗学研究所
福本和夫　一九五五『新・旧山林大地主の実態』、東洋経済新報社、一―二七八頁
広島県立歴史民俗資料館編　二〇〇一『重要有形民俗文化財「江の川の漁撈用具」報告書』、同館、一―二八六頁

本宮町史編さん委員会　一九九七『本宮町史　近世史料編』本宮町
宮内泰介編　二〇〇六『コモンズをささえるしくみ　―レジティマシーの環境社会学―』新曜社
安室知　一九九二「存在感なき生業研究のこれから　―方法としての複合生業論―」『日本民俗学』第一九〇号　日本民俗学会
安室知　一九九七「複合生業論」赤田光男・香月洋一郎ほか編『講座日本の民俗学第五巻』吉川弘文館
柳田國男編　一九三七『山村生活の研究』、民間伝承の会、一―五六二頁
湯川洋司　一九九七『山の民俗誌』、吉川弘文館、一―二〇四頁
和歌山縣内務部林務課編　一九二六『和歌山縣の林業』、和歌山縣内務部林務課、一―一二四頁
和歌山縣内務部編　一九三一『和歌山縣農業概要』、和歌山縣、一―三五三頁
和歌山県東牟婁郡役所編　一九一七『東牟婁郡誌　上巻』、同所、一―一二二四頁
和歌山県木材協同組合連合会編　一九九三『和歌山県木材史』、和歌山県木材協同組合連合会、一―七九七頁
和歌山県立紀伊風土記の丘編（筆者作成担当）　二〇〇五『熊野・山に生きる知恵』、同館、一―三二頁
Feeny, D., Berkes, F., Mccay, B. J., & Acheson, J. M.（1990）. The tragedy of the commons: Twenty-two years later. HumanEcology, 18（1）, 10.
Massey, Doreen 1994 Space, Place and Gender, Minneapolis: University of Minnesota Press.
Urry, John 1995 Consuming Places, Routledge（アーリ、ジョン　二〇〇三　吉原直樹・大沢善信監訳『場所を消費する』、法政大学出版局、一―三九三頁）

あとがき

本書は、筆者が和歌山県立紀伊風土記の丘に学芸員として勤めた一〇年間（一九九九年四月〜二〇〇九年三月）に行ったフィールド・ワークの成果である。本書の出版にあたっては、平成二四年度科学研究費補助金（研究成果公開促進費、課題番号二四五一三五学術図書）の交付を受けた。

博物館学芸員の調査研究は、基本的にコレクション形成というかたちで集大成される。調査研究を企画し、フィールド・ワークを行い、現地で収集した物質資料、撮影した写真、聞書きデータをまとめたものが集積され、それをもとに展覧会を開催し、最終的にはコレクションとそれに付随する情報として博物館に残される。このサイクルがおよそ二年である。しかし、多くの学芸員がそうであるように、筆者も年間約三回の展覧会を担当したから、おのずと四か月ほどずらしながら三つのフィールド・ワークを同時進行させていくことになる。当初の三年ほどは、まったくこのペースについていけず、資料収集は進んでも展覧会のクオリティは上がらなかった。そうした展示は概して来館者数やメディアに取り上げてもらう機会も少ない。しかし、四、五年目からはこのサイクルは軌道に乗り、いくつかのフィールドに共通した調査テーマを設定したり、過去の展覧会から別のテーマに発展させたりすることができるようになり、七、八年目からようやく紀伊半島の民俗技術や物質文化の特色が見えてきたのである。こうした学芸員の成長を、目先の成果にこだわらず温かい目で見守ってくれた先輩や同僚の学芸員、歴代の館長、いつもサポートしてくれたスタッフや現業職員のみなさんには言い尽くせないほどの感謝を感じている。

一方で、学芸員になって五、六年目から、筆者は紀伊半島のフィールドから立ち上げる物質文化論の形成に取り組んでみたくなった。紀伊半島の民俗の最大の特色は、モノ・技術・知識の流通と、人的資源の移動の活発さにあると筆者は考えている。地域にもたらされる新技術や外来技術への関心は、農山漁村を問わず高い。そしてそれを独自の文脈で吸収していく。近代化というとき、それを受容する人々の取捨選択はあまり想定されないものだが、この地域の人々は新しい知識をいとも簡単に導入する一方で、在来の方法も容易に捨てない。近代化は生活や技術を均質化させる力学を有するというのが一般的な認識であろうが、こと紀伊半島においては近代化過程によって、非常に顕著な技術の地域差や局地的な特色が生み出されているのである。このことを筆者は、全県的な民具調査の過程で意識するようになった。それを理解する言葉や概念、方法がほしいという思いから、総合研究大学院大学の門をたたいたのは二〇〇六年のことであった。

博士論文「農業技術改善の民俗誌　―紀ノ川下流域村落の一七～二〇世紀前半における動向の分析―」を仕上げるのには五年間を要したが、指導教員の国立民族学博物館教授の近藤雅樹先生の厳しい意見や助言によって、ひとつの論を立ち上げることができた。社会科学の便利な概念やタームで安易に分析した気になろうとする私を、眼前の資料や文献との対話から地道に立ち上げていく帰納法の物質文化研究に、折に触れて引き戻してくれた近藤先生のおかげで、筆者は技術と道具の物質文化論の可能性に対する確信を得ることができた。そもそも民具研究の概念の甘さを、「古典的な民具観」への固執として徹底的に批判してきた近藤先生の研究への憧れからみんぱくへ飛び込んだわけだが、流通民具論の解釈や可能性をめぐって多くの議論を重ねることができたのは、近藤先生のもとでなければできないものであった。

また、副指導教員の同館教授の久保正敏先生には、様々なアドバイスをいただいた。実は筆者が民俗学の使う「伝承」の概念に限界を感じ、地域住民が新技術導入や技術革新においてよりどころとする伝統のようなものをどう名づけるかと悩んだ折に、「本位」という言葉を提案していただいたのが久保先生であった。「この農家のオッチャンたちは要するに二毛作の基盤を捨てるようなドラスティックな変化を取り入れたら、同じ農業でも全く別の仕事をするのと一緒なわけやねぇ。二毛作に新しい知識をどう取り入れて、それに使えないものを排除する、要するに二毛作「本位」、「二毛作 oriented」な発想を江戸時代から続けて持ってきたっちゅうことやないですか。」筆者は電気に打たれたような気持ちで「それいただきます！」と申し上げた。また、リサーチ・プロポーザル・ワーキング委員にもなっていただいた同館教授の中牧弘允先生には、何度も何度も全体の構成のバランスや、概念の吟味の甘さ、用語の使い方、分析の妥当性などについて、的確なご意見をいただいた。修士課程のころからお世話になっている中牧先生の存在も、総研大を選んだ大きな要素であった。博士論文は、久保先生が主査として、副査として同館教授の小林繁樹先生、愛知大学教授の印南敏秀先生、神奈川大学教授の安室知先生に審査にあたっていただいた。先生方からの指摘のすべてを盛り込むことはできなかったが、今後の研究の指針を得ることができたことに、心から感謝している。

筆者の物質文化研究は、帝塚山大学大学院の修士課程でお世話になった岩井宏實先生の指導によってその土台が形成された。在学中は、岩井先生の底知れぬ知識量と分析力に、筆者は驚異したものである。民具研究と現代の様々な事象を連続的にとらえていく見方に、筆者は大きな影響を受けている。またそもそも、京都外国語大学在学中に民俗学の世界に引き入れてくださった、京都市文化財保護課の村上忠喜先生には、学問への向き方やその醍醐味を教えていただいた。多くの先生方から得た学恩には、今後の研究で報いていきたい。

本書の編集は、前著に引き続き社会評論社の板垣誠一郎さんに担当していただいた。研究には没入してしまうものだから、研究者はなかなか自らの文章を相対化して読むことができない。本書作成にあたり、板垣さんとの議論や随時とどく批評のメールがその手立てとなり、何とかまとめあげることができた。心から感謝を申し上げたい。

最後に、画家で、作家で、遊び人であった亡き父の思い出に、本書を捧げたい。地域文化研究家として三遠南信地方の文化の研究にたずさわり、その成果を旧水窪町と旧南信濃村の間で行われる「峠の国取り綱引き合戦」をはじめ、数々の名物イベントを企画して地域おこしに新しい風を吹き込んだ手腕は、筆者が民俗学へ関心をむける最大のきっかけであった。また、筆者の研究者としての道をいつも応援し続けてきてくれた母、苦楽を共にしてきてくれた妻、いつも家じゅうを笑いで満たしてくれる二人の子どもたちに、最大級の感謝を表したい。

加藤　幸治

初出一覧

❖本書は、以上の論文のデータをもとに構成している。本書作成にあたり、データの解釈と結論において、ほとんどが原論文とは大きく異なるものとなった。筆者の研究過程から起こったことであるので、ご容赦いただきたい。

◉はじめに　……　書き下ろし

◉第1部

＊『農業技術改善の民俗誌　―紀ノ川下流域村落における一七～二〇世紀前期における動向の分析―』(博士論文　総合研究大学院大学に提出)　二〇一〇年九月三〇日

＊「流通民具概念再考」『京都民俗』第二七号　京都民俗学会　二〇一〇年三月三一日　二七―四五頁

＊「民具の近代化の地域的展開　―紀ノ川下流域の二毛作―」『近畿民具』第二六輯　近畿民具学会　二〇〇三年三月三一日　一―二六頁

＊「古島敏雄著『台所用具の近代史　―生産から消費をみる―』を読んで」『近畿民具』第二二輯　近畿民具学会　一九九八年一二月一〇日

◉第2部

＊「漁業技術改善の民俗誌　―和歌山県日高郡日高町産湯における近代の動向の分析―」『東北学院大学論集　歴史と文化』第四六号　東北学院大学学術研究会　二〇一一年三月二四日　九三―一三六頁

＊「民具と有形民俗文化財　―文化財指定にむけた基礎作業から―」『和歌山地方史研究』第五六号　和歌山地方史研究会　二〇〇九年二月二八日　一四―二五頁

＊「地曳網漁の技術と近代化　―和歌山県日高地方の地曳網漁―」『京都民俗』第二〇・二一号　京都民俗学談話会　二〇〇四年三月三一日　一九―四四頁

＊「地曳網漁用具目録及び文献資料」『和歌山県立紀伊風土記の丘年報』第二八号　和歌山県立紀伊風土記の丘　二〇〇一年一一月二〇日

＊「日高地方を中心とした地曳網漁関係調査資料」『和歌山県立紀伊風土記の丘年報』第二七号　和歌山県立紀伊風土記の丘　二〇〇〇年一一月九日

＊「産湯海岸の地曳網」『和歌山県立紀伊風土記の丘年報』第二六号　和歌山県立紀伊風土記の丘　一九九九年一一月一八日

◉第3部

＊「河川におけるオープンアクセスでの資源利用　―紀伊半島南部古座川の漁撈と近代林業から―」『総研大文化科

学研究』第五号　総合研究大学院大学文化科学研究科　二〇〇九年三月三一日　八五―九九頁

*「熊野川流域の民具」『熊野川町史　通史編』　新宮市熊野川町史編纂委員会　二〇〇八年三月三一日

*「〝おとこ船頭、おんな紙漉き〟―近代における山村の生計維持戦略―」『年報』第三四号　和歌山県立紀伊風土記の丘　二〇〇七年九月三〇日　一六―二七頁

*「熊野古道の現在　―〝熊野イメージ〟を対象化する―」『歴史評論』第六八七号　歴史科学協議会　二〇〇七年七月　六九―八二頁

*「環境の攪乱と山林資源利用の諸相　―熊野地域における伝統的なシイタケ栽培から―」『和歌山地方史研究』第五三号　和歌山地方史研究会　二〇〇七年六月三〇日　四四―五四頁

*「熊野地域における養蜂技術とその歴史的展開（一）（二）」『民具マンスリー』第三九巻一〇号　神奈川大学日本常民文化研究所　二〇〇七年一月一〇日　一―一二頁、第三九巻一一号　同研究所　二〇〇七年二月一〇日　一〇―一七頁

*「旧敷屋小学校保管の民俗資料について」『熊野川町史研究』第三号　和歌山県新宮市熊野川町史編纂室　二〇〇六年三月三一日

*「熊野式林業の技術的特色について　―古座川流域における聞書きから―」『近畿民具』第二九輯　近畿民具学会　二〇〇六年三月三一日　二五―四五頁

*「上富田の民具について」『上富田文化財』上富田町教育委員会　二〇〇六年三月三一日　一―一二頁

*「近代における山地の諸生業の地域的展開　―貴志川中流域における聞書きを中心に―」『近畿民具』第二八輯　近畿民具学会　二〇〇五年三月三一日　五―二一頁

*「富田川中流域における農具の地域的特色」『上富田文化財』第二四集　上富田文化の会　二〇〇五年三月三一日　二七―三五頁

*「近代における山林利用の地域的展開　―西牟婁地域の山番制度と生業―」『近畿民具』第二七輯　近畿民具学会　二〇〇四年三月三一日　四一―五九頁

*「民俗学から見た紀州の移動する職人」『文化財だより』第五四号　（社）和歌山県文化財研究会　二〇〇四年三月三一日

*「紀州の和紙生産技術と民具の所在調査報告」『和歌山県立紀伊風土記の丘年報』第三〇号　和歌山県立紀伊風土記の丘　二〇〇四年二月二一日

*「民俗学から見た紀州の和紙」『文化財だより』第五三号（社）和歌山県文化財研究会　二〇〇三年三月三一日

*「大迫」「北和田」『川上村民俗調査報告書　上巻』公益財団法人紀の川吉野川源流物語森と水の源流館　二〇〇八年三月三一日

地名索引

和歌山市（わかやまし） 26, 27, 62, 64, 67 - 70, 103, 111, 123 - 125, 130, 133, 147, 178, 192, 207 - 221, 224, 228 - 230, 232, 233, 237, 238, 254, 261, 263, 265, 284, 314
秋月（あきづき） 215
朝日（あさひ） 210, 211
小豆島（あずしま） 70, 133, 208, 212, 214, 218, 229
有功（いさお） 125
岩橋（いわせ） 208, 211, 213, 214
上野（うえの） 62, 70, 207 - 209, 212 - 216, 229, 237, 238, 263
宇田森（うだもり） 70, 217
打越（うちこし） 210
榎原（えのきはら） 130
大垣内（おおがいと） 210, 211
雄湊（おのみなと） 284
加太（かだ） 284
上黒田（かみくろだ） 70, 224
川永（かわなが） 70, 125
川辺（かわなべ） 70, 217
梶取（かんどり） 207, 213, 214
紀伊（きい） 70, 125, 133, 218
北（きた） 70
北野（きたの） 70, 128, 520
木ノ本（きのもと） 208 - 210, 212, 213
吉礼（きれ） 213, 214
楠本（くすもと） 70
栗栖（くるす） 135
黒田（くろだ） 211
毛見（けみ） 284
神波（こうなみ） 70
里（さと） 70, 224
島（しま） 70
新庄（しんじょう） 211
水軒（すいけん） 284, 314
園部（そのべ） 126, 127, 229
田中町（たなかまち） 26, 229
谷（たに） 70, 224, 228, 270
田屋（たや） 62, 68, 70, 216 - 219, 221, 233, 235, 236, 243 - 245, 254, 263
津秦（つはだ） 210, 211, 215
手平（てびら） 178, 208
中筋日延（なかすじひのべ） 70, 224, 228, 264, 267
永穂（なんご） 70, 214, 229
西（にし） 207, 214, 215
西田井（にしたい） 62, 70, 217
西庄（にしのしょう） 284
西和佐（にしわさ） 133, 227
直川（のうがわ） 62, 125, 218, 220, 232
東山東（ひがしさんどう） 147
平井（ひらい） 211
平岡（ひらおか） 67, 70, 209, 220, 224, 228, 261, 263 - 266, 269, 270
弘西（ひろにし） 70, 217, 218
藤田（ふじた） 70
府中（ふちゅう） 70, 218
冬野（ふゆの） 207, 211
布施屋（ほしや） 213
松江（まつえ） 232, 284
満屋（みつや） 103
南畑（みなみはた） 207, 209, 211, 212, 215
六十谷（むそた） 62
山口（やまぐち） 70, 125, 224, 263, 264, 270
山口西（やまぐちにし） 70
和歌浦（わかうら） 284

海南市（かいなんし） 69, 116, 209, 213, 284, 517 - 520, 522

阪井（さかい） **209**
冷水（しみず） **284**
下津町塩津（しもつちょうしおつ） **284**
下津町下津（しもつちょうしもつ） **284**
鳥居（とりい） **116**
七山（ななやま） **213**
溝ノ口（みぞのくち） **209**

橋本市（はしもとし） **81**
学文路（かむろ） **81**

有田市（ありだし） **284, 340**
高田（たかだ） **284**
辰ヶ浜（たつがはま） **284**
千田（ちだ） **340**
初島町（はつしまちょう） **284**
港町（みなとまち） **284**

御坊市（ごぼうし） **283, 284, 310, 311, 313, 314, 316, 339, 523 - 525**
北塩屋（きたしおや） **283, 284, 310, 311, 316, 339**
名田町上野（なだちょううえの） **284**
名田町野島（なだちょうのしま） **284**
藤田町藤井（ふじたちょうふじい） **523, 524**

田辺市（たなべし） **284, 358, 365, 387, 399, 404, 405, 409, 421, 422, 424, 425, 427, 463, 465, 471, 475, 481 - 483, 493, 496, 498, 503, 528**
鮎川（あゆかわ） **355, 387, 404, 463**
鮎川小川（あゆかわおがわ） **355**
熊野（いや） **421, 422**
江川町（えがわちょう） **284**
五味（ごみ） **355, 397**
木守（こもり） **355, 384, 409, 421, 427**
下川上（しもかわかみ） **355, 387, 409, 421, 427**
下川下（しもかわしも） **355, 390**
新庄町（しんじょうちょう） **284**
新町（しんまち） **411**
竹ノ平（たけのたいら） **355, 475**
中辺路町大内川（なかへちちょうおおうちがわ） **355, 481**
中辺路町栗栖川（なかへちちょうくりすがわ） **355**
中辺路町高原（なかへちちょうたかはら） **355, 465, 471**
中辺路町近露（なかへちちょうちかつゆ） **355**
芳養町（はやちょう） **284**
平瀬（ひらせ） **355, 394**
本宮町請川（ほんぐうちょううけがわ） **355, 394, 497 - 500, 502, 509**
本宮町大瀬（ほんぐうちょうおおぜ） **421**
本宮町小々森（ほんぐうちょうこごもり） **494, 527, 528**
本宮町小津荷（ほんぐうちょうこつが） **355, 493, 494, 496, 498, 500, 503, 504, 506, 527, 528**
本宮町高山（ほんぐうちょうたかやま） **355, 494, 495, 498, 506, 527, 528**
本宮町皆地（ほんぐうちょうみなち） **355**
向山（むかいやま） **355**
龍神村小家（りゅうじんむらおいえ） **523**
龍神村殿原（りゅうじんむらとのはら） **526**
龍神村西（りゅうじんむらにし） **526**
龍神村広井原（りゅうじんむらひろいはら） **526**
龍神村福井（りゅうじんむらふくい） **526**
龍神村宮代（りゅうじんむらみやしろ） **526**
龍神村湯ノ又（りゅうじんむらゆのまた） **526**

新宮市（しんぐうし） **284, 358, 478, 479, 495, 498, 499, 500, 502, 505, 506, 528 - 530**
相筋（あいすじ） **499**
王子ヶ浜（おうじがはま） **284**
熊野川町九重（くまのがわちょうくじゅう） **355, 529, 530**
熊野川町篠尾（くまのがわちょうささび） **355**
熊野川町志古（くまのがわちょうしこ） **355, 500**
熊野川町四瀧（くまのがわちょうしたき） **530**

熊野川町西敷屋（くまのがわちょうにししきや） 355
熊野川町東敷屋（くまのがわちょうひがししきや） 498
熊野川町日足（くまのがわちょうひたり） 355, 499
熊野川町宮井（くまのがわちょうみやい） 221, 355, 500, 502, 505, 507, 509
佐野（さの） 284

紀の川市（きのかわし） 62, 66, 69, 106, 111, 113, 212, 213, 215, 228, 229, 233, 262
貴志川町井ノ口（きしがわちょういのくち） 213, 215
貴志川町丸栖（きしがわちょうまるす） 113, 212
粉河町深田（こかわちょうふけだ） 106
長田（ながた） 229
南中（みなみなか） 262
桃山町黒川（ももやまちょうくろかわ） 111

岩出市（いわでし） 67, 219, 229, 233, 261, 262, 265
大宮（おおみや） 229

海草郡紀美野町（かいそうぐんきみのちょう） 519, 520
神野市場（こうのいちば） 519
長谷毛原（はせけばら） 518

伊都郡九度山町（いとぐんくどやまちょう） 517 - 519
笠木（かさぎ） 518
河根（かね） 518, 519
上古沢（かみこさわ） 518
椎出（しいで） 518
下古沢（しもこさわ） 518 - 519
中古沢（なかこさわ） 518
東郷（ひがしごう） 518

伊都郡高野町（いとぐんこうやちょう） 518
神谷（かみや） 518
西郷（にしごう） 518
花坂（はなさか） 518
細川（ほそかわ） 518

有田郡湯浅町（ありだぐんゆあさちょう） 284
栖原（すはら） 284, 414
田村（たむら） 284, 414
湯浅（ゆあさ） 284

有田郡広川町（ありだぐんひろがわちょう）
唐尾（かろ） 284
広（ひろ） 284

有田郡有田川町（ありだぐんありだがわちょう） 520, 522
川合（かわい） 520
北野川（きたのがわ） 520
久野原（くのはら） 520
栗林（くりばやし） 520
下湯川（しもゆかわ） 520
寺原（てらはら） 520
遠井（とい） 520
中原（なかはら） 520
二沢（にさわ） 520
西原（にしはら） 520
三田（みた） 520, 522
宮川（みやがわ） 520

伊都郡かつらぎ町（いとぐんかつらぎちょう）
大谷（おおたに） 213

日高郡美浜町（ひだかぐんみはまちょう） 282, 284, 285, 313, 314, 316, 323
浜ノ瀬（はまのせ） 284
三尾（みお） 283, 284, 454
本の脇（もとのわき） 283
吉原（よしはら） 283, 284, 298, 316
和田（わだ） 283 - 285

日高郡日高町（ひだかぐんひだかちょう） 38,

282, 284 - 286, 288, 289, 291 - 294, 313, 315, 324, 332, 333, 339 - 341
阿尾（あお） 283, 284, 287, 319 - 321, 324, 327, 328, 333, 341
阿尾字田杭（あおあざたぐい） 283, 284, 293, 338
産湯（うぶゆ） 38, 283, 284, 286 - 289, 291 - 294, 302, 304, 308, 309, 311, 313, 320, 321, 323, 324, 327 - 334, 337, 339 - 341
小杭（おぐい） 283, 284
方杭（かたくい） 283, 284, 293, 340
志賀字小浦（しがあざおぐい） 283, 284, 293, 319, 333, 340
志賀字柏（しがあざかしわ） 283, 284
津久野（つくの） 283, 284, 333
比井（ひい） 283, 284, 289, 290, 293, 296, 333, 341

日高郡由良町（ひだかぐんゆらちょう） 282, 284, 304, 311, 339, 340
網代（あじろ） 284
衣奈（えな） 284
大引（おおびき） 284
神谷（かみや） 284
小引（こびき） 284, 304

日高郡印南町（ひだかぐんいなみちょう） 282, 284, 323
印南（いなみ） 284
西地（にしのじ） 284

日高郡みなべ町（ひだかぐんみなべちょう） 284
堺（さかい） 284
西岩代（にしいわしろ） 284
埴田（はねた） 284
東岩代（ひがしいわしろ） 284

有田郡日高川町（ありだぐんひだかがわちょう） 523
弥谷（いやだに） 523
初湯川（うぶゆかわ） 523
熊野川（くまのがわ） 523
寒川（そうがわ） 520, 523, 524, 526

西牟婁郡白浜町（にしむろぐんしらはまちょう） 284, 439
朝来帰（あさらぎ） 284
江津良（えつら） 284
鴨居（かもい） 284
志原（しはら） 284
白浜（しらはま） 284
瀬戸（せと） 284
綱不知（つなしらず） 284
中（なかい） 284
日置（ひき） 284

西牟婁郡上富田町（にしむろぐんかみとんだちょう） 358, 409, 421, 422, 426, 460, 463, 482, 483, 486, 488, 491
朝来（あっそ） 284, 355, 483
生熊（いくま） 355
市ノ瀬（いちのせ） 355, 409, 422
岩田（いわだ） 355
岡（おか） 355, 463

西牟婁郡すさみ町（にしむろぐんすさみちょう） 284, 409, 421, 422, 424 - 427
佐本深谷（さもとふかだに） 409, 421, 422, 424 - 427
周参見字小泊（すさみあざこどまり） 284
周参見字平松（すさみあざひらまつ） 284

東牟婁郡串本町（ひがしむろぐんくしもとちょう） 137, 284, 361, 363, 376, 381, 440, 455
伊串（いくし） 284
大水埼（おおみさき） 284
串本（くしもと） 284
古座（こざ） 376, 381, 440
神野川（このがわ） 363
西向（にしむかい） 284, 381
古田（ふるた） 455

東牟婁郡那智勝浦町（ひがしむろぐんなちかつうらちょう） 124, 125, 137, 284, 358
浦神（うらがみ） 284
勝浦（かつうら） 284

東牟婁郡古座川町（ひがしむろぐんこざがわちょう） 124, 125, 137, 355, 358, 361, 376 - 378, 381, 383, 409, 414, 425, 431, 440, 442, 448, 449, 452, 453, 455
相瀬（あいせ） 440
長追（ながおい） 355, 361, 409, 425, 431, 442, 449
松根（まつね） 376, 377, 383, 413, 414, 417, 436, 452, 453
真砂（まなご） 355, 376, 378, 440, 449, 452, 453
三尾川（みとがわ） 355, 454
明神（みょうじん） 355, 381, 448

三重県熊野市紀和町（みえけんくまのしきわちょう） 530
花井（けい） 355, 530

奈良県吉野郡川上村（ならけんよしのぐんかわかみむら） 531, 532, 537
大迫（おおさこ） 531 - 534, 537
北和田（きたわだ） 531, 537 - 539

著者紹介

加藤 幸治（かとう・こうじ）

東北学院大学文学部歴史学科准教授・同大学博物館学芸員。

専門は民俗学、とくに物質文化論。

静岡県出身。総合研究大学院大学文化科学研究科比較文化学専攻修了、博士（文学）。一九九九年より和歌山県立紀伊風土記の丘にて学芸員として一〇年間勤務した後、二〇〇九年より東北学院大学講師、二〇一一年より現職。

主な業績としては、単著に『郷土玩具の新解釈 ―無意識の〝郷愁〟はなぜ生まれたか―』（社会評論社、二〇一一年）、『モノと環境の民俗誌』（大阪府島本町教育委員会、一九九九年）、共著に国立歴史民俗博物館編『被災地の博物館に聞く』（吉川弘文館、二〇一二年）、岩井宏實編『技と形と心の伝承文化』（慶友社、二〇〇二年）など。

第一六回総合研究大学院大学研究賞（同大学、二〇一一年）・第一七回日本民具学会研究奨励賞（日本民具学会、二〇〇三年）・第二一回小谷賞（近畿民具学会、二〇〇三年）を受賞。

紀《き》伊《い》半《はん》島《とう》の民《みん》俗《ぞく》誌《し》

技術《ぎじゅつ》と道具《どうぐ》の物質文化論《ぶっしつぶんかろん》

2012年10月5日　初版第1刷発行

著　者　加藤幸治
発行者　松田健二
発行所　株式会社 社会評論社
〒113-0033
東京都文京区本郷2-3-10
電話　03（3814）3861
FAX　03（3818）2808
http://www.shahyo.com
装　幀　臼井新太郎
挿　画　加藤伸幸
印刷製本　倉敷印刷株式会社